水資源管理之課題與前瞻

曹華平・吳瑞賢・毛振泰・王其美　編著

全華圖書股份有限公司

序 言

　　2009 年 8 月 8 日莫拉克颱風侵台時 3 天期間所帶來的近三千公厘的雨量，對台灣水利界造成了震撼，通常被視爲與最大可能水文量相類似的百年水文量竟在無預警的狀態下出現。在 8 月 8 日前，各界還在爲抗旱進行準備，而立刻面臨了南台灣史無前例的大區域水患及大量集水區崩坍與河道淤砂的抗戰。尤有甚者，在接著的日子中，許多人士基於統計紀錄而公開警告因台灣每年平均 4 個以上的颱風侵襲紀錄，在 2009 年底前要面臨多個颱風入侵。然而事實是直到 2010 年 5 月底前，並未有另一個颱風侵台。面對 2009 年這樣的經驗，水利界朋友應重新認識水文環境的不確定性，殊不論這樣的不確定性有多大成份是來自於地球暖化，極端氣候已在台灣地區出現並需要我們面對其利弊。

　　爰此，中華水資源管理學會與經濟部水利署北區水資源局、國立中央大學土木系共同舉辦 2009 水資源管理研討會，以前瞻性的水資源爲主軸，分就八八水災後的省思、當前重大水利設施、極端氣候之調適條件及水質、水資源管理等主題徵集優良論文，與會議中公開發表並集結成冊。各論文多就一主題從單一區域或獨立課題進行探討，除學術交流價值外，也盼藉此檢討政府政策與施政，重建民眾對水利工作信心，同時更能體認台灣未來水資源災害的難以避免及知識認知。本書感謝各位作者奉獻心力，編輯期間更承全華圖書工作同仁的關心與付出，相關文書工作始得順利完成，匆促付梓，疏漏恐爲難免，期各界不吝惠予指正。

中華水資源管理學會 理事長 陳伸賢

經濟部水利署北區水資源局 局長 賴伯勳

中華水資源管理學會學術委員會 主任委員 吳瑞賢

編輯部序

　　「系統編輯」是我們的編輯方針，我們所提供給您的，絕不只是一本書，而是關於這門學問的所有知識，它們由淺入深，循序漸進。

　　本書為 2009 水資源管理研討會中發表之水資源優良研究論文彙集而成，以八八水災為研究主題，各論文從單一區域或獨立課題進行探討，分為八八水災後的省思、當前重大水利設施之因應對策、極端氣候之適應條件、水資源相關管理等，從天然氣候、環境至現有設施皆有完整之研究分析，實屬水資源之專業參考書籍。

　　若您在這方面有任何問題，歡迎來函連繫，我們將竭誠為您服務。

目錄

Contents

第一篇　八八水災後的省思 1-1

❋ 1. 莫拉克颱風災後疏濬及復建 1-3

❋ 2. 八八水災農田水利之整備、應變與重建 1-23

❋ 3. 八八水災後河川砂石之芻議 1-35

❋ 4. 八八水災水利堰壩設施災損及改善對策 1-53

❋ 5. 八八水災的省思 1-73

❋ 6. 莫拉克颱風淹水災害之問題與省思 1-91

❋ 7. 以莫拉克暴雨事件探討極端降雨對設計重現期雨量之影響 1-109

❋ 8. 校園災害防救教育與莫拉克風災後的省思 1-125

第二篇　當前重大水利設施 2-1

❋ 1. 台中地區公共用水水源供應對策 2-3

❋ 2. 石門水庫 2009 年乾旱時期水資源調配與節水管制 2-15

❋ 3. 石門水庫臨時供水應變系統 2-35

❋ 4. 土壩灣水庫水力排砂之水源運用策略探討 2-53

❋ 5. 「石門水庫分層取水工程」取水豎井施工中遭遇異常湧水處理概要

.... 2-73

第三篇　極端氣候之調適條件 3-1

❋ 1. 臺灣氣溫與降雨頻率分析 3-3

❋ 2. 氣候變遷對河川流量之衝擊－以蘭陽溪為例 3-25

❋ 3. 氣候變遷對石門水庫供水風險之影響分析 3-45

❋ 4. 氣候變遷對石門水庫集水區水文頻率的影響 3-61

❋ 5. 高屏溪供水系統於氣候變遷下之供水承載力與缺水風險 3-77

目　錄

Contents

第四篇　水資源管理 4-1

✺ 1. 台灣未來水資源經營之省思 4-3

✺ 2. 河川流域整體管理新思維 4-17

✺ 3. 農業用水調配及枯旱因應對策研究 4-33

✺ 4. 多元化水資源管理到流域脆弱度分析 4-51

✺ 5. 台灣主要流域之環境特性及脆弱度分析 4-69

✺ 6. 台灣地區農業水資源脆弱度評估初探 4-83

✺ 7. 行政機關風險評估與管理之研究－以經濟部水利署為例 4-101

✺ 8. 以水文地質角度談林邊佳冬之淹水整治 4-119

✺ 9. 高鐵沿線地層下陷防治策略－以雲林農田水利會灌區水井管理為
　例 4-135

✺ 10. 農田水利會應用地理資訊技術於水資源管理以彩色正射影像套繪
　主題圖資應用為例 4-153

✺ 11. 利用區域化方法推估未設測站地點之設計雨型 4-169

第五篇　水質管理 5-1

✺ 1. 提升自來水水質水量保護區管理成效策略規劃 5-3

✺ 2. 應用 GIS 探討河川污染負荷與環境因子相關性 5-25

✺ 3. 以幾丁聚醣處理高濁度原水 5-49

✺ 4. 應用 SWAT 模式於翡翠水庫集水區營養鹽之總最大日負荷規劃
　...5-57

✺ 5. 石門水庫集水區非點源污染之管理策略研擬 5-75

✺ 6. 林內淨水場原水濁度與濁水溪流域水文特性之相關性分析 5-95

✺ 7. 統計檢定法應用在攔河堰對河川水質與生態研究 5-107

第六篇　其它課題 6-1

✺ 1. 環境變遷對屏東沿海地區之脆弱性分析 6-3

✺ 2. 應用水庫淤泥改善砂丘地植生之試驗研究 6-21

✺ 3. 高尾線性動差法於極端暴雨及洪水頻率分析之應用 6-37

第 **1** 篇

八八水災後的省思

✳ 1.　莫拉克颱風災後疏濬及復建

✳ 2.　八八水災農田水利之整備、應變與重建

✳ 3.　八八水災後河川砂石之芻議

✳ 4.　八八水災水利堰壩設施災損及改善對策

✳ 5.　八八水災的省思

✳ 6.　莫拉克颱風淹水災害之問題與省思

✳ 7.　以莫拉克暴雨事件探討極端降雨對設計重現期雨量之影響

✳ 8.　校園災害防救教育與莫拉克風災後的省思

1 莫拉克颱風災後疏濬及復建

 ## 摘 要

　　本次莫拉克颱風雨勢驚人，重創台灣中南部及台東地區，經濟部水利署為預防本年汛期間二次災害，於颱風過後立即辦理搶修(險)工程、趕辦疏通工程、加強淹水預警及疏散措施及強化易受災地區疏散與避難措施等緊急作為，颱風超大雨量使河川上游產生大量崩塌及土石流，經調查估計河川治理界點以下之河道淤積長度超過 110 公里，淤積量超過 6000 萬立方公尺以上，其中屬急要預防災害疏濬者，經檢討約 2500 萬立方公尺已即刻辦理疏濬，並於 99 年汛期前完成，另研擬簡化作業程序、加速取得工程用地等策略，以提昇疏濬

[1] 陳伸賢　經濟部水利署　前署長

[2] 楊偉甫　經濟部水利署　署長

[3] 施進村　經濟部水利署　組長

[4] 李友平　經濟部水利署　簡任正工程司

土石數量及進度。至於復建工程，如屬高危險容易受災河段，將審慎檢討河寬、工法、材料等項目後再行辦理。本次莫拉克颱風過後，治理對策將以流域系統性整體治理、工程與非工程並重、建立全民防災觀念等對策著手，未來政府會將治水當作要命施政之最重要工作，將擴大編列治水預算，進行治水工作。

關鍵詞：疏濬工程、復建工程、莫拉克颱風

Abstract

The Marakot typhoon brought heavy rain and induced severe hazards for sorth and eastern part of Taiwan.　The Water Resources Agency Economic Affairs (i.e. WRA) in order to prevent second hazards in the flood season of this years, conducted some emergency measures like rush to repair, dredgeing, alarm, evacuate people and so on.　There were great quantity landslides, debris flows induced by rainfall in the upstream of rivers and the length of the river silt up were beyond 100 kilometers and the volume were beyond 60 million cubic meters. Among them, about 25 million cubic meters were urgent to dredge and they will be dredged before the next flood season. The WRA proposed some strategies to enhance the dreding efficiency, like .to simplify the procedure, to acquire the land speedy. As regards the recovery engineerings, if the river section is the easily damage one, we will do self-criticism carefully for river width, design measures, materials and structures to get a optimal design.　After the Morokot typhoon, we will renovate the flood problems systemly and pay much attention to nonengineerings measures.　The government will expand the budgets to renovate the flood problems.

Keyword: Dredging and Recovery Engineerings, Morakot Typhoon.

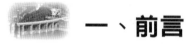 一、前言

世界銀行將台灣列為天然災害易受災地區，尤其地震及水旱災，受氣候變遷及聖嬰現象影響，發生大規模水旱災的機會提高，今後治水防災工作，勢必

接受更嚴苛之挑戰。台灣天然資源不多、天然災害不少，根據統計，73%以上國土人口，面臨、水災、颱風及土石流威脅，99%以上人口面臨二種災害以上的威脅。據 2005 年「自然」雜誌研究，過去 30 年熱帶海洋表面溫度增加 0.5 度，雖未使颱風數目增加，但卻使北太平洋西部的颱風破壞力增加 75%，台灣過去 20 年，颱風規模變大，降雨量也增加，上個世紀，全球氣溫增加 0.74 度，但台灣卻增加 1.2 度，水蒸汽增加再透過如西南氣流導引，侵襲台灣颱風就會變得很嚴重。依據台灣地區過去 100 年氣溫資料統計結果顯示，台北平均溫度上升 1.31℃，比聯合國氣候變遷小組估計的全球百年升溫 0.6℃還高出 1 倍。加上聖嬰現象的氣候異常，暴雨所挾帶之雨水於時間分布上均相當集中且強度驚人，以台北雨量站為例，統計過去 100 年之資料，平均每日暴雨量增加約 30%，但年平均降雨日數卻減少約 28 天，分析結果往往為高達 200 年以上重現期距之暴雨，屢創各站之歷史降雨紀錄。

二、莫拉克颱風水情分析

中度颱風莫拉克(MORAKOT)為 98 年第 8 號颱風，中央氣象局於 8 月 5 日 23 時 30 分發布海上颱風警報，並於 8 月 6 日 8 時 30 分發布陸上颱風警報，警戒地區為全台各地。本颱風中心於 7 日 23 時 50 分從花蓮登陸台灣，8 日下午 2 時颱風中心由桃園附近出海。本次颱風行徑異常緩慢且於台灣上空呈現長時間滯留，加上水汽條件在海上不斷輻合、重新形成集結，帶來豐沛豪雨，創下多項紀錄，對中南部市區、低窪及沿海地區造成嚴重災情。經分析超大累積雨量，為本次致災之主要原因，說明如下：

2.1 各延時降雨量

依據中央氣象局資料，莫拉克颱風於 98 年 8 月 7~9 日於颱風降下超大豪雨，其 24~72 小時降雨延時雨量及總雨量情形，延時 24 小時全台計有 31 站破 1000mm，延時 48 小時全台計有 23 站破 1500mm，延時 72 小時：全台計有 12 站破 2000mm，總雨量最大發生在阿里山站(2884mm)，總計有 15 站破 2000mm，總累積雨量之等雨量線圖如圖 1 所示。

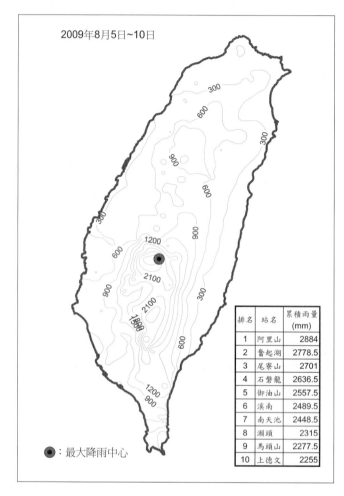

排名	站名	累積雨量 (mm)
1	阿里山	2884
2	奮起湖	2778.5
3	尾寮山	2701
4	石磐龍	2636.5
5	御油山	2557.5
6	溪南	2489.5
7	南天池	2448.5
8	瀨頭	2315
9	馬頭山	2277.5
10	上德文	2255

2009年8月5日~10日

● ：最大降雨中心

圖 1　莫拉克颱風總累積雨量之等雨量線圖

2.2　與世界降雨極端值比較

　　本次莫拉克颱風各延時最大降雨量之多為台灣歷年之冠，31 個雨量站破 1000mm，23 個雨量站破 1500mm，12 個雨量站破 2000mm，其中 24 及 48 小時降雨量逼近世界極端值(例如莫拉克颱風 48 小時降雨量達 2361mm，逼近發生於 1958/1/8~10 法屬留尼旺島之世界紀錄 2467mm)，中南部河川除鹽水溪流域外，72 小時雨量均超過 200 年甚至超過 2000 年以上重現期，由此可見莫拉克颱風雨勢驚人，重創台灣中南部及台東地區，其於中南部各河川流域之降雨頻率分析如表 1、與世界極端降雨紀錄比較詳圖 2 所示。

表 1　莫拉克颱風於中南部各河川流域之降雨頻率分析

流域	雨量測站(鄉鎮)	24 小時		48 小時		72 小時		累積雨量(mm)
		實測雨量(mm)	重現期(年)	實測雨量(mm)	重現期(年)	實測雨量(mm)	重現期(年)	
濁水溪	阿里山	1624	>2000	2361	>2000	2748	>2000	2965
北港溪	大埔(古坑鄉)	760	977	971	>2000	1124	>2000	1148
朴子溪	樟腦寮(梅山鄉)	650	21	1202	>2000	1595	>2000	1631
八掌溪	石磐龍(竹崎鄉)	1582	90	2107	147	2504	238	2637
急水溪	大棟山(白天鎮)	759	>2000	1181	>2000	1467	>2000	1522
曾文溪	曾文(楠西鄉)	1089	489	1644	>2000	1914	>2000	1948
鹽水溪	崎頂(龍崎鄉)	611	236	781	101	828	39	846
二仁溪	木柵(內門鄉)	828	>2000	1105	>2000	1191	>2000	1221
高屏溪	尾寮山(三地門)	1415	>2000	2216	>2000	2564	>2000	2701
高屏溪	甲仙(甲仙鄉)	1078	>2000	1601	>2000	1856	>2000	1916
東港溪	來義(萬巒鄉)	829	101	1168	1534	1289	>2000	1339

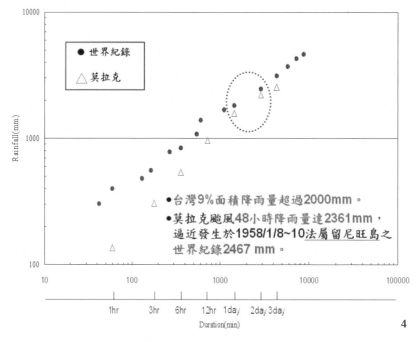

圖 2　莫拉克颱風與世界極端降雨紀錄比較圖

 三、莫拉克颱風災情統計及致災原因

3.1　災情統計

　　莫拉克颱風挾帶驚人雨量，造成崩塌、土石流、漂流木、潰堤、溢堤、淹水、缺水、斷橋等災情，重創台灣中南部及台東地區，災情統計詳表 2，而歸納本次災害，其型態為複合型災害，大致可分為河川上游山區嚴重崩塌之土砂災害及低窪地層下陷區之淹水災害，災害區位示意圖如圖 3 所示，由圖 3 可看出河川上游崩塌面積廣大，另中央管河川、區域排水及海堤之堤防損毀嚴重，多處潰堤，縣管河川如林邊溪、太麻里溪、知本溪均受損嚴重，災損統計如表 3 所示，造成淹水面積超過 400 平方公里，淹水區位與台灣易淹水地區範圍比較圖如圖 4 所示，另颱風造成設施損壞(如高屏堰、甲仙堰及南化聯通管等)及高濁度影響供水，颱風期間影響 769159 戶(處)供水。

1

表2　莫拉克颱風災情統計表

災情統計＼颱風名稱	莫拉克
人員傷亡失蹤(人)	757(死698失59)
道路中斷(處)	100
停電(戶)	1,595,419
停水(戶)	769,159
農業損失(元)	164億6863萬
水利設施損壞(處)	174
疏散撤離(人)	24,950
災民收容(人)	5,990

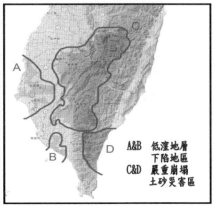

圖3　莫拉克颱風災害區位示意圖

圖4　莫拉克颱風淹水區位與台灣易淹水地區範圍比較圖

表 3　莫拉克颱風造成堤防損毀統計表

類別	沖毀長度(m)	受損長度(m)	合計(m)
中央管河川	36242	9590	45832
中央管區排	0	325	325
海堤	520	180	700

3.2　致災原因

莫拉克颱風之致災原因可歸納爲下列 4 大項原因：

1.　超大洪水量超過河川及區域排水之保護標準。

2.　洪水挾帶大量土石及漂流木直衝水利設施。

3.　地層下陷地區，地勢低窪又逢大潮。

4.　部分橋樑低矮，又受砂石漂流木阻塞影響通洪。

四、預防本年汛期間二次災害之作為

4.1　辦理搶修(險)工程

　　已於颱風後一週內完成曾文溪、高屏溪等 11 水系共計 63 件之堤防受損及缺口之搶險工程。並針對大部分之堤防損毀處於 98 年 10 月底前完成 104 件損毀設施之搶修工程，恢復原有防洪功能，並做好應變計畫、準備防汛器材及監控。

4.2　趕辦疏通工程

　　經初步統計濁水溪、八掌溪、北港溪、朴子溪、急水溪、曾文溪、鹽水溪、二仁溪、高屏溪、東港溪及卑南溪等 11 水系，治理界點以上估計有數億立方公尺之崩塌，治理界點以下之淤積長度約 110 公里，淤積量 6000 餘萬立方公

尺。為減少汛期間二次災害發生，治理界點以下之河道必須疏通 57 公里，目前已完成 185 萬立方公尺疏通量。其中高屏溪災情較重，已規劃辦理 41 公里疏通作業，迄今完成 117 萬立方公尺疏通量，治理界點以上之河道疏通則請林務局及水保局同步辦理。

4.3　加強淹水預警及疏散措施

1.　外水預警：增設水位站，完備河川警戒水位。

2.　內水預警：檢討鄉鎮淹水預警雨量，更新淹水預警系統。

3.　配合移動式抽水機及防汛器材預佈作業，並即時發布河川溢淹及淹水預警，適時疏散減少傷亡。淹水預警及疏散措施示意圖如圖 5 所示。

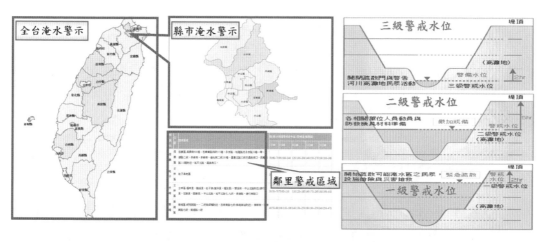

圖 5　淹水預警及疏散措施示意圖

4.4　強化易受災地區疏散與避難措施

經濟部水利署已於 98 年 9 月 7 日頒行「落實水災危險潛勢地區疏散撤離標準作業程序」，未來各級政府單位應依據該標準作業程序辦理易受災地區民眾之疏散與避難措施，以降低人民生命財產損失，落實水災危險潛勢地區疏散撤離標準作業程序如圖 6 所示。

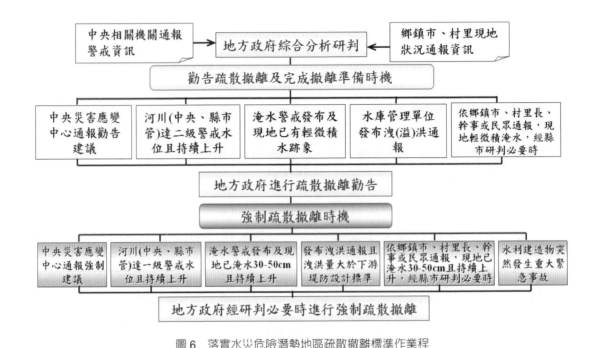

中央相關機關通報警戒資訊 → 地方政府綜合分析研判 ← 鄉鎮市、村里現地狀況通報資訊

勸告疏散撤離及完成撤離準備時機

| 中央災害應變中心通報勸告建議 | 河川(中央、縣市管)達二級警戒水位且持續上升 | 淹水警戒發布及現地已有輕微積水跡象 | 水庫管理單位發布洩(溢)洪通報 | 依鄉鎮市、村里長、幹事或民眾通報,現地輕微積淹水,經縣市研判必要時 |

地方政府進行疏散撤離勸告

強制疏散撤離時機

| 中央災害應變中心通報強制建議 | 河川(中央、縣市管)達一級警戒水位且持續上升 | 淹水警戒發布及現地已淹水30-50cm且持續上升 | 發布洩洪通報且洩洪量大於下游堤防設計標準 | 依鄉鎮市、村里長、幹事或民眾通報,現地已淹水30-50cm且持續上升,經縣市研判必要時 | 水利建造物突然發生重大緊急事故 |

地方政府經研判必要時進行強制疏散撤離

圖6　落實水災危險潛勢地區疏散撤離標準作業程

五、疏濬工程

5.1　初估河川淤積分布情形

　　莫拉克颱風超大雨量,使河川上游產生大量崩塌及土石流,土砂伴隨洪水帶至下游河川造成河道淤積,淤積河斷主要分佈在濁水溪以南之各河川流域內,經初步調查估計河川治理界點以下之河道淤積長度超過110公里,淤積量超過6000萬立方公尺以上,實際數量可能更多,莫拉克颱風造成河川淤積量統計如表4。

表 4　莫拉克颱風造成河川淤積量統計表

水系名稱	淤積長度(公里)	淤積數量(萬 m^3)	備註
濁水溪	32	1500	
八掌溪	13.5	289	
北港溪	15.2	365	
朴子溪	7.25	174	
急水溪	3.99	96	
曾文溪	15.5	534	
鹽水溪	1.5	13	
二仁溪	2.3	20	
高屏溪	16.7	3000	實際數量可能更多
東港溪	0.6	40	
卑南溪	1.76	33	
總合	110.3	6064	

5.2　疏濬原則及財源籌措

1. 辦理原則：

治理界點以下之總淤積量 6000 餘萬立方公尺，其中屬急要預防災害疏濬者，經檢討約 2500 萬立方公尺已即刻辦理疏濬，並於 99 年汛期前完成。其餘部分優先考量下游、海岸砂源補充及自然水力排砂特性，由水利署籌組技術團隊儘速針對疏濬位置、範圍、深度完成評估，提出加速疏濬計畫。

2. 目前辦理情形：

已有 16 件施工中，迄今完成 67 萬立方公尺疏濬量，其餘於 98 年 10 月間陸續開工。

3.　財源籌措：

因河道中夾雜私有地需先辦理徵收，所需費用龐大，經行政院同意由特別預算籌應 60 億元辦理用地取得，俾利疏濬工程進行。

5.3　河川疏濬工作遭遇困難

河川疏濬工作遭遇困難可歸納為下列 4 大項：

1.　中上游山區持續大量崩坍土石。

2.　河川內私有地處理經費龐大且費時。

3.　河川渲洩洪流，疏濬受地形、天候影響風險較高。

4.　疏濬土石載運交通問題：

　　(1)　一般道路影響環境交通易遭抗爭。

　　(2)　便道汛期間易遭沖毀，影響土石外運進度。

5.4　加強疏濬能量之策略

1.　中央與地方應通力合作共同參與疏濬：

水利署已於 98 年 9 月 9 日邀法務部、工程會及嘉義縣、台南縣、高雄縣、屏東縣、台東縣等 5 縣政府研商共同參與疏濬，達成下列共識：

　　(1)　河川局儘速與縣市政府協商確認參與疏濬河段 。

　　(2)　急要河段私地請縣府協助取得先行同意使用。

　　(3)　河床便道共同使用。

　　(4)　必要時請縣府協調同意使用一般道路運輸系統。

2.　簡化許可縣市政府辦理疏濬作業程序：

　　(1)　縣市政府送疏濬概要書，河川局邀集會勘確認後即可先行施工。

　　(2)　得以採售合一，並得依規定善用民間力量辦理。

　　(3)　疏濬所得土石得優先平價供應災區，充分利用作重建所需砂石。

1

⑷ 收益得提撥作為災區重建避災相關經費。

⑸ 預計原作業期程可縮短 3~4 個月。

3． 簡化河川局辦理疏濬作業程序：

⑴ 河川局得逕以採售合一方式辦理疏濬。

⑵ 河川局無需提報採售分離計畫書。

⑶ 緊急時得以開口合約或堆置場地暫置土石。

⑷ 修正多數平均價決標原則，放寬投標資格及加速決標。

4． 工程用地加速取得：

⑴ 公有地：優先疏濬。

⑵ 私有地：加發施工獎勵金，鼓勵地主同意先行使用。

⑶ 急要河段必要時依河川管理辦法第 17 條規定先疏濬後補償，邀法務部、部法規會、縣市政府研商。

⑷ 所需土地全面展開徵收，請內政部協助加速土地分割，以 1 年半至 2 年時間完成。

5． 排除不正當力量干擾：

　　除經濟部主管外，應加強橫向聯繫，相關部會包括經建會、工程會、農委會、內政部(含警政署)、法務部均應參與，公開、透明執行，並確保辦理人員安全，如有不正當力量干擾，應依法排除，加速疏濬。

5.5　中央地方合作提昇效力

1． 疏濬土石收益挹注縣庫、簡化許可縣政府計畫內容、申請許可程序，減免土石使用規費，增加中央地方共同合作可行性，如(南投縣政府願意協助烏溪及濁水溪 2 水系，疏濬土石量約 900 萬立方公尺)，地方政府如能提出更好、適法可行之作用，本署將協助配合。

2． 目前初步建議由地方政府執行疏濬土石量約 2000 萬立方公尺。

5.6　多元檢討加速疏濬作法－研提加強疏濬方案

　　針對災區重建及公共工程土石就近使用、堤防復建工程一併背填回復流失土地、地層下陷區避災墊高土地、砂石儲備中心、減少進口、擴大標售資格範圍、加強水庫水力排砂等，檢討各種加速疏濬作業，研提「加強河川野溪及水庫疏濬方案」，結合各部會通力合作，以大大提昇疏濬土石數量及進度，整體疏濬策略如圖7所示。

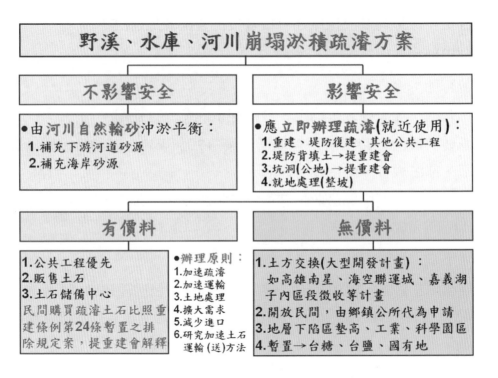

圖7　「加強河川野溪及水庫疏濬方案」疏濬策略

5.7　預定進度及目標

1. 預訂 98 年 10 月間將加強河川野溪及水庫疏濬方案陳報行政院核定後實施。

2. 結合中央各部會與地方政府之能量，全力執行疏濬工作，以中央完成 4500 萬立方公尺，結合地方則以完成總量 7000 立方公尺為努力目標。

六、復建工程

6.1　工程數量、財源、階段目標

1.　工程數量：

中央管河川、區排及海堤復建工程迄今有曾文溪、高屏溪等暫計 284 件。

2.　經費籌措：約需 70 億元。

3.　階段目標：急要段之復建工程以 99 年汛期前完成，一般堤段以 99 年底完成為努力目標。

6.2　復建原則

1.　如屬高危險容易受災河段，將審慎檢討治理計畫線、工法、材料、結構及斷面型式等項目後再行辦理。

2.　為提高防洪保護，可採放寬河道、劃設洪氾區管制等方式辦理復建。

3.　中上游河段之堤防復建，應針對高含砂水流及漂流木衝擊堤防之問題，加強堤防結構強度設計。

 七、積極協助地方政府

7.1　協助事項

1.　全力協助縣市政府針對 45km 受災河川，辦理搶修(險) 、疏通疏濬及復建工程，協助籌措經費 47.59 億元。

2.　易淹水地區水患治理計畫已核定辦理之治理工程，不與災後重建特別預算內重複編列經費。

3. 林邊溪、知本溪及太麻里溪等 3 條縣管河川，因需辦理範圍廣大，用地費比照易淹水地區水患治理計畫由中央補助部份用地費。其餘仍比照以往災害復建工程模式由地方自籌。

4. 水利署協助經費籌措及技術協助，縣市政府負責執行。

7.2　以林邊溪為例

1. 協助搶修搶險經費籌措及技術協助。

2. 協調國軍辦理河道清淤。

3. 協助設立警戒水位站。

4. 協助擬定移動式抽水機緊急調度計畫及標準作業程序。

5. 協助辦理林邊溪復建及疏濬工程。

八、未來水患治理對策及經費

8.1　治理對策

1. 流域系統性整體治理：

面對極端事件造成之複合型災害，未來水患治理無法單靠由某一機關即可獨立解決，治理新思維必須系統化整合上中下游水、土、林等一併治理，結合國土規劃、綜合治水作整體規劃，並限制不當開發，落實流域管理，確保治理成效。

2. 工程與非工程並重：

治理水患必須體認辦理工程需要時間且有其保護極限，應加強非工程防災措施，如精確預警及制訂疏散、撤離之標準作業程序，並落實演練。

3. 全民防災：

應建立全民防災觀念，政府將加強民眾防災教育宣導，並明確將風險告知民眾，建立疏散機制，提升民眾自我防災意識共同參與防救災工作。

8.2　治理經費

1. 未來政府會將治水當作要命施政之最重要工作，將擴大編列治水預算，進行水、土、林等治理及相關廣義治水工作。

2. 經各單位調整後，99 年度經費計 774 億元如表 5，重要河川均已納入。

3. 本次受災嚴重之曾文溪將提報「曾文溪整治實施計畫」，高屏溪提報「高屏溪流域整治計畫」辦理。

表 5　各部會編列 99 年要命施政治水應費統計表

單位	性質	編列預算(億元)
經濟部水利署	河川排治水(417 億元) 石門水庫及其集水區整治(37 億元)	454
農委會水保局	治山防災及水土保持	136
農委會林務局	造林與國有林治山防災	47
農委會水利處	農田排水	104
內政部營建署	下水道	11
行政院主計處	統籌分配款(一般性補助款)	22
合計		774

九、98 年 10 月 11 日全國治水會議決議事項

1. 莫拉克颱風造成近 50 年來最嚴重土砂、漂流木、洪水及淹水等多項災害同時發生的複合型災害，我們必須深切體認「人無法勝天」，從整體國土保安、復育及防災等面向，重新檢討國土規劃利用，並以流域系統性整體治理的思維，整合上中下游水、土、林綜合治理。

2. 災後河川疏濬工作迫在眉睫，請經濟部儘速研議因應之土石採售機制，在明(99)年 6 月底前，優先完成有保護標的的急要河段疏濬 2500 萬方土砂量，行政院農委會應同時加強上游集水區土砂清疏避免二次災害，並請相關部會包括法務部、國防部、內政部(警政署)、經建會及工程會共同參與及協助排除執行困難或不法干預及不正當力量介入，確保程序公開透明，讓第一線承辦人員在安全機制下勇於任事。

3. 中央與地方應緊密合作共同疏濬，經濟部已提供疏濬作業簡化程序、土石收益挹注縣庫及減免土石使用規費等措施，請地方政府務必積極配合疏濬工作，共同完成最大可能的疏濬量。地方政府若有更好的方案，亦可納入評估。

4. 建立完善的河川疏濬配套措施，包括選擇台糖土地適當地點作為堆置土石中繼站、有價土石之採售機制、無價淤泥之去化及減少國外進口的砂石量等，確保河川疏濬成效。

5. 請經濟部儘速研訂「河川野溪及水庫疏濬方案」，提升疏濬能力並研議建立「土方銀行」機制，整體考量疏濬土方的供應及調節，並擴大國內土砂需求量包括公共工程所需土方及料源如高雄南星計畫的填海造地、配合都市計畫新市鎮開發所需填方、沿海低窪地區墊高填復、河口沙洲養灘、河川沿岸流失土地回填及鄰近公共工程填方等用途，協調地方政府共同參與推動。對於有執行困難部分，行政院將全力協助，並整合各部會力量共同落實完成。

6. 災後復建宜審慎檢討重複致災原因，以尊重及順應自然、不與河爭地為原則，儘速完成水道治理計畫線的檢討及提高必要的設施結構設計強度，以及加強保護鄰近都會區、鄉(鎮)社區及重要設施河段。中上游河段之堤防復建，則應針對高含砂水流及漂流木衝擊堤防等問題，加強堤防結構強度設計。

7. 急要段的中央管河川、區域排水及海堤設施的搶修及復建工作，將針對高危險容易受災及重要保護地區之河段檢討提高設計標準，並如期如質完成，於明年汛期前，恢復災前原有防洪功能。

8. 為避免短期內颱風豪雨侵襲釀致災害，將寬籌治水經費，進行水、土、林等治理及相關全流域治水工作，經各單位調整後，99 年度經費約 800 億元，重要河川均已納入，並將持續加強檢討預算編列，儘速完成。

9. 請地方政府本於職責加強縣市管的河川及區域排水設施之復建及整治工作，對於嚴重受創地區如林邊溪、太麻里溪及知本溪等，中央全力予以技術及經費之協助，共同落實完成。

10. 有關斷橋重建，應採取山路河橋共治之原則，統合跨越河川的結構設施、沿河之道路、堤岸及河川水文、水理特性等因素選定橋址，並以大跨距或不落墩的設計及堤防共構等方式提升安全度，同時整合及強化聯繫會報功能，並納入行政院農委會水土保持局、林務局及地方政府等單位，共同維護河川保護橋梁的安全。

11. 非工程之防災教育、疏散、警戒極需加強，建議教育部能夠主導或協助各部會撰擬防災教材，並融入現有之教育體系，讓防災觀念從小紮根。

12. 行政院吳敦義院長指示為減輕災害對人民及國力所造成的損失，除地震、風災、水災等天災外，如 H1N1 新型流感等各類型災害，均為政府施政重點，未來將比照國防，每年提出防災白皮書。

十、結論

1. 全國水利會議檢討事項，民眾期望很深，必須與時間賽跑，於明年汛期前恢復原有防洪能量，並建立控管機制，如期如質達成目標。

2. 中央與地方通力合作加速完成，未完成前加強預警、疏散及避災等防汛應變措施。

3. 擴大編列治水預算，進行水、土、林等治理及相關廣義治水工作。

4. 防災工作人人有責，政府將加強民眾防災教育宣導，並明確將風險告知民眾，建立疏散機制，提升民眾自我防災意識，共同參與防救災工作。

參考文獻

◆1. 經濟部，「易淹水地區水患治理計畫」，95 年 5 月。

◆2. 陳伸賢、楊偉甫、曹華平、李友平，「綜合治水對策及永續發展」，95 年農業工程研討會。

◆3. 「98 年全國治水會議」議題一簡報及結論。

◆4. 經濟部水利署全球資訊網頁「易淹水地區水患治理專屬網站」 www.wra.gov.tw。

2 八八水災農田水利之整備、應變與重建

一、八八莫拉克颱風豪大雨釀災重創中南部區域

中度颱風莫拉克(MORAKOT)於 98 年 8 月 4 日 2 時在菲律賓東北方海面形成，並於 8 月 5 日 5 時起轉爲偏西行進，快速朝台灣東方海面接近，颱風路徑如圖 1。中央氣象局於 8 月 5 日 23 時 30 分發布海上颱風警報，並於 8 月 6 日 8 時 30 分發布陸上颱風警報，警戒地區爲全台各地。本颱風中心於 7 日 23 時 50 分從花蓮登陸台灣，8 日下午 2 時颱風中心由桃園附近出海，本次颱風行徑甚爲緩慢且呈現原地滯留現象，加上水汽條件在海上不斷幅合、重新形成集結，使得一波波之局部豪大雨不歇，降雨強度及累積雨量創下多項紀錄，依

[1] 孫維廷　農委會農田水利處

[2] 蘇淑明　農委會農田水利處

[3] 沈英勳　農委會農田水利處

[4] 林尉濤　農委會農田水利處

據中央氣象局統計，莫拉克颱風於 8 月 6 日至 10 日侵襲台灣之期間，為中南部帶來之降雨量，嘉義縣阿里山鄉累積雨量高達 2853.5 毫米、屏東縣尾寮山 2687.5 毫米、高雄縣御油山 2517 毫米、台南縣曾文 1943.5 毫米(如圖 2)；在上述期間屏東縣尾寮山、高雄縣溪南、高雄縣御油山等 3 處單日累積雨量分別高達 1402、1301.5、1283 毫米，均打破 1997 年安珀颱風為花蓮布洛灣降下 1222.5 毫米的歷史紀錄；嘉義縣阿里山鄉及屏東縣尾寮山 2 日總雨量均超過 2100 毫米，也打破 1996 年賀伯颱風為嘉義縣阿里山鄉降下 1986.5 毫米的歷史紀錄。如此極端的降雨造成中南部山區大範圍之山崩、土石流現象，亦使得曾文溪、荖濃溪、旗山溪、高屏溪與太麻里溪等河水暴漲，導致部分區域洪流溢堤、潰堤而重創中南部地區。

茲就本次莫拉克風災農委會農田水利處督導及協助農田水利會對農田水利災害預防整備、應變與災後重建等方面之作為，區分「平時減災」、「災前整備」、「災中應變」與「災後復建」等四大工作，分述如下。

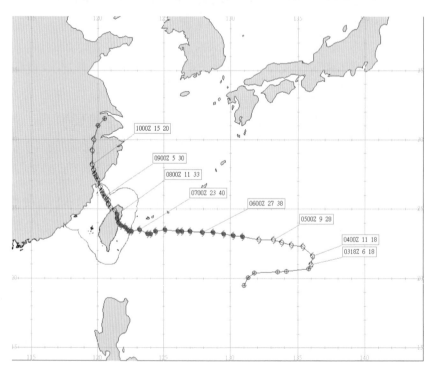

圖 1　莫拉克颱風之路徑(指標表示時間(UTC)、移速及最大風速)

二、平時減災作為－加強農田排水工程改善，提升農田水利設施防護能力

2.1　辦理易淹水地區水患治理計畫－農田排水改善

　　本會配合易淹水地區水患治理計畫 96 至 103 年度等 8 年期間，農田排水預定經費共 55 億元。第一階段於 96 至 97 年度執行水患治理計畫農田排水改善經費 16.3 億元，共辦理 66 件農田排水改善工程，於本次風災前，已完成改善台中縣、彰化縣、雲林縣、嘉義縣、台南縣市及高雄縣約 155 公里之農田排水水路、150 座構造物及 6 座制水門，維持颱風期間之水路暢通，此次颱風期間，據農田水利會表示，已實施改善地區之農田排水系統，已發揮減小淹水深度及降低災害損失之功能。

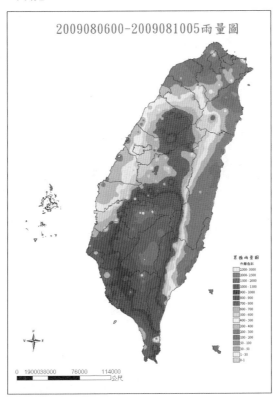

圖 2　莫拉克颱風警報期間總雨量累積圖

2.2 辦理農田水利設施更新改善及農地重劃區農水路改善計畫－改善農田灌溉排水設施

本會補助全省農田水利會辦理農田水利設施更新改善計畫，98 年度補助水利會經費總計 12.2 億元，預計更新改善約 320 公里灌排渠道及 1100 座構造物。98 年度行政院因應全球金融風暴衝擊，推動振興經濟擴大公共建設政策，本會遂研擬成立「加速急要農田水利設施改善」計畫，以提振景氣、促進國內需求及就業機會，並加速改善農田水利設施，厚實農村基礎建設。本計畫編列預算 32.7 億元，預計補助各農田水利會改善事業區域內老舊渠道 400 公里，水工構造物 635 座。本會配合推動振興經濟擴大公共建設政策另成立「加速重劃區急要農水路改善」計畫，於 98 至 101 年 4 年內辦理全省農地重劃區急要農水路改善，範圍包括金門、澎湖及宜蘭縣等 16 個縣，以及桃園等 14 農田水利會等急要農水路改善工程，預計可改善 700 公里長農水路，計畫總經費約 35.5 億元，改善水路以農田排水占較大比率，改善後可減輕重劃區農田淹水潛勢之水患問題，受益面積達 35 萬公頃，俾降低農民受水患之威脅，減低農作損失，增加地方農民收益。

三、防災整備作為－完成清淤及閘門抽查，確保農田水利設施防災機能

3.1 督導農田水利會辦理農田排水水路清淤及閘門操控機能檢查

為落實農田排水路淤積之疏濬，以及重要閘門之維護管理工作，本會於 98 年 1 月 19 日開會研商「農田水利設施閘門安全檢查暨農田排水清淤工作抽查訪評計畫」，並促請各水利會依限辦理農田排水清淤工作，並經本會實地抽查清淤工程，相關工程均已如期完成，排水暢通並無淤積。本會另配合中央災害防救委員會於 98 年 3 月中旬至 6 月上旬辦理「98 年度直轄市、縣(市)政府

災害防救工作訪評實施計畫」，實地抽查訪評轄區內有列管農田排水之 16 個縣市，勘查災防會抽選之鄉鎮總計 31 處農田排水，現勘結果均無淤積影響排水情事，維護狀況良好。

本會另於 7 月間發函督促各水利會依前揭計畫作業時程，辦理農田排水淤積檢查與清淤作業，持續加強維護農田排水水路之暢通，於本次風災前各水利會業針對列管之 609 條重點農田排水清淤處所辦理 87 處清淤檢查，檢查結果並無淤積，同時，本會亦持續本於權責督導抽查水利會辦理淤積檢查與清淤工作。

有關水利會閘門水利設施維護方面，本會業於汛期前督促各水利會完成全部閘門 14421 座之檢查及維護，並實地抽查苗栗、新竹與宜蘭農田水利會總計 8 處重要水閘門操作機能等安全檢查，並依「農田水利處水(風)災災害緊急應變作業說明」規定，於防汛期間(5/1 至 11/31)中央氣象局發布豪大雨特報時，立即發佈傳真及電郵請各水利會警戒，針對列管閘門進行安全檢查，並由水利會與本會進行水門操作管理人員通聯測試，確認管理人員依規定操作啓閉水門。

3.2　建置災害防救地理資訊系統，作為機動應變之參考

為強化農田水利水災災害應變，本會辦理灌排設施維護管理經費評估及水閘門資料庫建置計畫，調查完成全國農田水利會 4132 座重要水閘門資料並建置監控管理地理資訊系統，一旦有災情發生，可立即在網路上瞭解周邊之灌溉排水系統及受災農地面積等，提供災害應變之參考。

 # 四、災中應變作為－強化農田水利水災災害應變機制，防止災情擴大

為強化農田水利水災災害應變機制，須制定標準化之作業流程。本會業已訂定「農田水利水災災害防救作業手冊」，督導全國各農田水利會辦理農田水利水災災害防救與緊急應變事宜，內容包含「農田水利處水(風)災災害緊急應

變作業說明」(緊急應變小組作業流程如圖 3)與「農田水利設施檢查標準作業程序」(工作作業程序如圖 4)，作為本會及各農田水利會建立水(風)災應變體系、災害搶救、事故處理、災情勘查、善後復原重建以及農田水利設施檢查作業之依據。

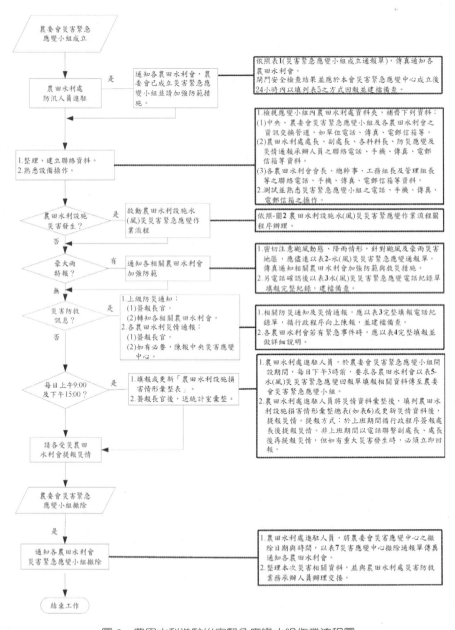

圖 3　農田水利進駐災害緊急應變小組作業流程圖

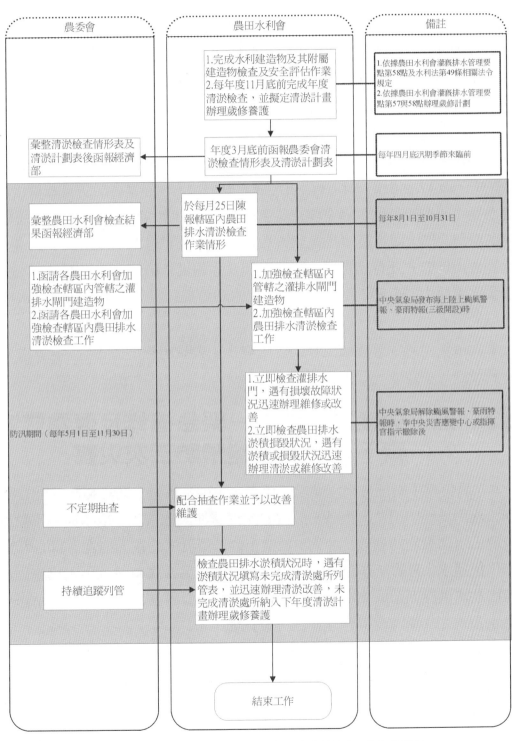

圖 4　本會辦理農田水利設施暨農田排水清淤檢查工作作業程序

　　本次風災前全國各農田水利會暨農田水利會聯合會預定於 8 月 7 日在桃園舉行台灣地區農田水利會第 45 屆水利杯球類錦標賽，經本會研析評估後緊急函請各水利會以防災救災為先，改期舉辦水利杯球類錦標賽，返回工作崗位落實防災準備、搶修搶險等應變事宜。

　　另本次風災中央氣象局發布莫拉克海上颱風警報後，本會暨所屬機關於晚間同步開設緊急應變小組，展開應變作業，並召開 11 次工作會報監控颱風動態，責成全國 17 個農田水利會依規定成立應變中心，落實各項防災準備措施。緊急應變小組開設期間，遇有中央災害應變中心(上級或相關媒體報導)通知有災害防救訊息時，即時簽報長官並轉知各災害防救訊息予相關農田水利會，指導水利會辦理方式並持續追蹤；若有水利會通報災情時，立即簽報長官，呈報中央災害應變中心協助，此外，定期督促水利會提報災情速報彙整農田水利設施相關災情。

　　本次風災由於本會輪值災害緊急應變小組人員應變處置得宜，並無重大農田水利設施受損造成民眾傷亡等。

 # 五、災後復建作為－緊急搶修及復建雙管齊下，加速重建預防二次災害

　　本次風災為中南部帶來極端之降雨量，防洪工程有其防護極限，全省農田水利設施因為堤防潰決，土砂、洪流溢流漫淹沖毀取首工、取水與輸水設施，造成農田水利設施的損毀、沖失，並遭土砂、漂流木的覆蓋掩埋。有的可緊急搶修恢復通水，有的無法緊急搶修恢復通水，須另採臨時替代供水措施因應，防止因缺水供應而造成二次災害。有關災後本會督導農田水利會辦理搶修、緊急供水預防二次災害及復建等作為，分述如下。

5.1　立即動員勘災－指導水利會搶修應變作業

　　本會於應變時期強化與各農田水利會建立之水(風)災應變體系，藉由水利會回報、通報之災情資訊，立即於 8 月 13 日起指派主管技正赴現地勘察災區

1

水利設施災情，即時指示水利會依據「農田水利會辦理天然災害緊急工程處理要點」，先行辦理急要搶修工作，並指導災情處置等搶修、復建與相關注意事項。經本會彙整提列「莫拉克風災農田水利設施搶修工程」計畫，合計核定災後農田水利設施搶修工程 116 件，補助苗栗、彰化、嘉南、高雄、屏東、台東、花蓮等 7 個農田水利會，搶修工程經費合計 6689 萬元。

5.2　協商加速研議災後復建重建工作

　　召開會議邀請災區農田水利會加速研擬、提報復建計畫，俾利本會派員複勘確定工程之件數及經費提列計畫補助，持續督促水利會辦理復原、重建工作，若遇工程須整合其他機關共同配合辦理，即時開會邀請相關機關協商共同解決跨部會復建協調與分工事宜。本次災後農田水利設施復建工程，由水利會提報復建工程明細表申請本會補助，本會指派主管技正赴轄區複勘，總計審定 114 件(工程內容計有臨時攔水設施、河川取水閘門、排砂閘門、固床工、沉沙池等取水設施、河川抽水站以及導水路、幹、支、分線等輸水、導水設施等復建)，核定「莫拉克風災農田水利設施復建工程」(分第一期及第二期)計畫補助補助苗栗、台中、南投、彰化、雲林、嘉南、高雄、屏東、台東等 9 個農田水利會，復建工程經費合計 110841 萬元。

5.3　預防二次災害－辦理緊急搶修供水、農田水利設施與相關防護缺口搶修修補

　　針對部分取水工程復建工期較長者(如高雄、屏東與台東部分灌區取水設施與灌區遭洪水沖毀、土砂掩埋，如圖 5 至 9)，本會已指示相關水利會先採臨時替代取水方案緊急供水(諸如利用深、淺井抽取地下水供應、臨時攔水導水供灌以及緊急抽水灌溉等替代取水方案)，對於遭土砂覆蓋掩埋的輸水設施、導水路、幹支分線等檢討採分階段疏濬水路方式，以恢復供水為首要目標，優

先針對灌區內農民作物用水需求緊急施作搶修工程，儘早供給灌區內灌溉水源。

圖 5　高雄曹公圳抽水站進水口、導水路遭土砂掩埋

圖 6　高雄獅子頭圳二幹分線遭土砂漂流木掩埋

圖 7　屏東舊寮圳系統進水口沖毀、圳路流失

圖 8　台東卑南上圳進水口遭洪流沖毀

圖 9　太麻里圳進水口沖毀，灌區農田流失、淹沒

　　本會亦即時函請水利會針對本次風災因河川潰堤造成農田水利設施灌溉取首工與取水閘門設施損毀，現已潰堤急需防護之缺口，速洽經濟部水利署及相關河川局協助，儘速緊急搶修、復建，施設臨時護岸與堤防，並放置防洪混凝土消波塊、菱克式消波塊等臨時消能設施，以防止洪水再次由此缺口溢流流入灌溉系統，造成農地及水路之損毀。

　　本會另函請各水利會儘速全面檢視灌區內排水系統，是否有遭掩埋破壞而失去排水功能等情事，並儘速清疏，加強維護農田排水水路之暢通，以免因下次豪雨排水不良導致農田遇雨成災。

 # 六、結語

　　臺灣獨特的氣候、土壤與田園環境，孕育多樣化的良質作物，提供農民安居適憩的農村生活，也提供國人休憩沉浸的盎然風光，農委會為了確保廣大農民的權益，本於監督輔導農田水利會執行會務之立場，維護各農田水利設施正常功能，預防災害的發生，乃依據農田水利會組織通則第 4 條、第 10 條在農田水利會事業區域內，輔導農田水利會辦理農田水利事業災害之預防及搶救事項。

　　惟近年受到全球暖化，氣候變遷的影響，極端水文現象不斷發生，莫拉克颱風以及伴隨其後引進的西南氣流，帶來的超乎想像、前所未見的極端雨量，天地為之傾側，萬物遭到摧毀，所造成的災難和傷痛震撼了人心，遭洪流、土砂沖毀的農田水利設施，本會與各農田水利會責無旁貸，將協助督促各水利會執行重建工作，戮力以赴重建經緯，修復田園的脈絡，加速辦理農田水利取水、輸水與排水設施復建工程。另一方面持續辦理相關水患減災排水系統工程，對有溢堤、破堤之虞的水路，加強加固，對老舊灌排水路及水利設施，及時辦理更新改善，以全面提昇設施機能。並持續督導防災整備作業(農田排水路之清淤、重要閘門全面檢修與專人適時正確操作等)，於颱風期間強化農田水利水災災害應變機制，即時指導水利會相關應變措施，落實農田水利水災災害管理之「減災」、「整備」、「應變」與「復建」措施，提昇農田水利設施防災機能，以及水利會同仁之防災應變能量。

3 八八水災後河川砂石之芻議

摘　要

　　臺灣地理環境特殊，河川流域地質不穩定，尤其 921 大地震後，淺薄土層極易沖蝕崩塌，此次莫拉克颱風暴雨使山區表土大量流失，土石隨洪流而下，大量淤積河床並氾濫成災。臺灣一方面在砂石供需上出現短缺失衡現象，一方面卻也面臨大量土石堆積河道及蓄水設施的窘境，政府至今已到達不得不積極處理的地步，也必須將短中長期砂石供需及處理政策予以確定並貫徹執行，使國土上游之土砂產生區、中游之土砂輸送區、以及下游之土砂堆積區皆達到動態平衡狀態，俾因應當前面臨的危機及未來氣候變遷帶來的預期衝擊。

¹ 毛振泰　國立中央大學土木工程學系博士
² 吳瑞賢　國立中央大學土木工程學系教授

　　全國砂石的供應及需求自民國 89 年至 97 年間的平均數量大約為 6410 萬立方公尺，其中河川砂石約 50%、陸上砂石(土石採取+營建剩土)約 34%、進口砂石約占 16%，本次莫拉克八八水災一次就為台灣帶來約 12 億立方公尺的土砂，其中有 2.5 億立方公尺的土砂流入河川中下游，然大部分土砂，正如七二水災之大甲溪上游狀況，因為運距過長及運量過大，仍堆置於上游或山區坡面，為了於 99 年汛期前使國人擁有安全平靜的居住環境，政府目前制定「6500 萬立方公尺河川野溪與水庫疏濬」與「區域性土石儲備中心(土方銀行)」及「河川疏濬砂石進行填海造陸」三大政策目標。

　　為達成該三大目標，相關務實的具體作法在短期必須克服相關砂石為國有財之法治觀念，就近進行有效處理位置不當之砂石或有害的低窪地。中期需尋找「堆置地點」成立「區域性土石儲備中心(土方銀行)」並將有價土方出售，將無價砂石運往公共建設中之「墊高地點」及「填方地點」。長期則以成立「區域性砂石營運中心」，以穩定砂石市場及供給為終極目標。

關鍵詞：砂石供需、區域性土石儲備中心(土方銀行)、區域性砂石營運中心

Abstract

　　Taiwan locates in a unique geographical environment where river basins became highly geological instable after the 921 Earthquake in 1999. Shallow soil layer showed easily to be eroded and collapses. On the one hand there is a shortage and imbalance between the gravel supply and demand; on the one hand, a large amount of dirt and rock piled up in rivers and water facilities in many locations causes severe problem. In order to assure a safe living environment being provided before pre-flood season in year 2010, the government has drawn up three aims to tackle this issue. Three main policy directions are: 1. remove 65 million cubic meters of dredging sand and gravel from rivers and reservoirs prior to flood season in year 2010; 2. establish the sand and gravel banking system; and 3. apply the river's sand and gravel for land reclamation.

In order to achieve the three goals, utilizing the nearest place for storeroom is necessary to effectively deal with inappropriately located gravel or harmful low-lying land. In the medium-term, stacking places should be identified for setting up The Sand and Gravel Bank in order to distribute the valuable sand and gravel in public construction, or to transport sand and gravel to the pile location. In the long-term, a so-called Regional Sand and Gravel Management Center is facilitated to stabilize the market of the supply of gravel as the ultimate goal.

Keywords：sand and grave supply and demand、the sand and gravel bank、the regional sand and gravel management center

 # 一、前言

臺灣地理環境特殊，山高地陡，河短流急，雨量充沛，颱風特多，並常挾帶豪雨引起山洪暴發，又因地質年代較輕，質地脆弱易於風化，加以地震頻仍，尤其是 9 年前 921 大地震後，淺薄土層極易沖蝕崩塌，每逢颱風暴雨表土流失，土石隨洪流而下，淤積河床增高水位，氾濫成災。

在整個水文地質自然演變過程中，高山的土壤或土砂順著河道沖積入下游平原堆積或入海口維持海岸平衡皆是正常運移。因此部分在槽水庫橫阻河道蓄水，土石隨洪流而淤積庫容，正如同河道河床淤積，皆是自然現象不可免除。另因社會經濟發展，人類需要使用土地，自然產生之寬廣下游河道或堆積平原不得不開發使用，因此土石的自然運移亦被干擾，然而各種人為措施及設施，使自然界與法規中所定義之土石及人為後之砂石產生多種利弊交錯的現象，土石及砂石資源在我國產生的效益為：

(1) 維持各跨水道構造物基礎之穩定。

(2) 提供河川水系各區不同生物及生態所必須之棲地底質。

(3) 傳輸至河口再流向海岸維持國土海岸平衡不致退縮。

(4) 沖積至平原處造成肥沃的沖積平原使耕作農作物繁榮生長。

⑸　砂石資源開採銷售獲利：目前有土石採取法供依循，該法乃爲合理開發土石資源，維護自然環境，健全管理制度，防止不當土石採取造成相關災害，以達致國家永續發展之目的，特制定該法。

在我國產生的弊害爲：

⑴　土石隨洪流而堆積於河道狹窄之敏感處，易造成河道嚴重通洪不足現象，若未及時處理，易造成二次溢淹災害。

⑵　土石隨洪流而下流路改變或超過設計標準之洪流傾洩侵入週邊人居地造成人命傷亡。

⑶　因屬自由市場機制，國家尚無法以科技或政策力達成系統性規劃整合之目標，爰仍有盜濫採現象。經濟部(2009)指出，近 5(92~96)年來國內砂石年平均需求量約 6689 萬 m^3，年平均供應量約 6808 萬 m^3，年平均庫存量約 547 萬 m^3，但仍需仰賴進口砂石維持供需平衡，而流域上中游危險堆積之土砂又因運距經費高以至於無法供給供應面。

⑷　市場機制尚不明確：各縣市政府各有其現況執行方式，作爲財政收入，中央相關法規及規定目前爲「土石採取法」及「河川管理辦法第 45 條」，其精神爲審核制，實質執行仍在地方政府，而執行又影響中央諸多法令及國土保安等事宜，實需經濟部繼續發展土砂地理資訊及市場管理系統，未來較能持續保持市場機制明確及穩定。

 ## 二、砂石處理關鍵性因素

2.1　運距問題

砂石原料爲搬遷不便的工程材料，運輸費用高，由生產地運送至消費地因運費使價格提升，例如台灣中部的砂石在碎解廠加工成品價爲 300 元/立方公尺，運至台北預拌廠之運費爲 350 元/立方公尺，則在消費地價格爲 650 元/立方公尺，因此規劃砂石原料供應圈有其必要(林政宏，2002)，運距影響砂石價格極劇，一般道路運輸 10 公里要價 150 元/立方公尺，每 10 公里就要增加 100

元上下，經費相當可觀，以長運距 50 公里之案例，約需 420 元/立方公尺，若要載運 100 萬方，則需 4.2 億元之運費，輸送帶的運送價格，因為建造價格、運轉費用及維護費用的攤提，在載運量大時會將運費較砂石車運輸下降一些，比較好的方式，應該是混搭方式，在長運距時，砂石車及輸送帶二種方式並用，在非人口密集段使用砂石車，在人口密集段使用輸送帶，運用縮短運距降低運費的方式，同時降低二種運送方式的成本，另外尚可用長載距砂石車價格低、短載距輸送帶的運送價格低的特性，降低運送砂石成本。

2.2　售價問題

　　台灣地區之砂石價格因各縣市料源不同，供應範圍及區域不同，生產量與需求量差異大，致砂石銷售價格各縣市皆不同。基本上砂石盛產地區其價格較便宜，台灣砂石市場屬自由競爭市場，長久以來價格尚屬平穩，然而近年砂石有明顯漲幅，80 年至 93 年間砂石價格年平均上漲 9.5%，為營造工程物價指數材料類之最，而自 93 年之台灣地區砂石平均價格至 97 年 12 月又多有變動，93 年北區為 521~523 元/立方公尺；中區為 430~443 元/立方公尺；南區為 480~495 元/立方公尺，至 97 年 12 月，北區的砂石價格已至 620~670 元/立方公尺；中區已至 635~650 元/立方公尺：南區已至 673~675 元/立方公尺，表 1 為 97 年各縣市 1 月與 12 月之砂石價格比較結果表，圖 1 為 97 年 1 月與 12 月各縣市砂石價格比較圖(經濟部礦務局，2009)。97 年年中因國際原油價格飆漲，致使碎解洗選場電力、運輸等各類成本增加，進而影響砂石銷售價格，年底時因世界金融海嘯導致百業蕭條，砂石需求減緩，價格亦隨之下滑，惟部分縣市至年底時砂石價格仍較年初時略為增加。砂石售價飆升，提高了公共建設原編列之中長期計畫之成本，更影響其效益，由政府妥予分析環境情勢，預為規劃合理砂石價格公開資訊，對於各公共建設及民間建設應有助益。

表 1 97 年各縣市 1 月與 12 月之砂石價格比較結果表

單位：元/立方公尺

縣市別	1 月之價格		12 月之價格		漲跌百分比	
	砂	石	砂	石	砂	石
宜蘭縣	600	490	570	525	−5.00%	7.14%
台北縣	745	713	650	650	−12.75%	−8.84%
桃園縣	755	635	730	665	−3.31%	4.72%
新竹縣市	710	620	735	640	3.52%	3.23%
苗栗縣	695	645	700	625	0.72%	−3.10%
台中縣	683	616	725	620	6.15%	0.65%
南投縣	775	675	735	575	−5.16%	−14.81%
彰化縣	813	676	745	630	−8.36%	−6.80%
雲林縣	850	725	850	720	0.00%	−0.69%
嘉義縣	765	680	820	730	7.19%	−7.35%
台南縣	845	827	590	—	−30.18%	—
高雄縣	720	720	645	645	−10.42%	−10.42%
屏東縣	720	720	645	645	−10.42%	−10.42%
花蓮縣	365	305	313	305	−14.25%	0.00%
台東縣	415	375	520	470	25.30%	25.33%

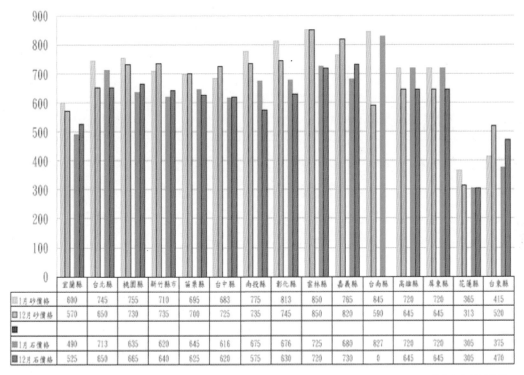

	宜蘭縣	台北縣	桃園縣	新竹縣市	苗栗縣	台中縣	南投縣	彰化縣	雲林縣	嘉義縣	台南縣	高雄縣	屏東縣	花蓮縣	台東縣
▨1月 砂價格	600	745	755	710	695	683	775	813	850	765	845	720	720	365	415
▨12月 砂價格	570	650	730	735	700	725	735	745	850	820	590	645	645	313	520
▨															
▨1月 石價格	490	713	635	620	645	616	675	676	725	680	827	720	720	305	375
▨12月 石價格	525	650	665	640	625	620	575	630	720	730	0	645	645	305	470

單位：元/立方公尺

圖 1　97 年 1 月與 12 月各縣市砂石價格比較圖

2.3　國土安全與管理問題

　　目前已取得工廠登記證或使用地已取得同意變更編定爲礦業用地之砂石碎解洗選場之砂石場公司有 289 家，尚未取得工廠登記證或使用地尚未取得同意變更編定爲礦業用地之砂石碎解洗選場之砂石場公司有 178 家，在各縣市政府可掌握的砂石場總共就有 467 家，然而這些公司大多集中在台北縣、桃園縣、新竹縣、苗栗縣、台中縣、南投縣、雲林縣、高雄縣、屏東縣與花東三縣，其中高雄縣、台中縣與屏東縣又占頗高比例，各縣皆有 50 餘家砂石場，管理確實不易，行政院 94 年 7 月提示，陸上盜濫採砂石遺留的坑洞，造成的環境污染、公共安全危害等，請經濟部、法務部、內政部會同協助解決。其後爲防止陸上盜、濫採土石所遺留坑洞造成環境污染、水土保持及公共安全等災害發生，訂定陸上盜、濫採土石坑洞善後處理實施計畫，督導直轄市、縣(市)政府

處理坑洞善後，暨直轄市、縣(市)政府處理坑洞善後處理相關執行事宜。內政部對於當時盜、濫採土石坑洞資訊，統計至 93 年 3 月止，計有 728 處坑洞，面積達 680 公頃，至今仍在積極處理。

2.4 市場平衡問題

臺灣地狹人稠，國人為了生活與經濟發展，不斷地開發，每年持續進行約 2000 億元之公共建設及一定額度的地方建設，但是對於砂石的堆積以致於供需，始終存在著不確定及不夠系統化的問題，尤其是 93 年遭遇七二水災，大甲溪等重要河川上游堆置了許多土石，到了 97 年再遇到辛樂克颱風，濁水溪上游，如廬山溫泉區，亦遭嚴重土石堆積。

為解決該等問題，政府於 95 年提出之「關於全國整體性清除淤砂及砂石運用等政策，在兼顧環境生態及安全原則下，請水利署儘速規劃提出整體方案」。94 年時遭遇國內砂石短缺，國內砂石業者要求政府提出對策解決，當時希望將河川中上游大量堆積土石，由政府進行積極疏濬及採售分離政策，希望一併解決河川淤積危機、砂石短缺及砂石利益壟斷的問題，然而仍因量體太大及運距問題，目前水利署河川局等單位仍在進行相關疏濬工作。多少也對後續之砂石市場穩定提供了正面的效益，然而對於進口砂石的仰賴，還是無法停止。

台灣地區砂石來源大致分為河川砂石、陸上砂石(含營建剩餘土石方回收利用)及進口砂石三類，89 年至 93 年之 5 年間情勢，砂石年產量約 5670 萬立方公尺，平均需求量則約 6140 萬立方公尺，其餘依靠進口；另據當時統計資料顯示，北區與南區之砂石需求量大於生產量，不足數量須由中區及東區多餘數量及進口砂石供應；另因中南部地區供應量以碎石為主，砂之需求仍需以進口調節。時至今日，進口砂石仍占 1200 萬立方公尺，而砂石年需求量自經過 95 年之高峰期後，目前已降低至過去年平均需求量 6140 萬立方公尺之下，相關數據詳見表 2，自莫拉克颱風之後，各區可疏濬量持續增加，未來在砂石市

場中，是否立即降低國外進口砂石量，以消化國內疏濬土石量，或暫存於暫置區俟機平衡市場，亦是砂石政策的重要考量。

表 2　89-98 年 1-9 月各年度砂石總供應量統計表

單位：萬立方公尺

年度	河川砂石	陸上砂石 (含營建、礦區)	進口砂石	總供應量	銷售量 (碎解場)	總需求量
89	4766	1544	203	6513	－	－
90	3922	1289	274	5485	－	－
91	3758	2278	599	6635	－	－
92	2715	2918	1047	6680	－	－
93	2868	2531	1124	6523	－	－
94	3165	2254	1457	6876	－	－
95	2988	2449	2084	7522	5446	7539
96	2263	2292	1283	5838	4264	5547
97	2161	2208	1246	5615	4209	5621
98 年 1-9 月	1885	991	1232	4109	2730	4102

三、遭遇課題與困難評估

　　要達成全國整體性清除有害淤砂及砂石運用之政策目標，又要兼顧環境生態及安全，在許多環結勢必應該有所突破，包括政策政治面、技術面及法規面皆然，茲概述如下。

3.1　政策及政治面

　　由表 2 可看出陸上砂石的採取量較固定，而河川砂石則由 2000 年以前的大採取量至今慢慢遞減，這主要是因為 24 條中央管河川之河床在下游段有百分之八十皆是下降的，中下游亦有百分之六十及百分之四十是下降的，這就是

為何會產生許多橋墩裸露的原因，然而如大甲溪及濁水溪上游因為 93 年艾莉、敏督利颱風及 97 年辛樂克颱風造成的大量土石堆積，產生的結果是使河床中上游大量抬升，部分河段甚至淤積抬升 30 公尺以上，本次莫拉克颱風所造成之大量砂土堆積於高屏溪流域上游，其量體及載距皆是銷售效益成本上無法處理的，但在政策面上，要進行如何的處置？該項處置關係到人民生命財產安全、龐大公務經費支出及國土地貌改造的考量，另外在砂石處理後獲取利益分配的考量亦在政策決策之中，各個決策只要是福國利民的都要納入決策系統中並要先排出優先順序，再指定執行單位貫徹實施，全國性的土石及砂石問題才可有效解決。

依據礦務局統計，由於油價回跌、砂石需求下降，兩岸直航後，自大陸進口之砂石，因運距縮減運量增加以及海運成本降低，進口砂石價格調降，反應至國內市場價格，目前國內砂石每立方公尺平均價格 654 元(砂 688 元、石 620 元)，已較 97 年 8 月份價格高峰 709 元下降約 55 元，價格漸趨穩定。至於自大陸進口砂石數量，初步估計直航後每艘船由於運距縮減每月運量可增加 1 倍以上，98 年度年運量可達 2100 萬立方公尺。目前國內砂石穩定供應未來仍靠進口砂石維繫，該項政策是否應予調整？將河川內大量堆積之土石扣除需回補河川下降所需土砂後，多餘砂石取代國外進口砂石是合理的邏輯，但已在載運進口的砂石商又要立即轉運其他物資，亦需一段時間調適。

3.2　技術面

「莫拉克颱風災後重建推動委員會」產業組目前密切掌握重建物資砂石供需資訊，確保砂石供需穩定以協助重建工作順利。依據該組資訊，全國各砂石公會及各縣市政府砂石場均未遭受水患影響，機具設備亦未有損壞(毀)情形，可全力運轉供應所需，即可處理政府提供一定量體之疏濬土石(在原供應價格以內)。然而重要的砂石供應方面，因運距及運輸便道問題，政府仍需採取突破性的作法，例如中央政府出資興建河道內砂石運輸便道及輸送帶，去除運距運費貴因素，另偏遠山區土石不利標售，除採售分離外，得以回復採售合一或

現地處理，以達快速處理的目的。另外對於阻礙土石下移之橫向構造物如何在短時間內以人工運移取代其自然運移，皆為技術上需立即突破的障礙。

3.3　法規面

　　河川土石疏濬以往在處理時，常遭遇工程邏輯與法律邏輯矛盾的現象，其主要因素起因於最高法院刑事判決，將河川砂石認定為有主物，因此即產生私有地上土石疏濬與土地徵收方面的問題。即使河川管理辦法第 17 條已明列必要之疏濬工程得不經河川私有地所有人之同意逕行為之，惟本次急要河段疏濬之處理，仍在重建特別條例列入相關排除其他法規限制之條文並於相關政令上重申，當遇民眾抗爭時，請法務部及內政部警政署督導當地警察機關協助處理。另外在用地取得方面，如縣府協助取得先行同意使用土地，並加發施工獎勵金，鼓勵完成價購或徵收前，同意先行使用，提早疏濬作業開工之政令，亦再強調。

　　災區堤防復建工程，針對堤後沖毀流失之公、私有土地，考量施設工法有其必要性，並兼顧原有農地恢復其使用功效下，政府是否可不收費配合一併予以無償填復？另外針對檢調對於砂石便道鋪設瀝青路面浪費公帑的質疑，此際亦應重申非汛期使用之便道得鋪設瀝青，該舉乃為降低車量損耗，增加疏運量，汛期間沖毀則以簡易修繕，快速復工。還有對於鼓勵地方政府辦理疏濬土石，是否應許可縣市政府屬莫拉克颱風災區者，以通令方式規定免收使用費及行政規費？偏遠山區土石不利標售，除採售分離外，是否應回復較快速的採售合一或現地處理機制？這些都是緊急處理土石疏濬經驗所得會遭遇的法規問題。

　四、對策研擬

　　針對本次莫拉克風災及全國砂石堆積問題，行政院提示目標概為：(一)加速疏濬減少洪水漫流及避免二次災害，恢復河川通洪斷面及原有機能，以維護河防、橋梁安全；(二)中央與地方通力合作，各部會協助配合，提升疏濬能力，

於 1 年內完成 6500 萬立方公尺之土石疏濬量為目標趕辦(疏濬位置見圖 2)，後續以滾動式檢討持續辦理疏濬作業；(三)疏濬土石配合就近提供災區需求，加速公共建設及災區復建工程進行；(四)水力自然輸砂或堰壩放淤，兼顧下游河道平衡及海岸砂源之補助；(五)整理或清疏野溪河段，以解決河道沖淤失衡與流路變遷，減少發生土石災害情形，保障下游居民生命財產安全。針對已劃定之災區，相關對策及作法政府已研擬加強河川野溪及水庫疏濬方案(草案)(經濟部，2009)如下。

4.1　影響通洪或居住、交通安全河段淤積土石，為快速、大量疏濬，以保護民眾生命財產安全，處理原則如下：

1. 淤積土石就近利用：
   (1) 就近提供重建工程、堤防新建或復建工程使用，減少交通運輸困擾，快速使用疏濬土石。
   (2) 堤防復建一併填復流失公、私有土地，就近快速大量使用當地淤積土石，兼顧原有農地恢復其使用功效，有利於復建或新建堤防之穩固、安全。
   (3) 疏濬土石就近回填河川沿岸公有地遭盜採土石坑洞，就近使用淤積土石回復原有景觀兼顧整體環境安全。
   (4) 就地整坡固灘，快速有效處理淤積土石，避免影響排洪。
   (5) 就近提供其他公共工程使用。

2. 有價土石外運使用：
   (1) 優先提供公共工程土石，配合建設需求。
   (2) 公開販售供應土石，提供市場交易料源。
   (3) 河川沿岸公有土地作為暫置場地，或做為區域性土石儲備中心(土方銀行)。

⑷　事業機構辦理水庫疏濬，或業者購買災區疏濬土石，則其暫置及所需處
　　所，得比照莫拉克颱風災後重建特別條例第24條及第26條規定排除相
　　關限制。由業者在重建期間自行尋求適當土地，可有效解決大量疏濬土
　　石暫置問題。

淡水河
鳳山溪
頭前溪
石門水庫　蘭陽溪
中港溪
後龍溪
大安溪
大甲溪　士林堰
烏溪　　　　　和平溪
石岡壩
濁水溪　　　　　花蓮溪
集集堰
北港溪
朴子溪　　　　秀姑巒溪
八掌溪
急水溪
曾文溪
鹽水溪
二仁溪
阿公店溪　高屏堰
卑南溪
高屏溪
東港溪
四重溪

　　圖2　主要採石河川及水庫位置圖(藍色代表營造用砂石；紅色代表砂石及低價填土方料；

　　　　綠色代表填土方或無利用價值土方)

3.　低、無價土石妥善處理：

　⑴　配合填海造陸、大型土地開發、工業區及科學園區開發等公共工程土方
　　　交換或申購使用。

⑵　標售剩餘無價土石，開放由地方政府統一代為民眾申請使用。

⑶　地層下陷、低窪地區填土墊高工程、工業區及科學園區開發、改善與整地計畫等土石使用。

⑷　最後剩餘棄土，編列支出經費外運處理或利用公有或台糖、台鹽土地暫置。

4.2　在不影響通洪安全或無保護標的河段，優先考量自然生態、河道沖淤平衡及海岸砂源補充，處理原則如下：

1.　加強堰壩水力排砂或放淤平衡下游河道，避免河道過度沖刷，影響河防及橋梁等構造物安全。

2.　利用自然水力輸砂補助河口、海岸砂源，避免海岸線退縮、砂洲消失。

3.　逐年檢討辦理後續疏濬之必要，以配合砂石供應需求。

4.3　「區域性土石儲備中心(土方銀行)」評析

　　行政院提示經濟部水利署研擬「加強河川野溪及水庫疏濬方案」(草案)之配套措施及執行方法中，於河川沿岸公有或台糖土地，選擇適當地點作為土石堆置場所，協助將疏濬清運超出市場需求之砂石暫置，並規劃後續成為區域性土石儲備中心，有效利用暫置之砂石，立意良善，短期除了可解決疏濬砂石的去處外，長期亦可為平衡砂石供需市場及價格之「區域性砂石營運中心」奠定設立之基礎。「區域性土石儲備中心」此際設立的主要目的為去化莫拉克風災後疏濬之土石為零，而該中心各區設置之容量以去化包括市場需求量、回填公有地盜採土石坑洞及堤防背填土方、砂石場可再進土石堆置量及購買疏濬土石自行覓地暫置數量等相關使用需求後所剩餘的量體。

　　以高屏溪(含曾文溪)流域為例，其中下游之堆積土砂總量達 3500 萬立方公尺，工程單位在樂觀設置砂石運輸便道及砂石輸送帶的情況下，一年最高可

達成之疏濬量約爲 1780 萬立方公尺，經過經濟部初步估計，包括市場需求量 1379 萬立方公尺；回填河川沿岸公有地盜採土石坑洞及堤防背填土方 581 萬立方公尺；南星計畫(填海造陸)350 萬立方公尺(另已填逐完成造陸區域，可提供 500 萬立方公尺土石堆置量)；高雄縣、屏東縣、台南縣三縣砂石場，可再進土石堆置量 512 萬立方公尺；事業機構購買疏濬土石暫置數量 1000 萬立方公尺，總計 3822 萬立方公尺，可達成下游堆積土砂二年內完全去化的程度，但是中上游尚有大量土砂堆積，遇大雨若仍有 3500 萬立方公尺至下游堆積，則僅可處理市場需求量 1379 萬立方公尺，尚有 2100 萬立方公尺需堆置，而砂石場及事業機構所屯積之砂石仍可繼續供應市場，爰「區域性土石儲備中心」之設立實有其必要。

　　然而在行政方面，「區域性土石儲備中心」要如何設立亦是困難的議題，基於爲「區域性砂石營運中心」奠定設立之基礎及考量現有政府組織體系之人力，該中心應由各單位分工合作，主辦爲經濟部礦物局統籌砂石供需及市場機制，用地處理及管理則爲備料中心地點主管單位，如台糖公司及國有財產局等提供土地單位，但實務管理依現今社會局勢應由附近國防部之所屬單位負責土砂及機具管理，甚至進行有價無價土砂分離工作，降低中心營運成本，由工程單位如水利署協助地方政府，配合法務部在地所屬單位派員，一起進行砂石招標等業務；至於所需使用面積，依填高 10 公尺計，最好一處能有 200 公頃，可有 2000 萬立方公尺需堆置量，然而實際狀況可能有 5 公頃以上就可設立，該方面機制彙整及初步會勘事宜，目前由經濟部礦務局統籌。未來若經過災區之試驗運作順暢，經濟部礦務局可正式增編人力及單位，設立「區域性砂石營運中心」進行砂石供需量及價格的管理。

4.4　「河川疏濬砂石進行填海造陸」評析

　　河川疏濬砂石進行填海造陸立意良善，且以人爲方式協助天然泥砂運移至適當位置，且本次風災南部地區河川淤積土石數量龐大，數量上足以提供填海造陸使用，惟多數淤積土石位屬中、上游之偏遠地區，運距若過長，運輸成本

高，可能未符合經濟效益，政府必須以防災考量為先進行專案補貼，消減二次災害並使砂石市場長期穩定。在環境影響評估審查方面，環保署亦應比防災優先，主動協助加速環評審查作業。有關有價無價砂石之分類，由前文之「區域性土石儲備中心(土方銀行)」處理，淤積土石如屬品質較為優良可提供營造砂石骨材使用者，則提供日後營建業加工作為砂石骨材使用，以穩定國內砂石市場，價值性較低之土石及淤泥則提供填海造陸使用。

鑑於新興填海造陸開發計畫之實施歷程冗長，評估淤積土石數量以後，以短中長期規劃，短期計畫為配合疏濬土石大量釋出之立即可行，建議由中南部現已進行中之計畫為主，例如南星計畫(約可容納 850 萬立方公尺)，洲際貨櫃中心二期計畫 3515 萬立方公尺，總計 4365 萬立方公尺，可容納高屏溪必須疏濬之總量 3000 萬立方公尺無虞，然而高屏溪砂石大多為良好砂石，以無價砂石占三分之一計，全高屏溪流域的總淤量 1 億立方公尺若全數而下，約可有 4000 萬立方公尺可供給填海，恰可平衡處理南區之土砂堆積災害及填海缺料問題。當然若市場未及消化之有價砂石，若無法未銷或銷至中區，亦可先予填海，或運至台南嘉義等地嚴重地層下陷地區之墊高區域，至於後續擴大之填海造陸開發案，評估應暫無需要。

對於填海造陸開發案之支出成本，若為處理 3000 萬立方公尺的高屏溪砂石計，中央投入約 50 億以內的成本(人口綢密處設輸送帶之方式)，可創約 20 億之淨效益，另為提升疏濬河川野溪淤積土石之效率，降低政府投入之相關成本，國防部工兵部隊應繼續配合執行疏濬工作，同時請法務部各地檢查署指派專人共同參與。

4.5 「地層下陷區防災新生地之填方」評析

地層下陷、低窪地區填土墊高工程、工業區及科學園區開發、改善與整地計畫等土石使用，於此際正可應用無價土方予以施作，例如政府正在推展的嘉義石、新塭等地層下陷整治示範區，若滯洪池的土方數量不夠，皆可一併使用本次土方處理。

五、結論與建議

　　此時此刻為國家面臨國土安全的非常時期，故採取非常做法是有其必要，只要先設定落日條款與落日期限(目前為重建特別條例和三年重建期)，藉由土砂處理與土地制度放寬進行地貌改造，不失為國土對抗氣候變遷與極端超大豪雨的有效途逕，將上述非常時期作法步入正軌後，可由幾處示範區作為推動至全國各處之正常途逕，善用國防部及法務部等國家既有力量與自由市場力量抗衡，將可完成此一艱難任務，相關處置藉由相關行政措施之流程透明化，將使目標更易達成。

參考文獻

◆ 1. 經濟部(2009)，「加強河川砂石管理之推動與展望報告」。
◆ 2. 經濟部(2009)，「加強河川野溪及水庫疏濬方案(草案)」。
◆ 3. 林政宏(2002)，「應用地理資訊系統建立台灣地區砂石資源區域性供應圈策略之研究」，碩士論文，國立台北科技大學材料及資源工程研究所。
◆ 4. 經濟部礦務局(2009)，「臺灣地區97年度砂土石產銷調查報告」。

4 八八水災水利堰壩設施災損及改善對策

 ## 摘 要

　　中度颱風莫拉克(MORAKOT)為 98 年度第 8 號颱風,自暴風圈接觸(7 日 5 時)本島至脫離(9 日 18 時)共歷經 61 小時。在台灣,短延時高強度或長延時高累積降雨,均為易發生大型土砂及淹水災害之致災因子,而本次莫拉克颱風在高屏溪全流域均發生高強度且長延時之降雨,在台灣雨量記錄上實為罕見,故造成嚴重大規模災害。本文以台灣南部局部重要的堰壩設施經歷莫拉克颱風後之現象為題,探討各個設施的災損情形,並對未來可能遭遇的情形及未來應注重的重點提出建議,以提供後續管理及維護更明確的方向,並有助於未來新建設施設計上之參考。

關鍵詞:水庫、攔河堰、水利設施、水庫淤積

[1] 劉建邦　中興工程顧問股份有限公司水利及海洋工程部經理

一、前言

中度颱風莫拉克(MORAKOT)為98年度第8號颱風，中央氣象局於8月5日20時30分及6日8時30分，分別發布海上及海上陸上颱風警報，至10日5時30分解除海上陸上颱風警報。由於颱風移動緩慢，自暴風圈接觸(7日5時)本島至脫離(9日18時)共歷經61小時，而中心登陸至出海亦經歷14小時，其移動路徑如圖1所示。另以高屏溪流域降雨資料分析顯示，其24小時雨量於流域上、中、下游區域均大於200年重現期距，與世界及台灣最大降雨記錄比較(如圖2所示)顯示，莫拉克颱風於長延時之降雨量，已接近世界記錄最大值。

由於短延時高強度或長延時高累積降雨均為在台灣易發生大型土砂及淹水災害之致災因子，而本次莫拉克颱風屬全流域均發生高強度且長延時之降雨在台灣雨量記錄上極為罕見，故造成嚴重大規模災害。

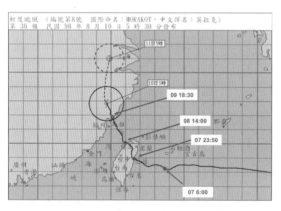

圖1　莫拉克颱風移動路徑圖

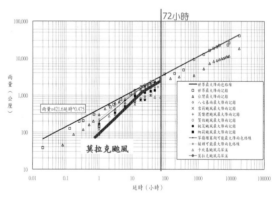

圖2　高屏溪流域降雨最大包絡線圖

二、水利設施災損狀況

2.1　基本資料分析

1.　水文基本資料分析及整理：

　　經分析本次莫拉克颱風於高屏溪流域之降雨空間分布結果顯示，旗山溪及荖濃溪中上游地區為颱風期間降雨量較高之區域。同時本研究參考「高屏溪治理規劃檢討」之流量控制點單位歷線，進行各控制點流量推算(如表1所示)。經分析顯示，三地門控制點(隘寮溪集水區)尖峰流量重現期距約10~20年，其餘旗山溪、荖濃溪與高屏溪整體之尖峰流量重現期距均超過200年。而本流域河川治理標準以100年重現期距洪水設計。故從莫拉克颱風之洪水分析成果可知，在荖濃溪、旗山溪、高屏溪均已超過設計保護標準。

圖3　高屏溪流域示意圖

表 1 各控制點流量頻率分析成果表

流域		本流	荖濃溪		旗山溪	隘寮溪
控制點		九曲堂	大津橋	荖濃	月眉	三地門
集水面積(km²)		3045	367.3	804	553.2	402.2
重現期距(年)	200	29100	5920	9960	6440	6810
	100	26800	5320	9240	5990	6150
	50	24300	4720	8470	5500	5470
	20	20800	3910	7350	4780	4530
	10	17900	3290	6400	4160	3780
	2	9510	1670	3500	2250	1750
莫拉克颱風	尖峰流量(cms)	32372	5470	11462	6536	3894
	相當重現期距(年)	>200	100~200	>200	>200	10~20

2. 災情資料蒐集與分析：

　　本次風災對高屏溪流域上、中、下游皆造成了重大的災情，依據行政院莫拉克颱風災後重建推動委員會截至 10 月 28 日統計，莫拉克颱風造成全台共 665 人死亡，34 人失蹤。農林漁牧損失累計達 141 億元。根據莫拉克風災災情通報，高屏溪流域內之水利設施損壞區位，亦多集中在荖濃溪、旗山溪、高屏溪水系河道。

2.2　水庫及堰壩

　　本次莫拉克颱風對南部地區造成重大災害，其中水利設施亦有受到相當程度損傷，因此本研究針對南化水庫、甲仙攔河堰、高屏溪攔河堰及高屏電廠六龜機組四個水力設施，就莫拉克颱風所造成的損傷原因探討、修復建議及未來應注意之重點加以分析探討。

1.　南化水庫於莫拉克颱風之災損檢討：

　(1)　基本資料

　　　南化水庫位於台南縣南化鄉曾文溪支流後堀溪玉山村附近(位置詳圖4)，水庫流域面積 108.3 平方公里，水庫滿水位 180 公尺，爲一離槽水庫，主要供應台南及高雄地區家用、公共給水與工業用水來源，目前總蓄水容量爲 113817007 立方公尺(97 年 12 月實測)。水源除來自本身集水區外，另由高屏溪支流旗山溪的甲仙攔河堰於豐水期越域引水。

圖 4　南化水庫主要設施布置圖

　　　南化水庫工程自民國 77 年 12 月正式開工，民國 82 年 7 月封堵導水隧道開始蓄水，至民國 83 年 3 月正式完工。完工後由南化水庫管理中心負責運轉維護，並由台灣自來水公司管轄，於民國 90 年辦理第一次安全評估。

　　　南化水庫主要設施包括：大壩、溢洪道、取排水工、施工導水隧道及越域引水設施。水工機械設備包括：取排水工進水口攔污柵及擋水閘門及阻水閘門、取排水工輸水路鋼襯及鋼管及不銹鋼管、取排水工出水口高壓閘門(控制閘門及防護閘門)及環滑閘門及荷本閥、緊急柴油發電機以及上述各閘門之吊門機設備與電氣及控制設備等。

(2) 受災情形及原因探討

南化水庫原設計之總蓄水量為 15805 萬立方公尺，有效蓄水量為 14946 萬立方公尺。水庫自民國 83 年完工運轉以來，曾於民國 88 年 3 月及民國 93 年 10 月辦理水庫淤積測量。民國 93 年資料顯示南化水庫在滿水位(標高 180 公尺)情況，其蓄水容量約為 13337 萬立方公尺，顯示水庫已有淤積狀況，水庫水位-面積-容量(H-A-V)關係如圖 5 所示，壩前庫區底高程約為 129.25 公尺。民國 95 年南化水庫淤積浚渫工程規劃及基本設計工作曾辦理水中測量，結果壩前庫區水域底床高約為 132.5 公尺，取水塔最低取水口仍可正常操作，顯示鄰近淤積高程應在呆水位 131M 以下。97 年底辦理水庫淤積測量，壩前庫區底床高程約為 143 公尺，取水塔第三及四號取水孔已在淤積面下，水庫蓄水量嚴重縮減並危及正常取水功能，水庫有效蓄水量為 11390 萬立方公尺。整理歷年水庫淤積情況與進水口關係如圖 6。

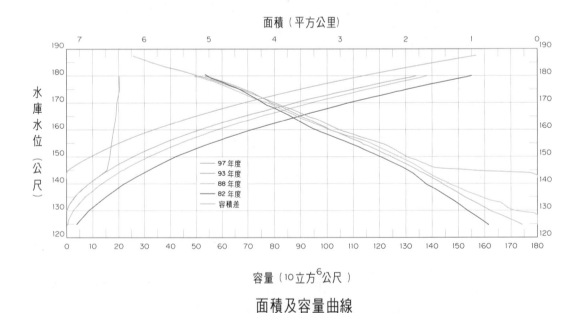

面積及容量曲線

圖 5　南化水庫 H-A-V 曲線圖

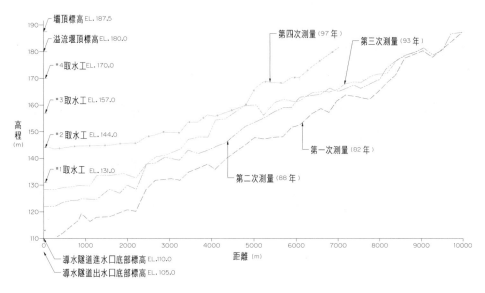

圖 6　歷年水庫淤積情況與進水口關係

由上述水庫淤積測量資料顯示，民國 82 年至民國 88 年間，平均年淤積量約 296 萬立方公尺；而民國 88 年至民國 93 年淤積情況較有改善，平均年淤積量約為 190.9 萬立方公尺；但民國 93 年 10 月至 97 年 12 月，受海棠、馬莎、泰利、龍王、卡玫基及辛樂克颱風影響，淤積量達二千萬立方公尺，容量損失累積達 27.99%，年平均淤積量高達 489.3 萬立方公尺。尤其 97 年 7 月 17~18 日卡玫基颱風來襲時，每小時降雨量最高達 140mm，水庫水位最高達 EL.183m，最大排洪量近 1700cms，EL.171m 所在位置濁度最高達 60000NTU，於 9 小時內降至 7000NTU，18 小時降至 100NTU。

本次 98 年 8 月莫拉克颱風來襲時，於 9 日 0 時水庫水位最高達 EL.183.88m，最大入流量 3030cms，最大出流量 2556cms。於 14 日 14 時，EL.161m 濁度最高達 99000NTU，更影響水庫及淨水廠之營運。由於水庫集水區內因地質脆弱易遭沖刷造成泥砂流入之數量甚多，目前壩前庫區底床約為 EL.160m，顯示淤積問題之處理已達刻不容緩之地步。

(3) 改善措施

有關南化水庫之改善措施茲分述如下：

① 壩體安全：

❶ 最大可能洪水可能不足，依據莫拉克颱風資料，重新校核，並採取適當措施。

■ 原設計： Q=4617 cms 74 年

■ 蓄水前複核： Q=5271 cms 83 年

■ 加高案： Q=5371 cms(水規所) 89 年

■ 第一次安全評估： Q=5379 cms 90 年

❷ 於最大可能洪水 Q=5379cms 時，模擬水庫水位最高達EL.185.51m，已超過壩體心層高度(EL.185m)，恐危及大壩安全。因此壩體心層高度可能不足，需重新校核，並採取適當措施。

② 水庫壩前取水口淤積嚴重：

❶ 依據 97 年 12 月之水庫淤積測量資料，水庫壩前取水口淤積EL.143m，已危及現有第四取水口 EL.131m 及第三取水口EL.144m 之取水功能。莫拉克颱風造成水庫壩前取水口淤積EL.160m，更危及第二取水口 EL.157m 之取水功能，僅剩第一取水口 EL.170m 尚有取水功能。

❷ 緊急措施：

■ 壩前取水口採取抽砂浚渫工程，降低取水口前淤砂標高。

■ 利用緊急排水道排砂。

❸ 中長期措施：

■ 水力排砂：利用既有水庫設施包括：河道放水道、 溢洪道、緊急排水道、施工導水隧道。新設水力排砂設施包括：庫區增設底孔排砂設施、繞道排砂道。

■ 　陸上清砂。

■ 　水中浚渫。

③ 莫拉克颱風侵襲時，庫區原水濁度高達 99000NTU，淨水場無法處理，造成台南及高雄地區停水 60 小時。可於壩區設置表層水緊急抽水設施，以便抽取濁度較低之原水。

④ 水庫上游集水區崩塌及嚴重土石流，危及水庫庫容，影響下游供水。需加強水庫上游集水區水土保持、庫區崩塌地處理及潛在邊坡滑動對策研擬。

(4) 未來重點及改善項目

① 由於氣候環境變遷，需重新評估考量水文之變異，如洪水超過設計標準，需研擬相關對策，並施作局部保護加強措施，以確保大壩之安全。

② 水庫上游集水區水土保持工作應積極展開，以減緩水庫淤積。

③ 需研擬水庫防淤清淤之短、中、長期對策，以延長南化水庫之使用壽命，達到永續經營之目標。

④ 於庫區原水濁度高時，為維持水庫正常供水，可於壩區設置表層水緊急抽水設施，以便抽取濁度較低之原水。

2. 甲仙攔河堰：

(1) 基本資料

甲仙攔河堰位於高雄縣甲仙鄉旗山溪甲仙橋上游 450 公尺處，於民國 88 年 4 月完工，於豐水期將旗山溪多餘水量引至南化水庫，增加南化水庫供水量，可改善台南、高雄地區缺水及水質不佳問題。

甲仙攔河堰主要設施及相關水門資料：

① 溢洪道：直落式自由溢流堰，堰頂標高 246 公尺，堰頂長度 120 公尺。

② 排砂道：閘門控制溢流堰，堰頂標高 242.5 公尺，設固定輪閘門三門，閘門寬 10 公尺、高 4 公尺。

③ 取水口：位於右岸，設計取水量 30 秒立方公尺，起點設攔污柵，門檻標高 243.89 公尺，沉砂池入口前設取水固定輪閘門 3 座，閘門寬 3.5 公尺、高 2.5 公尺，另設緊急閘門一座，寬 3.5 公尺、高 2.5 公尺；攔污柵與取水口閘門間設排砂油壓滑動閘門一座，寬 1.5 公尺、高 1.5 公尺。

④ 沉砂池：位於進水口後，全長 70.97 公尺，沉砂溝 6 道，末端設排砂油壓滑動閘門一座，寬 3 公尺、高 3 公尺。

(2) 受災情形及原因探討

莫拉克颱風來襲時，甲仙攔河堰上游因山崩形成之堰塞湖潰決，造成甲仙攔河堰洪水溢頂，重創甲仙攔河堰受損嚴重，損害情形包含甲仙攔河堰之排砂道、河道取水口、越域引水取水口、沉砂池等設施之閘門吊門機及其電氣設備受創嚴重功能盡失，目前已無法啟閉閘門引水，河道取水口內之靜水池及沉砂池，為大量砂石及流木掩埋功能盡失，操作運轉室係二層樓鋼筋混凝土建築，遭洪水漫溢致二樓，致使甲仙攔河堰監控操作系統之軟硬體設備全部受損，目前無法運作，攔河堰堰體遭洪水砂石磨損鋼筋已外露，靜水池局部為土石掩埋，靜水池尾部混凝土受損嚴重，大部分已斷裂且基礎淘空，上游右岸之引水牆及擋土設施受損，攔河堰下游右岸之護岸設施受損等諸多損壞現象。

(3) 改善措施

① 甲仙攔河堰之排砂道、河道取水口、越域引水取水口、沉砂池等設施之閘門吊門機及其電氣設備受創嚴重功能盡失，建議立即尋找合宜水工機械廠商修復原有功能，並責成在今(98)年枯水季來臨前完成，以便恢復引水致南化水庫。

② 甲仙攔河堰河道取水口內之靜水池及沉砂池，越域引水隧道為砂石及流木掩埋，應儘速清除，以便恢復應有功能，並檢視清除後之靜水池及沉砂池等結構物是否受損，必要時並加以適當修復。

③ 甲仙攔河堰監控操作系統之軟硬體設備全部受損，目前無法運作，應儘速修復，恢復應有功能，以便掌控相關水情資訊。

④ 攔河堰堰體遭洪水砂石磨損鋼筋外露，靜水池尾部混凝土斷裂且基礎淘空；攔河堰上游右岸之引水牆及擋土設施受損；攔河堰下游右岸之護岸設施受損等。

⑤ 研擬甲仙攔河堰上游可能再度形成堰塞湖之地點、規模、蓄水量及潰壩演算及其緊急應變計畫，以備將來不時之需。

(4) 未來重點及改善項目

① 因洪災導致水庫上游堰塞湖潰決之緊急應變對策包括：

　❶ 可能堰塞湖形成及潰決之模擬分析。

　❷ 可能堰塞湖潰決後下游河道之水理分析。

　❸ 可能堰塞湖潰決後下游河道及其相關設施之緊急應變計畫。

② 水庫或攔河堰遭上游堰塞湖潰決後之緊急修復對策包括：

　❶ 壩/堰體等土建工程。

　❷ 閘門等水工機械設備及其機電設備。

　❸ 水庫或攔河堰之監控操作系統之軟硬體設備。

圖 7　沉砂池漂流木及泥沙淤積

圖 8　取水口機房遭洪水淹沒

3. 高屏溪攔河堰於莫拉克颱風之災損檢討：

(1) 基本資料

高屏溪攔河堰位於高屏溪大樹鄉，為供應大高屏地區之重要水源，於民國 82 年 3 月規劃，民國 83 年 9 月開始施工，本項工程於民國 88 年 6

月完工。其設計引水量每日 302 萬噸(35cms)，計畫洪水採 100 年頻率洪水 24200cms，原計畫洪水位 24.56m，築堰後計畫洪水位為 21.61m。高屏溪攔河堰由固定堰及活動堰組成，其中固定堰全長 674m，堰頂高程 16.0m，為一混凝土堰。活動堰則採橡皮壩，橡皮壩壩高 3m，全長共 286m，設有排砂道 2 座，計 70m 長，堰頂 EL.16.5m，排洪道 6 座，計 216m 長，堰頂 EL.16.0m。

(2)　受災情形及原因探討

高屏溪攔河堰於完工後歷經數場颱風，其主要問題為因堰型低矮，上游輸砂量極大，加上下游尾水位過高，易受下游迴水壅塞影響，排砂不易。故於較大之颱風後堰體上下游及取水口經常受河道淤砂阻塞。如民國 93 年敏督利颱風、94 年海棠颱風、馬莎颱風侵襲後，攔河堰幾乎被河川淤泥掩埋。

本次莫拉克颱風(98.08.08)侵襲，其風勢不大，惟因滯留時間極長，並引進西南氣流，造成台灣南部極嚴重水災。高屏溪攔河堰亦因本次洪水量過大，造成原水濁度飆升。圖 9 為高屏溪攔河堰於莫拉克颱風後河道原水濁度升高之情形，根據管理單位現場檢測結果，於莫拉克颱風侵襲期間，水質最高濁度 85000NTU，已遠超過淨水廠之處理能力，故至 8 月 17 日後，方恢復供水大高雄地區。

此外，由於本次莫拉克洪水量超過設計標準，造成洪水漫溢堰頂平台，機房及辦公室淹水，橡皮壩無法操作。根據管理單位於莫拉克洪水期間之水位觀測結果，於 8 月 8 日上午 08:00 水位為 21.13m、下午 14:00 水位為 22.80m、18:00 水位為 23.23m，至 19:30 水位達 El.23.70m，因已超過堰頂平台高程 23.50m，故造成斷電，最高洪水位則發生於 23:00 達 El.24.50m，由於漫淹之原水含砂量過高，造成取水口後方側槽取水道及沉砂池大量淤積，無法以水力排砂方式排除，須採機械清淤方式清淤如圖 10。

1

圖 9　莫拉克颱風後河道原水濁度升高　　　　　　圖 10　側槽取水道淤泥清除情形

(3)　改善措施

有關高屏溪攔河堰之改善措施分為緊急工程及長期工程，其中緊急工程主要在快速恢復攔河堰取水及供水之功能。長期工程則在加強攔河堰之防洪功能，茲分述如下：

①　緊急工程：

　❶　淤泥清除：

　　■　辦公室及操作機房。

　　■　取水口、側槽取水道、沉砂池及放水路。

　❷　機電設施修復：

　　■　橡皮壩充氣、倒伏之機電設備。

　　■　取水口、側槽取水道、沉砂池及放水路。

　　■　閘門啟閉之機電設備。

②　長期工程：

　❶　堰頂平台(El.23.50m)、辦公室及操作機房四周原採用鋼管欄杆建議改為具水密性之鋼筋混凝土結構，並有適當之出水高度。

　❷　泡水易失去功能之機電設備應設置於保護洪水位以上。

(4) 未來重點及改善項目

① 高屏溪攔河堰歷經 93 年敏督利颱風、94 年海棠颱風、馬莎颱風侵襲，攔河堰幾乎被河川淤泥掩埋，經適當處理後(包括：左岸固定堰頂抬高、堰址左岸上游設置丁壩、堰址右岸上游高灘地浚挖引水渠道等設施)，本次莫拉克颱風侵襲河川淤泥影響取水問題已改善良多，尚不致影響供水問題，值得借鏡。

② 本次莫拉克颱風侵襲高屏溪攔河堰，其洪水量超過原設計 100 年頻率洪水 24200cms，致使洪水漫溢堰頂平台，機房及辦公室淹水，橡皮壩無法操作，於日後設計時需特別加以考量。

4. 高屏電廠六龜機組攔河堰及沉砂池災損檢討：

(1) 基本資料

高屏電廠六龜機組興建於日治時期，舊稱土壟灣發電所，自荖農溪取水發電。發電所裝置四部豎軸法蘭西斯式水輪機，於大正元年(1912)開始興建，大正六年(1917)竣工，翌年元月供電。民國 52 年(1963)年更名為土壟發電廠；民國 66 年(1977)與竹門發電廠合併後改稱為高屏發電廠土壟灣分廠；民國 86 年(1997)改為自動化無人電廠後改稱為高屏發電廠六龜機組。

由於洪水造成原攔河堰局部損壞，故早年曾於舊進水口週邊建造二處隔牆隔離河道作為沉砂池，並於上游 2 公里處建造新攔河堰及進水口取水，再以隧道將水引至沉砂池。目前之攔河堰(稱為土壟堰堤或土壟灣堰)為一混凝土重力壩，正常蓄水位標高 266.87 公尺，最高洪水位標高 271.87 公尺，壩頂標高 269.77 公尺，壩頂長 104 公尺，壩高 7.9 公尺，排砂道及進水口則位於攔河堰左岸；沉砂池由河側之隔牆與山側台 27 線之擋土牆包圍而成，並以舊進水口作為沉砂池之控制及排砂設施。

(2) 受災情形及原因探討

莫拉克颱風造成六龜機組部份設施局部損壞，其中最主要之災損發生在攔河堰(攔河堰遭砂石掩埋且排砂道與進水口局部設施損壞)及沉砂池

(沉砂池排砂門及鄰接台 27 線之擋土牆損壞)，相關受災情形及原因探討分別說明如後。

① 攔河堰：

攔河堰為一混凝土重力壩，災後堰體為大量土石所掩埋，排砂道閘墩斷裂且排砂門及吊機平台遭沖毀，下游邊坡覆蓋層沖失，進水口控制室遭沖毀(圖 11)。

排砂道三座閘墩相距甚近，但其中之一卻完全斷裂。遭沖毀之排砂道閘墩表面平整且稜角分明，疑似由升層接縫處直接斷裂而非剪力或磨損所造成，該斷裂面可能是興建時升層面未妥善處理而形成之弱面；本次颱風水位高於進水口頂部，故進水口上方坡面遭沖刷裸露；此外，龐大的雨量導致邊坡含水量增加，強度降低，且覆蓋層沖失，進而造成邊坡變形或滑動，並使邊坡上方之建築物圍牆及地坪開裂。

② 沉砂池：

沉砂池由河側之隔牆與山側台 27 線之擋土牆包圍而成，並以舊進水口作為沉砂池之控制及排砂設施。莫拉克颱風後，除排砂門、攔污柵、欄杆局部損壞之外，沉砂池之水工結構物(包括 1917 年竣工之舊進水口結構物及較晚竣工之隔牆)並無明顯損傷，但週邊之台 27 線於受到嚴重損壞，擋土牆崩塌且路基掏空(圖 12)。

圖 11　風災後攔河堰遭土石掩埋　　　　圖 12　沉砂池(舊進水口)排砂門損毀情形

由於颱風期間河水暴漲遠超過路面，沉砂池排砂門遭沖失破壞，位於沖岸之週邊公路擋土牆可能因基礎受到沖刷或牆背地下水壓無法宣洩而損壞。台 27 線擋土牆多為一般公路常見之半重力式擋土牆，當擋土牆局部崩壞後，河水即直接沖刷回填料及路基，導致週邊擋土牆亦隨之破壞。

(3)　改善措施

①　攔河堰

攔河堰目前埋於土石之下，與過去大甲溪所遭遇之經驗十分類似。考量上游砂石量甚大，目前應僅須清除進水口及排砂道處之淤砂以恢復取水功能即可。至於是否全面清除淤砂仍應配合上下游河道整體考量。至於排砂道之修復，將拆除閘墩至堰體表面，重建閘墩及吊機平台，重建排砂門及相關機電設備。若排砂道流水面磨損嚴重，則配合閘墩之重建一併修補。進水口方面，須重建控制室，更新攔污柵、制水門及相關機電設備，並以噴凝土保護進水口上方邊坡。

②　沉砂池

由現場殘留之擋土牆斷面研判，沉砂池旁之擋土牆為一般公路常見之半重力式倚擋土牆，早年設計標準不高且常未考慮地下水壓之影

響。若依原狀復舊，則未來遭沖毀之可能性仍大。若以擋土牆修復本路段，則當外圍其他公路擋土牆損壞時，本路段之路基仍可能沖失。此外本路段邊坡陡峭且部分擋土牆高十餘公尺，量體甚大影響景觀且必須承受巨大土壓力及水壓力。若改以棧橋復建本路段，對週邊環境及景觀衝擊最小並可節省經費(圖 13)。

(4)　未來重點及改善項目

六龜機組之攔河堰與沉砂池在莫拉克颱風中遭到空前洪水的襲擊，雖台27 線擋土牆全面潰損，但百年前興建之舊進水口與稍後興建之隔牆卻仍大致良好；此外，攔河堰三座相距甚近的排砂道閘墩之一由升層接縫斷裂，但其他兩座仍然完好。這次大自然的全尺度試驗證明了設計與施工品質的重要性，雖次要元件可能受損，但主要結構物仍有機會度過此類空前的災難。此外，本攔河堰於莫拉克颱風後之狀況與過去大甲溪各堰壩所遭遇之情況十分類似，大甲溪之經驗應可作為未來復建之參考。

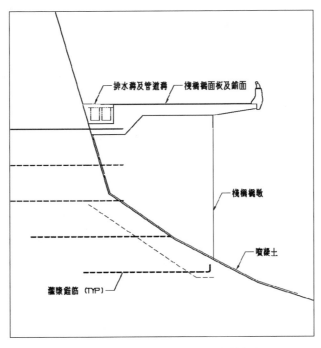

圖 13　沉砂池及台 27 線修復建議方案

三、結論

　　近年來氣候異常，造成侵襲台灣颱風型態改變，本次莫拉克颱風影響台灣時間長、降雨量集中，造成重大災情，類似颱風型態已由過去的單一案例可能逐漸變成常態，在如此嚴峻的氣候條件下，未來水利設施的設計標準應作相應調適，故如何在有限的空間與經費的狀況下，對現有設施做最佳的改善，更是未來水利界的工作重點，水庫及堰壩等水力構造物如何因應自然環境的改變，以順天應人的思維設計，以可受損易補修的思維考量，必能於天然與人為之間求取最大的平衡。

參考文獻

1. 經濟部水利署，民國98年3月，「高屏溪流域背景說明」。

2. 經濟部水利署水利規劃試驗所，民國97年1月，「高屏溪治理規劃檢討」。

3. 高屏溪流域管理委員會，民國94年2月，「高屏溪流域整治綱要修正計畫」。

4. 水利署南區水資源局，民國94年12月，「高屏溪攔河堰上下游河段之河性變化影響檢討分析與改善規劃」，中興工程顧問公司。

5. 中興工程顧問公司，民國98年8月19日，「高屏溪攔河堰現勘資料」。

6. 台灣省水利局，民國70年，「高屏溪治理規劃報告」。

7. 台灣省高雄農田水利會，民國94年，「94年度高屏溪槽公圳固床工及導水路維護工程」。

8. 經濟部水利處水利規劃試驗所，民國90年7月，「高屏溪攔河堰完工後沉砂池功能檢討水工模型試驗報告」，經濟部水利處水利規劃試驗所。

9. 巨廷工程顧問公司，民國91年8月，「高屏溪攔河堰進水口及沉砂池改善規劃設計報告」，經濟部水利署南區水資源局。

10. 台灣省水利局南部水資源開發工程處，民國84年11月，「高屏溪攔河堰工程細部規劃總報告」，台灣省水利局。

11. 中興工程顧問股份有限公司，民國94年12月，「南化水庫第一次安全評估總報告」。

12. 中興工程顧問股份有限公司，民國98年6月，「南化水庫第二次安全評估委託技術服務服務建議書」。

13. 經濟部水利署，民國96年，「水庫清淤之檢討與評估」。

14. 中興工程顧問公司，民國98年8月19日，「高屏電廠六龜機組現勘資料」。

15. 中興工程顧問公司，民國98年8月19日，「甲仙攔河堰現勘資料」。

16. 經濟部水利處南區水資源局，民國89年12月，「南化水庫加高工程可行性規劃(一)—工程可行性評估總報告」。

17. 台灣省水利局南部水資源開發工程處，民國86年12月，「南化水庫增加蓄水計畫工程研究報告」。

18. 台灣省自來水公司，民國 83 年 6 月，「南化水庫蓄水前安全複核計畫總報告」。

19. 國立屏東科技大學，民國 91 年 7 月，「九十年度甲仙攔河堰沉砂池效率及魚道功能評估研究計畫(沉砂池效率評估部分)期末報告」，經濟部水利署南區水資源局。

20. 國立屏東科技大學，民國 93 年 2 月，「甲仙攔河堰流量與水位關係研究計畫書」，經濟部水利署南區水資源局。

5 八八水災的省思

 ## 一、前言

　　莫拉克(Morakot)颱風於 2009 年 8 月 4 日在菲律賓東北方海面生成，5 日增強為中度颱風，7 日 23 時 50 分左右登陸台灣。莫拉克颱風在中南部山區帶來超大豪雨，創下多項雨量紀錄，颱風所帶來的豐沛雨水及衍生的土砂災害，不僅沖毀民宅、道路與橋樑，許多地區亦因堤防損壞而洪水氾淹，洪水所夾帶的大量泥沙淤積在市區與田野造成基礎設施損壞，此次災害稱為「八八水災」。本文討論八八水災發生後的相關水文及環境狀況與問題，以提供未來在災後重建與國土規劃上的參考。

---

[1] 游保杉　國立成功大學水利及海洋工程學系特聘教授/工學院副院長
[2] 陳憲宗　國立成功大學水利及海洋工程學系助理研究員

二、極端降雨

　　莫拉克颱風帶來的大量降雨集中在嘉義及高雄山區(如圖 1 所示)，依據水利署的資料，共有 15 個雨量站的累積雨量超過 2000 毫米，其中以阿里山站的累積雨量(8 月 5 日至 10 日)達 2884 毫米為最高；阿里山站的 48 小時最大雨量更高達 2361 毫米，打破台灣的雨量紀錄。此次莫拉克颱風的極端降雨主要表現在較長延時的累積雨量，雖然短延時(例如 1 至 6 小時)的降雨在多處都已超過 200 年的重現期，但由圖 2 可知，短延時降雨距離世界紀錄(WMO，1994)仍有一段差距；而較長延時(如 24 至 72 小時)的降雨與世界紀錄相差不大(如表 1 所列)。長延時且超量的極端降雨，是此次各地發生重大災害的主因。

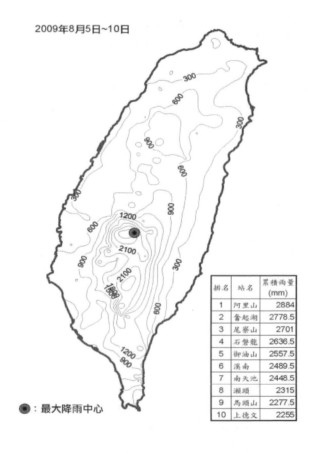

2009年8月5日~10日

排名	站名	累積雨量(mm)
1	阿里山	2884
2	奮起湖	2778.5
3	尾寮山	2701
4	石磐龍	2636.5
5	御油山	2557.5
6	溪南	2489.5
7	南天池	2448.5
8	瀨頭	2315
9	馬頭山	2277.5
10	上德文	2255

●：最大降雨中心

(圖片來源：水利署水文技術組，2009，莫拉克颱風水文分析報告)

圖 1　莫拉克颱風累積降雨量(8 月 5 日~10 日)

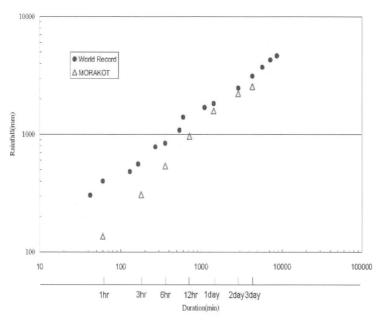

(資料來源：國家災害防救科技中心)

圖 2　台灣地區年總降雨量統計與颱風降雨比例

表 1　莫拉克颱風降雨與世界紀錄比較

延時	世界紀錄	莫拉克颱風紀錄	雨量測站
24 小時	1825 毫米	1623 毫米	阿里山
48 小時	2467 毫米	2361 毫米	阿里山
72 小時	3130 毫米	2748 毫米	阿里山

 # 三、災情簡況

　　從莫拉克颱風的降雨分析得知造成八八水災的降雨特性為強度大且延時長，許多測站的降雨頻率超過 200 年重現期距，比河川防洪的設計標準還大，因此湍急量大的水流使得河川堤防發生溢堤與破堤，以致多處區域淹水與淤泥堆積，且大量浮木積塞於橋墩，影響通水能力並造成上游水位抬升，對堤防及

橋梁安全亦有影響；除大量洪水所造成的洪澇災害外，台南及高雄也因為南化水庫原水濁度過高，超出淨水場處理能力而缺水多日。經災後前往嘉義與屏東現場勘查，彙整八八水災相關災情簡況如下：

1.　溢堤、破堤(圖 3 及圖 4)。

2.　浮木(圖 5 及圖 6)。

3.　淤泥(圖 7 及圖 8)。

4.　斷橋(圖 9 及圖 10)。

5.　河道行水區改變(圖 11)。

6.　缺水(圖 12 及圖 13)。

圖 3　旗山溪地景橋右岸破堤後搶修狀況

1

圖 4　林邊溪竹子腳堤防潰堤後搶修狀況

圖 5　大量浮木積塞於橋墩阻礙通水

圖 6　林邊溪新埤堤防旁的大量成堆漂流木

圖 7　林邊溪佳冬堤防潰堤造成泥沙淤積

1

圖 8　林邊溪塭豐村淤泥災害

圖 9　雙園大橋斷橋

圖 10 隘寮溪斷橋

太麻里溪口 災前圖片 2009/6/3　　　　　　太麻里溪口 災後圖片 2009/8/17

(圖片來源：國立成功大學地球科學系劉正千教授)

圖 11 河道行水區改變

1

(圖片來源：中華新聞網 http://www.cdns.com.tw/20090812/news/nxyzh/T9004600200908111 8582375_z.jpg)

圖 12　台南市民在臨時取水點等候取水情形

(圖片來源：中華新聞網 http://www.cdns.com.tw/20090812/news/nsxw/U9102000200908111 8021718_z.jpg)

圖 13　民眾在臨時取水點取水情形

四、災後省思

八八水災後，台灣面對的環境變遷值得我們從許多面向來省思與討論，例如：

(1) 天文：面對氣候變遷與變異，水文極端值會常態化嗎？

(2) 地文：集水區地貌、地形、河床已大幅度變遷。

(3) 水文：現有水文頻率分析的方法還成立嗎？

(4) 人文：環境敏感地區、地層下陷區等危險潛勢區未來的產業與國土規劃？

以下針對八八水災發生後的環境變遷問題，提出數點想法與建議，藉以拋磚引玉，進而能集思廣益提供各界未來在災後重建與國土規劃上的參考。

4.1　儘速針對氣候變遷擬定政策

氣候變遷為國際間相當重視的議題，IPCC 第四版報告明確表示人類行為加速氣候的暖化，然而目前學術界對台灣未來氣候變遷推估情境尚未具有共識，不足以做為各行政部門擬定氣候變遷調適策略之依據，其主要原因在於台灣目前尚未具備全球氣候變遷的長期模擬能力，未來氣候變遷研究宜與國際結合，同時強化氣候變遷的區域特性。國科會在九十八年已經通過「台灣氣候變遷推估與資訊平台建置計畫」，由國家災害防救科技中心統籌，結合國內氣象、水利學術界教授、中央氣象局及中央研究院，擬定三年時間研討訂定台灣未來氣候變遷推估情境，以做為水利署、農委會等政府部門擬定未來氣候變遷調適策略之基礎。

4.2　積極面對氣候水文變異正常化

國科會雖已經通過「台灣氣候變遷推估與資訊平台建置計畫」，擬在三年內提出台灣未來氣候變遷推估情境，以做為政府部門在擬定氣候變遷調適策略之基礎，然在國科會提出台灣未來氣候變遷推估情境之前，透過歷史水文統計分析可以了解近期的水文變異特性，分析成果可先提供政府部門決策時參考。圖 14 為近十年(1999~2008)年平均雨量分布與過去(1960~1998)年平均雨量分

布之比較，顯示近來雨量大等值線的區域有往雨量小等值線的區域擴大之趨勢，尤其以年雨量在 2500 至 3000 毫米之分布範圍擴大趨勢最為明顯，南部山區年雨量在 3000 至 3500 毫米之分布範圍亦有擴大的趨勢。圖 15 為阿里山站歷年的年最大二日降雨，其中 2009 年資料為莫拉克颱風的紀錄，由圖可看到在紀錄年限內，年最大二日降雨多介於 300 至 800 毫米，少數較大的雨量值超過 1000 毫米，且近年發生超過 1000 毫米的最大二日降雨有較頻繁的跡象，而 2009 年莫拉克颱風的紀錄更是超過過去最高紀錄的一倍；此現象目前雖無足夠證據顯示與全球暖化有直接關係，但過去認為較極端的水文現象，近年來似有常態化的跡象。

　　然而歷史水文紀錄往往不夠長，因此借助於歷史文獻紀錄，或許可以彌補歷史水文紀錄不夠長久的問題。水利署第六河川局前副局長張義興對台江演變有長期且深入的研究，張副局長在演講中曾提及台江自乾隆年間至道光年間的演變(如圖 16 與圖 17)。在道光九年(1829 年)，姚瑩撰《東槎紀略》卷一《議建鹿耳門砲臺》中有敘述：「道光三年七月，臺灣大雨，鹿耳門內，海沙驟長，變為陸地。」由歷史文獻及地圖描述可知道光三年(1823 年)的水災規模可能不亞於八八水災，然而道光三年至今相距還不到兩百年，表示在兩百年內台灣就曾發生過二次大規模的暴雨事件。對於因紀錄長度不足，紀錄上不曾發生或極少發生的某些極端水文事件，似不應僅以極端特例的事件看待之，應有所警覺其發生的機率與變異，以積極正面的看法去面對。

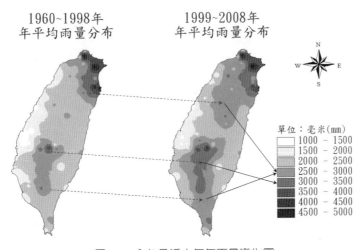

圖 14　全台最近十年年雨量變化圖

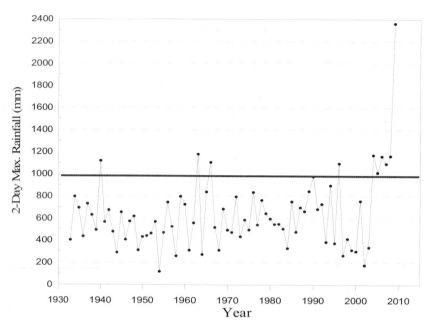

圖 15 阿里山站歷年年最大二日降雨

（圖片來源：經濟部水利署第六河川局前副局長張義興簡報資料）

圖 16 台江的演變(1736~1759 年)

（圖片來源：經濟部水利署第六河川局前副局長張義興簡報資料）

圖 17　台江的演變(1823 年)

4.3　內政部宜盡速統一測量災後地形、地貌、河床資訊

　　八八水災後南台灣地形、地貌均有重大改變，尤其河川因大量淤積使得河床抬高，減少堤防高度，降低河川通洪能力。建議內政部宜儘速動員國內測量專業人員，利用 Lidar 新科技全面建構災後地形、地貌、河床的高精度測量資訊，做為未來國土規劃與災後重建的基本資料。

4.4　建立讓水利基層人員免於恐懼的河道清淤機制

　　目前南台灣山區、河川均有大量土砂淤積，造成河床大量抬升，直接降低河川的通洪能力。河道清淤為必須面對的工作，然而過去水利基層人員因處理921 地震及賀伯颱風災後的河川清淤工作時，因受黑、白兩道壓力及不諳法律限制而觸法者甚多，對水利基層人員的工作士氣打擊甚大，因此近年來有很多優秀的水利人員年滿 55 歲後即提早退休，政府平白流失一批具有優秀經驗的

水利工程師。因此政府宜建立讓水利基層人員免於恐懼的河道清淤機制，建議由檢調單位與公共工程委員會組成清淤編制單位，鬆綁現有法規，並避免讓第一線水利基層人員在清淤期間直接面對地方與黑道勢力。

4.5　以八八水災為情境，建立水利設施超過設計標準之調適策略

八八水災後是否需要提高水利設施的設計標準，各界有不同的聲音。作者以為不宜冒然提高設計標準，因為所需經費恐非政府財政所能負荷，故建議宜先從管理、減災及國土規畫之軟體面著手來降低洪災之風險。

(1)　標識河川危險潛勢河段，加強管理、警戒，建立搶險機制

　　　由於近年氣候異常，降雨量屢屢超過設計標準，另河床不斷淤高影響堤防保護能力，因此宜全面檢討水利設施的現有防洪能力，並積極面對降雨量超過水利設施防洪能力的問題，建議以八八水災為模擬情境，儘速標識全台河川危險潛勢河段，加強管理、警戒，建立搶險應變機制與程序。

(2)　劃設滯洪區，在獲得民眾共識下，把過量洪水控制在低風險區域，並配套補償辦法一旦降雨量超過設計標準時，洪水將超過河川斷面容許水量，此時勢必造成難以控制與掌握的河川破堤或溢堤。建議利用公有地劃設為滯洪區蓄存過量洪水，或在取得民眾共識並輔以配套補償辦法下，選擇低風險區域將洪水控制在該區域內，藉以減少河川負荷，降低河川破堤或溢堤的發生機率。

4.6　西南沿海治水的難處

西南沿海地層下陷區每逢大雨必淹的問題存在已久，然而現有養殖產業發展卻與治水背道而馳，政府投入再多治水經費恐僅能治標。有鑒於地層下陷為一不可逆現象，農委會應在「不過度使用地下水與防治地層下陷」的原則下，發展國內養殖產業政策，農委會擬在民國104年將石斑魚產量倍增，將台灣建

立成石斑魚王國；若養殖產業仍建構在大量抽取地下水的作法之下，則雖然養殖漁民獲利多，但更大的社會成本卻由政府及全民買單，此一情況如果持續發生，西南沿海的淹水問題恐更難解決。地層下陷之成因乃係產業需求導致，為求治本，防治工作仍應從調整產業面來著手，建議地層下陷防治工作由農委會統籌會銜相關部會來辦理，或由經建會負責，將養殖產業發展、用水、治水及國土復育綜整規劃，否則水利署投入再多人力與金錢，恐僅能對地層下陷區的淹水問題達到治標效果。

4.7　穩定南台灣水資源

　　八八水災暴露出南化水庫高濁度與南部水資源脆弱性問題，由歷史水文紀錄也顯示台灣南部枯水期的降雨量有減少趨勢，每年 10 月以後進入枯水期，南台灣將有半年時間幾乎不降雨。八八水災後民眾埋怨水庫的不是，然而南台灣進入枯水期，主要水源卻需要仰賴水庫的蓄水調節，曾文水庫越域引水工程更是南台灣長期水資源之所需；在忙於處理災後重建的同時，不宜忘記穩定水資源也是重要政策。此外，新興水資源政策亦為另一選項，例如仿效新加坡 Newater 經驗，提升水資源的再利用效率。

(1)　南化水庫的淤積問題

　　曾文水庫與南化水庫為目前南台灣重要的水資源，南化水庫自 1996 年完工後至 2008 年底已淤積 27%，其中 12%為 2008 年卡玫基颱風所淤積，98 年八八水災所造成的淤積量恐遠大於去年卡玫基颱風的淤積量，預估南化水庫總淤積量恐將超過 40%，而且未來每逢大雨水庫之原水濁度提高恐怕容易造成南台灣缺水。南化水庫目前歸屬自來水公司管理，但自來水公司僅負責水庫營運，上游集水區治理工作非屬水公司權責，建議水庫管理與上游集水區治理事權宜歸屬同一機關。

(2)　重新評估美濃水庫興建的可能性

　　為滿足南部地區用水需求，在美濃水庫興建案推動不易的情況下，爰優先推動「曾文水庫越域引水工程計畫」，該計畫係將荖濃溪水源引入曾

文水庫貯蓄，經南化給水廠處理後再透過聯通管往南輸送提供大高雄地區使用。曾文越域引水工程經八八水災後，茘濃堰址及取水口已遭大量土石淹沒，河道淤積土方高達 20 公尺；且曾文水庫於八八水災後初估有大量淤積，亦減少其蓄水功能。曾文越域引水工程的存廢問題，應以水利專業觀點及工程技術上的可行性審慎進行評估，同時考慮河道疏濬之土方處置問題。中央政府在政策上宜支持以水利專業觀點評估工程的存廢問題，否則將會讓基層單位觀望而無所適從。曾文越域引水工程如果廢止，是否要興建美濃水庫？攸關南部地區水資源調配及各項用水，中央政府宜儘速決定南部水資源的政策。

4.8　建立防災為上位之國土規劃及產業發展藍圖

依世界銀行(The World Bank, 2005)刊行的報告「Natural Disaster Hotspots – A Global Risk Analysis」指出，台灣同時暴露於三項以上天然災害之土地面積與面臨災害威脅之人口高達 73%，高居世界第一。這是我們先天的環境，因此建議國土規劃及產業發展宜以安全為上位，擘劃整合國土規劃、產業、水利、防災之藍圖，合理且適度地利用土地，減少高危險潛勢地區的開發；不得已需使用到危險潛勢地區時，宜有完善的減災措施與減災管理。

4.9　普及防災教育，建立地方防救災專職人員

目前除部分災害防救事務為消防單位之業務外，各級政府的防救災人員均為兼任，平時處理災害防救的例行行政業務尚可勉強因應，災害發生時或發生後突然暴增的行政業務及災害搶救任務，常讓地方政府無法應付，尤其鄉鎮級地方政府更是嚴重人力不足，指揮官可能也較缺乏應變經驗。目前災害防救業務由消防體系擔任幕僚作業，建議應設置災害防救專職人力，於中央政府廣納水利、土木、建築、地質、水保、氣象、交通、衛生等專業人員，對於平時業務推動及災防工作規劃應有極大助益，並藉由防災教育與宣導，普及災害防救教育於各級地方政府及民眾。

4.10　建立快速擷取災情資訊科技，及早掌握災情

災害發生後，即時且及時掌握災情是立即投入災後搶救工作的最重要資訊，也是各級救災單位進行指揮調度的依據。此次八八水災因各地災情頻仍，大量災害資訊湧入救災體系，造成訊息紊亂，無法合宜研判災情及指揮調度，各級政府因而飽受民眾批評。建議政府能利用此次的經驗，強化或改進現有的防救災通訊網路，並建立快速擷取災情的資訊科技系統，確實掌握災害資訊，以利災情傳遞、災情發布、救災資源調度、救災行動指揮等工作的順利推行。

參考文獻

1. 水利署水文技術組，2009，「莫拉克颱風水文分析報告」。

2. The World Bank (2005) Natural Disaster Hotspots – A Global Risk Analysis. Disaster Risk Management Series No.5, The World Bank Hazard Management Unit, Washington, D.C.

3. WMO (World Meteorological Organization) (1994) Guide to Hydrological Practices (Fifth edition), WMO-No.168.

6 莫拉克颱風淹水災害之問題與省思

 ## 摘 要

　　莫拉克颱風與水氣豐沛旺盛之西南氣流產生輻合作用，挾帶大量雨水浸淹台灣中南部，侵襲時間達三天以上，許多地區之總累積降雨量已打破歷年之紀錄，幾乎降下整年平均總降雨量，如此大量雨水在短短二三天降下，可見其降雨強度已超過目前所有河川及區域排水系統之保護標準及負荷量，且導致多處堤防破堤，因而造成更嚴重淹水災情產生，這是繼賀伯颱風、納莉颱風、敏督

[1] 謝龍生　國家災害防救科技中心洪旱組組長
[2] 游保杉　國家災害防救科技中心洪旱組召集人
[3] 葉克家　國家災害防救科技中心洪旱組共同召集人
[4] 張駿暉　國家災害防救科技中心助理研究員
[5] 吳啓瑞　國家災害防救科技中心助理研究員
[6] 江　申　國家災害防救科技中心助理研究員
[7] 林宣汝　國家災害防救科技中心研究助理

莉颱風及卡玫基颱風之後，又一歷史留名之颱洪事件，其災害規模及損失已足可名列前矛。由於此次淹水災情範圍相當廣泛，且災害發生原因相當複雜，例如河堤受損造成淹水、水庫放水造成溢淹等，為利於未來各縣市易致災區域之掌握，因此本研究擬對於整個事件之淹水受災區域規模及淹水發生型態進行了解，其調查成果可做為淹水預警及後續復原重建改善策略研擬之參考依據。

一、前言

　　98 年是氣象變化相當詭異之年代，直至 7 月底台灣尚正面臨乾旱危機，相信很多單位及民眾在祈雨抗旱，但是在颱風季節求雨是一件相當相當詭異的心情，係因為過去的經驗得知，「久旱後的甘霖」將可能帶來旱災與水災兩種極端事件之打擊，當 8 月 2 月舉行中央災害應變中心旱災應變會議，氣象局研判在關島東方的擾動低氣壓汽旋有可能增強為颱風，當時各單位皆相當期待此低氣壓能解決乾旱問題，但事實上後來真的形成颱風，且如各單位所願解決乾旱問題，但給的水量太多了，好像 50 年前八七水災重演，莫拉克颱風與水氣豐沛旺盛之西南氣流產生輻合作用，挾帶大量雨水浸淹台灣中南部，侵襲時間達三天以上，許多地區之總累積降雨量已打破歷年之紀錄，幾乎降下整年平均總降雨量，如此大量雨水在短短二三天降下，可見其降雨強度已超過目前所有河川及區域排水系統之保護標準及負荷量，且導致多處堤防破堤，因而造成更嚴重淹水災情產生，這是繼賀伯颱風、納莉颱風、敏督莉颱風及卡玫基颱風之後，又一歷史留名之颱洪事件，其災害規模及損失已足可名列前矛。由於此次淹水災情範圍相當廣泛，且災害發生原因相當複雜，例如河堤受損造成淹水、水庫放水造成溢淹等，為利於未來各縣市易致災區域之掌握，因此本研究擬對於整個事件之淹水受災區域規模及淹水發生型態進行了解，以探討其致災原因及其關聯性，並依據災因調查成果探討未來流域綜合治理時應注意之關鍵議題，並提出調適改善對策，供政府後續推動重點流域綜合治理時改善策略研擬之參考依據。

二、氣象及降雨分析

　　莫拉克颱風(MORAKOT)為2009年編號第8號之颱風，於8月4日02時在鵝鑾鼻東方1500公里海面生成，颱風形成後受到北方高氣壓提供之駛流場(steer flow)(東風)的導引下，穩定的以時速20公里左右的速度往西北西偏西方向移動，中央氣象局分別於5日20時與6日08時發佈海上警報與海上陸上颱風警報，期間最大強度為中度颱風，七級暴風圈半徑達250公里、十級暴風圈半徑達100公里。當莫拉克颱風逐漸接近台灣本島時，前進速度逐漸減慢，中心於7日23時50分在花蓮市附近登陸，登陸期間移速更顯緩慢(近似滯留~時速10公里)，移動方向主要是朝北北西；8日11時減弱為輕度颱風， 8日14時左右在桃園附近出海，繼續向北北西緩慢移動，9日19時台灣本島脫離暴風圈，10日05時解除海上陸上颱風警報。暴風圈從開始接觸，一直到離開台灣本島共歷時64小時，陸上警報的發布至解除期間也長達93小時(圖1)。

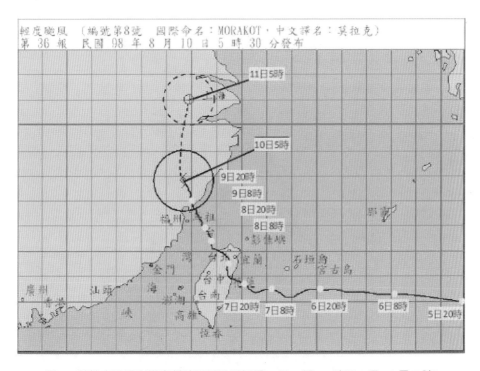

圖1　莫拉克颱風影響臺灣時間圖及路徑圖(8月5日20時至8月10日5時)

　　在颱風影響初期主要降水區域集中於北台灣地區；自暴風圈開始接觸本島後，中南部山區成為主要降水區。在颱風中心逐漸向北北西行進時，主要降雨帶隨之緩慢北移，台南以北地區才開始出現較大雨勢。10 日之降雨明顯趨緩，但仍有較為旺盛之西南氣流在南部山區持續產生降水，最大日雨量接近 300 毫米。颱風於 6 日至 10 日期間其環流與西南氣流共伴，於台灣海峽南部產生額外輻合作用激發強烈對流系統，於台灣中南部地區降下超大豪雨而導致中南部地區發生嚴重災害。

　　圖 2 顯示莫拉克颱風影響期間(8/6~8/9)四天總累積，最主要降雨中心為嘉義、台南與高屏山區，其中降雨量最高記錄為阿里山站，總累積雨量高達 3059.5 毫米(表 1)。表 1 列出此次颱風之降雨量前 9 名之雨量及其所在鄉鎮與流域，表中顯示颱風造成高雄、屏東、台南與嘉義地區重大災情的高屏溪、曾文溪與八掌溪流域之上游地區最大雨量均超過 2000 毫米。

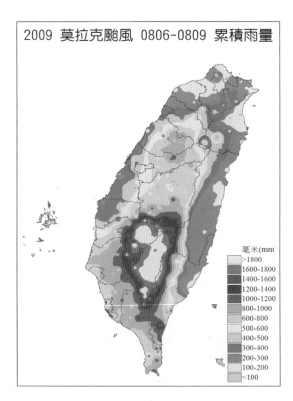

圖 2　莫拉克颱風 8/6~8/9 總累積雨量

表 1　莫拉克颱風 8/5~8/9 總累積雨量前 9 名排序(毫米)

站名	累積雨量	流域	行政區
阿里山	3059.5	曾文溪流域	嘉義縣阿里山鄉
尾寮山	2910.0	高屏溪流域	屏東縣三地門鄉
奮起湖	2863.0	八掌溪流域	嘉義縣竹崎鄉
御油山	2823.0	高屏溪流域	高雄縣桃源鄉
溪南	2746.5	高屏溪流域	高雄縣桃源鄉
石磐龍	2705.5	八掌溪流域	嘉義縣竹崎鄉
南天池	2694.0	高屏溪流域	高雄縣桃源鄉
小關山	2485.0	高屏溪流域	高雄縣桃源鄉
瀨頭	2407.5	曾文溪流域	嘉義縣阿里山鄉

　　根據莫拉克颱風累積降雨與過去 20 年(1989~2008，氣象局開始設置自動雨量站)的歷史排名比較 24 小時與 48 小時最大延時雨量(表 2)顯示，莫拉克颱風無論是 24 小時或 48 小時延時雨量的單一事件排名前 20 名均可擠進歷史排名前 20 名，可見莫拉克颱風總累積雨量較其他颱風大且分布範圍廣，48 小時延時雨量超越賀伯颱風，成為歷史排名第一的颱風。統計全台雨量站共有 31 站破 1000 毫米，23 站破 1500 毫米，12 站破 2000 毫米，初估台灣約有 9%面積降雨量超過 2000 毫米。其中 24 及 48 小時降雨量逼近世界極端值，如圖 3 所示。

表 2   莫拉克颱風期間 24 小時(左)與 48 小時
(右)最大累積雨量與 1989~2008 年歷史排名前 20 名之比較(毫米)

排序	24 小時延時雨量歷史	事件	莫拉克 24 小時延時雨量	48 小時延時雨量歷史	事件	莫拉克 48 小時延時雨量
1	1748.5	賀伯	1572.5	1986.5	賀伯	2217.5
2	1345.0	賀伯	1446.0	1879.5	海棠	2163.0
3	1274.5	卡絲	1417.0	1715.0	海棠	2039.0
4	1254.5	海棠	1385.5	1645.5	賀伯	2012.0
5	1185.0	納莉	1341.0	1644.0	海棠	1992.0
6	1180.0	卡絲	1291.5	1589.5	海棠	1987.0
7	1154.0	艾利	1273.5	1537.0	艾利	1976.0
8	1067.5	賀伯	1232.0	1525.0	海棠	1889.0
9	1065.5	海棠	1221.0	1522.0	海棠	1813.5
10	1063.0	納莉	1200.0	1511.5	敏督利	1676.5
11	1043.0	南瑪都	1192.5	1499.0	敏督利	1665.0
12	1042.0	納莉	1180.5	1474.0	海棠	1660.5
13	1035.0	柯羅莎	1148.0	1437.0	敏督利	1646.0
14	1026.0	海棠	1141.0	1419.0	敏督利	1629.5
15	1015.0	卡絲	1131.0	1417.5	辛樂克	1623.5
16	1010.0	海棠	1125.5	1416.5	敏督利	1618.0
17	1008.5	聖帕	1089.0	1399.5	辛樂克	1604.5
18	1003.5	艾利	1079.0	1388.0	艾利	1559.5
19	992.5	海棠	1079.0	1371.0	敏督利	1547.0
20	991.5	辛樂克	1051.5	1367.5	卡絲	1520.0

(資料來源：國家災害防救科技中心)

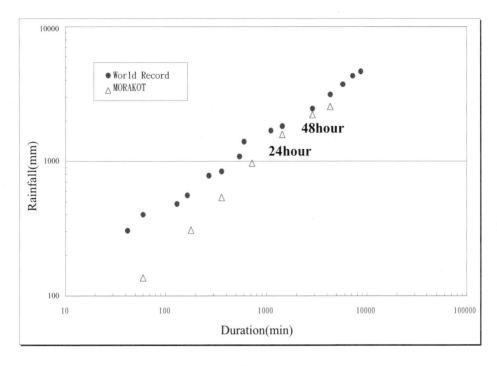

圖3　莫拉克颱風各延時最大累積降雨量與世界最大值之比較(資料來源：經濟部水利署)

 # 三、淹水災情統計

　　彙整各單位淹水調查資料，包含經濟部水利署、地方政府及各勘查團隊之勘查資料等，將有淹水受災村里之區域彙整如圖4所示，從圖中可知主要淹水縣市包含台東、屏東、高雄縣、台南縣市、嘉義縣市、雲林縣、彰化縣、台中縣及南投縣等，將淹水災情較嚴重縣市之淹水災情重點區域說明如下：

1. 台東縣：淹水區域涵蓋太麻里鄉、台東市、池上鄉、卑南鄉、延平鄉、金峰鄉、海瑞鄉、鹿野鄉等8個鄉鎮，主要淹水區域位於太麻里溪沿岸，最大淹水深度發生於金峰鄉及太麻里鄉，淹水深度為2公尺。

2. 屏東縣：主要淹水區域為九如鄉、內埔鄉、竹田鄉、里港鄉、佳冬鄉、枋寮鄉、東港鎮、林邊鄉、長治鄉、南州鄉、屏東市、恆春鎮、崁頂鄉、高樹鄉、新埤鄉、新園鄉、萬丹鄉、萬巒鄉、潮州鎮、麟洛鄉、鹽埔鄉等

21 個鄉鎮市，最大淹水深度發生於林邊鄉、佳冬鄉、東港鎮，淹水深度約達 3 公尺以上。

3. 高雄縣：主要淹水區域為大寮鄉、大樹鄉、仁武鄉、六龜鄉、永安鄉、杉林鄉、岡山鄉、林園鄉、阿蓮鄉、美濃鎮、梓官鄉、鳥松鄉、湖內鄉、路竹鄉、旗山鎮、橋頭鄉等 16 個鄉鎮市，最大淹水深度發生於旗山鎮，淹水面積約為 20 公頃，最大淹水深度約為 3 公尺。

圖 4　拉克颱風淹水受災村里分佈圖

4. 台南縣：主要淹水區域為七股鄉、下營鄉、大內鄉、山上鄉、仁德鄉、北門鄉、左鎮鄉、永康市、安定鄉、西港鄉、佳里鎮、官田鄉、後壁鄉、將軍鄉、麻豆鎮、善化鎮、新化鎮、新市鄉、學甲鎮、鹽水鎮等 20 個鄉鎮市，最大淹水深度發生於學甲鎮、麻豆鎮，淹水深度約為 2 公尺。

5. 嘉義縣：主要淹水區域為大林鄉、中埔鄉、六腳鄉、太保市、水上鄉、布袋鎮、民雄鄉、朴子鄉、竹崎鄉、東石鄉、阿里山鄉、梅山鄉、鹿草鄉、番路鄉、新港鄉、溪口鄉、義竹鄉等 17 個鄉鎮市，最大淹水深度發生於民雄鄉及東石鄉，淹水深度為 2~3 公尺。

6. 台中縣：主要淹水區域為大甲鄉、大安鄉、大肚鄉、大里市、大雅鄉、太平市、外埔鄉、石岡鄉、東勢鄉、烏日鄉、神岡鄉、梧棲鄉、清水鎮、新社鄉、豐原市、霧峰鄉等 16 個鄉鎮市，最大淹水深度發生於東勢鎮，淹水深度約為 2~3 公尺。

 # 四、致災原因分析

從此次受災淹水區域之調查成果，可初步研判致災原因有以下幾項，概述如下：

1. 降雨量超過河川及區域防洪標準：目前區域排水系統最高降雨設計標準是台北市，達 78.8 毫米/小時，但此次颱風降雨許多地區之時雨量降雨強度皆超過此標準，因此造成許多都市及村落淹水。

2. 河堤破損之淹水：此次災害有許多中央管河川與地方管河川之河堤被過大之洪水沖毀，導致淹水災情產生，例如台東太麻里溪下游之淹水災清，係因河堤被沖毀，致使兩岸之村落瞬間洪水急速高漲，淹沒整個村莊；另屏東林邊鄉、佳冬鄉及東港鎮之淹水，雖屬於地層下陷易淹水區域，但此次亦因林邊溪破堤，導致淹水災情更嚴重，且河道之沙泥淤積整個村落及區域排水系統，導致災後復原工作更加困難；另嘉義縣民雄鄉之淹水，亦因牛稠溪破堤造成淹水災情加劇；曾文溪流域亦有類似之災情產生。

至於堤防被洪水破壞之機制，可利用以下幾張圖進行說明：

(1) 河川洪水位上升

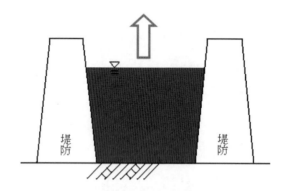

(2) 河川洪水位超過堤防而溢堤

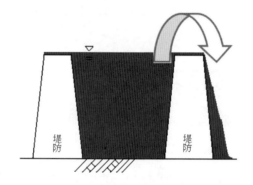

(3) 溢堤洪水沖刷堤腳，造成堤防基礎破壞

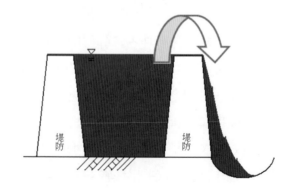

⑷　最後堤防無法抵擋洪水壓力而導致堤防崩潰

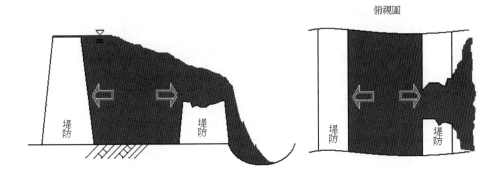

3.　地層下陷區域之淹水：地層下陷區域過去是颱洪災害最容易淹水之區域，但此次颱洪事件幾個嚴重地層下陷區域之災情不若過去嚴重，可算是相當幸運，但還是有幾個地區傳出淹水災情，例如嘉義東石布袋、彰化縣大成鄉及雲林縣口湖四湖等地區。

4.　河床淤積所造成之溢淹：此次事件於山區降下超大雨量，導致許多坡地崩塌災情產生，這些大量崩落之土石被洪水沖刷至河川中下游，導致河川嚴重淤積而縮小河川通洪斷面積，造成河川可確保安全之通洪量減少，但因流域上游降下豪雨，當洪水通過這些嚴重淤積之河道時，造成溢淹情形產生，且會將河道中之淤沙沖刷至兩岸地區，例如高雄旗山地區之淹水屬於此類型。

5.　沿河兩岸低窪地區之淹水：許多中央管及地方管河川之水位超過一級警戒水位，水位高漲造成沿河兩岸低窪地區無法排水而造成積水，例如高雄典寶溪兩岸之淹水。

6.　都市排水不良造成之淹水：都市排水有一定之保護程度，但此次颱風事件之降雨強度已遠超過這些排水系統之設計標準，例如台南市安南區、南區、高雄市之小港區、高雄縣鳳山仁武等地區之淹水，皆屬於都市排水不良造成之淹水。

7.　水庫放水加劇淹水之災情：莫拉克颱風造成曾文水庫上游超大洪水量，最高洪水量達 11729CMS，導致水庫蓄水量大增，需緊急洩洪放水以確保水庫安全，放水量最高達 8277CMS，已快直逼水庫之最大設計洩洪量 9470CMS，且此時曾文溪下游河川多處水位超過一級警戒水位，因而造成下游水位急速高漲，導致多處破堤及溢堤，例如大內鄉之淹水係因曾文溪河堤破堤造成，另下游沿岸各鄉鎮市大多是因溢堤而造成之淹水。

五、問題省思

1.　防洪保護標準是否須提升：近年來發生重大颱洪事件頻繁，造成嚴重災情產生，因此有民意提出是否要提升防洪保護標準之議題，但目前國內都市、主要河川及次要河川，其防洪設施已大致底定，若要提升其防洪保護標準，所需要經費可能相當龐大，因此此問題值得進一步審慎評估。此颱風造成許多河川及區域排水系統已被大量土石淤積，因此降低其防洪保護標準，所以建議應儘速重新檢討現有防洪設施之保護標準，以因應未來之預警及防災整備。

2.　監測預警能力不足：颱風侵襲期間，發現許多重要流域之地面降雨、河川水位等即時監測資訊相當不足，無法有效掌握流域危險程度及未來災情分析研判，因此此問題值得氣象及水利單位應檢討評估目前監測系統之不足之處。

3.　複合型災害問題：過去水利單位之防災人員，只偏重流域中下游之洪水災害問題，但莫拉克颱風造成上游大範圍坡地崩塌，過多土石沖蝕而下淤積河道斷面，甚至破壞防洪設施，此種複合型災害問題未來將經常發生，因此未來防災思維應導向全方位防災。

4.　堤防斷面規則化之治理方式：檢視目前各河川之治理報告，發現堤防斷面大多以規則化方式進行治理，並未考量河川蜿蜒、慣性及洪水流動空間等特性，完全以堤防束縮洪水流動，造成堤防需承受過大之洪水壓力及衝擊

力，導致許多堤防破堤災情一直重複發生，因此未來對於堤防之工程治理亦應順勢而設計，並考慮滯洪區域以減緩洪水之壓力。

5. 水庫溢洪道設計容量之評估：此次颱風雨量造成河川水位與水庫急速上升，許多河段甚至超過一級警戒水位，甚至面臨溢堤危機，例如曾文溪流域，由於水庫面臨溢堤危機，因此水庫放水以確保水庫安全，但卻導致下游河川水位之急速上升而加劇淹水災情，造成兩岸堤防多處破堤而臨河鄉鎮市大淹水，此次曾文水庫之最大放水量幾達最大設計洩洪量，因此曾文水庫之最大設計洩洪量及放水時機應進一步檢討。

6. 防洪設施之強化：經過現地調查結果，發現許多流域之抽排設施相當老舊，雖能運轉，但是效率不高，甚至零件容易故障而導致停機之風險，因此建議應迅速汰舊換新，亦因應整備下次之災害；另亦發現許多堤防結構相當不安全，許多堤防僅在堤內鋪有內面工，但堤外卻是土壤覆蓋，當堤防溢堤或是內面工破損時，導致容易發生潰堤災害，因此建議應強化防洪設施之結構安全。

7. 漂流木問題：此次災情與過去不同之處，是許多河段被漂流木阻塞，甚至在高洪水位期間，這些漂流木撞擊橋樑及堤防，導致橋樑受損及堤防破提，造成嚴重淹水災情。屏東林邊佳冬之淹水災情，推測是由漂流木被橋樑阻塞而撞擊兩旁堤防，致使堤防破裂而淹水，洪水夾帶大量泥沙淤滿整個村落。

8. 水庫淤積及供水問題：曾文水庫及南化水庫之庫容，初步推估約有 4 千萬立方公尺被泥沙淤滿，而造成水庫原水濁度過高而無法正常供水，這是石門水庫艾莉颱風事件之翻版，因此未來應思考如何強化水庫集水區土砂保育，水庫供水機能等問題。

9. 橋河共治問題：去年辛樂克颱風造成后豐大橋等五座斷裂，但莫拉克颱風卻造成 200 座以上橋樑損毀，從橋樑破壞原因歸類，可發現有些橋樑係受到洪水沖刷橋墩基礎而斷裂，因此建議未來應建立橋樑上下游河床之沖蝕監測系統，以達到預警及補強之功效。

六、今後應加強課題

經過莫拉克颱風打擊之後，使台灣各層級政府深深體會到目前防救災整備及應變仍存在諸多問題，根據上述之問題省思，建議後續應再加補強與強化之課題，分述如下：

1. 補強氣象、坡地災害與河川水情監測系統：由於台灣地形變化相當崎嶇，造成許多雷達觀測死角產生，再加上地面雨量站設站不足，因此無法掌握降雨在空間上之分布特性，例如台東地區因缺乏地面雨量站之監測，無法檢驗雷達預估降雨之精確度，造成無法研判此區域之可能災情；另河川之水情監測站數嚴重不足，無法掌握流域中下游之河川水位變化，且此次颱風已將高屏溪、曾文溪、八掌溪等重要河川之水位站摧毀，因此應再補強河川水位監測系統。

2. 複合型災害之預警技術研發：近幾年來在行政院國科會、中央氣象局、水利署及水保局積極推動下，颱風路徑預報、淹水預警及坡地災害預警等研究已有良好的基礎，但複合型災害之預警技術研發付之闕如。以本次八八水災為例造成坡地大規模崩塌，導致下游因河道淤積而造成淹水的複合型災害。過去使用氣象資料包含累積降雨與降雨趨勢預估，以作為洪水災害預警資訊應用之方法，無法提供此類複合型災害之使用。今後之防救災對策將應由單一災害，擴展至複合性災害。

3. 災情之彙整機制：由於災害發生時，指揮官往往必須在有限的時間內對災害做出快速的處置反應。而災害進展相當迅速，災害環境在快速動態變化時，充滿不確定性，且常無任何預警。救災資源統合在時間壓力與資訊不足狀況下，指揮、派遣之品質往往會受影響，地方政府層級尤其顯著。目前雖然多數災害應變中心之基本硬、軟體設備，皆已建置。整體來說，災損推估、防救災決策支援工具與即時警報系統尚待充實，尤其現今災害應變作業著重災前預警，惟因氣象預報、災害演化模式等之科技有待加強、相關資料庫仍有欠缺，致使災害預警能力的精度受限。因此，災情之精確

掌握成為災害應變時十分重要之成敗關鍵。為有效掌握最新災情提供緊急應變使用，應檢討現行災情通報方式，並建立由災情現場至指揮中心具備可靠有效之災情通報機制。為使參與救災之各機關及單位可共享資訊，宜成立中央及地方、跨機關單一聯繫窗口，簡化聯繫作業流程，並加強跨機關協調機制，各項資訊彙集應以自動化方式即時取得。

4. 非工程措施—強化疏散撤離之作業程序：現行疏散避難體系在淹水方面為經濟部水利署之各縣市水災保全計畫。計畫當中對於：(1)危險潛勢地區之劃定、(2)危險潛勢地區應變暨疏散避難措施及(3)疏散避難權責分工等，均已明文訂定。但現行疏散避難撤離體制並無明確之法令規範罰則，地方政府指示撤離民眾時，常遇民眾配合度不高，極需修正強制疏散相關作業規定。

5. 研擬巨災應變計畫：巨災事件代表災害發生的空間規模大，以本次莫拉克颱風為例，整個南臺灣的大部分地區均在災區當中，面對此類型巨災，災害發生時之緊急應變措施及資源分配將較一般單點災害複雜許多。因此，事前之應變計畫擬定將左右巨災發生時之應變品質。應邀集相關部門及學者專家進行分析，研擬通盤之巨災應變計畫，災害防救的腳步才能趕上多變之天然災難。

6. 流域綜合治理：流域從源頭、上游、中游、下游到河口，跨越中央及地方各級政府主管機關，各區段所衍生的課題是互相關聯且交叉影響，其間如何有效整合政府功能、建置跨部會溝通平台，常為困難之處。同時流域治理牽涉的法規廣泛，現階段缺乏整合性之法律架構，實有必要跳脫傳統思維，建立整合式流域治理通用體制與機構，以達成良善的流域治理。在目前氣候變遷之環境下，外力危害之不確定性將更形提高，然可經由土地利用之限制或政策等方式降低災害潛勢之規劃面對策，在流域治理上將扮演更重要角色。

7. 國土計畫之推動：莫拉克颱風所造成的傷害，顯示傳統土木工程強度是難以與自然力量相抗衡；除災害發生當時的生命、資產及工程設施龐大損失

外，災後的救助、救濟及設施復原，更需投入大量的社會成本，開發邊際土地所得到的經濟利益，已經抵不過社會付出的更大成本。而應該以新思維，尊重及順應自然，避離災害地區。敏感地區降低開發並非一種損失，事實上敏感地區現有開發的所得已經不敷社會整體的支出，走向保育是一種更有利的經濟選擇。就長期而言，人類的生活及經濟都是立基在水、土、礦物、植物等自然資源上，降低敏感地區的開發，適當的復育及保育，將可為後代累積健全的綠色資本。國土計畫法之制定，在合理配置國土資源，使未來國土空間發展符合永續發展世界趨勢，並能因應全球氣候變遷。其立法重點在於確立國土保育地區、農業發展地區、城鄉發展地區及海洋資源地區等四大國土功能分區，並透過各級國土計畫引導發展，未來將由現行區域計畫法所指導之計畫架構，轉為以國土計畫法所建構之國土空間發展架構。因莫拉克風災救災重建工作，各界期待早日完成立法，將配合行政院審查作業，爭取列為優先法案，加速推動國土計畫法之立法。

8. 氣候變遷之衝擊評估：彙整氣候變遷研究指出，過去氣候變遷趨勢包括：氣溫有上升趨勢、極端溫度發生頻率增加，平均降雨與極端降水發生頻率增加，強烈熱帶氣旋增加，海平面上升速率增加、海溫增高等氣候變化。近年來降雨之更集中與加強趨勢特性，與極端暴雨在空間分布變異特性之變化，將更增加防災應變不確定與困難，對民生、社會經濟與產業發展均將造成莫大的衝擊，因此人民對政府在防救災工作之期望及需求更加殷切。此點必需藉由精簡的氣候變遷資訊整理，以作為未來防災可能面臨的災害情境模擬或災害規模設定研究，及早擬定防災因應對策。

 # 七、結語

從此次淹水災害事件可知，工程防範措施保護程度相當有限，必須仰賴其他非工程之措施，才能降低災害之風險。莫拉克颱風引發之淹水問題相當複雜，解決這些水患問題，應非從單一災區思索解決對策，而應從流域上中下游整體性分析，如此才能得知各災區致災問題之關連性，進一步從流域系統性觀點提出綜合治理策略。

參考文獻

1. 陳亮全等，2009 年「莫拉克颱風災情勘查與分析」第一階段報告，行政院 國家科學委員會。

2. 國家災害防救科技中心，2009 年 9 月，「莫拉俄颱風災情概述」，地工技 術，P75~82。

7 以莫拉克暴雨事件探討極端降雨對設計重現期雨量之影響

 ## 摘 要

　　本研究將針對蘭陽溪流域，運用土地利用現況資料與 SRES(Special Report on Emissions Scenarios)氣候預設情境，探討未來氣候變遷對 GWLF 水文模式模擬流量之影響，並且修正 GWLF 水文模式，使其模擬更加準確。首先修改 GWLF 水文模式中，有關蒸發散的部分，並且探討修改後是否更加符合眞實的蒸發散情形；氣候變遷方面，使用歷史氣象資料與 SRES 預設情境氣象資料輸入 GWLF 模式，模擬出未來短、中、長期之流量與評估氣候變遷對其可能造成之影響與衝擊。分析結果顯示，修改後所得之 GWLF 模式可以更加準確模擬蒸發散情形，未來的降雨量、流量在氣候變遷影響下呈現增加的趨勢，但在

[1] 蘇俊明 經濟部水利署科長

枯水期相對於現況為減少趨勢且顯著於豐水期，未來降雨量多集中在豐水期顯示降雨分布不均的情況更為嚴重，顯示未來水資源的利用勢必更加困難。

關鍵字：暴雨、頻率分析、對數皮爾遜第三型分布、極端降雨

一、前言

中度颱風莫拉克(MORAKOT)為今(98)年度第 8 號颱風，中央氣象局於 8 月 5 日 20 時 30 分及 6 日 8 時 30 分分別發布海上颱風警報及陸上颱風警報。本颱風中心於 7 日 23 時 50 分從花蓮登陸台灣，8 日下午 2 時颱風中心由桃園附近出海，於 10 日 5 時 30 分解除颱風陸上海上警報。此次降雨區域主要影響之中央管河川流域包括濁水溪、北港溪、朴子溪、八掌溪、急水溪、曾文溪、鹽水溪、二仁溪、高屏溪、東港溪、四重溪及卑南溪等 12 個流域，主要影響範圍涵蓋 11 個縣市。

本次超大豪雨造成中南部河川之超大洪水，超過各河川堤防保護標準。上游集水區超大豪雨產生大量土石崩塌下移造成土石流，其沖擊力遠較單純洪水為大，破壞堤防，加大洪水災害。依初步調查結果顯示，中央管河川沖毀約 41659 公尺，受損 64422 公尺，溢堤有 7 處；而縣市管河川沖毀約 7290 公尺，受損約 6527 公尺。除水利設施災損外，亦近幾十年來土石流最大滅村(小林村)之憾事，可見莫拉克風災造成震撼非同小可，讓政府須重新思維人與自然關係，順自然利用柔性的方法來減少災害。

由於莫拉克颱風暴雨紀錄驚人，有相當多站之雨量值超過歷史最大紀錄，可將其視為極端降雨事件。爰此，本文統計莫拉克颱風暴雨量，並分析頻率，藉以探討極端降雨事件對設計重現期雨量之影響，作為日後河川治理、防災警戒及疏散撤離之規劃參考。

二、暴雨量分析

莫拉克颱風主要降雨集中在濁水溪、八掌溪、急水溪、曾文溪、高屏溪等河川流域，以 98 年 8 月 5 日 20 時起至 98 年 8 月 10 日 8 時之統計結果得知，5~6 日降雨主要發生於北部地區，隨後降雨中心由苗栗南庄山區往南移動，於 7 日時屏東山區已達日雨量 963.5 毫米，8 日最大降雨中心持續留滯於屏東山

區達 1403 毫米，9 日最大降雨中心漸往北移中心位於阿里山日雨量達 1234.5 毫米並停滯至 10 日而雨勢漸歇，總計 5 日~10 日之總累積雨量以阿里山站居冠。

　　莫拉克颱風多種延時之降雨量已創下台灣歷史紀錄；總計莫拉克颱風在降雨延時 24 小時達到 1000 毫米者有 31 站，其中，最大發生在嘉義縣阿里山鄉阿里山站(1623.5mm)；降雨延時 48 小時達到 1500 毫米者有 23 站，最大雨量仍發生在嘉義縣阿里山鄉阿里山站(2361mm)；降雨延時 72 小時達到 2000 毫米者有 12 站，仍以阿里山鄉阿里山站(2748mm)為最大。詳見表 1~表 3。

表 1　全台降雨延時 24 小時累積雨量超過 1000 毫米之雨量站

排序	流域	雨量測站	累積雨量 (mm)	排序	流域	雨量測站	累積雨量 (mm)
1	濁水溪	阿里山	1623.5	17	濁水溪	神木村	1131.0
2	八掌溪	石磐龍	1583.0	18	八掌溪	小公田	1125.5
3	八掌溪	奮起湖	1570.0	19	曾文溪	曾文	1088.5
4	高屏溪	南天池	1443.0	20	濁水溪	瑞里	1080.5
5	高屏溪	尾寮山	1414.5	21	高屏溪	甲仙	1077.5
6	曾文溪	馬頭山	1378.5	22	八掌溪	大湖	1076.5
7	高屏溪	溪南	1340.5	23	濁水溪	豐山	1063.0
8	高屏溪	御油山	1289.5	24	曾文溪	草嶺	1050.5
9	高屏溪	小關山	1271.5	25	八掌溪	頭凍	1039.0
10	高屏溪	復興	1232.0	26	急水溪	關仔嶺	1032.0
11	曾文溪	瀨頭	1215.5	27	高屏溪	高中	1029.0
12	高屏溪	新發	1200.0	28	濁水溪	草嶺	1028.5
13	高屏溪	上德文	1185.5	29	高屏溪	民生	1024.5
14	高屏溪	瑪家	1180.5	30	高屏溪	楠溪	1018.5
15	高屏溪	梅山	1147.0	31	南台東 河系	土阪	1017.0
16	濁水溪	新高口	1139.0				

表2　全台降雨延時 48 小時累積雨量超過 1500 毫米之雨量站

排序	流域	雨量測站	累積雨量 (mm)	排序	流域	雨量測站	累積雨量 (mm)
1	濁水溪	阿里山	2361.0	13	高屏溪	新發	1661.5
2	高屏溪	尾寮山	2215.5	14	高屏溪	復興	1659.0
3	八掌溪	奮起湖	2161.0	15	曾文溪	曾文	1643.5
4	八掌溪	石磐龍	2106.5	16	濁水溪	神木村	1628.0
5	高屏溪	南天池	2035.0	17	濁水溪	新高口	1618.5
6	高屏溪	溪南	2009.0	18	高屏溪	梅山	1617.5
7	曾文溪	馬頭山	1989.0	19	高屏溪	甲仙	1601.0
8	高屏溪	御油山	1984.5	20	高屏溪	瑪家	1557.0
9	高屏溪	上德文	1968.0	21	高屏溪	高中	1546.5
10	高屏溪	小關山	1887.5	22	八掌溪	頭凍	1539.5
11	曾文溪	瀨頭	1813.0	23	高屏溪	楠溪	1514.5
12	八掌溪	大湖	1676.0				

表3　全台降雨延時 72 小時累積雨量超過 2000 毫米之雨量站

排序	流域	雨量測站	累積雨量 (mm)	排序	流域	雨量測站	累積雨量 (mm)
1	濁水溪	阿里山	2748.0	7	高屏溪	南天池	2375.5
2	八掌溪	奮起湖	2643.0	8	曾文溪	馬頭山	2263.0
3	高屏溪	尾寮山	2564.0	9	八掌溪	大湖	2200.5
4	八掌溪	石磐龍	2503.5	10	曾文溪	瀨頭	2197.5
5	高屏溪	御油山	2387.5	11	高屏溪	上德文	2194.5
6	高屏溪	溪南	2385.5	12	高屏溪	小關山	2170.5

　　莫拉克颱風降雨集中在嘉義縣、高雄縣及屏東縣等山區，其分布流域範圍相當廣，包含濁水溪、八掌溪、曾文溪等流域上游集水區之阿里山、奮起湖、瀨頭及馬頭山等處，以及高屏溪流域上游集水區之尾寮山、御油山、溪南及南天池等區域。最大總累積雨量發生在嘉義縣阿里山鄉阿里山站(2884 毫米)，並有 15 站超過 2000 毫米。總累積雨量排名前二十名之降雨量記錄全數超過該測站歷年年平均雨量值的 50%，其中 9 站更超出歷年年平均雨量值的 70%，詳見表 4。

表 4　全台總累積雨量前 20 名之雨量站

排序	流域	雨量測站	累積雨量(mm)	歷年年平均雨量(mm)	累積雨量/歷年年平均雨量	排序	流域	雨量測站	累積雨量(mm)	歷年年平均雨量(mm)	累積雨量/歷年年平均雨量
1	濁水溪	阿里山	2884.0	4038.5	71%	11	八掌溪	大湖	2243.5	3448.2	65%
2	八掌溪	奮起湖	2778.5	3795.8	73%	12	高屏溪	小關山	2235.5	3152.8	71%
3	高屏溪	尾寮山	2701.0	3541.8	76%	13	高屏溪	新發	2077.5	3239.3	64%
4	八掌溪	石磐龍	2636.5	4042.0	65%	14	濁水溪	玉山	2057.0	2982.1	69%
5	高屏溪	御油山	2557.5	3984.2	64%	15	八掌溪	頭凍	2036.5	3942.7	52%
6	高屏溪	溪南	2489.5	3915.9	64%	16	高屏溪	高中	1991.5	2867.3	69%
7	高屏溪	南天池	2448.5	3671.0	67%	17	濁水溪	新高口	1970.5	2883.5	68%
8	曾文溪	瀨頭	2315.0	3169.8	73%	18	高屏溪	楠溪	1969.0	2609.9	75%
9	曾文溪	馬頭山	2277.5	2841.6	80%	19	濁水溪	草嶺	1952.0	2583.8	76%
10	高屏溪	上德文	2255.0	3646.6	62%	20	曾文溪	曾文	1948.0	2763.4	70%

　　根據分析結果得知，本次阿里山站總累積雨量(2884 毫米)已超越民國 85 年賀伯颱風(阿里山站，1987 毫米)及民國 90 年納莉颱風(下盆站，2319 毫米)之降雨紀錄，且該站降雨延時 24、48 及 72 小時累積雨量均為本颱風發生最大降雨量之測站，亦為台灣歷年之冠(分別為 1623.5 毫米、2361 毫米及 2748 毫米)。其中，24 及 48 小時降雨量甚至逼近世界降雨量極值(分別為 1825 毫米及 2467 毫米)，詳表 5 及表 6。另歷年颱風單日最大降雨量前 5 名中，除第 5 名外，其餘全由莫拉克颱風改寫，可見本次莫拉克颱風攜帶豪雨之驚人，詳見表 7。

表 5 莫拉克颱風與世界極端降雨紀錄比較

延時 (小時)	莫拉克降雨量 (mm)	世界極端紀錄*		
		降雨量 (mm)	發生地	發生時間
1	136.0	401.0	蒙古	1975/7/3
6	548.5	840.0	蒙古	1977/8/1
24	1623.5	1825.0	法屬留尼旺島	1966/1/7-1966/1/8
48	2361.0	2467.0	法屬留尼旺島	1958/1/8-1958/1/10
72	2748.0	3930.0	法屬留尼旺島	2007/2/24~2007/2/26

*資料來源：美國國家海洋與大氣署，水文氣象設計研究中心，http://www.nws.noaa.gov/oh/hdsc/

表 6 莫拉克颱風與納莉颱風及賀伯颱風等颱風暴雨之總累積雨量比較

排序	2009 莫拉克颱風※			2001 納莉颱風(9/13~9/19)			1996 賀伯颱風(7/29~8/1)		
	站名	鄉鎮	累積雨量 (mm)	站名	鄉鎮	累積雨量 (mm)	雨量測站	鄉鎮	累積雨量 (mm)
1	阿里山	嘉義縣 阿里山鄉	2884.0	下盆	臺北縣 烏來鄉	2319.0	阿里山	嘉義縣 阿里山鄉	1987.0
2	奮起湖	嘉義縣 竹崎鄉	2778.5	山腳	宜蘭縣 大同鄉	1533.0	奮起湖	嘉義縣 竹崎鄉	1652.0
3	尾寮山	屏東縣 三地門	2701.0	古魯	宜蘭縣 大同鄉	1462.0	大湖	嘉義縣 番路鄉	1283.0
4	石磐龍	嘉義縣 竹崎鄉	2636.5	土場	宜蘭縣 三星鄉	1435.0	鳥嘴山	新竹縣 尖石鄉	1106.0
5	御油山	高雄縣 茂林鄉	2557.5	梵梵(2)	宜蘭縣 大同鄉	1427.0	馬頭山	嘉義縣 大埔鄉	1094.5

※ 98/8/5 20:00 ~ 98/8/10 08:00

表 7　歷年單日最大降雨量排行

名次	站名	時間	雨量(mm)	颱風名稱
1	屏東尾寮山	2009/08/08	1403.0	莫拉克
2	高雄溪南	2009/08/08	1301.0	莫拉克
3	高雄御油山	2009/08/08	1282.5	莫拉克
4	嘉義阿里山	2009/08/09	1234.5	莫拉克
5	花蓮布洛灣	1997/08/29	1222.5	安珀

三、頻率分析

　　莫拉克颱風暴雨量頻率分析，於即時雨量資料上係以中央氣象局與水利署所屬雨量站之即時傳輸雨量記錄爲基本分析資料，資料期距爲 98 年 8 月 5 日 20 時起至 8 月 10 日 8 時止。在歷史資料部分，係考量當時規劃設計之水文氣象條件，兼顧目前水利設施之保護標準及水利署治理規劃之記錄年限，同時囿於中央氣象局即時雨量站之設置時間較短等情況下，本次頻率分析係以水利署過去 24、48 及 72 小時等三種延時之歷史記錄爲基礎，若早期過去記錄缺乏連續時雨量記錄時，則利用 1 日，2 日及 3 日雨量資料做適當轉換後進行塡補以延伸資料年限長度。同時，分析年限以各流域治理規劃之分析年限爲基準。分析時，本次莫拉克颱風水利署測站觀測之不同延時雨量資料對應該站過去歷史記錄進行頻率分析；中央氣象局測站之頻率分析部分，則須利用鄰近水利署測站之輔助。

　　本次各流域之基本計畫均採用對數皮爾遜第三型分布(Log-Pearson Type III Distribution，LPT3)，茲整理 LPT3 之機率密度函數 $f(x)$ (Probability density function，pdf)定義及相關頻率因子計算式如下：

$$f(x) = \frac{1}{\theta\, x\Gamma\left(\beta_y\right)} \left(\frac{\ln x - \gamma_y}{\theta_y}\right)^{\beta_y - 1} e^{-\left(\frac{\ln x - \gamma_y}{\theta_y}\right)} \tag{1}$$

其中 $y = \ln x$ ；θ_y：尺度參數；β_y：形狀參數；

γ_y：位置參數；$\Gamma(\cdot)$：Gamma 函數

該分布應用至水文樣本分析時，其所推求水文量與頻率因子 K_T 之關係表示如下：

$$y_T = \overline{y} + K_T s_y \tag{2}$$

$$K_T = t + \left(t^2 - 1\right)\frac{C'_{s_y}}{6} + \frac{1}{3}\left(t^3 - 6t\right)\left(\frac{C'_{s_y}}{6}\right)^2 - \left(t^2 - 1\right)\left(\frac{C'_{s_y}}{6}\right)^3 + t\left(\frac{C'_{s_y}}{6}\right)^4 + \frac{1}{3}\left(\frac{C'_{s_y}}{6}\right)^5 \tag{3}$$

其中 t：標準常態值；C'_{s_y}：樣本取對數後之修正偏態係數；$\overline{y}$：樣本取對數後之平均值；s_y：樣本取對數後之標準偏差標準常態值 t 可由下式求得：

$$t \approx W - \frac{C_0 + C_1 W + C_2 W^2}{1 + d_0 W + d_1 W^2 + d_2 W^3} \ , \ (0 < P \leq 0.5) \tag{4}$$

$$t \approx -\left(W - \frac{C_0 + C_1 W + C_2 W^2}{1 + d_0 W + d_1 W^2 + d_2 W^3}\right) \ , \ (P > 0.5) \tag{5}$$

$C_0 = 2.515517$ ， $d_0 = 1.432788$

$C_1 = 0.802853$ ， $d_1 = 0.189269$

$C_2 = 0.010328$ ， $d_2 = 0.001308$

其中 P 為超越機率，

$$W = \sqrt{\ln\left(\frac{1}{P^2}\right)} \ , \ (0 < P \leq 0.5) \tag{6}$$

$$W = \sqrt{\ln\left[\frac{1}{(1-P)^2}\right]} \ , \ (P > 0.5) \tag{7}$$

綜上，以水利署及中央氣象局所屬雨量站各延時之頻率分析結果如表 8 所示，其連續 24，48 及 72 小時延時分析結果略述如下：

3.1　連續 24 小時延時

　　降雨量重現期超過 100 年以上，發生流域為濁水溪 4 站、北港溪 4 站、朴子溪 3 站、八掌溪 1 站、急水溪 8 站、曾文溪 6 站、鹽水溪 1 站、二仁溪 5 站、高屏溪 15 站、東港溪 1 站、四重溪 2 站及卑南溪 1 站。

3.2　連續 48 小時延時

　　降雨量重現期超過 100 年以上，發生流域為濁水溪 11 站、北港溪 4 站、朴子溪 5 站、八掌溪 3 站、急水溪 6 站、曾文溪 6 站、鹽水溪 1 站、二仁溪 5 站、高屏溪 15 站、東港溪 1 站、四重溪 2 站及卑南溪 1 站。

3.3　連續 72 小時延時

　　降雨量重現期超過 100 年以上，發生流域為濁水溪 15 站、北港溪 4 站、朴子溪 8 站、八掌溪 4 站、急水溪 8 站、曾文溪 6 站、二仁溪 4 站、高屏溪 15 站、東港溪 1 站、四重溪 2 站及卑南溪 1 站。

表 8　不同延時各雨量站雨量頻率分析結果表

流域	雨量測站	24 小時		48 小時		72 小時		累積雨量 (mm)	資料長度 (年)
		實測雨量 (mm)	相當重現期 (年)	實測雨量 (mm)	相當重現期 (年)	實測雨量 (mm)	相當重現期 (年)		
濁水溪	集集(2)	479.0	17	556.0	33	608.0	123	627.0	50
	桶頭(2)	843.0	90	1035.0	160	1163.0	305	1205.0	45
	東埔	572.0	273	922.0	644	1191.0	879	1231.0	57
	阿里山	1623.5	>2000	2361.0	>2000	2748.0	>2000	2884.0	60
	新興橋	988.0	>2000	1390.5	>2000	1515.5	>2000	1577.0	57

表 8　不同延時各雨量站雨量頻率分析結果表(續 1)

流域	雨量測站	24 小時		48 小時		72 小時		累積雨量 (mm)	資料長度 (年)
		實測雨量 (mm)	相當重現期 (年)	實測雨量 (mm)	相當重現期 (年)	實測雨量 (mm)	相當重現期 (年)		
濁水溪	東埔	602.0	379	927.5	666	1148.5	743	1189.0	57
	草嶺	1028.5	51	1424.5	236	1872.0	726	1952.0	28
	瑞里	1080.5	67	1384.5	194	1739.5	459	1836.0	28
	豐山	1063.0	61	1379.0	189	1757.0	488	1866.5	28
	桶頭	859.0	96	1063.5	181	1199.5	355	1236.5	45
	中心倫	526.0	69	678.5	177	760.0	227	788.5	59
	望鄉	560.5	11	1047.5	139	1364.0	1824	1438.5	33
	西巒	532.5	34	708.0	86	816.0	191	854.0	36
	和社	664.0	22	958.0	85	1083.0	262	1137.5	33
北港溪	大埔	760.0	977	971.0	>2000	1124.0	>2000	1148.0	30
	中坑(3)	485.0	147	617.0	790	725.0	472	746.0	27
	誼梧	349.0	103	411.5	46	438.5	39	446.5	43
	山豬湖	751.5	40	1007.5	387	1162.0	>2000	1192.5	34
	中坑	496.0	178	635.0	1140	741.5	572	762.5	27
	樟腦寮(2)	837.0	71	1346.0	>2000	1777.0	>2000	1816.0	34
	沙坑	572.0	61	703.0	81	822.0	204	839.0	29
朴子溪	鰲鼓	412.5	>2000	489.5	>2000	516.0	>2000	521.5	43
	樟腦寮	653.0	21	1202.0	>2000	1595.0	>2000	1631.0	34
	魚寮	460.5	>2000	551.0	>2000	582.0	>2000	585.5	43
	朴子	452.5	>2000	536.5	>2000	560.5	>2000	561.0	43

表 8　不同延時各雨量站雨量頻率分析結果表(續 2)

流域	雨量測站	24 小時		48 小時		72 小時		累積雨量 (mm)	資料長度 (年)
		實測雨量 (mm)	相當重現期 (年)	實測雨量 (mm)	相當重現期 (年)	實測雨量 (mm)	相當重現期 (年)		
八掌溪	大湖	1076.5	28	1676.0	67	2200.5	145	2243.5	19
	石磐龍	1583.0	90	2106.5	147	2503.5	238	2636.5	19
	中埔	726.5	1174	936.0	>2000	1089.0	>2000	1109.5	26
	奮起湖	1570	88	2161.0	161	2643.0	295	2778.5	19
急水溪	關子嶺(2)	1058.0	>2000	1429.0	>2000	1613.0	>2000	1645.0	26
	六溪	750.0	100	964.0	119	1056.0	105	1071.0	26
	東原	708.0	89	913.0	345	979.0	208	999.0	26
	北寮	1083.0	>2000	1542.0	>2000	1768.0	>2000	1802.0	26
	東河	691.5	81	874.0	256	905.0	127	907.5	26
	東原	773.5	125	1010.5	714	1103.5	466	1121.0	26
	關仔嶺	1032.0	>2000	1390.0	>2000	1575.0	>2000	1607.0	26
	大棟山	758.5	>2000	1180.5	>2000	1466.5	>2000	1522.0	26
曾文溪	西阿里關	1084.0	>2000	1571.0	276	1764.0	159	1790.0	17
	南化(2)	826.0	>2000	1140.0	>2000	1256.0	1747	1295.0	17
	北寮	770.0	>2000	1063.5	>2000	1221.5	1390	1254.0	17
	曾文	1088.5	489	1643.5	>2000	1913.5	>2000	1948.0	26
	馬頭山	1378.5	>2000	1989.0	>2000	2263.0	>2000	2277.5	26
	小公田	1125.5	>2000	1230.5	>2000	1334.5	>2000	1355.5	26

表 8　不同延時各雨量站雨量頻率分析結果表(續 3)

流域	雨量測站	24 小時		48 小時		72 小時		累積雨量 (mm)	資料長度 (年)
		實測雨量 (mm)	相當重現期 (年)	實測雨量 (mm)	相當重現期 (年)	實測雨量 (mm)	相當重現期 (年)		
鹽水溪 二仁溪	崎頂	611.0	236	780.5	101	827.5	39	845.5	41
	古亭坑	652.0	935	907.0	362	971.0	175	992.0	43
	木柵	723.0	>2000	955.0	>2000	1029.0	>2000	1059.0	43
	古亭坑	584.0	229	829.0	177	892.5	100	913.5	43
	沙崙	596.0	193	787.5	108	830.5	40	843.0	41
高屏溪	屏東(5)	667.0	141	886.0	124	947.0	159	959.0	38
	美濃(2)	507.0	>2000	749.0	>2000	828.0	>2000	871.0	19
	屏東	666.0	140	906.0	143	974.5	197	990.0	38
	溪埔	729.5	271	994.5	265	1057.5	378	1076.5	38
	旗山	621.0	>2000	813.0	>2000	854.5	>2000	881.0	15
	尾寮山	1414.5	>2000	2215.5	>2000	2564.0	>2000	2701.0	21
	甲仙	1077.5	>2000	1601.0	>2000	1856.0	>2000	1916.0	25
	古夏	683.5	>2000	946.0	>2000	1061.5	>2000	1127.0	25
	美濃	633.5	>2000	878	>2000	955.5	>2000	989.5	15
	里港	710.5	>2000	955.5	>2000	1018	>2000	1039.5	15
	上德文	1185.5	>2000	1968.0	>2000	2194.5	>2000	2255.0	25
	新圍	578.0	148	757.5	>2000	806.5	565	830.5	25
	月眉	744.0	>2000	1081.0	>2000	1205.0	>2000	1246.5	19
	吉東	547.5	>2000	728.0	>2000	789.0	>2000	820.5	19
	大津	738.5	>2000	1072.0	>2000	1241.0	>2000	1314.0	21

表 8　不同延時各雨量站雨量頻率分析結果表(續 4)

| 流域 | 雨量測站 | 24 小時 | | 48 小時 | | 72 小時 | | 累積雨量 (mm) | 資料長度 (年) |
		實測雨量 (mm)	相當重現期 (年)	實測雨量 (mm)	相當重現期 (年)	實測雨量 (mm)	相當重現期 (年)		
東港溪	來義	828.5	101	1167.5	1534	1289.0	>2000	1339.0	18
四重溪	石門	791.0	>2000	1110.0	389	1154.0	195	1160.0	39
	牡丹	816.0	>2000	1132.5	>2000	1162.5	>2000	1166.5	69
卑南溪	向陽	820.5	>200	1206.5	>200	1378.5	>200	1400.5	35

四、極端降雨事件對重現期雨量之影響

　　莫拉克颱風暴雨紀錄驚人，有相當多站之雨量值超過歷史最大紀錄，因此有必要對於各流域從治理規劃年限以後至本次莫拉克暴雨事件之所有年最大記錄均納入分析，以重新評估極端降雨事件對設計重現期雨量之影響。

　　本文以北港溪、朴子溪及急水溪流域延時 48 小時之年最大雨量作為探討評估對象，利用上述頻率分析方法，將治理計畫年限迄今之年最大值均納入歷史資料中，同時納入本次莫拉克暴雨之雨量記錄，以作為頻率分析之基礎。評估時，首先就本次莫拉克颱風之暴雨量分別在不同資料年限長度之情況下，其推估重現期之變化。同時，評估以治理計畫年限為資料長度所推求之 100 年設計雨量值，對應於納入近年及莫拉克資料後之重現期變化，詳表 9 及 10 所示，其結果如下：

4.1　北港溪流域

1. 莫拉克暴雨量重現期變化：中坑(3)站之重現期由原 865 年降為 28 年；大埔站之重現期由原先超過 2000 年降為 80 年。

2. 重現期設計雨量之變化：中坑(3)站原 100 年重現期設計雨量，僅剩下相當於重現期為 13 年之設計雨量；大埔站原 100 年重現期設計雨量，僅剩下相當於重現期為 9 年之設計雨量。

4.2 朴子溪流域

1. 莫拉克暴雨量重現期變化：樟腦寮(2)站之重現期由原先超過 2000 年降為 44 年；沙坑站之重現期由原先 81 年降為 26 年。

2. 重現期設計雨量之變化：樟腦寮(2)站原 100 年重現期設計雨量，僅剩下相當於重現期為 12 年之設計雨量；沙坑站原 100 年重現期設計雨量，僅剩下相當於重現期為 31 年之設計雨量。

4.3 急水溪流域

1. 莫拉克暴雨量重現期變化：關仔嶺(2)站之重現期由原先超過 2000 年降為 119 年；北寮站之重現期由原先超過 2000 年降為 93 年。

2. 重現期設計雨量之變化：關仔嶺(2)站原 100 年重現期設計雨量，僅剩下相當於重現期為 7 年之設計雨量；北寮站原 100 年重現期設計雨量，僅剩下相當於重現期為 13 年之設計雨量。

表 9　治理計畫年限重現期頻率分析

| 流域 | 雨量測站 | 重現期(年) | | | | | | | 莫拉克 | |
		2	5	10	25	50	100	200	累積雨量	相當重現期(年)
北港溪	中坑(3)	218	306	360	423	466	507	545	617	865
北港溪	大埔	229	311	361	418	458	495	530	971	>2000
朴子溪	樟腦寮(2)	343	507	607	723	803	877	946	1346	>2000
朴子溪	沙坑	242	351	432	544	635	732	836	703	81
急水溪	關仔嶺(2)	329	456	520	582	618	647	671	1429	>2000
急水溪	北寮	320	467	561	675	757	837	914	1542	>2000

表 10　治理計畫年限迄今(加入莫拉克)重現期頻率分析結果

| 流域 | 雨量測站 | 重現期(年) | | | | | | | 莫拉克 | |
		2	5	10	25	50	100	200	累積雨量	相當重現期(年)
北港溪	中坑(3)	239	371	468	600	704	814	930	617	28
北港溪	大埔	250	402	524	703	854	1023	1211	971	80
朴子溪	樟腦寮(2)	364	617	823	1130	1395	1691	2023	1346	44
朴子溪	沙坑	264	410	525	692	834	991	1165	703	26
急水溪	關仔嶺(2)	344	557	723	960	1156	1370	1603	1429	119
急水溪	北寮	345	568	753	1035	1283	1568	1893	1542	93

五、結論

　　莫拉克颱風於阿里山站總累積雨量 2884 毫米已超越民國 85 年賀伯颱風(阿里山站，1987 毫米)及民國 90 年納莉颱風(下盆站，2319 毫米)之降雨紀錄，且該站連續 24 及 48 小時降雨量甚至逼近世界降雨量極值。單日最大降雨量前 5 名中，除第 5 名外，其餘全由莫拉克颱風改寫，所攜帶豪雨之驚人，於統計分析可視為極端降雨事件，其對設計重現期雨量之影響甚鉅。綜由北港溪、朴子溪及急水溪流域延時 48 小時之年最大雨量探討分析得知，將治理計畫年限迄今之年最大值均納入歷史資料中，同時亦納入本次莫拉克暴雨之雨量記錄，以作為頻率分析之基礎，發現以重現期 100 年降雨量提高約 1.5 至 2 倍左右。

　　爰此，於莫拉克颱風極端降雨事件後，預期日後發生類似本次風災，降雨高度集中超過保護標準之事件，將有可能會越來越頻繁。深刻體認人定無法勝天情況下，瞭解工程保護有其限度，現階段所推動綜合治水工程及非工程策略均須作適當調適及強化，對於水庫操作、河道淤積清除、防洪保護標準提升暨洪水預警及疏散撤離時機均應進一步檢討，方能防範洪災發生及確保人民身家安全。

參考文獻

1. 莫拉克颱風暴雨量及洪流量分析，經濟部水利署，民國 98 年。

2. 莫拉克颱風水利工程勘災紀錄，經濟部水利署，民國 98 年。

3. 應用水文學，王如意、易任，國立編譯館，民國 82 年。

8 校園災害防救教育與莫拉克風災後的省思

 摘 要

　　莫拉克颱風造成嚴重八八水災，不僅造成嘉義以南地區嚴重的淹水與土石流災害，亦造成中南部地區的校園災損嚴重。有鑑於此次風災造成校園遭受嚴重災害，本文主要介紹此次風災造成校園災害的情形與致災的原因，以及國內目前防災科技教育推動現況。擬藉由此次風災的經驗，探討防災教育在天然災害防治所扮演的角色與災後的省思。造成此次重大災情的主因，除雨量因素外，尚包括民眾對於天然災害的認知不足，無法及時因應、有效疏散避難。地方決策者對颱風與其防救災的輕視及認知不足。受災民眾未具危機感，也缺少應變、避難的能力。天然災害防治教育推動目前在校園防災教材、防災師資培育、防災數位學習等議題上已見成效。有鑑於八八水災對校園環境的嚴重衝擊，災前預防工作包括校園災害潛勢調查的持續更新，尤其是面對複合型災害

[1] 陳建元 國立嘉義大學土木與水資源工程學系副教授
[2] 李文正 國家災害防救科技中心企劃組副研究員

的威脅，凸顯出目前面對災害的複雜性。防災教育師資培育與教材在對災民心理重建教案設計與活動規劃是災後重要議題。持續培育防災教育師資，促進校園災害防救計畫與社區防災的結合，以延伸防災教育至社會成人教育的推廣問題則是確保風災後每一位學生都能返校復課，延續防災教育的永續課題。

關鍵詞：土石流、天然災害、防災教育、校園防災

Abstract

　　Typhoon Morakot caused catastrophic flood and debris flow hazards in southern Taiwan area and numerious disasters in school facilities. The paper study on the statistics analysis of school facility damages and reasons attributed to the disasters by field reconnaissance and GIS spatial analysis. The Ministry of Education Advisory Office plan and conduct disaster prevention education in school program from 2001. Parts of the outcomes and efficiency of natural disaster prevention education in school could be seen from this time of disaster evacuation and refuge. Though numerous shortcomings and reasons attributed to the disasters in school are analyzed and discussed in the paper. The update of potential disaster anaysis for school, education materals and design activities for psychology recovery after disaster, and the connection of school education and community disaster prevention education are urgent after Typhoon Morakot.

Keywords：debris flow, natural disaster, disaster prevention education in school

 # 一、前言

　　近年來由於全球氣候的變遷，台灣地區颱風帶來極端強降雨的頻率從 2000 年前的 2 年一次，在 2000 年後頻率則增加為 1 年至少發生一次以上。從中央氣象局統計資料顯示，從 1970 年到 2008 年間，排名前 30 名的強降雨颱風在 2000 年到 2008 年間計有象神(2000)、納莉與利奇馬(2001)、娜克莉(2002)、敏督利與艾利(2004)、海棠(2005)、泰利(2005)、碧利斯(2006)、柯羅沙(2007)、

辛樂克、薔蜜與卡玫基(2008)。其發生強降雨颱風在近年來明顯增加(圖 1)。儘管近年來(2005-2008)年總降雨量增加幅度不大，但因颱風所帶來的降雨量則有明顯增加的趨勢(圖 2)。

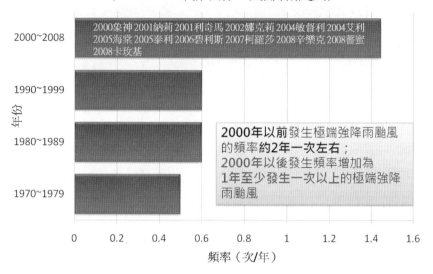

圖 1　台灣地區極端降雨颱風發生頻率(資料來源：國家災害防救科技中心)

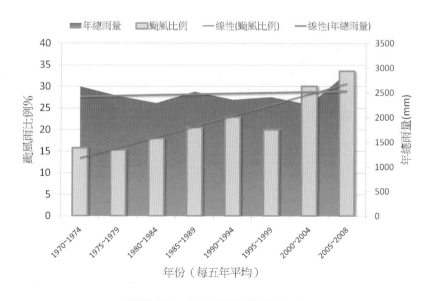

(資料來源：國家災害防救科技中心)

圖 2　台灣地區年總降雨量統計與颱風降雨比例

　　2009 年 8 月 8 日莫拉克颱風引進西南氣流，導致降雨主要集中於中南部。尤以嘉義以南的嘉義山區、台南山區、高雄山區及屏東山區降雨量最為豐富(圖 3)。在嘉義、高雄、及屏東山區雨量更超過 2000 豪米。其中阿里山區奮起湖雨量站在 8 月 5 日~10 日總累積雨量更超過 2700 豪米，超過台灣地區年平均降雨量 2493 毫米(自民國 38 至 96 年，經濟部水利署，2008)。其中位於累積降雨量超過 1500 豪米以上學校計有 54 所，位於雨量超過 2000 豪米以上學校亦達 19 所。超大雨量除造成低窪地區學校嚴重淹水災害外，其中受到嚴重災損需易地復學的學校亦主要位於降雨集中的嘉義、高雄及屏東地區。位於淹水區域的學校則高達 213 所(圖 4)。

　　有鑑於此次風災造成校園遭受嚴重天然災害，本文介紹國內目前防災科技教育推動現況，此次風災造成校園發生災害的原因。擬藉由此次風災的經驗，探討校園防災教育在天然災害防治所扮演的角色與災後的省思。

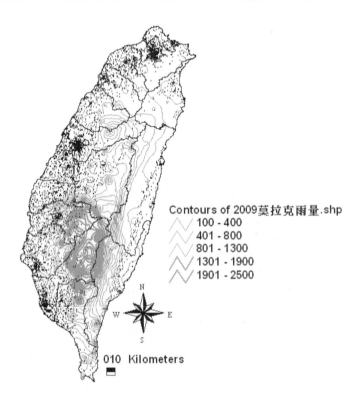

圖 3　莫拉克颱風累積降雨分佈與全國各級學校位置圖

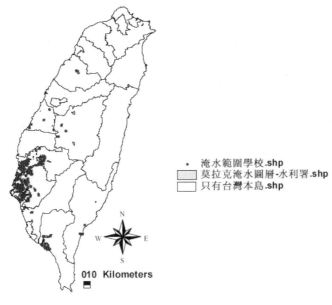

(淹水範圍資料來源：經濟部水利署)

圖4　莫拉克颱風淹水區域與全國各級學校位置圖

 # 二、莫拉克風災校園災損情形

　　莫拉克颱風引進西南氣流所帶來超大豪雨造成嚴重的 88 水災，不僅造成南台灣嘉義以南地區嚴重的淹水與崩塌及土石流災害，亦造成中南部地區的校園災損嚴重。據教育部統計 9 月 2 日 16 時最新統計全國各學制災損計有學校 1328 所(表 1)，災損總金額初估共計 28 億 6 仟餘萬元。以台南縣 13 億 4 千餘萬元最為嚴重，其次為高雄縣 5 億 3 千餘萬元、屏東縣 3 億 1 千餘元。

表 1　教育部校安中心莫拉克颱風各級學校災損統計(08 月 28 日彙整)

學校	操場積水	教室積水	學生死亡	災害損失 (百萬元)
大專校院	57	13	16	$1171
高中職	126	28	25	$214
國中小	1145	38	51	$1474
Total	1328	79	92	$2860

　　全校遭土石流毀損學校計有南投縣隆華國小、高雄縣那瑪夏鄉三民國中、民族國小、民權國小，及甲仙鄉小林國小。遭土石流毀損部分校舍計有高雄縣桃源鄉桃源國中、樟山國小，那瑪夏鄉民生國小、霧台鄉霧台國小等，阿里山鄉山美國小及來吉國小。而遭坡地崩塌造成損毀學校計有嘉義縣梅山鄉太和國小及阿里山鄉達邦國小里佳分校等。據教育部統計全國計有學生死亡人數 9 人、學生重傷 1 人、76 名學生失蹤，教師重傷 1 人、工友死亡 2 人。其中災情最嚴重的小林國小就有 49 人失蹤；9 名學生死亡，開學時僅剩 25 人。嚴重的災害並導致 19 所中小學需易地復學。其中南投縣隆華國小、高雄縣三民國中、小林國小、民族國小、民權國小、屏東縣泰武國小、三地國小達來分班 7 所學校，必須全校易地重建，其他 6 所學校在原地重建，包括嘉義縣達邦國小、來吉國小、屏東縣來義國小內社分校、三地國小、三地國小大社分校、台東縣嘉蘭國小，預估總經費需要新台幣 9 億 5000 萬元。

　　校園受損嚴重的學校如南投縣神木村隆華國小整個校舍傾倒於洪洪溪床中。導致災害的原因除豪雨造成溪水流量暴漲沖刷溪床及河岸外，學校上方支流發生土石流，大規模土石堆積扇擠壓主河道，導致河道位置改變，沖刷道路路基導致道路流失，並直接沖刷整座校園(圖 5)。崩塌加上堰塞湖潰堤形成的土石流導致高雄縣甲仙鄉小林國小全校遭土石掩埋(圖 6)。梅山鄉太和村太和國小部分校舍則遭崩塌土石掩埋，由於整個太和社區大規模崩塌及走山嚴重，該校採易地重建為考量(圖 7(a))。儘管教育部要求各校如期開學但部分學校則仍遭受潛在的災害威脅，遇豪大雨隨時都可能遭受災害。如嘉義縣梅山鄉太和村仁和國小在 88 風災時為當地居民避難地點(圖 7(b))，雖然當時未受災損，但目前在遭受潛在的坡地災害威脅。另外如每遇豪雨即易道路中斷造成隔絕的神木村神木國小(圖 7(c))。其他學校坡地災害嚴重的地區包括阿里山地區的小學(圖 7(d))，高雄縣三民鄉的中小學等(圖 7(e、f))。由此次校園災害顯示，學校目前面對的災害型態已不是單存的單一災害，而是多種災害結合的複合型災害。

(左側支流沖積扇)

(左側支流土石擠壓主河道，溪流改道直接沖刷民宅)

支流土石流擠壓主河道

主河道改道導致路基流失

原河道位置

主河道改道直接沖刷隆華國小

圖5　南投縣神木村隆華國小(2009/08/29照)

圖 6　崩塌加上堰塞湖潰堤形成的土石流導致高雄縣甲仙鄉小林國小全校遭土石掩埋(資料來源：林銘郎教授)

(a) 梅山鄉太和村太和國小部分校舍遭崩塌　　　(b) 嘉義縣梅山鄉太和村仁和國小 88 風災後
　　土石掩埋(2009/09/03 照)　　　　　　　　　　　潛在的坡地災害(2009/09/04 照)

圖 7　莫拉克風災學校災損情形

1

(c) 遇豪雨即易道路中斷造成隔絕的神木村神木國小
　　(2009/08/29 照)

(d) 嘉義縣阿里山鄉山美國小(2009/09/15 照)

(e) 高雄縣三民鄉民權國小(2009/09/15 照)

(f) 高雄縣三民鄉三民國中(2009/09/15 照)

圖 7　莫拉克風災學校災損情形(續)

 # 三、我國防災教育推動現況

　　聯合國教科文組織和國際減災戰略秘書處於民國 2006 年 6 月 15 日共同發起名為「防災從學校開始」的全球防災教育活動，以促進世界各國推廣學校的防災教育。由於國內防災教育內容並未納入課程綱要，亦非教育部六大議題之一，且現今教育環境多以升學為導向，而考試內容涉及防災相關內涵極少，要讓教師主動將防災教育課程融入現今科目授課，實屬不易。各級學校具有災害防救專業背景之人員占極少數，且高中職以下學校，並無專責人員負責災害防

救相關業務推動。而防災教育實施對象包含國中小、高中職、大專校院及社會大眾,業務分散在教育部各相關司處,推動需要有強勢整合力量及適切可行機制。

　　我國於 2001 年開始著手學校防災教育規劃。自 2003 年開始,教育部顧問室邀集各地區具有災害防救經驗之學術機構(單位),共同推動「防災科技教育人才培育先導型計畫」(民國 92~95 年)及「防災科技教育深耕實驗研發計畫」(民國 96~99 年),每一期程為四年(圖 8)。

　　「防災科技教育人才培育先導型計畫」實施對象以中小學、高中職、大專學生及社會大眾,防災教育內容包括天然災害(颱風、水災、土石流、坡地崩塌、地震)及人為災害(以化災、火災、爆炸為主)。執行期程為 92~95 年度,規劃經費每年 3600~5400 萬元。防災教育針對天然災害與人為災害,以達「整合防災教育資源,建立良好學習環境,進而強化社會抗災能力」為目標。

　　「防災科技教育深耕實驗研發計畫」(以下簡稱深耕實驗計畫)實施亦以幼稚園、中小學、高中職、大專學生及社會大眾為實施對象。計畫範圍亦包括天然災害(颱風、水災、土石流、坡地崩塌、地震)及人為災害(以化災、火災、爆炸為主)。計畫執行期程自 96~99 年度。規劃經費每年 4000~5700 萬元。並以將歷年之防災教育相關研發成果,予以實驗、深耕、研發,建立落實模式與制度,俾便在 99 年度結束時,完整且有系統地移轉至教育部相關司處,促成常態、持續進行防災科技教育為目標。工作重點則包括「運作與支援機制建立」、「課程發展及推廣實驗」、「師資培育機制建立」、「實驗推動」、「學習推廣」、「成效評估機制建立」等要項,並透過「地方政府防災教育深耕實驗專案」逐年進行滾動修正。圖 9 為深耕實驗計畫架構圖;圖 10 為深耕實驗計畫策略與運作關係圖。

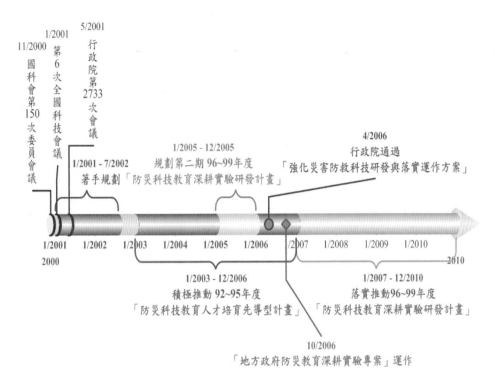

圖 8　台灣防災科技教育推動歷程

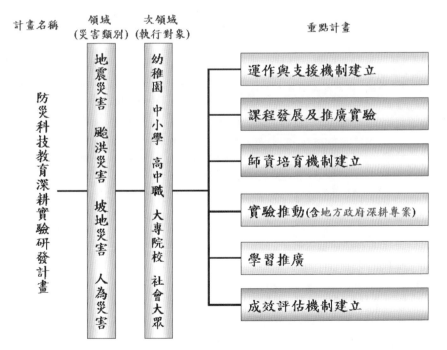

圖 9　「防災科技教育深耕實驗研發計畫」架構圖

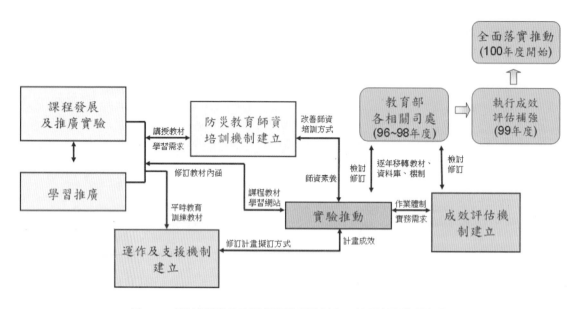

圖 10 「防災科技教育深耕實驗研發計畫」策略與運作關係圖

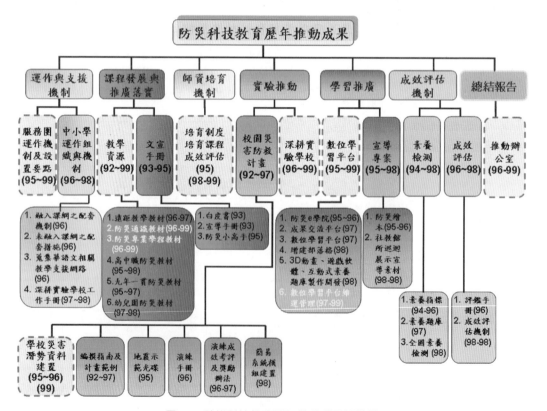

圖 11 防災科技教育歷年推動成果架構圖

　　防災科技教育歷年推動成果架構如圖 11 所示，並完成防災科技教育各學習階段教學資源(如架構圖 12)。成果包括各學習階段災害防救教育教材製作(16 本)、編修(13 本)與教案發展，大專校院災害防救通識課程(1 本)與專業學程課程教材(6 本)及開設辦法，並完成災害防救遠距教學課程教材(1 本)及開設辦法等。

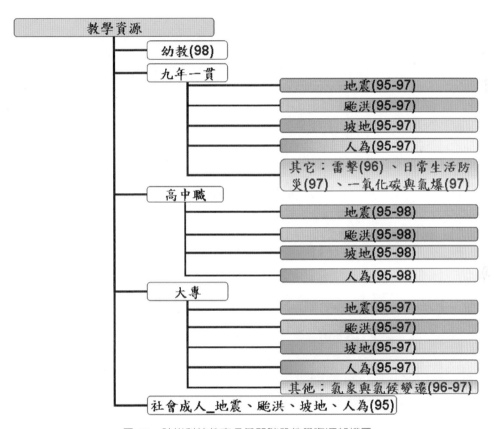

圖 12　防災科技教育各學習階段教學資源架構圖

　　有鑑於近年來全球天然災害影響逐年增加的趨勢。防災教育計畫推動辦公室於 94~95 年間建置全國各級學校災害潛勢資料規劃與建置工作，並建置學校災害潛勢資訊管理系統。學校是培育人才的場所，也是災難發生時居民緊急避難的地方，若校舍於災害中受損，將嚴重影響其避難與收容之功能，因此確保學校校園環境的安全，為現今非常重要的課題。在規劃防災課程、培訓防災種子師資、建置校園災害潛勢資料，及相關教學等資源配合下，要求各級學校研

擬校園災害防救計畫,提升師生防災素養。並以持續提昇全民防災素養(認知、技能與態度)的水準為防災科技教育總目標(圖 13)。

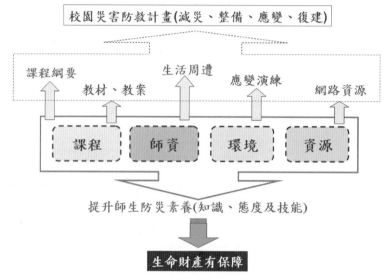

圖 13　校園災害防救計畫與師生防災素養提升關連圖

 # 四、莫拉克風災後的省思與防災教育的後續推動

我國現行之九年一貫或高中職教育體系下,並沒有天然災害防治或減災之正式課程安排。關於天然災害之知識,大多是包括在中小學自然科及社會科教材中,且其重點在於天然災害之成因及對社會的衝擊。綜觀我國現行防災教育及師資培育現況有如下缺失:

1. 防災教育內容並未納入課程綱要,亦非教育部六大議題之一,且現今教育環境多以升學為導向,而考試內容涉及防災相關內涵極少,要讓教師主動將防災教育課程融入現今科目授課,實屬不易。

2. 各級學校具有災害防救專業背景之人員占極少數,且高中職以下學校,並無專責人員負責災害防救相關推動。

3.　防災教育實施對象包含國中小、高中職、大專校院及社會大眾，業務分散在各相關司處，推動需要有強勢整合力量及適切可行機制。

學校的防災教育重點在於對天然災害的覺知(含天然災害融入多元課程、災後心裡衝擊、天然災害與人類文明的關係等)、防災的態度、事前萬全準備、合宜的緊急應變措施、定期演習、建立社群爲單位防災系統(通常以學校爲一基本社群單位)、家長的參與、學校行政人員及教師的防災演練、建築物安全訊息、高等教育的災害研究及國際防災合作等，然而防災系統的建立而維護生命財產安全，才是防災教育的最終目的(許民陽等，2006)。

2008 年 5 月 12 日汶川大地震地震發生時正值上課時間，地震造成約 21.6 萬間房屋倒塌，其中包括 6898 間校舍，當中仍未包括汶川、北川等重災區，大量學生死亡。四川安縣桑棗中學 2300 位師生無一傷亡，校長(葉志平)籌經費強化校舍結構，2005 年開始，每學期在全校組織一次緊急疏散演習，學生已經被教育好疏散該由前後門疏離(依教室座位排列)，每週二是該校的安全教育時間，地震當天，全校疏散花了 1 分 36 秒就到操場集合避難。莫拉克風災期間，高雄縣那瑪夏鄉的教師則在停水停電下利用僅存電腦電力向相關單位求救，那瑪夏鄉民族國小的莊宜瑩老師在帶著學生撤離到安全的地方之後，還不斷尋找有微弱手機訊號的地方，依然堅持試著發簡訊給台中的姊姊，就因爲這個年輕老師的努力，全村因而獲救(NOWnews，2009)。嘉義縣阿里山奮起湖因爲連日豪雨造成阿里山公路柔腸寸斷，對外失聯，幸而奮起湖地區民眾幾乎無大礙，而其中以嘉義縣竹崎鄉中和國小表現最令人激賞，該校於 96 年度加入防災教育實驗學校的行列後，對於防災有進一步的認識，故已於莫拉克颱風前已及早疏散學校教師，校內平日執行的防災教育作爲有：

1.　對學生：推動防災教材擬定與試教。

2.　對教師與學校：研擬校園災害防救計畫、瞭解學校附近高災害潛勢區、定期演練、準備儲糧。

此外，因應莫拉克風災來襲，嘉義縣中和國小落實：

1.　提早疏散學校教師(於 8 月 6 日即請留宿學校之教師回家)。

2. 學生於颱風期間，協助家人做好防颱準備，準備足夠存糧，故於阿里山公路交通中斷時，不至面臨斷糧危機，順利撐至救援直昇機帶來物資。

3. 平日針對學生的防災宣導，使學生瞭解附近高災害潛勢區，故於颱風期間不至戶外逗留。

國內山地部落目前年輕人口外移謀生情形嚴重，部落裡多僅留下老人與小孩。由於學校風災時已預先停課，因此目前校園防災疏散避難路線規劃以地震災害為主，淹水、土石流與崩塌等防災避難疏散在學校多並未實施，亦未與社區避難疏散配合實施。因此幾乎所有災區學生都未曾參與地震以外災害或鄰近社區的疏散避難演練。為落實教育部主動"找學生，風災後一個都不少"的口號，學校防災教育與社區防災教育的推廣結合才是解決學生災害事先疏散避難問題的癥結。此外，災害潛勢高的學校由於與聚落所在位置息息相關，若危險聚落居民不願遷移至安全地區，學校遷移亦會受到影響而難以遠離危險地區易地重建。因此在這些偏遠的山地部落，學校防災教育種子師資的培育則甚為重要，防災教育亦應由校園延伸至鄰近社區。

99 年度為深耕實驗計畫執行最後年度，計畫重點為將歷年之防災科技教育相關研發成果，予以實驗、深耕、研發落實模式與制度，完整且有系統地移轉至教育部內相關司處，促成常態、持續推行防災科技教育，以逐步達成提昇全民防災素養(認知、技能與態度)之總目標。深耕實驗計畫 99 年度擬執行之項目，包括：

1. 落實「防災教育服務團」運作機制，服務團成員預估達 200 人。

2. 歷年教材編輯成冊出版(含光碟)。

3. 防災教育師資培育制度、培育課程、成效評估…等機制研擬，以及中央級防災教師遴選、縣市級防災種子師資培育、在校級種子師資培育。

4. 落實推廣「中小學防災教育深耕實驗研發專案計畫」，並檢討評估推動之機制。

5. 社教館所防災教育相關展覽之辦理。

6. 防災教育數位學習網站管理及維運機制。

7. 完成防災素養常模資料庫及防災教育素材資料庫。

8. 結合歷年與防災教育計畫之學校與社教館所，辦理為期約半個月之 96~99 年度防災教育成果展。

9. 綜整提交 96~99 年度計畫成果及彙整移轉總結建議報告至教育部，完成移轉。

 # 五、結語

　　僅管校園防災種子師資，在此次八八水災雖然發揮部分功效，在檢討此次八八水災造成校園重大災情的主因，除雨量因素外，尚包括學生家長對於天然災害的認識不足，無法帶領學童即時因應、有效疏散避難。社區災民未具危機感，也缺少應變、避難的能力。學校是培育人才的場所，也是災難發生時居民緊急避難的地方，若校舍於災害中受損，將嚴重影響其避難與收容之功能，因此確保學校校園環境的安全，為現今非常重要的課題。天然災害防治教育推動目前在校園防災教材、防災師資培育、防災數位學習等議題上已見成效。有鑑於八八水災對校園環境的嚴重衝擊，災前預防工作包括校園災害潛勢調查的持續更新，尤其是面對複合型災害類型。校園災後復原重建規劃議題，包括是否易地重建、原地復原重建，或受聚落遷移位置的影響等，在在凸顯出目前面對災害的複雜性。災民心理重建教案設計與活動規劃則為防災教育災後重要議題。持續培育防災教育師資，校園災害防救計畫與社區防災的結合，以延伸防災教育至社會成人教育的推廣問題則是延續防災教育的永續課題。

　　教育是解決問題最根本的辦法，而防災教育是防救災工作上最具經濟效益的投資，由知識的學習成為生活的態度與實踐，由學校擴及家庭、社區以至於社會，乃為防災教育長期推動的目標，期望藉由各學習階段實施防災教育，強化社會之抗災能力。學校防災教育的推動已由無規劃，逐漸邁向系統性的推動，並獲得初步的階段性成果。期望透過「防災科技教育深耕實驗研發計畫」之實驗，並於成果達成熟之後，導入常態運作，喚醒學校主管對防災教育的重視與共識，進而為提升防災素養建構最佳的基礎。

參考文獻

1. 許民陽等(2006)，「教育部防災科技教育人才培育先導型計畫-95年度防災教育種子師資培育運作規劃計畫」，教育部。

2. 教育部(2009)，http://www.edu.tw/index.aspx。

3. 國家災害防救科技中心(2009)，http://www.ncdr.nat.gov.tw/。

4. 教育部顧問室(2009)，http://www.edu.tw/consultant/。

5. 經濟部水利署(2008)，台灣水文年報，第一部份－雨量，經濟部水利署編印。http://gweb.wra.gov.tw/wrhygis/。

6. NOWnews(2009)，http://www.nownews.com/2009/08/12/138-2490524.htm。

第**2**篇

當前重大水利設施

※ 1. 台中地區公共用水水源供應對策

※ 2. 石門水庫 2009 年乾旱時期水資源調配與節水管制

※ 3. 石門水庫臨時供水應變系統

※ 4. 土壠灣水庫水力排砂之水源運用策略探討

※ 5. 「石門水庫分層取水工程」取水豎井施工中遭遇異常湧水處理概要

1 台中地區公共用水水源供應對策

 ## 摘 要

　　目前台中地區公共用水水源主要仰賴大甲溪石岡壩及大安溪鯉魚潭水庫約供水各半滿足用水所需,因該二水源並無互為支援能力,如有任一水源無法供水,台中地區即有分區供水之停水風險。921 地震後,每逢颱風豪雨大甲溪石岡壩原水濁度即遽昇影響台灣自來水公司豐原淨水場出水穩定,另加上近年公共用水需求激增,及氣候變遷造成水文豐枯極端化問題等,皆致現況及未來須面臨嚴峻之水源水質及水源水量調度運用供水挑戰。為穩定供水並降低缺水風險,水利署中區水資源推動「大安大甲溪水源聯合運用輸水工程計畫」,透過輸水管路設置將該大甲溪及大安溪水系水源串接調度運用,使其有相互支援能力並達真正聯合運用機能,即平時無水質問題時,則可充分利用大甲溪川流

[1] 曹華平　經濟部水利署中區資源局局長
[2] 江俊生　經濟部水利署中區水資源局副工程司

水剩餘水量，並儘可能將大安溪水源蓄存於鯉魚潭水庫；另如大甲溪水質異常時，則可透過鯉魚潭水庫滿載出水穩定供水，如此調度系統除可新增水源滿足用水需求外，並可大幅降低缺水風險並穩定供水。

關鍵詞：水源調度、缺水風險

Abstract

At present the Tai-Chung area public water supplies mainly form Shi-Gang weir and Li-Yu-Tan reservoir, which is respective in Da-Jia river and Da-An river and supplies water approximately half and half to satisfy the water demand, because the two water source facilities have no mutually support abilities, if any water source facility be unable to supply water, the Tai-Chung area namely has the risk to district water supply by cutting off water resources. After 921 earthquakes, every time met torrential rain or typhoon the water turbidity of Shi-Gan dam rise suddenly, and caused the water treatment field water leakage unstable, add the recent years public water demand increases sharply, and climate changes, letting we have to face with severe challenges of water supply, including water quality and water volume. In order to solve the above water supply problems, the conjunctive use water sources of Da-Jia & Da-An river project has impelled, it will promote the water supply stably and increase water furnishing ability and reduce lacks the water risk obviously after completion.

Keywords: water resources utilization, risk of water shortage.

一、台中地區現況供水系統及問題

現況台中地區公共用水水源需求，主要由大甲溪石岡壩及大安溪鯉魚潭水庫約各半供應。921 地震後大甲溪每逢颱洪豪雨原水濁度即飆升，致影響豐原淨水場出水能力，而有缺水風險。大安溪鯉魚潭水庫雖屬離槽水庫，水源水質相對穩定，惟受限於水庫僅一出水口及單一原水送水管，無法再增加出水支援

補充大甲溪高濁度期間所造成之供水缺口。另因 921 地震造成台中地區自來水管線漏水率升高，及近年社會經濟發展快速，公共用水水源需求快速成長，預估未來台中地區之公共用水水源供應，將面臨水源水量不足及颱洪豪雨期間大甲溪水質不穩等問題。

1.1　公共用水水源嚴重不足

現況台中地區公共用水水源設施供水能力僅為每日 157 萬噸(圖 1)，尚能滿足現況公共用水水源需求約每日 150 萬噸，預估至民國 110 年於自來水抄見效率提昇至 65%(97 年底抄見效率約 58%)及每人每日用水量維持現況用水量 280 公升不成長之優先節流條件下，預估至民國 110 年公共用水水源需求將成長至每日 178 萬噸，如無開發新水源因應，屆時台中地區公共用水常態性水源每日將不足 21 萬噸，供水風險將大幅提昇，亟待另覓新水源因應。

1.2　公共用水水源備援能力不足

目前台中地區公共用水係由大安溪鯉魚潭水庫及大甲溪石岡壩供水各半聯合供應，因該二系統並無法互為備援，如有任一設施異常供法出水，台中地區即有分區供水風險。經檢討，現況大甲溪水源發生高濁度情形，台中地區水源供應之原則，除維持區域性地下水每日 10 萬噸供應外，地表水源主要由鯉魚潭水庫滿載出水供應鯉魚潭淨水場每日 90 萬噸，並緊急啟動食水嵙溪備援系統引取濁度較低之水源與石岡壩水源混合供應豐原淨水場供應約每日 55 萬噸，因食水嵙溪水量有限，現況大甲溪高濁度期間台中地區備援供水能力僅為每日 142 萬噸(圖 2)，尚可勉強滿足現況每日 140 萬噸/日用水，如未來大甲溪原水濁度問題仍無改善且無建構備援設施因應，至民國 110 年大甲溪高濁度期間水源缺口將達每日 36 萬噸，颱風豪雨期間分區供水之風險勢將大幅提昇。

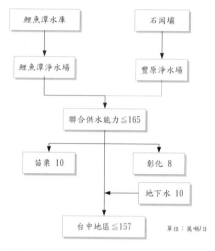

圖 1 平時台中地區公共用水供水圖

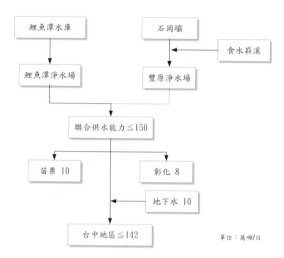

圖 2 大甲溪高濁度時台中地區公共用水供水圖

二、水源運用構想及供水措施

2.1 大甲溪贍餘水量檢討

大甲溪為台灣地區第 5 大河川，年逕流量約 25 億噸，因上游具良好水力坡度及充沛水量，目前已為台電公司重要水力發電設施，發電機組包括德基水庫發電廠、青山發電廠(受 90 年桃芝颱風影響目前已損壞無法運轉)、谷關發電廠、(新)天輪電廠及馬鞍電廠等一系列水力電廠發電使用，年總發電水量達10 億噸以上。為充分利用大甲溪上游發電尾水，石岡壩與德基水庫同屬 60 年代大甲溪綜合開發計畫項下[1]，原興建庫容 280 萬噸作為調節上游水力電廠發電用水，惟石岡壩歷經 921 地震影響壩體抬昇及近年歷次颱洪土石淤積影響，至 97 年底石岡壩有效庫容已降至 110 萬噸，發電尾水調節功能已下降，惟取水功能經 921 震後修復迄今目前仍屬正常。石岡壩自民國 66 年完工營運迄今為大甲溪供水樞紐及為台中地區重要水源設施。以 97 年為例，石岡壩年取水量為 5.39 億噸，其中 3.1 億水源供應台中農田水利會葫蘆墩圳灌區(灌溉面積達 18868 公頃)；另供應自來水公司豐原淨水場公共用水約為 2.29 億噸(每日約 63 萬噸)。

2

　　經檢討現況石岡壩下游年逕流量約 12.65 億噸，扣除下游既有灌溉用水權益及生態流量後，大甲溪年賸餘水量約為 9.85 億噸，其中豐水期 7.35 億噸；枯水期 2.5 億噸，顯示現況大甲溪仍有相當豐沛未利用水量。且經分析歷年大甲溪石岡壩入流量，於優先確保既有石岡壩葫蘆墩圳用水權益(旬計畫用水量 3.96~16.10cms)及下游埤頭山圳、內埔圳、五福圳、虎眼一圳、高美圳、虎眼二圳等灌溉用水權益量(旬計畫用水量 2.29~14.29cms) 及豐原淨水場用水需求 90 萬噸/日(石岡壩供水系統詳圖 3)、及石岡壩下游生態流量 3cms 後，顯示於各超越機率流量情境下，大甲溪剩餘水量仍相當充沛，即使於發生枯水年超越機率 Q70 流量或發生超越機率 Q50 流量水情以上之情形下，石岡壩仍有相當充沛剩餘水量可供調度運用(賸餘水量分析圖詳圖 4)。

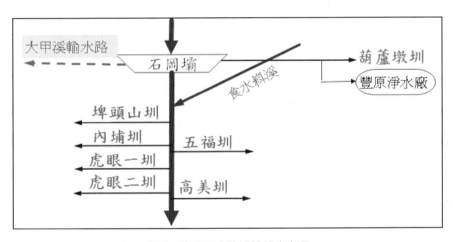

圖 3　南亞三大流域脆弱度來源

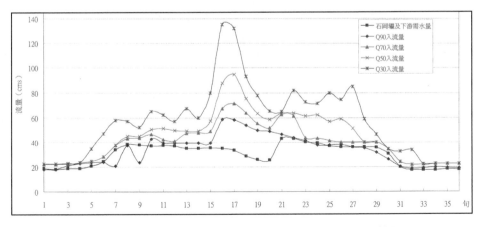

圖 4　大甲溪石岡壩入流量及民國 110 年用水需求推估比較圖

2.2 水源運用構想－建置水源聯合調度運用備援供水系統

　　為因應前述民國 110 年台中地區公共用水水源水量不足問題，考量現階段大型水利設施新建相當不易，且為符合「多元化水資源經營管理方案」及「國家永續發展會議」所揭櫫之有效管理、彈性調度及多元開發來維持民眾生活品質與產業發展及達到水資源永續利用目標，因受限於台灣自來水公司豐原淨水場無法擴充增加取水利用大甲溪水量，在考量大安溪鯉魚潭水庫於枯水期尚有充足庫容可供調蓄機能，水利署中區水資源爰至 94 年起辦理「大安大甲溪水源聯合運用輸水工程計畫」(以下簡稱大安大甲溪輸水工程計畫)[2、3]，包括計畫辦理「大甲溪輸水路工程」大甲溪右岸新設取水口及輸水管，將大甲溪剩餘水量輸送至既有鯉魚潭淨水場、興辦中之后里淨水場，如再有剩餘水量即將大甲溪水源送至大安溪后里圳，並以調度方式將原供應后里圳之大安溪水源轉蓄存於鯉魚潭水庫。另為因應颱洪期間大甲溪原水濁度遽昇影響供水穩定，並計畫辦理「鯉魚潭水庫第二原水管工程」，增加鯉魚潭水庫備援供水能力。透過上述水源運用及供水對策，可達成大甲溪與大安溪真正聯合運用，除可提昇現況大甲溪未利用川流水源利用率外，並可增加鯉魚潭水庫蓄水，可大幅降低台中地區供水風險。

　　計畫完工後，平時可由石岡壩儘量多取水供應(詳圖 5，相對可減少鯉魚潭水庫供水、增加蓄水)，除供下游台灣自來水公司所屬淨水場外，並可供應大安溪水系台中水利會后里灌區用水，而原於大安溪取水之后里圳水量則可經水源調度方式，於上游士林壩引入鯉魚潭水庫儘量蓄存，可提昇台中地區供水能力。另於大甲溪原水濁度上升無法正常供水時，可由鯉魚潭水庫可增加供水量補充石岡壩原水濁度過高之供水缺口，以聯合運用因應台中地區公共用用水需求(圖 6)，如此可充份運用大安溪鯉魚潭水庫及大甲溪石岡壩之水源水質水量特性，二者互為搭配聯合調度運用，將可確保台中地區水源穩定供應。

2

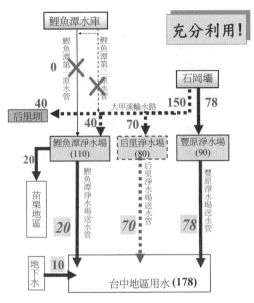

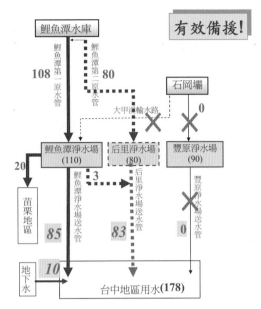

圖 5　大甲溪水源充沛時水源調度運用圖　　圖 6　大甲溪水源高濁度時水源調度運用圖

三、大安大甲溪水源聯合運用輸水工程概述

　　為穩定台中地區供水，水利署中區水資源局自 96 年起即循序推動「大安大甲溪水源聯合運用輸水工程計畫」(以下簡稱大安大甲溪輸水工程計畫)，目前尚處環境影響說明書審查階段(迄 96 年 12 月提送審查至 98 年 10 月止，共包括 4 次專案小組及 2 次環評大會審查)，工程內容主要包括「大甲溪輸水路工程」、「鯉魚潭水庫第二原水管工程」及「調度中心工程」等 3 項工程(與既設水源設施銜圖 7、平面布置詳圖 8，)，茲概述說明如下[2、3]。

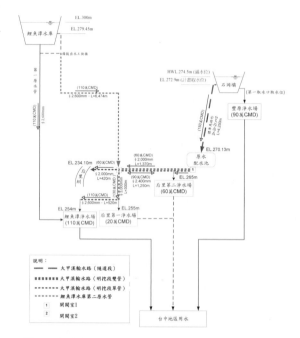

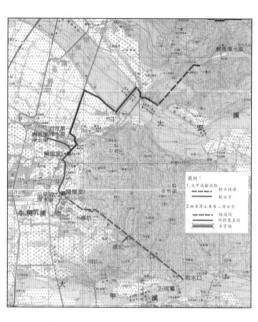

圖7　大安大甲計畫與既有供水設施系統圖　　　　圖8　大安大甲溪水源輸水工程計畫平面圖

3.1　大甲溪輸水路工程

　　本輸水工程計畫取水量 150 萬噸/日，輸水設施包括取水工、輸水隧道、原水配水池及配水路、及輸水管等，全長 6840 公尺，施工要徑為輸水隧道約 38 個月，其中於輸水主幹管前後設置二處閘閥室，利於調配大甲溪石岡壩水源及大安溪鯉魚潭水源送水至后里第一淨水場、后里第二淨水場、鯉魚潭淨水場及后里圳等，其中取水工及輸水隧道規劃說明如下：

1.　取水工：

　　本取水工係於大甲溪石岡壩上游 200 公尺右岸處新設鐘形取水口，利用石岡壩既有攔水蓄水機能取水，計畫取水量每秒 18 立方公尺。為減少取水口淤積及土砂流入，取水口位置擇選於右岸主流槽側，計畫取水位 EL.272.9 公尺，取水深 0.9 公尺，取水流速低於 1m/s，取水寬 20m，取水底檻高 EL.271.0 公尺，並設置插鈑 1 公尺，以使平時取水底高控制於 EL.272.0 公尺(石岡壩最高蓄水位為 EL.274.5 公尺)，避免土砂流入；另考量石岡壩既有蓄水區清淤期間

2

降低水位時之穩定取水需求，清淤期間計畫吊移該插版，可使取水底高降至 EL.271.0 公尺，維持取水機能。

2. 輸水隧道工程：

輸水隧道始於取水工之後，銜接至原水配水池，採自由流設計，長度約 4250 公尺，最大岩覆厚度約 156 公尺，沿線橫交地質構造有頂埔斷層、埤頭山斷層及三義斷層，隧道地層岩性主要為岩質堅實緻密自立性佳之砂岩及砂頁岩互層(岩體分類 III~V 類)比例約占 80%，頁岩及紅土台地礫石層等約占 20%，為降低斷層影響，故隧道規劃路線與斷層線呈大角度斜交，隧道施工採新奧工法，如遇特殊困難地質則以管幕工法輔助施工。另為縮短工期，施設 2 個橫坑以增加工作面，長度分別為 328 公尺及 110 公尺。

3.2　鯉魚潭水庫第二原水管工程

鯉魚潭水庫第二原水管工程計畫，由「鯉魚潭水庫發電取水口備援出水工工程」預留之銜接口至「大甲溪輸水路」閘閥室 2 銜接口，全長共約 6474 公尺，施工要徑為輸水隧道約 24 個月其中包括輸水隧道長度約 1500 公尺(最大岩覆厚度約 173 公尺，隧道地層岩性主要為砂岩及砂頁岩)，計畫管徑 2600 公厘、輸水量 110 萬噸/日，完成後鯉魚潭水庫水源可增加送水至后里第一淨水場、鯉魚潭淨水場及后里第二淨水水場，合計出水至下游淨水場最大供水能力增至 220 萬噸/日，可滿足民國 110 年台中地區 178 萬噸/日及苗栗地區 20 萬噸/日之備援供水需求。

3.3　調度中心工程

石岡壩管理中心自 66 年 10 月完工迄今已逾 30 年，結構設施相當老舊且空間已不敷現況使用，且經 921 震後主體結構已有安全之隱憂，考量台中地區用水主要由大安溪及大甲溪聯合運用調度供應，為因應未來水源運用調度需求，未來極需一設施空間辦理即時且繁複之大安溪及大甲溪水源聯合運用調度與營運管理作業。調度中心計畫新建於既有管理中心後方之既有公有地，興建

後既有石岡壩管理中心堪用設施及營管系統將優先遷移至新建調度中心，不足之軟硬體再依需求予以擴充。

 # 四、結語-聯合運用供水效益

依據牛敏威(2008)論文研究顯示[4]，氣候變遷將造成大甲溪與大安溪流域河川總流量增加，以及豐水期與枯水期流量之差異更為劇烈，本文所提「大安大甲溪水源聯合運用輸水工程計畫」係透過施設輸水工程方式，將大台中地區供水命脈大甲溪及大安溪串接聯合調度運用，達成水資源有效利用及彈性調度機能，可大幅提昇供水穩定、降低缺水風險，且具跨區域與跨標的之水源調度及備援機能，對於台中縣市合併升格後之社會經濟發展及氣候變遷造成之水文極端問題等，均為不可或缺之水源運用調配設施，其供水效益如下：

4.1　公共用水供水能力提升 28 萬噸/日、供水穩定大幅提昇

大甲溪輸水路工程完成後，可與台灣自來水公司既有鯉魚潭淨水場、興辦台中后里淨水場及台中水利會大安溪后里圳串接運用調度，石岡壩新設取水口年平均增加取水量 1.069 億噸，可增加台中地區公共用水水源供水能力每日 28 萬噸，常態供水能力可提昇至每日 183 萬噸，可滿足民國 110 年每日 178 萬噸用水需求，且缺水率可由 13.45%降至 8.8%，可降低台中地區公共用水缺水風險。

4.2　公共用水調度備援能力增加 110 萬噸/日

鯉魚潭水庫第二原水管工程完成後，平時除可提供既有輸水管之 110 萬噸/日備援能力外，配合增建之后里淨水場(80 萬噸/日)及清水管工程，並可於大甲溪石岡壩原水高濁度期間或設施異常時，增加出水 110 萬噸/日之備援水源，台中地區公共用水備援能力可提昇合計至每日 222 萬噸，可穩定滿足供應 110

年台中地區每日 178 萬噸及苗栗地區每日 20 萬噸水源需求，可大幅降低缺水風險。如依 94 年之大甲溪原水濁度超過 3000NTU 之影響天數長達 27 日，鯉魚潭水庫第二原水管及下游自來水設施完成後，即可有效解決水源水質不穩問題。

4.3　附加提昇大甲溪水源調度支援大安溪灌區供水穩定

大甲溪輸水路工程主輸水幹管延伸 420 公尺與台中水利會大安溪后里圳串接，大甲溪水源將可調度送水至大安溪后里圳最大 60 萬噸/日，可發揮枯水期間大甲溪水源調度支援大安溪灌區機能，即使大甲溪無剩餘水源，因大甲溪及大安溪同屬台中水利會灌區，亦可利用該輸水工程將大甲溪灌區節餘用水調度至大安溪灌區支援。因大安溪用水較大甲溪灌區吃緊，以 92 年枯水年為例顯示，該年枯水期大安溪農業用水可用率僅 41%~48%，水源相當吃緊，如將大甲溪灌區於不影響正常耕作之計畫用水量 70%以上用水，利用大甲溪輸水路調度至大安溪灌區，調度後大安溪灌區水源可利用效率可提昇至 45%~72%，調度效益甚為明顯。

參考文獻

1. 台灣省水利局(1977)，「大甲溪綜合開發計畫—石岡壩工程計畫之工程設計畫報告」。

2. 經濟部水利署中區水資源局(2009)，「大安大甲溪水源聯合運用輸水工程規劃報告(稿)」。

3. 經濟部水利署中區水資源局(2009)，「大安大甲溪水源聯合運用輸水工程計畫環境影響說明書(送審修正稿)」。

4. 牛敏威(2008)，「氣候變遷對台中地區缺水風險之影響評估」，國立交通大學土木工程研究所碩士論文。

2 石門水庫 2009 年乾旱時期水資源調配與節水管制

 ## 摘 要

　　面對全球氣候暖化，造成豐水期雨量增加、枯水期雨量減少的水文情況，更加挑戰工程師的應變能力。以 2009 年爲例，石門水庫 1 月份降雨量僅 22.3 公釐，爲同期平均雨量的 26.1%，二月亦同(降雨量爲歷年平均值 20.4%)，迫使經濟部水利署於 2 月 21 日成立旱災緊急應變小組因應，救旱期間北區水資源局邀集各相關用水機關(單位)共同研商水源調度及實施農業用水加強灌溉管理等措施。莫拉克颱風來襲，引進之強烈西南氣流，雖造成中南部地區嚴重水災及土石流，但也順利化解石門水庫乾旱缺水危機，該期間石門水庫集水區降雨量 470 公釐，有效蓄水量由 8 月 6 日的 6739 萬噸驟增至 2 億 274 萬噸。有感於現今科技仍無法改變大氣過程，未來仍有可能會產生缺水情形，然而如

[1] 賴伯勳　經濟部水利署北區水資源局局長
[2] 王　瑋　經濟部水利署北區水資源局課長
[3] 李珮芸　經濟部水利署北區水資源局正工程司

何將缺水可能產生的負面效應降至最低，以及在歷次救旱過程中汲取寶貴經驗並予檢討改進為本研究目的。

關鍵字：石門水庫、乾旱、水源調度

一、前言

　　春雨不再綿綿，梅雨不再降臨，對這每年運用次數高達 4 次的石門水庫而言將造成相當衝擊，繼 91~93 年乾旱以來，石門水庫水情狀況一直良好(詳圖 1 水位歷線圖)，雖艾利風災一度面臨原水濁度過高，自來水淨水場無法處理，造成供水缺口問題，然壩頂 96 萬噸抽水系統完成後，當颱洪期間原水濁度過高，藉由抽水機抽取表層低濁度原水，以提供桃園地區民生工業用水，未再發生分區供水。不過今年初，石門水庫集水區 1 月份累積雨量僅 22.3 公釐(同期平均降雨量的 26.1%)，為石門水庫完工蓄水以來第 3 低紀錄，二月亦同(為石門水庫完工蓄水以來第 6 低紀錄)，經濟部水利署於 2 月 21 日成立旱災緊急應變小組因應，緊接著北區水資源局與經濟部亦分別於 2 月 27 日及 3 月 2 日成立旱災緊急應變小組因應，救旱期間北區水資源局邀集各相關用水機關(單位)共同研商水源調度及實施農業用水加強灌溉管理等應變措施，共召開 17 次水源調度協調會議以及 5 次旱災經濟部災害緊急應變工作小組會議，藉由農業用水及民生工業用水管制及跨區域調水，總節餘水量達 1 億 1635 萬立方公尺。此外，由於艾利風災後大量泥砂流入水庫庫區(淤積量高達 2788 萬立方公尺)，相對減少水庫蓄水空間，以今年為例，水庫水位歷線與 92 年相仿，雖水位相較 92 年高，但蓄水量卻相差不遠，致使水位雖高於運轉規線下限，於考量降雨條件不佳下，而未依「石門水庫運用要點」以計畫用水量供應原水，並對農業用水及生活工業用水採取減供及總量管制，因此在淤泥未清除前，石門水庫將面臨更加艱難的供水操作。所幸 8 月 8 日莫拉克颱風來襲，引進強烈的西南氣流，有效蓄水量驟增至 2 億 274 萬立方公尺，使水庫接近滿水位。救旱期間殊不知何時降雨？尤其石門水庫目前有效蓄水量 2.09 億立方公尺，供應桃園縣及台北縣板新地區約 396 萬人口及一兆多產值之工業區用水，同時供應 36682 公頃之農田灌溉，目前年供應民生、產業及灌溉水量高達 7 億餘噸，且

2

民生及產業用水仍持續成長，未來只要冬雨、春雨、梅雨偏少，水庫供水就會出現不足問題。現今科技發達，已由傳統農業社會演變成工商業經濟為主之社會，民眾對缺水容忍度低，外加水庫庫容因泥砂淤積卻逐年減少，意味著未來供水操作將更加艱鉅並將考驗決策者的智慧。

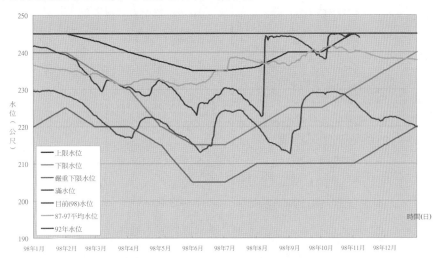

圖 1　石門水庫近年水位歷線圖

　　石門水庫自 53 年完工以來，即扮演調蓄運用大漢溪水源重要角色，除供應台灣自來水公司第二及十二區處桃園及板新地區民生工業用水外，並供應桃園及石門農田水利會灌區之農業用水(詳表 1)，歷年石門水庫入流及供水量統計如表 2 及圖 2 所示，可見石門水庫已由原本灌溉水源轉變為農業及公共用水各占一半比例。此外，依目前石門水庫庫容與供水量比約 1：4，亦即水庫每年運用 4 次左右(近年已減少水力發電水量)，方能滿足桃園及板新地區用水需求，只要水庫集水區 3 個月不降雨，即可能面臨缺水危機。在水源不足下，經濟部水利署已於 93 年完成「板新地區供水改善工程－一期工程」，以調度新店溪水源日平均 53 萬立方公尺，然該計畫水量係於石門水庫未供水情形下始可達成目標，然為達成前述目標尚存在有：自來水管線老舊(管壓大即破管漏水)、配水池不足及加壓站用地等問題須予克服，因而造成供水上的瓶頸，遲遲未能依原計畫水量支援清水，惟台水公司 12 區處今年度也著手進行改善，與臺北自來水事業處密切配合下，已提高清水支援量至 44 萬 CMD 以上，並紓緩石門水庫供水壓力(詳圖 3)。

表 1　石門水供水區各標的用水統計表

供水標的	供水單位及所屬淨水廠	平均日出水量	供水範圍
民工工業用水	**自來水二區處** 平鎮淨水廠 石門淨水廠 大湳淨水廠 龍潭淨水廠 十二區處支援	54 萬 CMD 10 萬 CMD 32 萬 CMD 5.5 萬 CMD 10.5 萬 CMD 合計 112 萬 CMD	桃園縣全部及新竹縣湖口及新豐
	自來水十二區處 板新淨水廠 (不含支援二區 10.5 萬 CMD) 北水處支援(新店溪水源)	62 萬 CMD 23 萬 CMD 合計 85 萬 CMD	台北縣板新地區(板橋、新莊、泰山、五股、蘆洲、八里、三峽、鶯歌、土城、樹林等鄉鎮市全部及三重、中和部分地區)
農業用水	桃園農田水利會	計畫量 3.44 億/年	灌溉面積 24597 公頃
	石門農田水利會	計畫量 1.49 億/年	灌溉面積 11219 公頃

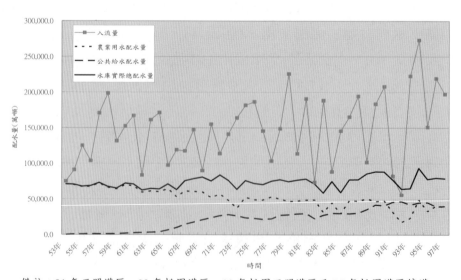

備註：91 年石門灌區、92 年桃園灌區、93 年桃園石門灌區及 95 年桃園灌區停灌。

圖 2　石門水庫歷年配水量統計圖

表 2　水庫歷年入流量及供水量統計表

單位：萬噸

年份	入流量	農業用水配水量	公共給水配水量	水庫實際總配水量	農業用水百分比	公共給水百分比
53	75101.5	70994.0	95.4	71089.4	99.87%	0.13%
54	91042.7	69993.0	568.5	70561.5	99.19%	0.81%
55	124858.1	67188.4	753.6	67941.9	98.89%	1.11%
56	103694.4	67743.9	1025.8	68769.7	98.51%	1.49%
57	170656.0	72191.5	886.4	73077.9	98.79%	1.21%
58	198573.1	66454.5	1207.2	67661.7	98.22%	1.78%
59	131398.4	64090.1	1249.3	65339.3	98.09%	1.91%
60	152661.9	70253.0	1989.1	72242.2	97.25%	2.75%
61	167146.8	68427.7	2625.8	71053.5	96.30%	3.70%
62	83637.3	59584.2	3034.6	62618.8	95.15%	4.85%
63	161365.7	61360.5	3437.7	64798.2	94.69%	5.31%
64	171220.1	60412.1	3754.9	64167.0	94.15%	5.85%
65	97418.5	64547.7	6708.8	71256.5	90.59%	9.41%
66	119077.6	53237.3	10052.8	63290.2	84.12%	15.88%
67	117391.9	61287.0	14572.8	75859.8	80.79%	19.21%
68	147131.3	60946.6	17637.9	78584.5	77.56%	22.44%
69	89911.6	60139.8	20916.5	81056.2	74.20%	25.80%
70	155113.6	51901.9	23733.0	75634.9	68.62%	31.38%
71	113953.7	57177.3	26731.3	83908.6	68.14%	31.86%
72	140926.4	48152.2	28243.0	76395.2	63.03%	36.97%
73	164190.4	37226.2	26593.1	63819.3	58.33%	41.67%
74	181906.6	52440.1	23757.5	76197.6	68.82%	31.18%
75	186704.3	49063.3	23044.0	72107.3	68.04%	31.96%
76	145403.4	48739.7	21740.7	70480.5	69.15%	30.85%
77	103569.8	53021.3	22368.3	75389.5	70.33%	29.67%

表 2 水庫歷年入流量及供水量統計表(續)

年份	入流量	農業用水配水量	公共給水配水量	水庫實際總配水量	農業用水百分比	公共給水百分比
78	148793.4	50084.2	27394.1	77478.2	64.64%	35.36%
79	225646.3	46662.3	28058.1	74720.4	62.45%	37.55%
80	113786.4	47441.1	29349.5	76790.6	61.78%	38.22%
81	190988.4	48608.4	29802.0	78410.4	61.99%	38.01%
82	73848.4	48873.5	22548.0	71421.5	68.43%	31.57%
83	188468.5	31499.5	27406.9	58906.3	53.47%	46.53%
84	88514.8	44769.6	30132.7	74902.3	59.77%	40.23%
85	145607.2	29659.6	29942.9	59602.4	49.76%	50.24%
86	165556.7	47874.0	29591.6	77465.5	61.80%	38.20%
87	194521.1	47188.9	30370.3	77559.2	60.84%	39.16%
88	101725.6	50442.7	35409.7	85852.4	58.76%	41.24%
89	183653.0	46716.5	41865.4	88581.9	52.74%	47.26%
90	208071.2	47545.4	40926.3	88471.7	53.74%	46.26%
91	82344.2	31464.5	45695.9	77160.4	40.78%	59.22%
92	55841.8	17620.9	46542.8	64163.8	27.46%	72.54%
93	222798.4	23087.6	42029.1	65116.7	35.46%	64.54%
94	273225.7	48840.5	44744.7	93585.1	52.19%	47.81%
95	151044.6	32844.4	45075.0	77919.3	42.15%	57.85%
96	219158.4	40273.2	39471.5	79744.7	50.50%	49.50%
97	197182.4	39030.0	39787.5	78817.5	49.52%	50.48%

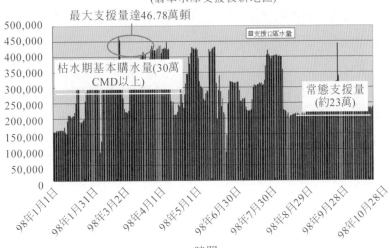

圖 3　98 年臺北自來水事業處支援自來水公司 12 區清水量

 ## 三、石門水庫抗旱記錄

　　依據石門水庫運用要點第 7 條規定，每年 11 月底前桃園農田水利會、石門農田水利會、台灣自來水公司及工業用水等機關(單位)應擬具次年給水、灌溉計畫配水量(詳表 3)，送北區水資源局協商同意後辦理，北區水資源局亦於 11 月底邀集中央氣象局、行政院農業委員會、台灣自來水公司(含所屬一、二、三、八、九及十二區處)、桃園農田水利會、石門農田水利會及地方政府等機關(單位)共同召開次年度上半年供水會議，檢討水源供需及乾旱應變機制訂定等，以當時(97 年 11 月)石門水庫水位處於 244 公尺以上，評估未來水情若正常，一期作可照常供水灌溉(詳圖 4、石門水庫水位推估圖)。然 98 年 1~2 月多雨季節，台灣北部卻出現近年來少見高溫，降雨量不如預期，旬入流量降至 60~80CMSD(超越機率約 90%，甚至 99%)，詳表 4，由於緊接著進入一期作農耕時期，石門水庫應供給大量農業用水，經評估須採取必要限水措施，因此自 2 月起每旬邀集相關單位共同研商水源調度策略，依中央氣象局發布之中長期雨量預估值、水庫蓄水狀況及供需水量等，推估水庫可能水位(蓄水量)，進而研定下一旬執行策略，其過程雖艱辛，但在各單位努力協助下，於莫拉克颱風來襲後，燃眉之急終於告一段落，以下即整合救旱期間雨量資訊及相關應變機

制，詳表 5，做爲日後決策參考。此外，救旱期間藉由用水量管制以延長水庫供水期程爲本年度主要應變機制，尤其農業用水視水稻需水特性(分整田插秧期、本田期及抽穗期)提供不同用水量，因此在農田水利會加強灌溉管理下，節餘水量 8372.8 萬立方公尺，詳表 6。民生工業用水部分則優先利用三峽河及大漢溪側流，提高自臺北自來水事業處購水量達 42 萬噸/日以上，不足水量再由石門水庫供水並以管制量 1200 萬噸/旬之 90%爲原則下，節餘水量 3262.7 萬立方公尺，總計各標的節餘水量高達 1 億 1635 萬立方公尺(占石門水庫有效容量一半)。

表3　石門水庫 98 年灌溉配水計畫量

月別	旬別	灌溉配水量(石門灌區 11219 公頃、桃園灌區 24593 公頃)								
		石門水利會(石門大圳)	桃園水利會					共計(日)	旬計(CMD)	旬計(萬噸)
			桃園光復	下游各圳			合計			
				下游	溪洲	小計				
1	上	0.00	1.80	0.04	0.04	0.08	1.88	1.88	18.80	27.4
	中	0.00	1.80	0.04	0.04	0.08	1.88	1.88	18.80	27.4
	下	0.00	1.80	0.04	0.04	0.08	1.88	1.88	20.68	178.7
2	上	2.00	12.57	0.42	0.10	0.52	13.09	15.09	150.90	1303.8
	中	5.12	12.57	0.73	0.18	0.91	13.48	18.60	186.00	1607.0
	下	5.11	12.57	0.96	0.23	1.19	13.76	18.87	150.96	1304.3
3	上	5.00	13.24	0.96	0.23	1.19	14.43	19.43	194.30	1678.7
	中	6.00	13.24	0.79	0.19	0.98	14.22	20.22	202.20	1747.0
	下	7.00	13.24	0.94	0.23	1.17	14.41	21.41	235.51	2034.8
4	上	6.00	12.21	0.63	0.15	0.78	12.99	18.99	189.90	1640.7
	中	5.00	12.21	0.63	0.15	0.78	12.99	17.99	179.90	1554.3
	下	5.00	12.21	0.73	0.18	0.91	13.12	18.12	181.20	1565.6

表 3　石門水庫 98 年灌溉配水計畫量(續 1)

月別	旬別	灌溉配水量(石門灌區 11219 公頃、桃園灌區 24593 公頃)								
		石門水利會 (石門大圳)	桃園水利會					共計(日)	旬計 (CMD)	旬計 (萬噸)
			桃園光復	下游各圳			合計			
				下游	溪洲	小計				
5	上	5.00	11.70	0.50	0.12	0.62	12.32	17.32	173.20	1496.4
	中	4.00	11.70	0.50	0.12	0.62	12.32	16.32	163.20	1410.0
	下	4.00	11.70	0.48	0.12	0.60	12.30	16.30	179.30	1549.2
6	上	5.50	11.19	0.52	0.13	0.65	11.84	17.34	173.40	1498.2
	中	6.00	11.19	0.52	0.13	0.65	11.84	17.84	178.40	1541.4
	下	7.00	11.19	0.52	0.13	0.65	11.84	18.84	188.40	1627.8
7	上	7.50	13.17	0.63	0.15	0.78	13.95	21.45	214.50	1853.3
	中	7.50	13.17	0.73	0.18	0.91	14.08	21.58	215.80	1864.5
	下	7.50	13.20	1.05	0.25	1.30	14.50	22.00	242.00	2090.9
8	上	7.50	12.36	1.00	0.24	1.24	13.60	21.10	211.00	1823.0
	中	7.50	12.36	0.94	0.23	1.17	13.53	21.03	210.30	1817.0
	下	7.50	12.36	0.82	0.20	1.02	13.38	20.88	229.68	1984.4
9	上	6.00	11.19	0.63	0.15	0.78	11.97	17.97	179.70	1552.6
	中	5.00	11.19	0.63	0.15	0.78	11.97	16.97	169.70	1466.2
	下	6.00	11.19	0.63	0.15	0.78	11.97	17.97	179.70	1552.6
10	上	7.00	11.19	0.71	0.17	0.88	12.07	19.07	190.70	1647.6
	中	7.00	11.19	0.71	0.17	0.88	12.07	19.07	190.70	1647.6
	下	6.00	11.19	0.71	0.17	0.88	12.07	18.07	198.77	1717.4

2

表3 石門水庫 98 年灌溉配水計畫量(續 2)

月別	旬別	灌溉配水量(石門灌區 11219 公頃、桃園灌區 24593 公頃)								
		石門水利會 (石門大圳)	桃園水利會					共計(日)	旬計 (CMD)	旬計 (萬噸)
			桃園光復	下游各圳			合計			
				下游	溪洲	小計				
11	上	6.00	10.20	0.94	0.23	1.17	11.37	17.37	173.70	1500.8
	中	3.00	10.17	0.71	0.17	0.88	11.05	14.05	140.50	1213.9
	下	1.50	10.14	0.23	0.06	0.29	10.43	11.93	119.30	1030.8
12	上	0.00	1.80	0.04	0.04	0.08	1.88	1.88	18.80	162.4
	中	0.00	1.80	0.04	0.04	0.08	1.88	1.88	18.80	162.4
	下	0.00	1.80	0.04	0.04	0.08	1.88	1.88	20.68	178.7
全年配水 (CMSD)		1724.08					3985.30		5709.38	49329

◎方案1：農業-98年計畫量，給水-1200萬噸/旬
水位低於嚴重下限以下，農業採計畫量之50%，公共給水-管制量1200萬噸/旬之80%

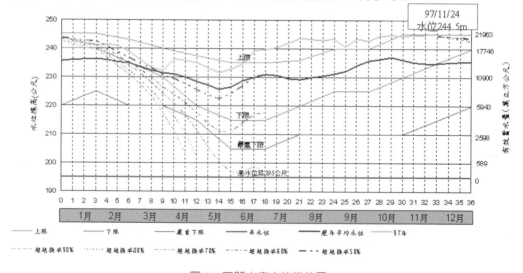

圖4 石門水庫水位推估圖

表 4　石門水庫入流量及超越機率統計表

時間	旬入流量(CMSD)	超越機率	時間	旬入流量(CMSD)	超越機率	時間	旬入流量(CMSD)	超越機率
1 月上旬	117.02	55%	4 月上旬	101.99	93%	7 月上旬	184.7	88%
1 月中旬	84.93	80%	4 月中旬	139.97	73%	7 月中旬	120.86	98%
1 月下旬	82.33	91%	4 月下旬	464.7	17%	7 月下旬	146	96%
2 月上旬	77.91	90%	5 月上旬	153.43	70%	8 月上旬	3121.45	8%
2 月中旬	66.25	95%	5 月中旬	104.14	93%	8 月中旬	1113.12	27%
2 月下旬	45.21	99%	5 月下旬	136.12	90%	8 月下旬	418.29	57%
3 月上旬	269.46	25%	6 月上旬	298.62	76%			
3 月中旬	155.14	60%	6 月中旬	322.15	73%			
3 月下旬	146.73	75%	6 月下旬	363.09	60%			

表 5　本年度水情資訊及應變機制

時間點	中央氣象局月雨量預測	集水區平均雨量(mm)	有效蓄水量(萬 m³)	處置(應變)作為
97 年11 月	正常偏多(分占 50%及 30%)月正常值範圍59~86mm	126	21444.5↓20998.5(-446)	三峽河及頭前溪隆恩堰取水量與96年同時間比較尚屬正常，且參考中央氣象局未來一季雨量趨勢預測資料屬於正常略偏多雨，經研判今年春節及明年春耕用水無虞，所以桃園及新竹地區 98 年一期作應該可以正常供水灌溉。
97 年12 月	正常偏多(分占 50%及 30%)月正常值範圍59~101mm	53.8	20998.5↓18076.0(-2922.5)	-

表 5　本年度水情資訊及應變機制(續 1)

時間點	中央氣象局月雨量預測	集水區平均雨量 (mm)	有效蓄水量 (萬 m³)	處置(應變)作為
98 年 1 月	正常 (占 40%) 月正常值範圍 58~115mm	22.3	18076.0 ↓ 16266.2 (-1809.8)	1 月 23 日水位降至 240 公尺(有效蓄水量 1 億 6800 萬立方公尺)以下。優先向北水處(翡翠水庫水源)購水 30 萬噸以上。
98 年 2 月	正常偏少 (各占 40%) 月正常值範圍 81~198mm	28.7	16266.2 ↓ 10948.8 (-5317.4)	1. 桃園農田水利會延後 1 旬於 2 月 11 日供水灌溉。 2. 板新地區由北水處支援水量應提升至 35 萬 CMD，並以 40 萬 CMD 為目標(三重地區配水量提升至 6 萬 CMD 以上)，儘速針對供水瓶頸提出對策及加緊改善。 3. 為能掌握水情及水源調度，原則每個月召開 1 次供水協調會議並視水情狀況再行調整，石門水庫水位以 4 月中旬需高於嚴重下限為管控目標。 4. 埤塘蓄水率約有 8 成，請水利會優先並充分使用埤塘及河川水源，加強節水宣導，實施加強灌溉管理(輪灌或減水深灌溉等)，減少水資源利用量，共度缺水危機。 5. 各水利會灌區當降雨達 10 毫米(mm)以上時，隔日酌予減供農業用水，將多餘水資源蓄存水庫。 6. 桃竹雙向供水計畫已施工完成，請訂期完成測試，並確認桃園及新竹間雙向可實際相互支援量達 10 萬 CMD 之目標。

表 5　本年度水情資訊及應變機制(續 2)

時間點	中央氣象局 月雨量預測	集水區 平均雨量 (mm)	有效 蓄水量 (萬 m³)	處置(應變)作為
98 年 3 月	正常偏少 (各占 40%) 月正常值範圍 118~198mm	199.1	10948.8 ↓ 10578.6 (-370.2)	1. 自 3 月 1 日起實施第一階段限水(夜間減壓)。 2. 大致完成整田插秧，農業用水自 3 月 1 日起至 3 月 20 日止採計畫用水量之 75%，自 3 月 21 日起採計畫用水量之 60%。民生工業用水部分(含中山科學園區及中油桃煉廠)自 3 月 5 日起減少至目前總量管制量 1200 萬噸/旬之 90%。由於石門水庫集水區自 3 月 5~8 日間累積降雨量為 121.6mm，淨進水量約 1100 萬噸,自 3 月 11 日起調整為目前總量管制量 1200 萬噸/旬之 95%，3 月 21 日起調整回總量管制量 1200 萬噸/旬之 90% 供應，仍採取夜間減壓方式供水。 3. 於 3 月底前完成埔墘加壓站改善工程，將由北水處支援板新地區能力由目前每日 40 萬噸提升至每日 44 萬噸。
98 年 4 月	正常偏少 (分占 50%及 30%) 月正常值範圍 190~221mm	159.9	10578.6 ↓ 11476.8 (+898.2)	1. 4 月份農業用水仍採計畫用水量之 60%供應；民生工業用水部分仍採取夜間減壓方式供水，並以目前總量管制量 1200 萬噸/旬之 90%供應。 2. 優先利用三峽河及大漢溪側流，在石門水庫管控量下，儘量向北水處購水，以符合板新一期工程既定成效。

表 5 本年度水情資訊及應變機制(續 3)

時間點	中央氣象局月雨量預測	集水區平均雨量 (mm)	有效蓄水量 (萬 m³)	處置(應變)作為
98 年 5 月	正常偏少 (分占 40%及 30%) 月正常值範圍 188~303mm	48.8	11476.8 ↓ 7287.6 (-4189.2)	5 月份進入稻作結穗期,需大量農業用水,自 1~10 日間農業用水採計畫用水量之 75%供應,5 月 11 日起至稻作收成止採計畫用水量之 85%供應,若有多餘水源請儘量蓄存埤塘以供未來調度使用;民生工業用水部分仍採取夜間減壓方式供水,優先利用三峽河及大漢溪側流,且提高自北水處購水量達 40 萬噸/日以上,並於管制量 1200 萬噸/旬之 90%至 1200 萬噸/旬間彈性調度。
98 年 6 月	正常偏多 (分占 50%及 30%) 月正常值範圍 177~411mm	270.7	7287.6 ↓ 10407.8 (+3120.2)	6 月 1~20 日間仍為稻作結穗期,農業用水採計畫用水量之 85%供應,自 6 月 21 日起至一期稻作收割止採計畫量 50%供應;民生工業用水部分仍優先利用三峽河及大漢溪側流,且提高自北水處購水量達 42 萬噸/日以上,不足水量由石門水庫供水並以管制量 1200 萬噸/旬之 90%為原則。
98 年 7 月	正常偏多 (分占 50%及 30%) 月正常值範圍 152.8~311.9mm	87.9	10407.8 ↓ 7232.9 (-3174.9)	7 月 1~10 日間農業用水仍採計畫量 50%供應,緊接進入二期作,故 7 月 11~31 日間採計畫量 75%供應;民生工業用水仍採取夜間減壓方式供水,並以管制量 1200 萬噸/旬之 90%為原則。
98 年 8 月	正常偏少 (分占 50%及 30%) 月正常值範圍 210~384.5mm	594.6	7232.9 (8/1) ↓ 6570.3 (8/5) ↓ 20274 (8/9)	水庫水位目前仍高於運用規線下限以上,二期作原則上不停灌休耕,農業用水自 8 月 1 日起至 8 月 10 日間(整田插秧期)採計畫量 75%供應;民生工業用水仍採取夜間減壓方式供水,並以管制量 1200 萬噸/旬之 90%為原則。水源供應以 9 月中旬不低於嚴重下限(210 公尺)為管控目標。 莫拉克颱風來襲,旱象解除。

表 6　98 年石門水庫供水區採取之節水措施及節水量(單位：萬噸)

時間	農業用水計畫量	實際核放水量	節餘量	公共用水管制量	實際核放水量	節餘量	供水量管控措施
3月上旬	1678.7	919.37	759.33	1200	948.05	251.95	農：計畫量之 75% 公：每旬 1200 萬 (簡稱管制量)之 90%
3月中旬	1747.0	1199.05	547.95	1200	700.52	499.48	農：計畫量之 75% 公：管制量之 95%
3月下旬	2034.8	937.87	1096.93	1320	958.89	361.11	農：計畫量之 60% 公：管制量之 90%
4月上旬	1640.7	962.19	678.51	1200	868.52	331.48	農：計畫量之 60% 公：管制量之 90%
4月中旬	1554.3	975.03	579.27	1200	949.82	250.18	農：計畫量之 60% 公：管制量之 90%
4月下旬	1565.6	924.3	641.3	1200	785.78	414.22	農：計畫量之 60% 公：管制量之 90%
5月上旬	1496.4	1183.5	312.9	1200	1191.46	8.54	農：計畫量之 75% 公：管制量之 90%
5月中旬	1410.0	1350.2	59.8	1200	1408.47	-208.47	農(抽穗期)：計畫量之 85% 公：管制量之 90%
5月下旬	1549.2	1374.3	174.9	1320	1178.99	141.01	農(抽穗期)：計畫量之 85% 公：管制量之 90%
6月上旬	1498.2	904.3	593.9	1200	878.95	321.05	農(抽穗期)：計畫量之 85% 公：管制量之 90%
6月中旬	1541.4	1213.2	328.2	1200	775.92	424.08	農(抽穗期)：計畫量之 85% 公：管制量之 90%
6月下旬	1627.8	1106.6	521.2	1200	792.78	407.22	農：計畫量之 70% 公：管制量之 90%

2

表 6　98 年石門水庫供水區採取之節水措施及節水量(單位：萬噸)(續)

時間	農業用水計畫量	實際核放水量	節餘量	公共用水管制量	實際核放水量	節餘量	供水量管控措施
7月上旬	1853.3	975.8	877.5	1200	1076.17	123.83	農：計畫量之 50% 公：管制量之 90%
7月中旬	1864.5	1240.3	624.2	1200	1249.76	-49.76	農：計畫量之 75% 公：管制量之 90%
7月下旬	2090.9	1513.8	577.1	1320	1333.22	-13.22	農：計畫量之 75% 公：管制量之 90%
合計			8372.8			3262.7	總計 1 億 1635 萬噸

四、救旱措施檢討

　　今年度由於降雨量不如往年，水庫雖於年初蓄水情形佳，但桃園地區農業及民生工業用水量大，以石門水庫目前供需量，每年運用次數高達 4 次，因此今年本著過去救旱經驗及早啟動緊急應變機制，實施水庫總量管制及區域水源調度、旱災決策資訊即時透明公開。在行政院農業委員會、經濟部水利署、桃園農田水利會、石門農田水利會、台灣自來水公司(二、十二區管理處)、臺北自來水事業處、翡翠水庫管理局及地方政府等機關(單位)齊心協力及互相支援下，適時適量調度水源且未辦理停灌並順利渡過缺水危機，著實鬆了一口氣。但是大自然變化莫測，未來除應抱持敬畏的態度祈求風調雨順外，更要從抗(救)旱過程中檢討改進，未雨綢繆，使桃園這高缺水風險區能儘早除名。以下即針對本年度救旱措施提出檢討事項，做為未來水庫管理及用水單位改善依據。

4.1　石門水庫運用規線檢討修正

　　石門水庫運用規線是依民國 46 年用水量 9.5 萬 CMD 設計，其中石門水庫原設計是水位至嚴重下限最低的 205 公尺時，能保障水庫至呆水位 195 公尺前，即使不下雨尚可提供約 200 天安全用水(容量 2365 萬噸)，然石門水庫目

前生活工業用水量已提高至 172 萬噸，使得安全用水天數只剩下 7.6 天左右(205
公尺之有效容量僅剩 1313.4 萬噸)，雖於 91 年 10 月 31 日公告修正 6 月份上限
水位由 220 公尺提高至 235 公尺，但未對下限及嚴重下限水位進行檢討。由於
現行石門水庫供水量大增，為有效管控用水情形，本年度救旱期間首次未依「石
門水庫運用要點」第九條配水原則進行調配，亦即 4 月上旬，水位已高於下限，
然因水庫淤積而減少有效容量且集水區降雨情形無法明確下，故仍實施農業及
民生工業用水減供措施，未依計畫用水量供水。因此，運用規線實有檢討修正
之必要，尤其今年若無提早實施減供措施，將造成水位更早低於嚴重下限，屆
時若依「石門水庫運用要點」配水將更加嚴峻。

4.2　強化辦理水庫清淤作業

　　石門水庫自 921 地震以來，地質鬆動造成大量泥砂流入庫區，尤其 93 年
艾利颱風期間，其淤積量高達 2788 萬立方公尺，繼而 94~96 年幾場颱風仍有
輕微淤積，減少水庫容量及影響可供水量。水利署於今年委託中興工程顧問公
司執行「臺灣地區水源需求潛勢評估及經理策略檢討」報告中提及，依目前淤
積趨勢去評估石門水庫至 120 年止，有效容量將由 2.09 億立方公尺減少至 1.75
億立方公尺(未考量水力排砂設施完成後減淤成效)，相對的公共給水之水源量
由目前 133 萬立方公尺減少至 112 萬立方公尺，差異量達 21 萬立方公尺。因
此未來應強化水庫清淤作業，以穩定桃園地區供水效益。由於石門水庫設置時
主要以供應農業用水為主，濁度過高並不影響其取用水，然石門水庫目前已逐
漸轉型為民生工業與農業用水各半，原水濁度將影響自來水供水處理作業，目
前北區水資源局已完成分層取水工程，陸續將著手辦理電廠清淤改善工程及規
劃繞庫排淤工程，以水力排砂為主並加強傳統清淤船抽砂與上游清淤作業，期
能依預計時程完成，回復石門水庫原有蓄水能力。

4.3　　加強實施各標的用水節水措施

　　臺灣近年來各標的用水量平均約 208.55 億立方公尺/年，其中農業用水約為 156.5 億立方公尺/年，占整體水資源 75%；其次為生活用水，約為 34.15 億立方公尺/年(16.4%)；工業用水最少，約為 17.9 億立方公尺/年(8.6%)，然目前節水措施主要都以加強自來水管線汰舊換新，減少漏水率為主，此外由於臺灣水價多年來均未調整，無法「以價制量」，以致每人每日用水量(約 285 公升)居高不下。對於用水大宗的農業用水亦應配合圳路更新改善，尤其自石門水庫至灌區末端長達 20 公里，藉由渠道改善相對可減少輸水損失，此外更應以電子化設備管控水量，建立完整且數化資料，不僅可減輕人力負擔，亦可有效掌握用水需求，以供日後調配用水量參考。

4.4　　區域水源調度檢討改善

　　臺灣北部枯水期受東北季風影響，豐枯比為 6：4，以今年為例，冬雨只降至臺北縣三峽河以北，致翡翠水庫蓄水情形良好而石門水庫雨量卻出現極少現象，在大漢溪水源不足下，現階段枯水期自來水公司 12 區處需向臺北自來水事業處優先購水達 30 萬 CMD 以上，雖今年度在自來水公司十二區處努力下，已突破單日達 46.78 萬 CMD，但距「板新地區供水改善計畫－一期工程」目標平均日供水量 53 萬噸仍有差距，因此未來仍應針對供水瓶頸持續改善，以符預期效益。至於南水北送「桃竹雙向供水計畫」今年已完工及測試，桃園及新竹地區可雙向支援 10 萬 CMD，由於目前隆恩堰取水量在供應新竹及竹北地區下，尚無多餘水量反供支援桃園，致使自來水公司現階段著手進行相關管線改善，屆時將由寶山淨水場直接供應。

 五、結論與建議

　　今年度整個救旱過程雖已完美的劃下句點，但石門水庫供水區面對氣候異常導致水資源運用上之衝擊，以及需水量逐年成長，將考驗著水資源調度管理機關的應變能力。為確保水源長期穩定供應，水利署於「水資源永續發展政策

2

規劃」研擬「節約用水」、「有效管理」、「彈性調度」、及「多元開發」等措施，做爲現階段水資源供需策略，並達到水資源永續經營管理之目標。現階段除積極辦理「石門水庫及其集水區整治計畫」及「板新地區供水改善計畫－二期工程」外，對於多元化水源開發方面亦已著手辦理「桃園海淡廠興建」以提供桃園科技園區用水，此外對於愛台十二項建設之桃園航空城之推動及週邊相關產業進駐，其用水量勢必增加，對於缺水高風險區的桃園，確實需重新評估未來用水成長趨勢，因此除上述計畫外，目前對於千塘之鄉的桃園，埤塘對農業用水調度占有其影響力，因此對於整體水源利用將重新評估檢討，希望在「廿一世紀－水資源世紀」能不再爲缺水而苦。

參考文獻

♦1. 經濟部水利署北區水資源局，「石門水庫供水區域各標的用水中長期規劃暨區域產業發展探討及推動之研究」，民國 97 年。

♦2. 經濟部水利署，「臺灣地區水資源需求潛勢評估及經理策略檢討」，民國 98 年。

♦3. 石門農田水利會，「會史簡介/石門水庫運用規線」，http://www.sima.gov.tw/1_jpg9.htm。

♦4. 經濟部水利署北區水資源局，97 年統計年報。

♦5. 經濟部水利署水利規劃試驗所，「板新地區供水改善計畫－二期工程檢討評估總報告」，民國 96 年。

3 石門水庫臨時供水應變系統

 摘 要

　　自 93 年艾利颱風後，石門水庫原水濁度飆高引致供水問題為各界所關注，穩定民生用水已為管理機關首要之工作。管理機關為因應颱風豪雨過後原水濁度升高期間供水問題，已於大壩左岸規劃增設分層取水工一座，完工後即可與石門大圳、桃園大圳聯合進行彈性運轉，以降低用水地區停供風險。惟施工期間為達行政院不分區供水之目標，乃將原 93 年底所建 30 萬 CMD 臨時供水設施改建於大壩右壩座岩盤上，提升其供水能力達 96 萬 CMD，並利用壩體邊坡道路設置輸水管線，將低濁度原水輸送至下游淨水廠，以維持水庫高濁度期間正常供水。該臨時供水系統完工後曾於數場颱風豪雨中啟用運轉，成功地化解限水危機，有效減輕災害損失，成效堪稱良好。本文即對此一臨時供水系統設施與運轉成效進行說明。

關鍵字：艾利颱風、石門水庫、96 萬 CMD 臨時供水系統

[1] 賴伯勳　經濟部水利署北區水資源局局長
[2] 李永安　經濟部水利署北區水資源局副工程司

一、前言

　　石門水庫位於大漢溪中游之石門峽谷，水庫流域面積 763.4km²，為一多目標水庫。水庫滿水位 245m，設計最高洪水位 250.64m，設計總蓄水量 309120000m³，水庫工程於民國 53 年 6 月竣工並開始蓄水營運，以灌溉、發電、公共給水、防洪兼觀光為水庫建設目標，其中公共給水主要供應桃園及板新地區，對促進國家經濟發展及提升民眾生活品質貢獻良多，為國家重要經建設施之一。93 年 8 月 24 日艾利颱風挾帶豐沛雨量，於集水區降下累計超過 900mm 之平均降雨，致上游集水區多處邊坡土石坍塌，水庫表面蓄積大量流木，泥砂運移量大增，除直接造成水庫淤積量大幅增加外，水庫底層(EL193m)取水口原水濁度異常混濁，導致桃園地區民生用水無法正常供應達 18 日，引致水庫供水問題為各界所關注(圖 1)。

　　由於水庫上層原水濁度受泥砂影響程度較小，經評估後旋即決定於壩頂施設 30 萬噸 CMD 抽水設備，並利用壩體邊坡道路設置輸水管線，將低濁度原水輸送至下游自來水公司淨水廠，以維持高濁度期間民生用水正常供應。該系統自 93 年 9 月 9 日啟用後，有效穩定桃園地區供水狀況，後又經 94 年海棠、馬莎及泰利等颱風供水操作顯示，利用壩頂抽水配合水庫排砂操作，確實可提供下游淨水廠可處理之低濁度穩定原水。爰此，考量整體公共用水效益及缺水衍生之諸多民生問題，管理機關奉經濟部指示提升臨時抽水系統抽水量至 96 萬 CMD，俾足供桃園地區公共用水需求(圖 2)。

圖 1　艾利颱風期間原水濁度情形

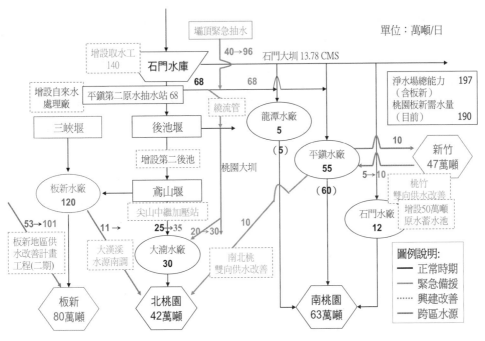

圖 2　石門水庫水源供應桃園地區自來水系統示意圖

二、系統概述

　　臨時抽水系統係於水庫高濁度期間，底層取水口出水濁度超過淨水廠正常出水處理能力時，利用沉水式抽水機抽水，經由高壓集水管匯集至集水槽後，再由輸水鋼管送至台灣自來水公司轄管之三坑抽水站，再泵壓至各淨水場沉澱處理作為公共用水使用(圖 3)。

　　其主要設施包括抽水機組及浮台、集水管、集水槽及輸水管線等，分別說明如下：

1.　抽水機組及浮台：

　　抽水設施初期(30 萬 CMD)係以置於庫區水面抽水浮台上之電動深水式抽水機為主，並搭配置於大壩上游斜坡面之移動式抽水機抽供(柴油移動式抽水機設計抽水量為 0.3CMS，揚程 10m)。深水式抽水機每部設計抽水量為 6 萬 CMD(揚程 35m)，由壩頂設置電力控制系統供應所需電源；後因提升抽水能力至 96 萬 CMD 後，深水式抽水機數量由原 6 部增加至 16 部，後另增設 3 部以

做為備援,確保系統達成供水能量(圖 4)。電力供電容量及控制系統亦配合機組需求予以增加。

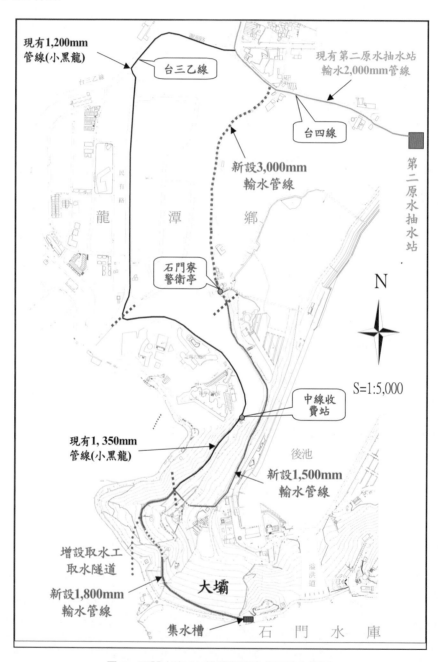

圖 3 石門水庫 96 萬噸臨時抽水系統布置圖

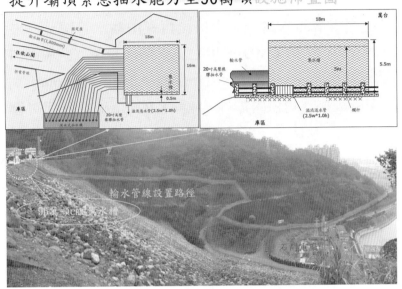

圖 3　石門水庫 96 萬噸臨時抽水系統布置圖(續)

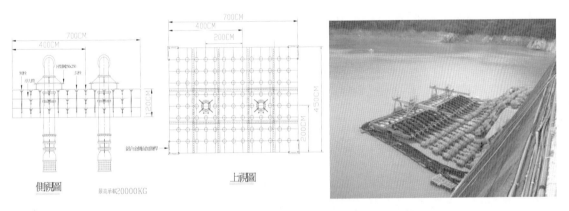

圖 4　石門水庫 96 萬 CMD 臨時抽水系統抽水機浮台

2. 集水管：

　　抽水機至集水槽間之集水管為供深水式抽水機使用之 20in 高壓橡膠管，水域段並加設浮桶，使其穩定支撐於水面，避免因水庫水位升降擺盪拉扯而損壞(圖 4、圖 5)。集水管之長度則配合設計最低抽水高程 EL235m 布置。

3.　集水槽：

抽水機抽送之表層庫水送至集水槽後再經由輸水管送至自來水淨水廠作進一步之處理。初期(30 萬 CMD)使用之集水槽係設在下游壩面斜坡道路上，以 1cm 厚之鋼板銲接而成，計有長 6.25m、寬 4.85m、高 3.6m 尺寸之集水槽 3座，各槽間除緊密銲接及角鐵內撐外，並開孔使水流聯通，且外圍以鋼纜繫留固定。提升至 96 萬 CMD 後，集水槽則改置於大壩右側之嵩台前廣場，因嵩台前廣場為原大漢溪河谷岩盤，可避免集水槽置於壩體上而導致之潛在破壞風險。該集水槽尺寸設計為長 18m、寬 16m、高 5.5m(圖 5)，其中臨庫區面加設隔板並設退水鋼管以供緊急應變溢流排水之用。

4.　輸水管線：

集水槽匯集抽取之原水後，經由輸水管線設施以重力流方式輸送至淨水場處理。30 萬 CMD 抽水能力階段，庫區內使用之輸水管為直徑 1.35m 之石墨延性鑄鐵管連結(每支輸水管長 6m)，並於離開壩區(近福華酒店)處變為直徑 1.2m之石墨延性鑄鐵管(每支輸水管長 6m)，至省道台三乙線及台四線交會處與第二原水抽水站輸水幹管(直徑 2000mm)銜接，其後循此輸水幹管送水至三坑抽水站再壓送至各淨水場。另為顧及輸水管線之側向位移，於大壩下游斜坡道路每隔約 6m 對稱打設鋼軌樁作為側撐，每支鋼軌樁長度 6m，最大打入大壩外殼層深度約 3m。抽水量提升至 96 萬 CMD 後，因輸水量大幅增加，輸水管線重新調整佈設，其中嵩台廣場至大壩下游坡面道路長約 285m 之 1350mm 鑄鐵管改為管徑 1800mm 鋼管(圖 6)，且將原有之鋼支撐移除，改用混凝土固定台方式(長 800mm、寬 1500mm、厚 350mm)固定新設鋼管。另後續銜接長約 410m管徑 1800mm 鑄鐵管，因已離開壩體較無安全顧慮，其固定方式則採鋼軌樁固定架方式施設，惟於管線轉彎處再以混凝土固定台加強固定。壩區中線分歧點至壩區下線石門寮警衛亭段以明管方式設置管徑 1500mm 鋼管約 980m 及埋設鋼管約 20m 長。石門寮警衛亭至台四線第二原水抽水站輸水幹管則以埋設管徑 3000mm 鋼管約 702m。

2

圖 5　96 萬噸 CMD 集水管及集水槽　　　　　　　　圖 6　輸水鋼管

三、啓用時機及應變機制

　　艾利風災後爲加強石門水庫濁度預警啓動、介面整合、狀況分析研判、通報確認、決策處理及追蹤辦理等工作，成立「經濟部石門水庫供水協調緊急應變小組」以統籌執行各項供水及調控決策工作，並於颱風過後檢討是否尚有待改進之處，再予以加強。另外執行之管理機關亦制訂「石門水庫原水濁度異常緊急應變手冊」，並依該計畫作業分級情況開設不同等級(圖 7)，執行原水濁度異常標準作業流程之各項事宜。

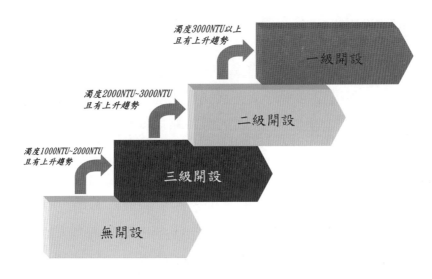

濁度3000NTU以上
且有上升趨勢　一級開設

濁度2000NTU~3000NTU
且有上升趨勢　二級開設

濁度1000NTU~2000NTU
且有上升趨勢　三級開設

無開設

圖 7　原水濁度異常分級開設標準

　　另外，為掌握水庫原水濁度異常期間供水及排砂操作機制，制訂「石門水庫原水濁度異常標準作業流程」，建置龍珠灣、石門大圳、後池及電廠出水口等採樣點，並於水庫操作時隨機調整採樣標高及不同深度作檢測，另亦配合集水區水文觀測最大逕流量發生時間，以因應多變的水體流況隨時掌握最新濁度資料，提供應變小組及應變中心作適當防洪操作及決策。經過長時間實際監測原水濁度及操作經驗累積顯示，掌握異重流混濁水體運移行為及運動時間資料在水庫防洪操作及供水作業上，確實能具體有效發揮排砂功能及適時啟動臨時供水設施，達到「蓄清排混」之目標。

3.1　抽水系統啟用及解除時機

　　當水庫管理人員監測到原水濁度異常情況發生時，相關單位即行綜合研判分析，並根據狀況逐步提升開設等級。成立緊急應變小組處理因應，準備採取各階段供水調度措施，當濁度程度已達一級開設時或其他異常狀況持續，有嚴重影響供水之虞時，除可能採取限水措施外，並通報啟動臨時抽水設施，以供應下游地區民眾用水。當原水濁度低於 1000NTU 以下且連續達 6 小時以上時，則解除應變作業，停止臨時抽水系統運轉。

3.2　應變機制

　　管理單位為確保抽水系統作業安全，因應可能之突發狀況，研擬「石門水庫臨時抽水設施改善工程抽水作業暨異常狀況緊急應變程序」，俾確保抽水系統穩定供水與運轉安全，相關單位則依據各職司進行職掌分工，並於抽水期間成立前進指揮所，由指揮官統一指揮並下達命令(圖 8)。

　　抽水期間為確保作業程序及流程正確，並掌握抽水期間庫區工程結構物安全，於抽水作業前需由各相關單位進行抽水作業前進行各項設備安全檢查確認工作，並由前進指揮所指揮官下達操作命令後始得開始運轉。抽水輸送期間由各相關單位填具操作報表及現地工程結構物檢查表，以因應異常狀況發生時，隨時記錄並通報指揮所採取緊急應變措施。

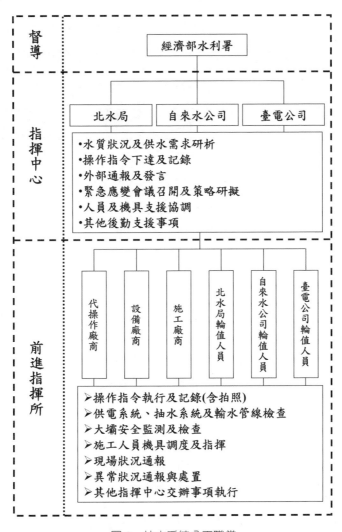

圖 8　抽水系統分工職掌

　　通常抽水時期正值颱風過境期間，相關系統易因風災招致損壞(如供電系統等)，故為因應各種突發狀況，應變計畫內亦預擬「供電系統異常緊急應變程序」、「抽水機組異常緊急應變程序」、「集水槽異常緊急應變程序」、「輸水管閥異常緊急應變程序」、「地震緊急應變程序」等大五類異常狀況及制定緊急應變程序，以避免或減輕災害損失。例如表 1 即為供電系統異常緊急應變程序，圖 9 則為柴油發電機進場備援情形。另值得一提的是，96 年柯羅莎颱風系統運轉期間，集水槽內濁度最高曾達 4600 NTU，為抽取更表層低濁度原水，經研析，機組之抽水點約位於水面下 5m，仍有提高抽水點之空間。故經

檢討後，於 97 年 5 月底完成抽水機組喉管縮短 1m 抽水機組內部清洗保養調校工作，機組已能順利抽取更表層原水(圖 10)，減輕可能發生之風險。

表 1　供電系統異常緊急應變程序

項次	異常狀況	緊急應變程序	備註
1	石來線供電系統斷電	1. 切換佳安線供電系統供電 2. 臺電公司派員檢修供電線路 3. 北水局備援發電機測試及接線完成 4. 石來線供電系統搶修恢復正常 5. 切換石來線供電系統供電 6. 異常原因檢討及研擬防範措施	單一供電線路故障
2	佳安線供電系統斷電	1. 臺電公司派員檢修供電線路 2. 北水局備援發電機測試及接線完成 3. 佳安線供電系統搶修恢復正常 4. 異常原因檢討及研擬防範措施	單一供電線路故障
3	石來線及佳安線供電系統同時斷電 (屬大區域災害事件)	1. 北水局備援發電機供電 2. 臺電公司派員檢修供電線路 3. 北水局通知增加租用發電機 4. 對外通報停水訊息 5. 石來線供電系統搶修恢復正常 6. 切換石來線供電系統供電 7. 佳安線供電系統搶修恢復正常 8. 異常原因檢討及研擬防範措施	雙迴路供電線路故障
4	石來線輸電線路漏電	1. 切換佳安線供電系統供電 2. 臺電公司派員檢修漏電線路 3. 北水局備援發電機測試及接線完成 4. 漏電線路搶修恢復正常 5. 切換石來線供電系統供電 6. 異常原因檢討及研擬防範措施	單一供電線路故障

圖 9　緊急柴油發電機備援

圖 10　抽水機組喉管切短及保養

3.3　整備演練

　　由於抽水系統泵浦機組長期浸泡水中，為避免機組故障損壞，規劃每月進行抽水演練一次，汛期前及颱風來臨前並進行擴大演練，邀集各相關單位進駐，以使相關人員熟悉操作流程(圖 11、圖 12)。

圖 11　每月例行抽水演練

圖 12　抽水演練餘水回流庫區

四、安全監測及評析

臨時抽水設施之建置，因非屬大壩原有設計之構造物，故針對可能對壩體造成影響之因子委託專業顧問公司加以評析，以確保大壩之安全。各項考量因子分析說明如下：

4.1　設施荷重對壩體邊坡安定性之影響

由於初期設置 30 萬 CMD 抽水設施所在位置屬於土石壩體，外加之荷重對壩體安定性可能造成某種程度影響，因此壩體上下游邊坡必須進行穩定分析。壩體邊坡安全性分析採用極限平衡分析法，以推算上下游坡面於平時及地震作用下之抗滑安全係數，並比較有無抽水設施之差異性，其中地震作用之考量係採仿靜態分析。邊坡安定性分析方法係採用美國普渡(Purdue)大學 Ronald A. Siegel 以 Bishop 切片法依極限平衡原理發展而成之 STABL 程式。分析時依各階段緊急抽水設備之配置，分別檢討其對大壩安定之影響，包括：(1) 93 年艾利颱風後設置 13 部柴油抽水機與沉水式抽水機，供水 30 萬 CMD；(2) 93 年裝設 6 部沉水式抽水機及 1 部柴油抽水機，供水 40 萬 CMD；以及(3)抽水設施提升供水量增至 96 萬 CMD 等方案。

分析結果如表 2 所示。綜合分析結果顯示，大壩邊坡之抗滑安全係數於有無抽水設施並無顯著差異，且均大於最小安全係數要求，顯示緊急抽水設施載重對大壩邊坡之安定性並無顯著影響。

表 2　安定分析成果表

抽水能力布置　　　　　主要承載設施	30 萬 CMD				40 萬 CMD				96 萬 CMD			
	上游坡面安全係數		下游坡面安全係數		上游坡面安全係數		下游坡面安全係數		上游坡面安全係數		下游坡面安全係數	
	常時	地震	常時	地震	常時	地震	常時	地震	常時	地震	常時	地震
最小安全係數要求	1.5	1.1	1.5	1.1	1.5	1.1	1.5	1.1	1.5	1.1	1.5	1.1
1.吊車	2.02	1.43	1.83	1.37	—	—	—	—	—	—	—	—
2.集水槽及橡膠管(sec1)	2.02	1.43	1.83	1.37	2.01	1.43	1.76	1.32	—	—	—	—
3.鋼構架、PVC 集水管束及輸水管(sec2)	2.02	1.43	1.80	1.36	—	—	1.77	1.33	—	—	—	—
4.輸水管(中邊坡)-(sec3)	—	—	1.81	1.36	—	—	1.75	1.31	—	—	1.75	1.31
5.輸水管(下邊坡)	—	—	1.86	1.39	—	—	—	—	—	—	—	—

4.2　大壩應力應變分析

　　為了解緊急抽水設施對壩體之影響程度與範圍，包括大壩沉陷量、應力改變範圍與分布、大壩分區材料介面錯動問題等，採用美國 Itasca Consulting Group, Inc.所發展之 FLAC 二維有限差分程式進行抽水設施靜態荷載分析。FLAC 為有限差分(Finite Difference Method, 簡稱 FDM)程式，採用顯示法(Explicit Method)以時間積分之運動方程式求得系統之靜力平衡或動態行為，可解決地工問題中複雜之幾何及力學問題。初期 40 萬 CMD 及後期 96 萬 CMD 系統分析所得大壩沉陷量、應力變化範圍與分布及大壩分區材料介面錯動結果，均無影響大壩安全之虞(圖 13、圖 14)。

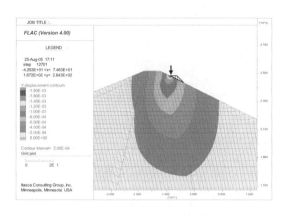

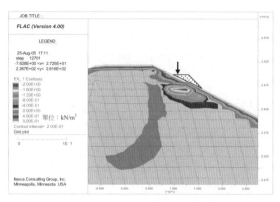

圖 13 大壩分析沉陷量等高線分布圖　　　　圖 14 大壩分析應力增量分布圖

4.3 設備震動量評估

　　而為了解抽水設施運轉時之震動對壩體可能產生之影響，於 94 年底 40 萬 CMD 抽水設施試運轉時採用微震儀於大壩進行現場地振動量測，以記錄設備震動的特性，作為評估設備運轉振動對壩體的影響的依據。量測方法係依序每間隔 20 分鐘逐次啟動一部抽水機，現場地振動量測配合試抽水工作執行，於每次啟動抽水機時同步進行量測，記錄垂直方向、正交壩軸方向及平行壩軸方向之振動歷時。另於壩頂量測抽水設備運轉時之背景振動以作為比對之用，各量測位置測得之尖峰加速度如表 3 所示，結果顯示集水槽旁第一部抽水機開始送水時，於正交壩軸方向所造成地表之振動最大，尖峰地表加速度約為 3gal，而抽水設備全部啟動時全系統之最大尖峰加速度則因相消作用僅約 1gal，未達設計地震尖峰加速度之百分之 0.3，因此抽水系統之振動應不致造成壩體損壞。

表 3　各量測位置測得之尖峰加速度

量測位置	方向	設計地震尖峰加速度*	量測得震動尖峰加速度	佔設計地震尖峰加速度百分比
集水槽旁 (第一號抽水機開始運作)	垂直向	360 gal (0.36g)	1.10 gal	0.27
	正交壩軸方向		3.00 gal	0.73
	平行壩軸方向		1.00 gal	0.24
壩頂道路第一條抽水管旁	垂直向		0.40 gal	0.10
	正交壩軸方向		0.50 gal	0.12
	平行壩軸方向		0.30 gal	0.07
輸水管旁	垂直向		0.30 gal	0.07
	正交壩軸方向		1.10 gal	0.27
	平行壩軸方向		0.70 gal	0.17
發電機旁	垂直向		0.50 gal	0.12
	正交壩軸方向		0.40 gal	0.10
	平行壩軸方向		0.10 gal	0.02
環境震動	垂直向	—	0.05 gal	—
	正交壩軸方向		0.05 gal	—
	平行壩軸方向		0.04 gal	—

註*：設計地震尖峰加速度 0.36g 係根據「石門水庫第二次安全評估」設計地震覆核成果。

4.4　動態分析評估

　　針對影響石門大壩動態安定性之振動源有二,除前節討論之抽水系統運轉產生之振動外,另一則爲地震,即考慮新增之抽水設備係置於壩頂及坡面,在地震時可能增加壩體承受之慣性力荷載,因此,動態分析之目的即在於快速評估石門壩頂加設抽水設施前後壩體受震時動態反應之差異,包括壩體各部位之

加速度反應及應力歷時反應，並進一步分析於不同荷載狀況下受震後邊坡滑移量差異，以評估增設抽水設施對壩體受震安定性之影響。經分析所得不同荷載條件下壩體受震後反應變位如表4所示，顯示壩頂加設抽水設備對於壩體受震之反應並無影響。

表 4　不同荷載條件下壩體受震後反應變位

分區	有無抽水設備	滑動體通過區間	臨界加速度(g)	受震反應變位(cm)
上游殼層	無設備	距壩頂 1/4 壩高	0.20	15
		距壩頂 2/4 壩高	0.19	25
		距壩頂 3/4 壩高	0.18	41
	現有設備	距壩頂 1/4 壩高	0.20	15
		距壩頂 2/4 壩高	0.19	25
		距壩頂 3/4 壩高	0.18	41
下游殼層	無設備	距壩頂 1/4 壩高	0.17	91
		距壩頂 2/4 壩高	0.16	40
		距壩頂 3/4 壩高	0.16	9
	現有設備	距壩頂 1/4 壩高	0.17	91
		距壩頂 2/4 壩高	0.16	40
		距壩頂 3/4 壩高	0.16	9
	擴充至 96 萬噸 CMD	距壩頂 1/4 壩高	0.17	91
		距壩頂 2/4 壩高	0.16	40
		距壩頂 3/4 壩高	0.16	9

五、運轉成效

　　整體系統於提升抽水能力至 96 萬噸 CMD 後，歷經 96 年梧提、聖帕、韋帕、柯羅莎、米塔及 97 年度卡玫基、鳳凰、如麗、辛樂克、哈格比、薔蜜等颱風原水高濁度期間運轉操作，均達成行政院不分區供水政策目標，並有效減少工、商、農業直接損失，效益甚佳。

　　依據行政院農委會水土保持局相關網站資料統計顯示，艾利風災不穩定供水期間(約 18 天)可計之商業損失約 1.1 億元，工業區損失約 48.1 億元，合計損失約 49.2 億元，平均每日損失約 2.73 億元。而依據抽水系統運轉資料顯示，自 95 年擴增 96 萬噸抽水系統建置完成後(建置經費約 4.6 億元)，至 97 年底止共運轉約 18.25 日(438 小時，詳表 5)，約與艾利風災停水時間相當，其成本效益之高，已不用言喻，且尚未考量民眾對於長期穩定供水之正面施政無形效益及後續 98~99 年之使用效益，顯見此一臨時供水系統確已發揮效用並達成階段性目標。

表 5　臨時抽水系統運轉統計表

年	颱風名稱	尖峰流量 (cms)	濁度(NTU)	供水情形	96 萬噸抽水系統運轉時間小時
85	賀伯	6363	—	停水 9 日	
93	艾利	8594	208930	南桃園停水 18 日	
94	海棠	3199	27800	南桃園停水 1 日	抽水 40 萬噸
94	馬莎	5166	96400	南北桃園分區停水	抽水 40 萬噸
94	泰利	3689	46300	無停水	抽水 40 萬噸
95	豪雨	818	4935	無停水	16
96	聖帕	1844	5820	無停水	26
96	韋帕	2788	21159	無停水	80
96	柯羅莎	5300	27930	無停水	96
97	鳳凰	2039	10280	無停水	29
97	辛樂克	3447	9500	無停水	124
97	薔密	3292	8820	無停水	67

2

六、結語

　　為長期穩定供應颱風時期之供水，石門水庫已於大壩左岸增設分層取水設施，該設施預定於 98 年底完成測試及供水，屆時 96 萬噸緊急抽水設施將可功成身退予以拆除，壩頂將可恢復通車及觀光，再見絡繹人潮。

　　石門水庫為北台灣地區重要之水資源，有其不可替代性，然而近年來颱風豪雨造成水庫集水區內土石崩塌，已嚴重影響水庫功能及壽命，因此，為使水庫多功能標的效益發揮，達到水資源永續利用之目標，除現階段建置緊急抽水設施、增設分層取水工及加強清淤計畫推動外，水庫整體水力排砂能力之提升、既有設施防淤功能之改造及集水區之管理與治理等中、長程計畫亦將積極持續辦理，以期水庫延壽，使多目標營運效益得永續發揮，重現水庫往日風華。

參考文獻

♦ 1. 中興工程顧問股份有限公司，2005，石門水庫臨時抽水設施安全評析報告。

♦ 2. 石門水庫第二次安全評估(1998)。

♦ 3. 巨廷工程顧問公司，2004，石門壩區緊急抽水期間設施初步檢查及評析(93年度)。

♦ 4. 經濟部水利署北區水資源局，災害防救緊急應變小組作業要點暨各項災害防救作業手冊，2009。

♦ 5. 經濟部水利署，石門水庫及其集水區整治計畫(95~96)執行成果研討會資料。

4 土壠灣水庫水力排砂之水源運用策略探討

 ## 摘 要

台灣地區降雨豐枯十分明顯，爲使水資源得以有效利用，需透過水庫進行調蓄，惟於現今之自然及社會環境之條件下，水庫開發實屬不易，故如何延長水庫之壽命成爲值得深入探討之課題，爲延長水庫壽命可透過水力排砂方式，且須同時兼顧水庫之供水能力，確保水庫開發之經濟價值，則可透過水庫聯合運用方式進行排砂水源挹注。經本計畫模擬水庫於聯合運用時，採異重流排砂及空庫排砂所組合之各種案例，探討於各種情境下對供水能力及排砂水量之影響，並了解水庫聯合運用對排砂期間供水能力之維持確有助益。對於異重流排砂及空庫排砂對排砂之成效，採水庫壽命之評估作爲本計畫排砂效能之評價。

關鍵字：水資源、水力排砂、土壠灣水庫

1　林思孝　水利規劃試驗所助理研究員
2　蔡展銘　水利規劃試驗所研究員
3　王國樑　水利規劃試驗所課長

Abstract

The rain distribution of wet and dry seasons is very different in Taiwan. For the effective use of water resources, we need the reservoir to storage and route. But in the natural and social environment conditions at present, it is not easy to make the reservoir development. So how to extend life of the reservoir becomes the most important theme. There has to be a trade -off between water resources and hydraulic desilting. In order to keep the value of reservoir development, we use conjunction operation to reduce effect of water supply in hydraulic desilting. In the case study of reservoir routing by venting turbid density current and drawdown flushing with conjunction operation, we explore the effects of the water supply capacity and water loss in hydraulic desilting in variety of situations. And we understand the conjunction operation of reservoirs is helpful for water supply capacity during the period of hydraulic desilting.

Keyword：Water Resources、Hydraulic desiliting、Tulou Reservoir.

 # 一、前言

　　為改善水庫泥砂淤積問題，經常採取水力排砂作為有效之改善策略，惟採取水力排砂之方式無論是異重流排砂或者空庫排砂，皆需使用相當之排砂水量，因而影響水庫之供水能力，故如何兼顧排砂與供水之潛能為值得深入探討之課題，因此本計畫藉由水庫聯合運用之方式，進行排砂損失水量之挹注，以探討是否能同時確保水庫之供水潛能。本計畫模擬無論單獨或兩水庫聯合均與水庫供水方式及排砂方式等兩大因素有關。前者分別依水庫供水優先順序及缺水指數(SI)是否為 1 進行演算，後者則依不排砂、異重流、空庫等 3 種策略，分別按排砂間隔、期間及順序等進行演算。

　　本計畫將以規劃中之土壠灣水庫(在槽)及營運中之南化水庫(離槽)作為水力排砂之研究案例，因土壠灣水庫係位於高屏溪流域，而南化水庫位於相鄰之曾文溪流域，若能藉由水力排砂改善水庫淤積，並透過水庫聯合運用達成排砂損失水量挹注，將可有效延長水庫壽命，朝水資源永續經營發展，使水庫之開發更具其價值。

二、土壠灣水庫及南化水庫概述

2.1　流域

　　土壠灣水庫壩址位於高屏溪支流荖濃溪中游六龜鄉興龍村東北約 1.5 公里，台電土壠灣電廠舊取水口上游處(如圖 1 所示)，集水區面積約 840 平方公里。行政區涵蓋六龜及桃源鄉，居民以務農為主。

　　南化水庫位於曾文溪支流後堀溪中游(如圖 1 所示)，於民國 83 年 7 月完工開始正式營運，集水面積約 104 平方公里。居民以務農為主。

圖 1　計畫位置示意圖

2.2　雨量

土壠灣水庫、南化水庫集水區雨量豐沛，平均年雨量超過 3000 毫米，在時間上之分布懸殊，主要集中在夏季。豐水期為每年 5~10 月雨量占全年之90%，11~4 月為枯水期。

2.3　流量

土壠灣水庫壩址處無流量站，最近之流量站為上游之荖濃(新發大橋)流量站，荖濃站為最接近壩址之流量站，該站觀測項目包含水位、流量、含砂量及水質，係本文推估土壠灣壩址流量及含砂量之依據。荖濃站集水區面積約 812平方公里，記錄年限為民國 45 年 4 月迄今。因其與土壠灣水庫壩址間並無使用水權且兩者相距甚近，故逕利用比面積法求得壩址處年平均流量(且扣除上游曾文越引量)約 19.79 億立方公尺[17]。

南化水庫未完成前壩址處無流量站，最近之流量站為玉田站，集水面積約161 平方公里。本研究採用之流量，於民國 48 年 1 月至民國 83 年 6 月採用玉田站資料經比面積法推得壩址處流量，民國 83 年 7 月(完工營運)以後採南化水庫營運月報表之進流量(包括甲仙堰越引量)，求得壩址處流量約 4.16 億立方公尺[12]。

2.4　下游水權保留量

壩址下游保留水量之計算方法，採各控制點對應集水區面積的相對比例，將下游各河段水權登記量，由河口往上游推算得各控制點須放流之水量，直到壩址為止。土壠灣水庫壩址各月之下游水權保留量如表 1 所示。南化水庫壩址各月之下游水權保留量如表 2 所示。甲仙堰各月之下游水權保留量如表 3 所示。

表1　土壠灣水庫壩125址下游水權保留量表

月份	1月	2月	3月	4月	5月	6月
分配量(cms)	15.27	15.25	15.13	15.13	16.65	21.50
月份	7月	8月	9月	10月	11月	12月
分配量(cms)	21.77	22.35	22.22	22.31	16.53	14.74

表2　南化水庫壩址下游水權保留量表

月份	1月	2月	3月	4月	5月	6月
分配量(cms)	0.199	0.211	0.254	0.256	0.267	0.716
月份	7月	8月	9月	10月	11月	12月
分配量(cms)	0.716	0.716	0.716	0.706	0.414	0.248

資料來源：曾文及南化水庫聯合運用可行性規劃三、工程可行性規劃專題1.相關工程規劃，民國91年。

表3　甲仙堰下游水權保留量表

月份	1月	2月	3月	4月	5月	6月
分配量(cms)	8.32	7.42	8.16	8.09	9.82	24.01
月份	7月	8月	9月	10月	11月	12月
分配量(cms)	26.88	24.82	24.81	20.1	13.38	9.56

資料來源：曾文水庫及南化水庫聯合運用可行性規劃，民國89年。

2.5　生態基流量

在壩址除了應釋放下游水權量外，亦須放流生態基流量(河川基流量)，一般多以壩址發生機會95%之河川逕流量為生態基流量(河川基流量)。利用土壠灣水庫及南化水庫壩址自民國48~95年日流量繪成日流量延時曲線，求得發生機會95%之河川逕流量為8.90秒立方公尺(詳如圖2)，南化水庫為0.0116秒立

方公尺(詳如圖 3)，甲仙堰下游生態基流量依據 89 年曾文水庫及南化水庫聯合運用可行性規劃之 Q95 定為 2.75 秒立方公尺。

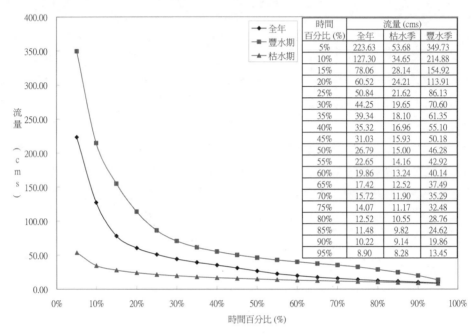

圖 2　土壠灣水庫壩址日流量延時曲線圖

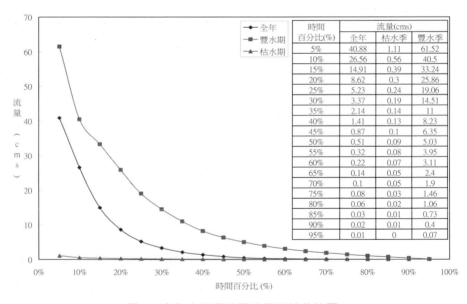

圖 3　南化水庫壩址日流量延時曲線圖

2.6　下游滲漏量

依據前經濟部水資會「美濃水庫可行性規劃報告」之調查，荖濃溪河道在六龜下游之河段，河川逕流量大幅減少，原因可能為土壠灣斷層通過荖濃溪河道所致。其滲漏水量將補注至下游之地下水源，故水庫亦須放流該下游滲漏量。依壩址與六龜堰址集水面積之比例(840/899)，估計土壠灣水庫壩址須放流至下游之河道滲漏水量，如表 4 所示。

表 4　土壠灣水庫壩址下游河道滲漏保留量表

月份	1 月	2 月	3 月	4 月	5 月	6 月
滲漏量(cms)	4.95	4.95	4.95	4.95	6.44	6.44
月份	7 月	8 月	9 月	10 月	11 月	12 月
滲漏量(cms)	7.43	7.43	6.44	6.44	4.95	4.95

資料來源：高雄縣荖濃溪土壠水庫初步評估 經濟部水利署南區水資源局，民國 95 年。

2.7　上游曾文越引水量

曾文越域引水計畫荖濃堰位於土壠灣水庫壩址上游桃源鄉勤和村河段，該計畫已開始執行，為保障其權益，水庫對於荖濃堰引水量，須予保留。依「曾文水庫越域引水工程計畫－輸水工程可行性規劃成果檢討及設計－水源運用方式檢討報告」之引水量分析成果顯示，年平均約 2.31 億立方公尺[2]。

2.8　可引用水量

當水庫進行運轉操作時，逕流量須扣除保留給下游之水權量、生態基流量、滲漏水量及上游計畫引水量，剩餘之河川逕流量即為可引用水量，惟實際運用時尚需考慮蒸發量損失。

三、排砂損失水量挹注水源運用案例模擬

3.1　水庫運用演算原則

　　土壠灣水庫高程、面積、容量關係如圖 4，南化水庫高程、面積、容量關係如圖 5，在不考慮排砂的情況下，依下述原則進行水庫運用模擬演算：

1. 模擬演算期間自民國 48~95 年，計 48 年。

2. 演算時距以日為單位，逐日模擬水庫蓄水、供水操作。

3. 水庫呆容量不參加模擬營運。

   (1) 採用單一水庫運用。

   (2) 水庫模擬運用期距由民國 48 年 1 月水庫蓄滿後開始演算，至民國 95 年 12 月。

   (3) 水庫入流量為壩址逕流量扣除上、下游保留水量後之剩餘流量，不考慮伏流水、迴歸水等之流入。

   (4) 庫面蒸發損失量依據平均月蒸發量(詳表 5、6)，乘以 0.7(蒸發皿係數)及庫面面積而得。

表5　土壠灣水庫蒸發量表

月份	1月	2月	3月	4月	5月	6月
蒸發量(mm)	95.5	91.3	114.4	125.7	150.0	153.0
月份	7月	8月	9月	10月	11月	12月
蒸發量(mm)	177.7	163.4	155.1	153.1	118.5	98.3

資料來源：本計畫整理。

表6　南化水庫蒸發量表

月份	1月	2月	3月	4月	5月	6月
蒸發量(mm)	89.4	103.2	133.5	147.9	150.7	123
月份	7月	8月	9月	10月	11月	12月
蒸發量(mm)	141.8	124.2	123.6	117.3	90	80.7

資料來源：曾文水庫及南化水庫聯合運用可行性規劃，民國 89 年。

(5) 土壠灣及南化水庫水位-容積-面積關係如圖 4 及圖 5。

(6) 水庫模擬運用時，並假設計畫供水量爲一定值。

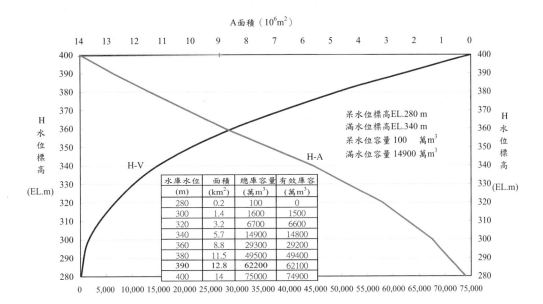

圖 4　土壠灣水庫高程、面積、容積關係圖

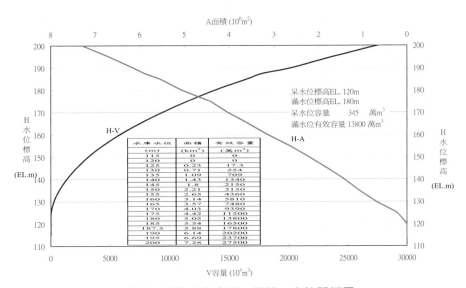

圖 5　南化水庫高程、面積、容積關係圖

表7 圖5中之表格

水庫水位(m)	面積(km²)	有效容量(萬 m²)
115	0	0
120	0	0
125	0.23	17.3
130	0.71	254
135	1.09	709
140	1.43	1340
145	1.8	2150
150	2.21	3150
155	2.65	4360
160	3.14	5810
165	3.57	7480
170	4.03	9390
175	4.42	11500
180	5.05	13800
185	5.54	16500
187.5	5.88	17800
190	6.14	20200
195	6.69	23700
200	7.28	27500

⑺ 缺水評估指標採用缺水指數(SI, Shortage Index)：

SI=100Σ(年缺水量/年計畫供水量)²/N

式中，N：資料分析年數；Σ：所有缺水年之總計

本計畫爲配合南區其他相關計畫採計之標準均以 SI=1 爲原則。

(8) 年計畫供水量：計畫日供水量之年計值，但不包含水庫應放流至下游各項保留水量。

(9) 年缺水量：日缺水量之年計值，但不包含水庫應放流至下游各項保留水量之缺水量。

3.2　水庫聯合運用模擬原則

土壠灣水庫與南化水庫聯合運用原則，基本上與單一水庫運用時相同，僅在兩水庫供水的先後順序及供水量上有所不同，本計畫分別採以下 3 種運用方式評估水庫聯合運用時之供水潛能。一般而言，在實際操作時聯合運用的整體供水能力受到下游送水管路輸水能力及淨水設施處理能力等因素限制。本計畫暫不考慮下游設施的管路通水能力或水場淨水能力限制，即僅供水潛能進行評估。

1. 土壠灣水庫先供水：即由土壠灣水庫先行供水，當土壠灣水庫空庫或蓄水量不足時再由南化水庫補充供應，當供水量無法滿足設定之計畫供水量時視爲缺水。

2. 南化水庫先供水：即由南化水庫先行供水，當南化水庫空庫或蓄水量不足時再由土壠灣水庫補充供應，當供水量無法滿足設定之計畫供水量時視爲缺水。

3. 依水庫蓄水量之比例(即蓄水率)決定土壠灣及南化水庫應供水量：即由兩水庫蓄水率較高者先行供水，當水庫蓄水不足時，再由另一個水庫補充供應，當供水量無法滿足設定之計畫供水量時視爲缺水。

本計畫爲分析兩水庫聯合排砂操作時，於其中一水庫排砂時，假設其供水功能可由另一水庫完全取代，因此土壠灣水庫開發尺度係配合南化水庫之現有庫容，僅部分開發而非朝最大開發，更何況依目前淹沒區開發程度，部分開發乃爲符合開發現況之作爲。

3.3 排砂損失水量挹注水源模擬綜合分析

1. 異重流排砂：

土壠灣水庫其單獨運用情況下，每日供水能力可達 68.9 萬立方公尺，排砂水量每年約 48637 萬立方公尺。南化水庫其單獨運用情況下，每日供水能力可達 58.3 萬立方公尺，排砂水量每年約 6668 萬立方公尺。兩水庫聯合運用並同時採取異重流排砂機制時，於先後供水順序或依蓄水率供水之情況下，以依水庫蓄水率供水之方案之供水量為最佳，供水能力達每日 132.9 萬立方公尺，排砂水量每年約 55305 萬立方公尺。相較於單獨運用成果合計，供水量增加約 5%，排砂水量因排砂機制相同，故與單獨運用成果合計相同(詳如表 8)。

表 8 水庫運用模擬演算成果比較表(異重流排砂) 　單位：萬 m³

異重排砂		計畫供水量	土灣年排砂水量	土灣年溢流量	南化年排砂水量	南化年溢流量	年缺水量	年缺水日數
單獨運用		69.1+58.5	47624	94126	6727	3743	1130+840	17,15
聯合運用	南化水庫先供水	126.8	47624	39673	6727	8979	1914	16
	土壠水庫先供水	122.1	47624	59029	6727	1431	2033	18
	依蓄水率供水	133.4	47624	47453	6727	3841	2197	18

依聯合運用之供水機制，由某水庫先供水，當某水庫空庫或蓄水量不足時再由另一水庫補充供應，於異重流排砂情況下，因排砂時間點大致都發生在豐水期間，水庫並未產生缺水情況，排砂損失水量僅造成溢流量減少，因此排砂損失水量挹注水源之情況並不明顯，且兩水庫集水區雨量分布之豐枯情勢接近，水庫蓄水之變化情形亦相當一致，故當某一水庫缺水時，由另一水庫補充供水之能力有限，因此水庫聯合運用之效益並不顯著。

2. 空庫排砂：

　　土壠灣及南化水庫單一水庫不排砂之每日供水量為 70.8 萬及 62 萬立方公尺；以維持兩水庫各自原有供水量為前提，依南化水庫先空庫，單一水庫每隔 5 年空庫 1 次，依蓄水率供水並空庫 9 旬可達每日 133.8 萬立方公尺之供水量，除可維持原有水庫之供水能力外，排砂水量合計每年可達 11600 萬立方公尺。空庫排砂期間損失水量則由不排砂之另一水庫作為挹注，可兼顧排砂及供水之需求(詳如表 9)。

表 9　水庫運用模擬演算成果比較表(空庫排砂)

空庫排砂		計畫手供水量	土壠灣年排砂水量	南化年排砂水量	土壠灣年溢流量	南化年溢流量	年缺水量	年缺水日數
單獨運用	1 年空 1 次，空 3 旬	65.5+52.3	5860	2019	90693	8956	1567+1214	24.24
	3 年空 1 次，空 3 旬	68.4+59.8	2475	779	92775	8469	1318+1233	20.22
	5 年空 1 次，空 3 旬	69.6+60.8	1636	530	93157	8476	1295+1191	19.21
聯合運用	土壠灣水庫先空庫每隔 1 年空 1 次空 3 旬依蓄水率供水	137.2	5200	1690	87583	7188	2883	23
	土壠灣水庫先空庫每隔 3 年空 1 次空 3 旬依蓄水率供水	138.3	2274	573	90541	8037	2816	22
	土壠灣水庫先空庫每隔 5 年空 1 次空 3 旬依蓄水率供水	140.0	1496	475	90942	8061	2886	22
	土壠灣水庫先空庫每隔 7 年空 1 次空 3 旬依蓄水率供水	140.0	1946	101	90665	8265	2848	22
	土壠灣水庫先空庫每隔 9 年空 1 次空 3 旬依蓄水率供水	139.7	1059	168	91477	8184	2808	22

表 9　水庫運用模擬演算成果比較表(空庫排砂)(續)

空庫排砂		計畫手供水量	土壟灣年排砂水量	南化年排砂水量	土壟灣年溢流量	南化年排溢流量	年缺水量	年缺水日數
聯合運用	南化水庫先空庫每隔 1 年空 1 次空 3 旬依蓄水率供水	136.5	6212	1335	87384	7465	2901	23
	南化水庫先空庫每隔 3 年空 1 次空 3 旬依蓄水率供水	138.1	2887	716	89909	8167	2894	23
	南化水庫先空庫每隔 5 年空 1 次空 3 旬依蓄水率供水	139.5	1677	555	90877	8139	2865	22
	南化水庫先空庫每隔 7 年空 1 次空 3 旬依蓄水率供水	138.8	313	595	92149	8248	2833	22
	南化水庫先空庫每隔 9 年空 1 次空 3 旬依蓄水率供水	138.1	2509	610	90393	7769	2744	22

3.4　綜合分析

1. 採異重流排砂時,兩水庫聯合運用對排砂水量挹注效果並不大,而採空庫排砂且空庫間隔較短之情況下,兩水庫聯合運用對排砂水量挹注效果較爲顯著。

2. 兩水庫交錯式空庫排砂情形下,空庫間隔越短,亦即排砂頻率越高,排砂損失水量也隨之提高,將嚴重影響水庫供水之能力,此時若透過另一水庫適時挹注排砂損失水量,對供水能力提升之效果將更加顯著。

3. 經模擬共 90 種兩水庫交錯式空庫排砂案例成果顯示,依蓄水率供水可達較佳之供水能力,並減少水庫之溢流量,使水資源得以有效利用。空庫排砂可於維持兩水庫原有供水能力之情況下,進行有效之排砂,可同時兼顧水庫之永續經營。

四、水庫壽命評估

4.1 土壠灣水庫

土壠灣水庫規劃壩址之年平均進砂量依本研究前文所述為 485.7 萬立方公尺。年逕流量係依比面積自茇濃站推估而得，歷年平均逕流量約為 19.79 億立方公尺。水庫壽命之估算採用布侖(Brune)囚砂率(如圖 6)，藉以估算每階段水庫剩餘容積淤滿所需年數，計算過程如後述。

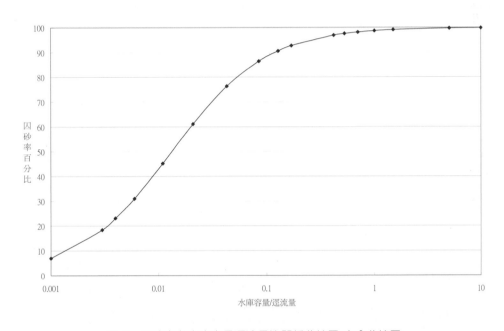

圖 6　囚砂率與水庫容量逕流量比關係曲線圖(布侖曲線圖)

依上游茇濃站(新發大橋)實測含砂量與流量率定曲線(如圖 7)及日流量延時曲線(如圖 2)，求得土壠灣水庫懸移量為每年約 442 萬噸，再假設推移量與懸移量之比值為 0.1，求得土壠灣水庫年平均進砂量為 485 萬噸，由日流量延時曲線計算平均懸移量時，因日流量為平均值無法反應當日較大時所產生的懸移量，故利用日流量分析時加入校正係數約 1.24~1.61，本研究採 1.5，並假設其密度為每立方公尺 1.5 噸求出年進砂量為 485 萬立方公尺。異重流排砂及空庫排砂之排砂量係以本研究推得排砂水量，依含砂量與流量率定曲線，推求排

砂量,利用年平均進砂量扣除年平均排砂量作爲淤積量。空庫排砂以供水量最佳(南化水庫先空庫、單一水庫 9 年空 1 次、每次 3 旬、依蓄水率供水)及排砂水量最佳(土壠灣水庫先空庫、單一水庫 1 年空 1 次、每次 9 旬、南化水庫先供水)之案例進行探討,進而推得水庫壽命於不排砂、異重流排砂及空庫排砂依序爲 57、285、57 及 71 年。

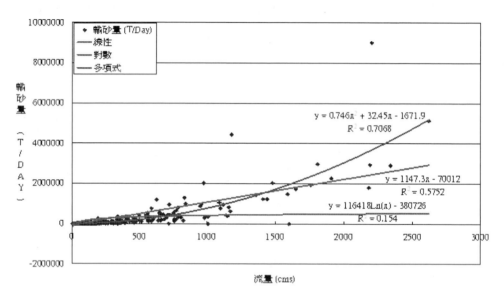

圖 7　土壠灣水庫壩址懸移質輸砂率定曲線圖

4.2　南化水庫

　　南化水庫壩址之年平均進砂量依本研究前文所述爲 73.48 萬立方公尺。年逕流量係依南化水庫壩址處流量由民國 48~83 年中共 36 年利用比面積法推估,民國 83 年 7 月以後採營運月報表資料,包含甲仙越引量得平均年逕流量爲 4.16 億立方公尺。水庫壽命之估算採用布侖(Brune)囚砂率(如圖 6),藉以估算水庫每階段剩餘容積淤滿所需年數,計算過程如後述。

　　依上游玉田站實測含砂量與流量率定曲線(如圖 8)及日流量延時曲線(如圖 3),求得南化水庫懸移量爲每年約 66.8 萬立方公尺,再假設推移量與懸移量之比值爲 0.1,求得南化水庫年平均進砂量爲 73.48 萬立方公尺。異重流排砂及空庫排砂之排砂量係以本研究推得排砂水量,依含砂量與流量率定曲線,

推求排砂量，將年平均進砂量扣除年平均排砂量視為年淤積量。空庫排砂以供水量最佳及排砂水量最佳之案例進行探討，進而推得水庫壽命於不排砂、異重流排砂及空庫排砂依序為 212、323、216 及 242 年。

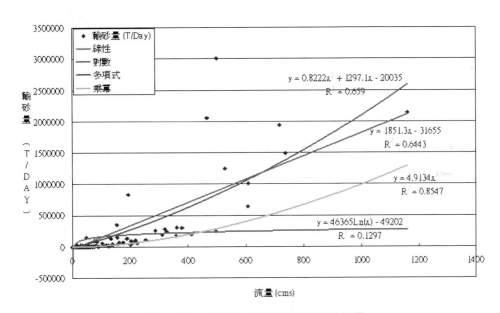

圖8　南化水庫壩址懸移質輸砂率定曲線圖

　　依據上述水庫壽命推估，可得知水力排砂可有效減少水庫淤積量，延長水庫壽命，尤其是透過水庫聯合運用之機制更可達成排砂水量挹注水源，確保水庫之供水目標。

　　本計畫所據以推估水庫壽命為進砂量與流量率定，亦即於此假設排砂水量為 100%排砂，但實際上勢必會打折扣(如營運中之阿公店水庫空庫排砂約60%)，因此水庫壽命將會較為樂觀，故後續應藉由現場水砂觀測模擬，水砂數理行為，以利推求排砂機制及排砂效率如此所推求之水庫壽命較為確實。

五、結論與建議

1. 水庫排砂水量可透過水庫聯合運用方式對水源進行挹注，確保水庫之供水能力，惟異重流排砂時聯合運用對水源挹注之效果並不大，僅交錯式空庫排砂時方能顯著發揮其水源挹注之成效。

2. 兩水庫採交錯式空庫排砂時，所涉空庫順序、間隔、期間及供水順序等 4 項影響因子中，以空庫間隔、期間對於水庫供水量及排砂水量之影響較顯著外，於空庫及供水先後順序並不明顯，故未來可視水庫實際之蓄水情況進行調整。

3. 兩水庫採交錯式空庫排砂時，空庫排砂期間越長，雖有較高之排砂水量，但供水能力也隨之降低，但空庫間隔越久排砂期間影響之程度將降低，因此實際操作時，可基於水庫防淤系統營運規則進行調整，於排砂期間訂定後，據以調整空庫之間隔，以尋求供水量及排砂水量之最佳化。

4. 兩水庫採交錯式空庫排砂時，供水順序以依蓄水率供水其供水能力最佳，並可減少水庫之溢流量，增加水資源之有效利用。

5. 水庫壽命透過水力排砂方式得以有效維持庫容進而增加水庫壽命，並以異重流排砂增加水庫壽命之效果較交錯式空庫排砂更為顯著，未來水庫聯合運用下水力排砂方式可藉由異重流排砂及交錯式空庫排砂並行之方式，以提高水庫排砂之成效。

6. 未來建議進行案例探討時，先於現場採取相關之觀測，以實際了解水砂之行為及關係，並建立適當之數理模式，據以修訂本年度水庫壽命推估成果，俾利後續相關排砂模擬演算之參採。

7. 兩水庫聯合運用先供水之水庫易造成該水庫空庫期間過長，恐造成水庫調蓄或生態功能等負面影響，因此建議可適度調降其供水目標(計畫供水量)，以減少水庫長時間空庫之情況。

參考文獻

♦ 1. 經濟部水利署南區水資源局，「高雄縣荖濃溪土壠水庫初步評估」，民國 95 年 6 月。

♦ 2. 經濟部水利署南區水資源局，「曾文水庫越域引水工程計畫－輸水工程可行性規劃成果檢討及設計－水源運用方式檢討報告」，民國 95 年 5 月。

♦ 3. 經濟部水利署水利規劃試驗所，「士文水庫可行性規劃(6)－五、綜合專題－水力排砂之可行性評估(永續水庫觀念)」，民國 96 年 12 月。

♦ 4. 台灣省水利局規劃總隊，「曾文水庫越域引水可行性規劃－專題報告(四)－荖濃溪攔河堰工程規劃」，民國 85 年 6 月。

♦ 5. 台灣省水利局，「水庫防淤研究」，民國 71 年 6 月。

♦ 6. 經濟部水資源統一規劃委員會，「土壠水庫蓄水規劃與研究」，民國 60 年。

♦ 7. 經濟部水利署南區水資源局，「阿公店水庫營運管理手冊」，民國 96 年 1 月。

♦ 8. 台灣省水利局，「台灣地區可能水庫壩址勘查及評估報告」，民國 73 年 12 月。

♦ 9. Basson G. R. and Robseboom A. , Dealing with Reservoir Sedimentation, 1997.

♦ 10. 經濟部水利署南區水資源局，「牡丹水庫水力排砂可行性規劃」，民國 96 年 3 月。

♦ 11. 台灣省水利局，「水庫防淤以建立台灣水資源永續發展利用系統的研究」，民國 83 年 5 月。

♦ 12. 經濟部水利處水利規劃試驗所，「曾文及南化水庫聯合運用可行性規劃三、工程可行性規劃專題 1.相關工程規劃」，民國 91 年 3 月。

♦ 13. 經濟部水利處水利規劃試驗所，「曾文及南化水庫聯合運用可行性規劃三、工程可行性規劃專題 2.營運理規劃」，民國 91 年 12 月。

♦ 14. 經濟部水利處水利規劃試驗所，「曾文水庫及南化水庫聯合運用可行性規劃」，民國 89 年 12 月。

♦ 15. 蓄水庫之永續經營及管理—民國 95 年 10 月，黃金山。

♦ 16. 翡翠水庫永續經營白皮書—民國 96 年 6 月，台北市政府。

♦ 17. 經濟部水利署水利規劃試驗所，「永續水庫規劃研究(96 年度工作報告)—土壠灣水庫水力排砂初步研究」，民國 97 年 6 月。

5 「石門水庫分層取水工程」取水豎井施工中遭遇異常湧水處理概要

 一、摘 要

因石門水庫原有之石門大圳取水口位於水庫下層(標高 EL.195m)，因此當颱風豪雨時，取得之原水濁度常超出淨水廠的處理能力。為徹底解決此一問題，決定在水庫壩基左側增設取水豎井乙座以進行分層取水。然因工程係於水庫營運狀態下進行，再加上石門水庫壩址鄰近新店斷層，且工址緊鄰河谷致岩盤已受到河谷減壓；因此密集的節理面成為庫水大量湧入的通道，致使取水豎井無法向下繼續開挖。

[1] 賴伯勳　經濟部水利署北區水資源局局長
[2] 吳東雄　經濟部水利署北區水資源局課長
[3] 蔡秉儒　經濟部水利署北區水資源局副工程司

本湧水案例處理過程中經由補充地質調查重新評估工址的地質狀況，推估造成湧水的水文地質模式，進而從聚氨酯樹酯及水泥系(添加水玻璃)中選擇適合的灌漿漿材，調整工法以兼顧經濟性、安全性及有效性，成功克服湧水問題。

關鍵詞：石門水庫、節理、湧水、水文地質

一、前言

石門水庫自民國 52 年 5 月導水隧道封堵開始蓄水營運至今已逾 40 年，兼具灌溉、給水、發電、防洪、觀光等五大效益，不僅促進區域經濟發展，提升民眾生活品質，更有效削減淡水河洪峰量，防治大台北地區水患發生，實為國家重要經建設施。惟近年因人口增加及工商業快速發展，使水庫水源運用型態大幅改變，供應民生用水已成為水庫最主要運用標的。因此當民國 93 年 8 月24 日艾利颱風來襲，上游集水區產生大規模土石坍塌，洪水挾帶大量泥砂流入水庫時，因原有之石門大圳取水口位於水庫下層(標高 EL.195m)，造成取得之原水濁度超出淨水廠的處理能力，導致桃園地區民生用水無法正常供應。

爰此，北水局為徹底解決此一問題，決定於水庫壩基左側增設取水豎井乙座，供颱風、豪雨洪水致水庫原水渾濁時，直接引取水庫較上層(標高EL.220m~EL.236m 以上)原水，至台 4 省道與既有「台灣省自來水公司」之第二原水抽水站原水輸送系統銜接。此一新建之「石門水庫增設取水工工程」之整體布置圖詳圖 1，主要工作內容如下：

1. 於石門水庫依山閣南方左壩側處興建深度約 43m 取水豎井一座，取水豎井內分上層、中層與下層取水，各層興建一條取水口隧道聯通水庫，三條隧道之仰拱高程分別為 EL.236m、EL.228m 與 EL.220m。豎井底部則與取水隧道相接，將低濁度原水往下游輸送。

2. 開鑿一全長 397m 的取水隧道，該隧道連接取水豎井底部，穿越左壩座並於大壩中線道路處出洞。

3. 沿中線道路埋設約 530m 長，直徑 3.0m 之壓力鋼管至中線收費站，並於該處開鑿一直徑 4.2m、深度約 40m 之輸水豎井及長度約 50m 之水平隧道，俾使原水銜接至低線道路。

4. 沿低線道路埋設約 505m 長，直徑 3.0m 鋼管至台 4 省道與既有「台灣省自來水公司」之第二原水抽水站原水輸送系統銜接。

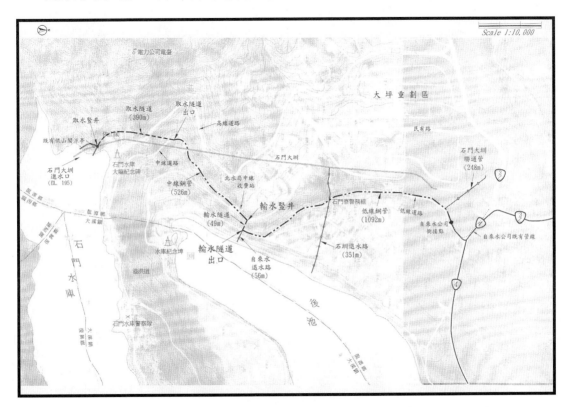

圖 1 「石門水庫增設取水工工程」之整體佈置圖

就整體工程而言，三條取水口隧道、取水豎井及取水隧道之開挖工作約為全部工程金額的 20%，其所占比例雖不算高，然因開挖工程係於水庫營運狀態下進行，工法選擇上必須考量對水庫水質及環境的保護；再加上因開挖位址係於左壩座施工，更必須考慮整體大壩穩定及施工人員安全，確保水庫原有設施完善，避免影響水庫蓄水能力。因此，縱然所占比例不高，但卻是工程中最主要的風險來源，亦可說是增設取水工工程能否順利完工的主要關鍵。

二、案例背景及發生過程說明

2.1 取水豎井之工程設計

取水豎井設置於大壩左側，採乾式豎井進行設計，其主要功能為銜接上游 3 條取水口隧道及下游之取水隧道，俾利依據需求進行各層取水口之起閉供水作業。取水豎井主要結構包括豎井本體及配合各層取水口隧道、取水隧道所設置之蝶閥室 4 處，其本體內部空間將安裝 4000mm ϕ 鋼管及相關機電設備之用，豎井頂部設有閘閥室，做為日後增設取水工工程機電儀控系統之主控室，取水豎井平面及剖面圖如圖 2，圖 3 所示。

豎井外襯砌直徑 11.4m，採用 20cm 鋼纖維噴凝土、鋼支保 H150×150 及 4m 預力岩栓作為支撐，另考量因鄰近水庫，因此亦規劃必要時實施化學錐體灌漿以固結地盤或止水，但規劃時參考選址前之地質資料，認為滲水量應不至於太大，至多為局部出水，不至於超過 500L/min。豎井內襯砌完成後內徑 10m，為降低施工震動對石門大壩壩體造成影響，豎井開挖全程採用機械開挖不使用鑽炸工法。其內襯砌厚度為 70cm，以提供豎井內部吊裝、排水、電梯、鋼管及機電等相關設備之安裝及維護空間。內、外襯砌間舖設有防水層(防水膜+不織布保護層)，以防止豎井滲水。此外，各蝶閥室亦設置混凝土內襯砌，但內部埋設 H 型鋼，以做為蝶閥維修時提吊天車之吊掛點。

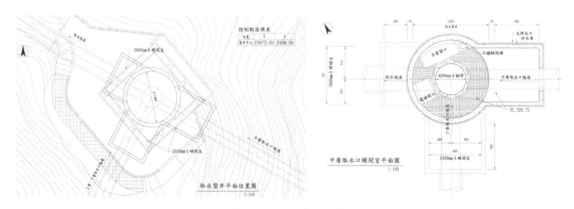

圖 2　取水豎井平面圖

2

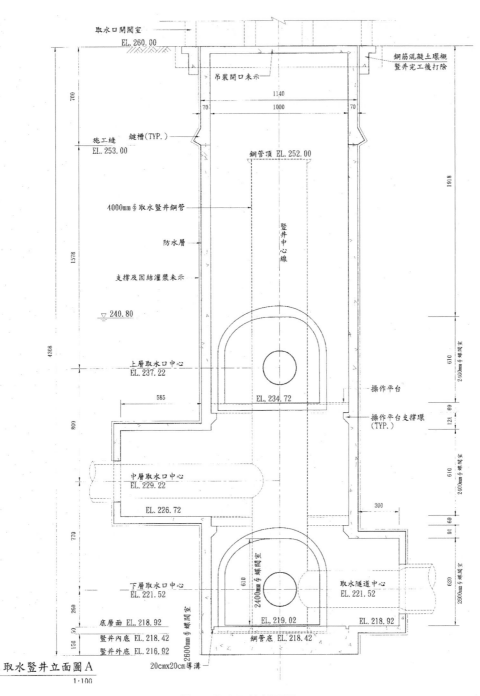

取水豎井立面圖A
1:100

圖3　取水豎井剖面圖

2.2 取水豎井開挖前置作業及遭遇湧水

取水豎井自井圈工作平台整地開關完成後，考量僅有選址前取得的一孔鑽探資料，規劃設計階段皆未再做補充鑽探。然考量工址位置相當靠近壩體與庫區，尤其現場邊坡露頭顯示此處岩體之節理的延伸性與開口現象皆相當明顯，如圖4；因此為確保豎井開挖安全及穩定性，以及為掌握施工期間大壩左岸邊坡安全，遂於豎井周圍進行補充地質鑽探，除取得地質資料與原設計比對外，並兼做地下水位測量。

(a)   (b)

圖4　取水豎井下邊坡露頭可見到節理發達開口明顯，且鑽探顯示鏽染嚴重

由於施作補充鑽探時即發現鑽探過程並無迴水，且鑽探孔內之裂隙與水庫相通，經研判未來豎井降挖至水庫蓄水高程下時，庫水應會經由節理裂隙大量湧入。為降低未來施工干擾，經研議決定於豎井降挖前先於井圈外環鑽設 20 孔垂直灌漿孔，並自 EL.245m 至 EL.214m 間以原設計之化學灌漿材分兩階段進行預灌，希望未來豎井降挖至水庫蓄水高程下時，能阻絕庫水經由節理裂隙滲入豎井。

井圈外環預灌作業完成後，施工廠商遂於 96 年 2 月開始進行豎井降挖作業，初期施工進度十分順利，但 96 年 5 月 6 日豎井開始降挖至 EL.240.5 時，井底開挖面開始局部滲水(當時水庫蓄水水位 EL.241)，由於事先已於井圈外環

進行預灌作業，因此施工團隊原本認為滲水量應處於可接受範圍內，因此僅以增設抽水機組進行因應，如圖5。

圖 5　施工初期採強制抽水的方式開挖

　　然當持續將豎井降開挖至 EL.239.5 時，豎井底出水量卻大幅增加，並超出契約每分鐘 500L 之規定。施工承商原本考量本工程工期緊迫，因此增加抽水機組，採強制抽水向下搶挖之策略因應，然而隨著開挖工作的進行，開挖環上出水點不斷增加，造成污水處理設備無法負荷、開挖環襯之岩栓、噴凝土施工困難以及機具泡水故障之頻率不斷增加，再加上每日等待抽水的時間，整體開挖工率大幅下降。最後不得不決定暫停此種以強制抽水向下搶挖之施工策略，改為進行止水灌漿。

三、豎井湧水第一階段處理經過

3.1　取水豎井工址之地質概述

　　取水豎井位於南港層之上，本層主要分佈石門水庫大壩及上游庫區附近，呈狹長帶狀分布，岩性主要由厚層塊狀砂岩、砂岩與頁岩互層、厚層頁岩組成。豎井工址所在岩層為南港層下段，約 400 公尺。主要岩性為南港層之厚層塊狀

砂岩，砂岩之單壓強度在 700kg/cm² 左右(施工中所取得之部分試體更高達 918kg/cm²)，豎井下部岩盤局部為砂頁岩互層，位態大致呈北 86 度東走向，向東南傾斜，傾角約 64 度，石門水庫增設取水工之地質平面及剖面圖如圖 6。

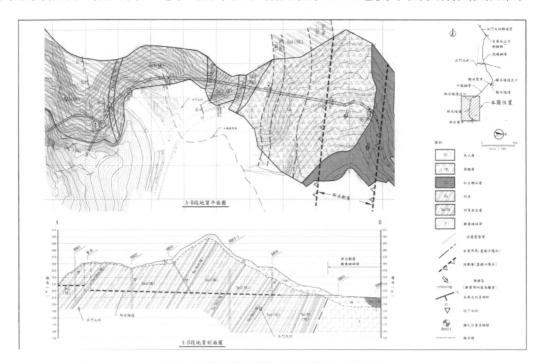

圖 6 石門水庫增設取水工地質平、剖面圖

由於鄰近大區域地質構造新店斷層的影響，加上岩質堅硬，因此造成節理發達，本區岩層節理基本上屬系統性，主要共計有四組，分別為 1.南北走向，向東傾斜 50~80 度。2.走向北 25~40 度東，向西北傾斜 14~26 度。3.北 12~26 度西走向，向西南傾斜 75 度。4.北 20 度東走向，向西北傾斜 60~70 度，但取水豎井內之節理面以前兩組為主，尤以第一組節理最為明顯。而各組節理之間距雖不甚密集，一般平均約 0.5m 至 1m，但少部分較密集處為 0.2 至 0.4m，此處常見明顯之節理開口，甚至部分達五公分以上，如圖 7。

由於台灣位於板塊聚合帶地體構造的特性，岩體中的節理面常有多組併存，互相交錯切割。而地下水文模式常因受到斷層、剪裂帶及節理等構造的影響，亦常發展成立體的格子狀水系。此外本案例工址因鄰近斷層且位處水庫興

建前之舊河道旁，因此除了受到早期斷層擠壓的影響外，後期河谷解壓作用亦造成大地應力的變化，使節理面開口更是明顯，各組節理立體交錯所形成的格子狀裂隙，就成為庫水流入豎井之主要通路。

(a)   (b)

圖 7　部分節理開口達五公分以上，32mm 鋼筋可直接插入

3.2　施作化學錐體灌漿及成效

　　原設計即考量豎井較為接近大壩，且距離庫水水平距離僅約 30m，因此原本即規劃採聚胺酯樹酯為灌漿材，以錐體灌漿方式作為止水方案。面對取水豎井底產生大量湧水之特殊地質狀況，承商遂預備將 EL.240.5 以下依設計進行第一次錐體灌漿，灌漿孔總計 18 孔，長度及角度依設計圖配置(詳圖 8)，預計開挖 6M 深到達 EL.234.5 以後保留 3M 重疊區段再進行下一階段灌漿。

　　完成止水化學錐體灌漿後，因開挖面出水量已大幅降低，故恢復開挖，然而開挖後發現開挖環上原本已經止水並完成噴凝土之岩盤面，於打設 4m 岩栓時，卻常常會打到水脈，變成新的出水點而必須進行補漏。而原本預期井底保留 3m 厚岩盤的重疊區，應可作為止水擋牆避免庫水自井底湧出，然而越往下開挖，井底開挖面的湧水量越來越大，推測原規劃的重疊區並未產生擋牆的效果，如圖 9。當開挖至 EL.234.5 時，開挖面之總出水量已高達 5300L/min，圖 10，顯見灌漿成效卻不如預期，因此於開挖至 EL.234.5 後先暫停開挖，重新研擬因應對策。

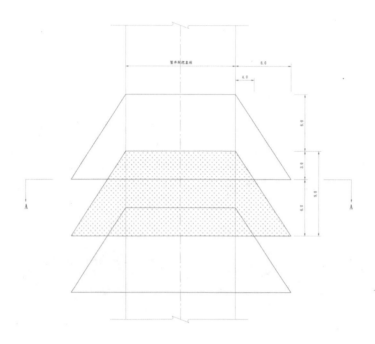

圖 8　原設計化學錐體灌漿設計圖

(a)　　　　　　　　　　　　　　　　　(b)

圖 9　湧水自井底裂隙大量湧入

圖 10　湧水量最大時達 5300L/min

四、止水對策的修定及處理結果

4.1　第一階段湧水處理成效檢討

　　原設計所採用的聚氨脂樹酯灌漿材料由於具有施工設備簡便、凝結作用時間短、在水中灌注亦能發揮功效以及灌注材料對環境影響較低等優勢,而採用聚胺脂樹酯做為隧道內止氣灌漿、軟弱地盤之止水或固結灌漿材料,目前國內亦已有多件成功案例。然而應用於本工程之成效卻不如預期,經檢討歸納認為可能為下列原因:

1.　岩盤結理開口過大,化學灌漿材因為具有速凝及發泡的特性,造成流動距離尚不足完全充滿節理空隙,灌漿材即已開始發泡凝結,造成孔口壓力提高、吃漿量下降如同灌漿孔內已經飽管的假象。

2.　由於岩體中的地下水而成立體的格子狀水系,各灌漿孔中所灌入之漿液難成均勻擴散。因此若兩孔灌漿孔間存有另一處水脈,甚難利用周邊孔位進行灌注。同樣的開挖環處所出現的水脈即使已經封堵,井底開挖面可能仍存有另一獨立的格子狀水脈,致庫水經由井底湧出。

　　針對前述檢討結果,認為若繼續採行學錐體灌漿應進行下列修正:

1. 延長灌漿材凝結時間，使灌漿材能充分充填裂隙。

2. 灌漿錐體應分為更多小段分別施灌，使化學灌漿材在仍呈現流體的狀態時能充分填塞每一孔隙。

3. 灌漿孔的布設須加密，使兩灌漿孔間存有另一單獨水脈之機率降低，確保每一入滲通路都進行封堵。

4. 重疊區的部分應該視情況進行灌漿封底，做為井底的止水擋牆。

　　吸取第一階段湧水處理的經驗後，施工團隊針對錐體化學灌漿的佈孔及施工方式進行修正，將灌漿孔分為內、外兩環交錯，外環 36 孔、內環 25 孔，並於井底佈孔進行封底，灌漿孔布置詳圖 11、圖 12。

　　但是考量聚氨脂樹酯灌漿材料之價格貴，而本工程於預灌及第一階段湧水處理所灌入的聚胺酯樹脂已高達 25 噸(已超出契約原編列數量的 4 倍)，如此周密的布孔雖可預期將得到較佳的止水效果，但相對的費用亦將比第一階段湧水處理更大幅提高，因此轉而思考有無其它可行策略以供選擇。

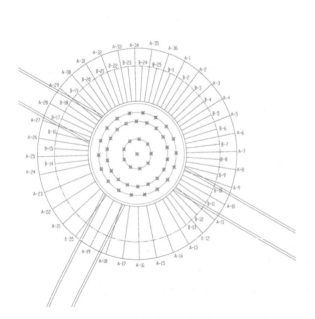

圖 11　重新規劃之化學錐體灌漿平面圖

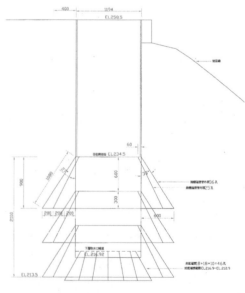

圖 12　重新規劃之化學錐體灌漿剖面圖

4.2　止水對策評估與比較

　　國內過去山岳隧道克服大湧水所使用過的灌漿材還有水泥系灌漿(如雪山隧道)或熱瀝青(如新永春隧道)，但是考量熱瀝青之材料特性及施工設備可能不太適用於本工址，因此最後規劃以水泥系灌漿材做為另一止水方案，俾利與原本的聚氨脂樹酯灌漿進行成本效益評估。

　　搭配水泥系材料所擬定的止水策略為水泥系環狀隔幕灌漿，其灌漿布孔係於豎井井圈線外圍(3.5m & 4.0m)布置內、外兩環之垂直隔幕灌漿孔，灌漿範圍為 EL250~EL210，使形成環狀灌漿幕阻止庫水滲入，而豎井底部則以固結灌漿封底。而水泥係漿材施灌過程中將搭配水玻璃來控制凝結時間，遭遇過大孔隙時亦可改加入灌漿砂進行填充孔隙，整體漿材選擇較為彈性。取水豎井隔幕灌漿孔布置、和封底固結灌漿孔布置，詳見圖 13 及圖 14。

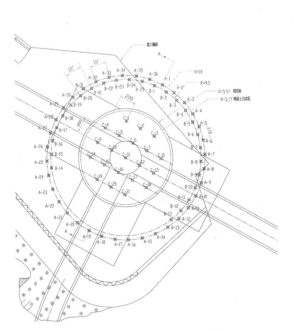

圖 13　水泥系隔幕灌漿佈孔平面圖

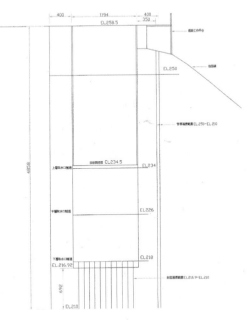

圖 14　水泥系隔幕灌漿佈孔剖面圖

　　水泥系環狀隔幕灌漿與修正後化學錐體灌漿兩種工法各有優劣，因此將兩者之施工、費用、時間及環境影響等較重要因子列出進行比較，經過綜合判斷後，決定改採水泥系環狀隔幕灌漿進行第二階段湧水處理，兩種工法優劣比較如表 1。

表 1　湧水處理方案比較表

方案	水泥系環狀隔幕灌漿	樹酯系錐體灌漿(原設計)
施工方式	於豎井頂部開挖線外圍(3.5m & 4.0m)布置一環半垂直隔幕灌漿孔共 61 孔，最小孔距 0.9m，隔幕深度：El.250～El.210，施灌水泥系材料，使形成環狀灌漿幕阻止庫水滲入，而豎井底部則以固結灌漿封底，深 7.0m。	按照設計圖原則於 El.234.5m，El.228.5m，El.222.5m 布置 3 環錐體隔幕灌漿孔，每環共 61 孔，最小孔距約 0.9m，隔幕深度 9m，開挖 6m，重疊 3m，施灌樹酯系材料，使形成錐體狀灌漿幕阻止庫水滲入，而豎井底部封底，深 4.0m。
所需經費	估計約 2500 萬元	估計約 5410 萬元
施工工期	環狀隔幕灌漿需時 90 工作天，固結灌漿封底 10 天，需時 100 工作天。	錐體隔幕灌漿分 3 次施工，每次需時 15 天，最後一次封底及止漏 5 天，需時 50 工作天。
流動範圍	大，但灌注範圍容易超出預期範圍，增加吃漿量。	小，容易控制灌注範圍，但在較大裂隙或孔穴下不容易確認漿材是否完全充填。
滲漏處理	漿材強度提升較為緩慢，但可間隔灌注隨時補灌。	漿材強度提升快，雖可間隔灌注，但有時需重新鑽孔
環境影響	有漏漿入水庫之風險，使漏漿處 PH 值提高，可能造成靠近魚類死亡風險，施工過程須嚴加控制。	漿材硬化時間較快並有膨脹效果，漏漿入水庫風險低且容易發現，其藥劑為中性。
其他優、缺點	1. 部分灌漿孔將慣穿原有擋土牆基礎，且其下邊坡處需搭架於擋土牆外施工。 2. 鑽灌施工機動性低，設備時間長。 3. 灌漿孔口壓力為低壓，較易控制，對坡體穩定性影響較小。	1. 部分岩栓可能會穿破錐體灌漿範圍造成滲水，須進行補漏。 2. 鑽灌施工機動性高，設備時間短。 3. 灌漿孔口壓力為高壓，施灌時需加強注意壓力變化，且須對坡體及開挖面加強監測。

經過整體研商後認為水泥系環狀隔幕灌漿施工期較長，且當漏漿入水庫時，將有漏漿處 PH 值提高之風險；但其整體有價格便宜、可大量施灌填縫、原孔可重新補灌，以及灌漿壓力較低，對邊坡及豎井結構安全影響較小等優點，因此第二階段灌漿作業決定改採水泥系隔幕灌漿。

4.3　第二階段湧水處理

經過分析比較後，第二階段湧水處理方案決定採用水泥系環狀隔幕灌漿，其灌漿佈孔係於豎井井圈線外圍布置內、外兩環之垂直隔幕灌漿孔，外環計 36 孔，內環 25 孔(僅有臨水側 3/4 圈予以灌漿)，而豎井底部則佈有 21 孔以進行灌漿封底。

為了使灌漿確實，各環灌漿並非逐孔接續灌漿，而是分批次跳島式施灌，如圖 15。其鑽孔及灌漿施工順序為：

1. 外環(A 環)第 1 批次孔(即 1、4、7、10...孔)。

2. 外環(A 環)第 2 批次孔(即 2、5、8...等孔)。

3. 外環(A 環)第 3 批次孔(即 3、6、9...等孔)。

4. 內環(B 環)第 1 批次孔(即 1、4、7...等孔)。

5. 內環(B 環)第 2 批次孔(即 2、5、8...等孔)。

6. 內環(B 環)第 3 批次孔(即 3、6、9...等孔)。

7. 施作檢查孔。

8. 必要時補灌。

隔幕灌漿孔原則上採 5m 為一孔段(Stage)進行分段灌漿。鑽孔完成後先進行簡易試水，依據試水結果決定漿液起灌配比，灌漿作業完成後進行洗孔及次一孔段之鑽孔。隔幕灌漿工作分區同時進行時，但每一分區必須保持之約 10 公尺的距離；而前一批孔完成灌漿 20 公尺深之後，其臨近之次批孔才可開始施工，以避免各孔段灌漿時互相干擾，如圖 15。

圖 15　隔幕灌漿採跳島式施灌避免干擾

圖 16　送漿台、壓力泵與流量計應靠近灌漿孔

　　灌漿時原則上細狹縫以水泥清漿起灌，並視吃漿情形或漏漿情形調整水灰比，必要時增添灌漿砂或是加入三號水玻璃使其速凝。施灌過程中，以吃漿率及灌漿壓力為完成與否之判斷標準，因此送漿台、壓力泵與流量計應靠近灌漿孔，俾隨時調整，如圖 16。

　　當灌孔達到下述壓力及時間內之吃漿率少於 1 公升/分鐘時，則可認為該孔段灌漿完成：

1.　灌漿壓力不超過 3.5kg/cm^2 時連續 10 分鐘；

2.　灌漿壓力介於 3.5~7.0kg/cm^2 時連續 15 分鐘；

3.　灌漿壓力大於 7.0kg/cm^2 時連續 20 鐘；

4.　或連續灌漿 1 小時其吃漿量未達 70 公升者。

　　水泥系隔幕灌漿工作全部完成後，於孔與孔之間抽樣鑽孔進行透水試驗，試驗結果抽驗 Lugeon 值皆小於 5，判斷達到止水規劃目標後，灌漿作業方為結束，整體作業流程如圖 17。隔幕灌漿完成後，承商恢復豎井向下開挖，此後直至豎井開挖至底部 EL217 完成為止，豎井本體施工過程中皆未再遭受湧水困擾，成功解決湧水問題。

2

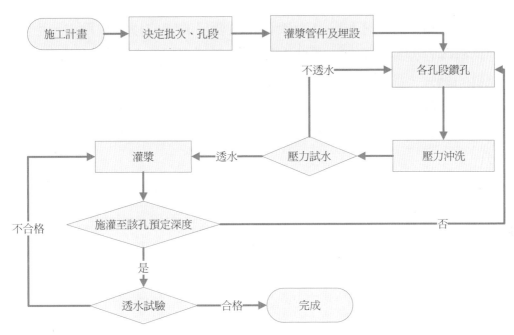

圖 17　隔幕灌漿作業流程圖

 # 五、結論與建議

　　由於台灣本身位於板塊聚合帶地體構造的特性，各種密集的地質構造更是對岩盤的力學性質及地下水文產生密切的影響，進而使規劃者選址時受限、施工者開挖時風險提高；而在既有營運中的水庫施工，更需考慮大壩的安全性、維持供水的穩定性，使工法選擇更加受限，但是相對的，經由本案例，卻也提供了許多實質經驗的累積，其地盤處理的經驗可歸納為以下幾點供各界參考：

1. 一般而言，水庫在興建時都會對壩址進行縝密的調查，但是在既有水庫進行更新改善工程時，重新做詳細的地質調查仍有其必要。本案例因規劃作業時程緊迫，且地質調查經費受限，因此只有以選址前取得的鑽探資料進行規劃；所幸經由施工中補充調查作業及早發現問題，但若能於規劃設計時即可進行補充調查，提早發現湧水問題並列入設計考量，應能有更佳之結果。

2. 本案例所遭遇的湧水性質與剪裂帶所形成封閉阻水層性質不同，無法靠鑽孔排水的手段將水排除，因為只要水庫繼續營運，地下水就會持續補注。

也因為地質條件的不同，其灌漿材的主要目的變成以充填為主，並非在於固結破碎岩盤或減裂帶。因此在進行地質調查作業時，亦應配合進行水文地質的調查，嘗試建構水文地質的模型，作為工法研擬時的參考。施工過程中，如遇特殊地質狀況，亦應針對岩盤特性、水文地質、處理效果、工程需求等因素，逐步合理修正調整處理方案，以兼顧經濟性、安全性及有效性。

3. 當庫水湧入時，所需處理的主要問題常是高水量非高水壓，尤其本案例中灌漿的目的主要是填充孔穴而非固結，若一味的提高灌漿壓力未必能確保灌漿成效，反而可能造成吃漿量過大或是影響岩體穩定；因此處理過程中應特別注重地盤改良的檢驗回饋，重新評估工址之水文地質條件，調整孔距、以多階段短階施灌，搭配適當的漿材以低壓起灌後配合孔深逐步調整壓力，亦能獲致不錯成效。

參考文獻

1. 曾大仁、蔡秉儒、張龍均，「山岳隧道湧水地盤處理案例探討」，第二屆海峽兩岸隧道與地下工程學術研討會論文集，台北，第 385~394 頁，2001。

2. 倪至寬、紀家宏，「防止新永春隧道湧水的熱瀝青灌漿工法」，第十屆大地工程學術研討會，P.559~562，2003。

3. 巨廷工程顧問股份有限公司，「石門水庫增設取水工工程地質調查與鑽探試驗報告」，2005。

4. 經濟部水利署北區水資源局，「石門水庫增設取水工工程計畫綜合報告」，2007。

5. 劉弘祥、劉欽正、黃崇仁、張吉佐「隧道工程止漏樹脂灌漿技術」，免開挖工程實務研討會，台北，2007。

6. 中華工程股份有限公司，「石門水庫增設取水工工程取水豎井補充地質鑽探」，2008。

第 3 篇

極端氣候之調適條件

❋ 1. 臺灣氣溫與降雨頻率分析

❋ 2. 氣候變遷對河川流量之衝擊—以蘭陽溪爲例

❋ 3. 氣候變遷對石門水庫供水風險之影響分析

❋ 4. 氣候變遷對石門水庫集水區水文頻率的影響

❋ 5. 高屏溪供水系統於氣候變遷下之供水承載力與缺水風險

1 臺灣氣溫與降雨頻率分析

摘 要

　　特殊的地形與環境，再加上氣候等因素，導致臺灣地區災害頻仍；氣候變化除了受到自然界氣候變遷的影響外，人類活動亦造成一定程度的影響；人類活動改變了地貌，而建築大都市與鄉鎮，伴隨工商產業發展需求，相對產生的溫室氣體排放量也將成長迅速，間接影響氣候變化，其中氣候變化以氣溫偏高趨勢最為明顯。本研究利用中央氣象局 15 個測站，自 1949 年至 2008 年之氣溫資料進行研究，並結合各地區人口統計資料作為土地利用程度的代表因素，以線性迴歸分析探討長期氣溫變化趨勢。結果顯示：臺灣地區自 1970 年至 2008 年間，氣溫確實有上升之趨勢，以高度開發之地區較為明顯，其年平均溫度、年平均最低溫有明顯上升的趨勢，平均日較差有明顯下降的趨勢，就季節而言，又以冬季最為明顯；而低度開發之地區與無人島嶼，年平均氣溫與年平均最低溫的變化較不明顯或下降的趨勢，可見都市地區之熱島效應確實影響

[1] 李錦育　國立屏東科技大學水土保持系教授

都市氣候。各地區平均氣溫日較差變化趨勢與人口密度具有正相關性，顯示開發程度高的地區亦會有較大的氣溫日較差。眾所周知，臺灣地區發生災害之主因以降雨為主，因此針對年降水量、一日最大降水量及一小時最大降水量進行頻率分析，依照中央氣象局 21 個氣象站，分為北、中、南、東四區域為分析對象。分析採用常態分布法、對數常態分布法、極端值第一類分布、皮爾遜第三類分布及對數皮爾遜第三類分布五種分布。由研究結果得知：無論是以年降雨量、一日最大降雨量或一小時最大降雨量而言，臺灣全區皆建議採用對數皮爾遜第三類分布作為頻率分析之推估。

關鍵詞：都市化、熱島效應、氣溫、頻率分析、年降水量、一日最大降水量、一小時最大降水量

Abstract

Topography, environment, under special circumstances, coupled with weather and other factors in Taiwan, at present, climate change is not only natural, but indirect effected by human activities, which have changed landscape, and rapidly elevated green house gas volume. The trend of temperature to higher and higher is the prevalent change to climate. In this study, we first use temperature statics from 1949 to 2008 in fifteen stations of Central Weather Bureau, which combine with demographic data (as representative factor of landuse) in certain area, then analyze by linear regression analysis to discuss the long-term temperature changes. As result, air temperature certainly increased from 1970 to 2008 in Taiwan, particular in highly developing cities, which trend to increase of mean temperature and the mean minimum air temperature per year, in contrast of decrease of the mean of diurnal temperature (DTR), especially in winter. On the other hand, lower developing areas or depopulated lands, which trend to opposite or unclear changes of mean temperature and the mean minimum air temperature per year. It can be seen that urban heat island effect could indeed influence the climate. It shows positive correlation between DTR and population density in these areas, also evidences larger of diurnal temperature in such highly developing cities.Led to disaster-prone, but the main cause of disaster in order to rainfall-based, so for the annual precipitation, maximum one-day precipitation and the maximum one-hour rainfall for the frequency analysis, according to 21 weather stations of Taiwan's Central Meteorological Stations are located at north, central, southern, and eastern regions for the analysis of objects analyzed by the normal distribution, logarithmic normal distribution, extreme value type I distribution, Pearson type III distribution and the logarithmic Pearson type III distribution of five kinds distribution.Results shown that: Whether based on annual rainfall, maximum one-day precipitation or the maximum one-hour precipitation, the Taiwan region are suggested to the Pearson type III distribution as an estimate of the frequency analysis.

Keywords：urbanization ; urban heat Island effect ; air temperature, Frequency analysis, annual precipitation, maximum one-day precipitation, maximum one-hour precipitation.

一、前言

　　臺灣位於西太平洋島弧帶，由臺灣本島、澎湖群島及附近 76 個大小島嶼所組成，涵蓋範圍為東經 120°~122°、北緯 22°~25° 之間。臺灣本島面積約 35760 km^2，南北縱長約 395km，東西寬度最大約為 144km。地理位置上西控臺灣海峽和福建省相望，北臨東海，南隔巴士海峽與菲律賓遙遙相對，東濱太平洋。氣候上受北回歸線影響，北回歸線以北為副熱帶季風區；北回歸線以南為熱帶季風區，全臺平均氣溫約為 23.6℃，年平均雨量達 2510mm 以上，降雨多集中於 5~10 月，主要受到颱風及季風影響所致。臺灣地勢高低以中央山脈(又稱脊樑山脈)向東、西兩側低降，高山區、丘陵及臺地地區約占全臺面積 70%，平原區約 30%。全臺人口約 2300 萬人，多集中於西部平原及丘陵地區，亦是臺灣經濟與工商業發展主要地區。近年來工商產業急速發展、人口增加及交通運輸量激增等所致。而都市化對當地氣候所產生的影響，已逐漸受到重視，本研究選取中央氣象局 15 個測站，以氣溫觀測資料為基礎進行分析，並探討人類

活動對於測站地區氣溫變化之相關性，期能於未來都市發展規劃上作爲參考依據。臺灣山多平原少、地狹人稠，導致寸土必爭，山坡地的土地開發超限利用，由於臺灣地形陡峻及地質脆弱之特性，再加上颱風、豪雨頻繁，使得地表上的沖蝕作用盛行，產生大量砂石淤塞河道、或引發土石淹沒田園、房舍等災害頻傳，發生災害之情況下，以降雨爲主要因素，又因各工程之需要不同，所需取擇之頻率分析之雨量皆不同，故本文針對年降水量、一日最大降水量及一小時最大降水量進行水文頻率分析，並依交通部中央氣象站所設 21 個氣象站分北、中、南、東四區域爲分析對象，分析採用常態分佈法、對數常態分布法、極端值第一類分布、皮爾遜第三類分布及對數皮爾遜第三類分布等五種分布，利用標準差檢定法，進行適合性檢定，以尋求最適合之理論分佈。次將各站所得最適分佈，依頻率分析方法，求算其在各迴歸週期：5 年、10 年、25 年、50 年、100 年及 200 年之水文量值；同時利用頻率分析所得知雨量繪製等雨量線圖，以供今後從事各種水文分析計算及規劃時選用頻率分析分析公式時的參考。

 # 二、前人研究

　　研究指出影響氣溫變化的因素甚多，包括緯度、地形、地貌、距海遠近、洋流、季節、晝夜、太陽輻射、濕度、降雨、風、雲量等自然環境以及人爲因素影響。氣溫隨著緯度增加而逐漸降低，亦會隨著海拔高度增加而降低(溫度垂直遞減率約$-0.6℃/100m$)；一日當中最高氣溫多發生於午後(13~14 時)，最低氣溫多發生於日出之前(5~7 時)；就季節而言，夏季氣溫多半高於冬季氣溫。氣候變化除了受到自然界氣候變遷的影響外，人類活動亦造成一定程度的影響。人類活動改變了地貌而建築大都市與鄉鎮，直接減少大地植生覆蓋的面積，人類不斷地開發利用土地而造成原有環境的破壞，將改變區域性氣候；而隨工商產業發展需求，相對產生的溫室氣體排放量也將成長迅速，間接影響氣候變化，其中氣候變化以氣溫偏高趨勢最爲明顯。都市是人類聚集居住的環境，都市氣候同時也是人類最能感受的環境變化指標。都市氣候受到都市型態、人類活動、周遭地形與風場流通受阻等因素影響，Kawamura(1968,1977)

研究指出都市氣候受人類活動改變了周遭地形與地貌而使風場流通受阻，使氣溫變化呈現都市高於郊外，此即所謂的都市熱島效應。Kimura et al. (1975)研究都市氣候發現，建物與地面鋪設材料所形成的水泥叢林吸收較多的太陽輻射，釋放大量人爲熱能而使氣溫增高；因工商產業發展與交通運輸燃燒化石燃料所產生之廢熱與二氧化碳，所引致之溫室效應導致氣溫偏高。Broecker 指出氣溫增溫與溫室氣體增加有密切關係；Karl et al. (1993)研究全球氣溫變化，發現自 1950 年以來，全球大部分地區氣溫日較差(the mean of diurnal temperature range, DTR)呈現減少之趨勢，尤其以北半球陸地地區最爲明顯，且大部分地區月平均最低溫上升幅度大於月平均最高溫上升幅度。臺灣都市熱島效應與降水，發現都市測站之平均對低氣溫有最明顯的上升趨勢，可能與熱島效應在夜間最爲明顯有關；姚銘輝等(1999)分析臺灣地區氣象資料發現大部分測站之平均氣溫日較差呈明顯下降趨勢；賴栗葦、薑善鑫(2004)進行臺灣地區月平均氣溫日較差趨勢分析，研究結果顯示大都市地區於秋季時，DTR 下降幅度最爲明顯；林進興、何宗儒(2005)研究臺灣地區氣溫變化，指出臺灣地區平均氣溫依四季分析結果，以冬季上升幅度最爲明顯；徐森雄等(2007)分析臺中市之都市化對氣溫變化之影響，指出都市化發展過程中，用電量、人口密度、道路面積、與機動車輛總數之增加與氣溫升高有明顯正相關，水田面積則呈明顯負相關；陳雲蘭(2008)統計臺灣地區近百年(1901~2006)之氣溫變化與全球氣溫變化作比較，指出在全球平均氣溫變化方面，近 30 年間增溫的速度約爲過去的 3 倍，臺灣地區自 20 世紀以來，平均氣溫大約上升了 1.4℃，是同期全球平均增溫速率的 2 倍，顯示臺灣地區暖化之速率較全球明顯，但單以近 30 年間而言，臺灣地區增溫速率與北半球陸地相差不多。林國峰等(2000)分析臺北市山坡地區之雨量站網，利用 Kriging 法計算雨量於空間上之變異性關係並採用，估計誤差變異數分析作爲雨量站設計之依據，經評估計算後，建議於臺北市山坡地區增設七個雨量測站。李錦育與張展華(2002)結果顯示，無論是以一日最大降水量或一小時最大降水量而言，臺灣全區皆建議採用對數皮爾遜第三類分布作爲頻率分析之推估。而頻率分析過程中，應考量有些測站年期皆在 80 年以上，可能會因儀器或人爲紀錄的誤差，而造成結果誤差。針對迴歸週期爲 5、10、

25、50、100、200 年，計算最大一日暴雨量，分析結果顯示上述五種機率分布對所有樣本數列並不具有絕對的最佳適合性，故以標準誤差(SE)做密合度檢討比較，選擇標準誤差(SE)最小之機率分布頻率分析結果。

 # 三、研究材料與方法

　　本研究選取中央氣象局彭佳嶼、基隆、臺北、新竹、臺中、臺南、高雄、恒春、宜蘭、花蓮、成功、臺東、大武、蘭嶼、澎湖等 15 個局屬測站，測站基本資料如表 1 所示。搜集自 1949 年至 2008 年之氣溫觀測資料(包括：年平均氣溫、最高平均氣溫、最低平均氣溫、平均氣溫日較差、絕對最高氣溫、絕對最低氣溫、最大氣溫日溫差等)。在氣候統計中，為能表達一地區在特定期間之氣象要素與同地區該要素標準平均(Normal)之離差或偏差，常以「距平」表示，其代表意義為『實際值－平均值』。本研究分別利用 15 個測站之各氣象參數之距平，透過線性回歸分析探討其長期趨勢變化。此外，對於人類活動影響土地利用方面，統計至 2008 年底各區域人口密度(單位：人/km²)資料，此參數代表為人類活動與土地利用的程度，本研究以此參數為依據，將 15 個地區分為高度開發區(人口密度達 3500 人/km²)、中度開發區(人口密度達 1000~3500 人/km²)、低度開發區(人口密度低於 1000 人/km²)以及未開發區(彭佳嶼)等 4 個區域。針對不同開發程度的區域進行與氣溫變化趨勢之相關性分析。同時，本研究採用交通部中央氣象站所設之 21 個氣象站為分析對象(中央氣象局網站, http://www.cwb.gov.tw)，並以分區之方式(北、中、南、東)，針對年雨量、一日最大降水量及一小時最大降水量進行水文頻率分析。近年之水文分析分為定率方式及序率方式。前者為應用數理方式構成最佳水為模式，以模擬自然界複雜之水文現象；後者則純統計方法，由過去之水文實測記錄，歸納其特性，並依此推估未來最可能發生之水文情形，本研究採序率方法進行分析。其頻率分析之程序一般為：水文資料之處理、資料序列之選擇、重現期距與繪點。有關最大水文量頻率分析(如暴雨、洪水頻率)，常用的方法為下列類型：常態分布法、對數常態分布法、皮爾遜第三類分布、極端值第一類分布與

對數皮爾遜第三類分布；本研究分析採上述五種方法；其頻率分析之公式如下(王如意、易任，1983)：

$$QT = M + KT \ast S$$

(式中：QT：迴歸週期 T 之水文量；M：水文資料之均數；S：水文資料之標準偏差；KT：頻率因子，其迴歸週期 T 及機率分布之函數。)

標準差檢定：其爲每一個別量測值對其均數偏差平方之均數平方根，即

$$\sqrt{\frac{\sum (X - \mu)^2}{N}}$$

研究測站基本資料(如表 1)，及區域相關位置(如圖 1)，本研究將分爲北部 6 站(基隆、淡水、臺北、竹子湖、鞍部、新竹)、中部 6 站(臺中、嘉義、日月潭、阿里山、玉山、梧棲)、南部 3 站(臺南、高雄、恆春)、東部 6 站(宜蘭、花蓮、成功、臺東、大武、蘇澳)，共計 21 個測站。

表 1　各測站基本資料

分區	測站名稱	北緯	東經	海拔高(m)	人口	面積(km²)
高度開發區	高雄	22°34' 04"	120°18' 28"	2.3	1525642	153.6
	臺北	25°02' 22"	121°30' 24"	5.3	2622923	271.8
	臺中	24°08' 50"	120°40' 33"	34.0	1066128	163.4
	臺南	23°02' 22"	120°13' 43"	13.8	768453	175.6
	新竹	24°49' 48"	121°00' 22"	34.0	405371	104.2
	花蓮	23°58' 37"	121°36' 17"	16.0	110035	29.4
中度開發區	宜蘭	24°45' 56"	121°44' 52"	7.2	95874	29.4
	基隆	25°08' 05"	121°43' 55"	26.7	388979	132.8
	澎湖	23°34' 02"	119°33' 19"	10.7	55126	34.0
	臺東	22°45' 14"	121°08' 47"	9.0	109893	109.8

表 1　各測站基本資料(續)

分區	測站名稱	北緯	東經	海拔高(m)	人口	面積(km²)
低度開發區	恒春	22°00' 19"	120°44' 16"	22.1	31143	136.8
	成功	23°05' 57"	121°21' 55"	33.5	16189	144.0
	大武	22°21' 27"	120°53' 44"	8.1	6890	69.1
	蘭嶼	22°02' 19"	121°33' 02"	324.0	4025	48.4
未開發區	彭佳嶼	25°37' 46"	122°04' 17"	101.7	—	—

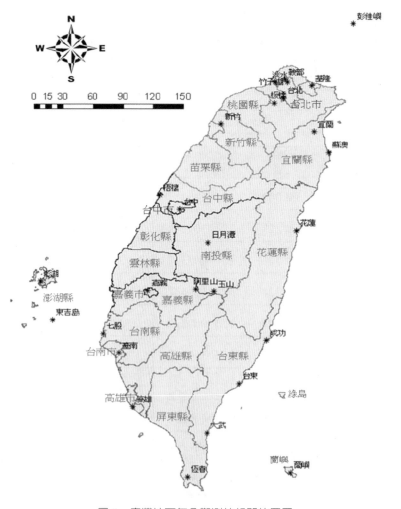

圖 1　臺灣地區氣象觀測站相關位置圖

四、結果與討論

4.1　臺灣地區氣溫趨勢變化

　　本研究以中央氣象局局屬測站共 15 個之氣溫觀測值，求取平均值以代表臺灣地區平均氣溫，利用氣溫距平分析(1949 年~2008 年)之氣溫變化趨勢，並以 10 年移動平均線作為氣溫變化趨勢線(如圖 2 所示)。整體而言，臺灣地區平均氣溫有上升趨勢，與全球各地皆有相同之結果，而臺灣地區平均氣溫上升速率較全球之平均值要高的許多，氣溫上升速率約為 0.0125℃/年。依據氣象學之季節劃分，無論春(3 月~5 月)、夏(6 月~8 月)、秋(9 月~11 月)、冬(12 月、1 月~2 月)皆有平均氣溫上升之趨勢(如圖 3~圖 6 所示)，其中又以冬季平均氣溫上升速率最快；亦即：冬：0.0180℃/年>秋：0.0136℃/年>夏：0.0111℃/年>春：0.0073℃/年。就臺灣地區年平均日較差(DTR)而言，呈現明顯的下降趨勢(如圖 7 所示)，下降速率約為 0.025℃/年，而 1980 年~2008 年下降幅度較 1949 年~1979 年更為明顯。從平均最高氣溫與平均最低氣溫變化趨勢中(如圖 8 所示)，可以看出平均最低氣溫上升幅度(0.0188℃/年)大於平均最高氣溫上升幅度(0.0085℃/年)，此為 DTR 呈現降下趨勢之主要原因。

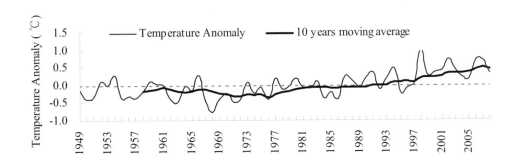

圖 2　臺灣地區年平均氣溫變化趨勢(1949 年~2008 年)

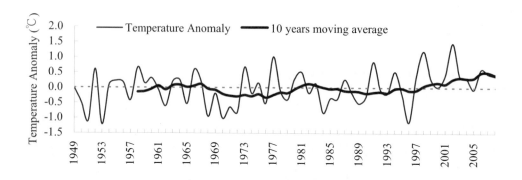

圖 3 臺灣地區春季平均氣溫變化趨勢(1949 年~2008 年)

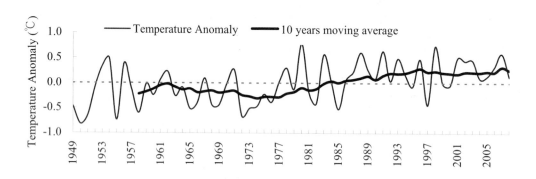

圖 4 臺灣地區夏季平均氣溫變化趨勢(1949 年~2008 年)

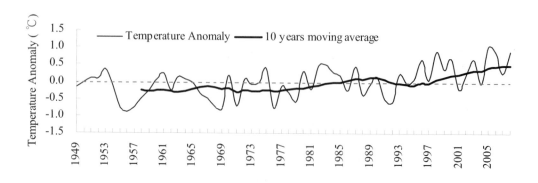

圖 5 臺灣地區秋季平均氣溫變化趨勢(1949 年~2008 年)

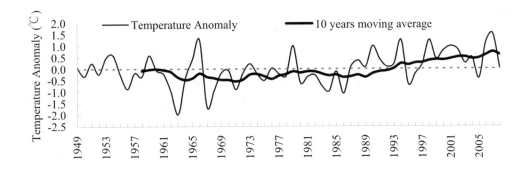

圖 6　臺灣地區冬季平均氣溫變化趨勢(1949 年~2008 年)

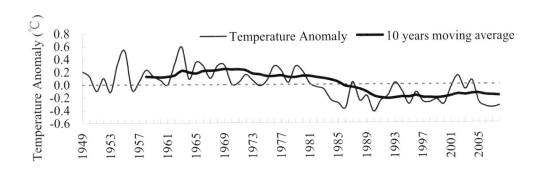

圖 7　臺灣地區平均氣溫日較差變化趨勢(1949 年~2008 年)

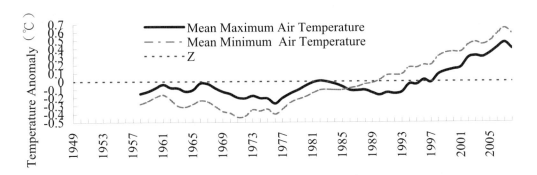

圖 8　臺灣地區平均最高氣溫與平均最低氣溫變化趨勢(10 年移動平均值)

4.2　人類活動影響

　　人類活動較爲密集的地區多半爲都市區，其必有相當程度的土地利用，故人口密度可視爲一地區土地利用的程度參數；根據內政部主計處人口統計資料(截至 2008 年底)進行各地區人口密度計算並將其分成高度開發區、中度開發區、低度開發區等區域如表 2 所示，其中高度開發區有 6 個地區、中度開發區有 4 個地區、低度開發區有 4 個地區，結合地區之氣溫變化趨勢加以探討兩者關係。依據各地區年平均氣溫之 10 年移動平均趨勢線分析結果如表 2 及圖 9 所示，高度開發區、中度開發區、低度開發區之氣溫平均上升速率(℃/年)依序爲 0.0161、0.0125 及 0.0079；顯示氣溫上升速率受到地區人口密度不同而有一定程度的影響，兩者之間呈現正相關性。從各地區年平均氣溫日較差變化趨勢之 10 年移動平均趨勢線分析結果如表 3 及圖 10 所示，未開發地區之 DTR 變化趨勢呈現上升；低度開發地區之 DTR 變化趨勢變化較不明顯；中度開發地區與高度開發地區之 DTR 變化趨勢呈現下降。可能受到熱島效應影響，造成白天吸收較多太陽能的都市，到了夜晚因爲風場受阻而減緩風速，導致不易散熱，仍持續著高溫，故日較差呈現下降趨勢。依據各地區距平求取其平均偏差(如表 4 所示)以及繪製與人口密度之關係圖(如圖 11 所示)，兩者之間具顯著之正相關性(R^2=0.9016)，表示一地人口密度高時，相對應的氣溫距平較大。

表 2　各區域之氣溫上升速率

分區	測站名稱	平均上升速率(℃/年)
高度開發區	高雄	0.0238
	臺北	0.0225
	臺中	0.0202
	臺南	0.0136
	新竹	0.0134
	花蓮	0.0165

表 2　各區域之氣溫上升速率(續)

分區	測站名稱	平均上升速率(℃/年)
中度開發區	宜蘭	0.0151
	基隆	0.0141
	澎湖	0.0082
	臺東	0.0126
低度開發區	恒春	不顯著
	成功	0.0084
	大武	不顯著
	蘭嶼	0.0074

表 3　各區域之 DTR 變化速率

分區	變化速率(℃/年)
高度開發區	− 0.0250
中度開發區	− 0.0061
低度開發區	＋0.0024
未開發區	＋0.0118

表 4　各區域之距平平均偏差值

分區	測站名稱	人口密度(人/ km²)	平均偏差值(℃)
高度開發區	高雄	9933	0.421
	臺北	9650	0.440
	臺中	6524	0.367
	臺南	4375	0.328
	新竹	3892	0.318
	花蓮	3741	0.338

表 4　各區域之距平平均偏差值(續)

分區	測站名稱	人口密度(人/ km²)	平均偏差值(℃)
中度開發區	宜蘭	3260	0.350
	基隆	2930	0.330
	澎湖	1622	0.312
	臺東	1001	0.315
低度開發區	恒春	228	0.252
	成功	112	0.266
	大武	100	0.245
	蘭嶼	83	0.242

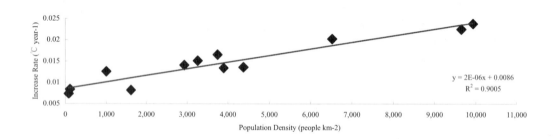

$$y = 2E\text{-}06x + 0.0086$$
$$R^2 = 0.9005$$

圖 9　人口密度與氣溫增加速率之關係

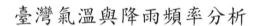

臺灣氣溫與降雨頻率分析

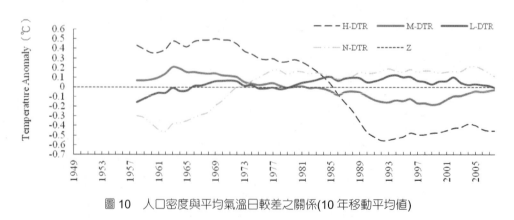

圖 10　人口密度與平均氣溫日較差之關係(10 年移動平均值)

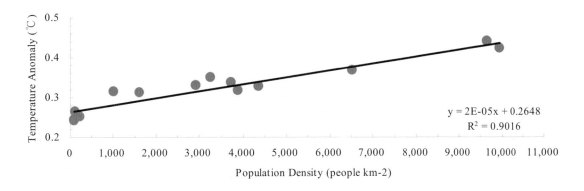

圖 11　人口密度與平均氣溫距平之關係

4.3　區域分析

1.　年降水量：

由分析可得知，對數皮爾遜第三類適用於北部、中部及東部地區分別占 83.33%、50% 及 50%；南部地區適用於皮爾遜第三類分布占 66.67% 。以全臺灣地區而言，對數皮爾遜第三類分布占 42.86%，故對數皮爾遜第三類分布較適合臺灣地區之頻率分析推估。

2.　一日最大降水量：

由分析可得知，北部地區對數常態分布法、皮爾遜第三類分布、對數皮爾遜第三類分布占 33.3%，並無特別明顯之適用性；中部地區適用於對數皮爾遜第三類分布占 66.7%，較適合臺灣地區一日最大降水量頻率分析之推估；南部地區適用於對數皮爾遜第三類分布占 66.7%；東部地區適用於對數皮爾遜第三類分布占 66.7%；以全臺灣地區而言，對數皮爾遜第三類分布占 54.5%，故對數皮爾遜第三類分布較適合臺灣地區之頻率分析推估，分析結果與前人研究相符(李、張，2002)。

4.4　記錄年期比較分析

1.　年降水量記錄年期：

　　由分析可得知，以年降水量記錄年期而言，長期記錄年期(81 年以上)，建議頻率分析方式採用皮爾遜第三類分布或對數皮爾遜第三類分布；中期記錄年期(51~80 年)，則建議採對數皮爾遜第三類分布(占 45.5%)；短期記錄年期(50 年以下)則無一定之適用性。

2.　一日最大降水量記錄年期：

　　由分析可得知，以一日最大降水量記錄年期而言，長期記錄年期(81 年以上)，建議頻率分析方式採對數皮爾遜第三類分布(占 50%)；中期記錄年期(51~80 年)，則建議採對數皮爾遜第三類分布(占 63.6%)；短期記錄年期(50 年以下)則無一定適用性。

3.　一小時最大降水量記錄年期：

　　由分析可得知，以一小時最大降水量記錄年期而言，長期記錄年期(81 年以上)，建議頻率分析方式採對數皮爾遜第三類分布(占 50%)；中期記錄年期(51~80 年)，則建議採對數皮爾遜第三類分布(占 63.6%)；短期記錄年期(50 年以下)則無一定之適用性。

4.5　海拔高度比較分析

1.　年降水量：

　　由分析得知，高海拔無一定之分布，中海拔(501mm~1499mm)建議頻率分析方式採對數皮爾遜第三類分布(佔 100%)，低海拔(500 mm 以下)則建議採用對數皮爾遜第三類分布(占 37.5%)較爲適合。

2.　一日最大降水量：

　　由分析得知，高海拔以及中海拔無一定之分布，低海拔(500 mm 以下)建議頻率分析方式採對數皮爾遜第三類分布(占 62.5%)較爲適合。

3. 一小時最大降水量：

　　由分析得知，高海拔(1500mm 以上)建議頻率分析方式採對數皮爾遜第三類分布(占 100%)；中海拔(501mm~1499mm)採用對數皮爾遜第三類分布(占66.7%)；低海拔(500 mm 以下) 則建議採對數皮爾遜第三類分布(占 50%)較為適合，由此表可明顯發現對數皮爾遜第三類分布較適合臺灣地區之頻率分析。

4.6　各頻率年之年等雨量分析

1. 年降水量

　　由圖 12 (a~c)等雨量分析圖中可了解臺灣地區雨量的分佈，又因地形、緯度等外在因子，造成山區雨量較充沛，反之平地之非山區地區，則雨量較少。雨量較多的地區為玉山、阿里山、鞍部、基隆、蘇澳等。其他山地區域年雨量均在 4000mm 以上。臺中、新竹以至高屏一帶亦為少雨地區，年雨量約 1700mm左右。

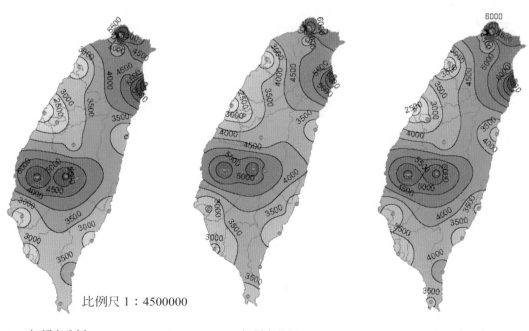

比例尺 1：4500000

(a) 25 年頻率分析　　　　　(b) 50 年頻率分析　　　　　(c) 100 年頻率分析

圖 12　年降水量之等雨量分析(a~c)

2.　一日最大降水量：

　　由圖 13(a~c)等雨量分析圖中可了解臺灣地區一日最大降水量之雨量分佈，雨量大多集中在中部山區以及北部山區，以海拔高度而言，海拔越高，則雨量越充沛，因受限於地形、緯度等外在因子影響，造成山區雨量較充沛，反之平地之非山區地區，則雨量較少。雨量較多的地區為玉山、阿里山、鞍部、基隆、蘇澳等，雨量可高達 550mm 以上。臺中、新竹以至高屏一帶亦為少雨地區，雨量約 250mm~300mm 左右。

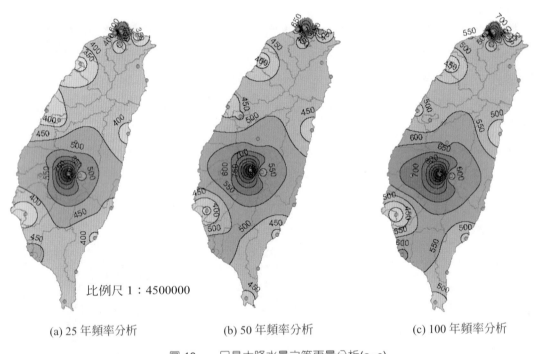

比例尺 1：4500000

(a) 25 年頻率分析　　　　　(b) 50 年頻率分析　　　　　(c) 100 年頻率分析

圖 13　一日最大降水量之等雨量分析(a~c)

3. 一小時最大降水量：如圖 14(a~c)所示。

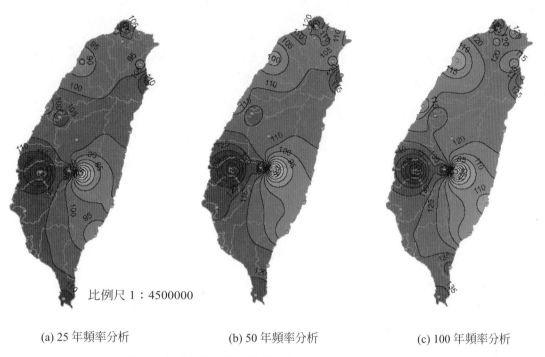

(a) 25 年頻率分析　　　　(b) 50 年頻率分析　　　　(c) 100 年頻率分析

圖 14　一小時最大降水量各頻率年之年等雨量分析圖(a~c)

 ## 五、結論與建議

1. 臺灣地區自 1949 年至 2008 年間，年平均氣溫變化呈現上升趨勢同於全球年平均氣溫變化趨勢，臺灣地區平均氣溫上升速率較全球之平均值(約 0.006℃/年)要高的許多，氣溫上升速率約為 0.0125℃/年；而就季節變化分析結果：冬季>秋季>夏季>春季。

2. 依不同開發程度探討平均氣溫日較差(DTR)變化趨勢，高、中度開發地區之 DTR 變化趨勢呈現下降趨勢，低度開發地區 DTR 變化趨勢無明顯下降，而無開發地區之 DTR 變化趨勢則呈現上升，顯示 DTR 能反映一地區受到人為活動差異的影響。

3. 開發程度高的地區之氣溫上升速率與氣溫變化幅度(距平偏差值)，皆較開發程度低的地區顯著，顯示土地利用程度與地區性氣溫變化之間存在著正相關性。

4. 從都市化明顯之地區氣溫變化趨勢來看，確實受熱島效應之影響；而植物能吸收二氧化碳，減少都市的溫室氣體，若能增加綠覆蓋率(減少水泥叢林面積)，可改善都市氣候。

5. 本研究以人口密度作爲土地開發程度之參數，能明顯表現人類活動對於氣溫變化之影響，未來可以納入其他相關資訊，如綠覆蓋率、建築面積及道路面積等等參數，作進一步之探討。

6. 以年降雨量而言，臺灣全區建議採用對數皮爾遜第三類分布作爲頻率分析之推估。推估北部、中部及東部地區建議採用對數皮爾遜第三類分布法；南部地區建議採用皮爾遜第三類分布法。

7. 以一日最大降雨量而言，臺灣全區建議採用對數皮爾遜第三類分布作爲頻率分析之推估。北部地區則無一定分布，中部、南部及東部地區地區較適用於對數皮爾遜第三類分布。以一小時最大降雨量而言，臺灣全區建議採用對數皮爾遜第三類分布作爲頻率分析之推估。

8. 鞍部、阿里山、高雄、宜蘭、花蓮、大武六個測站，無論一日最大降水量或一小時最大降水量皆以對數皮爾遜第三類分布較爲適合頻率分析之推估；新竹測站，無論一日最大降水量或一小時最大降水量皆以皮爾遜第三類分布最爲適合；臺東測站，無論一日最大降水量或一小時最大降水量皆以對數常態分布最爲適合。

9. 以記錄年期而言，無論是年降水量、一日最大降水量或小時最大降水量，長期記錄年期(81 年以上)，皆建議頻率分析方式採對數皮爾遜第三類分布；中期記錄年期(51~80 年)，皆建議頻率分析方式採對數皮爾遜第三類分布；短期記錄年期(50 年以下)則無一定之適用性。

10. 以海拔高度分析小時最大降水量而言，高海拔(1500mm 以上)、中海拔 (501mm~1499mm)及低海拔(500 mm 以下)均建議頻率分析方式採對數皮 爾遜第三類分布較爲適合。

參考文獻

1. 中央氣象局網站(http://www.cwb.gov.tw)。

2. 王如意、易任(1983)，「應用水文學〈下冊〉」，茂昌圖書，p.179-262。

3. 李錦育、張展華(2002)，「高屏地區水文頻率分析之研究」，中國農業工 程學會 2002 年年會暨研討會論文集，第 49-54 頁。

4. 李錦育、張展華(2002)，「臺灣地區水文頻率分析之研究」，第十三屆水 利工程研討會論文集，B144-B149。

5. 林進興、何宗儒(2005)，「臺灣地區氣溫變化分析」，國立臺灣海洋大學 海洋環境資訊學系碩士論文。

6. 林國峰、陳儒賢、陳明杰(2000)，「臺北市山坡地區之雨量站網分析」， 臺灣水利，48(4)：34~40。

7. 徐森雄、唐琦、陳品如、黃雅琳(2007)，「臺中市之都市化對氣溫變化之 影響」，作物、環境與生物資訊，4：307-313。

8. 姚銘輝，盧虎生，朱鈞(1999)，「臺灣地區日溫差之分析」，中華農學會 報，188：32-36。

9. 陳雲蘭(2008)，「百年來臺灣氣候的變化」，科學發展，424：6-11。

10. 賴栗葦、薑善鑫(2004)，臺灣地區月平均氣溫日較差趨勢分析，地理學報， 36：101-116。

11. Karl, T. R., Jones, P. D., Knight, R. W., Kukla, G., Plummer, N., Razuvayev, V., Gallo, K. P., Lindseay, J., Charlson, R. J., and Peterson, T. C.(1993), "A new perspective on recent global warming: asymmetric trends of daily maximum and minimum temperature." Bulletin of the American Meteorological Society, 74 (6)：1007-1023.

♦ 12. Kawamura T. (1968), "The research mainly in urban climate especially in heat island."(in Japanese). Note Meteorol. Res., 98：468-483.

♦ 13. Kawamura T. (1977), "The phenomenon of the distribution of urban climate."(in Japanese). Note Meteorol. Res., 133：26-47.

♦ 14. Khaliq, M.N. T.B.M.J. Ouarda, P. Gachon, L. Sushama and A. St-Hilaire(2009), "Identification of hydrological trends in the presence of serial and cross correlations: A review of selected methods and their application to annual flow regimes of Canadian rivers ", Journal of Hydrology, 368(1-4)：117-130.

♦ 15. Kimura, L. G., Mizawa, N. H., Sakagami, J. R., Kuniyi, R. Y. (1975), "The convectional characteristics owing to the effect of urban heat island."(in Japanese).Weather, 22：2.

2 氣候變遷對河川流量之衝擊－以蘭陽溪為例

 ## 摘 要

　　本研究將針對蘭陽溪流域，運用土地利用現況資料與 SRES(Special Report on Emissions Scenarios)氣候預設情境，探討未來氣候變遷對 GWLF 水文模式模擬流量之影響，並且修正 GWLF 水文模式，使其模擬更加準確。首先修改 GWLF 水文模式中，有關蒸發散的部分，並且探討修改後是否更加符合真實的蒸發散情形；氣候變遷方面，使用歷史氣象資料與 SRES 預設情境氣象資料輸入 GWLF 模式，模擬出未來短、中、長期之流量與評估氣候變遷對其可能造成之影響與衝擊。分析結果顯示，修改後所得之 GWLF 模式可以更加準確模擬蒸發散情形，未來的降雨量、流量在氣候變遷影響下呈現增加的趨勢，但在

[1] 吳瑞賢　國立中央大學土木工程學系教授
[2] 陳世偉　國立中央大學土木工程學系博士後研究員
[3] 王其美　國立中央大學土木工程學系博士生
[4] 胡志銘　國立中央大學土木工程學系碩士

枯水期相對於現況為減少趨勢且顯著於豐水期，未來降雨量多集中在豐水期顯示降雨分佈不均的情況更為嚴重，顯示未來水資源的利用勢必更加困難。

關鍵詞：氣候變遷、GWLF 模式、SRES 氣候預設情境

Abstract

This research focused on the simulation of stream-flow impact under climate change with land use data and SRES (Special Report on Emissions Scenarios) climate scenarios in Lan-Yang watershed by GWLF (Generalized Watershed Loading Function) model. A modified evapotranspiration part of GWLF model was suggested to enable the model to simulate the real nature. Historical meteoric data and SRES climate scenarios was used to simulate the future short-term, med-term and long-term change of stream-flow. The result indicated that the modified GWLF could estimate the evapotranspiration more accurate. Rainfall and stream-flow were trended to increase under climate change influence in the future, but the trend of decrease in stream-flow in dry season was observed to be more serious than the trend of increase in stream-flow in wet season. In other words, rainfall concentrates on wet season but the temporal distribution becomes less evenness in the future. As a result, water resource management will face rigorous challenge in the future.

Keywords：Climate Change, GWLF Model, SRES Climate Scenarios

 一、前言

　　十八世紀工業革命以來，人類科技文明日漸進步，但也導致二氧化碳(CO_2)、甲烷(CH_4)及氟氯碳化物(CFCs)等溫室氣體之排放量劇增，增強大氣的溫室效應，使全球暖化加劇進而導致全球氣候變遷，影響層面包括大氣、水文、生態、經濟等等，已引起世界各國的重視，並將此議題列為重要的國家政策之一，各國經濟體亦訂定相關「氣候變化綱要公約」、「溫室氣體減量法」與「再生能源條例」等協議以抑制溫室氣體排放的趨勢。氣候變遷的結果將衝擊地球上生態平衡，尤其對水文循環系統而言，其中降雨與蒸發散為集水區最主要的

輸入與輸出因子，兩者均受到氣候變化的影響，故氣候變遷與集水區之水循環系統、生態平衡間確實具有關聯性，其中降雨和蒸發散對水文量的推估影響甚大，所以要詳加討論，但降雨量可以量測，所以較能合理掌握，而蒸發散量的量測較爲困難，且量測準確性不高，所以對蒸發散的探討有愈來愈多的趨勢，顯示蒸發散在氣候變遷中對水文量的推估中占有其重要性。

　　本研究將針對蘭陽溪流域，利用 SCS 逕流曲線法配合不同的氣候情境模式、土地利用型態資料及 GWLF(General Watershed Loading Functions, GWLF)水文水質模式中之水文模式部分估算此流域的降雨量、流量的改變，評估在氣候變遷對蘭陽溪流域的影響。由於 GWLF 模式中的蒸發散公式，考慮較爲簡化，而蒸發散在未來氣候變遷的影響下其中要性愈來愈大，所以本研究將針對GWLF 水文水質模式中之水文模式部分的蒸發散量公式加以改善，以利模擬結果更加準確。

二、理論分析與研究方法

2.1　氣候邊遷預設情境

　　氣候變遷預設情境乃採用聯合國 IPCC 組織(Intergovernmental Panel on Climate Change)所提供的 SRES 預設情境，SRES 預設情境屬於溫室氣體排放情境，亦即預測未來可能之經濟、人口、工業與環境的發展趨勢，提出可能溫室氣體排放的趨勢。依據 IPCC AR4[1]，目前 SRES 排放情境所模擬出來的情境以 A2、A1B 與 B1 情節爲主，各情境概述如下：

　　A2：描述一個非均衡發展的世界。主要主題在於各國自力更生與維持地方發展，而全球人口不斷地增加。經濟成長主要爲區域性成長，而每人經濟成長率及技術的改進較其他情節破碎且緩慢。

　　A1：代表快速的經濟成長，全球人口在 21 世紀中時期達到尖峰，之後便開始下降。並且擁有有效的科技技術，主要的主題在於實際人口的減少、地區的聚合、建築物的容積、教育的增進與社會人文的影響。A1 情景分爲三組，

分別描述三種技術變化的方向：化石燃料密集型(A1FI)、非化石燃料能源(A1T)以及各種能源之間的平衡(A1B)。

B1：如同 A1 情節，全球人口在 21 世紀中時期達到尖峰，之後開始下降，能源使用減少，並引用較乾淨且有效率之技術，注重經濟、社會與環境的永續性，經濟結構朝向一個服務與資訊的經濟結構。

在 IPCC 第四次評估報告中，認為 A1B 是未來最可能發生的情境，其情境描述未來是非常快速經濟成長的社會、人口成長趨緩，愈多愈新的有效率的科技很快被使用在這世界，該情境下的世界是經濟和文化會趨近相同，有能力建設一個均富社會，即大幅度減少區域間人均收入的差異。

依照 SRES 排放情境，訂定溫室氣體隨時間變化而逐年模擬的漸變試驗(Transition Experiment)，故本研究將依模擬時間為短期(2010~2039 年)、中期(2040~2069 年)與長期(2070~2099 年)三個時期進行探討。

全球大氣環流模式(General Circulation Model, GCM)是氣候模擬的主要工具之一，但由於大氣環流模式以全球尺度進行分析，因此對於小區域氣候模擬預測之解析度不夠，必須透過降尺度分析以適用於小區域之氣候變遷預測。目前 IPCC 所提供 17 個 GCM 模式之情境資料，其中有 10 個模式完整提供 A1B、A2 與 B1 三種情境之輸出資料。雖然國際上許多研究機構致力於發展 GCM，其模擬氣候能力仍有甚多不足之處，於是 WMO/WCRP 推動 AMIP(Atmospheric Model Intercomparison Project, 1992)國際性研究計畫，主要目的是評估 GCM 模擬現今氣候的能力，以及提出改善之道。參照水利署水規所(2007、2008)「強化區域水資源永續利用與因應氣候變遷之調適能力」[2,3]報告，其內容針對氣候資料之相關係數分析選出相關性較高的六個模式，各模式之基本介紹詳見表 1。

本研究採用簡易降尺度分析，來取得較接近本研究區域之大氣環流模式網格資料，因此選擇亞洲所發展之大氣環流模式，上述六個模式中以俄羅斯所發展的INM-CM3 模式及日本所發展的MRI-CGCM2_3_2 模式之網格資料離本研究區最近，故採用該兩大模式之模擬結果進行分析，其中 INM-CM3 模式所使用的網格為經度 120 度、緯度 24 度，MRI-CGCM2_3_2 模式所使用的網格為

經度 121 度、緯度 23.7 度。簡易降尺度是將短期、中期與長期的雨量分別除以基期雨量得到雨量變化比值；將短期、中期與長期的溫度分別減去基期溫度得到溫度變化差值，表 3-4~表 3-6 為本研究所採用之 GCM 模式中 CGCM2 與 INM 模式所對應 SRES-A2、A1B、B1 情境的雨量比值及溫度差值。

表 1　GCM 模式相關資料總整

研究單位	單位簡稱	所屬國家	模式名稱
Meteorological Research Institute	MRI	日本	CGCM2_3_2
Institute for Numerical Mathematics	INM	俄羅斯	CM3
Max-Planck-Institute for Meteorology	MPI-M	德國	ECHAM5-OM
Geophysical Fluid Dynamics Laboratory	GFDL	美國	CM2.1
National Centre for Atmospheric Research	NCAR	美國	CCSM3
UK Met. Office	UKMO	英國	HADCM3

資料來源：經濟部水利署水利規劃實驗所(2008)。

　　假設研究區域氣候變遷等同於 GCM 最臨近網格點之預測，考量方式可由下式(1)與(2)表是：

$$CT_{t,m}=Tt_{,m}+\Delta T_m \quad , \quad m=1\ to\ 12 \tag{1}$$

$$CP_{t,m}=P_{t,m}\times RP_m \quad , \quad m=1\ to\ 12 \tag{2}$$

　　其中 $CT_{t,m}$ 為修正後第 m 月第 t 天之溫度；$CP_{t,m}$ 為修正後第 m 月第 t 天之雨量；$T_{t,m}$ 和 Pt,m 為歷史資料第 m 月第 t 天之溫度與降雨；ΔT_m 為 GCM 模式情境之溫度差值；RP_m 為 GCM 模式情境之雨量比值。

2.2　氣候資料合成模式

　　利用 SRES 各情境所提供之預測值修正溫度與降雨量月平均資料，將修正後未來的溫度及降雨量資料代入氣象資料合成模式中，可模擬得氣候變遷情境模式之預測日溫度與日降雨量資料。本研究將利用一階馬可夫鍊模式模擬未來

溫度及降雨量的變化情形，分別以為日溫度模式及日降水量模式進行模擬，其中日降水量模擬模式在雨量的部分須考慮第 i 日與第 i-1 日間連續降雨的相關性，以決定連續降雨機率發生與否。

1.　日溫度模擬模式：

模擬未來氣候條件下之日溫度，由月平均溫度，透過一階馬可夫鏈做模擬(Pickering et al, 1988；Tung , 1995)，其方程式如下：

$$Ti = \mu_{Tm} + \rho(T_{i-1} - \mu_{Tm}) + V_i\sigma_T^2\sqrt{1-\rho^2} \tag{3}$$

式中，T_i 為第 i 天的溫度，為 μT_m 對應該月平均溫度，ρ 為該月份 T_i 與 T_{i-1} 之一階系列相關係數(First order serial correlation coefficient)。V_i 屬於 $N(0,1)$(Normal sampling deviate)，σ_T 為歷史資料對應該月份之標準偏差。假設每月的第一天溫度以該月的月平均溫度代替；於是便可經由歷史溫度資料模擬出未來新的日溫度資料。

2.　日降雨模擬模式：

日降雨量之模擬，可分兩大項分別為降雨事件和降雨發生時之降雨量。降雨事件之模擬以歷史資料為演算依據，利用統計學特性，統計各月中第 i−1 日降雨時，第 i 日降雨的機率，表示為 P(w|w)；各月中第 i−1 日不降雨時，第 I 日降雨的機率，表示為 P(w|d)。當每月第一天，模擬產生(0,1)間之亂數 RN，當 RN 小於或等於該月降雨機率 P(w)時，表示此日為降雨日；每月除第一日外，其餘日則利用前一日的降雨情形判定為降雨日或非降雨日。依照 P(w|w) 或 P(w|d)的歷史資料平均值，若亂數 RN 小於或等於 P(w|w)或 P(w|d)時，判定該日為降雨日。其第 i 天降雨事件判別式如下：

若第 i−1 天降雨量>0，則

當 RN≦ P(w|w)，則第 i 天會降雨；否則，則第 i 天不會降雨

若第 i−1 天降雨量=0，則

當 RN≦ P(w|d)，則第 i 天會降雨；否則，則第 i 天不會降雨

2.3　GWLF 水文模式

由康乃爾大學所發展的 GWLF 模式(Generalized Watershed Loading Function,GWLF)的集水區流量分析模式係考量影響流量之物理因素與水平衡關係發展而成，因其參數決定不需檢定過程，且可隨集水區土地利用、土壤特性以及未來氣候變化加以調整，可有效反應土地利用及氣候變遷對河川流量所造成的衝擊，相較於其他較為複雜的水質模式，GWLF 所需之參數相對較少，且在操作上相當容易，重點是模式較穩定、不易發散，故已廣泛被應用在相關研究中(Tung and Haith，1995；洪念民，1997；童慶斌等，1999、2001、2002)[4,5,6,7,8]。

1.　水平衡模式(Water Balance)：

GWLF 水文模式假設將地下含水層分為三層，地表上兩層為非受壓含水層(Unconfined Aquifer)，分別為未飽和層(Unsaturated Zone)與飽和層(Shallow Saturated Zone)，則第三層為受壓含水層(Confined Aquifer)，整體示意圖如圖 1 所示，未飽和層與飽和層的水平衡模式如下：

未飽和層：$U_{t+1}=U_t＋P_t－Q_t－ET_t－P_{ct}$ (4)

飽和層：$S_{t+1}＝S_t＋P_{ct}－G_t－D_t$ (5)

P 為降雨量，D 為深層滲漏量，Q 為直接逕流量，t 為時間。G 為地下水流出量，Pc 為未飽和層滲漏至飽和層滲漏量，ET 為蒸發散量(Evapotranspiration)。

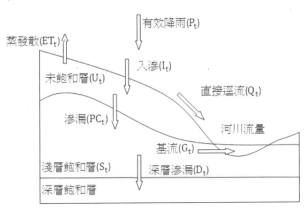

圖 1　水平衡方程式示意圖

若考慮地下水流出量(G_t)與深層滲漏量(D_t)的部份其推估方法，Haith(1992)指出地下水出流量爲飽和含水層量乘上一退水係數，所以每日地下水流出量爲 $Gt = r \times S_t$，其中 r 爲退水係數值，一般約爲 0.01~0.2 之間。Makoto(1996)指出受壓含水層補注量是飽和含水層量乘上滲漏係數，所以深層滲漏量爲 $Dt=s \times St$，其中 s 爲深層滲漏係數，其值趨近於零，是相當微小的。

由水平衡方程式可以得知未飽和層滲漏至飽和層滲漏量(PC)之推估方法如下：

$$PC_t = Max(0 ; U_t + P_t - Qt - ET_t - U^*) \qquad (6)$$

U^*爲根層深度土壤最大含水量；而於 50%敏感分析中顯示，U^*爲 10cm 對逕流量大小與趨勢皆無很大之影響(洪念民，1997)[5]，如果 U^*取爲 10cm，表示根層深度爲 100cm，每 1cm 土層有 0.1cm 的水深。

2. 蒸發散量推估

蒸發散量(ET)則可由潛勢能蒸發散量推估，若土壤無法提供充足水分時，土壤則會維持凋萎點水量，因此蒸發散量推估方法如下：

$$ET_t = Min (C \times PE_t ; U_t + P_t - Q_t) \qquad (7)$$

式中 C 爲蒸發散係數，台灣北區各月份之蒸發散係數爲根據范純志(1998)將各土地利用型態乘上其水資源區面積權重而計算出台灣每月份蒸散係數 C 值；PE_t爲潛勢能蒸發散量，係由 Hamon(1961)提出：

$$PE_t = \frac{29.8H_t e_t}{(T_T + 273)} \qquad (8)$$

H_t 爲月份平均日照時數，台灣北區各月份之平均日照時數依據范純志(1998)[9]對台灣月的平均日照時數進行分析 T_t：日平均溫度值(℃)；e_t：飽和蒸汽壓，並且飽和蒸汽壓受溫度變化影響如下公式：

$e_t=33.8639[(0.00738T_t+0.8072)8-0.000019(1.8T_t+48+0.001316)]$，$T_t>0$

$e_t=0$，$T_t \leqq 0$ $\qquad (9)$

3. 逕流量推估：

逕流量之推求，為根據美國水土保持局(U.S.Soil Conservation Service)首創的 SCS CN 值法求得，主要是依照此種方法計算地表逕流時可以合理地反應出土地利用之特性及土壤水分變化，理論如下：

$$Q_t = \frac{(P_t - 0.2W_t)^2}{P_t + 0.8W_t} \tag{10}$$

$$W_t = \frac{2540}{CN} - 25.4 \tag{11}$$

P_t 為日平均降雨(cm)，W_t 為最大蓄積深度，CN 值(Curve number)為逕流係數，其值需由臨前五天土壤水分所對應之值求得，CN 值越大表示臨前土壤水分越高，則入滲量越少，即較多水分可成為逕流，CN 值越小表示臨前土壤水分越少，則入滲量越大，則逕流較小。CN 值又由土壤乾濕情況區分為三種：CN1(乾燥情況)、CN2(一般情況)、CN3(濕潤情況)，CN2 可依據土壤種類及土地利用類型由 GWLF 操作手冊查得，而 CN1 和 CN3 可由 CN2 計算而得。

2.4　GWLF 水文修正模式

1. 水文修正模式一：

影響蒸發散的原因有很多，包含氣候條件和土壤條件等影響，但在 GWLF 水文模式中，蒸發散只考慮蒸發散係數，即只考慮作物種類對蒸發散的影響，並無法符合蒸發散真實的狀況，在眾多的影響因子中，以土壤含水量的影響較大，所以為了使蒸發散情況更加貼近實際狀況，所以在 GWLF 蒸發散推估中將多考慮土壤水分因子狀況，蒸發散量(ET)則可由潛勢能蒸發散量推估，若土壤無法提供充足水分時，土壤則會維持凋萎點水量，因此蒸發散量推估方法修正如下：

$$ET_t = Min\ (K_{st} \times K_{ct} \times PE_t\ ;\ U_t + P_t + Q_t) \tag{12}$$

式中 K_{st} 為土壤水分因子，K_{ct} 為覆蓋係數，PE_t 為潛勢能蒸發散量，其中土壤水分因子(K_{st})易受限於未飽和層之可利用之水分，因此取蒸發散量與未飽和層水分之較小值為蒸發散量推估值；覆蓋係數(K_{ct})則決定於土地利用方式。

在式(12)中之土壤水分因子(K_{st})是採用 Boonyatharokol and Walker(1979)之公式進行計算可由下式(13)表示：

$$\begin{cases} K_{st} = 1 & \text{If } U_t \geq 0.5U^* \\ K_{st} = \dfrac{U_t}{0.5U^*} & \text{If } U_t < 0.5U^* \end{cases} \tag{13}$$

2.　水文修正模式二：

於上述修正式一，多增加考慮一個土壤水分因子，雖可使其更貼近真實的蒸發散情況，但未飽和層中的含水量是因為入滲而獲得一定含水量，當此土壤含水量蒸發散完後，此區域就不再有蒸發散量，在真實情況中蒸發散是不會因為未飽和層含水量蒸發散完而停止，因為淺層飽和層的水量會向上補注未飽和層的含水量，使其蒸發散持續進行，所以為了使其蒸發散更加準確，在此除了考慮水量從未飽和層入滲至淺層飽和層外，也多增加考慮水量從淺層飽和層補注到未飽和層的狀況，使其繼續蒸發散，其水平衡模式修正後示意圖如圖 2 所示。由水平衡方程式可以得知淺層飽和層補注至未飽和層之補注量(PU_t)之推估方法如下：

$$PU_t = \frac{U^* - U_t}{U^*} \times PE_t \times e^{-\frac{1}{T}} \tag{14}$$

未飽和層水平衡:$U_t+1=U_t+P_t-Qt-ET_t-PC_t+PU_t$

If P=0 then PC_t=0 and Q_t=0 $\tag{15}$

$$S_{t+1} = S_t + PC_t + G_t - PU_t \quad \left\{ \begin{array}{ll} \text{If } PC_t > p & \text{then } PU_t = 0 \\ \text{If } PC_t = 0 & \text{then } T = \dfrac{U^*}{PE_t} \dfrac{[\text{cm}]}{\left[\dfrac{\text{cm}}{\text{day}}\right]} = [\text{day}] \end{array} \right\} \tag{16}$$

3.　水文修正模式三：

上述 GWLF 水文模式修正方式二中，因為有淺層飽和層之水量向上補注到未飽和層，使其未飽和層含水量不因蒸發散完全消失，所以可以一直持續有蒸發散發生，也可以預期蒸發散一直持續發生，所帶走之水量會太高，並不符合真實情況，因為在真實狀況中淺層飽和層之水量不會一直無限制的向上補注

水量到未飽和層，所以在修正方式二中加上一個限制條件，也就是假設可補注水量為 5 公分，使其淺層飽和層之水量向上補注是有其限制的，也就變成 GWLF 水文修正模式三。

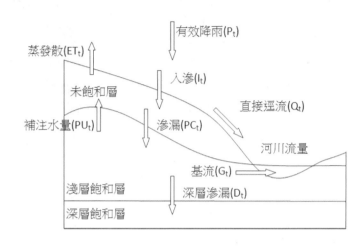

圖 2　水平衡方程式示意圖

　# 三、模式檢定與比較

3.1　GWLF 修正模式比較

　　利用上節所提的修正模式一、二和三去修正 GWLF 水文模式後，我們得到四種 GWLF 水文模式，其中原始 GWLF 水文模式稱為 GWLF，修正模式一稱之為 GWLF1，修正模式二稱之為 GWLF2，修正模式三稱之為 GWLF3，並假設於沒有降雨，其滲漏為零，且未飽合層含水量為 10 公分之情況下，使四種模式在相同條件下進行模擬，比較其蒸發散情況和未飽和層含水量情形，其蒸發散情況和未飽和層含水量情形如圖 3 與圖 4 所示。在蒸發散方面，四種模式之蒸發散量在一開始的趨勢都呈現相同趨勢，到了一段時間後，GWLF 模式的蒸發散量忽然急速下降，直到蒸發散量為零，不符合真實蒸發散量向下的趨勢。GWLF1 模式中，多加考慮了土壤水分因子，但因未飽和層含水量有限，所以當含水量未飽和層含水量被蒸發散完後，就不再繼續蒸發散了，其趨勢與

其他三種模式比較會有提早向下的趨勢，亦不符合真實蒸發散情況。GWLF2模式中，因為有淺層飽和層之水量向上補注到未飽和層，使其未飽和層含水量不會因為蒸發散而完全乾枯，所以當沒有降雨時，也就是沒有滲漏，其蒸發散會一直持續發生，但蒸發散所帶走之水量會太高，其趨勢並不符合真實蒸發散變化趨勢，主要原因是真實狀況中淺層飽和層之水量不會一直無限制的向上補注水量到未飽和層。在未飽和層含水量方面，一開始假設含水量為 10 公分，在沒有降雨情況下，其含水量是固定的，其中 GWLF 模式的未飽和層含水量，會在一段時間後忽然變成零，在自然界中不可能發生；GWLF1 模式因為蒸發散持續發生，使其含水量會逐漸下降，直到含水量完全蒸發散完，便不再發生蒸發散；GWLF2 模式中，因為有淺層飽和層之水量向上補注到未飽和層，使其未飽和層含水量不會因為蒸發散完全消失，所以可以維持蒸發散發生；GWLF3 模式因淺層飽和層之水量向上補注到未飽和層的水量有所限制，所以其未飽和層含水量會在蒸發散發生一段時間後減少至零，但比 GWLF1 模式中之未飽和層含水量減少的速度緩慢，故由結果可顯示出 GWLF3 模式所呈現出的結果最符合自然界實際的蒸發散緩慢向下的趨勢。

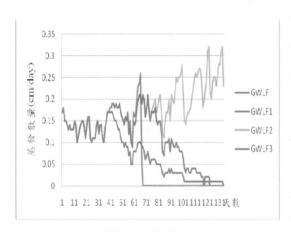

圖 3　四種模式蒸發散量之比較

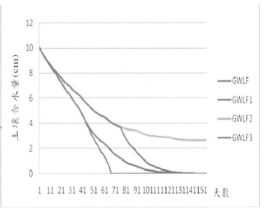

圖 4　四種模式未飽和層含水量之比較

3.2　模式檢定

　　以蘭陽溪流域之 1987~2006 歷史日降雨與日溫資料，將此歷史資料藉由氣象資料合成模式，建立現況 200 年之日降雨與日溫資料(200 組全年日降雨與日溫度資料)，以估算現況氣候條件下之月降雨量及月流量，並以此作為評估不同氣候變遷情境下之比較基準。

　　在氣候變遷情境部分，採用 SRES(Special Report on Emissions Scenarios) 漸變情境之模擬結果，分別求得降雨量變化比值與溫度變化差值，進而改變氣象合成模式參數，求得長期趨勢下 200 年之日降雨與日溫資料，再藉由 GWLF 水文模式計算出在此氣候變遷情境下之月降雨量、月流量及年泥沙產量，進而評估其可能所受之影響與衝擊。

1.　日降雨與日溫模式檢定：

　　日降雨與日溫度模式係根據馬可夫鍊理論，於模式中導入隨機亂數 RN(0,1) 作為氣候不確定性因子，在模式計算中只產生一組來做為分析恐有不準確之虞，所以在本研究中產生 200 組進行模擬分析，以代表可能發生範圍。因此分別將月平均溫度及月平均降雨預測結果之平均值與歷史月平均溫度及月平均降雨之平均值分析比較，降雨與溫度模式檢定結果如圖 5、6 所示，由圖可知分析結果與歷史資料結果相近，可合理地預測研究區域降雨與溫度之變化趨勢。

2.　GWLF 模式檢定：

　　利用 GWLF 模式進行地表逕流演算時，除了需輸入降雨量及溫度外，尚有多項參數待定，如初始未飽和含水層(Initial unsaturated storage)、初始飽和含水層(Initial saturated storage)、初始土壤含水量(Unsat avail water capacity)、退水係數及 CN 值等，其實際數值不易取得，因此須透過參數檢定來求得各項參數；首先收集研究區域長期日溫度、日降雨量和日流量共 20 年之歷史資料，以前十年資料進行檢定，後十年資料做為驗證，再以 1987~2006 年歷史資料帶入 GWLF 模式求得河川流量之模擬值結果與河川流量之觀測值進行比較，其

結果如圖 7 所示。由圖 8 可知在平均月流量之模擬結果有差異的情況，但進一步將觀測流量值與模擬流量值進行迴歸分析之結果如圖 8，由結果可知兩者相關性甚高，其相關係數為 0.917。

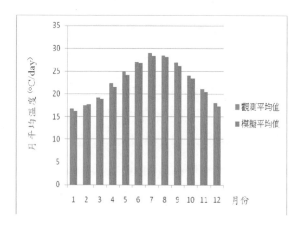

圖 5　月平均溫度模式驗證

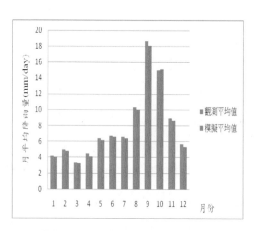

圖 6　各月降雨量模擬結果比較圖

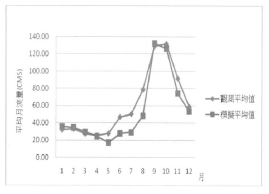

圖 7　各月流量模擬結果比較圖

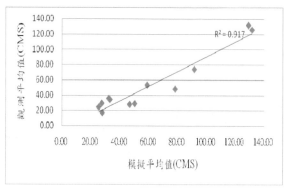

圖 8　流量檢定圖

四、結果分析

由於 IPCC 所提供多種 GCM 模式各有其優缺點，其模擬結果皆有所差異，為了得到較可靠的評估結果，且避免單一模式的誤差，因此本研究簡易降尺度分析方法，以大氣環流模式 INM-CM3 及 MRI-CGCM2_3_2 在 SRES-A1B、SRES-A2 與 SRES-B1 情境模擬下，進行蘭陽溪流域之降雨分析，再將上述雨量分析結果帶入 GWLF 水文模式中，即可推求不同氣候變遷情境下之流量變

化。本研究運用 SRES 預設情境之 A1B、A2 與 B1 做氣候資料合成爲未來氣候變遷資料，結合土地利用現況資料，使用 GWLF 水文模式模擬未來在氣候變遷下短、中、長期之集水區流量變化。圖 9 至圖 11 爲蘭陽溪流域短、中、長期氣候變遷之流量比較圖。

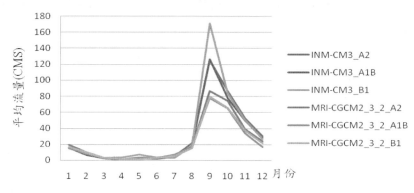

圖 9　蘭陽溪流域短期氣候變遷流量比較圖

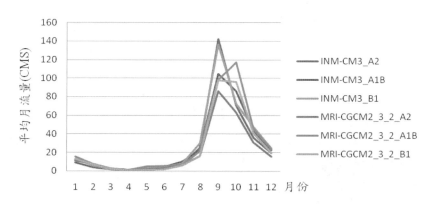

圖 10　蘭陽溪流域中期氣候變遷流量比較圖

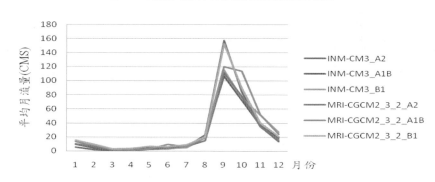

圖 11　蘭陽溪流域長期氣候變遷流量比較圖

　　表 2 為蘭陽溪在 SRES 漸變情境 INM-CM3 及 MRI-CGCM2_3_2 之短、中、長期的 A1B、A2 與 B1 之豐水期與枯水期流量增減結果。首先,以豐水期來看,INM-CM3 中的 A2、A1B 及 B1 情境的短、中、長期流量都有增加的情況。而在 MRI-CGCM2_3_2 中的 A2 情境的中期流量則有減少的情形;MRI-CGCM2_3_2 的 A1B 及 B1 情境的短期流量有減少情形。再則,就枯水期而言,INM-CM3 的中的 A2、A1B 及 B1 情境的短、中、長期流量都有減少的情況。在 MRI-CGCM2_3_2 的 B1 情境的長期流量則有增加的情況,其餘的中、長期流量則是呈現減少的情況,就 MRI-CGCM2_3_2 情境中 A2 與 A1B 而言,其短、中、長期流量則有減少的趨勢。

表 2　蘭陽溪流域之豐水期降雨量增減

氣候情境模式		豐水期	集水區降雨量增減情況(%)	枯水期	集水區降雨量增減情況(%)
A2	INM-CM3	短	38.71	短	-29.51
		中	28.45	中	-56.49
		長	37.90	長	-69.60
	MRI-CGCM2_3_2	短	13.04	短	-14.85
		中	-0.29	中	-41.20
		長	20.01	長	-42.25
A1B	INM-CM3	短	37.97	短	-33.79
		中	31.15	中	-33.70
		長	17.96	長	-41.02
	MRI-CGCM2_3_2	短	-3.56	短	-18.11
		中	37.94	中	-13.46
		長	48.23	長	-10.72

表 2　蘭陽溪流域之豐水期降雨量增減(續)

氣候情境模式		豐水期	集水區降雨量增減情況(%)	枯水期	集水區降雨量增減情況(%)
B1	INM-CM3	短	54.48	短	-5.92
		中	39.67	中	-32.10
		長	28.10	長	-31.92
	MRI-CGCM2_3_2	短	-0.69	短	-16.36
		中	21.07	中	-39.68
		長	46.35	長	3.64

　　由於 INM-CM3 及 MRI-CGCM2_3_2 模式各有其優缺點，爲了避免單一模式的誤差，因此 SRES 預設情境值爲在此兩種模式下的 A2、A1B 及 B1 各個氣候情境所模擬出之結果，再計算兩個模式結果之平均值，即是氣候變化結果。由圖 12 中顯示，在 SRES-A2 情境上豐水期的短、中、長期流量增加 26.27%、14.52%、29.23%；枯水期的短、中、長期流量減 22.20%、48.87%、55.96%；在圖 13 中，SRES-A1B 情境之豐水期的短、中、長期流量增加 16.97%、34.59%、33.27%；枯水期的短、中、長期流量減 25.96%、23.58%、25.88%，在 SRES-B1 情境上豐水期的短、中、長期流量增加 26.95%、30.39%、37.21%，枯水期的短、中、長期流量減 11.15%、35.90%、14.09%，如圖 14 所示。綜合分析各情境之模擬結果，以 INM-CM3 之 A2 情境豐枯水期流量差異幅度最大。

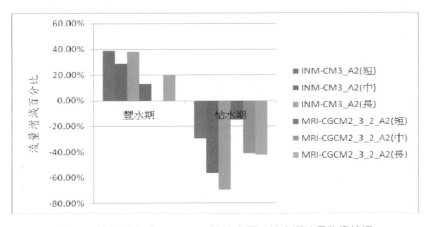

圖 12　蘭陽溪流域 SRES-A2 情境之豐、枯水期流量改變情況

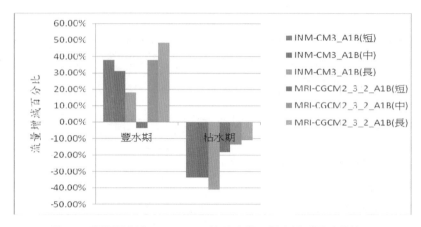

圖 13　蘭陽溪流域 SRES-A1B 情境之豐、枯水期流量改變情況

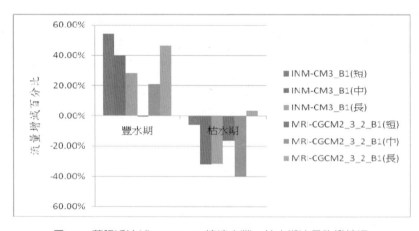

圖 14　蘭陽溪流域 SRES-B1 情境之豐、枯水期流量改變情況

 五、結論

　　本文旨在修正 GWLF 模式，使其蒸發散更能符合真實情形，並且探討氣候變遷對蘭陽溪流域之衝擊影響。利用日溫度、日降雨量資料配合土地利用現況資料，將此資料與相關參數輸入 GWLF 水文模式中，模擬在土地利用現況改變下之模擬流量值，並考慮氣候變遷影響條件下，運用 SRES 預設情境之輸出值，修正月平均溫度、月平均降雨量資料，將修正後之資料代入 GWLF 水文模式中，模擬未來之降雨量、流量。最後提出以下結論與建議：

1. 修正 GWLF 模式中的蒸發散公式，比較其蒸發散結果會發現比較符合真實狀況的蒸發散，使模擬結果更佳準確。

2. 受氣候變遷影響下，降雨量全年有增加之趨勢，豐水期之降雨量都是呈現增加趨勢，而枯水期之降雨量大部分呈減少趨勢。

3. 氣候變遷下，大部分的情境模擬結果顯示豐水期流量幾乎都有增加之趨勢，枯水期流量則有減少之趨勢，年總流量有增加之趨勢，顯示除了豐水期流量增加枯水期流量減少外，各年豐水期與枯水期之差異可能會更加劇烈，意即未來豐枯水期之差異會越大，未來流量隨著時間增加分佈情況更不均，水資源的應用調配將面臨更大挑戰。

參考文獻

♦ 1. IPCC, Working Group I, "Climate Change, The Physical Science Basis：Summary for Policymarkers, Contribution of Working Group I", to the Fourth Assessment Report of the Intergovernmental Panel on Climate Change"(2007).

♦ 2. 水利署水利規劃試驗所，「強化區域水資源永續利用與因應氣候變遷之調適能力(1/2)」(2007)。

♦ 3. 水利署水利規劃試驗所，「強化區域水資源永續利用與因應氣候變遷之調適能力(2/2)」(2008)。

♦ 4. Tung, C.P. and Haith, D.A., "Global Warming Effects on New York Streamflows", Journal of Water Resources Planning and Management, 121(2), p.216~225(1995).

♦ 5. 洪念民，「氣候變遷對大安溪水資源營運之影響」，碩士論文，國立臺灣大學農業工程學研究所(1997)。

♦ 6. 童慶彬、洪念民、陳主惠，「氣候變遷對水資源影響評估與是應策略研擬」，農業工程學報，第 45 卷，第四期，p.73~90(1999)。

♦ 7. 童慶斌、李宗祐，「氣候變遷對七家灣溪流量之影響評估」，中國農業工程學報，第 47 卷，第一期，p.65~74 (2001)。

♦ 8. 童慶斌、謝龍生、劉子明、陳明業、王銘燦，「氣候變化綱要公約資訊速報」，國立臺灣大學生物環境系統工程學系，第三十四期，p.8-13(2002)。

♦ 9. 范純志，「氣候變遷對台灣地區地下水補注影響」，碩士論文，國立臺灣大學農業工程學研究所(1998)。

3 氣候變遷對石門水庫供水風險之影響分析

 ## 摘 要

　　近年來由於全球性的氣候變遷，導致極端水文事件較以往大幅增加，間接造成水庫供水可靠度降低。然而以往水庫供水風險評估，多以長期操作之觀點，分析系統之長期平均效益，惟此並不符合一般人甚至決策者對水庫供水效益的期待。故本研究擬以石門水庫為對象，針對高濁度與枯水期等極端水文事件進行供水風險分析，分析方法為透過統計分析與降尺度分析，得到石門水庫集水區氣候變遷前後之降雨量與流量資料與其對應之統計分布及發生之重現期距，再配合濁度資料與蒙地卡羅分析進行供水風險分析，分析結果可作為石門水庫永續經營之參考。

關鍵字：氣候變遷、降尺度分析、蒙地卡羅

¹ 何智超　國立交通大學土木工程學系博士生
² 張良正　國立交通大學土木工程學系教授
³ 陳祐誠　國立交通大學土木工程學系助理

Abstract

Owing to the global climate change, the extreme shortage events occur more frequently then ever and the water shortage risk is increasing. The traditional analysis of water supply risk focused on evaluating the long-term system performance. However, the study may not resolve the general concern on water supply. People concern more on the water shortage in extreme hydrological condition such as dry or flood season then just an average system performance. Hence, this study analyzes the water shortage risk in extreme hydrological condition under global climate change, such as water deficit in dry season and shortage caused by high turbidity in reservoir. The study began at downscaling the Global Climate Chang Model (GCM) data to local (Shihmen Reservoir watershed) basin rainfall. Multiple rainfall data were then synthesized. GWLF model was used to transfer the rainfall into basin runoff. The runoff is the input to the water allocation model developed by using system dynamics method. Base on the synthesized data and water allocation model, this study applied Monte Carlo simulation to analyze water shortage risk analysis during dry season. Moreover, because the reservoir storage can always fufill demands during flood, the water supply simulation can be simplified by considering only the reservoir turbidity and water treatment plant capacity during flood. Since some of the turbidity observations data were missed, an Artificial Neural Network (ANN) was trained to interpolate the missing data in six typhoons. The amount of water supply in high turbidity was simulated using system dynamic and its risk was determined by the occurring probability of the associated typhoon events. The analysis of system performance in dry season and high turbidity condition can be a valuable reference for the sustainable management of Shimmen Reservoir.

Key words：Shimmen Reservoir, sustainable management.

一、前言

　　近年來由於全球性的氣候變遷，導致極端水文事件較以往大幅增加，間接造成水庫供水可靠度降低。然而以往水庫供水風險評估，多以長期操作之觀點，分析系統之長期平均效益，惟此並無法真正反映出極端水文下如乾旱或洪水而引起的高濁度時的缺水問題。為此本研究擬以石門水庫為對象，完成在極端水文條件下如枯水期或是洪水所引起的高濁度等，對水庫供水風險的影響分析，以做為石門水庫永續經營之參考。

 # 二、降尺度分析

　　現今氣候變遷衝擊研究多採用大氣環流模式(general circulation models, GCMs)模擬結果為主，IPCC 也提供了數個全球大氣環流模式模擬結果，其模式是以全球為基礎來劃分，雖可模擬全球氣候的趨勢，但其劃分的大尺度網格面積與台灣面積相差極大，如直接以大尺度模式網格輸出資料來模擬台灣區域集水區的雨量特性，難以顯現出台灣氣候雨量時間及空間分佈不均的特性，因此必須透過降尺度的方式來建立大尺度模式資料與研究集水區雨量的關係，以利藉由 GCM 模式的未來網格輸出資料來推估台灣集水區的未來雨量。

　　一般降尺度分析可分為 3 大類，分別為簡單降尺度、統計降尺度及動力降尺度，其中「簡單降尺度」方法是假設局部區域與最鄰近之 GCM 格網點之氣候變化一致，因此無需作任何空間上的轉換。「統計降尺度」方法則是蒐集大尺度與小尺度間的資料，藉由統計分析方法建立空間上的轉換特性。「動力降尺度」則是以大氣環流模式(GCM)格網點之模擬結果為邊界條件，建立局部區域之高解析度大氣環流模式，進而提供所需之集水區細部氣象資訊；然因動力降尺度需要大量之計算資源作為大氣環流數值模式模擬之用，因此本次研究使用水文領域最常應用的統計降尺度方法，其分析流程如圖 1 所示。

　　本研究採用 ECHAM5、GFDL-CM2.1、MRI-CGCM2.3.2 三個模式的模擬資料來進行雨量降尺度。以民國 64~89 年的日雨量資料以及大尺度網格資料建立降尺度模式，利用此 26 年資料進行模式的交叉驗證，建立雨量站與大尺度

氣候因子的統計關係式，並利用 20c3m 情境模擬歷史降雨情形，比較觀測雨量與降尺度模式在模擬控制年(control run)之模擬結果。以極端降雨來看，本計畫參考中央氣象局的大雨定義，將日雨量大於 50 毫米當做極端降雨事件，經分析極端降雨事件發生次數結果顯示，歷史極端降雨的頻率約爲每年 7.8 次，而降尺度模式模擬的極端降雨約爲每年 8.9 次，顯示本降尺度模式可有效模擬極端降雨的發生。

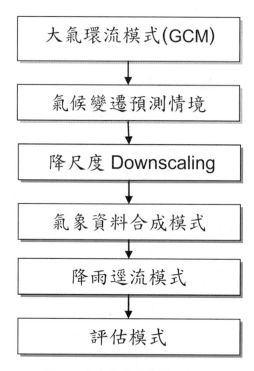

圖 1　一般氣候變遷衝擊評估流程

　　模擬結果(表 1)顯示在未來 2010 至 2045 年期間，降雨在冬季(12 月至 2 月)、春季(3 月至 5 月)及夏季(6 月至 8 月)有增加趨勢，而在秋季(9 月至 11 月)有減少趨勢，但年總量則較歷史資料(1975~2000 年)略爲減少。若就豐枯季節而言，枯水期(11 月至 4 月)期間總降雨量平均約增加 1.17mm/day，豐水期(5 月至 10 月)期間總降雨量平均約減少 1.66mm/day。

表 1　A1B 情境四季雨量變化(2010~2045 年相對於 1975~2000 年)

(單位：mm/day)

A1B	ECHAM5	GFDL-CM2.1	MRI-CGCM2.3.2	Average
DJF	0.71	0.01	0.06	0.26
MAM	−0.01	0.39	−0.33	0.02
JJA	0.29	0.12	−0.12	0.10
SON	0.08	−0.67	−1.03	−0.54
Annual	0.27	−0.04	−0.35	−0.04

三、極端水文統計分析

　　極端水文事件統計分析(包括有無氣候變遷)乃是以降雨資料為基礎，應用水文頻率分析方法，依集水區水文、地文特性選擇適當之暴雨延時，再配合資料選取(年最大值序列法)，進行暴雨資料選定。接著再以不同機率分布來近似其降雨之統計特性，一般常採用常態、對數常態、皮爾遜III型、對數皮爾遜III型及極端值Ⅰ型等五種分布進行暴雨頻率分析，透過卡方檢定分析及標準誤差值為選定機率分佈之依據。

　　模擬結果顯示，未考量氣候變遷下(歷史資料) 不同暴雨延時皆以對數常態分佈為最佳統計分布。若考量氣候變遷下，ECHAM5 模式最大二日、三日暴雨以對數皮爾遜 III 型分布為最佳統計分布，最大四日、五日暴雨以對數常態分布為最佳統計分布；GFDLCM21 模式不同暴雨延時皆以對數皮爾遜 III 型分布為最佳統計分布；MRI-CGCM2.3.2a 模式最大二日、三日暴雨以皮爾遜 III 型分布為最佳統計分布，最大四日、五日暴雨以對數皮爾遜 III 型分布為最佳統計分布。各模式重現期距最佳分布推估結果如表 2 所示。

表 2　重現期距最佳分佈推估結果整理

(單位：mm)

最大日暴雨	重現期距(年)	歷史資料	ECHAM5	GFDLCM21	MRI-CGCM2.3.2a
2	5	555.8	541.1	541.7	483.6
	10	703.7	734.7	743.6	685.1
	25	884.5	1018.1	1021.9	988.3
	50	1013.1	1256.8	1240.1	1240.3
	100	1135.8	1518.9	1464.3	1508.9
3	5	584.8	650.2	589.1	533.1
	10	722.8	774.2	803.6	720.3
	25	897.2	906.4	1099.1	1031.1
	50	1026.6	991.8	1330.4	1328.18
	100	1155.1	1068.6	1568.2	1693.2
4	5	597.7	599.1	601.9	547.5
	10	734.9	789.7	816.1	731.6
	25	908.3	1060.1	1111.4	1035.7
	50	1036.9	1282.1	1343.3	1325.4
	100	1164.5	1521.3	1581.9	1680.4
5	5	613.2	603.2	554.7	557.8
	10	766.6	798.7	753.2	738.88
	25	965.2	1088.3	1102.1	1039.3
	50	1115.3	1336.6	1454.6	1327.2
	100	1266.6	1614.2	1909.9	1681.9

四、高濁度供水風險分析

　　水資源調配之風險可定義為系統缺水程度大於使用者缺水忍受度的機率或者系統供水量小於供水忍受度的機率。由於本研究之高濁度風險分析主要探討不同颱風場次下之石門水庫可供水量之變化，故高濁度供水風險可定義為系統供水量小於供水忍受度的機率。

　　本研究採用多場颱風濁度資料進行高濁度供水風險分析，由於濁度資料多有缺漏，故首先利用倒傳遞類神經網路進行濁度資料之補遺，將補遺後之濁度資料與蒐集之入流量資料及淨水場不同濁度下之處理能力，帶入緊急調配系統動力模式，即可求得不同颱風場次下之供水量，配合前述之極端水文事件統計分析，可得知各颱風場次供水量與重現期距之關係，以該六場颱風之供水量反推求機率分佈，由該分佈可求得不同供水量下之風險。

　　石門水庫高濁度下之供水風險分析結果如表 3 所示，分析結果顯示考量氣候變遷下之系統供水量皆低於未考量氣候變遷下之系統供水量，隨著風險的提高，其差異量相對而言越大，但整體而言，其差異量皆小於 3 萬 CMD，可見氣候變遷與否對於高濁度目標供水量影響並不大，意即氣候變遷後高濁度對供水調配的影響與過去歷史情況並無太大改變。

表 3　高濁度下石門水庫目標供水量之風險分析結果

	未考量氣候變下之目標供水量（萬 CMD）	echam5 模式之目標供水量（萬 CMD）	gfdlcm21 模式之目標供水量（萬 CMD）	mri_cgcm2_3_2a 模式之目標供水量（萬 CMD）
風險 5%	84.46	84.18	84.48	87.42
風險 10%	90.10	90.69	90.99	93.02
風險 15%	93.40	94.50	94.80	96.29
風險 20%	95.74	97.20	97.50	98.62
風險 25%	97.55	99.29	99.59	100.42
風險 30%	99.03	101.01	101.30	101.89

表3 高濁度下石門水庫目標供水量之風險分析結果(續)

	未考量氣候變下之目標供水量 (萬 CMD)	echam5 模式之目標供水量 (萬 CMD)	gfdlcm21 模式之目標供水量 (萬 CMD)	mri_cgcm2_3_2a 模式之目標供水量 (萬 CMD)
風險 35%	100.28	102.45	102.75	103.14
風險 40%	101.37	103.71	104.01	104.22
風險 45%	102.33	104.81	105.11	105.17
風險 50%	103.18	105.80	106.10	106.02

五、枯水期供水風險分析

本研究之枯水期風險分析主要探討在長期模擬下,枯水期月份之缺水率變化,故枯水期供水風險可定義為系統缺水率大於使用者缺水忍受度的機率。

本研究枯水期供水風險分析採用蒙地卡羅法進行分析,利用氣象合成模式產生多組之雨量資料,其中未氣候變遷前之合成雨量乃依歷史雨量之統計分佈進行合成,氣候變遷後之合成雨量乃由前述之時間降尺度模式合成產生,將合成之雨量資料帶入降雨逕流模式以求得氣候變遷前後之流量資料,再帶入地表水資源調配系統動力模式,分析枯水期之日平均缺水率,將各組日平均缺水率以韋伯法(Weibull)求得不同缺水指數下之缺水風險。

日平均缺水率之定義為同一月份之日缺水量之平均值,模擬結果如表 4 所示。模擬結果顯示:

ECHAM5 及 GFDL-CM21 模擬結果顯示,氣候變遷後南桃園枯水期供水調配較歷史資料樂觀,11、12 及 1 月之日平均缺水率較歷史資料明顯降低,但 MRI_CGCM2.3.2 模擬結果較歷史資料悲觀,11、12 及 1 月之日平均缺水率較歷史資料提高。

ECHAM5、GFDLCM21 及 MRI_CGCM2.3.2 模擬結果顯示,氣候變遷與否對於北桃園枯水期調配影響較小。

表 4　枯水期下石門水庫不同風險對應之日平均缺水率

風險	月份	南桃園			
		歷史	echam5	gfdlcm21	mri_cgcm
2%	11	0.5887	0.3238	0.4963	0.5616
	12	0.3854	0.1629	0.4225	0.4515
	1	0.2827	0.0905	0.2309	0.3147
	2	0.1959	0.054	0.0993	0.1539
	3	0.054	0.054	0.054	0.054
	4	0.4742	0.3991	0.3287	0.5949
4%	11	0.2	0.1636	0.1626	0.321
	12	0.2183	0.0742	0.277	0.3024
	1	0.1551	0.0505	0.1501	0.1881
	2	0.054	0.054	0.054	0.054
	3	0.054	0.054	0.054	0.054
	4	0.054	0.054	0.054	0.054
8%	11	0.054	0.054	0.054	0.0933
	12	0.0819	0.054	0.1027	0.1403
	1	0.061	0.0502	0.0698	0.0944
	2	0.0504	0.0501	0.0501	0.0502
	3	0.054	0.054	0.054	0.054
	4	0.054	0.054	0.054	0.054
10%	11	0.054	0.054	0.054	0.054
	12	0.054	0.054	0.0574	0.0968
	1	0.0512	0.0488	0.0511	0.0663
	2	0.0489	0.0463	0.0492	0.0501
	3	0.054	0.054	0.054	0.054
	4	0.054	0.054	0.054	0.054

3

表 4　枯水期下石門水庫不同風險對應之日平均缺水率(續 1)

風險	月份	北桃園			
		歷史	echam5	gfdlcm21	mri_cgcm
2%	11	0.3192	0.1845	0.2045	0.3709
	12	0.2492	0.043	0.1814	0.2387
	1	0.1127	0.0065	0.0978	0.1504
	2	0.0538	0	0.0321	0.0458
	3	0	0	0	0
	4	0	0	0	0.2051
4%	11	0	0	0	0.0055
	12	0.0498	0	0.0176	0.104
	1	0.0195	0	0.0285	0.0566
	2	0	0	0	0
	3	0	0	0	0
	4	0	0	0	0
8%	11	0	0	0	0
	12	0	0	0	0
	1	0	0	0	0
	2	0	0	0	0
	3	0	0	0	0
	4	0	0	0	0
10%	11	0	0	0	0
	12	0	0	0	0
	1	0	0	0	0
	2	0	0	0	0
	3	0	0	0	0
	4	0	0	0	0

表 4　枯水期下石門水庫不同風險對應之日平均缺水率(續 2)

風險	月份	板新地區			
		歷史	echam5	gfdlcm21	mri_cgcm
2%	11	0.3049	0.2229	0.2105	0.4544
	12	0.2685	0.0481	0.1944	0.3524
	1	0.1294	0.0032	0.1	0.19
	2	0.027	0	0.0071	0.028
	3	0	0	0	0
	4	0.0002	0.0057	0	0.2693
4%	11	0	0	0	0.0324
	12	0.0382	0	0.0296	0.1182
	1	0.0131	0	0.0183	0.0688
	2	0	0	0	0
	3	0	0	0	0
	4	0	0	0	0
8%	11	0	0	0	0
	12	0	0	0	0
	1	0	0	0	0
	2	0	0	0	0
	3	0	0	0	0
	4	0	0	0	0
10%	11	0	0	0	0
	12	0	0	0	0
	1	0	0	0	0
	2	0	0	0	0
	3	0	0	0	0
	4	0	0	0	0

3

　　ECHAM5、GFDLCM21 及 MRI_CGCM2.3.2 模擬結果顯示，氣候變遷與否對於板新地區枯水期調配影響較小。

　　整體而言，在考量氣候變遷影響下，北桃園和板新地區之枯水期供水風險較低，但南桃園則仍有較高的風險。

六、結論

6.1　結論

1. 本研究以兩階段降尺度方法分析 ECHAM5、GFDL-CM2.1、MRI-CGCM2.3.2 三個模式之 A1B 情境，分析結果顯示，在未來 2010 至 2045 年期間，降雨在冬季(12 月至 2 月)、春季(3 月至 5 月)及夏季(6 月至 8 月)有增加趨勢，而在秋季(9 月至 11 月)有減少趨勢，但年總量則較歷史資料(1975~2000 年)略為減少。若就豐枯季節而言，枯水期(11 月至 4 月)期間總降雨量平均約增加 1.17mm/day，豐水期(5 月至 10 月)期間總降雨量平均約減少 1.66mm/day。

2. 本研究以泰利、柯羅莎、韋帕、聖帕、鳳凰及辛樂克六場颱風進行高濁度供水風險分析，分析結果顯示：

　(1) 低風險低時，未考量氣候變遷下之目標供水量會略低於考量氣候變遷之目標供水量

　(2) 高風險時，未考量氣候變遷下之目標供水量會略高於考量氣候變遷之目標供水量

　(3) 整體而言，氣候變遷與否對於高濁度目標供水量並無顯著影響。

3. 枯水期供水風險分析模擬結果顯示：

　(1) ECHAM5 及 GFDL-CM21 模擬結果顯示，氣候變遷後南桃園枯水期供水調配較歷史資料樂觀，11、12 及 1 月之日平均缺水率較歷史資料明顯降低，但 MRI_CGCM2.3.2 模擬結果較歷史資料悲觀，11、12 及 1 月之日平均缺水率較歷史資料提高。

　(2) ECHAM5、GFDLCM21 及 MRI_CGCM2.3.2 模擬結果顯示，氣候變遷與否對於北桃園枯水期調配影響較小。

⑶ ECHAM5 及 GFDLCM21 模擬結果顯示，ECHAM5、GFDLCM21 及 MRI_CGCM2.3.2 模擬結果顯示，氣候變遷與否對於板新地區枯水期調配影響較小。

⑷ 整體而言，在考量氣候變遷影響下，北桃園和板新地區之枯水期供水風險較低，但南桃園則仍有較高的風險。

6.2　建議

1. 南桃園高缺水風險原因之一為相關淨水廠(平鎮、石門及龍潭淨水場)總處理能力仍低於目標年 120 年之中成長需求，因此本研究建議應針對南桃園相關淨水場進行擴建。

2. 石門水庫濁度與流量觀測之資料對於水利與水資源相關分析至關重要，應以流域為觀點加強觀測資料時間上的一致性與空間上的整體性，以利於未來的應用分析，發揮觀測資料之最大效益。

3. 目前高濁度供水風險乃以歷史颱風事件進行分析，惟歷史資料有限，建議未來透過颱風事件合成模式繁衍多場不同颱風事件，進行蒙地卡羅分析，以增加分析的可信度。

 # 七、致謝

本研究承蒙經濟部水利署水利規劃試驗所研究支持。

參考文獻

1. Chu, J.-L., H. Kang, C.-Y. Tam, C.-K. Park, C.-T. Chen (2008) Seasonal forecast for local precipitation over northern Taiwan using statistical downscaling, J. Geophys. Res., 113, D12118, doi：10.1029/2007JD009424.

2. Fowler HJ, K. C., Stunell J. (2007) Modelling the impacts of projected future climate change on water resources in northwest England. Hydrology and Earth system Sciences 11(3)：1115-1126.

3. Ogrosky and Mockus, 1964. H.O. Ogrosky and V. Mockus, Hydrology of agricultural lands. In：V.T. Chow, Editor, Handbook of Applied Hydrology, McGraw-Hill, New York (1964), p. 21-11~21-28.

4. 王世為(2006)，永續性水質管理系統受氣候變遷影響之脆弱度評估，國立台灣大學生物環境系統工程學研究所碩士論文。

5. 牛敏威(2009)，氣候變遷對台中地區缺水風險之影響評估，國立交通大學土木系所碩士論文。

6. 台灣大學全球變遷中心(2008)，「台灣地區未來氣候變遷評估」。

7. 吳明進、陸雲、童慶斌、許少華(2002)，「區域氣候變遷模擬系統之整合與應用－子計畫 VI：全球氣候變遷對台灣地區區域氣候與水資源衝擊之評析(I)」，行政院農業委員會。

8. 張廷暐(2008)，氣候變遷對水庫集水區入流量之衝擊評估-以石門水庫集水區為例，國立中央大學水文科學研究所碩士論文。

9. 洪念民(1997)，氣候變遷對大安溪水資源營運之影響，國立台灣大學農業工程學系所碩士論文。

10. 黃翰聖(2009)，無母數統計降尺度模式之發展與實例應用，國立交通大學土木系所碩士論文。

11. 魏綺瑪(2009)，利用統計降尺度法推估石門水庫集水區未來情境降水研究，國立成功大學水利及海洋工程研究所碩士論文。

12. 童慶斌、游保杉、洪念民、張良正、李明旭(2008)，「強化區域水資源永續利用與因應氣候變遷之調適能力(II)」，經濟部水利署。

♦13. 譚義績、陳主惠、童慶斌、李明旭(2005)，「淡水河流域水資源乾旱預警機制與風險管理策略之建立—總計畫暨子計畫：淡水河流域水資源乾旱預警機制與風險管理策略之建立(II)」，行政院國家科學委員會。

♦14. 經濟部水利署(2008)，「石門水庫及其集水區整治計劃之經濟效益評估」。

♦15. 經濟部水利署水利規劃試驗所(2008)，「北部區域水資源利用整體檢討規劃總報告」。

♦16. 經濟部水利署水利規劃試驗所(2009)，「強化高屏溪流域水資源供水系統因應氣候變遷之調適能力」。

3

4 氣候變遷對石門水庫集水區水文頻率的影響

 ## 摘 要

　　本文目的在探討氣候變遷對石門水庫集水區水文頻率的衝擊影響分析，文中採對數皮爾遜第三型分布及克利金推估法，分析該集水區內日雨量站之最大連續不降雨日數，以了解乾旱發生之回歸期與空間分佈。研究結果顯示，石門水庫集水區年降雨量記錄並無漸增或漸減的趨勢，過去(1979~1998 年)集水區西部地帶較容易發生乾旱，而在氣候變遷 SRES A1B 情境影響下，未來(2080~2099年)偏西地區的連續不降雨日數統計值降、偏東地區的統計值升，但無論過去與未來，石門水庫集水區每年發生小旱(連續 50 日不降雨)的機會低於 0.01。

關鍵詞：氣候變遷、最大連續不降雨日數、SRES A1B

[1] 黃文政　國立台灣海洋大學河海工程學系教授
[2] 謝奇良　國立台灣海洋大學河海工程學系博士生
[3] 張惠雯　國立台灣海洋大學河海工程學系碩士生
[4] 林淑華　國立台灣大學全球變遷研究中心博士後研究員

Abstract

The purpose of this research is to investigate the impact of climate change on the hydrological frequency of the Shihmen basin in northern Taiwan. Based on downscaled GCM outputs under the A1B emissions scenario, the change of the maximum consecutive dry days within 2080-2099 over the specified basin is not significant, as compared with that within 1979-1998.

Keywords：climate change, maximum consecutive dry days, SRES A1B.

 # 一、前言

政府間氣候變遷專門委員會(Intergovernmental Panel on Climate Change, IPCC)第二工作小組於 2007 年的第四次評估報告(IPCC-AR4, 2007) [9]指出，氣候變遷對淡水系統及其管理的衝擊主要在於就目前的觀測值及未來的預測值而言，溫度、海平面和降水變化率均呈現上升的現象(非常高的可能性，至少有九成機率會發生)。根據全球地表溫度的測站資料顯示最近 100 年(1906 年~2005 年)的溫度增加幅度為 0.74±0.18℃，其增加幅度相較 2001 年第三次評估報告(Third Assessment Report, TAR)提出溫度上升幅度為 0.6±0.2℃更為增加。南北半球之冰河及雪的覆蓋面積也正在逐漸減少當中。IPCC-AR4 報告亦指出根據 1901~2005 資料顯示北緯 30 度以上地區的降水增加；南緯 10 度至北緯 30 度之間地區的降水則減少。整體而言，降水強度均增加。對未來而言，IPCC-AR4 報告亦顯示根據多數模式，於 A1B 情景下的溫度模擬值平均指出 21 世紀的全球平均暖化速度，在 1980~1999 年和 2080~2099 年間，溫度相差 2.5℃。東亞暖化幅度高於全球平均上升溫度，預估約 3.3℃。在降雨方面，多數模式皆顯示大多數亞洲區域的降雨是增量的，而東亞在所有季節都顯示降雨增量。

對台灣來說，許晃雄等(2000)[1]利用大氣環流模式(General Circulation Models, GCMs)分析台灣地區過去百年來之氣候變遷的特徵，結果發現年溫呈現上升之趨勢，氣溫上升速率在 1.0 至 1.4℃/100 年，遠大於全球之平均值(0.6℃/100

年)；在降雨量部分有呈現北增南減之現象；在年降雨日數則有明顯減少之趨勢，且在豪、大雨日數部分，在台北、花蓮、淡水皆有增加之趨勢。金紹興與謝明昌(2001)[2]探討雨量資料之長期趨勢變化，發現年不降雨日數及年最大不降雨日數均呈現逐年增加之趨勢。同時，中南部地區之降雨量呈現逐年減少之趨勢而北部有增加之趨勢，使得降雨型態將改變為延時縮短，降雨強度增強。黃文政等(2003)[3]曾分析 1970 至 2000 年間台灣的水文乾旱情況，結果顯示台灣西部地區發生小旱(連續 50 天不降雨)的範圍有向上游集水區擴展跡象；而台灣西部平原地區(新竹以南及屏東以北)均屬大旱(連續 100 天不降雨)可能發生的地區，但台灣北部及東部地區不易發生水文乾旱，其每年發生小旱機會低於 0.01。柳中明等(2007)[4]指出在本 21 世紀，台灣的溫度變化應會持續增溫，尤其北部增溫程度將比台灣南部嚴重，而西半部增溫速度亦比東半部快。由於溫度的改變，東部海岸和東北部會面臨比現在更多的降雨，西部地區則會面臨更少的降雨量，尤其對台灣西北部影響最大，但西南部和中部的不確定性比其他區域較高。

　　近年來由於水資源需求持續成長，在枯水期時若長期降雨量偏低，將使河川乾涸，水資源供需失調而發生乾旱缺水，如 2002、2003 及 2006 年桃園地區的休耕事件，皆因石門水庫集水區降雨不足所致，在氣候變遷之影響下，未來旱災害之頻度及廣度可能加劇。故本研究將探討氣候變遷對石門水庫集水區旱頻率的衝擊影響，針對過去及未來的最大連續不降雨日數進行頻率分析及比較，其中仍以連續 50 日不降雨定為小旱，連續 100 日不降雨為大旱，而日平均雨量小於等於 0.6 公厘者也將之定義為不降雨。

 ## 二、研究流程

　　本計劃以石門水庫集水區為研究對象，藉由該集水區之氣候站所觀測的氣候 1979~1998 日降雨量資料與日本高解析度 GCM 模式 JMA/MRI TL959L60 所模擬的現今氣候(present-day climate)1979~1998 日降雨量資料進行比對分析，再利用該模式對未來 21 世紀氣候的推估 2080~2099 日降雨量資料，進而

評估該集水區未來可能之日降雨量趨勢變化，以進行氣候變遷對集水區水文頻率的衝擊影響分析。

　　過去受限於資料的取得，大多數的氣候變遷對淡水系統的衝擊研究均僅著眼於降水及溫度的變化，且均以 IPCC 數據中心(www.ipcc-data.org)的月資料為基礎來進行分析研究。其預測值一般只應用於設定氣候變遷預設情境，再配合氣象資料合成模式，產生評估模式所需之輸入資料。惟 GCMs 屬於全球尺度分析，所採用的計算尺度過大(有數百公里長)，其模擬值直接應用於小區域仍有相當之不精確性，將無法與集水區水文模擬所須的較小尺度吻合，因此必須透過降尺度過程(downscaling)，先將氣候模式的分析結果轉為較細的解析度方可(唐亦宣, 2008)[5]。近年來模式發展快速，日本 JMA/MRI 模式已經可模擬出空間解析度高達 20 公里的網格日雨量資料，惟本研究發現 JMA/MRI 模式模擬值與觀測值比較，仍有偏低現象，故本文提出象限轉換法(Quadrant Transformation Method, QTM)，以進行資料的校正。

　　本研究採用石門水庫集水區流域內十個水利署雨量測站的 1979~1998 年日雨量資料，依年選法選出每年之最大連續不降雨日數，以為乾旱日數頻率分析用。在此利用對數皮爾遜 III 型(Log-Pearson III, LP3)進行水文頻率分析，並用克利金(Kriging)畫出各站不同重現期距之最大連續不降雨日數等值線圖。分析過程中先採 1979~1998 年的觀測資料與同期間 JMA/MRI 資料進行相關性比對，再予以校正 2080~2099 年的 JMA/MRI 資料，以調整該期間的日降雨推估值，其研究流程如下圖 1 所示。

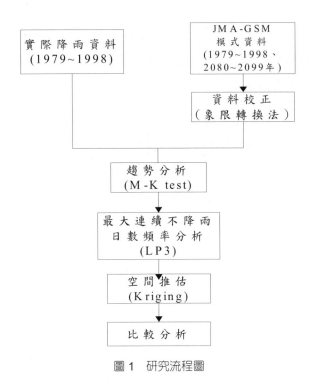

圖 1　研究流程圖

三、案例研究

3.1　水文資料蒐集

　　石門水庫集水區地理位置居於東經 120°10'15" 至 121°23'10"，北緯 24°25'45"至 24°51'20"之間，以淡水河上游之大漢溪流域為其主流，集水面積約為 763.4 平方公里。石門水庫供應石門與桃園大圳灌區灌溉面積 36500 公頃；其中，桃園大圳、光復川、下游灌區由桃園農田水利會經營管理，石門灌區由石門農田水利會經營管理。石門水庫之最高可蓄水位(滿庫)為標高 245 公尺，2007 年測量結果此水位所對應之容量為 2.14 億立方公尺。

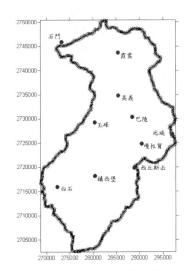

圖 2　各雨量站位置圖

本研究選集水區內十個紀錄較完整之水利署管轄的雨量站，分別為石門、霞雲、高義、巴陵、嘎拉賀、玉峰、白石、鎮西堡、西丘斯山與池端站，如圖2所示；表1所示則為各雨量站基本資料。

表1 石門水庫集水區各雨量站基本資料

雨量站名	TM 二度分帶(m)		面積(km^2)	權重比(%)
	X 座標	Y 座標		
石門	121°013'47"	240°49'06"	32.98	4.32
霞雲	121°020'59"	240°47'39"	130.01	17.03
高義	121°021'52"	240°42'14"	70.92	9.29
巴陵	121°022'41"	240°40'23"	55.80	7.31
嘎拉賀	121°023'38"	240°37'57"	76.49	10.02
玉峰	121°017'43"	240°39'24"	71.30	9.34
白石	121°012'39"	240°33'09"	87.94	11.52
鎮西堡	121°017'53"	240°33'51"	97.26	12.74
西丘斯山	121°023'02"	240°35'05"	110.39	14.46
池端	121°027'52"	240°38'51"	30.31	3.97
合計			763.4	100

3.2 氣候變遷預測情境

SRES(Special Report on Emissions Scenarios)情境是為預測未來可能之人口、社會、經濟、科技與環境的發展趨勢，提出可能溫室氣體排放和濃度的趨勢，然後再以 GCMs 模擬對應之氣候變化，而不同的溫室氣體濃度隨時間演變將造成不同的模擬結果。SRES 基本上以社經進程差異分成幾組。社經進程可以全球化或區域化及經濟發展或環境保護二維量尺表示。情境由英文字母 A、B 和數字 1、2 組合表示，A、B 分別代表注重經濟發展和環境保護，1、2

則分別為全球化或區域化。其中 A1 乃描述未來的世界屬經濟快速發展，而 A1 又分為 A1F1(煤、石油、天然氣等使用的增加)、A1T(增加非化石燃料的來源使用)、及 A1B(所有能源平衡使用)；A2 則描述未來的經濟主要朝向區域性的成長。B1 乃描述未來的世界注重經濟、社會與環境的永續性；B2 主要描述以社會平等與環境的保護為目標，且發展為區域性發展。本研究 GCM 資料來自日本 JMA/MRI 模擬 SRES A1B 情境。

3.3　象限轉換法

　　圖 3 中比較石門雨量站 1979~1998 年的觀測值與同期的 JMA/MRI 模擬值，顯示模擬值有偏低現象，故 2080~2099 年的 JMA/MRI 資料必須予以校正方可代表同期的推估值。本研究以象限轉換之概念進行資料的校正，如圖 4 所示，為石門測站的四象限分析圖，第一象限所呈現的曲線是 1979~1998 年的日降雨量觀測值之延時曲線(duration curve)；第四象限之曲線則屬 1979~1998 年 JMA/MRI 模式日降雨量資料的延時曲線；第三象限為 2080~2099 年 JMA/MRI 模式日降雨量資料的延時曲線。1、4 象限中曲線的差異為模式影響所致，而 3、4 象限中曲線的差異則為氣候變遷影響所致。我們可利用 1、4 象限中的曲線將第三象限中任一日雨量推估值(2080~2099 年)進行校正，並可推求出第二象限之延時曲線，此曲線即由 2080~2099 年石門站日雨量校正值所構成。以此類推，其他測站 2080~2099 年 JMA/MRI 日降雨量推估值亦可校正之。

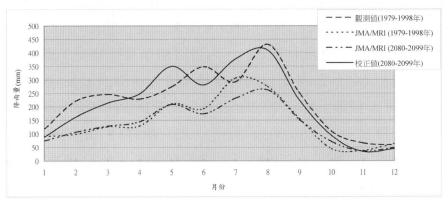

圖3　石門站之觀測值與 JMA/MRI 模式之模擬值及校正值比較圖

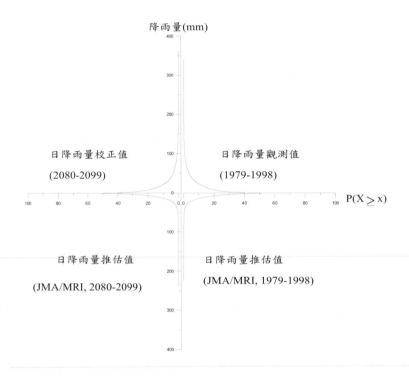

降雨量(mm)

日降雨量校正值
(2080-2099)

日降雨量觀測值
(1979-1998)

P(X ≥ x)

日降雨量推估值
(JMA/MRI, 2080-2099)

日降雨量推估值
(JMA/MRI, 1979-1998)

圖 4　石門測站四象限圖

3.4　結果分析

1.　集水區年降雨量之趨勢分析：

　　首先，針對石門水庫集水區內的十個測站的年降雨歷史記錄進行趨勢檢定，先利用徐昇法計算該集水區各年的年平均降雨量(圖 5)，再利用 Mann-Kendall 趨勢(蕭政宗, 2006)[6]檢定法來檢定在時間序列上是否具有明顯之趨勢，結果顯示在顯著水準 10%，求得之標準常態變量 T 值為 1.311，其值小於 $T\alpha/2$ 值(=1.645)，故得知石門水庫集水區之年降雨量並無明顯漸增或漸減的趨勢。但圖 5 似顯示近年來的年雨量有少者越少(旱)及多者越多(澇)的現象，經進一步以移動平均法(moving average)來消除資料中的隨機波動，以顯示年降雨量的趨勢。結果顯示 n 年(n=5,7,9,11)的移動平均值均在 2500mm 上下震盪，仍未有漸增或漸減的趨勢，因此根據現有觀測值(n=1)仍不足以判定目前該集水區與氣候變遷有顯著的關連。

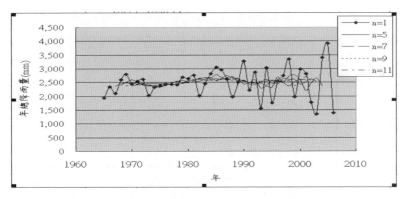

圖 5　石門水庫集水區年降雨量趨勢

2.　最大連續不降雨日數之頻率分析：

　　分別分析石門水庫集水區 1979~1998 年及 2080~2099 年的最大連續不降雨日數。本研究採用對數皮爾遜第三類分布作為頻率分析方法(Hann, 1977)，針對重現期距 2、5、10、25、50 與 100 年進行最大連續不降雨日數分析，結果如表 2 所示，由表中得知，根據歷史記錄(1979~1998 年)在重現期 50 年時石門、高義、及鎮西堡有出現小旱的現象(連續 50 天不降雨)，而根據 JMA/MRI 資料(2080~2099 年)高義、嘎拉賀、及鎮西堡有小旱現象，其中以鎮西堡的 60 天最為嚴重，但整個集水區即使在重現期 100 年時均無大旱現象的出現(連續 100 天不降雨)。於表中也顯示在氣候變遷影響下，未來(2080~2099 年)位於偏西的石門、霞雲、玉峰、及白石等 4 站之連續不降雨日數有減少趨勢，尤其石門站的改變相當明顯，即使於百年重現期亦不再出現小旱的現象，其他偏東的 6 站則有升高的現象，而鎮西堡站附近則最易發生無雨的旱象。

表 2　對數皮爾遜第三類分佈之最大連續不降雨日數

回歸年 站名	2 年		5 年		10 年		25 年		50 年		100 年	
	過去	未來	過去	未來	過去	未來	過去	未來	過去	未來	過去	未來
石門	26	23	29	27	36	29	45	32	54	33	63	35
霞雲	20	21	27	25	31	28	38	31	43	33	48	35
高義	26	29	34	37	39	42	46	49	52	53	57	57
巴陵	18	21	22	26	23	28	25	31	26	33	27	35

表 2　對數皮爾遜第三類分佈之最大連續不降雨日數(續)

回歸年 站名	2 年		5 年		10 年		25 年		50 年		100 年	
	過去	未來	過去	未來	過去	未來	過去	未來	過去	未來	過去	未來
嘎拉賀	27	29	35	37	39	42	44	49	48	53	52	57
玉峰	27	26	34	32	39	36	45	41	49	45	52	48
白石	20	19	26	23	30	27	35	32	39	36	43	40
鎮西堡	25	28	34	37	39	43	47	52	52	60	57	68
西丘斯山	19	19	23	23	25	27	28	32	31	36	33	40
池端	11	11	14	15	16	18	19	23	21	27	23	31

＊過去表 1979~1998 年；未來表 2080~2099 年。

3.　集水區最大連續不降雨日數空間推估

　　本研究根據集水區觀測站各重現年之最大連續不降雨日數資料，利用一般克利金(Ordinary Kriging)法進行空間推估分析。克利金法(Kriging Methed)(楊富堤，1996)[7] 乃以線性定常性(linear stationarity)假設為基礎，以變異圖(variogram)為分析工具，以二階定常性假設及本質假設為其兩大基本假設，藉著已知觀測點對未知點求其最佳線性不偏推估(Best Linear Unbiased Estimate；BLUE)。

　　圖 6 至圖 11 分別為過去(1979-1998 年)與未來(2080~2099 年)各重現年(T=2~100 年)之最大不降雨日數等值圖。由圖顯示過去(1979~1998 年)較易發生連續不降雨日數地區主要分佈在沿著石門、高義及鎮西堡之偏西地帶，未來(2080~2099 年)則集中於高義、嘎拉賀及鎮西堡附近，而集水區下游地區(霞雲及石門地區)之連續不降雨日數則有大符減少趨勢。利用等值線圖亦可推求出石門水庫集水區平均最大連續不降雨日數，如表 3 所示。由於在氣候變遷影響下，偏西地區的統計值降、偏東地區的統計值升，導致過去與未來的整體集水區平均值差異並不明顯，未來僅在重現期距 2 年處增加 1 天、50 與 100 年處各減少 1 天，且集水區每年發生小旱的機會仍低於 0.01。

　　IPCC-AR4 認為從全球來看，需水量在未來幾十年將會增加，主要是由於人口的成長及和生活水準的提升所致。從區域來看，由於氣候的變遷，灌溉需

水量可能會出現大的變化。而將目前的氣候變化率納入相關的水管理工作中考量，可較容易的來適應未來的氣候變遷。由於桃園地區農業以及民生用水日益增加，雖然在 SRES A1B 情境下，未來(2080~2099 年)石門水庫集水區的氣象乾旱趨勢並無顯著的變化，但相關單位仍宜加強宣導節約用水及水資源聯合調度，以預防可能的水資源供需不足情況發生。

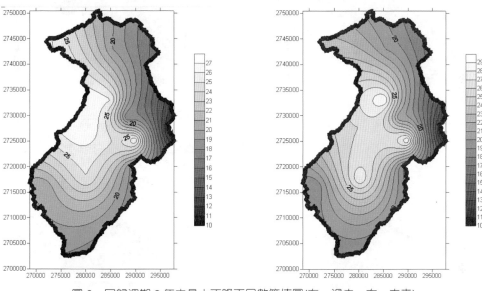

圖 6　回歸週期 2 年之最大不降雨日數等值圖(左：過去、右：未來)

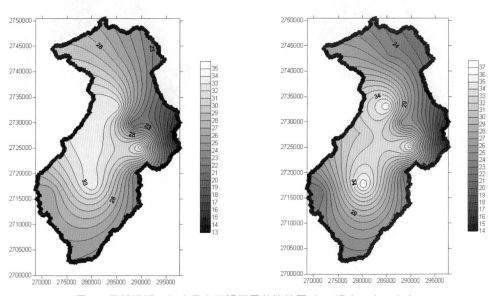

圖 7　回歸週期 5 年之最大不降雨日數等值圖(左：過去、右：未來)

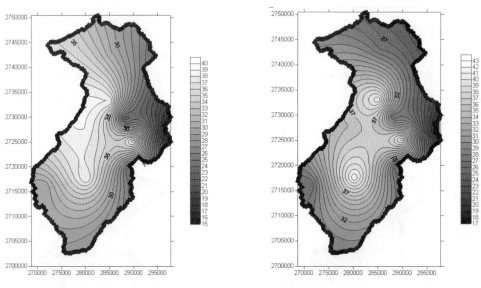

圖 8 回歸週期 10 年之最大不降雨日數等值圖(左：過去、右：未來)

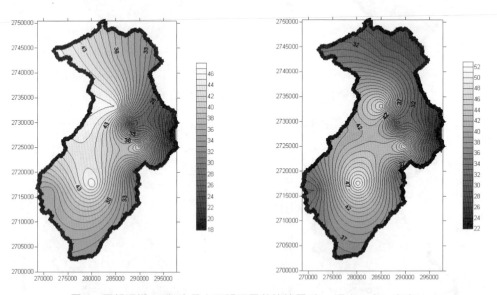

圖 9 回歸週期 25 年之最大不降雨日數等值圖(左：過去、右：未來)

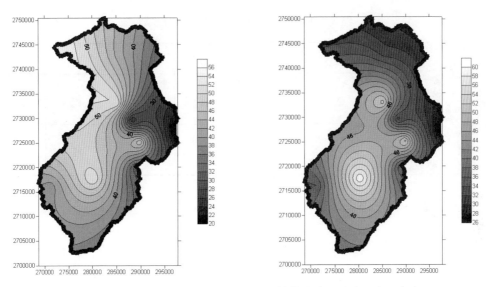

圖 10　回歸週期 50 年之最大不降雨日數等值圖(左：過去、右：未來)

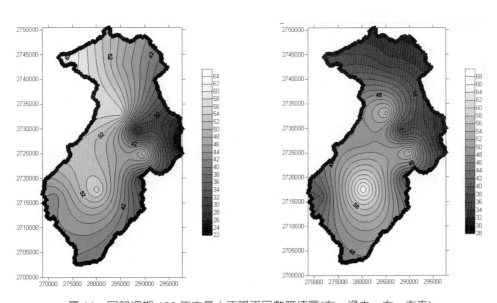

圖 11　回歸週期 100 年之最大不降雨日數等值圖(左：過去、右：未來)

表 3　集水區平均最大連續不降雨日數

重現期距(年)	2	5	10	25	50	100
實際最大連續不降雨日數(1979-1998)	22	28	32	37	42	46
模擬最大連續不降雨日數(2080-2099)	23	28	32	37	41	45

 四、結語

1. Mann-Kendall 趨勢檢定石門水庫集水區 1965 年到 2006 年的年降雨量，顯示目前該集水區年降雨量並無明顯漸增或漸減的趨勢。雖然近年來的年降雨量似有少者越少(旱)及多者越多(澇)現象，但移動平均分析顯示移動平均值於 2500mm 上下震盪，仍未有漸增或漸減的趨勢。現有觀測資料仍不足以判定目前該集水區與氣候變遷有顯著的關連。

2. 根據歷史記錄顯示石門水庫集水區過去(1979~1998 年)較易發生連續不降雨日數地區主要分佈在沿著石門、高義、及鎮西堡之偏西地帶。而在氣候變遷 SRES A1B 情境下，未來(2080~2099 年)較易發生氣象乾旱地區則集中於高義、嘎拉賀、及鎮西堡附近，而集水區下游地區(霞雲及石門地區)之連續不降雨日數則有大符減少趨勢。整體而言，未來石門水庫集水區每年發生小旱的機會仍低於 0.01。

3. 本文僅研究氣候變遷對氣象乾旱的影響，未來可進一步利用象限轉換法的校正資料，針對暴雨的頻率進行分析，以深入探討氣候變遷對集水區旱澇的衝擊影響。

 誌謝

感謝農委會計畫之補助(98 農科-7.4.1-利-b1-1)、北區水資源局與日本 JMA/MRI Kyosei4 modeling group 的資料提供，使本研究得以順利進行。

參考文獻

1. 許晃雄、柯文雄、鄒治華、陳正達(2000)，「台灣環境變遷與全球環境變遷衝擊之評析—候」，國科會研究計畫成果報告。

2. 金紹興、謝明昌(2001)，「氣候變遷對台灣水文環境之影響」，新世紀水資源問題研析與對策研討會，台南縣，p.A-1~A7。

3. 黃文政、張守陽、陳孝宇、吳建興、劉欣霈、張益家、蘇元風 (2003)，「台灣地區近三十年來連續不降雨日數分析與探討」，台灣水利，第 51 期，第 2 卷，p.1-9。

4. 柳中明、郭振泰、黃文政、林淑華(2007)，「因應氣候變遷及京都議定書水利政策調整之研究」，經濟部水利署，MOEAWRA0950119。

5. 唐亦宣(2008)，「石門水庫集水區日降雨統計降尺度之研究」，成功大學水利及海洋工程研究所碩士論文。

6. 蕭政宗(2006)，「台灣地區一日暴雨之區域頻率分析」，第十五屆水利工程研討會論文集。

7. 楊富堤(1996)，「濁水溪流域水資源供需之研究」，台灣海洋大學河海工程研究所碩士論文。

8. Hann, C.T. (1977), "Statistical Methods in Hydrology", Iowa State University Press.

9. IPCC (2007), The Fourth Assessment Report (AR4), http://www.ipcc.ch/.

5 高屏溪供水系統於氣候變遷下之供水承載力與缺水風險

 ## 摘　要

　　水資源系統之供水承載力，並非等同於河川流量或是水庫蓄存容量之總和，而是需要考慮整個水資源系統供給面與系統架構，包括水文、氣候、水庫、攔河堰、淨水場等系統性整合，才能合理評估水資源系統之供水承載力。本研究以高屏溪流域為研究區域，利用系統動力模式，建立高屏溪流域水資源供水系統模式，分析與探討現有水資源供水系統的供水承載力。結合 SRES 氣候變遷預設情境，氣象資料合成模式，HBV 流量模擬模式，以及 VENSIM 系統動力學模式，評估氣候變遷下，高屏溪流域水資源供水系統之供水能力。並以缺

[1] 劉子明　國立台灣大學生物環境系統工程學系博士候選人

[2] 童慶斌　國立台灣大學生物環境系統工程學系教授

[3] 莊立昕　國立台灣大學生物環境系統工程學系碩士生

[4] 游保杉　國立成功大學水利暨海洋工程學系教授

[5] 李明旭　國立中央大學水文科學研究所副教授

[6] 洪念民　僑光技術學院環境資源管理學系助理教授

[7] 郭振民　國立成功大學水利暨海洋工程學系博士後研究

[8] 宋睿唐　國立中央大學水文科學研究所博士生

[9] 王國樑　水利規劃試驗所水資源規劃課研究員兼課長

[10] 李俊星　水利規劃試驗所水資源規劃課工程員

水百分日指標(%-day)，分析高屏溪流域水資源供水系統於現況以及氣候變遷下之缺水風險，並分析與探討合理之缺水容忍度以及缺水風險下，高屏溪流域供水系統之供水承載力。

關鍵詞：氣候變遷、供水承載力、缺水風險、系統動力學

Abstract

The carrying capacity of water supply in the water resources system is neither just the quantity of the river discharge nor the summation of storage of the reservoirs. To estimate it reasonably, it must be considered with both demand side and supply side which includes the systematic combination of hydrology, climate, reservoirs, weirs, water treatment plants… etc. This study used system dynamics model to establish the water resources system in Gaoping river basin to analyze and approach the carrying capacity of water supply system. The impact of climatic change to water supply system was estimated with the input of SRES scenarios and several models such as weather generation, HBV flow model and system dynamics model – VENSIM. The drought index, deficit percent day (%-day), was adopted to analyze the risk of water shortage of the water resources system in Gaoping river basin under present condition and climatic change condition. Furthermore, the carrying capacity of water supply in Gaoping river basin was derived under reasonable tolerance and risk of water shortage.

Keywords：Climate change, carrying capacity of water supply, risk of water shortage, system dynamics.

 **一、前言**

供水系統之承載力是考量可容忍缺水風險下之最大可供水量，因此容忍缺水風險的訂定十分重要，若水資源系統採取非常嚴格之風險標準，則可能得到之供水承載力非常低，而不符合經濟效益，故缺水風險是否在可容忍之合理範圍是非常重要的。國內於探討缺水之標準，常以缺水指數(SI)為計算依據，其

中 SI 為缺水指數(shortage index)，N 為模擬總年數，Di 與 Si 分別為第 i 年缺水量與計畫供水量。

$$SI=(100/N)\times\Sigma(Di/Si)^2$$

缺水指數主要是在描述年缺水量與年計畫供水量間之關係，以缺水率(年缺水量/年計畫供水量)的平方來呈現年缺水之程度，將年缺水率平方，主要的目的是要將較嚴重之乾旱狀況給予較高的權重；而國內水資源與供水相關研究所訂定之缺水容忍度各區域並不相同，新竹以北常以 SI=0.5，新竹以南多為 SI=1，而台北則為 SI=0.1 等缺水容忍度為設計標準。依據訂定之設計標準所計算而得之每年可供水量，則為供水系統承載力，而 SI 值之訂定是否妥當尚有探討的空間。

由於供水系統之承載力是考量可容忍缺水風險下之最大可供水量，因此缺水風險的訂定便十分重要，若水資源系統採取非常嚴格之風險標準，則可能得到之供水系統承載力非常低，而不符合經濟效益原則，而同樣的，完全不發生缺水的完美供水系統在現實生活中也通常是不存在的，主要是由於乾旱事件屬於極端事件，發生機率相對較低，若為了不常發生的嚴重乾旱而大興土木，建造備用的水利公共設施，對於一個社會之經濟發展來說不一定是有利的，可能反而造成社會資源之浪費，因此需要關心的是缺水風險是否在可容忍之合理範圍內。

本研究利用系統動力模式，建置高屏溪與曾文溪流域之供水系統，藉由模式模擬水資源的運用真實情況，以探討高屏溪供水系統於氣候變遷下之供水承載力與缺水風險的變化。

二、文獻回顧

王宗男(2006)以缺水率(DR)與其發生機率、缺水百分率日數(%-day)和缺水百分率日數和其發生機率等三種指標，定出用水者之缺水可忍受限度，做為水庫容量之設計準則，並探討各項評鑑指標之相關性，期待能客觀地量化評估缺水衝擊。其中缺水容忍度的訂定分三種。(1)可忍受之缺水率與其發生機率依

據目前的用水習慣做出假設，即模擬期間之所有缺水率及其發生機率皆不可超過可忍受之缺水率與其發生機率。如 50 年容許發生一次 50%缺水風險、20 年容許發生一次缺水率為 30%之缺水風險等。(2)可容忍之缺水百分率日數為綜合缺水強度與缺水延時的聯合特性，以日本經驗為例，假設 1500%-day 為一可容忍限度的標準。(3)若以缺水百分率日數與其發生機率做為水庫容量設計之準則，根據台灣自來水公司目前之供水要求為缺水率不能高 20%，若假設最嚴重之缺水集中於枯水季(180 天)，則訂定用水者缺水可容忍受限度為 3600%-day 及重現期距為 20 年。

溫漢章(2001)利用水文合成的方法，考慮流量具有偏態性與各站間可能具有相關性，提出四種合成流量的途徑，利用單站或複站 ARMA 模式產生合成旬流量，並且利用分配模式將相對較大尺度的合成旬流量分配成相對較小尺度的日流量，找尋誤差最小的合成流量方法，並依濁水溪上游流域內水利設施之運轉規則，以民國 108 年為目標年，探討集集攔河堰各標的用水之風險。而風險分析是以各標的用水量(農業、民生、工業)歷史最大值%-day 分析，未來要發生缺水的嚴重性比歷史紀錄還要大的機率和重現期為多少，並以缺水指標 1500%-day 為民生用水缺水容忍度，計算大於缺水容忍度之機率和重現期。

陳鵬旭(2002)將新竹供水區劃分為五個供水子系統，藉由系統動力學軟體 STELLA 分別建構需水量預測模式、供水系統模擬模式和供水評量系統。其中供水評量系統包含缺水指數體系、統計參數體系、缺水百分率 DPD 及永續指標體系，據此探討未來不同目標年之需水量在不同供水策略下，各供水系統之供水績效，並依新竹供水區特性比較各種指標適用性。水資源供水承載力以 SI=0.5 為設計標準，而 DPD 分別以 1500%-day、1200%-day、800%-day 做為門檻值，配合供給面與需求面之各種管理策略，作為決策之參考。

三、研究方法

3.1 氣候變遷預設情境

　　未來可能氣候尚未能有紀錄，過去在氣候變遷相關研究設定未來氣候情境包括假設、空間或時間類比、與物理性大氣環流模式(General Circulation Models, GCMs)模擬。近年來，大氣環流模式發展已有顯著改善，因此，現今氣候變遷衝擊研究多採用 GCMs 模擬結果為主，惟 GCMs 屬於全球尺度分析，其模擬值直接應用於小區域仍有相當之不確定性。因此目前在衝擊影響評估應用上，其預測值一般只應用於設定氣候變遷預設情境，再配合氣象資料合成模式，產生評估模式所需之輸入資料。大氣環流模式根據可能溫室氣體排放情境模擬未來之氣候，許多國家均有自行發展之大氣環流模式，但其模擬均採用共同之溫室氣體排放情境(Special Report on Emissions Scenarios，簡稱 SRES)，大氣環流模式模擬需大量計算能力，屬於大氣科學範疇，本研究只採用其預測值。目前 IPCC 網站上僅提供 A1B、A2 及 B1 等 3 種情境之月資料供下載，A2、A1B 及 B1 等 3 種情境分別代表的是較悲觀、持平及較樂觀的溫室氣體排放情境。本研究將以此 3 種情境進行分析，分析高屏溪流域於短期(2010~2039 年)可能遭受之衝擊。

　　本研究以曾文高屏流域氣象站 1961~1990 年歷史氣溫、雨量資料，與各 GCM 模式之基期資料做一相關係數分析，可發現歷史氣溫資料與 GCM 模式基期資料的相關係數皆在 0.97 至接近 1 的高度相關範圍；而從雨量資料來看，GFDL-CM2.1(以下簡稱 GFDL2.1)、INM-CM3(以下簡稱 INM)、MPIM-ECHAM5(以下簡稱 ECHAM5)、MRI-CGCM2.3.2(以下簡稱 CGCM2.3.2)、NCAR-CCSM3(以下簡稱 NCAR)等 5 個 GCM 模式之基期資料與歷史資料的相關係數大致在 0.8 以上，GFDL-2.0 雖然也有相當高之相關係數，但因為與 GFDL2.1 乃屬不同版本之同一個模式，因此兩者取較新的 GFDL2.1，因此後續分析高屏溪流域供水系統將以此 5 個模式為主。

對於未來各時期的雨量以及氣溫將以以下方式推估：

$$P_{m,n}=P_{m,o}\times R_{m,n}$$

$$T_{m,n}=T_{m,o}+D_{m,n}$$

$P_{m,n}$ 為未來 n 時期第 m 月之降雨量平均值，$P_{m,o}$ 為基期第 m 月降雨量觀測平均值，$R_{m,n}$ 為未來 n 時期第 m 月之降雨情境(雨量比值)，乃是未來可能雨量與基期雨量之比值。$T_{m,n}$ 為未來 n 時期第 m 月之氣溫平均值，$T_{m,o}$ 為基期第 m 月氣溫觀測平均值，$D_{m,n}$ 為未來 n 時期第 m 月之氣溫情境(氣溫差值)，乃是未來可能氣溫與基期氣溫之差值。

3.2　供水承載力

水資源系統之可供水量之界定，並非等同於河川流量，或是淨水場處理容量之總和，或是水庫蓄存容量之總和，而是需考慮整個水資源系統相關供水的方式，例如水文、氣候、水庫、攔河堰、淨水場等系統性整合，都會影響到水資源之可供水量。那要如何定出水資源之可供水量，即所謂之供水承載力。本研究首先建立高屏溪水資源系統動力模式，透過系統動力模式，模擬水資源系統真實情況，如此便能藉由此模式探討各種不同流量輸入下，現實生活中水資源系統會產生何種結果。一旦將模式建立起來，先以計畫供水量作為需水量，將歷史流量代入水資源系統動力模式中，計算其缺水指數或相關指標基準，若指標未符合供水規劃準則，則透過迭代方式計算，將計畫供水量作修改，再重新模擬，直到其指標能符合預定之供水規劃準則，此計畫供水量之值即為整個水資源系統可供水量，也就是此水資源系統之供水承載力。

3.3　HBV 水文模式

使用水文模式在於分析氣候變遷影響下，區域水文流量受到的衝擊，而此衝擊量可以再代入後續的系統動力模式，做為流域上游水源的輸入值。水文模式依時間尺度可分為連續型與事件型兩種模式，為模擬未來氣候變遷情境下的河川流量，需利用連續型水文模式模擬長時間的流量序列，本研究擬採用修正

型 HBV(Hydrologiska Byrans Vattenbalansavdelning)模式來模擬流量序列,修正型 HBV 模式為適用於台灣地區的 HBV 模式修正版本,經研究證實在台灣許多集水區有良好的流量模擬能力,此模式可考慮氣候變遷情境下雨量及溫度的變化對於河川流量的影響,特別適用於本研究。

　　修正型 HBV 模式為連續－集塊型模式,是將集水區降雨－逕流之機制概念化為上、下兩個水桶進行長期逕流量的連續模擬,時間尺度可為時、日、旬、月,本研究將以日為時間演算單位。模式架構包含三個主要部分:(1)土壤含水量作用部分,(2)逕流反應部分,(3)土壤層與上、下水桶之水平衡方程式。

3.4　系統動力模式

　　藉由系統動力學理論,本研究將高屏溪水資源系統轉換成水資源動力模式,並以此為基礎,透過系統動力學應用軟體 Vensim,建立高屏溪水資源系統動力模式。透過系統動力學理論,將河川系統、結構物與水資源需求者都加以單元化,並以線段標示單元間的相互關係,再賦予每個元件適當的定義,即可將高屏溪水資源系統轉換成系統動力模式。水資源系統中取水以及供水具有空間分佈的關係,而系統動力模式可以充分發揮此模擬特性,如圖 2 所示。除了空間的分佈,亦可以反應時間的變化,複雜的水資源系統,可以藉由系統動力模式輕易解釋。由於高屏溪部分供水來自於地下水,約為 22 萬 CMD(南部地區水資源利用整體檢討規劃(經濟部水利署,2006))。因此,系統中將先取地下水 22 萬噸,不足之需水量則由地面水取得。地面水之取得受限於河川原水供給量、各淨水廠處理能力以及攔河堰之取水規則。

　　模式驗證將以 2001~2004 年之里嶺大橋流量(2005~2006 年流量缺測)進行驗證,結果如圖 1,里嶺大橋在經過上游取水,以及兩大支流匯流後,仍有不錯的模擬結果。顯示本研究之高屏溪水資源系統可以合理模擬整個水資源供需水的模擬。

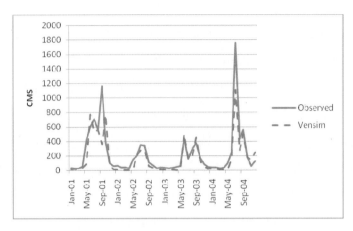

圖 1 系統動力模式於里嶺大橋之驗證

四、結果與討論

4.1 高屏溪流域供水系統承載力之容忍缺水風險標準

一般而言，水資源系統是以歷史流量，就計畫需水量進行模擬分析可能的缺水程度和缺水機率，而所遭遇的缺水嚴重程度則可用缺水評鑑指標來具體量化描述。近年來較常使用的缺水指數 SI(Shortage Index)，是將計算期距內各年缺水率平方後再加總，凸顯缺水的嚴重性。如平均年度缺水率為 20% 時缺水指數為 4，是缺水率為 10% 時指數為 1 的四倍而非兩倍。就定義而言缺水指數是表示長期缺水狀態，並無法完全呈現缺水特性，無法考慮每一年內每次缺水發生的強度與延時。且缺水指數並非一對一之函數關係，如 100 年內發生 4 次缺水 50% 和每年皆缺水 10% 其缺水指數皆為 1，故即使使用相同的缺水指數，在不同的水資源系統可能無法反映水資源系統特性以及無法滿足各標的需求。

本研究利用缺水百分日指標(%-day)(Deficit Percent Day Index, DPD Index)，藉此考慮每年所發生的缺水強度與延時，可作為界定單一缺水事件忍受程度的依據，以補其缺水指數 SI 之不足，此指標是由日本的 Water Resources Development Public Corp. 於 1977 年提出，用以表現連續缺水天數之影響，即針對單一缺水事件，利用每天之缺水率乘以連續缺水天數，其公式如下：

DPD=Daily deficit rate(%)×連續缺水天數

根據日本在 1964 年缺水後所作之問卷調查，提出公共用水之容忍度為 DPD=1000 至 1500 %-day，此 DPD 的缺水容忍度意義如某系統缺水 30%且連續 50 天，或是缺水 50%連續 30 天依此類推。溫漢章(2001)與王宗男(2006)皆以 DPD=1500%-day 作為缺水容忍門檻，乃因此門檻值是經過問卷調查之結果，較能反應民生之缺水容忍值，因此本研究也將以 DPD=1500%-day 作為缺水容忍值。

下圖 2 乃根據現有水資源設施以及氣候條件，以蒙地卡羅模擬法(氣象資料產生器)，重現符合現在氣候條件下，高屏溪流域供水系統每年最大 DPD 值，經由排序後，以韋伯法求得對應之超越機率繪製而成。

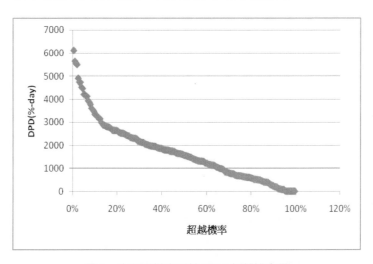

圖 2　高屏溪供水系統 DPD 超越機率圖

為了解高屏溪供水系統在不同之計畫需水量下可能之缺水風險 (DPD>1500%-day)，可改變計畫需水量進行模擬，利用以上計算超越機率之步驟，可求得不同計畫需水量下，DPD>1500%-day 之機率，如圖 3 之缺水風險圖。

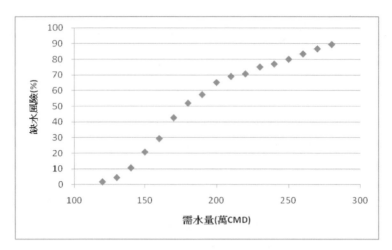

圖 3　不同計畫需水量下之缺水風險圖(DPD>1500%-day)

缺水容忍標準 DPD=1500%-day 乃經由問卷調查所得到之缺水容忍門檻，若以枯水期六個月(約 180 天)平均缺水來看，相當於每天平均缺水率為 8.3%，跟台灣自來水公司所訂之缺水率不得超過 20%的標準比較，其實是比較高之標準。DPD=1500%-day 乃考慮民生感受之缺水容忍值，從另一個角度來看，即 DPD 小於 1500%-day 時，民生可能仍感受不到缺水。因此，若每年或是每兩年發生的最大缺水事件小於 1500%-day，對於民生感受應該是可以接受的。但是缺水事件標準之重現期之訂定，仍需配合水利署或地方政府施政政策，本研究以不超過設計標準之重現期 2、5、10、20 年呈現結果。

4.2　現況供水系統之承載力分析

本研究利用 Vensim 系統動力學軟體，就現有之水資源設施，以及供需關係，建立高屏溪與曾文溪流域水資源系統動力模式，進而評估高屏溪流域之供水承載力。依照現有氣候條件，利用 HBV 模擬水資源系統各河川入流，考慮各水利設施之供水能力以及營運規則，以分析現況之供水承載力。

高雄地區主要水源為高屏溪川流水，另尚有鳳山(東港溪水源)及阿公店水庫之水庫水，其中高屏溪系列淨水場及南化高屏聯合運用之供水能力約 117 萬 CMD，目前用水需求水量約 180 萬 CMD 來看，另鳳山及阿公店水庫之供

水能力約 55 萬 CMD，其他地下水及地區性水源共 22 萬 CMD 之供水能力。惟高雄地區水源需注意高屏溪豐枯水期水量變化之不穩定性，且高屏溪於豐水期常因濁度較高而無法取水。本計畫之供水承載力乃考量水資源供水系統結構關係下，對於民生以及工業用水需求之供水能力。惟高雄地區許多自來水淨水場取水來源為地下水，因此評估結果之供水能力包含地下水供給民生與工業部分。

　　若考慮以缺水容忍度作為供水承載力之設計標準，則必須加上缺水風險的門檻值，才能決定供水系統之供水承載力。首先以目標需水量代入模式，進而計算出供水系統之 DPD 超越機率如圖 2。若以缺水事件為 1500%-day 之重現期為 2 年，做為設計標準；當超越機率 50%所對應到的 DPD 值，高於 1500%-day 時，代表缺水程度高於設計門檻，則降低需水量再次進行計算。反之當低於 1500%-day 表示缺水程度未達設計門檻，有能力增加目標需水量，則增加需水量再次進行計算，反覆迭代計算求得符合門檻之供水承載力。

　　如表 1，由圖 2 及表 2 可以推求不同重現期之 DPD 不得超過容忍度 1500%-day 所對應之供水承載力。其供水承載力即為設計需水量，亦即當設計需水量為 177.9 萬 CMD 時，高屏溪供水系統能容忍 DPD 小於 1500%-day 之 2 年重現期缺水事件，該設計需水量即為符合該缺水容忍度與風險之供水承載力。如前一節所述，每兩年發生一次的缺水事件，其缺水程度小於缺水容忍度 DPD=1500%-day，對於民生感受應該是可以接受的。以高雄現況公共需水量約為 180 萬 CMD 而言，接近於 2 年重現期之設計供水承載力 177.9 萬 CMD，可見此標準符合現況。因此，本計畫建議以 DPD=1500%-day 為缺水容忍度，並以 2 年重現期作為供水承載力之設計標準。

　　藉由 Vensim 系統動力模式進行模擬，以不同的供水承載力計算，可以得到如表 2 高屏溪供水系統供水承載力對應缺水指數 SI。以現況之需水量 180 萬 CMD 而言，所對應之 SI 為 0.39。由 SI 的結果來看，目前高屏溪的供水設施是足以應付目前的需求的。SI=1 時，供水承載力為 231.5 萬 CMD，而 SI=0.5 時，供水承載力為 190.6 萬 CMD；SI=0.1 所對應的供水承載力為 143.5 萬

CMD。所得結果跟過去相關研究比較，似乎較為樂觀，原因在於本研究乃模擬實際供需水情形，並將北嶺加壓站(台南)支援高雄供水能力考慮進來，當原本高屏溪系統無法滿足高雄供水時，便由北嶺加壓站，依照其能力(包括扣除台南供水之南化水廠處理能力以及北嶺加壓站輸送能力)支援高雄供水。

表 1　高屏溪供水系統不同重現期 DPD 對應之供水承載力

重現期(年)	2	5	10	20
供水承載力(萬 CMD)	177.9	149.2	139.0	130.9
SI	0.37	0.14	0.07	0.04

表 2　各高屏溪流域缺水指數對應之供水承載力

缺水指數 SI	0.1	0.5	1	現況 0.39
供水承載力(萬 CMD)	143.5	190.6	231.5	180

4.3　高屏溪流域未來供水承載力

　　本計畫為模擬高屏溪流域供水情形，乃同時建立高屏溪與曾文溪流域之供水系統，實乃因為高屏溪攔河堰與南化水庫為聯合營運供給大高雄地區供水。因此，系統動力模式中之上游集水區入流分別包括高屏溪以及曾文溪。未來氣候變遷將造成降雨與氣溫的改變，進而影響河川入流量，本研究採用 IPCC AR4 情境的氣候資料來模擬楠峰橋(旗山溪甲仙堰)上游、阿其巴橋(荖濃溪荖濃堰)上游、曾文水庫(曾文溪)上游、南化水庫(後堀溪)上游等四個集水區之未來流量。模擬乃利用 GCM 模式之情境溫度差值及情境雨量比值資料，以實測溫度及雨量資料為模擬基準，配合繁衍模式合成未來情境溫度及雨量資料，再經由 HBV 水文模式推估未來不同氣候變遷情境下之流量。

　　結果顯示，A2、A1B 或 B1 的溫度情境均呈現減少的趨勢，減少的幅度都差不多，豐水期溫度減少的幅度較枯水期大；雨量在各情境的枯水期都是減少的趨勢，豐水期則是雨量有稍微增加的趨勢，特別在 B1 情境下雨量有增加的幅度較 A2 與 A1B 稍大；流量受到雨量減少的影響多呈現減少的趨勢，流量在

枯水期時 A2 與 A1B 情境下在旗山溪、荖濃溪與曾文溪都是減少，而 B1 情境下因枯水期雨量減少趨勢變緩與豐水期雨量有增加趨勢的影響，旗山溪與荖濃溪的流量有反過來呈現增加的趨勢，其他在曾文溪、後堀溪與東港溪也有呈現流量較 A2 與 A1B 情境增加的現象。

高屏溪未來在需水量成長之壓力下，將面臨缺水風險提高之風險。原本豐枯差異極大之高屏溪與曾文溪，在未來氣候變遷影響下，各河川之豐枯差異有增加之趨勢。本節將以民國 120 為目標年，氣候變遷情境將以短期情境(2010~2039 年)之氣候條件進行模擬，探討氣候變遷及需水量成長之雙重壓力下，高屏溪流域供水系統所面臨之衝擊。由於農業用水在「區域水資源經理策略」(水利署，2008)中乃訂定為零成長，亦即民國 120 年之農業需水量將維持現狀。因此，本計畫模擬供水過程將不考慮農業需水量之改變，亦不考慮農業用水受氣候變遷之影響。

在缺水指數 SI 的計畫結果顯示，如圖 4，多數結果顯示氣候變遷的影響將使缺水指數增加，A1B 與 A2 較有一致的結果，B1 雖沒有一致的結果，但是 GFDL2.1 模式的結果卻是最為嚴重。

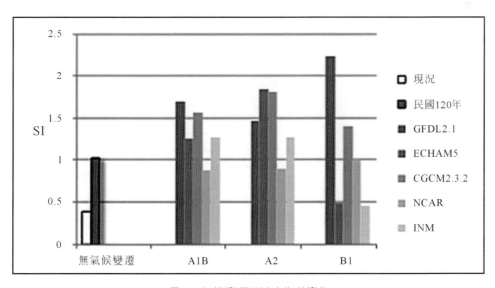

圖 4　氣候變遷下缺水指數變化

　　由各月之缺水率結果來看，如圖 5~7，多數結果顯示氣候變遷下，在二月至四月之缺水率均為增加，B1 情境結果較沒有一致性，其中 GFDL2.1 於四月之缺水率及五月之缺水率增加好幾倍，其結果與其他模式結果差異甚大，可信度較低。

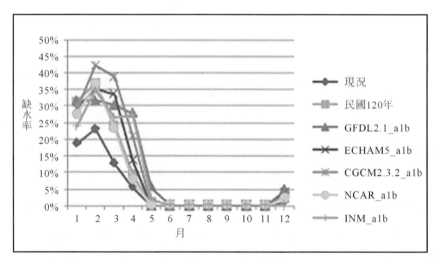

圖 5　氣候變遷 A1B 情境各月缺水率

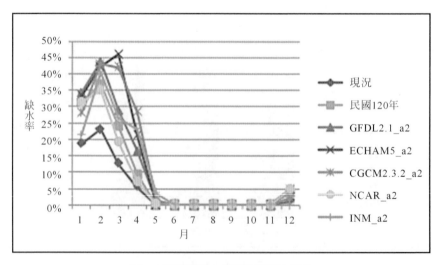

圖 6　氣候變遷 A2 情境各月缺水率

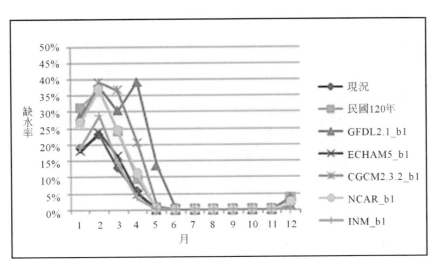

圖 7　氣候變遷 B1 情境各月缺水率

　　以 SI 作爲供水承載力之指標值，結果如圖 8~10 及表 2，多數結果顯示氣候變遷將造成供水承載力下降，只有 B1 情境下 INM 跟 ECHAM5 結果是增加的。以 SI=0.5 爲例，現況之供水承載力爲 190.6 萬 CMD，氣候變遷模擬結果顯示，GFDL2.1_B1 結果較爲極端，供水承載力將下降爲 132.9 萬 CMD，亦即少了約 60 萬 CMD 的供水能力，而次之爲 ECHAM5_A2，供水承載力爲 140.8 萬 CMD，相較於現況亦少了約 50 萬 CMD 的供水能力。針對未來供水系統之供水能力，除了考慮需水量的成長之外，對於氣候變遷造成供水能力下降應該加以考慮，才能應付未來之供水。

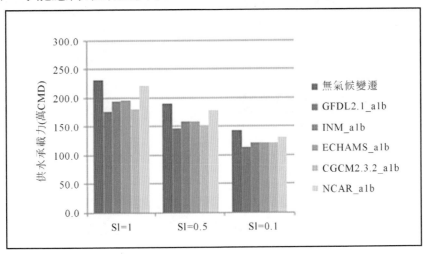

圖 8　氣候變遷 A1B 情境下高屏溪流域供水承載力

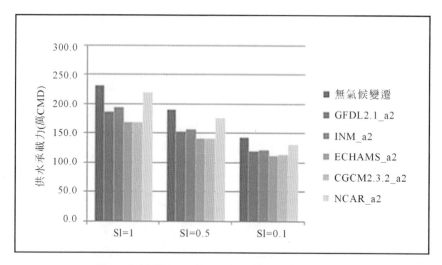

圖 9 氣候變遷 A2 情境下高屏溪流域供水承載力

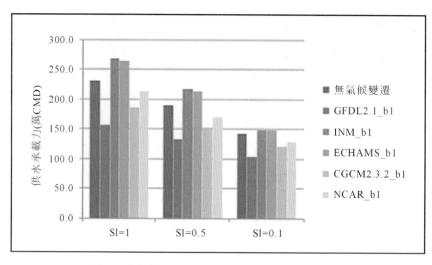

圖 10 氣候變遷 B1 情境下高屏溪流域供水承載力

 # 五、結論與建議

5.1 結論

　　本研究藉由供水系統的建立，評估未來氣候變遷下供水承載力的變化。模式的建立需考慮整個水資源系統相關供水的方式，例如水文、氣候、水庫、攔

河堰、淨水場等系統性整合，都會影響到水資源之可供水量。為確保模式的合理性藉由模式模擬完後之流量與下游流量站之歷史流量做驗證。

　　未來氣候變遷下氣象資料的變化具有相當高的不確定性，並無法僅以一種GCMs 模式做為代表，故本研究採取 5 種 GCMs 模式及三種不同溫室氣體排放之情境，藉由和現況的比較進行短期(2010~2039)衝擊評估。而 2040 年以後因為年份過於久遠，界時供水設施可能已有重大改建，評估結果可能較無意義。

　　供水承載力方面，訂定一個供水系統合理的可供水量並非此系統每一時期完全不缺水，而是缺水情形是否能在所設計的缺水容忍度之下。缺水容忍度的門檻並非單一值，必須依各地區之水文特性、供水能力、各標的需水量、施政方向及民眾觀感等有所不同。本研究除了採用過去規劃時常用之缺水指數 SI外，另外以%-day 指數訂定設計標準，此指數較能反應每次缺水事件是否在缺水容忍度內，以日本經驗為例公共用水之容忍度約在 1000%~1500%。本研究將此缺水指數依不同重現期為標準，求出該系統之供水承載力變化。

5.2　建議

　　本研究分析氣候變遷下供水承載力的變化，是以改變標的需水量方法迭代計算出供水承載力。未來若需水量高於供水承載力，則需降低標的需水量或是以工程或非工程手段增加系統供水能力，工程手段如增建水庫、擴充淨水場淨水能力或壩堰攔水能力，非工程手段如協調各標的用水權的轉移、緊急時供水系統聯合營運或跨地區緊急用水支援；皆可藉由本研究之系統動力模式的調整評估適合的方案，以避免水資源供不應求的情形發生。

　　缺水容忍度的訂定本研究雖以日本經驗為設計標準，未來可由政府依施政方向如工業區之設立、水利會協調結果如農業用水緊急調度機制，以及調查該地區民眾對於缺水可忍受程度，訂定更適合於該區的供水系統之承載力設計門檻。

 參考文獻

♦ 1. 王宗男(2006)，「水庫容量風險性設計準則比較探討」，國立成功大學水利與海洋工程研究所碩士論文。

♦ 2. 詹麗梅(2001)，「區域供水系統系統動力模型建立與策略評估─以大基隆供水區為例」，國立台灣海洋大學河海工程研究所碩士論文。

♦ 3. 溫漢章(2001)，「利用合成流量進行水資源系統分析」，國立台灣大學土木工程研究所碩士論文。

♦ 4. 陳鵬旭(2002)，「新竹地區供水系統動力模式與供水評量系統之建構」，國立台灣海洋大學河海工程學系碩士論文。

第 **4** 篇

水資源管理

※ 1. 台灣未來水資源經營之省思

※ 2. 河川流域整體管理新思維

※ 3. 農業用水調配及枯旱因應對策研究

※ 4. 多元化水資源管理到流域脆弱度分析

※ 5. 台灣主要流域之環境特性及脆弱度分析

※ 6. 台灣地區農業水資源脆弱度評估初探

※ 7. 行政機關風險評估與管理之研究—以經濟部水利署為例

※ 8. 以水文地質角度談林邊佳冬之淹水整治

※ 9. 高鐵沿線地層下陷防治策略—以雲林農田水利會灌區水井管理為例

※ 10. 農田水利會應用地理資訊技術於水資源管理以彩色正射影像套繪主題圖資應用為例

※ 11. 利用區域化方法推估未設測站地點之設計雨型

1 台灣未來水資源經營之省思

 ## 摘 要

　　永續發展係世界之趨勢及各國努力的方向，而水是人類賴以維生的必須品，惟水資源之日漸枯竭已成為 21 世紀經濟發展的世界性問題。台灣年平均雨量豐沛，惟因地狹人稠，每人每年所分配降雨量僅為世界平均值之 1/7，又河川坡陡流急，水源涵養不易、且蓄水設施不足，水資源經營工作困難。近年來，產業發展迅速，台灣北、中、南部區域紛紛設置科學工業園區，用水需求遽增外，更因氣候變遷及颱洪造成水庫高濁度問題，導致桃園、台中及高雄等地區缺水之風險較高；至於離島地區則因近年水文情況不佳，長期仰賴運水，極需穩定水源供應。本文將針對台灣目前水資源供需之趨勢，面臨之嚴峻課題及挑戰，提出未來水資源經營之策略，供決策參考。

關鍵詞：水資源經營、總量管制、多元化水資源開發、備用水源

[1] 陳榮松　國立中興大學土木工程學系教授

[2] 王國樑　經濟部水利署水利規劃試驗所研究員兼課長

Abstract

Sustainability is the worldwide trend and direction that every country is striking toward and water is the major essential that human beings depend on for living. However, exhausted water resources are becoming the global issue for the 21th century. The average precipitation in Taiwan is abundant, but every single resident per year only get one seventh of the average precipitation distributed for people in the world due to crowded living environment. Furthermore, because of steep slope and rapid currents of rivers, it is not easy to sustain water resources; plus lack of reservoirs, water resource management is difficult. Recently, industrial development has been blooming all over Taiwan and scientific industrial parks have been installed in the northern, central, and southern areas. This leads to increasing demands of water. Besides, it results in high risk of water scarcity in Taoyuan, Taichung, and Kaohsiung since climate change, typhoon, and floods cause impurity of reservoirs. As for off-shore islands, they heavily rely on transported water and need stable water supply. This paper would focus on tendency of water supply and demand and critical issues and challenges we are facing in Taiwan. It would then propose future strategies of water resource management for decision making.

Keywords：water resource management, total quantity control, diversification of water resource development, backup source of water

 ## 一、前言

水資源之日漸枯竭已成為 21 世紀經濟發展的世界性問題，聯合國已發出全球性缺水警訊，預測至 2025 年時必須更有效利用淡水資源與淨化後之廢水及控制河川與湖泊污染，否則全世界將有 1/3 人口嚴重遭受缺水之壓力。台灣地區隨著人口成長、都市化發展與事業結構改變，用水需求逐漸增加，在供水穩定度不足之情況下，各標的用水間之競爭現象日益激烈。傳統水源開發已面臨諸多天然條件限制，加上社會對自然資源保育之意識提高，造成傳統水源開發困難。

　　台灣地區現階段水資源利用係以川流水、地下水與水庫爲主，其中川流水利用需依賴各年之水文狀況，而水庫又因調蓄能力不足，其興建費時日且常遭保育團體之質疑，爲因應各標的用水需求，導致超抽地下水而造成地層下陷，又爲因應枯水年之生活與工業用水需求，常實施農業用水減量供應及農田休耕等措施。在各種天然條件限制與保育自然環境之情況下，爲維持並增進民眾生活品質與事業發展，積極擬訂水資源總量管制及研發多元水源實刻不容緩。

二、供需分析

　　由生活用水、工業用水、農業用水、保育用水等各標的用水之推估，台灣地區至目標年民國 110 年水資源開發利用需求變化，其中天然水資源需求量將由民國 86 至 90 年平均的 186 億噸成長至民國 110 年的 200 億噸。

2.1　水資源利用現況

　　以民國 90 年台灣地區之平均水資源運用情況(示如圖 1)，其平均降雨量爲 936 億噸，蒸發損失量爲 224 億噸，河道逕流量約 661 億噸，平均總用水量推估值約爲 186 億噸，其中農業用水 126 億噸(占 68%)，生活用水 33 億噸(占 18%)，工業用水 17 億噸(占 9%)。地下水抽用量 58 億噸(占 31%)。而因推估臺灣地區地下水補注量每年平均僅約 50.8 億噸，故臺灣地區平均地下水抽取量仍大於天然補注量，部分原來地下水豐沛之地區更因持續超抽已出現地層下陷、海水倒灌等負面現象，未來應尋求其他地面水源替代方案以設法舒緩地層下陷問題。

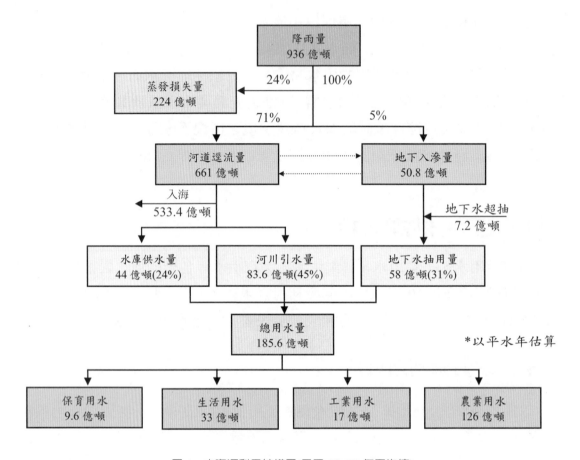

圖 1 水資源利用結構圖(民國 86~90 年平均值)

2.2 未來用水需求推估

考量台灣地區過去的經濟成長趨勢及衡量未來生活品質的提升及產業的發展,台灣地區用水預期仍有持續成長之趨勢。惟為維持水土及生態環境,水資源不可能無限制的開發,可利用的水資源實為有限,未來的水源供應觀點宜改弦更張,由往昔以開發來滿足需求之方向轉變為檢討需求並以有限度之供給為考量。再考量加入 WTO 後,為能機動配合未來經濟成長及生活品質的提升、同時為了追求永續經營的環境保育目標,除須注意河川潛能量及限制地下水抽用量外,亦將持續提升水資源之經濟利用效率,乃將台灣地區總需求用水量定為每年 200 億噸(示如圖 2)作為需求總量管制之目標。

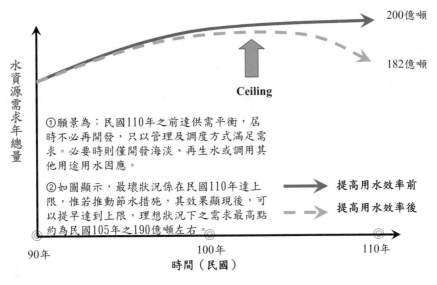

圖 2　未來水資源需求變化示意圖

 三、問題研析

　　台灣地區雖屬多雨地區,但因地質、地形、氣候等天然因素及高人口密度,以致在聯合國組織中列爲缺水地區。台灣地區水資源受天候、地形因素影響,具有高度不確定性,不僅季節性之雨量豐枯分布不均勻,復因地形之地勢陡峭,水資源蓄積不易,造成水資源運用日益困難,尤其枯水季特別明顯。部分原來地下水豐沛之地區更因持續超抽已出現地層下陷、海水倒灌等負面現象,未來應尋求其他地面水源替代方案以設法舒緩地層下陷問題。台灣地區水資源供應之問題列舉如下:

1. 天然因素的限制:

　　台灣地區年平均降雨量爲 2515 毫米,爲世界平均之 2.6 倍,年降雨總量約 905 億立方公尺,因降雨時空分布懸殊,且全島面積 3/4 以上皆屬高山與丘陵,河川坡陡流急,導致 3/4 以上之逕流皆直流入海,可利用水量不足 1/4,又人口密度甚高,每人每年可分配之雨量僅爲世界平均之 1/7,在人類科技無法控制天然限制因素之情況下,此問題非人力所能改變。

2. 生活水準提升與事業轉型：

台灣地區過去以農業為主之事業用水，其容忍度較高、彈性較大，除可減量用水外，必要時尚可藉加強管理支援生活用水之需。近年來因生活水準提升，事業亦逐漸由農業轉型為工業，除用水量快速增加外，亦大幅降低事業對缺水之容忍度，使缺水對經濟造成嚴重損失。

3. 供水穩定度不足：

依民國 86 至 90 年平均的用水資料統計結果顯示，台灣地區各標的年平均用水總量約為 186 億噸，示如圖 1 所示，川流水、地下水與水庫之年供水量分別為 84、44 及 58 億噸。若容忍度較低之民生及工業用水由較穩定之水庫水源供應，因水庫之 44 億噸在扣除供應農業用水約 15 億噸後，29 億噸之水量僅為民生與工業用水 50 億噸之 58%，其餘之 21 億噸需由川流水與地下水供應，而地下水已局部超抽，且川流水中較穩定之水量需保留為河道最小流量，供水穩定度明顯不足。

4. 輸配水系統效率偏低：

由歷年資料統計顯示，自來水售水率偏低，除消防用水不計價外，自來水系統由取水至淨水間之輸水損失約 5~10%，淨水處理損失約 5%，至用戶間之供水損失約 30~47%，總計約有 40~60% 之輸配水損失；農業用水自取水至田間用水之間亦有 25~40% 之輸水損失，顯示水源有效利用率偏低。

5. 水源調蓄能力不足：

台灣地區因地形地質條件受限，蓄水設施容量一般偏小，又因豐枯水期水量差異懸殊，僅能以年用方式營運，而無備載容量，致年運用次數偏高，稍遇枯旱即有缺水危機。

6. 缺乏輔助水源：

現階段水源供應主要依賴川流水、地下水及水庫等傳統水源，在大部份逕流直流入海、地下水已超抽及水庫調蓄能力不足之情況下，極待開發輔助水源以補助傳統水源穩定性不足部份。目前雖有少數之海水淡化設施，但均位於離島地區，少數之雨水收集貯留設施水源量甚微，僅能提供局部性節約用水功能。

7. 水文環境之變遷：

近年來因溫室效應造成全球氣候變遷，據統計資料顯示，全球年平均氣溫已提升 2℃，而台灣地區則有降雨日數減少，降雨延時縮短及降雨強度增加之趨勢，使原已涵養不易之水源情況更形惡化。

四、解決對策

台灣地區水資源供需面臨的困難除供給面、需求面的問題外，還有蓄水設施抗旱能力不足、水土保持不良影響集水區涵蓄水資源能力、水質污染降低水資源供應量等問題，尤其近年來全世界自然氣候的變遷，使得澇旱之頻率大增，若無法有效提升水資源的備載容量，遭逢枯旱時的缺水夢魘將揮之不去，這些困難已使台灣島上水資源面臨「缺水」臨界點，形成國家未來經濟發展之瓶頸，亦為台灣永續發展之障礙。建議解決對策如下：

4.1　水資源永續經營理念之積極建立

目前經濟部水利署已朝水資源永續經營之理念應積極建立，即：

1. 持續推動節流與開源並重、生態保育與開發利用兼顧。

2. 加強水資源管理、改變需求以適應供水潛能。

3. 建構取水者付費與獎勵保育者制度、確保用水秩序及水源保育。

4. 優先推動非工程措施、強化流域整體經營管理。

5. 適時多元化的開發水源，並促進民間參與水利建設。

4.2　天然水資源開發利用總量管制之落實推動

在天然水資源開發利用總量管制前提下(示如圖 3)，以「提高用水效率」、「建立天然水資源總量分配機制」、「適度以多元方式開發新水源」(示如圖 4)作為臺灣地區未來水資源永續利用之主要措施。其中提高用水效率可透過需求面之推動節約用水及供給面之有效管理、彈性調度等 3 個面向之可能行動計畫著手。建立天然水資源總量分配機制，應將水資源依其使用價值重新分配，

亦即用水標的之順序及用水之時間應予以合理調整重新分配，才能充分發揮水
資源最大之效益，惟其影響深遠，須審慎檢討規劃相關配套措施，並循序漸進
推動，不可貿然實施，以免導致反效果，並考量於枯水季及缺水風險較高地區
先行推動。若預期各區域生活及工業用水仍有不足，則應以如開發水庫、地表
地下水聯合運用、平地水庫(人工湖)、海水淡化、廢污水再生、農地回歸水、
雨水收集貯留等適度以多元方式開發新水源因應(示如圖4)。

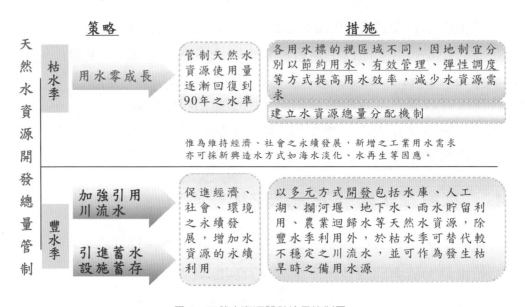

圖 3   天然水資源開發總量管制圖

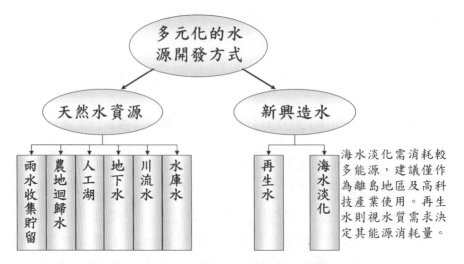

圖 4   多元化的水源開發方式示意圖

4.3　既有水庫有效庫容及未來籌建水庫之永續利用規劃

　　台灣地區水庫集水區普遍地質鬆軟、地形陡峭，加上時有颱風豪雨沖刷，及開發果(茶)園、開墾道路、濫墾、濫植、濫葬及山坡地超限利用等因素，自然加速了沖蝕現象的發生。依據歷年觀測統計資料，台灣地區水庫每年泥砂淤積總量約 14 百萬立方公尺，有效容量每年減少 8 百萬立方公尺，以水庫比喻，台灣地區每年泥砂淤積量約為 1 座明德水庫有效容量。根據經濟部水利署民國 97 年現有水庫或壩堰概況年報之網站資料，並補充更新水庫測量總容量，經整理台灣地區各公告水庫概況及淤積情形之統計資料顯示，各水庫壩堰目前總容量合計約 20.4 億立方公尺，較完工時之總容量 28.1 億立方公尺減少約 7.7 億立方公尺，即目前台灣地區水庫之總容量僅剩完工時的 72.7%。透過水庫來攔豐濟枯，是較可靠之供水來源，可以說是枯水期間或颱洪高濁度之救命水來源，在台灣之人均庫容與世界各國比較已相當小的情況下，未來如何透過水庫防淤之有效作為，包括水庫集水區如何保育減砂入庫或繞庫減洪排砂、水庫淹沒區淤積如何空庫排砂、異重流排砂或機械清淤等來確保有效庫容之可持續利用，是相當重要的課題。

4.4　台灣重要供水區風險評估機制之建立及調適因應

　　台灣已走向工業化的國家，由於群聚效應，大多人口往都會區集中，就台灣北、中、南、東部區域及離島地區之各供水區依下列風險評估原則：

1. 水源水量：係以水庫為在槽水庫、離槽水庫、各地區之水文豐枯情況及水源供需情況區分。

2. 供水管線：係以區域內及區域間之連通管線情況區分。

3. 水質：係以水庫集水區保育治理及水公司淨水場水質處理能力情況區分。

4. 用水標的：係以地區是否為都會區或高科技工業區及缺水嚴重影響程度區分。

表 1 各供水區域風險評估

水資源區	供水區	水源水量	供水管線	水質	用水標的	綜合評估
北部區域	宜蘭地區	低	低	中	低	低
	基隆地區	中	低	低	低	低
	台北地區	低	中	低	高	中
	板新地區	中	中	中	中	中
	桃園地區	高	高	高	高	高
中部區域	新竹地區	中	中	高	高	高
	苗栗地區	低	中	低	高	低
	台中地區	高	中	高	高	高
	彰雲地區	中	低	低	中	低
南部區域	嘉義地區	中	低	低	中	低
	台南地區	中	中	低	高	中
	高雄地區	中	中	高	高	高
東部區域	花蓮地區	低	低	低	低	低
	台東地區	低	低	低	低	低
離島地區	澎湖地區	高	低	低	低	低
	金門地區	高	低	低	低	低
	馬祖地區	高	低	低	低	低

　　經分析結果(示如表 1)，目前產業發展較迅速之桃園、新竹、台中及高雄等地區之供水風險頗高，如何增設備用水源及備援系統，降低其潛在的高缺水風險，促進地區之供水穩定，刻不容緩(示如圖 5)。

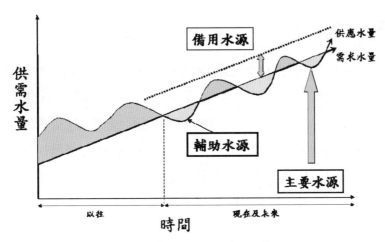

註：主要水源：開發利用天然水資源，如水庫、攔河堰、地下水等。
　　輔助水源：廢污水回收再利用及海淡水。
　　備用水源：計畫需水量 5~10%之水源量。

圖 5　主要、輔助及備用水源示意圖

4.5　配套措施及行動計畫

在輔與相關如產業政策及水權制度適當調整、相關法令配合目標作適度修正或增訂、水價合理化、政府財源適時配合、透過教育及宣導，使民眾建立水資源永續利用觀念等配套措施後，茲研擬水資源永續發展之具體建議如下：

1. 觀念的推動：水資源之永續發展實質上是調整國家用水結構、產業政策及民眾生活習慣等生活全盤轉型的環境運動。

2. 政策的配合：目前政府相關部門對水資源永續發展之認知似顯不足，政策誘因還需時間協商溝通以建立共識。未來若在產業政策、法令修改、水價調整、政府財源…等均能有效配合時，才能確實達成。

3. 策略的運用：在水資源永續發展成為政府重大政策後，未來相關重大開發計畫應將前述兩項策略納入決策機制，以有效管制用水之成長。

4. 持續的檢討：建議相關產業政策、行動計畫及配套措施等宜建立定期檢討機制，以逐步邁向水資源永續利用之目標。

五、結語

　　水是有限、寶貴的資源，今後水資源經營方向，除兼顧水土及環境生態的維護及區域水資源的供需外，且必須在天然水資源供給潛能限制與區域整體發展需求之間取得平衡，亦即應採取天然水資源開發利用總量管制與枯水時期用水零成長之策略，如此才能促進經濟、社會、環境之永續發展，達成水資源的永續利用。不怕萬一，只怕一萬，居安思危，只有萬全準備，方能因應未來環境之遽變，備用水源及備援設施應即早籌劃。

參考文獻

♦ 1. 黃金山(1998)，「水資源保育經營管理的新策略」，國際集水區保育及永續經營研討會論文集。

♦ 2. 田巧玲、王國樑(2000)，「台灣水資源現況簡介及未來經營策略」，水資源管理季刊第 5 期。

♦ 3. 吉洋人工湖可行性規劃，經濟部水利處水利規劃試驗所，2000 年 12 月。

♦ 4. 台灣地區示範海水淡化廠規劃，經濟部水資源局，2000 年 12 月。

♦ 5. 台灣地區水資源調配及開發策略，經濟部水利處，2001 年 5 月。

♦ 6. 黃金山(2001)，「二十一世紀台灣水資源永續經理的展望」，第 12 屆水利工程研討會論文集。

♦ 7. 海水淡化技術發展與推動計畫，經濟部水資源局，2001 年 12 月。

♦ 8. 台灣地區水資源開發綱領計畫，經濟部，2002 年 6 月。

♦ 9. 台灣地區廢污水再利用潛勢整體評估，經濟部水利署水利規劃試驗所，2003 年 12 月。

♦10. 台灣地區水資源總量管制機制規劃，經濟部水利署，2004 年 4 月。

♦11. 多元化水源開發綱領計畫書，經濟部水利署，2005。

♦12. 陳伸賢(2003)，「從永續發展觀點談臺灣水資源之永續利用」，工程 76 卷 6 期，第 2~12 頁。

♠ 13. 陳伸賢(2004)，「臺灣地區水資源永續利用策略」，土木水利 31 卷 6 期，第 51~58 頁。

♠ 14. 陳伸賢(2004)，「臺灣水資源永續發展政策」，工程 77 卷 4 期，第 2~15 頁。水資源永續發展政策規劃，經濟部水利署，2005 年 7 月。

♠ 15. 區域水資源經理策略研擬，經濟部水利署，2008 年 12 月。

4

2 河川流域整體管理新思維

摘 要

河川流域整體管理已成為國際新趨勢，歐洲各國與美日先進國家都已有相類似的規劃與執行機構。台灣位於西太平洋島弧的環境敏感位置，面臨全球氣候變遷的災害特別強烈，近年來數次重大颱風雨量災害，對於台灣既有的河防、水土保持體系都造成嚴峻的挑戰。河川流域整體管理是我們新的因應對策，以流域為單元，對維繫流域整體的水事務(水資源經營、水土災害治理、環境生態等)實施整合性的管理。

本文嘗試分析檢討國內現行法令及組織架構，探討過去管理系統的優缺點與不足處。並以 2009 年莫拉克颱風為例，分析致災原因，探討如何以新的河川流域整體管理方案強化改善防災減災能力。本研究最後歸納為流域綜合治

[1] 陳春宏　水利署水利規劃試驗所河川規劃課課長
[2] 紀宗榮　水利署水利規劃試驗所河川規劃課副工程司
[3] 謝國正　中興工程顧問公司水利工程部工程師

水、土砂綜合管理、環境風險管理三個主要策略，寄望提升未來政府河川流域管理工作效益，增進國民福祉。

關鍵詞：河川流域整體管理、土砂治理、風險管理

Abstract

"Integrated River Basin Management (IRBM)" has now become an international trend. Some advanced countries already have similar organizations for planning and execution of IRBM. Taiwan is facing severely threats of natural disasters due to earthquake and global climate change. In recent years, several heavy rainfalls created stern challenges to Taiwan's existing river protection works and soil and water conservation system. Being our new countermeasure to natural disasters, IRBM, taking the basin as a unit, is to carry out integrated management on water system (including management of water resources, governance of soil damages and flood, environment and ecology, etc.).

This study was to analyze and review domestic regulations and organizational structures, and discuss the advantages and disadvantages of the past management system. This study analyzed the cause of the disaster brought by Typhoon Morakot in 2009 and discussed how to apply IRBM to strengthen and improve the capability of disaster prevention and disaster relief.　Three major strategies were concluded: comprehensive flood control, comprehensive soli and sediment control, and environmental risk management.

Keyword: Integrated River Basin Management, Sediment control, Risk Management.

 # 一、整體管理之範疇

水是空氣、陽光外，維繫生物生存的最重要物質，水資源支撐集水區許多產業和生態系統，對於推動經濟和社會發展至為關鍵。聯合國環境規劃署(UNEP)[1]在水事務領域(water sector)中的工作系以水資源整體管理(IWRM，

Integrated Water Resources Management)原則為指導。該管理原則為在某一集水區內(catchment)綜合處理與水事務發展有關的物理、社會、經濟和環境諸層面提供了一個框架，注重促進所有利益相關者的充分參與。

在水資源整體管理原則下，環境規劃署的水事與環境問題協作中心(UNEP Collaborating Centre on Water and Environment)著手處理一些涉及水與環境的其他議題－沿海地區和河流流域整體管理(Integrated Coastal and River Basin Management)，著手擬定各項相關準則，用以處理沿海地區和河流流域管理議題。

海岸和河川流域包含重要的自然的環境，兩個系統支持多種社會經濟的功能，他們提供空間、生產資源並且吸收廢棄物。鑒於人活動的規模的增加，在沿海和水岸地區之間的功能的連接越來越明顯，因此涉及水與環境的議題需以沿海地區和河流流域為單元，統籌管理。海岸和河川流域兩系統的關連性展現在以下三方面：

1. 水循環：淡水的量與質，強烈影響沿海生態系統，以及海岸平原發展的社經活動。台灣西部地層下陷區之土地下陷、水質污染、積澇不退等問題，亟需河川流域水資源涵養、地下水補注、水污染管制及集水區保水滯洪。

2. 土砂傳輸：集水區產砂量及河道輸砂量土砂，從山到海的過程有其連續性，只要局部土砂收支不平衡，就對河床高程、河防及跨河建造物安全、蓄水建造物取水功能、海岸線退縮等，造成一系列影響。甚至上游土砂疏濬原為美意，卻也可能造成下游河床沖刷。

3. 土地利用：流域中上游土地利用，供應下游平原大量人口所需物質，但也會造成山崩、土石流、洪水增加等災害風險；流域所有水質污染物匯入河口，造成海源性生物數量嚴重損失，最後是海源性生物無法上溯補充，就影響流域中上游魚蝦蟹資源銳減，環境生態功能銳降。

自然資源和土地使用的議題，就需要一種整合性的解決問題方法，包含多目標決策，以及需要架構一個更大空間和時間尺度的治理規模。鑒於這個當代遠景，對沿海區域和河川流域的管理的整體化是明智且及時的。

二、整體管理面向

　　97 年經濟部水利署「流域專責管理組織及其運作之規劃計畫」報告成果[2]對國內流域管理課題作充分檢討，瞭解從流域管理的角度看，河川的現象是果，流域內的土地使用現象才是因。流域管理應從流域內的土地使用的行為著手才能達到效果，否則徒勞無功。流域內(主要是在河川內)的水利事業的興辦及使用管理，掌控了水循環、土砂傳輸、河川生態環境的傳遞途徑，有主要關鍵影響，不容忽視。

　　理想的流域整體管理，從水量、水質、土砂、生態景觀等四個面向討論，其方向應為：

1.　水量：

　　消極的減少因土地使用型態或開發而造成相同降雨所形成的逕流歷線基期縮短、洪峰提早到達、洪峰量增加；積極的改變土地使用型態或增加滯洪、入滲設施而造成相同降雨所形成的逕流歷線基期延長、洪峰延遲到達、洪峰量減少。

2.　土砂：

　　消極的禁止河川採砂、減少因土地使用或開發而造成的土壤流失、只考慮水庫庫容而進行清淤排砂、因海岸線退縮而加以保護；積極的進行流域土砂平衡規劃，嘗試控制上游砂源適量產生、下游的土石適量採取、海岸線的砂源足量補充。

3.　水質：

　　消極的管制點源排入之水質；積極的減少點源及非點源污染的產生量、規劃不同水質之水體其水量之應用。

4.　生態景觀：

　　消極的降低水質污染、減少對生態的傷害、管制破壞河川景觀的行為；積極的調查監測河川生態、採用生態工程的概念興建水利工程、生物通道及其他有利生態的措施、適度的美化河川、讓居民參與水岸的管理。

　　上述是理想的流域管理面向，但實際的推動時，應先整理出各流域欲解決之重點問題，並必須考慮國家經濟條件、國家及地方產業政策、各流域社會發展階段、人民價值觀、人民生計、問題的嚴重性、解決問題的成本效益等，作為在各該流域進行流域管理決策之依據。

 # 三、我國現行整體管理行政架構

　　流域整體管理工作在組織上的基本問題是，就我國的法治基礎，對權責分工係以土地管轄為主要架構，非以事務性質做區分，而是以省、縣、市做區分。以公共事務而言是無問題，但在水利就有很大衝突，水利事業在事實需要是以分水嶺為界，以流域為單位，而其他單位，包括地方自治單位及中央各部會轄下的三級單位之管轄權大多並非以流域為單位。[2]

　　此為組織上的基本問題，也是工作執行上的基本問題。故同一流域內，理應整體統籌規劃之除害、興利與保育等事業，然目前卻是由主管機關或目的事業單位採單一行政計畫方式推動，同一流域內各計畫間少有連結。如水利主管機關訂有各河川之基本治理計畫，其內容是以河道防洪為主，集水區保水、滯洪、水土保持又屬其他事業；如環境主管機關曾訂定若干流域之整治計畫，其內容僅針對流域內污染源的管制，與河川生態保育、水體高濃度含砂量等問題亦無連結。

　　因此，行政院於民國98年7月2日發布「重要河川流域協調會報設置及作業要點」，特設重要河川流域協調會報，旨在協調、整合國家重要河川流域內之水、土、林資源永續運用、集水區保育、重要河川流域防汛與環境營造及土地利用等事項，以協調、推動及追蹤管考相關事務。近期內流域整體管理行政計畫架構如圖1所示。

　　政府亦積極考量設「四大流域管理委員會」以整體規劃思維辦理各區域治理，即為河川流域整體管理思維，以流域為規劃單元，對維繫流域整體的水事務(水資源經營、水土災害治理、環境生態)實施統籌兼顧的管理(治理)，以達除害、興利及保育目標，見圖2。

　　整理目前我國現行政府及法律體制架構下，流域管理的特點及未來發展方向包括[2]：

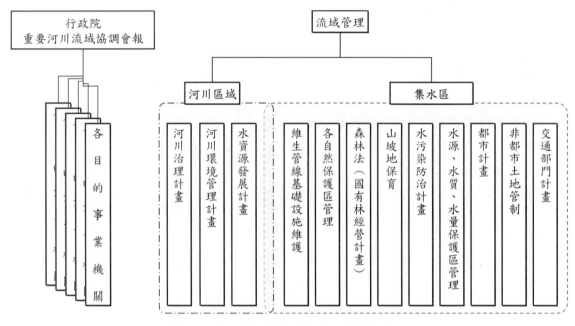

圖 1 現行流域整體管理行政計畫與執行架構

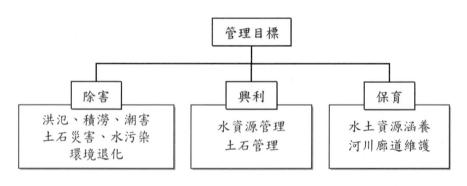

圖 2 流域整體管理目標

1.　了解以水為中心的關連問題，尚未以流域為管理單元：

　　以水為中心的關連問題包括：水資源、防洪排水、輸砂、河川土石採取、水土保持、海岸防護、水污染、河川生態。要解決水的問題，管理的範圍必須及於全流域。但執行機關眾多，事權分散，無法貫徹以集水區土地利用為前提的綜合治水、無法貫徹從上游至河口一貫化的土砂綜合管理。未來宜著重整體規劃、管制土地使用，調節逕流量產出、限制污染排出、調節泥砂排出及生態環境的維護。

　　國內在九二一震災、敏督利風災及莫拉克風災後，集水區高崩塌率及高重現期距降雨量接連發生等，衍生河川上、中、下游持續傳遞土石沖淤及河川防護災害，現行各目的事業分工治理方式，欠缺整體性治理策略指導，分散防災資源。政府自民國 94 年起推動採綜合治水「易淹水地區水患治理綱要計畫」，至於土砂綜合管理對策則尚未全面推動，本文後續將以大甲溪及高屏溪為案例說明土砂綜合管理對策。

2.　協調各部會及相關地方政府之機制要有最高決策單位之權力：

　　成立流域專責管理組織是辦理整體管理的理想，但並非唯一目標。我國即使在政府組織改造成立環境資源部後，其業務仍不包括生態保育，土地使用管制的執行權限仍在地方政府。即使在環境資源部內，也涉及國土資源署、森林暨自然保護署、大氣暨海洋署及環境保護署等的權責。

　　參考各國流域管理組織之現況，有其發展歷史，各有特色，分權或集權都是選項。流域整體管理關鍵為最高流域管理機構要具有最高決策單位之權力，才有整合效果。如主管機關之設置層級不夠，即無法發揮整合協調功能，將嚴重妨礙相關政策制訂與施行。參諸各國流域管理體系中最高機構，均具有最高決策權力，所制訂之政策實質上對相關機關單位具有行政命令效果，有利於政策推行。

四、大甲溪流域土砂綜合管理

4.1　河川土石災害與致災原因

　　大甲溪歷年河道各斷面間河道累計沖淤量及沖淤深度，見表 1。可見大甲溪流域下游河道沖刷、上游河道淤積，明顯違反平衡河川河制之上游沖刷、下游淤積。下游河段之跨河構造物基礎及防洪構造物基礎頂面多數已高於低水河槽河底高程，損害風險已提高；上游河段之聚落及跨河構造物、蓄水構造物頻遭土石淤積之苦，土石災害成為流域整體管理主要問題。

　　大甲溪河道沖淤之主要影響因子如下：

1.　淤積河段：

　(1)　區域性原因：九二一震災後，集水區地質環境惡化，每遇豪雨即產生大量崩塌料淤積河道。依日本學者井上氏(1995)研究 1923 年關東大地震後關東山地之丹呎山地集水區崩塌地逐年變化，研判地震後崩塌地遽增之發生期約 4 年，經過 11 年不安定期，尚殘留九成崩塌地，再經 25 年恢復期才回到災前崩塌地情況，總計地震後之回復期長達 40 年。

　(2)　局部性原因：大甲溪自德基水庫以下至東勢有 4 座堰壩，還有許多河道隘口，都可能形成河道輸砂之控制點，小粒徑泥砂可順利通過，大粒徑泥砂(河床護甲層)則減量通過，造成該地上游河段淤積。

2.　沖刷河段：

　(1)　區域性原因：產生長程、長期沖刷，原因包含河床護甲層下移連續性，受堰壩攔阻，九二一地震後地層抬升，加高水流沖刷能量及軟弱岩盤出露後重新調整河床坡降。

　(2)　局部性原因：局部性之干擾而產生之沖刷，原因包含跨河建造物及附屬設施改變水流條件造成局部沖刷，河川流路擺盪逼近防洪建造物造成局部沖刷。

表 1　大甲溪河道各控制斷面間累計沖淤量及平均沖淤深度

區間 期距	下游 河口至石岡壩	中游 石岡壩至馬鞍壩	上游 馬鞍壩至天輪壩
民國 79~87 年	−2248.66 (−1.92)	−2125.34 (−2.04)	−
民國 87~89 年 (九二一地震後)	−2652.72 (−1.67)	1477.90 (+2.30)	−
民國 89~94 年 (艾利颱風後)	+236.09 (+0.20)	4.84 (+0.005)	−
民國 92~93 年 (敏督利颱風後)	−	−	642.10 (+3.21)
民國 93~94 年 (艾利颱風後)	−	−	715.97 (+3.58)
民國 94~97 年	−272.76 (−0.64)	−386.63 (−0.71)	−464.46 (−2.97)

註：數值欄位之上方為沖淤量(單位：$10^4 m^3$)；下方括號內為平均沖淤深度(單位：m)。

4.2　流域土砂綜合管理策略

　　參考日本「流域土砂綜合管理」精神，建議大甲溪相關管理對策如下：

1. 流域土砂綜合治理以「土砂無害通過」為指導原則。

2. 基於輸砂量連續性，上游崩積料為維持下游河道穩定之護甲層或維持海岸線砂源，不宜過度攔阻或疏濬後外移，避免導致二次災害。

3. 上游河川淤積問題處理對策：

　(1)　以不同重現期距洪水組合為代表性水文事件，據以模擬大甲溪河川推移質輸送能力如圖 3，顯示大甲溪上游至下游之輸砂能力無明顯變化，證諸大甲溪上下游河床坡度及河床質組成相似之事實，相當合理。其中十

文溪匯流口、裡冷溪匯流口、馬鞍壩蓄水範圍、石岡壩蓄水範圍，受地形控制導致推移質輸送量相對降低，故衍生淤積問題。

⑵　天然隘口，優先調整河川區域線及改建橋梁，使土砂儘量通過。

⑶　人工建造物，由疏濬、放淤等管理手段，儘量輸送該河段上游護甲層至下游河道，合理解決土砂不連續問題。

⑷　有保護對象之土石流潛勢溪流為災害源頭，優先考慮辦理坡面保育治理及崩積料疏濬。土石流潛勢溪流及河道疏濬料之大顆粒石料(河床護甲層粒徑)，應送至沖刷河床處堆填，作為防治該地河床下降之護甲層。

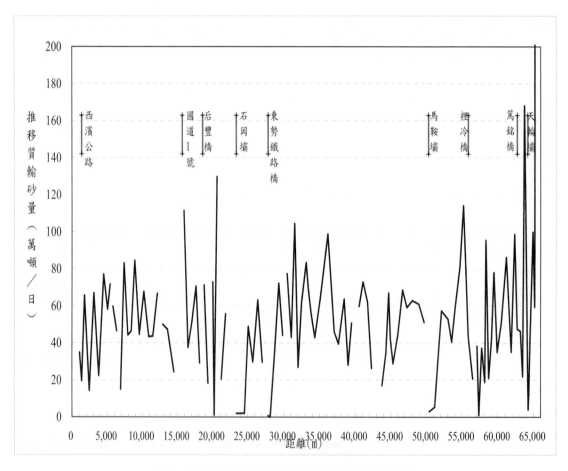

圖 3　代表性洪水事件下大甲溪河川推移質輸送能力

4.　下游河川沖刷問題處理對策：

(1)　一般沖刷：原因為上游砂源遭攔阻及岩盤出露河段無法提供砂源，優先考慮以補充砂源方式克服。砂源如前述 3.、(3)及(4)。

(2)　局部沖刷：原因眾多，包含埤豐橋地盤抬升水流能量、跨河建造物局部沖刷、流路自然擺盪等，可考慮採用工程對策如消能設施、橋樑基礎保護工、河道整理營造護堤灘地等。

5.　河口海岸線宜辦理持續監測：

　　台一線公路橋以下至河口河段之大斷面資料顯示民國 87 年至 94 年有沖刷情形，94 年至 97 年為淤積，證諸中央地質調查所民國 93 年至 97 年沿海砂岸濱線變遷調查資料顯示河口砂岸濱線無變化，二項資料具一致性。但河川沖淤與河口海岸線沖淤之關連性仍待更多調查資料驗證其關係，故需辦理海岸線沖淤調查監測。

五、莫拉克風災後高屏溪流域整體治理

5.1　降雨量、崩塌地及洪水災害

　　分析莫拉克颱風在高屏溪流域降雨資料，顯示其 24 小時雨量於流域上、中、下游區域均大於 200 年重現期距，與世界及台灣最大降雨紀錄比較(如圖 4)顯示，莫拉克颱風於長延時之降雨量，已接近世界紀錄最大值。

　　由於短延時高強度或長延時高累積降雨均為在台灣易發生大形土砂及淹水災害之致災因子，而本次莫拉克颱風屬全流域均發生高強度且長延時之降雨，在台灣雨量記錄上極為罕見，也造成嚴重災害：

1.　參考民國 98 年全國治水會議資料得知流域崩塌地面積由 3993 公頃(民國 94 年)暴增至 22667 公頃，新增崩塌料數億立方公尺，是未來流域環境災害的禍源。

2. 參考水利署第七河川局「高屏溪治理整體治理規劃檢討(1/2)」期中報告[4]
顯示大津橋控制點(濁口溪集水區)尖峰流量重現期距約 100 年至 200 年，
其餘旗山溪、荖濃溪與高屏溪整體之尖峰流量重現期距均超過 200 年。而
本流域河川治理標準以 100 年重現期距洪水量設計。因此，由目前莫拉克
颱風之洪水分析成果可知，在荖濃溪、旗山溪、高屏溪均已超過設計保護
標準。

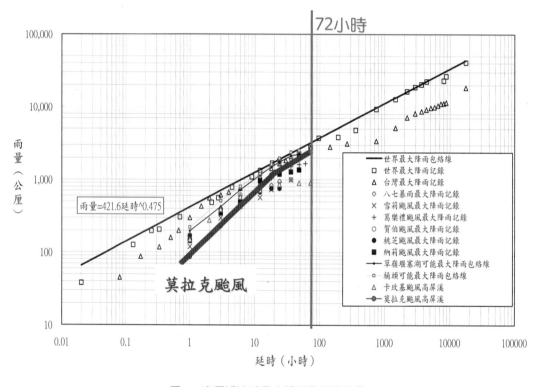

圖 4　高屏溪流域最大降雨量包絡線圖

5.2　致災原因與整體管理對策

針對高屏溪、荖濃溪、旗山溪河川防護設施、引水建造物、跨河建造物災
情，初步分析致災原因如下：

1. 降雨量太大，高強度長延時降雨，誘發崩塌、土砂下移及河床淤高，洪水
量及洪水位都超過目前防洪設施(堤防、護岸)的保護標準。

2. 洪水挾砂量大及漂流木多，致使洪水破壞力加大，使河川防護設施及跨河建造物(如旗尾橋、新旗尾橋、寶來橋、新發大橋、六龜大橋等)遭撞擊毀損。

3. 河川泥沙量大增，引水建造物下游淨水設施面對含砂濃度過高問題。

風災後高屏溪河道由上游至下游呈現整體淤積，並非大甲溪土石分配失衡問題，故整體管理對策以降低土砂量為目標，擬透過土砂資源化及環境風險管理來降低災害潛勢。

1. 土砂資源化：

(1) 因應高屏溪各河段須辦理應急疏濬，應以環境正義及區域均衡發展角度整體考量善用土砂資源，如探討疏濬砂石用於填海造地、國土復育(窪地填築)等，化災害為資源，化危機為轉機。

(2) 土砂資源化潛在對象所需土石方可達 18000 萬方，見表 2[5]，足可容納第七河川局所規劃二年內應急疏濬量 3170 萬方。鑒於潛在對象需求受制於社會長期發展變數，宜規劃各河段鄰近台糖農場供暫存疏濬料，再陸續供應砂石需求，轉化災害為資源。

表 2　高屏溪鄰近地區辦理填海造地、國土復育(窪地填築)所需土石方

類型	可能地點	可能需求量
河川洪氾易潰堤區	六龜二坡堤防、旗山旗尾堤防、甲仙甲仙攔河堰左岸堤防	15 萬方
地盤下陷區、易淹水地區	林邊、佳冬	3000 萬方
填海造地	高雄市政府「南星計畫區(大林蒲填海計畫)」及「高雄洲際海空雙港整合計畫-南星機場」，高雄港務局「高雄港洲際貨櫃中心計畫」	15000 萬方

2. 環境風險管理：

　(1) 河川防護設施無法一次加高至莫拉克洪水量(200 年重現期距)，未來河川防護設施加固工程宜設計為「溢堤不潰堤」的堤防，適度保有高重現期洪水量災害風險。

　(2) 加強河川管理，河川區域儘量放寬排水、排砂河川空間。而河川區域跨河建造物耐洪能力設計標準需體認氣候變遷為常態，必須即刻加計漂浮木撞擊、異常洪水河床淤積量等設計條件，提升橋梁耐洪能力，以及封橋水位管理作業應與洪水預警、河床沖刷監測結合，避免發生雙園大橋未達封橋水位卻斷橋之情況。

　(3) 高屏溪攔河堰歷經 93 年敏督利颱風、94 年海棠颱風、馬莎颱風侵襲，攔河堰幾乎被河川淤泥掩埋，經適當處理後(包括：左岸固定堰頂抬高、堰址左岸上游設置丁壩、堰址右岸上游高灘地浚挖引水渠道等設施)，本次莫拉克颱風侵襲河川淤泥影響已有改善，值得借鏡。

　(4) 高屏溪攔河堰於莫拉克颱風 8 月 8 日起河道原水濁度升高，至 8 月 17 日後，方恢復供水大高雄地區。前述期間，水質濁度最高達 85000NTU，遠超過原淨水廠之處理能力。原水在近幾年內無法恢復到 93 年敏督利颱風前之水質，必須以下游端新增淨水廠解決，無法期待上游集水區原水濁度降低，才是務實解決停水之道。

 # 六、結論與建議

1. 河川流域整體管理思維，以流域為規劃單元，對維繫流域整體的水事務(水資源經營、水土災害治理、環境生態)實施統籌兼顧的管理，以達除害、興利及保育目標。

2. 我國現行政府及法律體制架構下，流域整體管理已了解以水為中心的關連問題，但尚未以流域為管理單元。如需貫徹以集水區土地利用為前提的綜合治水已於民國 94 年開始辦理，至於貫徹從上游至河口一貫化的土砂綜合管理，則尚待規劃與推動。

3. 大甲溪流域管理課題為土砂不平衡，流域土砂綜合治理宜以「土砂無害通過」為指導原則，因應對策如(1)於天然隘口，優先調整河川區域線及改建橋梁，使土砂儘量通過；(2)於人工建造物，由疏濬、放淤等管理手段，儘量輸送該河段上游護甲層至下游河道，合理解決土砂不平衡。

4. 高屏溪流域在莫拉克風災後有應急治理需求，鑑於災害規模超過目前河川防護及交通、引水建造物的保護標準。宜由環境風險管理面向，探討「溢堤不潰堤」適度保有高重現期洪水量災害風險，及橋梁因應氣候變遷，提升橋梁耐洪能力；由土砂資源化面向，探討疏濬砂石運向下游沿海或易淹水地區進行造地，化災害為資源，化危機為轉機。

 參考文獻

♦ 1. 聯合國環境規劃署(2006)，聯合國環境規劃署最新水政策和戰略：第 23 / 2 號決議執行進度報告。

♦ 2. 經濟部水利署(2008)，「流域專責管理組織及其運作之規劃計畫」，中華民國水利技師公會聯合會。

♦ 3. 水利署水利規劃試驗所(2007)，「大甲溪石岡壩下游河段河床穩定方案之研究(2/4)」，中興工程顧問公司。

♦ 4. 水利署第七河川局(2007)，「高屏溪流域整體治理規劃檢討(1/2)」期中報告，中興工程顧問公司。

♦ 5. 中興工程顧問公司(2009)，「高屏溪流域疏濬計畫構想」簡報資料。

3 農業用水調配及枯旱因應對策研究

 摘 要

　　我國自民國六十年代以後經濟蓬勃發展，民生及工業用水需求量急速上升，乾旱缺水現象頻率增加，各標的用水間之水量分配紛爭問題隨之逐年加劇，尤其北部桃園地區及高科技科學園區之缺水問題特別敏感，導致民國 91 年迄 95 年間發生四年枯旱，農業用水被迫調用支援其他標的，使得十餘萬公頃農地停灌休耕。鑑於農業水資源占水資源運用總量之最大宗，如何有效利用及永續經營策略之擬定，亟需配合農業生產結構調整因應；面對當前全球面臨氣候變遷影響下，各國紛紛遭受水資源短缺及糧食不足之考驗，農業所面對的是前所未有之新情勢，有關桃園地區 3 萬 7 千公頃雙期作田、約 180 萬民眾之生活用水及 23 處科技工業區之工業用水供應等，涉及農業經營之調整、農田水利事業發展方向及農業水資源之永續經營策略等層面，本文從歷史資料記錄

[1] 林尉濤　行政院農業委員會農田水利處科長

及學術層面加以研究及歸納，並針對北部桃園等相關地區連年缺水個案，研擬農業用水永續經營策略，提供有關部門作為水資源開發利用、農田水利施政及相關業務推動之參考。

關鍵詞：農業用水、乾旱、水資源經營

Abstract

In Taiwan, Republic of China, the water consumption by domestic and industrial sectors increased dramatically with fast growth of economic development after 1970's. As the frequency of water deficit is intensified, rational allocation of water volume among each utilization sector became competitive and a disputed problem year after year. This dispute is especially responsive for water shortage situation in Tao-Yuan district and technology & science-based industrial parks. The drought for four consecutive years between 2002 and 2006 had resulted in the happenings of irrigation suspension; agricultural water of irrigated farmland over one hundred thousands hectares were transferred. It has been recognized that Agricultural water utilization, which takes most portions among utilization of water resource, should be managed in efficient way according to modification of farming practice and structure. Under the influence of global climate change, water shortage and food scarcity test every nation's ability, and the agricultural industry has confronted intangible situation involved restructure of farming practice, orientation of farmland irrigation development and sustainable management for agricultural water resource. Due attention has been given to water use of 37 thousands hectares double-crop fields, population of 1.8 millions capita and industrial water requirement of 23 technology-based parks. In response, this study is focused upon reviewing historical data and academic track of categorizing from individual case of consecutive droughts in Northern Taiwan, and devoted to formulating sustainable schemes for Agricultural water management. Final findings could be provided to associated organizations and agencies of water resource for their advancing and managing references.

Keywords: Irrigation water, Drought, Water resources management.

 # 一、前言

台灣地區現有耕地總面積為 825947 公頃，其中，全國 17 個農田水利會轄內灌溉地面積為 382569 公頃(占 46%)，其餘為灌區外農地面積 443378 公頃(佔 54%)，整體而言，由於都市發展及工業區不斷開發，無論是耕地面積或農田水利會轄內灌溉地面積均逐年持續減少，近 12 年來，各農田水利會灌溉面積之消長如表 1。

表 1　近 12 年來 17 個農田水利會灌溉面積消長情形表

水利 會別	灌溉地面積(公頃)											
	86 年	87 年	88 年	89 年	90 年	91 年	92 年	93 年	94 年	95 年	96 年	97 年
宜蘭	18690	18694	18686	18678	18661	18551	18551	18549	18549	18549	18549	18549
北基	5180	5086	5086	5086	5254	5254	5254	5254	5254	5299	5299	5299
桃園	25983	25983	25985	25967	25933	25054	24749	24524	24597	24597	24593	24721
石門	12260	12239	12239	12206	12206	12206	12206	12206	12206	12206	12085	12085
新竹	6567	6618	6755	6755	6755	6036	6207	6224	7464	7464	7464	7464
苗栗	9951	9770	9951	9951	9951	9951	9951	9951	9951	9951	9988	9614
台中	30418	30418	30186	30014	29710	29506	29468	29327	28944	28433	28293	28365
南投	12440	12440	12438	12412	12412	12412	12412	12412	12412	12412	12412	12412
彰化	46081	46714	46454	46348	44826	44636	46446	46445	46451	46181	46185	46214
雲林	66086	66096	65831	65755	65372	65134	65085	65078	64807	64871	64845	64829
嘉南	78076	77916	77822	77091	76439	76199	76156	75797	75797	75113	79470	79458
高雄	18195	18172	17609	17570	17390	17332	18526	20668	20613	20573	20526	20367

表 1　近 12 年來 17 個農田水利會灌溉面積消長情形表(續)

水利會別	灌溉地面積(公頃)											
	86 年	87 年	88 年	89 年	90 年	91 年	92 年	93 年	94 年	95 年	96 年	97 年
屏東	25247	25247	25247	25237	25237	25237	25237	25237	25427	25427	25327	25327
台東	12801	14000	13999	14130	12796	14416	14421	14443	13576	14341	14387	14396
花蓮	12498	12498	12498	12498	12498	12498	12498	12498	12498	12498	12498	12498
七星	740	753	752	746	745	748	749	715	715	719	719	704
瑠公	274	274	272	272	270	278	282	271	267	265	265	267
總計	381487	382918	381810	380716	376455	375448	378198	379599	379528	378899	382905	382569

資料來源：台灣地區農田水利會 86 年度迄 97 年度資料輯

　　此外，台灣地區平均年雨量雖高達 2510 公釐，為世界平均雨量 940 公釐的 2.67 倍，但由於時間及空間分布皆不均勻，導致季節性之乾旱缺水經常發生，有關進 30 年來台灣地區曾經發生乾旱，並導致農業灌溉、民生及工業部門缺水事件等，整理如表 2。

表 2　台灣地區發生嚴重天然乾旱及農業公告停灌歷年記錄

民國	乾旱缺水影響區域	期作別	公告稻作停灌地區及面積(公頃)	缺水性質	備註
69	中、南	二	中南部共 37000 公頃	天然乾旱	中南部
73	中、南	一	中南部共 46213 公頃	天然乾旱	中南部
74	南	一	嘉南 18348 公頃	天然乾旱	嘉南地區
75	南	二			嘉南地區
76	中	一			大甲溪及濁水溪灌區
80	北、中、南、東	一	6 月起枯旱，二期作延期，甘庶及雜作停止灌溉。	天然乾旱	全省

表2　台灣地區發生嚴重天然乾旱及農業公告停灌歷年記錄(續)

民國	乾旱缺水影響區域	期作別	公告稻作停灌地區及面積(公頃)	缺水性質	備註
81	南	一	嘉南 17136 公頃。	天然乾旱	嘉南地區
82	北、中、南、東	二			全省
83	北、中、南、東	一	總計 91105 公頃，實際停灌休耕面積約 10000 公頃。	天然乾旱	全省，約調用 1.5 億噸水量
85	北、中、南	一	總計 81933 公頃，實際停灌休耕面積約 10917 公頃。	天然乾旱	北、中、南等西部地區
85	南	二	85 年 7 月中旬曾文－烏山頭蓄水合計僅 9200 萬噸(13.8%)，灌區內四、五、六組約 2 萬公頃(灌溉日期為 8 月 10 日)已採停灌之準備，嗣因 7 月 31 日賀伯颱風帶來雨量，而解除旱象。		嘉南地區
91	北	一	91 年 3 月 1 日公告石門農田水利會所屬之石門大圳灌區 10439 公頃，新竹農田水利會所屬之頭前溪灌區 4339 公頃，合計總停灌休耕面積為 14778 公頃，嗣後，供水不足情形惡化，再於 5 月 2 日起，停止桃園農田水利會約 2 萬公頃已種植水稻農田之灌溉，以上合計受影響農地面積達 3 萬 5 千公頃。	調用農業用水	北部桃、竹地區民生用水及新竹科學園區產業用水。約調用 0.7 億噸水量。
91	北	二	石門水庫蓄水不足，7 月 2 日水庫仍位於嚴重下限，二期稻作即將停灌，嗣經 7 月 3、4 日雷馬遜颱風豪雨，旱象乃告解除。		北部二期作乾旱缺水，擬停灌 22836 公頃，有驚無險。

4

表2　台灣地區發生嚴重天然乾旱及農業公告停灌歷年記錄(續)

民國	乾旱缺水影響區域	期作別	公告稻作停灌地區及面積(公頃)	缺水性質	備註
92	北	一	92 年 1 月 30 日公告桃園農田水利會所屬之桃園大圳灌區 24749 公頃，新竹農田水利會所屬之頭前溪舊港圳以下灌區 2897 公頃，合計總停灌休耕面積為 27646 公頃。	調用農業用水	支援北部桃、竹地區民生用水及新竹科學園區產業用水。約調用 1.0 億噸水量。
93	北、中、南	一	桃園、石門、新竹、苗栗及嘉南等五個農田水利會，公告停灌面積合計達 65385 公頃。	調用農業用水	支援桃竹苗、嘉南地區民生及產業用水。約調用 1.0 億噸水量。
93	南	二	嘉南地區曾文及烏山頭水庫幾近乾涸，4.3 萬公頃即將停灌，嗣經敏督利颱風帶來 7 月 2 日豪雨，旱象乃告解除。		南部二期作乾旱缺水，有驚無險。
95	北、中	一	桃園、新竹、苗栗等三個農田水利會，公告停灌面積合計達 30828 公頃。		支援桃竹苗地區民生及產業用水。

　　台灣地區灌溉之作物係以水稻為主，因此，水田灌溉用水量為農業用水之大宗，一旦水源短缺或面臨乾旱，民生及工業部門擬移用農業用水時，均以探討如何調用農業灌溉用水做為對策。基於農業灌溉用水與農地無法分割，在政府限制土地做為農業使用情形下，農田水利會有義務要適時供應農業灌溉用水；近年來，由於民生及產業用水急速成長，新開發之水資源未能配合達成，以致缺水事件頻頻發生；尤其，北部桃園新竹地區連續於民國 91、92、93 及 95 年，被迫採取調用農業用水支援民生及竹科與其他工業區用水之方式，導致數萬公頃農地停灌休耕，對於農民耕作損失，其補償金額之負擔，歷次均超過 10 億元，93 年更擴及中南部，除公告停灌面積達 6.5 萬公頃，補償金額亦提升至 26 億元，除增加政府財政壓力、造成生態環境之危害、農業週邊產業收入影響及農民不滿外，同時也造成農業灌溉、民生供水及產業用水等相關機

構間對於水資源分配、調用方式及移用水價格等之爭議仍然持續，究其關鍵在於乾旱缺水期間如何提升水資源之利用效率，而農業用水占總用水量之 7 成，因此，相關之農業用水對策研擬有待進一步檢討。

 # 二、農業用水現況

台灣地區由於人口增加及經濟加速成長，工業用水及公共給水逐年增加，同時期，農業用水則逐年降低；即使如此，台灣的農業用水一直以來仍都是水資源利用之最大宗，依據民國 96 年各標的用水的統計，全年總用水量為 185.69 億立方公尺，而包含農業灌溉、養殖及畜牧用水等農業用水，占水資源總用水量約 72%，用水量為 133.59 億立方公尺，其餘則為民生及產業用水。

由於農業忍耐缺水之容忍度，較民生及產業為高，可在乾旱缺水期間，在民生或工業用水遭遇供水不足，需向農業用水尋求調整支援時，由農田水利會運用灌溉管理之專業技術能力及機制，採取輪流灌溉等節水措施，甚至停灌休耕措施，在兼顧糧食安全與農田水利會及農民權益原則下，彼此可進行水資源之調配協商，農政部門以往在歷次之天然乾旱事件或民生產業缺水情況下，均能配合協助因應，有效達成安定社會之目的；有關歷年來各標的用水消長趨勢如圖 1 及表 3。

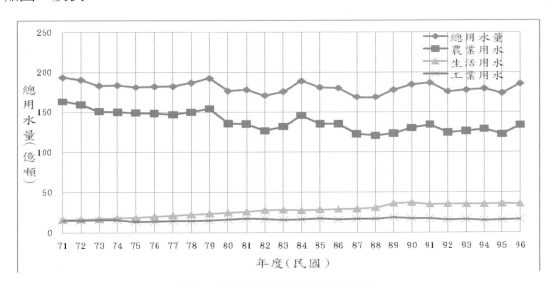

圖 1　台灣地區歷年各標的用水量統計

表 3　71 年迄 96 年歷年各標的用水量

民國 (年)	總用水量 (億噸)	農業用水		生活用水		工業用水	
		(億噸)	(%)	(億噸)	(%)	(億噸)	(%)
71	194.00	163.50	84	16	8	15	8
72	190.89	159.32	83	16.43	8.61	15.14	7.93
73	183.54	150.90	82	17.03	9.28	15.61	8.50
74	184.02	150.13	82	18.25	9.92	15.64	8.50
75	181.65	149.02	82	19.01	10.47	13.62	7.50
76	182.42	148.26	81	20.06	11.00	14.10	7.73
77	182.60	146.77	80	21.40	11.72	14.43	7.90
78	187.12	149.74	80	22.64	12.10	14.74	7.88
79	192.78	153.93	80	23.84	12.37	15.01	7.79
80	176.75	135.54	77	24.93	14.10	16.28	9.21
81	178.38	135.02	76	26.03	14.59	17.34	9.72
82	171.06	126.51	74	27.71	16.20	16.84	9.84
83	175.96	131.75	75	28.20	16.03	16.01	9.10
84	189.19	145.46	77	27.47	14.52	16.26	8.59
85	181.23	134.97	74	28.61	15.79	17.65	9.74
86	180.34	135.07	75	29.13	16.15	16.14	8.95
87	168.82	122.55	73	29.25	17.33	17.02	10.08
88	168.70	120.52	71	30.96	18.35	17.23	10.21
89	178.05	123.09	69	36.26	20.37	18.70	10.50
90	184.77	130.12	70	37.25	20.16	17.40	9.42
91	186.94	134.10	72	35.18	18.82	17.66	9.45
92	175.95	124.34	71	35.53	20.19	16.08	9.14
93	177.80	126.00	70	35.20	20.00	16.50	10.00
94	179.58	128.82	71.7	35.32	19.7	15.44	8.6
95	174.12	122.38	70.3	35.98	20.7	15.76	9.0
96	185.69	133.59	71.9	35.66	19.2	16.44	8.9

資料來源：經濟部水利署水文統計年報

三、歷次乾旱缺水事件及檢討

　　乾旱時期各標的用水均告匱乏之際，基於農業用水之缺水容忍度較高，及依據水利法第 18 條及第 19 條「家用及公共給水」有優先使用權，農業用水自然配合予以移用支援，而公共給水部門亦應依據水利法第 19 條給予原用水人(即農民)，按其損害情形給予補償；此外，雖然工業用水之用水順序，依水利法第 18 條規定，次於農業用水，經 92 年 2 月 6 日通過之水利法修正條文，第 18 條第 2 項規定，前述用水順序可報主管機關核准變更之，因此，面臨乾旱缺水情況，工業用水可依法取得先於農業優先用水之地位；當前工業及科學園區用水影響台灣經濟發展至鉅，農業部門在產業用水不足時，均適時配合支援移用，已有效避免經濟成長受到水資源開發供應不足之影響。

　　檢討農業用水支援其他標的用水之情況下，農業部門雖有採取公告停灌措施之可能，惟因移用水所採之公告停灌措施與因天然乾旱各標的缺水情況下，農政單位為避免災情擴大所採行公告停灌休耕措施之性質完全不同；簡而言之，天然乾旱之公告停灌休耕，對農民之損失是採取救濟作為，政府應負擔救助金之籌措；但對於因民生需求及產業發展用水不足，要求將農民灌溉用水支援移用所致之公告停灌損失，則應依法對農民予以補償，補償費之籌措則應由需水單位負擔。

3.1　民國 91 年迄 95 年台灣地區第一期稻作公告停灌作業

　　民國 90 年台灣地區雖有多次颱風帶來豐沛雨量，全省各水庫均告滿庫蓄水狀態，惟因入冬後及 91 年春季北部地區雨量未達預期，石門水庫蓄水量偏低，在桃竹地區及新竹科學園區於 2 月底反應用水不足情形下，經濟部及農委會於是聯銜公告該地區第一期作農田，自 91 年 3 月 1 日起停灌休耕，包括石門及新竹農田水利會，合計總停灌休耕面積約 14778 公頃；有關補償標準，每公頃以新台幣 46000 元為基準；已育苗者，每公頃另加新台幣 9100 元；已整

田者，每公頃再加新台幣 11000 元；已插秧者，再加新台幣 7000 元。最高每公頃共可獲補償費新台幣 73100 元。

　　繼 91 年上半年繼北部桃竹地區缺水，移用農業用水俾確保民生及產業用水不虞匱乏後，旱象雖於 91 年 7 月 5 日雷馬遜颱風帶來雨量而解除，惟自該次颱風降雨後，該年再無其他明顯之大型降雨，以致 91 年年底時，石門等主要水庫蓄水均較往年同期為少，旱象逐漸顯現；於是經濟部及農委會再度於 92 年 1 月 30 日聯銜公告停灌，停灌區包含桃園農田水利會之石門水庫灌區，新竹農田水利會轄下之頭前溪流域舊港圳以下灌區，合計受影響農地面積約 2 萬 8 千公頃，有關補償標準，每公頃最高為新台幣 6 萬元；估計所調度之農業用水量約 1 億立方公尺。

　　92 年底，在延續前兩年的缺水事件，再加上當年颱風仍然不多，雨量依然不足，在考量民生及產業用水無虞，並降低農民因停灌所造成耕作損失之原則下，經濟部及農業委員會分別於 93 年 1 月 7 日聯銜公告桃園、石門、新竹及嘉南等四個農田水利會第一期稻作停灌，面積共計 60639 公頃，嗣後，再於 1 月 29 日公告苗栗地區 3303 公頃一期稻作停灌(中港溪流域及明德水庫灌區，嗣後，明德水庫之後龍圳灌區 1443 公頃於 2 月 16 日一併納入公告停灌)；總計，該年第一期稻作公告停灌區域，總計包含桃園農田水利會之桃園大圳灌區 24524 公頃、石門農田水利會之石門大圳灌區 12206 公頃、新竹農田水利會之頭前溪灌區及鳳山溪灌區 5186 公頃、苗栗農田水利會之中港溪灌區及明德水庫灌區 4746 公頃以及嘉南農田水利會之曾文、烏山頭水庫灌區及白河水庫灌區 18723 公頃等各農田水利會灌區，面積共計 65385 公頃。

　　迄民國 95 年初，雖然雨量並無不足，尤其北部在 2、3 月間均有持續降雨，但在經歷連續缺水事件陰影下，為避免再次造成桃園地區民生斷水及工業區缺水壓力情形下，仍然停灌北部桃園、新竹及苗栗等三個農田水利會灌區面積 21792 公頃。

3.2 天然乾旱及調用農業用水之檢討

比較以往台灣地區因乾旱缺水農地停灌情形，公告面積最大、最為嚴重的兩次係發生於民國 83 年及 85 年上半年的第一期稻作，公告停灌稻作面積分別為 8 萬及 9 萬餘公頃，當時每公頃未種植水稻者之救助金額為每公頃為 2 萬 3 千元，最後則依據清查結果，僅就未種植水稻者予以救助，而該兩次枯旱缺水事件中，最後清查實際未種植稻作面積均約為一萬公頃；觀察近 91 年迄 93 年第一期稻作公告停灌後實際補償之面積逐年攀高，93 年更高達 6 萬 5 千餘公頃，較 91 年及 92 年之第一期稻作公告停灌面積(分別為 1 萬 5 千餘公頃及 2 萬 8 千餘公頃)高出甚多，此類調用農業用水支援民生及產業用水之型態，未來在新水資源開發困難情形下，恐將成為常態；尤其，桃園農田水利會灌區，人口及工業區密度均冠於全國，而主要供水來源之石門水庫有效蓄水容量不增反減，因此，未來桃園地區對於缺水現象將更為敏感。

3.3 補償經費逐年攀升

民國 90 年代接連 4 次乾旱停灌事件中，北部地區上半年，在水稻第一期作期間，發生民生及工業用水不足，導致農田停止灌溉俾將農業用水調用供應其他標的使用，93 年停灌區域更擴及中部的苗栗農田水利會及南部的嘉南農田水利會，三年來公告停灌面積分別約為 1.5 萬公頃、2.8 萬公頃及 6.5 萬公頃。有關最終實際清查停灌休耕補償面積及經費分擔情形如下表 4。

表 4　民國 90 年代停灌休耕補償面積及經費分擔表

年度	實際休耕面積(公頃)	停灌休耕補償費(萬元)				
		農委會	水利署	水公司	國科會	總計
91	10380	39790	32906	21100	19745	113541
92	18660	47006	22381	18500	18500	106387
93	45289	135836	60367	60158	22769	279130
95	21792	60144	29778	29778	18653	138353
總計	96121	282776	145432	129536	79667	637411

四、乾旱時期之灌溉營運

　　一般而言，乾旱之發生大都是發生在整田期，因整田期係將田區土壤水分自乾田轉換為飽和水田狀態，田區一次灌水深往往高達 120 至 200 mm，就坵塊用水而言相當於本田用水正常用水量之 15 至 25 倍之多，換句話說，乾旱發生時，若能突破整田期灌溉用水量瓶頸，順利整田插秧，則旱災之威脅即可減至最低。

4.1　救旱原則

　　台灣地區一期作之整田插秧期(2、3 月)適逢枯水季，較易發生乾旱，又因農耕方式逐年採用機械化，整田期縮短集中，需水流量增加，致農田用水發生枯旱的頻率增加；此外，南部地區之嘉南平原，於 6 月下旬陸續開始整田插秧之二期作水稻灌溉面積達 4 萬 3 千公頃，其灌溉水源主要仰賴曾文及烏山頭水庫調節，一旦該水庫上一年蓄水不豐或當年颱風雨量過境較遲，則旱象立即顯現，最近 10 年來，曾發生 3 次有驚無險之案例，如：民國 85 年遲至 7 月 31 日賀伯颱風帶來雨量才解除旱象、民國 91 年遲至 7 月 3、4 日雷馬遜颱風帶來豪雨旱象方解、民國 93 年 7 月 2 日發生七二豪雨，雖然造成嚴重水患，但嘉南地區兩座水庫自完工蓄水以來最嚴重之旱象也因此宣告解除。

　　此外，近 30 年來，我國更因經濟發展迅速，人口增加、都市化及工業區不斷興設，以致公共給水及工業用水逐年持續成長；又因農業耕作方式逐年採用機械化，整田期縮短集中，需水尖峰流量增加，致農田用水發生枯旱的頻率增加，尤其平常即已呈現缺水之地區(北部桃園地區及南部之嘉南平原)，旱象更是經常發生。

　　至於救旱工作之執行，所牽涉的因子十分複雜，諸如乾旱發生之時間、地點、乾旱程度、救旱水源等，皆為重要之影響因子，故不論其方法如何，但其救旱最終目的是一致的。簡而言之，在乾旱期間，能以最少水量、最短時間，藉由救旱政策之執行，達到最高之水資源利用率，減少災害至最低程度，此即救旱之目的所在。救旱對策之擬定及執行，將因地域條件之不同而有所差異，

供水系統為救旱水源之重要參考因子，灌溉系統依水源不同分水庫系統、河川系統、埤塘系統、地下水系統及綜合系統等，對於各該不同水源亦有不同之救旱作業；一般而言，依賴水庫供灌地區，可依據水庫當時蓄水容量情形判斷，較易採取決策；但對於河川供灌系統，由於河川流量及水文狀況變異極大，實際作業上，及時而明確之決策極為困難。

4.2　乾旱時期灌溉營運制度

目前全國各農田水利會之灌溉管理營運，除訂有平常之灌溉計畫外，對於乾旱時期，均已先就所轄各灌溉系統灌區之可忍受缺水程度，分別訂定不同缺水程度之配水計畫及救旱措施，並報主管機關核備後公告；此外，各水利會並已預為準備及演練有關配水操作之細節與方法及救旱所需之設施與事項，以應隨時需要；有鑑於乾旱時期灌溉營運制度之重要，農委會前於 75 年即已研訂「乾旱年調整水量分配標準及救災處理制度」，針對不同缺水程度，定訂灌溉因應營運措施之基本指導原則，其內容重點包含：

1. 水源供水量在缺水時期達計畫用水量 75%以上時，其配水營運之田間灌溉，採加強灌溉管理，維持原訂施灌期距，以減水深法按原計畫減少配水量行之。

2. 水源供水量在計畫用水量 75%以下時，其配水方法，應視實際情形，以延長灌溉期距，實施非常灌溉；非常灌溉以公平為原則，可依嚴重程度，選擇輪區輪灌、支分線輪灌或幹線(圳)別輪灌。

3. 由水庫蓄水及河川引水供應之灌區，其預估水源可供水量如低於計畫用水量 50%時，管理機構對已種植之農田，除實施非常灌溉外，必要時得呈請主管機關公告部分農田轉作或停灌休耕。

4. 為救旱措施使用備用抽水機，抽取可能補給水源之水量。

5. 預先訂定缺水時期之轉作及停灌之分區順序，並提早公告。

此外，農委會以往亦協助全省 17 個農田水利會就其轄區各灌溉系統分別所完成之「不同乾旱程度之灌溉營運因應措施準則」，作為各水利會救旱節水之依據，目前各缺水地區之農田水利會，遇有缺水情形均係依據該準則採取節省水量之輪灌措施及間歇灌溉方法來節省灌溉用水及公平分配，有效降低乾旱之損害。

五、結論及建議

5.1　調用農業用水作業應依法辦理

民生及產業部門一旦發生缺水現象，應依經濟部 90 年 7 月所訂定之「農業用水調度使用協調作業要點」規定，將所需水量精算後，及早洽當地農田水利會就有關調用水量、調用期限、補償金額及補償之給付方式等，先行與被調用水量者(91 年桃竹地區缺水移用對象為石門及新竹農田水利會)進行協商辦理。被調用水量者則可依據該數據進行內部之加強灌溉營運措施，包含大區域輪灌、減水深灌溉、滑流灌溉、抽取地下水或補助水源等，倘以上措施仍無法克服，再考慮進行局部地區停灌休耕措施，應可使農業、農民及生態環境所受損失降至最低程度，對社會之衝擊最小，此外，補償經費之負擔，亦不致過於龐大，可達到多贏之局面。

5.2　調用水者應確實依法負擔補償費

近年桃竹等地區缺水之公告停灌休耕，非屬以往因農業旱災所辦理之公告停灌(以往最近之兩次公告停灌措施均為天然乾旱，為 83 年之一期作及 85 年之一期作)，主要係屬農業支援民生需求及產業發展用水性質，依法應依據「農業用水調度使用協調作業要點」規定辦理。依該要點規定，應由需水單位(自來水公司)就調用水量、調用期限、補償金額及補償之給付方式等先行與被調用水量者(桃園、石門及新竹農田水利會)進行協商辦理，有關之經費則由需水單位負擔。

農委會在近年一期作公告停灌事件中，基於考量公告停灌休耕，有助調降稻米生產面積政策，協助以提撥「水旱田利用調整後續計畫」預定推動預協助自來水公司及工業區等分擔補償費；惟以上方式並不合理，且非長遠之計，未來有關移用農業用水之補償費，應基於「受益者付費」精神，由民生及產業部門確實負擔。

5.3　用水管理單位應加強水源掌控

以水庫供應民生、農業灌溉及工業地區，在一期作之前一年底，各用水管理單位應及時檢討次年雨季來臨前之用水狀況，採取適當因應措施；一般而言，水庫供水地區，較河川及地下水供水區域，對於水量之盈缺最易掌握，而石門水庫係屬多目標水庫(原為灌溉、防洪而建)，其水源供應民生、農業及工業使用。農業部門在水庫供灌一期作耕作前一年之 11 月間，即已視水庫蓄存可用水量，決定次年耕作用水情形，民生及產業部門倘有用水不足之慮，則應及早洽相關農田水利會，研議採行相關因應節水措施，預作規劃準備，減少各產業之損失及民怨。

5.4　公告停灌休耕之發布應與農作時機配合

農業耕作隨作物不同，依據所處地區氣候之差異，有不同之耕作適當時機。例如：桃園、新竹地區水稻之耕作，秧田期間為每年之 2 月 1 日至 2 月 28 日，整田及插秧日期為 2 月下旬至 3 月下旬；因此，如有缺水疑慮，必需考量停灌休耕時，最遲應在 1 月底以前做成決議，俾避免農民投入育苗、整田、插秧及施肥等投資後，驟然發布公告停灌休耕，造成農民及農業之巨額損失，並易引起農民普遍之不滿後果。

5.5　儘量避免採取公告停灌措施

公告停灌措施為不得已手段，農業用水在支援民生及產業部門之同時，農業並不必然非採取休耕措施不可，嘉南農田水利會在 92 年一期作極度缺水之

情形下，以加強灌溉管理方式，在間歇灌溉措施下以約 1.3 億立方公尺水量灌溉約 1.8 萬公頃水稻田，且有餘裕水量 1500 萬立方公尺水量支援民生用水使用，即為一例。

此外，自來水公司及產業部門不應為了規避移用水補償費之負擔，而每在缺水現象時，藉由時機緊迫，在未經詳實評估下，要求以公告停灌休耕措施處理，造成重大損失及後遺症。未來應確實依據經濟部所訂頒之「農業用水調度使用協調作業要點」之規定，依法協商，至於是否須採休耕手段或採加強管理手段，則應由農業用水管理單位視移用水量多寡自行檢討，決定公告停灌與否。

5.6　應考量生態環境維護及週邊產業之救助

鑑於歷次稻作停灌區域廣闊，考量生態環境維護及長期作物仍需用水之實況，農委會向來呼籲相關水庫水源掌控單位未來應適時放水，俾避免對於停灌區內之生態造成重大衝擊；又，長期停止供給灌溉水源後，將造成環境惡化之案例，近年在桃園、新竹停灌期間，已有實際環境惡化之經驗，尤應特別關注；此外，農民在乾旱缺水現象發生前所種植之長期作物，亦應保留部分灌溉水量適時供應，以免造成農業災害擴大。

至於調用農業用水，大面積農地停灌後，將間接衝擊農業周邊產業之民眾生計之問題，農委會向來極重視，以往歷次因調用農業用水致農地停灌之經驗中，均造成農業周邊產業之損失；有鑑於此，民國 93 年第一期作之停灌補償，在農委會與經濟部水利署推動下，於 93 年 7 月 15 日頒訂「水稻育苗中心受停灌損害救助作業要點」，對於育苗業明確給予補償救濟措施；然而，目前對於停灌地區，接受農民委託辦理機耕、稻穀收穫後處理等相關作業單位，有關民眾因喪失工作及經營機會之事實，仍應考量給予特別救濟，其救濟經費亦應一併納入調用農業用水補償作業處理。

參考文獻

1. 林尉濤、林國華、陳亭玉(2007 年)，「農業用水有效利用對策研究」，土木水利雙月刊，第一期，第三十四卷，第 81~89 頁。

2. 林尉濤(2005 年)，「農業用水配合產業發展之立場及配套措施」，農田水利雜誌，農田水利會聯合會編印。

3. 李金龍(2003 年)，「檢視我國加入 WTO 後政府對農業總體因應對策之績效報告」，行政院農業委員會。

4. 農田水利會聯合會(民國 82~97 年)，「台灣地區農田水利會資料輯」。

5. 經濟部水利署，「歷年各標的用水量統計報告表」。

4

4 多元化水資源管理到流域脆弱度分析

 ## 摘 要

　　全球氣候變遷影響了天然水資源的供給，可用水源相較於以前來得較為困難，於是水資源管理面臨來自於生態、社會、水文、經濟等各個面向之壓力。而在各面向的用水也都存在某種程度的競爭與衝突，因此需要一套因應環境變遷而產生的水資源管理新思維。

　　目前國際上各國均努力推動多元化水資源管理(IWRM)以解決當前急迫的水資源管理問題，聯合國近來在多元化水資源管理(IWRM)架構下發展出一套流域脆弱度評估的方法，其檢視流域中用水需求的競合及國際合作的必要性，提出未來流域中必要的調適策略及方向，以期能改善流域治理中的脆弱度。本

[1] 虞國興　淡江大學水資源管理與政策研究中心主任
[2] 劉世翔　淡江大學水資源管理與政策研究中心特約研究員
[3] 雍士賢　淡江大學水資源管理與政策研究中心研究專員
[4] 黃渾峰　淡江大學水資源管理與政策研究中心研究二所所長

研究將檢視由多元化水資源管理到流域脆弱度之間的關聯性，並以國際的流域案例做闡述，提出對於台灣未來流域治理之建議及方向。

關鍵詞：多元化水資源管理、流域脆弱度評估、流域治理

Abstract

Global climate change has affected the supply of natural water resource, and therefore available water became scarcer than before. Water resource stress comes from four aspects: Ecology, Society, hydrology and economics. There are competitive water usage in every aspects and often cause conflicts, and therefore comes out a brand new notion of water resource management under climate change.

Integrated Water Resource Management is a global trend to solve the urgent problems of water resource management. Under the framework of IWRM, UNEP has developed a methodology called "vulnerability assessment of freshwater resources to environment change", reviewing the necessity of international cooperation, the competing water demands, and addressing policy adjustment strategy to reduce vulnerability in basin governance. The study will view the connections between IWRM and basin vulnerability, and through a case study to make suggestions for future basin governance in Taiwan.

Keywords：IWRM, Vulnerability Assessment, Basin management

一、水資源的過去、現在及未來

檢視人類的歷史不難發現，水與人類發展歷程與經濟發展密不可分，水資源可用來支持生產活動，如農業、水力發電、工業、漁業、觀光、運輸等。許多例子可以佐證水對於經濟發展的貢獻，如埃及尼羅河的定期氾濫，帶來了肥沃的土壤與生產力，人類因而產生治水的需求。由於人類對水有基本需求(飲用、洗滌)，以及為了追求更好的生活，此外，水可以維持地球生態系統需求等諸多原因，使其成為地球上獨特的自然資源。

1.1　過去的水資源管理思維及其影響

　　然而多年以來，我們一直都假設地球上的水是取之不盡，用之不竭的，同時也具天然的自淨能力可以處理汙染的問題，因此大量興建水利設施充分利用水資源。雖然為數百萬人帶來利益，但卻也同時對生態系統、自然地景、湖泊、海洋等等產生巨大的改變，這是人類之前從未想過的。

　　人類活動對水資源系統造成影響，如生態環境惡化、水源污染與水量稀少..等狀況。加上氣候變遷的因素，致使當前水資源管理變得越來越複雜。生態系統的惡化導致生物多樣性的喪失與漁獲量的下降，使更多自然資源暴露在危機下；河岸城市所產生的大量工業、生活廢水、殘餘的農藥及化學肥料，造成大量的汙染，也因此更多人遭受水災相關的影響。據最保守的估計，與水相關的疾病目前造成每年 200~500 萬人喪生，2020 年時可能增加到 1 億 3500 萬人 (Gleick, 2002)；氣候變遷帶來許多不確定性及變異，為某些地區帶來更多洪水，某些地區則是降雨減少，造成河川湖泊水位較低。由上述種種情況，未來水資源管理單位在平衡經濟發展與永續水資源利用時，將面臨越來越多的衝突、高漲的壓力和風險，如上下游之間國家或居民的利益衝突，如伊拉克向土耳其協商以取得更多的水源(路透社 2009/5/12 報導，Iraq parliament demands more water from neighbors)；湄公河岸巴基斯坦與印度之間的敵意等。

1.2　削減貧窮及因應環境變遷的兩難

　　雖然如此，但較貧窮的地區或發展中國家，為了達成削減貧窮的目的，仍有必要興建水利設施以支持經濟活動及其發展。夾在削減貧窮及水資源環境變遷的兩難中，未來的發展需要更審慎考量發展與永續之間的平衡。也因面對如此的問題與衝突，也凸顯出在水資源壓力下，水文、社會、經濟與生態之間的相互依賴。而「2007 年亞洲水資源發展綜覽」(Asian Water Development Outlook 2007) 也強調「跨領域」與「跨部會」是亞洲與太平洋地區在水資源管理上，面對未來永續發展的挑戰中，重要的一環。

1.3　　未來水資源管理思維-多元化水資源管理(IWRM)

　　面對前述眾多部門之間的衝突與拉扯，多元化水資源管理(IWRM)的思維便油然而生，透過一系列整合性的方法管理土地與水資源，解決多目標用水之間產生的衝突與競爭情形(P. Jeffery & M. Gearey, 2006)，開創一個更有效率的治理制度，整合水資源發展的因應對策，削減貧窮，面對各面向中(社會、經濟、環境)的水資源挑戰(V. Galaz, 2007)。而近十年來，許多國家在改善水資源管理的制度及立法上都做了很多努力，透過 IWRM 原則，也考慮了更多的因子，像是參與性別與公平議題、環境考量與經濟評估。在 2002 年世界永續發展高峰會議(WSSD)，許多國家承諾要發展國家層級的 IWRM 及水資源效率計畫。

　　也因著世界上可用的水資源越來越稀少，聯合國開始向全世界國家呼籲共同採取行動，解決全球水資源危機，並且在第三次世界水資源發展報告中分析水資源的現況及提出未來的建議。在報告的內容中也特別強調，水資源管理概念必需直接進入到各個領域，成為各方決策的重要考量。

1.4　　流域脆弱度評估

　　在多元化水資源管理(IWRM)的架構之下，聯合國環境保護署(UNEP)、亞洲理工學院(AIT)及北京大學(PKU)發展出一套以流域為單位的脆弱度評估方法，並首先以南亞的三大流域：恒河－雅魯藏布江－梅克納河流域(Ganges-Brahmaputra-Meghna,簡稱 GBM)、印度河(Indus)流域及赫爾曼德河(Helmand)流域做為評估對象，進行脆弱度分析及提出針對流域的政策調適方向。

　　脆弱度通常被視為危機的同義詞，或更貼切的表示為，不利環境條件的變化，對系統的敏感性(Hurd et al., 2004)。而脆弱度不只單獨指系統暴露於災害的風險，亦指系統面臨災害時的敏感度與彈性(Turner et al., 2003)。脆弱度因子為災害造成傷害或破壞的對象，包含人類傷害和財產破壞；脆弱度的評估即為估算災害發生時，受災範圍內所有生命財產的損失。由於自然、社會、經濟和

環境因素或活動所決定的條件，由於這種條件，一個地區更容易受到危害的影響，構成易致災地區。而許多國家目前也因氣候變遷的緣故，致力於減少各部門(包括水資源)的脆弱度以進行調適。

不像傳統的評估方式，流域脆弱度評估方法仰賴某些專家先前研究所得的估計值。對其本身而言，嚴密的數據計算並非其核心，而著重於脆弱度高低所帶來的影響。

 # 二、多元化水資源管理及流域脆弱度評估

GWP 對於多元化水資源管理(IWRM)的定義：促進水資源、土地及其餘相關資源合作發展的過程，最大化經濟、社會福利，考慮公平及維持重要生態系統的永續發展。在河流、湖泊或地下水層級時，IWRM 可被定義為在流域內水資源、土地及相關資源的整合管理，以最佳化及公平的方式進行經濟發展，且長期來看不損及生態系統的重要功能。

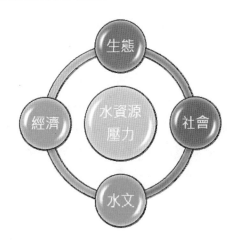

2.1　流域尺度下多元化水資源管理關鍵議題

在流域的尺度下，整合土地使用與水資源管理非易事。因土地管理涵蓋規劃、林業、工業、農業及環境，主管機關眾多，也通常被政治環境左右，與水資源政策無直接連結。流域尺度下的多元化水資源管理關鍵議題，約可歸類為

下面七個部分：流域管理體系、流域組織、財務籌措、民眾參與、策略性長期規劃、行動計畫、資訊系統監測及教育宣導。

1.　流域管理體系：

　　流域管理體系若完全以由上而下(Top-down)的方式，杜絕利害關係者參與，其運作將會失靈。流域多元化水資源管理所指涉的是，將流域相關的利害關係人納入規劃流程中，並將所有的資訊免費公開與交換，資訊公開對於尋找問題對策很有幫助。水資源管理是敏感的政治議題，因此需要強而有力的聲音來支持國家決策。高階的支持是健全流域管理系統的關鍵，其他包括法制面架構、制度、管理結構等也會影響。只要有政治決心，水資源管理的政策、法規、財務及制度就可以發揮應有的功能，也能更有效率的運作。政治決心，重要的就是與決策者解釋與溝通，使其了解流域多元化水資源管理之內容及其重要性，進而得到高階的承諾。

2.　流域組織：

　　流域組織的主要功能有三項，分別為進行監測與協調、規劃與籌資、發展與管理。流域組織設立的目的在於解決其他單一組織無法完全解決的問題。為與施政目標與政策一致，流域組織的職責，通常由政府高層決定，而職責往往可以反映出流域中的重要議題，而對於跨行政區的流域，政府常為解決特定問題而設立流域委員會。由於水資源管理本身就是公共財，流域管理組織必須隸屬公部門。雖然正式的流域管理組織是公部門的一部分，但為了使水資源能夠有效的管理，仍需邀集各方利害關係人一同參與其中，如社區團體、非政府組織及私人企業等。

3.　財務籌措：

　　流域管理系統需要可靠及永續的財務支持，經費主要為用於資源管理、發展與維護基礎設施及流域組織的運作。而三個主要的經費籌措來源為稅、水費收入及資金援助。多數流域管理組織財務考量過於貧乏，時常導致管理績效低落，進而仰賴中央政府的預算分配。但中央政府每年經費會波動，導致流域組織財務不獨立，易受影響。未來流域組織應在「污染者付費」及「使用者付費」

原則下發展合適的財務體系，而這也是 GWP 定義流域多元化水資源管理的關鍵元素。

4. 民眾參與：

確保流域管理的內容具代表性，能反應利害關係人需要，政府需仔細考量納入參與對象的意見。除此之外，也要確保行政程序及經費不妨礙民眾的實際參與，整個過程透明化，也確保管理地方行動計畫的單位如政府水利單位、流域組織溝通管道暢通。

5. 策略性長期規劃：

長期規劃能反映出未來的願景及明確的目標，並涵蓋流域中議題及解決的順序、管理方案、成本效益及風險評估等項目。長期規劃也能與各層級的發展目標、政策與流程做連結，隨資訊更新與環境變遷做彈性調整。保留彈性的原因在於，有時計畫會因無預期的事件而停擺，如政治不確定性。

6. 行動計畫：

流域管理最關鍵的部分為擬定流域行動計畫，該計畫包含擬定水資源管理方案及如何執行，透過「適應性學習(Adaptive learning)」確保由執行計畫中所得的經驗，可以回饋到規劃程序中。流域行動計畫需設定短期(3~6 年)目標以落實長期策略，考量執行計畫所需資源與財務來源，如何協調各部門以執行行動計畫。除此之外，如何與利害關係對象報告管理績效也是一個相當重要的議題。

7. 資訊系統監測及教育宣導：

水資源管理者要能掌握最可靠、最新的資訊，但資料通常很零碎、異質性很大，也不完整，罕有可以直接用於目標決策參考。許多公私部門組織有產出資料，但大都缺乏交換標準。因此，水資源資訊系統需要改善目前的狀況，使利害關係對象可以受益且資料也可支援水資源管理決策。建置流域水資源資訊系統有二個部分，建立制度與組織，接著是建構與資訊相關的技術問題。

　　透過公共意識活動(Public Awareness Campaign)及教育宣導，讓流域內居民了解當地議題及目前的管理方式。宣導的目標對象人數紛雜，異質性大。不只居民，還包括在流域內工作的對象(包含觀光、工業、供水服務、漁夫、農夫等)及政府部門。透過公共意識活動(Public Awareness Campaign)及教育宣導，便可以將流域管理的議題、行動與進展都傳達清楚。公共意識活動與教育宣導都要花錢，例如廣告、舉辦活動、設立和營運公共資訊服務都需要負擔大量經常性費用。流域管理預算需要考量資本門、宣導計畫的運作與人事成本。因此，宣導的策略與計畫也應納入整體流域規劃管理的一部分。

　　歐洲的多瑙河日便為一個提升公眾意識的最佳範本，多瑙河日為每年的 6 月 29 日，超過 8100 萬人在 14 個國家慶祝。多瑙河國際保護委員會協調舉辦這樣的年度活動，呼籲國際共同合作以使多瑙河成為更乾淨、安全的河川。委員在河岸舉行公眾會議及趣味教育活動，強化了大家團結一致保護河川的心，縱然不同的文化及歷史種族，但所有位於多瑙河流域內的市民都有這樣的一個想法來保護這樣寶貴的河川，活動類型很多，包含藝術競賽、攝影比賽及電影節等。

2.2　流域脆弱度評估方法

　　這套由聯合國環境保護署(UNEP)及北京大學(PKU)共同發展的評估方法，著重於評估流域層次的水資源脆弱度，目標如下：

(1)　發展知識以了解河岸國家用水需求的競合與前瞻性國際合作的必要性。

⑵　檢視流域中的水資源標的及議題。

⑶　以「用水壓力」及「管理的挑戰」評估環境變遷的衝擊。

⑷　透過水資源脆弱度相關的分析，與政府及非政府組織互補，協助建立國家水資源機構或改善績效。

1.　脆弱度評估方法基礎：

　　脆弱度評估的方式已有 UNEP 及北京大學做的先期研究做為基礎，水資源脆弱度即為水資源危機，將幾個會嚴重影響不同水資源使用的議題分別出來討論，因此，該分析需建立在對該流域水資源系統的了解上，如下面所列的四個部分：

　　水資源總量：未進行任何開發與使用前的水文平衡，像是自然過程中的水資源組成與氣候變遷、當地的生物物理環境之關係。

　　水資源開發及利用：水資源供給平衡的分析(水資源開發的最大承載量)－工程面、用水趨勢、都市化。

　　生態健康：在水資源開發利用後，維持地方的生態機能的水資源分析。考量水質，及未來政府預算如何影響流域。

　　管理：水資源自然過程受人類如何管理水資源能力的影響顯著，因此這方面的評估將擴及國家如何管理淡水資源，以及其他影響淡水資源管理的制度。

　　而現有的評估模式可以從三個不同的層面來評估：自然資源的基礎(Natural resource base)、其他因子(氣候變遷、政策)如何影響自然生態系統的脆弱度。如何評估這樣的因子取決於相關的指標(見圖 1)。

　　核心方法為二個步驟：(1)問題診斷；(2)運用 DSPIR 分析，將現有問題做全面及深入的評估。至此，便產出全面與綜合性的脆弱度分析及脆弱度指標(VI)。

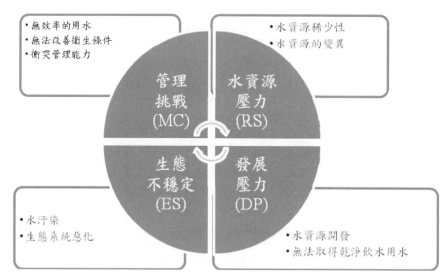

圖 1　淡水資源脆弱度影響因子與指標

2.　脆弱度指標及參數化：

每一指標都有其定義與參數化的方式，總的來說，脆弱度指標(VI)可表示如下：

VI = f (RS, DP, ES, MC)

脆弱度高表示水資源壓力、發展壓力、生態不穩定高、管理程度低。這些指標全都已經經過專家討論訂定下來及量化，當中衝突管理能力，則有透過質化的參數評估表給與分數，如表 1 所示，VI 的範圍介於 0 到 1.0 之間。越高表示越脆弱。

⑴　水資源壓力(RS)

一般所指涉的便是水資源的量與其變動程度，這樣的壓力可以用水資源的「稀有性」與「變異性」來表示。

稀有性參數表示該區域內(或流域)年度人均用水量(per capita water availability)，與一般認為的門檻年度人均用水量(1700m^3)做比較；變異性參數則以過去 50 年降雨量的共變異(CV)，來表示變異性參數。當 CV 值大於等於 0.3 的狀況發生時，就是最不利的狀況。

⑵ 發展壓力(DP)

水資源開發參數以水資源發展速率來表示(如供水與水資源可用總量)，常用來顯示流域的健康狀態；安全飲用水待改善參數：這個參數代表了淡水的社會性使用狀況(淡水資源開發設備，象徵維持當地人口生計的基本需求)。

⑶ 生態不穩定(ES)

流域的生態健康以水質(水汙染)及生態系統惡化二個參數來衡量。水汙染參數表示水汙染對脆弱度的影響，以未經處理汙水總量與總水量比例來表示，若比率大於等於 15%，即是最脆弱的狀態。生態系統惡化參數則以流域內無植被覆蓋的面積比率來表示，溼地與森林亦算在植被內。

⑷ 管理挑戰(MC)

無效率用水參數，以每立方米用水產生之 GDP 與該國家平均用水產生之 GDP 做比較。在南亞的評估報告裡，這裡所使用的平均值以世界五大糧食生產國(巴西、中國、法國、墨西哥、美國)的平均值 23.8USD/m^3 做為基準；待改善衛生參數代表無法使用衛生設施人口比例。衝突管理能力參數為質化結果，以表 1 的矩陣來做評估而得到分數。

表 1　突管理能力參數評估矩陣

類型 Inability	描述	分數與準則		
		0.0	0.125	0.25
制度失靈 (Institution)	協調水資源管理的跨國協議	嚴謹的制度	鬆散的制度	制度不存在
協議失效 (Agreement)	簽署或制定水資源公約或政策	具體且有細節可執行的協議	一般性的協議	無任何協議
溝通失效 (Communication)	水資源相關的例行性討論機制(年會...等)	全面性的討論，包含政策面及執行面	單方面考慮政策面或執行面	無此機制
應用失敗 (Implementation)	水資源管理協商行動	有效執行流域治理計畫	有聯合計畫，缺乏有效管理	無計畫

資料來源：Fresh water under threat, south Asia. (UNEP , 2008)

3.　權重：

透過專家的諮詢討論後，得到的權重公式如下

$$VI=\sum_{i=1}^{n}\left[(\sum_{j=1}^{mi}Xij\times Wij)\times Wi\right]$$

　　VI =脆弱度指標；n =脆弱度因子數目；mi =第 i 個項目下參數數量；Xij= 第 i 個項目中第 j 個參數的值；Wij=第 i 個項目中第 j 個因子的權重；Wi=第 i 項的權重。為了使 VI 落於 0-1 之間，下面是分配權重的原則─各項目權重總和為 1；(2)子項目權重總和也為 1，決定相對權重過程可能產生偏誤，下一章節南亞案例中各因子權重均設為相同。根據計算出來脆弱度指標(VI)的值，政策建議如表 2 所示。

表 2　脆弱度指標的結論與政策建議表

脆弱度指標(VI)	解釋
低(0.0-0.2)	以資源的豐富度、發展、生態狀態及承載量管理的角度來說，這是一個良好的流域。不需要改變任何的政策，可能只有在 1、2 個指標中有一般性的問題，經過 VI 分析後，可以在幾個部分做些政策微調。
中(0.2-0.4)	流域普遍來說在一個不錯的狀態，正朝著永續水資源管理的方向前進。但其可能在技術支援或是承載量管理的建構上，面對大挑戰。因此，該流域的政策需著重在 VI 所分析出來的問題，亦需要強力的政策介入來克服流域所面對的威脅。
高(0.4-0.7)	流域面臨很大的壓力，政府需要用心制定政策，發展技術支援及政策做為後盾來減輕流域的壓力。需要重建承載量管理的制度，定訂更長期的策略規劃來解決主要的威脅。
嚴重(0.7-1.0)	流域的水資源管理系統毫無作用，要改善流域的水資源狀況，需要政府及普羅大眾的高度承諾，復原的過程會非常的漫長，亦需要國際、國家及地方層級的單位，進行該流域的綜合計畫。

資料來源：Fresh water under threat, south Asia (UNEP , 2008)

三、流域脆弱度評估案例－南亞三大流域

3.1 脆弱度評估量化結果

脆弱度指標計算時，賦予四大項因子相同的權重，結果如圖 2 所示。

Basin	RS	DP	ES	MC	VI
GBM	0.39	0.17	0.57	0.65	0.45
Indus	0.49	0.51	0.80	0.57	0.59
Helmand	0.50	0.53	0.80	0.74	0.64

RS = Resource stresses; DP = Development pressures; ES = Ecological insecurity;
MC = Management challanges; VI = Vulnerability index

圖 2　研究流域之脆弱度結論

對於赫爾曼德河及印度河流域來說，生態不穩定性對其高脆弱度貢獻最多；對於 GBM 流域來說，管理的挑戰了產生了大危機(見圖 3)。然而，對於赫爾曼德河及印度河流域來說，也是如此。

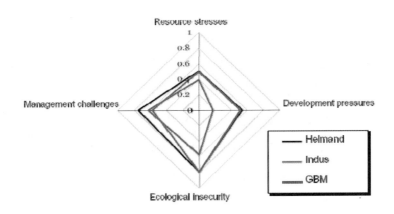

圖 3　南亞三大流域脆弱度來源

3.2　脆弱度評估質化結果

GBM 流域內導致水資源脆弱度的主要議題如下：(1)季節水量變化劇烈(洪水及旱災)；(2)氣候變遷(冰川融化、雨量改變、生態系統喪失)；(3)水質惡化及跨國水資源管理議題。

印度河流域的主要議題如下：(1)農地的鹽化；(2)資訊系統的缺乏；(3)灌溉用水效率低落；(4)印度河上游缺乏整合的水資源管理系統；(5)地下水位的降低。

赫爾曼德河的議題則為：(1)缺乏足夠的水象預警及防護網絡；(2)缺乏資訊系統；(3)可用水源水量變異大；(4)僅只有限的供水系統及衛生設施；(5)基礎灌溉設施效率低落；(6)無承載量管理的作法，以及缺乏國內相關單位與其他河岸國家的協調合作機制。

3.3　脆弱度分析總結

水資源的脆弱度評估，主要可以分為二個方向：(1)流域內水資源的開發、利用及主要威脅；(2)如何面對流域內的挑戰，如考量一連串資料的限制(包含缺乏官方資料、季節及空間上的水文變化劇烈)，相關指標及參數。脆弱度指標(VI)為納入流域中的水資源壓力(RS)、發展壓力(DP)、生態不穩定(ES)及管理挑戰(MC)，四個因素的綜合指標。

印度河的水資源開發率相當高，達 89%，赫爾曼德河的開發率為 49%，GBM 僅 15%。在汙水補注的部分，印度河及赫爾曼德河分別達 19%與 16%，而 GBM 僅有 4.5%。顯示印度河與赫爾曼德河面臨更多汙染的壓力，但地面植被卻是 GBM 最低，僅有 20%。表示 GBM 生態系統惡化程度比其他兩條河更嚴重。雖然印度河流域的人均 GDP 比其他流域高很多，但用水效率卻出奇的差。印度河流域的居民已有 50%可以使用改善過的衛生設施，但另外二條河大約只有 40%。

綜觀來說，印度河(VI=0.59)及赫爾曼德河(VI=0.64)的水資源系統相當脆弱，而 GBM 流域的水資源處在高度壓力的狀態，而生態不穩定性(ES)則是主要導致印度河及赫爾曼德河脆弱度指標值較高的因素，管理挑戰的部分在 GBM 裡是最大的威脅，然印度河及赫爾曼德河在這個部分，也不算輕鬆。

 # 四、結論與未來建議

脆弱度評估有其必要性，特別是受全球氣候變遷影響最大的水資源。建議政府未來能在淡水資源脆弱度評估上投注心力，全面性了解關鍵的議題落在何處，並能朝向正確的政策調適方向前進，下面提出對於台灣地區流域治理未來的建議：

1. 對於台灣的主要流域進行淡水資源脆弱度評估：

回顧目前台灣地區在水資源管理的議題中，並未有淡水資源脆弱度評估的相關計畫或研究進行。或有脆弱度分析的報告，但主要著重於生態環境及人類開發活動影響，並未綜合考量天然的淡水資源供需及政策制度管理成效。而未來建議能夠配合四大流域管理委員會的成立，以四大流域做為示範計畫，提供未來各流域制定管理策略及政策方向的基礎。

2. 透過流域脆弱度評估促進水資源管理國際合作、交流機會：

台灣由於政治的敏感性問題，常被排除於國際組織如聯合國體系外，無法參與其中。而該篇淡水資源脆弱度評估的架構及方法，乃由聯合國環境保護署(UNEP)與亞洲理工學院(AIT)及北京大學(PKU)共同發展。目前也計畫繼續於東北亞、東南亞及南亞等其他流域中進行相同的評估。若是能運用相同的方法架構對台灣的主要流域進行脆弱度評估，將來便有與其他國際流域比較的基礎，進行經驗交流，在水資源管理的議題上也能與國際接軌。

3. 脆弱度評估指標定義明確，操作障礙較小：

聯合國環境保護署與北京大學所發展的流域脆弱度評估方法中，各項指標定義均相當明確，並且涵蓋各個面向。其指標包含四大面向：資源壓力(RS)、開發壓力(DP)、生態不穩定性(ES)及管理挑戰(MC)共計九項參數化的值，多數

統計資料均來自於聯合國的調查。雖然如此，但也因指標數目不多，每一項指標對於脆弱度指標的貢獻相對來說也較明顯，因此在計算及調查指標資料的過程中，需格外謹慎與小心。

4.　流域脆弱度評估為適應全球氣候變遷的開始：

　　流域脆弱度評估僅是因應全球氣候變遷下做出調適的開端，對應評估結果進行政策的調整才是其主要目的。在南亞的脆弱度評估報告中清楚的指出，完成脆弱度評估報告之後，不久的未來會出版 SDM (Summary for Decision Makers)，綜合整理及評估報告內關鍵的發現、落差與未來的挑戰，提供決策者新的視野，制定可有效減緩流域脆弱度的政策。

參考文獻

1. UNEP-PKU (2008), "Methodological Guidelines for Vulnerability Assessment of Freshwater Resources to Environmental Change", Bangkok, UNEP and PKU.

2. UNEP-AIT (2009), "Vulnerability Assessment of Freshwater Resource to Environmental Changes-Fresh Water under Threat South Asia", Bangkok, UNEP and AIT.

3. Turner et al (2003), "A framework for vulnerability analysis in sustainability science", PNAS, Vol.100 No.14, p.8074~8079.

4. P. Jeffrey, M. Gearey (2006), "Integrated water resources management: lost on the road from ambition to realisation? ", Water Science and Technology, Vol.53, No. 1, p.1~8.

5. V. Galaz (2007), "Water governance, resilience and global environmental change – a reassessment of integrated water resources management (IWRM)", Water Science and Technology, Vol.56, No.4, p.1~9.

6. Global Water Partnership (2009), A Handbook for Integrated Water Resources Management in Basins, GWP.

7. Asia Society (2009), "Asia's Next Challenge: Securing the Region's Water Future", Asia Society.

8. Gleick, P. H. (2002), "Dirty Water: Estimated Deaths from Water-Related Diseases 2000-2020", Pacific Institute for Studies in Development, Environment, and Security.

9. Asian Development Bank (2007), "Asian Water Development Outlook 2007", Asian Development Bank and Asia-Pacific Water Forum.

10. UN WATER (2009), "The United Nations World Water Development Report 3: WATER IN A CHANGING WORLD , UNESCO"出版。

11. 林漢良、謝俊民(2008)，「建立易致災地區之安全建地劃設機制與準則」，內政部營建署城鄉發展分署委託辦理計畫，財團法人成大研究發展基金會。

12. 黃榮護、林明志(2008)，「中央與地方政府流域治理行政功能與組織之研究」，地方自治與民主發展：2008選後台灣地方政治學術研討會會議論文。

13. 林玄忠(2008)，「九十七年台法技術合作人員訓練計畫－法國水資源管理制度研習」，出國報告書。

14. 路透社，2009年5月12日報導"Iraq parliament demands more water from neighbors"。

4

5 台灣主要流域之環境特性及脆弱度分析

 ## 摘 要

　　台灣主要河川流域，每年受到颱風、地震等天災之侵襲，常誘發山崩、土石流等災害；因此，若能瞭解流域脆弱度，並提出因應的流域管理對策，則可事先預防災害的發生，減少可能的損失。本研究之目的是要建立流域脆弱度指標評估系統，綜合專家意見找出可能影響流域脆弱度之因子，及各因子對流域脆弱度之影響程度，以評估台灣主要流域之脆弱度及潛在災害發生潛勢。本研究是以兩階段問卷方式建立流域脆弱度評估架構，應用層級分析法(Analytic Hierarchy Process，AHP)來評估流域脆弱度因子，研究對象為台灣五大流域(淡水河、大甲溪、濁水溪、曾文溪、高屏溪流域)，透過地文、水文、人文三種

[1] 張嘉玲　逢甲大學水利工程與資源保育學系助理教授
[2] 趙彥婷　逢甲大學水利工程與資源保育學系碩士班研究生
[3] 蔡鴻偉　逢甲大學水利工程與資源保育學系大學部專題生
[4] 郭鴻儒　逢甲大學水利工程與資源保育學系大學部專題生

類別之評估構面，探討脆弱度之形成因素，建立流域脆弱度評估因子並且完成流域脆弱度評估系統建置，以利未來流域評估規劃之參考。依本研究所建立之流域脆弱度評估模式，綜合評估台灣五個主要流域，流域脆弱程度之排序依序為濁水溪、高屏溪、曾文溪、淡水河及大甲溪。

關鍵字：流域脆弱度、環境特性、層級分析法

Abstract

Basin environmental vulnerability analysis is a significant issue nowadays. This study applied Analytical Hierarchy Process (AHP) to evaluate seven criteria in three phases (geographic phase, hydrologic phase and societal phase) in basin environmental vulnerability analysis. Five main basins in Taiwan, including the Tan-Shui River Basin, the Ta-Chia River Basin, the Cho-Shui River Basin, the Tseng-Wen River Basin and the Kao-Ping River Basin, were discussed in the present work. The objective was to discuss environmental characteristics of these basins and assess their comprehensive environmental vulnerability. The result shows that the landslide area is the most important criteria in basin environmental vulnerability according to professional questionnaire survey and AHP analysis. The Cho-Shui River Basin in central Taiwan has the highest environmental vulnerability among these basins.

Keyword: Basin environmental vulnerability; Analytical Hierarchy Process(AHP).

 # 一、前言

　　台灣因土地資源稀少以及都市快速擴張，對土地資源需求量大增，河川流域、山坡地超量之開發行為，導致環境品質惡化、生態體系破壞等環境負效果。再加上台灣每年受到地震擾動與暴雨、颱風侵襲，極端暴雨事件造成水資源調配的困難，山崩、洪水及土石流等災害頻傳，造成人民傷亡及財物損失。對於天然災害防治，過去通常都是以工程手段之防災策略為主，但由於土地不當及過度使用造成之災情，無法完全依靠防災工程來消除；因此，提出非工程手段之減災策略，藉由土地使用管理、風險管理等方式，對於欲開發之地區進行評

估，降低災害風險，避免因人爲因素造成災害損失，抑制災害發生機率，才是目前集水區保育及流域治理最重要的工作。

近年來災害風險評估爲擬定減災策略的重要依據，構成災害風險評估要素包括危害度與脆弱度。人類社會大都沿著河川流域發展，故了解河川流域之環境特性，與人爲開發對該區域之影響及造成流域脆弱度增加之潛在程度，就能夠事先加以防護並預防災害的發生，減少可能的損失[Center for Watershed Protection(2002)]。本研究之目的是要建立流域脆弱度指標評估系統，綜合專家意見找出可能影響流域脆弱度之因子，及各因子對流域脆弱度之影響程度，以評估台灣主要流域之脆弱度及潛在災害發生潛勢；流域脆弱度及災害潛勢分析成果，可作爲災害預防及流域整體治理規劃工作之參考。

 # 二、研究方法

2.1　研究架構及流程

本研究基本架構及流程如圖 1 所示。本研究首要步驟爲歸納流域脆弱度影響因子，並採用層級分析法評估階層架構的適當性、合理性及指標間之重要性，建構出流域脆弱度指標評估系統，藉由流域脆弱度指標評估系統分析台灣主要流域之脆弱度，可供相關單位瞭解各流域相對之環境脆弱程度，以作爲集水區保育及流域治理規劃之參考。

2.2　問卷設計方法

1.　效度問卷：

效度問卷之目的爲藉由專家學者之意見及建議，確立流域脆弱度評估因子及架構，以提升評估系統之適用性。效度問卷之內容，主要是經由文獻回顧，蒐集歸納影響流域脆弱度之因子，再進行評選因子之初步篩選與過濾，得到評估評估階層與因子之初步架構；本研究初擬之流域脆弱度評估構面及因子，如表 1 所示。本研究藉由問卷形式請專家學者填寫並提供相關建議，問卷發放對象爲對水土保育、水資源規劃管理及多評準決策等方面專精之學者，共計 4

人。針對專家建議內容，經本研究小組歸納及討論後，完成評估因子及階層架構。

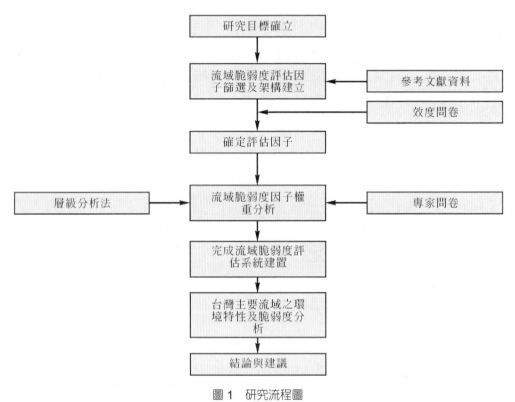

圖 1　研究流程圖

表 1　流域脆弱度評估架構(初擬)

	評估構面	評估因子
流域脆弱度評估架構	地文因子	植生覆蓋率
		崩塌地面積
		土壤種類
	水文因子	降雨強度
		河川水質
	人文因子	土地使用行為
		人口密度

2. 專家問卷：

　　本研究採用層級分析法(AHP)設計專家問卷。層級分析法為 Thomas L. Saaty 於 1980 年所發展出來的一種綜合評估方法，AHP 法特色乃利用層級結構將影響因素間複雜關係做有系統的連結，以成對比較方式進行層次分明的層級系統整合分析，達到增加評估的有效性與可靠性。AHP 法能將複雜的評估因子以層級結構化呈現，有效擷取多數專家之共識意見，配合研究目的考慮不同的層面，設定各問題的評比尺度，並建立偶比對矩陣，其相關因子皆可以具體的數據表達相對重要之順序並給予權重並可檢定一致性等優點(鄧振源，1989)。

　　AHP 專家問卷之目的，則是希望彙集各界專家學者之知識及經驗，由學者專家對於評選因子之相對重要性進行評估，以決定各評選因子之權重。專家問卷之內容，主要是依照效度問卷後所建立的評估因子及階層架構，針對各階層下之因子進行成對比較。藉由問卷形式請各界相關領域之專家學者，評估兩兩評選因子間之相對重要關係。本研究 AHP 專家問卷發放對象亦以水土保持及水資源相關領域之學者為主，共計發放 8 份 AHP 專家問卷，問卷回收率100%。

2.3　研究範圍

　　本研究以台灣五大水系為研究範圍，分別為淡水河、大甲溪、濁水溪、曾文溪、高屏溪流域，流域相關資料蒐集彙整如表 2 所示。淡水河流域位於台灣北部，幹流長度約 158.7 公里，流域面積約 2726 平方公里，均僅次於濁水溪及高屏溪；淡水河水系係由大漢溪、新店溪及基隆河三大支流匯集而成。大甲溪流域位於台灣中西部，北鄰大安溪，南界烏溪，主流發源於雪山山脈之雪山主峰及中央山脈之南湖大山，分水嶺高峰多在 3000 公尺以上，為典型急流性河川，幹流長約 124.2 公里，流域面積約 1236 平方公里。濁水溪流域位於台灣中西部，東以中央山脈為界，分水嶺有能高山、大石公山、丹大山、馬博拉斯山等，南接台灣第一高峰玉山，濁水溪流域發源於合歡山主峰與東峰之佐久

間鞍部，上游高峰錯縱、河谷深邃，斷崖及崩塌地甚多，幹流長約 186.6 公里，為台灣地區最長河川，流域面積約 3157 平方公里，僅次於高屏溪流域。曾文溪流域位於台灣西南部，北鄰急水溪，東界高屏溪，南接鹽水溪，西臨台灣海峽。主流發源於阿里山脈之水山，幹流長 138 公里，流域面積 1176 平方公里。高屏溪流域位於台灣西南部，舊名下淡水溪，北鄰濁水溪上游，西界曾文溪上游及二仁溪流域，東鄰秀姑巒溪及卑南溪流域。高屏溪係由荖濃溪及旗山溪二大支流匯集而成，並以荖農溪為幹流。幹流長約 171 公里，僅次於濁水溪，流域面積約 3257 平方公里，居台灣地區第一位。

表 2　台灣主要流域環境資料彙整

水系名稱	主流	支流	長度(km)	流域面積(km²)
淡水河水系	淡水河	大漢溪、新店溪、基隆河、景美溪	159	2762
大甲溪水系	大甲溪	七家灣溪、南湖溪、合歡溪	124	1236
濁水溪水系	濁水溪	陳有蘭溪、清水溪	186	3157
曾文溪水系	曾文溪	後掘溪、菜寮溪、官田溪	138	1176
高屏溪水系	高屏溪	旗山溪、濁口溪、荖濃溪、隘寮溪	171	3257

參考資料：經濟部水利署網站

三、結果與討論

3.1　流域脆弱度評估系統之建置

1.　效度問卷分析

經效度問卷回收後，本研究彙整專家建議及因子調整方式，說明如下：

在「評估構面」的部分，專家建議增加「水理」因子；惟水理因子主要是用以評估河川特性，而本研究主要目的是建立上游集水區脆弱度評估因子，故水理因子不予列入考量。

在「地文因子」的部分，專家建議將「崩塌地面積」修改爲「崩塌地百分比」，並增加「地表坡度」評估因子。本研究經評估後認爲崩塌地面積因子實屬重要，故保留此因子；而地表坡度的部分，據統計台灣主要流域地表坡度差異並不大，故不予考慮地表坡度因子。

在「水文因子」之評估標的中，專家建議將「降雨強度」、「河川水質」修改爲「年降雨量」、「降雨日數」；本研究採納專家建議，藉由年降雨量及降雨日數兩因子，可以更完整考量流域降雨特性差異對於環境脆弱程度的影響。

本研究依據專家效度問卷之建議，將部分因子修正調整後，所建立之流域脆弱度評估架構如表 3 所示，本架構包含三個構面及七項評估因子。各評估因子之單位及尺度均不盡相同，爲求客觀且統一之總評分，本研究將各指標分數分爲四級，分別爲 1、4、7 及 10 分，如表 4 所示；各流域在各評估因子之加權總分愈大時，表示該流域之脆弱度愈高。

表 3　流域脆弱度評估系統架構表

評估構面		評估因子	評估概略說明
流域脆弱度指標評估	地文因子	植生覆蓋率	流域地形地貌特徵相似的條件下，森林植被具有減小流域雨季逕流總量、增加流域枯水期逕流的作用。若植生覆蓋率愈大，地表保水性愈佳，表示流域脆弱度愈小。
		崩塌地面積	流域內崩塌地面積愈大，表示流域脆弱度愈大。
		土壤種類	流域內不同的土壤種類，影響流域脆弱度也有所不同。流域土壤顆粒粒徑越小，越容易被逕流沖離，則流域脆弱度高，評估分數高。
	水文因子	年降雨量	降雨量越大可能導致脆弱度的提高。
		降雨日數	在某颱風事件中，相同降雨強度下，降雨日數拉長，土壤飽和度將增加，故流域脆弱度將增加。
	人文因子	土地使用行為	流域內土地使用行為及開發程度對於流域脆弱度也將有不同的影響。土地人為開發程度愈高之流域，其脆弱度愈高。
		人口密度	流域內人口的密集度對於河川是否造成影響。人口密度愈高之流域，其脆弱度愈高。

表 4　流域脆弱度評估因子分級表

評估因子	因子分級			
	1	4	7	10
植生覆蓋率	植被覆蓋狀況極為良好	植被覆蓋狀況良好	植被覆蓋狀況普通	植被覆蓋不良
崩塌地面積(ha)	<1000	1000~5000	5000~10000	>10000
土壤種類	礫石性(G)	砂質土(S)	粘質土(C)	粉質土(M)
年降雨量(mm)	<2600	2600~2900	2900~3100	>3100
降雨日數(day)	<17	17~18	19~20	>20
土地使用行為	生態保存與森林	農業應用	遊憩與公園	工業與都市發展
人口密度(人數/平方公里)	<400	400~700	700~1000	>1000

2.　因子權重分析：

　　本研究利用 17 個等級評估因子間之相對重要性強度，計算一致性比率 (C.R.)來判斷專家問卷之效度，C.R.值小於 0.1 即為有效問卷，同時計算各階層評估因子的相對權重值，將各評估因子以 AHP 法分別計算其相對權重值並進行比較。「流域脆弱度指標評估」之「評估構面」包括「地文因子」、「水文因子」及「人文因子」，其相對權重值如圖 2 所示。由圖 2 可知，「地文因子」之重要性遠高於「水文因子」及「人文因子」，而「水文因子」的權重值略高於「人文因子」。一致性方面，各專家學者其一致性比率 C.R.值為 0.001 小於 0.1，故前後判斷具一致性。

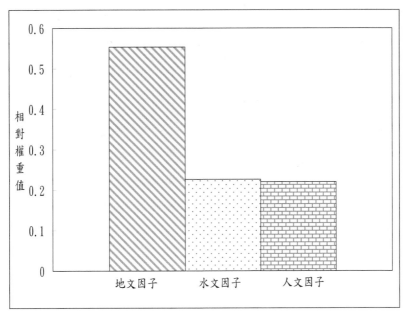

圖 2　「流域脆弱度指標評估」之「評估構面」相對權重圖

　　流域脆弱度指標評估」之「地文因子」之項目因子包括「植生覆蓋率」、「崩塌地面積」及「土壤種類」；「水文因子」之項目因子包括「年降雨量」及「降雨日數」；「人文因子」之項目因子包括「土地使用行為」及「人口密度」。其相對權重值如圖 3 所示。由圖 3(a)可知，專家學者認為「崩塌地面積」的重要性較「植生覆蓋率」及「土壤種類」高，而「土壤種類」之重要性略大於「植生覆蓋率」；一致性方面，各專家學者其一致性比率 C.R.值為 0.004 小於 0.1，故前後判斷具一致性。由圖 3(b)可知，專家學者認為「降雨日數」重要性略高於「年降雨量」；一致性方面，各專家學者其一致性比率 C.R.值為 0.000 小於 0.1，故前後判斷具一致性。由圖 3(c)可知，專家學者認為「土地使用行為」之重要性遠高於「人口密度」；一致性方面，各專家學者其一致性比率 C.R.值為 0.000 小於 0.1，故前後判斷具一致性。本研究綜合評估構面及評估因子之相對權重，推估出此七個因子之絕對權重(如表 5)，由結果可知，專家學者認為「崩塌地面積」之重要性最高，其次依序為「土地使用行為」、「土壤種類」、「植生覆蓋率」、「降雨日數」、「年降雨量」、「人口密度」。

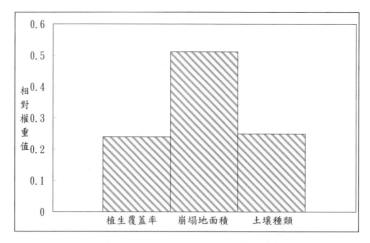

(a)「地文因子」之「評估因子」相對權重圖

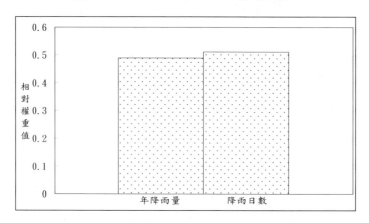

(b)「水文因子」之「評估因子」相對權重圖

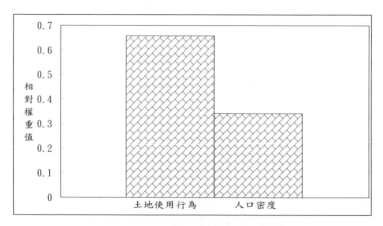

(c)「人文因子」之「評估因子」相對權重圖

圖 3 「流域脆弱度指標評估」之「評估因子」相對權重值圖

表 5　「流域脆弱度指標評估」之「評估因子」絕對權重值

評估構面	評估因子	絕對權重值	排序
地文因子	植生覆蓋率	0.1326	4
	崩塌地面積	0.2831	1
	土壤種類	0.1379	3
水文因子	年降雨量	0.1107	6
	降雨日數	0.1156	5
人文因子	土地使用行為	0.1449	2
	人口密度	0.0753	7

3.2　流域脆弱度分析

　　本研究彙整台灣五個主要流域地文、水文及人文等構面之資料，以評估各流域之脆弱度。在地文因子構面中之「植生覆蓋率」因子，本研究以過去研究報告[行政院農業委員會水土保持局(2003)；許增發(2003)；經濟部水利署第七河川局(2009)]之質化性評估為準則，分析各流域之植生覆蓋狀況；「崩塌地面積」則以行政院農業委員會水土保持局加速山坡地治山防災及清疏計畫[行政院農業委員會水土保持局(2009)]中之統計數據作為評分依據；「土壤種類」是依據美國農業部土壤分類法[吳文隆(2006)]及各流域圖層資料分析而得。水文因子構面中「年降雨量」因子，本研究以經濟部水利署水文資訊網中各流域內之雨量站近十年雨量監測資料之平均值為評分標準，分析各流域年平均降雨量；由於颱風來臨所挾帶的雨量以及連續降雨的日數相較平時多，且往往會對流域帶來較大的環境衝擊，故在「降雨日數」因子的部分，本研究以 2008 年發生颱風所帶來最多的降雨日數為評分依據。在人文因子構面中「人口密度」，本研究參考中華民國 95 年內政部戶政司所編製的各縣市土地面積及人口密度資料，分析各流域所流經之縣市範圍人口數與土地面積之比例，求得各流域之平均人口密度；「土地使用行為」資料評分是以過去研究報告[李偉銘(2006)；

經濟部水利署第七河川局(2009)]之質化性評估為準則。各流域在各評估因子之原始資料彙整如表 6 所示。

表 6　各流域在各評估因子之原始資料彙整表

評估因子	流域環境特性資料				
	淡水河	大甲溪	濁水溪	曾文溪	高屏溪
植生覆蓋率	覆蓋良好	覆蓋良好	覆蓋良好	覆蓋良好	覆蓋良好
崩塌地面積(ha)	313	4178	11279	625	3413
土壤種類	石質土、砂質壤土	石質土、砂質黏土	石質土、砂質壤土	砂質黏土	砂質黏土及砂質壤土
年降雨量(mm)	3172	2376	2353	3005	3139
降雨日數(day)	15	17	20	21	22
土地使用行為	林班地	林木及草生地	林地、天然林	林班地	國有林班地、保安林及山地保留地
人口密度(人數/km^2)	1769	305	374	624	384

依本研究所建立之流域脆弱度評估模式，綜合評估台灣五個主要流域之脆弱度如表 7 所示。由結果可知，此五個主要流域脆弱程度之排序依序為濁水溪、高屏溪、曾文溪、淡水河及大甲溪。根據各評估因子分析，崩塌地面積為最重要的因子，且此因子之權重遠大於其他六個因子，濁水溪流域由於崩塌地面積大，故濁水溪流域脆弱度大於其他四個流域。此外，由於颱風事件往往造成南台灣環境極大的威脅，年降雨量及極端降雨事件天數等水文特性，均是造成南台灣流域之環境脆弱度高於北台灣流域脆弱度的主要原因。

表7　各流域在各評估因子之分級得分及加權總分

評估因子	因子權重	流域因子得分				
		淡水河	大甲溪	濁水溪	曾文溪	高屏溪
植生覆蓋率	0.1326	4	4	4	4	4
崩塌地面積	0.2831	1	4	10	1	4
土壤種類	0.1379	4	4	4	4	4
年降雨量	0.1107	10	1	1	7	10
降雨日數	0.1156	1	4	7	10	10
土地使用行為	0.1449	1	1	1	1	1
人口密度	0.0753	10	1	1	4	1
總分		3.49	3.01	5.05	3.74	4.7
脆弱度排序		4	5	1	3	2

 # 四、結論與建議

　　本研究建立一套包含三個評估構面及七個評估因子的流域脆弱度評估模式，依此評估模式分析台灣北中南五個主要流域之脆弱度；由結果可知「地文因子」構面為最重要的構面，而在所有評估因子中，「崩塌地面積」為最重要的評估因子，綜合各評估因子分析可知，濁水溪流域相對於其他流域具有較高之脆弱度。目前台灣國土綜合規劃及土地分級管理為流域規劃管理相當重要的課題，因此，流域脆弱度分析研究的價值也變得相當重要。本研究建議未來此流域脆弱度評估模式可以延續持續改善，例如評估因子宜再綜合檢討；此外，由於流域現況資料並不齊全，部分評估因子僅有質性之原始資料，這也造成脆弱度評估的困難；因此，提升流域脆弱度評估模式之適用性，為刻不容緩的研究課題。

參考文獻

♦ 1. Center for Watershed Protection, (2002) "Watershed Vulnerability analysis", Center for Watershed Protection, Ellicott City, MD.

♦ 2. Saaty, T. C., 1980) "The analytic hierarchy process", McGraw Hill, New York .

♦ 3. 內政部戶政司網站，http://www.ris.gov.tw/。

♦ 4. 行政院農業委員會水土保持局(2009)「加速山坡地治山防災及清疏計畫」，第 25 頁。

♦ 5. 行政院農業委員會水土保持局(2003)「南投縣仁愛鄉萬豐村投－014 土石流特定水土保持區劃定計畫」。

♦ 6. 吳文隆(2006)，大地工程學(一)，九樺出版社，初版，第 20~22 頁。

♦ 7. 李偉銘(2006)，「優化模式與地理資訊系統在土地規劃與管理上之應用-以德基水庫集水區為例」，朝陽科技大學環境工程與管理系，碩士論文。

♦ 8. 許增發(2003)，「防砂壩對魚類分布之影響－以曾文水庫集水區主流為例」，碩士論文，國立成功大學水利及海洋工程研究所。

♦ 9. 經濟部水利署水文資訊網，http://gweb.wra.gov.tw/hydroinfo/index.aspx。

♦ 10. 經濟部水利署網站，http://www.wra.gov.tw/。

♦ 11. 經濟部水利署第七河川局(2009)，「高屏溪流域整治綱要檢討計畫(98-103年)規劃報告」，第 8~11 頁。

♦ 12. 鄧振源、曾國雄(1989)，「分析層級法的內涵特性與應用(下)」，中國統計學報，第 27 卷，第 7 期，第 1~20 頁。

6 台灣地區農業水資源脆弱度評估初探

 ## 摘 要

近年來農業水資源利用受到澇旱災害衝擊甚鉅，農政部門莫不積極研擬改善策略，期能降低損失與風險。然因目前災害多屬複合型結構，其成因極為錯綜複雜，諸多學者建議應強化脆弱度研究，從而擬定改善方案。

本文首探討符合我國農業水資源脆弱度現況之定義與評估架構，並從國內現有之統計量篩選出 9 項評估指標。進一步整合網絡程序分析法(Analytic Network Process, ANP)決定不同指標之權重數值。並運用學者 Gogu 與 Dassargues(2000)之脆弱度綜合計算方法，以全省 15 個農田水利會為討論範疇，計算各農田水利會的脆弱度綜合排名，希冀作為農政部門未來在研擬災害風險因應與調適策略之參考。

關鍵詞：農業水資源、脆弱度評估、網絡程序分析法、農田水利政策

[1] 邱豐真　淡江大學水資源管理與政策研究中心
[2] 吳啓瑞　淡江大學水資源管理與政策研究中心

Abstract

This research adopts policy index approach to analyze the vulnerability of agriculture water resource in Taiwan. We chose nine indexes from existing statistics and each of them has been given weight with Analytic Network Process method. Furthermore, the synthesis computational method has been used which had been proposed by Gogu and Dassargues in 2000, to calculate the value of vulnerability and give the rank of position for 15 agriculture water associations. The result yielded some risk management and adaptation strategy to climate change for government and agriculture water associates.

Keywords：**agriculture water resource, vulnerability assessment, Analytic Network Process, agriculture water policy.**

 # 一、前言

　　氣候變遷所誘發的極端氣候現象已在各國產生眾多災情，嚴重影響各國經濟、民生等面向，故如何降低氣候變遷所帶來的影響，已成為各國政府施政重要的方針之一。在我國諸如「降雨不均，北澇南旱」、「極端降雨事件」等帶來的威脅亦日趨嚴重。農業水資源占全國總取水量70%以上，受影響層面較為廣泛，且近年來因我國產業變遷，如遇工業與民生缺水者，農業用水多需配合政策移用，故對整體農業水資源運用更是雪上加霜。故如何在氣候與產業變遷雙重挑戰下，維繫農業發展及農業水資源之三生功能，係未來農田水利政策規劃不可或缺的一環。基此，相關單位莫不從強化防災、減災的觀念出發，試圖從改善基礎環境著手，以降低災難所產生的影響。近年學者亦逐漸將焦點從過去衡量災害範圍導向(impacts-led approach)轉變成為研究脆弱度導向(vulnerability-led approach)(林冠慧，2004)，希冀藉由發掘系統的脆弱點，進一步發展出相關的「調適」(adaptation)策略。

　　過去國內針對農業水資源的脆弱度議題上，多屬集中於氣候變遷與農業生產等關聯性之基礎科學研究，例如由學者耿旭(1997)對於農業生產力與蒸發現象的相關研究；或童慶斌(2002)對於氣候變遷對於作物需水量的影響評估；陳

圭宏(2006)水稻生產影響之情境模擬研究。但如將焦點置於農業水資源的討論層面上，則尚需擴大焦點於水源供給、水源需求水災與旱災的影響，或者更進一步包括水源管理與水源利用之調適方法的選擇與調適能力等面向上。[註1] 換言之，當我們討論農業水資源的脆弱度，應涉及相關設施維護、輸配水業務操作等整體系統操作與維護等面向上，例如氣候變遷導致降雨量減少，可透過加強灌溉管理業務加以克服，但前提是需具有完善的灌溉系統才能有效的調配用水，而完善的灌溉系統又有賴良好的日常的維護工作始能發揮其原本的功能。因此，要衡量農業水資源的脆弱度，需從其外在壓力的產生至水資源現況與相關策略之成效進行整體探討，始能呈現其脆弱度之全貌。

　　本文以指標評估法做一先期性之研究，並考量我國農業水資源歷經多年來的開發，已成為各具特色的灌區型態，可透過指標系統評估不同的農田水利會所屬灌區的脆弱度，將氣候變遷這全球性議題轉化為「地方化」(localize)的具體成果以強化農委會與各農田水利會對於氣候變遷議題之於農業水資源的關注程度，從而判定哪些是未來各水利會在面臨氣候變遷挑戰擬定未來農業水資源發展的前景。

註1　IPCC Third Assessment Report, "Climate Change 2001: Impacts, Adaptation and Vulnerability", Cambridge University Press, UK, 2001.

二、脆弱度評估研究趨勢

　　脆弱性(Vulnerability)又稱易受損性，泛指事物在災害中直接或間接受到損失的嚴重程度。研究脆弱度的觀點就是為了找出潛在傷害事件的範圍與任一特定區域的關聯性。[註2] 對於脆弱度評估的觀點，又可分為社會與生物物理學兩者，Adger(2004)等學者認為兩者的關注焦點有顯著的差異，前者較關注於自然災害所引起的脆弱因子，後者則是指稱人類系統受到政經、社會系統的運作結果所產生的結果。

註2　Hy Dao & Pascal Peduzzi(2003) "Global Risk And Vulnerability Index Trends per Year".

表 1　社會與生物物理脆弱性的比較表

類型	評估方式	決定因素
生物、物理	災害的頻率與強度的函數	災害範疇、強度與發生時的標的 (如人口)所決定其脆弱性
社會	災害強度與結果的所有因素	人類社會運作過程的特質

資料來源：Adger, 2004。

　　近年來對於脆弱度的研究發展逐漸將兩者加以合流，試圖以一綜合性的評估觀點進行脆弱度評估，如圖 1。與過去僅以自然災害規模進行推估的傳統途徑差異之處，在於「脆弱度研究起源自人類對自身的反省，將災害研究關注的層面，擴大到難以量化的結構性因素，例如社會、政治及經濟等影響。」註 3 故運用脆弱度評估更能深層地檢討人們在災害歷程中基於何種社會基礎、特質與條件，做出何種因應策略，這些策略對於原本系統產生反饋的效果，對於災難影響程度均有顯著相關，如圖 1 所示。

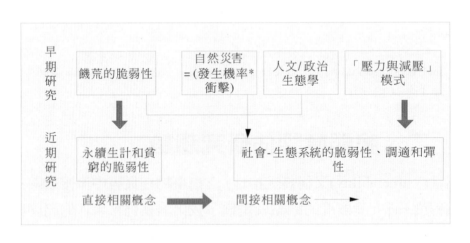

圖 1　脆弱性評估的發展脈絡概念圖

註 3　轉引自陳志嘉，2007，〈台灣在全球環境變遷下的脆弱度研究與發展〉，《環境與世界》，16，P.48~49。

　　根據 Turner(2003)所歸納的社會與自然脆弱度的綜合衡量的概念，強調社會與自然系統間存在著一個動態的特性存在著三項因素，首先脆弱性評估的架構必須連結人類與自然環境，並綜合兩個面向共同考量其脆弱點；其次，擾動

與壓力的產生亦是同時由這兩個子系統共同產生；最後對於災害暴露與回應程度，亦需從人類與環境的系統綜合考量(包含處理、影響、調整與調適等)。脆弱度的關注焦點主要是觀察人類或環境系統、次級系統或系統內的因子，因外在環境的變動或壓力，所遭遇傷害的程度。因災害發生具有時效性，故脆弱度具有動態化的特質，在某一特定時間可能脆弱度較為低，但在另一時間點脆弱度又較高，故需進行長時間的觀察與檢討(綜合自鄧君等，2007、Turner et al,2003)。現最廣為學術團體所接受的是為 Intergovernmental Panel on Climate Change(IPCC)於 2001 年提出定義：「脆弱度是指一個系統在面對氣候變化或極端事件中，具不利影響且具敏感性，或無法與之抗衡的程度。脆弱度是一種氣候變異的特質、嚴重性與比率的總和，其涉及了暴露性、敏感性與系統的調適能力」上述定義涉及了三項概念：

1. 暴露性：系統暴露於氣候變遷影響的類別與程度。

2. 敏感性：系統面對氣候相關刺激所產生直接或間接的反應，無論是有利或有害的。

3. 調適能力：系統在面對氣候變遷所進行的調整，以減緩潛在傷害、創造機會與處理結果的能力。

　　根據前述的意涵，脆弱度評估的特質具有三項特質，首先由於氣候變遷的原因過於繁雜，故認為脆弱度評估應著重結果多於原因；其次因為脆弱度探討的結果認定是脆不脆弱，故其結果是負面評分；最後脆弱度評估重點在於對比與剝奪的相對性概念，故是以不同區域或階級進行相比，從而得出相對脆弱的概念，而非是一個絕對性的概念。註4

註4　Downing TE (1991) Vulnerability to hunger and coping with climate change in Africa. In: Global environmental change, Vol. 1, No. 5. Environmental Change Unit, University of Oxford, Oxford, p.365~380

 # 三、研究方法

　　本文所謂的農業水資源脆弱度評估是以水資源利用的良窳進行探討，因此需在考量人類在外在環境變化的挑戰下運用資源成效的整體基礎下，探討農業

水資源的脆弱度，較能彰顯其脆弱度之意涵。故本文透過文獻回顧、腦力激盪法，並以目前農田水利相關統計量中篩選並建構出相關九項因子，茲將指標的篩選原則與結果簡述如下。指標的計算方法，是以分析網絡程序法決定其所屬權重，並以 Gogu 與 Dassargues(2000)所提出計算脆弱度的指標計算方法進行計算，茲將相關研究方法簡如下述。

3.1　農業水資源脆弱度評估指標

1.　指標建構原則：

　　政策指標為政府賴以提高施政品質之重要工具，例如永續發展指標等。依據指標所得相對應資訊，將有助於政府提高研擬相對應策略可行性。此外，指標本身具有反映多元資訊功能，可做為衡量政策績效的依據，更是推動未來政策改革或政策制訂的重要參考依據。

(1)　科學性原則：指標體系需建立在科學基礎之上，無論在指標的選擇、權重的確定、數據的選取與計算上均需以統計理論、農業、經濟等學理依據，以反映基本內涵和要求。

(2)　系統化原則：指標要儘可能全面反映農業水資源利用的特徵，防止片面性，各指標之間要相互聯繫與配合，從不同角度反映一個地區農業水資源發展的實際狀況，並具有適合我國農業水資源的特性。

(3)　動態性原則：改善農業水資源脆弱度既是目標又是過程，因此，指標體系既要充分考慮農業水資源系統的動態化特點，能綜合反映農業水資源的現狀和發展趨勢，便於預測和管理；同時，又要在一定時期內保持指標體系的相對穩定性，不可頻繁變動。

(4)　可操作性原則：指標體系應具備可操作性之原則，盡可能利用現有的統計數據，指標必須要清楚且運算與統計方法要統一，達成操作動態化，確保比較結果具備合理性、客觀性和公平性。

(5)　產出性原則：脆弱度評估的主要是以系統產出結果，作為評估基準。例如對於氣候變遷所引發的糧食安全的評估，應是直接朝向評估饑荒的狀

況，而不是對於乾旱的狀況進行評估，因爲乾旱對於糧食安全並不一定帶來嚴重的影響。

2. 指標篩選結果：

脆弱度評估爲新興研究領域，本文除了檢討國外相關指標外，並納入針對我國農田水利事業相關統計量與指標等進行篩選，[註5] 以求健全評估指標的完整性。經過彙整國內外相關指標檢討後與前述指標系統架構結合分析，共設定了4項類型與9項指標，茲說明如下，並彙整如表2。

註5　關指標設定參考來源包括淡江大學水資源管理與政策研究中心(2009)「灌排渠道水質監測調查及技術輔導計畫」；譚智宏、許香儀(2008)「水田生態與農田水利會經營管理永續發展指標之研究」；江宜錦(2007)「台灣天然災害統計指標體系建構與分析」；農業工程研究中心(2004)「台灣地區水資源永續發展指標之計算與評估」；農業工程研究中心(2003)「台灣農田水利會營運功能調整探討」；經濟部水利署(2003)「台灣地區水貧之指數之探討」；童慶斌(1996)「高雄農田水利會灌區之缺水指數評估」等多項國內針對農田水利水量、水質與事業經營現況等進行指標統計量的彙整與歸納，另參考大陸地區針對農業或農業水資源脆弱度評估的相關指標，例如鄧君等(2007)「南方丘陵區農業水資源脆弱性概念與評價」；孫芳、楊修(2005)「農業氣候變遷脆弱性評估研究進展」等多篇研究，最後亦參考數篇國外針對脆弱度評估指標，如 Luers, 2005, "The surface of vulnerability : An analytical framework for examining environmental change" 與 R.C.Gogu and A. Dassargues,2000," Current trends and future challenges in groundwater vulnerability assessment using overlay and index methods" 等進行指標統計量之篩選。

表2　農業水資源脆弱度因子彙整表

項目	公式	資料來源	備註	正負向
年降雨日數變化比率	96年不降雨日數/91-96年不降雨日數平均值	灌溉情勢資料庫	各工作站降雨日數權重係以各工作站徐昇式多邊形法求出	正
灌溉水質合格率	初驗合格率	灌溉水質資料庫	—	負
設施天然災損率	圳路災害統計/圳路數(以導水路+幹線+支線)	農田水利會資料輯	渠道定義：「導水路、幹線、支線」三者總合	正

表 2　農業水資源脆弱度因子彙整表(續)

項目	公式	資料來源	備註	正負向
灌溉滿足度	實際取水量/計畫取水量	灌溉情勢資料庫	－	負
支援其他標的用水	支援其他標地用水總量/實際取水量	1.水交易制度規劃之研究 2.灌溉情勢資料庫	－	正
水利會財務營運狀況	(事業收入－事業支出)/事業收入	農田水利會資料輯	－	負
水利小組運作良窳	水利小組自行共同維護估計價值	農田水利會資料輯	－	負
年度設施改善	(改善+歲修受益面積)/總灌溉排水受益面積	農田水利會資料輯	－	正
水質管理績效	農田水利會水質管理考評結果方法	96 年度試算結果	－	正

說明：1.正負向之定義為影響脆弱度高低的意涵，正向表示該數值愈高則脆弱度愈高，反之則脆弱度愈低。

　　　2.資料統計來源均為 96 年度。

⑴　水資源供給風險

係指影響農業水資源的供應能力之風險程度，其包含了自然變化與人類活動之壓力所產生的風險，其包含下述三項重要因子：

A.年降雨日數變化：近年來因降雨日數變化所帶來的澇旱區隔愈趨明顯的趨勢，對水資源管理業務上產生諸多的挑戰，諸如農作物缺水或洪澇災損之風險。

B.設施天然災損率：年降雨日數變化劇烈代表的是因降雨日數愈趨集中，導致極端降雨的出現，導致水利構造物的損害，例如水門損害致使下游面臨無水可用的供水風險。

C.灌溉水質合格率：水污染為人類活動導致水資源運用困難之重要成因，因我國工業與家庭廢水污染嚴重，根據統計目前約有 10%的污染情

況，這些水污染的現況，導致需調配更多潔淨水源進行稀釋，提高水資源供給風險。

(2) 水資源需求壓力

為了活用農業水資源，並因應其他標的用水成長之需求，當前農業用水除供應灌溉用水外，如有節餘水量，則尚可支援其他標的用水，因此本項準則涉及下述兩項因子：

A.灌溉滿足度：灌溉滿足度泛指各水利會之年度計劃取水量與實際取水量之比值，藉以代表該會灌區的需水量，如灌溉滿足度過低導致休耕，代表農業需水尚需增加灌溉取水量或加強灌溉管理業務，滿足農民耕作需求。

B.支援其他標的用水：由於農業水資源政策的調整，現今水利會除了滿足灌溉外，可將餘裕水量支援其他標的如工業或自來水事業使用。因此，如何維繫契約供應水量，亦是農業水資源在水資源利用上的壓力來源。

(3) 水利會組織現況

全省 15 個農田水利會為調配農業水資源規模最大組織，故營運現況會影響水資源的調配水良窳甚鉅。例如組織營運現況愈健全者，其調配水業務應較為精細，反之則可能愈粗放，本項準則包含了下述兩項因子：

A.各會財務狀況：財務健全與否為組織營運之重要代表依據，故本團隊以財務狀況視為各會組織現況的代表因素之一。

B.水利小組的運作良窳：水利小組為水利會基層工作人員，其日常業務包含圳路疏圳、調配水等相關業務，故由此項指標可代表水利會基層運作狀況。

(4) 設施與管理良窳

水資源應用需有良好之設施進行調配，故設施與管理之良窳為水資源利用的重要影響面向，本項準則涉及了兩項因子：

A.年度設施更新改善：灌溉設施需每年進行設施更新改善工程，以提高設施的妥善率，如年度設施更新改善較為良善，將可降低災害來臨時

所產生的風險。

B.水質管理績效：農委會針對各會灌溉水質的維護狀況設計了一套完善的考評機制，作為各會水質管理成效之參考依據，此可做為各水利會在降低因水污染帶來壓力之風險。

3.2　分析網絡程序法簡介

為了能夠使各項因子能夠進行綜合計算，但因子的相對重要性(權重值)未必相等，例如降雨日數變化與設施更新改善的成效之重要性熟輕熟重，仍有待一套完善的評估基礎進行評估。本團隊運用分析網絡程序法(ANP)將多位專家學者之意見加以綜合評量取得一致性或相近的結果，賦予相關因子的權重高低值，據以強化本研究之效度，網絡架構圖如圖 2 所示。註6

分析網路程序法(ANP)是為 Satty 於 1987 年所提出改良過去層級程序分析法(AHP)的重要方法，過去的層級程序分析法因為因子之間需相互獨立，與人們做決策的真實狀況有所差異，為了滿足決策過程可能受到各項因子彼此關聯的真實狀況，因此 Satty 在因子之間加上回饋的機制，讓變項間可存在相互影響的關係(interdependence)，使得決策分析過程更接近實際狀況。故 ANP 可視為瞭解一項多準則決策或政策所屬因子影響性或重要程度的良好分析方法(Saaty, 1980)。

ANP 的計算方法主要是透過準則與方案之間的相互依存關係，透過計算不同矩陣間的特徵向量值集合(eigenvectors)，計算出不同方案對準則所成線的衡量級距(scale)，並可透過一個超級矩陣獲得一個收斂的極值，透過這樣的程序將可獲得具有量化的權重值，提供決策參考之依據。隨著電腦套裝軟體的開發日益完善，本研究採用 Super- decision 套裝軟體，該項軟體可系統化結構清晰的決策網路架構，並賦予整體網絡架構中的不同指標相異但具關連性的權重，從而提供決策者選擇與作決策判斷的依據，據以作出較佳的決定；亦即，分析網絡程序法能使錯綜複雜的系統，削減為簡明的要素層級且容許回饋與相互影響機制，然後以比例尺度(Ratio Scale)匯集各個評估意見，在各要素間，

註6　問卷的受訪者 3 位為專家學者，6 位為農田水利會從業人員。

兩兩配對比較而得到問卷的結果。如此一來,不僅能夠得知個人主觀的項目權重分配,對於複雜度與更迭性高的定性或定量問題,還可避免結論不一致的情形發生。

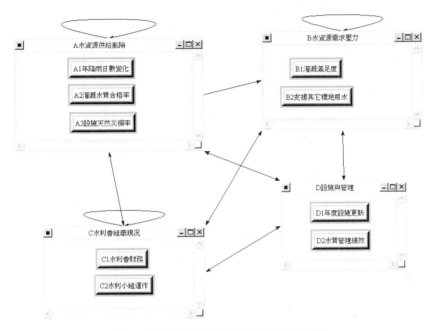

圖 2　農業水資源脆弱度因子 ANP 架構圖

3.3　脆弱度指標計算評估方法

在確立相關權重之區別後,本文採用 Gogu 與 Dassargues(2000)所提出計算脆弱度的方法,使後續建構的脆弱度指標符合可比較性與操作性需求,脆弱度指標(VI)的運算方法如式 1,[註7]VI 的範圍介於 0 到 1.0 之間。越高表示越脆弱。Fi 為各會的不同指標分數,需透過全國資料蒐集並加以分級,以得出不同會別在全國脆弱度指標的分佈情形,Wi 為前述運用 ANP 專家學者所賦予之指標權重。

註 7　R.C.Gogu and A. Dassargues, 2000, "Current trends and future challenges in groundwater vulnerability assessment using overlay and index methods", Environmental Geology,39(6),p.549~559。

$$VI = \sum(fi(1,n)*wi(1,n)) \tag{1}$$

VI：脆弱度分數。

fi：第 n 個會別的分級分數。

wi：第 n 個會別的權重分數。

依據 Gogu 與 Dassargues(2000)所提出的計算方式，是透過分級方式區分成不同脆弱度區間(intervals)達成可比較性的目的。本團隊先將指標進行全國資料蒐集並加以分級，得出不同會別在全國脆弱度指標的分佈情形，續以各會的數值資料進行比較計算與分析。其又分為分級化與標準化兩階段運算方式

1.   指標分級化方法：

分級的方式係採四分位法，將脆弱度指標(fi)屬全台灣 15 個水利會該項指標進行區分，如對脆弱度影響為正向，則分數愈高者表示愈脆弱，在資料排序上採由大至小排列後；反之，如對脆弱度影響為負向，則採由小至大排列後，排序後以第 n/4 個數為第一四分位數為 Q1，第 3n/4 個數以第三四分位數為 Q3，另取中位數為 Q2。任一會別的資料則用內插法計算各項指標的分級分數，如式 2 所示。

$$yi=(Xmax-Xi)/(Xmax-Xmin) \tag{2}$$

yi：y 會的 i 項脆弱度因子分級分數。

Xi：y 會的 i 項脆弱度因子實際數值。

Xmax：全國 i 項脆弱度因子分級區間的最大值。

Xmin：全國 i 項脆弱度因子分級區間的最小值。

2.   指標分數標準化：

由於不同指標具有單位的差異性，故尚需透過標準化的過程，始能進行指標後續加總或比較。標準化的過程係透過前述的分級基準。並分別給予不脆弱、低度脆弱、中度脆弱與高度脆弱四種判別層級，此外，任一會別所屬 fi 項因子的標準化分數運算如式 3 所示。

$$Y_i = y_i \times S + S_{min} \tag{3}$$

Y_i：y_i 的標準化分數。

S：四分位數間距。

S_{min}：y_i 所位於分級區間的最小值。

 # 四、研究結果與分析

4.1 脆弱度因子權重排比

透過 9 份有效的問卷，並透過 Super Decision 軟體所獲得的各項指標之重要性排序結果顯示，在農業水資源脆弱度指標中，以水資源需求壓力兩項指標之相對權重較高，總計達到 32%以上，表示對於農業水資源的脆弱度而言來說，如何滿足需求仍為首要的考量面向，相關分析結果彙整如表 3 所示，並敘述如後。

表 3　ANP 分析結果權重彙整表

準則	因子	平均	順序	各準則所占之比例	順序
水資源供給風險	年降雨日數變化	0.00	3	14%	4
	水質合格率	0.06	2		
	設施天然災損率	0.08	1		
水資源需求壓力	灌溉滿足度	0.18	1	32%	1
	支援其他標的用水	0.14	2		
水利會組織現況	各會財務營運現況	0.10	2	27%	2
	水利小組運作良窳	0.17	1		
設施管理良窳	年度設施更新	0.15	1	27%	2
	灌溉水質管理績效	0.12	2		

1.　準則方面：

在四項準則上以水資源需求壓力(權重 32%)爲最重要，而水利會組織現況(權重 27%)與設施管理良窳(權重 27%)兩項居次，而水資源供給風險則爲最後(權重 14%)，此顯示專家學者認爲農業水資源的利用上係以需求所產生的壓力爲最重要，而外在環境所產生的天然或人爲利用所產生的利用風險，仍可透過設施興建與維護或人爲活動的管理加以克服。

2.　因子方面：

在九項因子中係以灌溉滿足度最爲重要(權重 18%)，其次爲水利小組運作良窳(權重 17%)，最不重要者爲年降雨日數變化(權重 0%)。這顯示專家學者除了持續專注於農業灌溉的本業上。而專家學者將水利小組運作視爲相當重要之因素，可將其視爲對於基層小組運作在設施維護與調配水業務持相當重視之態度，對於水資源利用的良窳亦有顯著之影響。

4.2　各會結果排名分析

接續前述的 ANP 權重計算結果，本文續以指標綜合評估模式計算各會目前的脆弱度狀況，統計的結果各會大多介於中度脆弱~低度脆弱之間，彙整如表 4，顯示各會在整體水資源利用上，並無嚴重脆弱的會別，其中屬脆弱性較高之會別爲彰化、雲林與高雄等三會，以下分成準則與因子進行分析：

1.　準則強弱分析：

如以脆弱度較高的會別來說，扣除彰化與雲林兩會均爲「設施管理良窳」的準則上較顯脆弱，並與屏東與北基爲「水利會組織現況」脆弱度較高外，其餘的高雄、苗栗、桃園與嘉南四會均爲「水資源需求壓力」脆弱度較高，此與前述專家學者較注重水資源需求壓力所形成的脆弱度課題相近，因此未來這些脆弱度較高的會別應更注重水資源供需課題。

另如以屬低度脆弱的 7 個會別來說，半數以上之水利會應強化爲「水利會組織現況」。此意味著在其他面向上，雖然其他面向上如水源供應或受災風險較低，但需可從強化財務或水利小組的運作上謀求改善，以降低本身的脆弱度。

2.　因子強弱分析：

如更進一步以各會的脆弱度因子進行分析，值得注意的是屬中度脆弱者之會別以「灌溉滿足度」較低該項因子影響較爲劇烈，如彰化、桃園與嘉南等三會，顯示未來三會別應持續注意灌溉滿足度對該項因子之影響性，進而提早研擬相關策略。其次，屬低度脆弱者有半數以上爲「水利小組運作」成效較低，顯示雖然如花蓮、南投等 4 個會別在其他面向上受的挑戰較小，但未來可朝向在基層小組業務尚持續加強，降低受災的機會。

表 4　我國農田水利會脆弱度排名

脆弱度分級區間	會別(分數)	最脆弱準則	最脆弱因子(分數)
高度脆弱(75.0~100)	—		
中度脆弱(50.0~74.9)	彰化會(72.5)	設施管理良窳(23.8)	灌溉滿足度(13.3) 年度設施更新改善(13.3)
	雲林會(67.0)	設施管理良窳(23.5)	灌溉水質管理績效(14.0)
	高雄會(61.9)	水資源需求壓力(26.2)	支援其他標的用水(14.0)
	屏東會(58.9)	水利會組織現況(18.5)	灌溉水質管理績效(10.6)
	北基會(53.8)	水利會組織現況(23.7)	水利小組運作良窳(16.0)
	苗栗會(52.6)	水資源需求壓力(19.4)	支援其他標地用水(11.0)
	桃園會(51.2)	水資源需求壓力(26.8)	灌溉滿足度(16.0)
	嘉南會(50.2)	水資源需求壓力(20.3)	灌溉滿足度(13.3)
低度脆弱(25.0~49.9)	宜蘭會(49.8)	設施管理良窳(23.5)	年度設施更新改善(14.0)
	花蓮會(47.0)	水利會組織現況(18.7)	水利小組運作良窳(11.4)
	南投會(45.8)	水利會組織現況(20.1)	水利小組運作良窳(14.6)
	新竹會(44.4)	水利會組織現況(16.6)	水利小組運作良窳(16.0)
	台東會(38.3)	設施管理良窳(13.8)	設施天然災損率(8.1)
	台中會(35.6)	水資源供給風險(10.6)	灌溉滿足度(9.8)
	石門會(34.3)	水利會組織現況(11.8)	水利小組運作良窳(10.2)
不脆弱(0~24.9)	—		

備註：資料統計年限均爲 96 年度。

五、結語與建議

本文所運用的計算方法為一相對性之結果，並非是指稱該會的結果脆弱度愈高，表示該會的總體營運績效較差，反之，研究結果所代表的意義為在該會農業水資源利用上，未來挑戰可能遭遇的挑戰較為嚴峻。本文屬一初探性之結果，相關研究結語與建議，敘述如後。

5.1　結語

1.　脆弱度評估應可作為未來調適策略或提升資源投入效益之參考：

本文採用指標分析法彙整九項統計指標，初步運算結果可推論全省 15 個農田水利會各自脆弱度因子與其脆弱強度分布狀況。未來如持續擴充研究將可作為未來研擬調適策略之參考。換言之，各水利會或農政單位可透過各會不同的脆弱度研擬相關改善策略，或針對各會脆弱度較高之因子進行改善，強化資源投入之效益。

2.　整體而言，「灌溉滿足度」與「水利小組的運作良窳」為最需強化之脆弱度因子：

根據專家學者的 ANP 分析結果，「水資源需求壓力」為農業水資源最需關注的脆弱度準則，其中又以「灌溉滿足度」該項因子為最重要權重值達 18%，另依據本文針對各會的統計結果，脆弱度較高的會別如彰化、雲林兩會其灌溉滿足度普遍較低。此外低度脆弱度的會別，則以水利小組的表現較需加強。

5.2　建議

1.　應持續建立農業水資源相關統計指標：

本文採取指標分析方法試圖提供一個具量化參考依據，然在指標篩選與建構的過程中，面臨相關統計量難以收集或缺乏長年度的觀察值，致使指標代表性較為薄弱，且無法與國際接軌。未來應強化相關數字管理機制並擴充指標應用之面向，將可強化本項方法之代表性。

2. 可結合長年度趨勢演變進行分析：

脆弱度評估涉及一個較具動態性的觀點，例如天然災害並非每年均會發生，未來的研究建亦可朝向進行長年度的資料觀察，例如透過 10 年度的資料統計，較能彰顯不同會別的脆弱度潛勢。

參考文獻

♠ 1. 吳杰穎、江宜錦(2007)，〈台灣天然災害統計指標體系建構與分析〉，《地理學報》，51，p.65~84。

♠ 2. 行政院農業委員會(2009)，「灌排渠道水質監測調查及技術輔導計畫」。

♠ 3. 行政院農業委員會(2003)，「台灣農田水利會營運功能調整探討」。

♠ 4. 行政院農業委員會(2004)，「台灣地區水資源永續發展指標之計算與評估」。

♠ 5. 經濟部水利署(2003)，「台灣地區水貧乏指數之探討」。

♠ 6. 農田水利會聯合會(2007)，「農田水利會資料輯」。

♠ 7. 陳志嘉，2007，〈台灣在全球環境變遷下的脆弱度研究與發展〉，《環境與世界》，16，p.48~49。

♠ 8. 童慶斌(1996)，「高雄農田水利會灌區之缺水指數評估」。

♠ 9. 鄧君等(2007)，〈南方丘陵區農業水資源脆弱性概念與評價〉，《自然資源學報》，22(2)：p.302~310。

♠ 10. 譚智宏、許香儀(2008)，「水田生態與農田水利會經營管理永續發展指標之研究」。

♠ 11. 譚智宏、許香儀(2008)，「水田生態與農田水利會經營管理永續發展指標之研究」。

♠ 12. Luers,2005, The surface of vulnerability：An analytical framework for examining environmental change, Global Environmental Change 15, p. 214-223.

◆13. R. C. Gogu and A. Dassargues, 2000, Current trends and future challenges in groundwater vulnerability assessment using overlay and index methods, Environmental Geology, 39(6), p.549~559.

7 行政機關風險評估與管理之研究－以經濟部水利署為例

摘 要

　　本研究透過風險分析相關文獻研討,應用模糊失誤樹分析方法(FFTA)為水利署現階段各項行政工作進行風險評估,並配合兩次專家座談會的舉辦確認水利署行政機關關鍵風險項目,找到關鍵性風險因子後再根據該因子之特性,研擬風險管理或削減對策。

　　FFTA 風險分析模式確認水利署關鍵風險項目分別為洪氾淹水、乾旱缺水、疏濬與砂石管理及地層下陷。而在分析水利署目前所執行的 22 項施政工

[1] 黃渾峰　淡江大學水資源管理與政策研究中心二所所長
[2] 徐幸瑜　淡江大學水資源管理與政策研究中心資訊發展組副組長
[3] 高世欣　淡江大學水資源管理與政策研究中心研究研究專員
[4] 謝明昌　經濟部水利署綜合企劃組一科科長
[5] 鄭欽韓　經濟部水利署綜合企劃組一科副工程司

作後，本計畫研究發現，影響水利署施政計畫的關鍵風險因子分別依序為「地方執行能力」、「環保團體關切」、「預算人力分配」與「民代壓力」。

關鍵詞：風險評估、模糊失誤樹分析、風險管理

Abstract

Based on extensive review of risk analysis methods, Fuzzy Fault Tree Analysis was narrowed down as the method of choice for assessing the risks associated with government works currently undertaken by the Water Resources Agency, Ministry of Economics Affairs (WRA). Two workshops involving the participation of research scholars and water professionals helped to identify key risk factors, and to develop management and reduction strategies specific to the characteristics of the key risk factors.

Fuzzy Fault Tree Analysis established the key risk management areas for WRA to include flood, drought, dredging of river/drainage channels and sediment management, and land subsidence. After analyzing 22 government works undertaken by WRA, the key risk factors affecting the implementation of WRAo include flood, drought, dredging of river/drainage channels and sediment management, and land subsidence. After analyzing 22 government works , Ministrrclude flood, drought, dredging of river/drainage channe

Keywords：risk assessment, fuzzy fault tree analysis, risk management

一、前言

　　水利署是中央水利主管機關，原係為一以工程事務為導向的專業團隊，但隨著近年來旱澇極端水文現象日益頻繁，產生缺水及淹水兩極化的劇烈變化，以及類似鯉魚潭水庫閘門鬆脫及石門水庫原水濁度升高等重大水資源事故的發生，水利署及所屬機關所面臨的挑戰不僅是危機應變與處理，而是如何由工程導向順利轉型為管理導向。近年來每次颱風來臨，動輒帶來豪大雨，致許多潛在易淹水地區可能因豪雨淹水受災，或水庫原水濁度升高致無法處理而缺水

的問題，必須隨時面對民怨；在危機應變及風險處理時，需能滿足民眾知的權利，又兼顧工程專業，儘速做好因應，「風險管理」成為水利署推動變革管理最重要的工作之一，如何整合團隊力量，從風險的角度強化危機管理的能力，正是當前應積極努力的方向。

「風險管理」主要是應用風險管理的理論和方法對充滿不確定風險的水資源事務進行風險分析、風險評估、風險溝通和控制的管理機制，希望能透過對各種風險因子的掌握，預先提出有效的因應措施，使得可能的損失能降到最低。本研究即整理水利署在執行各項施政計畫時的施政環境與可能的風險因子，期能協助施政機關需提升風險管理意識，瞭解政策執行的可能風險，形塑組織風險管理文化，以有效降低風險發生之可能性，減少或避免風險之損害，提升施政績效與民眾滿意度。

二、風險評估理論與方法

2.1　量化風險指標

本研究擬以失誤樹(Fault Tree Analysis, FTA)分析方法計算量化風險，為彌補歷史統計資料之不足，特將失誤樹分析結合模糊集(Fuzzy set)結合分析網路程序法(Analytic Network Process, ANP)，能將專家的主觀語意意見轉化為個別故障因素發生機率(失誤率)，同時利用 ANP 去計算各個故障因素的影響程度(損失, I)，而量化的風險值(Risk)可由失誤率(FFR)與影響程度(I)兩者間之乘積來表示。即 R＝FFR × I。

2.2　模糊失誤樹分析模式

本研究方法係結合模糊集(FS)、分析網路程序法(ANP)與失誤樹分析(FTA)三種技術所建構的模糊失誤樹分析(FFTA)，研究首先定義失誤樹中之頂端失誤事件，例如：水利署行政機關風險，接著透過繪製失誤樹圖從各個不同面向分析造成頂端失誤事件的風險因子與因果關係(如各組室之承辦業務風險因

子)。並將各面向(準則)之風險因子同時繪製 ANP Diagram。此外，先透過 FS
定義語意變數後進行問卷訪談，訪談問卷包括兩個部分，一個是對各面向風險
因子發生的頻率，其次是各風險因子的影響程度，在解模糊化的過程中我們得
到 FPS、FFR，而影響程度 I 則是由 ANP 調查得知，因此各風險因子風險值
(Risk)=FFR × I，此風險值即可直接代入失誤樹中計算頂端事件發生機率並做
各種重要度的分析，或進行各種風險避免、風險轉嫁、不確定性因素控制等風
險管理的討論。

表1　FFTA 模式操作問卷表

項次	問卷名稱	問卷內容	操作方式	問卷結果
一	發生頻率 ANP 程序問卷	透過兩兩相較各風險因子與失誤邏輯原因(Alternatives)之相互關係得到風險因子之<u>相對頻率</u>	ANP 問卷訪談	各風險因子之相對頻率
二	風險因子發生可能性 FS 問卷	透過紙本問卷調查專家對於風險因子發生之看法(<u>語意變數</u>)	各風險因子發生可能性問卷	由語意變數轉化成之模糊可能分數(FPS)
三	影響程度 ANP 程序問卷	透過兩兩相較各風險因子與失誤邏輯原因(Alternatives)之相互關係得到風險因子<u>影響程度</u>之相對權重	ANP 問卷訪談	各風險因子之相對影響程度

 ## 三、水利署行政機關風險圖像

　　根據行政程序法第十一條，行政機關的管轄權需依其組織法規或其他行政
法規定之，而水利署依照「經濟部水利署組織條例」，分設八組掌理各項事務。
且為達成「新世紀水資源政策綱領」所明訂的施政願景，水利署規劃一系列施
政計畫，以完成其政策目標。本研究整理目前行政院及經濟部 22 項重大施政
工作(業務)，並進行水利署各組室訪談，建立水利署行政機關風險層級架構圖
如圖 1。

機關職掌	風險項目發生情境	風險來源準則	因子	施政業務/工作

圖 1　水利署行政機關風險層級架構圖

3.1　施政風險項目風險圖像

　　本研究定義水利署行政機關風險項目包括：洪氾淹水、乾旱缺水、原水濁度過高、水資源設施損毀、橋樑斷裂、地層下陷、疏浚及砂石管理等 7 大風險項目發生情境，採層級分析之調查方式透過組織內外部專家問卷調查瞭解各風險項目在「發生機率」與「影響程度」上之經驗數據，再將「發生機率」與「影響程度」之調查權重相乘得出風險值之排序並依此繪出水利署施政風險項目之風險圖像(如圖 2)。由圖 2 發現右上方風較高的部分，洪氾淹水為水利署行政機關關鍵風險項目，影響程度與發生機率最高，次之風險項目為乾旱缺水；從發生機率角度來看，地層下陷發生機率最高，疏浚及砂石管理發生機率次之。這此四個風險項目對水利署的影響如下所述：

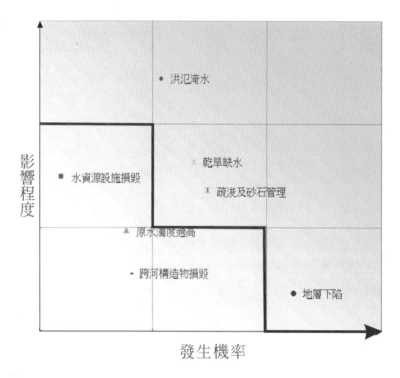

圖 2　施政風險項目風險圖像

1.　洪氾淹水：

　　一般而言，淹水可區分為「內水氾濫」及「外水氾濫」。「內水氾濫」主要係因排水受阻，無法順利將水排入行水區而回堵積水；或因雨勢過大，超過區域排水溝的防洪設計標準等因素。而「外水氾濫」主要有兩種情況：(1)潰堤或堤防破洞，洪水從缺口處灌入堤內地，2004 年三重淹水就是臺北捷運施工不當所造成的，這種情況被視為「人禍」；(2)行水區的洪水量超過防洪設計標準，造成洪水越堤，這種情況被視為「天災」。以今(98)年 8 月 7 至 9 日莫拉克颱風為例，其累積雨量及強度均創台灣歷史紀錄，如累積雨量最大的阿里山站達 2884mm，超過其一年平均雨量 2493mm，可見雨量驚人。加上河川出海口水位又受農曆 15 大潮影響而不易排出，造成中南部及台東地區淹水災情嚴重。

　　為有效改善地層下陷、低窪地區及都市計劃地區之淹水問題，經濟部於民94年3月14日正式提出八年八百億元的防水與治水計畫－「易淹水地區水患治理計畫」，將內政部營建署及農委會主管之雨水下水道、上游坡地水土保持及農田排水部分納入，主要目的在於發揮流域整體治理成效。由於已編列特別預算於相關治理工程，未來經濟部水利署如未落實流域整體規劃治理觀念，適時調整相關預算，並同步進行中央管河川及排水的疏濬治理工程，進而造成土石淤積影響排洪而有釀災事實，將有損機關形象及整體治水成效。

2. 乾旱缺水：

　　近年受全球氣候變遷之影響，台灣降雨日數有減少之趨勢，意味將來乾旱程度與乾旱期可能增加。此外，台灣受天候及地形之影響，水資源的蓄積利用困難，使得水資源供應與調度具有更高的不確定性。依《災害防救法》第三條第二款規定旱災災害之中央災害防救業務主管機關為「經濟部」，而經濟部之旱災災害主辦機關則為水利署。意即經濟部水利署具有執行平時災害預防與整備、災前預警、災害緊急應變與建立災後復原改善機制之職責，機關組織若未能善盡職責以達成其施政目標，即可能為機關本身或首長帶來風險及究責。

　　台灣發生嚴重乾旱為例，當時立委即以「延誤水荒處理時機」之由砲轟經濟部水利署，並要求水利署署長「承認錯誤、負起責任」。此即為乾旱缺水可能導致水利署行政機關產生風險的顯著案例。

3. 疏濬及砂石管理：

　　因土石災害所引起水庫原水濁度過高之問題，依水利署的業務職責，可區分為颱風前的因應作業、事後緊急應變處理以及督導自來水公司之責。此三階段如有業務疏失，皆會為機關或首長帶來風險及負面影響。

　　以民國93年艾莉颱風來襲造成桃園地區連續18天停水為例，因豪雨造成巨量泥砂沖入水庫，導致石門水庫原水濁度常飆高至數萬度，遠超過淨水場處理能力，致使桃園地區面臨供水短缺，必須停水或分區供水，嚴重影響民生及工業。為此，監察院於民國94年1月針對行政院、經濟部、台灣自來水公司、桃園縣政府及行政院環保署提出糾正案。其中，針對經濟部的部分，指出「南

桃園地區停水期間，經濟部雖指揮調度水車供應民生用水，惟遲至停水後之第10日(即：民93年9月3日)始增加水車數量至93部，顯有救災資源整備與調度不周之失。」此外針對高濁度原水之處理，監察院指出尚有多元方式可資因應，經濟部水利署未協調相關單位協力採取相關處理方式，顯有努力不足之失。

4.　地層下陷：

民眾多已體認到地層下陷對於自身環境或生計所造成的重大影響，如台灣時報2009年7月2日「憂地層下陷，鄉民嗆封伏流井」，農民亦擔心水井對於地下水層的影響，因此提出質疑。此外，根據台灣立報2007年12月5日的報導：「雲林縣20個鄉鎮共有11萬口水井，依法該封閉，卻無法實行。根據民生報2006年11月29日記者鄭朝陽專題報導指出，「沒有水權的非法水井封不了，癥結就在地面水供應不足。」雲林縣副縣長林源泉表示，一度水開發成本近30元，抽一度地下水頂多2元，缺乏政府配套措施的狀況下，用不起地面水農民，當然只能用地下水。」若水利署未能為水資源供需找出配套措施，以解決超抽地下水源問題，恐將嚴重影響機關形象及防治地層下陷成效。

3.2　施政業務與工作風險圖像

施政業務與工作多達22項(如圖1)所示，所有業務與工作比照同樣研究方法產出風險圖像與數值表，本研究以易淹水地區水患治理－河川排水及事業海堤改善為例，繪製風險圖像與計算風險數值如下所示。

1.　易淹水水患治理風險圖像：

由圖3顯示右上角「地方執行能力」發生機率與影響程度最高；發生機率次高為「用地取得」；影響程度次之風險因子為「市場變化」。易淹水地區水患治理計畫執行重點在於解決水患問題，經濟部提出系統性治理縣市管河川、縣市管區域排水與事業海堤之構想，由於跨區域也同時跨中央與地方政府，所以地方執行能力成為計畫成敗的關鍵。

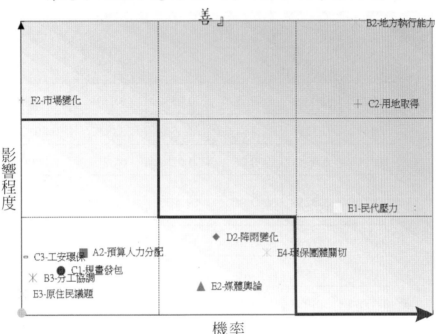

圖3　易淹水水患治理－河川排水及事業海堤改善風險圖

　　依表 2 顯示，「地方執行能力」為推行「易淹水地區水患治理計畫」最大的風險來源，其發生的機率為 19.49%與影響程度為 23.79%，風險值為 0.04，發生機率高於影響程度。其次關鍵風險來源為「用地取得」，其發生機率為 19.60%與影響程度為 17.18%，風險值為 0.03，發生機率高於影響程度。再次之關鍵風險來源為「民代壓力」其發生機率為 18.40%與影響程度為 8.67%，風險值為 0.015，其發生機率高於影響程度。

表 2　易淹水地區水患治理-河川排水及事業海堤及改善風險因子風險數值表

項目 因子	ANP 相對 頻率	最可能 機率 (ErM)	模糊 可能分數 (FPS)	模糊 失誤率 (FFR)	影響程度 (I)	風險值	排序
A1-會計制度	0.0073	0.05%	0.5	0.05%	0.18%	0.0000010	13
A2-預算分配	0.0692	0.52%	0.8	3.63%	5.06%	0.0018354	7
B1-法令程序	0.0116	0.09%	0.35	0.02%	0.33%	0.0000006	14
B2-地方執行能力	0.1706	3.37%	0.95	19.49%	23.79%	0.0463789	1
B3-分工協調	0.0289	0.22%	0.65	0.68%	3.04%	0.0002063	9
C1-規劃發包	0.0339	0.25%	0.8	2.31%	3.62%	0.0008373	8
C2-用地取得	0.1731	3.39%	0.95	19.60%	17.18%	0.0336754	2
C3-工安環保	0.0657	0.49%	0.35	0.14%	4.76%	0.0000690	11
D1-地質變動	0.0050	0.04%	0.5	0.04%	0.09%	0.0000003	15
D2-降雨變化	0.0402	0.30%	0.95	11.34%	6.36%	0.0072076	5
E1-民代壓力	0.1463	1.09%	0.95	18.40%	8.67%	0.0159579	3
E2-媒體應對	0.0322	0.24%	0.95	10.44%	2.33%	0.0024281	6
E3-原住民議題	0.0308	0.23%	0.35	0.06%	1.75%	0.0000100	12
E4-環保團體關切	0.0743	0.55%	0.95	14.27%	5.07%	0.0072352	4
F1-用水成本	0.0016	0.01%	0.05	0.00%	0.21%	0.0000000	16
F2-市場變化	0.1092	0.81%	0.2	0.05%	17.56%	0.0000849	10

易淹水水患治理-河川排水及事業海堤改善四項關鍵風險因子來源說明如下：

(1) 地方執行能力

縣管河川、區域排水的防汛權責應屬地方政府，執行工程的工區安全維護才是由工程單位負責，工區以外之河防安全仍應由地方政本權責辦理。用地取得屬地方政府責任，地方政府若不配合，工程則無法進行。地方政府預算不足無法編列用地取得預算，工程就會延誤執行，中央政府為解決問題已提高補助比例，但仍有部分地方政府無法配合用地預算，致執行期程則受到影響。另雖然依照立法院審議特別條例的附帶決議，百分之三十治理工程經費可由地方政府代辦，但是後來發現地方政府的人力素質參差不齊，工作態度不一，導致部分工程進度落後。例如區域排水屬於縣市政府，問題在於水利署是最終的吸納者，無論區域排水怎麼排，河川都是最後的吸納者，遇到瞬間雨量來時，一層排一層，如果中間有一段吸納不夠的話就會溢出來，這也是水利署業務推動的風險。

例如國土復育計畫 95 年度有九億元的工作預算補助雲林縣政府「尖山大排治理工程」、「蔦松大排治理工程」，雲林縣政府將執行交給鄉公所辦理，大排橫跨不同行政區面臨執行問題重重，導致部分至今尚未執行完畢。灌溉渠道大部分係由中央政府補助水利會經費購地，惟工程若涉及水利會用地時，水利會會以公法人自居，要求比照私有土地以徵收方式辦理，地方政府則也有不同看法，如此僵持的結果造成施政推動的延宕，即為水利署行政機關風險。另以「易淹水地區水患治理計畫」為例，地方政府水利單位層級過低、編制員額不足，常造成應急工程招標、用地徵收、施工及驗收過程多有疏誤，因此，地方執行能力為水利政策進度是否能順利進行之重要因素。

(2) 用地取得

用地取得一直是水利工程推動的重要課題之一，主要的原因來自土地擁有者對於自身土地價值認定所衍生的問題，有時地方政府公告地價的調整也會使得土地的取得產生困難，然而以湖山水庫來說，私有土地徵收較沒有問題，反倒是公有土地有較大的風險。最大的阻礙是來自於部分林務局與當地政府的林地承租地徵收，林地的承租戶或者已沒有承租約的林地都要求比照私有地的徵收條件，所以變成最大的抗爭來自於公地撥用部分。如果公地是合法補償就依照合法補償方式執行，內政部制定補償的條件與方式，最大爭議只是價格太低不願意領取；若不符合合法補償就是依照救濟金模式進行，救濟金在所有的工程中都是最大的困擾，救濟金不能對方要求就必須發放，救濟金須透過部長簽核，在部長簽核之前下屬單位必須先判斷是否符合救濟條件與之後衍生通案的問題。原只針對三七五耕地租約者才會給配合徵收獎勵金，非三七五耕地則屬於林地所以不會給，後參酌交通部雖然不是耕地是公地也有給的案例，之後將此納入經濟部思考，發放必須基於原則合理等條件，不是有爭取就一定發放，既然交通部有這個案例，所以後來湖山水庫也全部發放，有少數不符合發放條件就不適用。

工程需要使用土地，但因長期的土地管理不善，造成工程用地取得的困難。管理機關牽涉水利署、林務局、國有財產局與各地方政府，在湖山水庫個案中，林務局提供的租約資訊紊亂，希望林務局提供租約清冊以利土地撥用，林務局則表示土地已屬於水利署，應由水利署自行判定，而這也說明了政府不同部門間事權分散，協調不易的行政機關風險因子，在土地管理層面更形明顯。

以「易淹水地區水患治理計畫」為例，其第 1 階段核定 73 件中，尚餘 3 件未完成，包含：台北縣「雙溪治理工程」用地，因都市計畫變更程序延宕；雲林縣「羊稠厝排水治理工程第 1 期 B 標」用地，因垃圾場用地迄未取得；苗栗縣「龍鳳溪排水改善工程」用地，原規劃路線管線密佈，工程多次流標，待重新檢討變更路線。另第 2 階段核定 42 件中，

有 12 件需先變更都市計畫後方能辦理徵收，故僅完成 1 件。故用地取得常為水利工程推動進度受限的重要課題。

(3)　市場變化

市場的變化將會影響到工程招標意願，以及工程後續是否包商有能力完成進度，若嚴重受到物價波動影響，包商甚至可能倒閉，例如：混凝土骨材的砂石以及鋼筋的價格若不斷飆漲，不僅是建商受到影響，公共工程也會受到波及，造成工程進度的延宕。聯合晚報 2009 年 6 月 4 日「公共工程 業者 8 折搶標」，由於今年受到金融海嘯影響，原物料下跌，有利於承包商招標公共工程，因此今年公共工程預計下半年度各承包商將會以八折搶標 5000 億左右的公共工程預算。自由時報專題報導「公共工程延宕 拖垮競爭力 內湖捷運 一等十多年」，提到公共工程延宕不只造成民眾的不便，也增加了市場物價波動的風險。而公共工程延宕有下列原因：招標廠商財務問題與工程規劃技術問題。

(4)　民代壓力

在民主體制下，民意代表或地方政府基於在地壓力或選票考量，往往容易對行政機關施壓，形成水利業務推動上之阻礙。該項因子易影響水利署工程發包對象，如部分民代、議員介入影響政策方向，以 2007 年 11 月 23 日 自由時報「蘭陽溪開放採砂 疑立委『放水』」為例，水利署第一河川局發包開採蘭陽溪砂石，遭綠營質疑國民黨立委「放水」，讓水利署發包給民間疏浚，爾後便雙方互相指控。民代壓力影響承包廠商的選取或過分關切導致水利署執法取締過程，造成壓力重重，未能收預期成效。而當成效不彰或發生重大災害如后豐斷橋等事件時，媒體大眾時常將矛頭指向水利署及其相關單位，指責失職或取締不力而造成形象受損。

2.　施政工作業務各項因子綜合風險值：

研究發現 22 項施政業務與工作風險因子，綜合 16 項分散於「財政預算」、「行政制度」、「工程管理」、「自然環境」、「社會環境」與「經濟環境」

六個面向的風險因子，本研究所調查16項風險因子對於水利署各施政工作(業務)之影響程度結果如下圖4所示：16項風險因子中最關鍵的風險因子依序為「地方執行能力」、「環保團體關切」、「預算人力分配」、「民代壓力」、「市場變化」、「用地取得」與「用水成本」為前七大最主要的風險因子，如圖4所示。

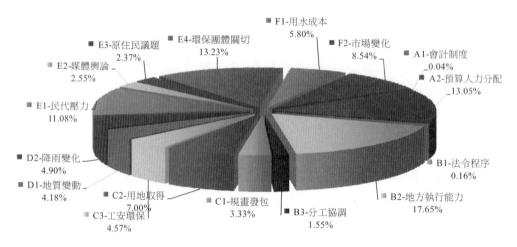

圖4　各項風險因子綜合風險值

研究調查結果顯示「地方執行能力」為施政工作高風險因子，縣管河川、區域排水之防汛權責歸咎於地方政府，除工程之工區安全維護之外，河防安全、用地取得等都屬地方政府辦理權責，若地方政府因人力素質、交辦單位層級過低與缺乏執行能力等因素導致施政推動延宕。「環保團體關切」為施政工作高風險的原因，水利署推行之政策或目標與環保團體訴求相抵觸，產生反對聲浪進而發動抗議行為阻止政策執行，對水利署政策推動產生風險。「預算人力分配」則需端視工作與預算是否分配得宜，經費與人力是否足夠執行交辦工作，若面臨增辦計畫工作量倍增，執行人力嚴重缺乏，雖可增聘臨時約僱人員，但礙於人員流動率與素質，實質幫助有限。「民代壓力」民意代表或地方政府基於民意或者選票壓力，容易對行政機關施壓，對水利業務推動上形成阻礙，可能在工程執行或執法過程中過度關切，影響政策執行成效。

四、結語

　　本研究透過「風險確認」鑑定水利署行政機關面臨各面向風險因子，並運用 FFTA 模式量化計算出施政業務工作之風險值，建構水利署行政機關風險圖像；透過問卷調查，建構出水利署行政機關「風險項目」圖像，接著進入風險處置階段，研擬消減或轉移關鍵風險因子辦法，並就目前水利署行政機關所面臨之風險提出建議。

4.1　風險消減或轉移對策

　　本研究結果顯示洪氾淹水、乾旱缺水與疏濬與砂石管理為較關鍵之風險項目。針對此結果研擬幾項風險消減或轉移對策。

1.　洪氾淹水：

　　洪氾淹水風險項目對國家除造成人民傷亡、身心受創、無家可歸外，亦可能致使部分農業、工商業、觀光產業停擺，損害經濟發展；同時可能發生基礎設施損壞、橋樑斷裂、道路損毀造成交通阻礙，進而影響日常生活；水災過後亦可能發生傳染疾病等問題，上述皆顯示水災對於國家經濟安全影響重大且深遠。

　　因此國家應該積極推動因應水災對策，從研究觀點：經濟部、內政部、交通部與行政院國家科學委員會應從防災觀點推動水災有關科技之研究，並應與相關研究機構合作，以有效應用研究成果，並充實補強各種試驗設施；積極蒐集基本資料，以利研究參考之用。從政策規劃觀點：經濟部、內政部、交通部、環保署、農業委員會須進行氣候變遷相關研究，將可能造成的衝擊納入政策考量，並加速完善國土規劃，思量水資源供應與水患防治能力，結合大學、研究機構及其他專業團體推動相關評估及調整策略研究，持續強化防洪治水工作，整體考量排水與都市計畫配合措施，推動整體規劃綜合治水。

2.　乾旱缺水：

　　台灣近 10 年降雨情況頻率減少，但強度卻增加 30%，表示台灣會有一段時間不下雨，一旦降雨則雨量很大，易產生乾旱缺水與淹水問題。台灣中南部雨量多集中於 6 月至 8 月，未來受氣候變遷導致枯水期水量驟減，顯示可利用之水資源更少，乾旱情況勢必加劇，應提高警覺預防乾旱來臨。為降低乾旱風險，須採取相關因應策略如下：(1)加強抗旱與救旱措施，蓄水設施蓄豐濟枯以降低乾旱造成的損失與生活之不便；(2)擬定適當水資源調配策略，配合節水救旱措施，發展替代性蓄水設施；(3)積極發展水資源科技，提高氣候預測準確度，提供政策規劃參考，以降低旱澇之衝擊；(4)透過教育宣導民眾，加強對於氣候變遷的認知，且提高節水意識。

3.　疏濬與砂石管理：

　　疏濬與砂石管理風險項目造成河川生態劇變、橋樑基座淘空、土石流等問題，雖已立法以求改善現況，但實際執行仍面臨黑道覬覦操弄勾結、合法開採違法超挖現象、民代官員關說與河川砂石巡察區域遼闊人力不足巡查不易等問題。期能有效減少河川砂石違法開採，近程應將土石採取許可核發透明化、加強檢舉、運送過程中嚴格查核，若發現不法行為，應立即沒收機具；以中長程考量，則需建立砂石來源與流向資料庫，且為求市場供需平衡，砂石多元化供給。

4.2　建議

1.　政策規劃、制定與執行風險：

　　對水利事務來說，規劃錯誤較執行不力所產生的負面影響更大，政策規劃可能受機關本位主義，導致缺乏整體系統性宏觀視野，欠缺建構替代性政策，且可能缺乏連續性規劃。規劃人力面臨素質參差、數量不足、墨守成規等問題，欠缺機關外部人士參與規劃，缺乏與民眾溝通。若可行性分析不周全、決策者任意修改政策內容也會影響未來政策執行。在政策制定過程可能因不熟悉行政法令程序，抑或受到其他行政機關、國會、政黨或財源是否充足等壓力，造成

不同程度的風險。而政策執行可能面臨的風險爲目標是否明確、政策是否合法並規劃周延，執行的過程是否有足夠能力與資源積極作爲，相關機關分工協調狀況，另社會、政治、經濟皆可能爲執行過程面臨之風險。

2.　強化行政機關風險管理層級與決心：

風險管理是一個『持續改善』的反覆過程或循環過程，需要高階管理階層的承諾與支持，研訂風險管理政策，並將風險管理機制落實運作於機關內的施政業務，高階主管所扮演的的角色爲設定組織願景，並指派專家學者與組織成員，獨立地評核風險管理等過程。

風險管理高管理層級須確保投入適當的資源與能力進行風險管理，應以支持態度鼓勵人員參與風險管理，提昇機關成員參與風險管理之風氣，並強化機關內成員風險管理能力，使機關即使面臨各種風險之挑戰下，仍能處之泰然的面對並降低風險之發生，以確保各項施政目標之有效達成。

3.　加強教育訓練，落實風險管理機制：

提供資源及必要措施，培養相關人員重視風險及危機處理意識，強化人員對風險認知，強化其風險管理知識與能力，辦理風險管理教育訓練、標竿、組織學習、評核作業及建立風險管理專業技術，以提昇風險管理的能力，訓練與支持機關成員將風險管理融入其經常性業務中，有效降低風險發生之可能性，減少或避免風險之損害。

參考文獻

♦ 1. David E.Bell , Arthur Schlefer, Jr.(1997)，風險管理，台北：弘智出版。

♦ 2. Erich Plate, Risk and Decision in Flood Management, International Workshop on Water Hazard and Risk Management, Tsukuba, Japan, 2004.

♦ 3. Hans-Georg Bohle, Vulnerability Article 1：Vulnerability and Criticality, South Asia Institute, University of Heidelberg, Germany, 2001.

♦ 4. Onisawa T., Sugen M., Nishiwaki Y., Kawai H., & Harima Y., 1986, "Fuzzy measure analysis of public attitude towards the use of nuclear energy", Fuzzy Sets and System, 20：259-289.

5. Queensland Treasury, 2007, "Strategic Risk Management Guidelines".

6. Saaty, T. L. and Saaty, R. W., 2003, "Decision Making in Complex Environments (AHP & ANP) ," Super Decisions.

7. Saaty, T. L., 2001, "Decision Making With Dependence And Feedback-The Analytic Network Process", RWS Publication.

8. Zadeh L. A., 1965, "Fuzzy sets", Inform. Control, 8:338-353.

9. 丁嘉琳(2008)，「卡玫基淹出大問題：百億治水預算擋不住輕颱」，天下雜誌，第 402 期。

10. 行政院(2008)，行政院所屬各機關風險管理作業基準。

11. 行政院研考會(2005)，行政機關風險管理推動方案。

12. 宋明哲(2000)，風險管理，台北：五南出版。

13. 宋嘉文(2003)，「氣候變遷對台灣西半部地區降雨及乾旱影響之研究」，成功大學水利及海洋工程碩士論文。

14. 周愫嫻、張祥儀(2005)，「泣血河川，滾滾黃沙：砂石濫採問題與對策」，法務部政風工作年報，第 56~67 頁。

15. 施宗英(2006)，「行政機關風險管理之推動現況與檢討」，研考雙月刊，第 30 卷，第 2 期，第 3~11 頁。

16. 陳伸賢(1990)，「風險管理」，勞工研究季刊第 100 期。

17. 經濟部水利署(2009)，經濟部水利署行政機關風險評估與管理及因應對策之研究。

18. 游明金，(2007 年 11 月 23 日)，「蘭陽溪開放採砂疑立委『放水』」，自由時報。

19. 游智文，(2009 年 6 月 9 日)，「公共工程業者 8 折搶標原物料一路下跌　部分廠商手上沒工程將殺價競標搶食大餅」，聯合晚報，第 A20 版。

20. 鄧家駒(2002)，風險管理(三版)，台北：華泰文化。

21. 鄭朝陽(2006 年 11 月 29 日)，「《大地無陷好》系列報導之二供水不足私井難封新產業瓜分水資源終結下陷考驗官民智慧」，民生報，第 A3 版。

8 以水文地質角度談林邊佳冬之淹水整治

摘 要

　　此次莫拉克颱風在屏東地區造成驚人之降雨強度及長延時降雨，於林邊溪流域之累積雨量重現期已超過 2000 年、洪峰流量亦已大於 200 年重現期，再加上游崩落土砂伴隨洪流而下阻塞通水斷面，以及下游地層下陷造成之地勢低窪等情勢，使林邊鄉、佳冬鄉發生嚴重淹水情況，平均淹水深度約 1.7 公尺，最深於佳冬鄉塭豐村達 4 公尺，另淤泥於林邊鄉積達 2 公尺，造成搶修工作難以進行，使災害益形嚴重。

　　有鑑於林邊溪下游地區受創嚴重，故政府已研提災後即時因應作為及下游國土復育規劃。另為達淹水整治之效，以流域為範圍辦理綜合治水規劃，並擬於適當地點設置滯洪空間。目前雖已朝「面」之流域性規劃，跨越早期以建置抽水站、興建河海堤之「點」、「線」工程思維，惟目前災害已屬複合型災害，

---

¹ 曾鈞敏　經濟部水利署簡任正工程司

非水利工程單一面象可以克服,故應因地制宜予以規劃方為良策。以屏東為例,屏東平原地下水區蘊藏豐沛之地下水,於林邊溪上游一帶,豐水期時地下水水位僅距地面約 1~5 公尺,故為達豐水期之淹水整治效益,規劃思維應以流域範圍再結合地下水擴大至「體」規劃。

經本研究分析結果,對於林邊溪下游淹水整治爰應由上游滯洪、降低豐水期地下水位等方向思維,並建議上游設置蓄水人工湖,於豐水期前期即計算抽取地下水,以降低地下水位;於中上游設置滯洪池,挖掘深度不得超過 5 公尺,以漫淹方式為之。如此方為林邊溪具體有效之治水方向。

 # 一、前言

中度颱風莫拉克(MORAKOT)於 8 月 6 日 8 時 30 分,中央氣象局發布陸上颱風警報前即開始降雨,迄 7 日時屏東山區之日雨量已達 963.5 毫米,為全台最大降雨中心,且持續留滯至 8 日,該日之日雨量高達 1403 毫米,雖下午 2 時颱風中心由桃園附近出海,惟屏東之雨勢仍為超大豪雨;又 9 日最大降雨中心雖漸往北移至阿里山(日雨量 1234.5 毫米),然屏東雨勢未歇,日雨量仍約有 300 毫米,直至 10 日 5 時 30 分解除颱風陸上海上警報後雨才漸停。有關莫拉克颱風降雨分布及趨勢如圖 1 所示。

由降雨趨勢及中央氣象局公布之降雨量資料來看,此次莫拉克颱風在屏東地區確造成驚人之降雨強度及長延時降雨。若再考量水利署於林邊溪上游設置之泰武雨量站雨量資料,其觀測之時雨量高達 136 毫米、累積雨量更達 3721 毫米,已遠超越中央氣象局公告之最大總累積雨量之阿里山站(2884 毫米),惟因氣象公告權責單位為中央氣象局,故此筆資料未納入公告範疇(惟莫拉克颱風之後相關單位已完成協商,爾後將由氣象局統籌各單位雨量站資料一併公告)。但縱使未納入泰武雨量站資料,林邊溪流域之累積雨量重現期已超過 2000 年、洪峰流量亦已大於 200 年重現期,遠超過林邊溪流域防洪保護標準 100 年之重現期,結果列如表 1。

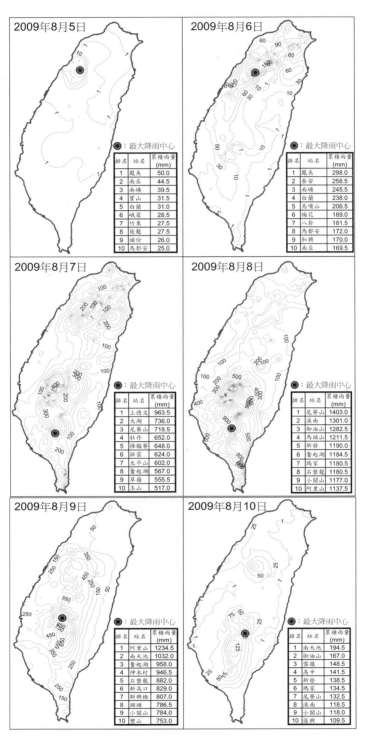

圖1　莫拉克颱風8月5日~10日每日累積雨量等雨量線圖

　　由於莫拉克颱風爲屏東帶來高強度、長延時之雨量，再加諸洪峰流量大且伴隨上游崩落土砂淤積河道、阻塞通水斷面，及地層下陷造成地勢低窪等情勢，故造成林邊溪下游之林邊鄉、佳冬鄉之嚴重淹水狀況。有鑑於該二鄉受創嚴重，故經濟部水利署已協助屏東縣政府，擬從上、中及下游整體流域性來看，研提一國土保安暨復育之規劃案。其中綜合治水部分，爲達淹水整治之效，除就林邊溪河床進行疏濬、水利設施進行復建、集水區土砂進行處理外，並規劃適當地點設置滯洪空間。

　　早期治水規劃係以建置抽水站、興建河海堤之「點」、「線」工程思維著手，惟目前災害已屬複合型災害，非水利工程單一面象可以克服，故爲達減災目標，政府已朝「面」之流域性綜合治水予以規劃。然屏東沿海淹水尚有一重要因素，即該地區地層下陷嚴重，源自於屏東地區爲一良好之地下水區，地下水蘊藏量豐沛，稱之爲「屏東平原地下水區」。其地下水水位在豐枯水期起伏甚大，落差達約 30 公尺；又豐水期時地下水水位甚高，僅距地表約 5 公尺，顯見地下水流動迅速且受地面水影響甚大。故爲達豐水期之滯洪效益，滯洪池之設計實應將地面地下水聯合考量，亦即對於屏東地區之淹水整治，應由「面－流域」規劃之思維再擴大至「體－國土」規劃，如此才爲具體有效之治水方向。

表 1　林邊溪流域雨量及洪峰流量分析結果表

雨量測站	24 小時		48 小時		72 小時		累積雨量 (mm)
	實測雨量 (mm)	相當重限期(年)	實測雨量 (mm)	相當重限期(年)	實測雨量 (mm)	相當重限期(年)	
來義	828.5	101	1167.5	1534	1289.0	>2000	1339.0

控制點	100 年保護重現期流量(cms)	莫拉克颱風	
	100	流量	相當重現期(年)
河口	3630	4713	超過 200
新埤大橋	3530	4640	超過 200

二、八八水災林邊佳冬受災狀況

由於屏東暴雨強度大(全台短延時雨量排序如圖 2)，一日之洪水量即已超過林邊溪之 100 年重現期保護標準，故於 8 月 8 日下午林邊溪出海口一帶即開始淹水，復超大豪雨持續降於屏東地區有 3 天之久，長延時降雨結果造成之淹水災害嚴重性可想而知(淹水情形如圖 3)。

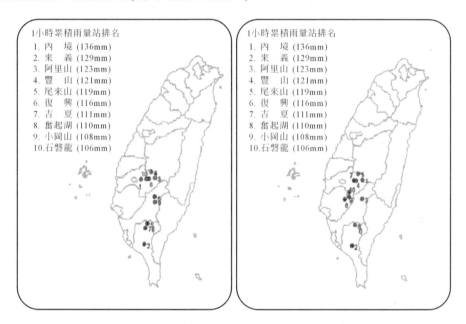

圖 2　莫拉克颱風短延時最大累積雨量前十大之雨量測站位置圖

圖 3　林邊、佳冬鄉淹水照片(摘自全國治水會議屏東縣縣長簡報資料)

根據水利署第七河川局調查成果及屏東縣政府研提之災害資料，有關林邊佳冬之受災情形彙整如下：

1. 林邊溪右岸林邊鄉 10 個村皆淹水，面積約 1360 公頃，平均淹水深度約 1.7 公尺，最深達 3.5 公尺。另因鐵路橋附近之水利村堤防破堤約 100 公尺，致大量泥砂灌入，淤泥高達 2 公尺餘，致其內雨水下水道及排水系統癱瘓，造成搶修工作難以進行，使災害益形嚴重。

2. 林邊溪左岸佳冬鄉 4 至 5 個村淹水，面積約 750 公頃，平均淹水深度約 1.6 公尺，塭豐村最深達 4 公尺餘；另積淤泥最深達 1 公尺，亦造成災害搶修困難。

其中下游淹水範圍內之林邊溪沿岸，於新埤大橋下游計有 4 處洪水溢堤或破堤，由下游至上游分別為右岸之水利村堤防、左岸之佳冬堤防 2 處、及右岸之竹林堤防。另林邊溪上游來義大橋下游亦有 4 處護岸損壞情形。有關淹水範圍及防洪構造物損壞分布如圖 4 所示。

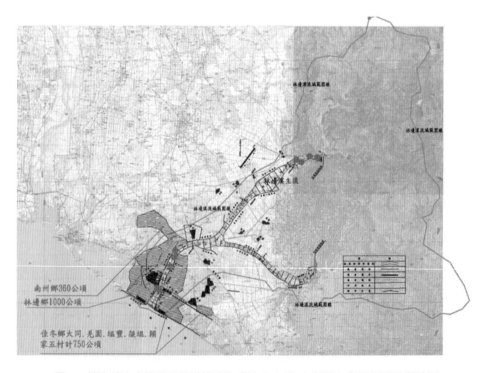

圖4　林邊溪淹水範圍及防洪構造物損壞分布圖(水利署水利規劃試驗所繪製)

三、林邊溪流域地理與水文地質概況

屏東地區位於台灣西南端，北與阿里山山脈南端相鄰，西接嶺口及鳳山丘陵，西南接台灣海峽，東以潮州斷層與中央山脈南端大武山脈相接。主要河川有高屏溪、東港溪及林邊溪由東向西注入台灣海峽，而沿潮州斷層孕育出一系列東西向之沖積扇系統，包括高屏溪上游之荖濃溪、隘寮溪；林邊溪上游之來社溪、力力溪等。由於本區沈積物主要來自東側中央山脈並經河流運移而來，再加上新期構造運動快速、盆地自然沈降，主要沈降區堆積巨厚之沈積物，故為良好之地下水蘊藏區，稱之為「屏東平原地下水區」。而林邊溪流域位處於屏東平原南端，其於豐水期，除地面水源豐沛外，地下水水位亦甚高，其間之交互影響應頗大。首就其流域、地質、地下水及地層下陷等狀況概述如下。

3.1　林邊溪流域概況

林邊溪發源於中央山脈之南大武山西南麓，北隔東港溪與隘寮溪流域，東以中央山脈與太麻里溪流域為界，南接率芒溪流域，西鄰台灣海峽，主要支流包含瓦魯斯溪、大後溪、來社溪、尖刀尾溪、七佳溪、力力溪等。本溪發源自瓦魯斯溪匯流大後溪後向南流，於義林村與來社溪匯流後往西南方，至尖尾刀溪匯入後進入平原地區，再經新埤鄉與主要支流力力溪匯流，最後於林邊鄉、佳冬鄉界注入台灣海峽，集水區內多為海拔 1000 公尺以下，地勢平緩；主流長度 41.3 公里，流域面積 336.3 平方公里，主流平均坡降為 1/88。流域概況如圖 5。

3.2　水文地質概況

屏東平原東部及北部地表下均為厚層的沖積扇沈積物，以目前地下水水位觀測井及地質鑽探井資料分析，其於深度 220 公尺範圍內大致可劃分 3 層地下水含水層夾 2 層阻水層之架構，如圖 6。另取林邊溪沿岸(萬隆－崎峰)地質剖面(圖 7)來看，上游萬隆區有厚實之礫石層；往下游至新埤一帶出現砂、泥互層情

形，惟深層(約 150 公尺深處)仍有約 50 公尺厚之礫石層；再往下游至沿海之崎峰時，則出現大量砂層與泥層交互狀況。顯現上游地下水蘊藏量高於下游地區。

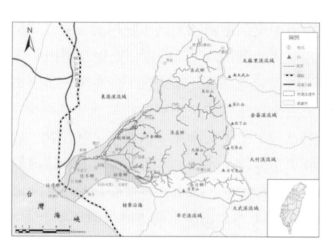

圖 5　林邊溪流域概況圖

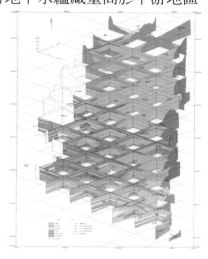

圖 6　屏東平原地質架構圖
(資料來源：中央地質調查所)

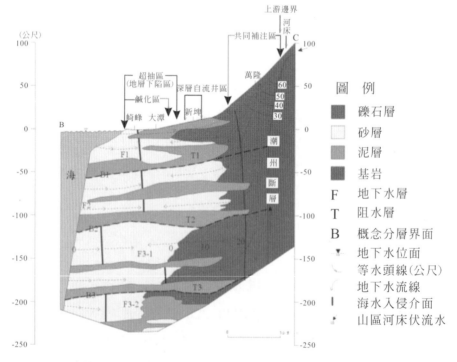

圖 7　林邊溪沿岸(萬隆－崎峰)地質剖面圖(資料來源：中央地質調查所)

3.3　地下水概況

　　以屏東平原地下水位等高線圖繪製之地下水流向(如圖8)觀察，其不論豐枯水期，地下水流向皆與河川流向一致由東往西，並注入海。所以本研究取由上游至下游順著流向之地下水位觀測站井水位資料予以分析說明，目前取水利署於林邊溪右岸設置之萬隆、新埤及崎峰自記地下水水位觀測站(分布如圖9)，並繪製其地下水歷線圖，如圖10所示。有關各站井代表區域之地下水狀況分析說明如下：

1.　萬隆地區：萬隆站雖有2個不同深度之觀測井，惟由其水位歷線一致性觀察，表示其含水層僅一層，而其於豐枯水期水位差極大，平均水位約由38.5公尺至13.5公尺，落差達25公尺。又該地面高程為43.83公尺，亦即地下水位埋深約為5~30公尺，也就是說豐水期時該區只要挖掘5公尺深即可能讓地下水流出。

2.　新埤地區：本區地質由於泥、砂及礫石層互相交錯，所以大致可分4個含水層，而其地表高程為11.3公尺，所以可推論第2~4層為受壓含水層，其地下水位於豐水期時高於地面，故本區屬自流井區；另第一含水層水位亦近於地面，約於地面下0~5公尺。

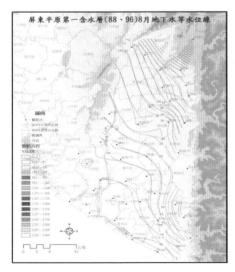

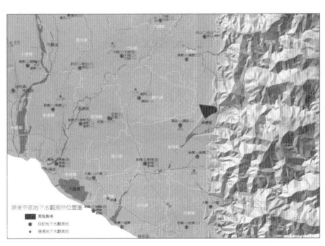

圖8　林邊溪流域地下水流向示意圖　　　　圖9　林邊溪流域自記地下水水位觀測站分布圖

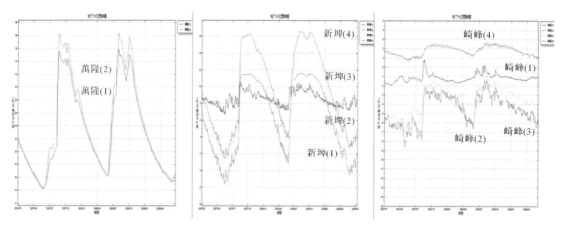

圖 10　萬隆、新埤及崎峰站地下水位歷線圖

3.　崎峰地區：本區位於沿海一帶，地質特性屬較細顆粒之砂、泥及黏土層，亦大致可分出 4 個含水層。其中第 2 及 3 含水層之水位低，由於第 3 含水層觀測井井深為 133.2 公尺，所以可見此區之抽水井井深一般小於 140 公尺。

3.4　地層下陷概況

屏東沿海由於養殖漁業興盛，在大量抽取地下水之情況下，致產生嚴重之地層下陷狀況。根據水利署多年對地表高程檢測資料顯示，屏東沿海一帶於民國 60 年代即已具地層下陷情勢，早期下陷中心位於枋寮鄉，於民國 87 年以後往北移動至林邊溪出海口一帶，近 15 年之累積下陷量已超過 80 公分(如圖 11 所示)，為水利署公告之嚴重地層下陷地區。若自民國 61 年測量資料起算，佳冬鄉之塭子國小測點已為全台最大累積下陷點，達到 3.24 公尺。不過依據民國 95 年底迄今之檢測結果，屏東平原之地層下陷情形已趨停，有關民國 83 年至 98 年之下陷分析列如表 2。

圖 11　屏東地區民國 83 至 98 年累積地層下陷量圖

表 2　民國 83 年至 98 年之地層下陷分析表

觀測期距	83.04 | 84.04	84.04 | 86.04	86.04 | 87.03	87.03 | 90.05	90.03 | 93.04	93.05 | 95.12	95.12 | 98.02
最大下陷速率 (cm/年)	12.7	9.0	4.9	4.3	4.0	2.8	0.0
發生地點	枋寮鄉	枋寮鄉	南州鄉	林邊鄉	林邊鄉	佳冬鄉	恆春鎮
速率超過 3cm/年 之面積(km²)	143.5	136.7	32.7	4.9	7.4	0	0
3.0~5.0cm	118.9	79.6	32.7	4.9	7.4	0	0
5.0~7.5cm	20	53.0					
7.5~10.0cm	3.3	4.1					
10.0~12.5cm	1.3						

四、林邊溪流域之淹水整治

4.1　莫拉克災後因應作為

有鑑於林邊溪為地方管河川，故中央政府以協助地方政府角度研提相關規劃，並區分災後即時因應作為及國土復育規劃二大部分。有關災後因應作為主要項目為：

1. 林邊溪主流河道疏濬及堤防復建工程。

2. 區域排水改善。

3. 崩塌地處理。

4. 非工程配合措施：

   ⑴ 防災預警機制建置：如設置水位站、訂定警戒水位、研提保全計畫及緊急應變方案並演練、擬定移動式抽水機緊急調度計畫。

   ⑵ 地層下陷防治作業：如減抽地下水，「防」止地層持續下陷；辦理國土復育計畫，「治」理已下陷之低窪地區。

　　另針對林邊佳冬一帶為經濟部公告之嚴重地層下陷地區，亦為易淹水範圍，其台 17 線以西之高程多於平均高潮位以下(東港潮位站平均高潮位為 0.62 公尺)，地勢低窪，故易造成遇雨即淹情況。而地層一旦產生壓縮現象，土體顆粒間更加緊密結合下，已無法使其回復原高程，故低窪地區之治理手段僅能朝國土復育之工程著手。目前林邊佳冬嚴重地層下陷地區之國土復育規劃已由水利署水利規劃試驗所進行規劃中，並擬朝：空間區劃、綜合治水、地貌改造、產業調整、環境營造及水資源管理等 6 大主軸進行探討後，研擬復育策略與工作項目。

4.2　地方政府之總合治水計畫構想

　　惟下游之國土復育方案仍須搭配上游之治水方案，方能奏效。故屏東縣府研提總合治水計畫構想，短期計畫為：將林邊溪下游區域列入行政院核定

之「加速辦理地層下陷區排水環境改善示範計畫」內進行國土復育工程；近期計畫為：運用台糖興華農場做為林邊溪分洪及上游土石方疏導區(如圖12)；長期計畫為：林邊溪總合治水計畫、產業轉型、地層下陷區填高計畫、市地重劃、都市計畫變更、滯洪池低地徵收及排水路治理。

圖 12　林邊溪上游沿岸之台糖萬隆及興華農場分布圖 (摘自全國治水會議屏東縣縣長簡報資料)

4.3　結合水文地質觀點之淹水整治構想

由八八水災林邊溪流域受災狀況來看，堤岸、護坡受損區分位於來義大橋下游及新埤大橋下游兩大區塊，顯現這 2 河段之洪水量無法即時宣洩，以至於破壞堤岸。故對於流域之淹水整治，除以綜合治水觀點由上至下游整體規劃外，並應視該 2 河段為重點區域，擴大治水思維才能達治水之效。

目前政府對於該 2 區段規劃方向為上游滯洪、下游國土復育。惟上游滯洪池若僅從河川流量及土地利用取得角度規劃，其治水效益將大打折扣。茲以地面地下水之關聯性分析後研提具體有效之規劃方向。

1.　地面地下水之關聯性：

　　林邊溪來義大橋下游區段，皆有台糖農場，分別為林邊溪右岸之萬隆及左岸之興華。由上述之地下水概況分析，豐水期時萬隆農場之地下水位埋深不到 5 公尺；又於八八水災前農場鄰近之河川斷面最低河床高程約為 35 公尺，豐水期時地下水位可達 38.5 公尺，故很明顯地，此時地下水流出至河川內；復由林邊溪左岸位於興華農場之餉潭地下水位歷線資料來看(如圖 13)，其與萬隆之地下水位幾乎一致，顯見其地下水連通性極佳，而其地表高程為 36.57 公尺，豐水期時地下水位埋深幾不到 1 公尺。所以北由萬隆跨過林邊溪、南迄餉潭之區域，其地面水、地下水交互影響甚大，且豐水期地下水位甚高。

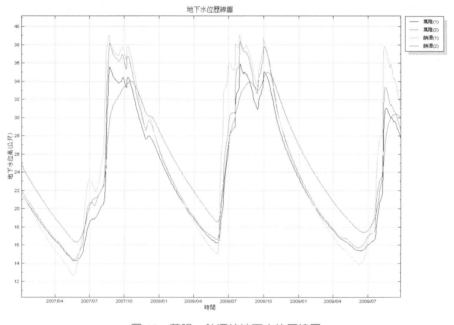

圖 13　萬隆、餉潭站地下水位歷線圖

2.　地面地下聯合考量之淹水整治方向：

　　不論淹水整治或防治地層下陷之地下水補注，皆發生於豐水期，而由上述所敘之區域，其豐水期之地下水位甚高，若於此期補注地下水顯然是無效益；若考慮挖掘滯洪池，即可能掘深 1 至 5 公尺即使地下水流出；又下游地層下陷後高程已低於平均高潮位，勢無法以重力自然排水。

　　基於上述，對於下游淹水整治爰應由上游滯洪、降低豐水期地下水位等方向思維，並建議方式如下：

(1)　上游設置蓄水人工湖(非地下水補注湖)，於豐水期前期即計算抽取地下水，以降低地下水位。而枯水期不得抽水，故若計算抽水量及抽水時間得宜，由於其地下水補充迅速，當不會引發地層下陷之問題。

(2)　中上游設置滯洪池，並儘量以漫淹方式為之，挖掘深度不得超過 5 公尺。

五、結論

　　近年氣候變遷頻仍，以往河川之防洪保護標準已不足以因應，如本次莫拉克颱風在林邊溪下游造成之嚴重淹水災害即為一明顯之例子。雖政府已研提災後即時因應作為及下游國土復育規劃，及以流域為範圍辦理之綜合治水構想，惟若能以因地制宜之思維再予規劃，方為治水良策。而屏東之林邊溪流域之治水，若能結合水文地質之概念，即以流域之平面範圍再加地下水位分析，由上游滯洪、降低豐水期地下水位等方向思維，當可達林邊溪淹水整治之效。

4

9 高鐵沿線地層下陷防治策略－以雲林農田水利會灌區水井管理為例

 ## 摘 要

　　台灣高鐵行經地層下陷地區是否影響行車安全，已常為各界隱憂、關切與探討的議題，而為有效解決雲林地區高鐵沿線地層下陷問題，農業委員會農田水利處近 3 年(95~97 年)來，在雲林農田水利會灌區推動高鐵沿線合法水井封移策略，投入約 4281 萬元，封填 27 口水井，封閉停用 27 口水井，以及相關輸配水路興築修繕等工程計畫，預期配合加強灌溉管理措施，提高地面水用水效率，整體地下水抽用量每年將減少 600~1000 萬立方公尺，促使地下水位回升，減緩高鐵沿線地層下陷速率，降低高鐵結構及營運衝擊。

關鍵詞：高鐵、地層下陷、水井、農田水利會

[1] 洪銘德　行政院農業委員會技士
[2] 宋易倫　農業工程研究中心助理研究員
[3] 黃振昌　農業工程研究中心副研究員

Abstract

Taiwan High Speed Rail (THSR) started to formal operate in the beginning of 2007, meanwhile, an efficient high speed and mass transportation system provided a fast and convenient travel way and linked north to south of Taiwan. It is without saying that THSR do bring the significant benefits directly for North-South intercity transportation as well as the coming age for Taiwan people to live in "one-day peripheral circle"

However, considering several regions with weak ground that THSR passes through, the safety of transportation also became a public anxious issue that not be concluded yet. Along the route of THSR, there are six towns in Yunlin country where stands the most serious problem of land subsidence occurred by over withdrawing of groundwater. These towns (Erlun, Siluo, Huwei, Tuku, Yuanchang, and Beigang) are categorized as farming region, where the cropper is irrigated by Zhuoshuixi river. Notwithstanding the plentiful water supply from river, these areas still could not resist the problem of land subsidence caused by long-term over withdrawing of groundwater.

The purpose of this research is to effectively solve above problems using the strategy of sealing/moving the public legal-wells in Yunlin Irrigation Association (IA) Area. Including of 27 legal-wells for plugging up and 27 legal-wells for stopping pumping with construction cost of 42.81 million NT$ were implemented by Department of Irrigation and Engineering, Council of Agriculture in the past three years. Consequently, the annually amount of groundwater of 6~10 million cubic meters will be reduced to extract and alleviate the rate of land subsidence along THSR.

Keywords: High Speed Rail, Land Subsidence, Wells, Irrigation Association

一、前言

　　臺灣高速鐵路(Taiwan High Speed Rail, THSR)於 2007 年 1 月正式通車營運，縮短南北城鄉往來旅程時間，達到快捷、便利目標，也如同宣告台灣南北各大城市步入一日生活圈時代，已經來臨。然而，對於台灣高鐵行經地層下陷地區是否影響行車安全，已常為各界隱憂、關切與探討的議題，尤其是高鐵行經廣大抽用地下水的雲林農作耕種地區－二崙鄉、西螺鎮、虎尾鎮、土庫鎮、元長鄉、北港鎮等 6 個鄉鎮，雖有濁水溪水源供灌，但長期超量使用地下水，導致地下水水位下降，土體結構發生壓密作用而造成沉陷，因此造成雲林地區是台灣地層下陷嚴重地區之一，而為有效解決雲林地區高鐵沿線地層下陷問題，本文以合法水井封移策略為例，闡述農業委員會農田水利處近 3 年來在雲林農田水利會灌區的計畫推動成效。

 # 二、區域背景概述

2.1　合法水井封移策略計畫目標與範圍

　　確立高鐵沿線 3km 範圍內，台灣省自來水公司、雲林農田水利會與台糖公司所屬水井處置政策方向，其中，有關雲林農田水利會於高鐵沿線 3km 範圍內 69 口水井處置方式，係完成封移及相關輸配水路及興築修繕等工程，藉輸水渠道改善以減少輸漏損失，並配合加強灌溉管理措施，提高地面水用水效率。預期合法水井封移策略計畫目標：

1. 減少雲林縣高鐵沿線 3km 範圍內地下水抽用量。

2. 使雲林縣高鐵沿線 3km 範圍內地下水水位回升。

3. 紓緩雲林高鐵沿線地層下陷速率，降低地層下陷對高鐵營運衝擊。

　　計畫區域位於台灣西海岸中南部，北起濁水溪南至北港溪，全長約 90km，東西邊界為雲林縣高鐵沿線 3km 內之區域，沿線經過西螺鎮、二崙鄉、虎尾鎮、土庫鎮、元長鄉與北港鎮等 6 個鄉鎮，若以工作站區分，係分布於引西、

九隆、墾地、虎尾、東屯、土庫、鹿寮及新街灌區，如圖 1 所示，隸屬雲林會引西圳、鹿場課圳系、新鹿場課圳、濁幹線及安慶圳等灌溉系統。

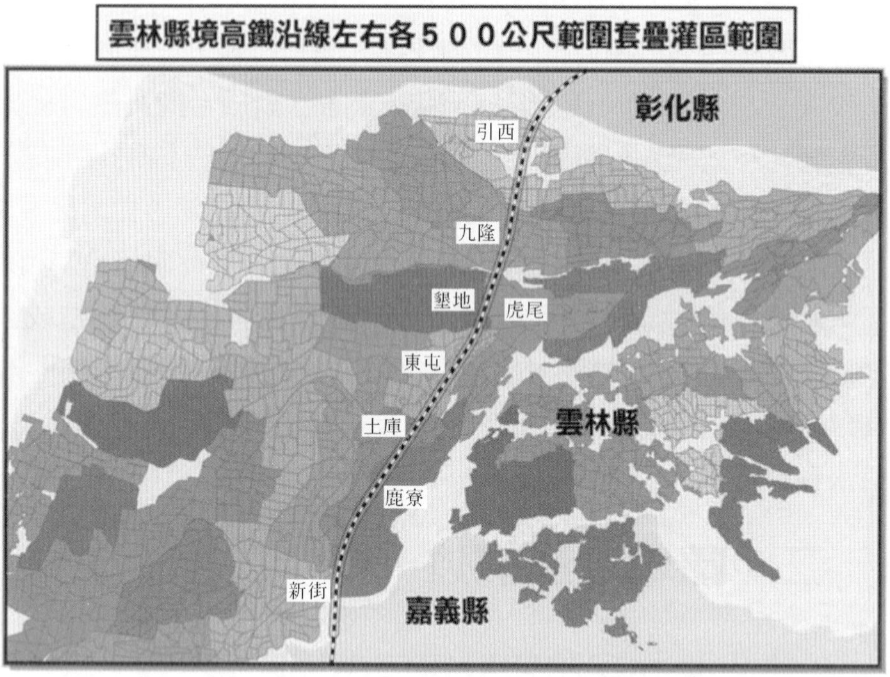

圖 1　高鐵行經雲林農田水利會灌溉區域圖 (資料來源：許香儀等(2008))

2.2　土壤地質

地層上屬近代沖積層，係大濁水溪及其支流未固結之砂、礫石及黏土所沖積而成，砂、礫石常被黏土覆蓋，為此區地下水主要含水層，大致上較大之礫石及卵石，多分布在計畫區東邊，向西海岸漸次變細，近海多為細砂及泥土所組成，透水性較劣，北港、水林、口湖一帶可能係濁水溪沖積層與海岸沖積層之互層，層次複雜且不規則，透水性能較差。含水層厚度以莿桐及崙背一帶地區最厚，平均約為 30 公尺。

2.3　雨量、溫度

區域內雨量時空分布極不平均，平均年降雨量為 1244mm，每年五至九月為雨季，雨量占年降雨量之 80%，每年十月至翌年四月為旱季，雨量占年降雨量之 20%。依據中央氣象局(2009)虎尾站統計資料顯示，年平均溫度 22.9°C，全年中以七月之 28.4°C 最高，而 1 月份之 16.2°C 最低。

2.4　灌溉制度

水利會以農田灌溉及排水為主要業務，灌溉作物以水稻為主，甘蔗及雜作次之，隨著栽種技術提昇，為提高產量及品質，須有適時、適量、穩定之灌溉用水。因此，水利會於灌溉執行時，需依土壤物理性質、保水能力及作物需水特性，參酌水源實際狀況擬定灌溉計畫，做為灌溉執行之依據。而高鐵延線三公里內，依灌溉計畫所載，涵蓋灌溉制度所稱之三年二作田、三年一作田、兩期作田及單期作田面積，依雲林農田水利會(2008)統計資料顯示，分別有 3449、95、2015 及 71ha，合計 5630ha，詳如表 1 統計所示。

高鐵自里程約 209k 起，即進入雲林縣農業精華地帶，沿線三公里帶寬範圍，更貫穿引西圳、鹿場課圳、新鹿場課圳、濁幹線及安慶圳等灌溉系統。其中，鹿場課圳系及新鹿場課圳部份，均為灌溉系統末端，地面水常無法依計畫需要送達，故陸續開鑿 25 口井作為補助水源。而本計劃要封填及封閉停用的井數共有 17 口，因而減少的計畫出水量有 0.981 cms(雲林農田水利會，2008)，詳如表 2 統計所示。

表 1　高鐵沿線三公里內灌溉制度面積統計表　　　　　　單位：公頃

地區	三年二作田	三年一作田	兩期作田	單期作田	合計
西螺	0	2	1600	0	1602
虎尾	1287	93	136	0	1516
北港	2162	0	279	71	2512
合計	3449	95	2015	71	5630

資料來源：雲林農田水利會(2008)。

表 2　各灌溉系統地下水　　　　單位，井數：口。計劃出水量：cms。

項目		鹿場課圳系	新鹿場課圳	濁幹線	安慶圳	計
封填 A	井數	4	5	17	1	27
	計劃出水量	0.234	0.314	0.955	0.044	1.547
封閉停用 B	井數	4	4	19	0	27
	計劃出水量	0.231	0.202	1.007	0	1.440
保留	井數	5	3	4	3	15
	計劃出水量	0.28	0.188	0.226	0.141	0.835
計	井數	13	12	40	4	69
	計劃出水量	0.745	0.704	2.188	0.185	3.822
封移後減少的出水量, A+B		0.465	0.516	1.962	0.044	2.987

資料來源：雲林農田水利會(2008)。

2.5　灌溉系統檢討

　　濁幹線部分雖屬中游區段，但因濁水溪水源水量不穩，常呈現間歇性的缺水狀態，加上早期為增產糧食而大量開鑿地下井，使三年一作變為三年二作灌區。故濁幹線地下水井應視為重要水源而非補助水源，在本計劃範圍內濁幹線系共鑿了 40 口井。但為配合政策，本計畫封井數量高達 36 口，封井後減少的計劃出水量合計有 1.962cms。

　　安慶圳部份因環境變遷，致地面水源被截流，僅有些微回歸水可資利用，故在本計劃範圍亦陸續開鑿了 4 口井，但因實在無法另覓水源，只能盡量保留其原有水井供灌，故本灌溉系統僅封填 1 口，其計劃出水量為 0.044cms。各灌溉系統地下水井封移後減少的計劃出水量，合計本計劃封井後減少的出水量為 2.987cms。

2.6　　耕地利用現況

高鐵沿線北端自測點 209k 起進入雲林縣境，至南端 239k 出，全長約 30km，推估總面積約 90 平方公里，屬於農田水利會灌區面積約 5630 ha(雲林農田水利會，2008)，大部分仍以種植水稻為主，其次是蔬菜、大蒜、花生等雜作物。

2.7　　用水現況

主要地面水灌溉水源引自濁水溪，因河短湍急且豐枯水期明顯，豐水期(五月下旬至九月下旬)逕流量約占全年逕流量 71%至 88%、枯水期(十月上旬至五月中旬)逕流量僅占 12%至 29%，逕流量分布不均，嚴重影響水資源調配運用。由於地面水源受季節特性影響，水量極不穩定，無法充分灌溉下游農田，因此，依雲林農田水利會(2008)統計資料顯示，濁幹線灌區先後鑿有 294 口地下水井，因地下水源開發，使原為三年一作灌區，變成三年二作灌區，而本計畫範圍內 5630ha 面積即鑿了 69 口，可知地下水在雲林地區水資源上所扮演角色的重要性。

2.8　　長期地層下陷情況

雲林縣地處濁水溪沖積扇南半部，為本省重要農業縣之一，民國 70 年代由於農產品價格欠佳收益不良，加上養殖業利潤優厚利誘下，導致沿海地區農地大量變更為漁業養殖。惟養殖事業必須仰賴大量淡水以保持魚池水質潔淨，在沿海地區地面水源缺乏情況下，養殖業者轉而抽汲地下水，因過量抽取地下水，進而引發地層下陷發生。

早期雲林地區於民國 70 年末與 80 年初有兩個下陷中心，一個位於金湖附近，另一個位於台西蚊港附近，依經濟部水利署(2008)統計資料顯示，最大下陷速率 16cm/year，速率超過 3cm/year 之面積，達 782.65km^2，如表 3 所示，

民國 85 年之後，雲林下陷中心逐漸移往內陸，如圖 2 所示，民國 88 年以後下陷中心集中於褒忠鄉、土庫鎮與元長鄉。

表 3　雲林地區民國 81 年至 97 年地層下陷面積分析表

觀測期距	81.08 ~ 83.10	83.10 ~ 85.10	85.10 ~ 87.02	87.02 ~ 88.11	88.11 ~ 91.04	91.04 ~ 92.04	92.04 ~ 94.05	94.05 ~ 95.10	95.10 ~ 96.07	96.07 ~ 97.05
最大下陷速率(cm/年)	16	8	8	7	9.5	12.2	11.6	10.1	8.2	7.1
最大下陷速率發生地點	麥寮鄉中山	麥寮鄉中山	麥寮鄉橋頭	元長鄉褒忠	土庫鎮	褒忠鄉	元長鄉	元長鄉	虎尾鎮	元長鄉
速率超過(3cm/年)之面積(km²)	782.65	745.72	391.99	366.06	610.45	703.06	678.6	557.1	551.5	580.72
3.0~5.0cm	99.47	264.07	140.77	216	323.1	335.1	277.6	259.5	283.3	395.42
5.0~7.5cm	145.08	476.54	250.76	148.3	188	214.3	306.7	190.6	268	185.3
7.5~10.0cm	313.43	5.11	0.46	1.76	99.3	121.8	90.4	105.3	0.24	
10.0~12.5cm	156.97					31.86	3.9	1.7		
12.5~15.0cm	46.99									
15.0~17.5cm	20.71									

資料來源：經濟部水利署(2008)。

　　整體評估雲林地區最近 17 年的總下陷量，內陸地區已超過 1m 的下陷量，且下陷速率並未明顯減緩，而高速鐵路正經過最嚴重的下陷區，依據經濟部水利署與台灣高鐵公司長期監測數據顯示，雲林高鐵路線元長及土庫地區存在嚴重之地層下陷問題，年下陷速率約為 5~7cm，並可能伴隨發生差異沉陷，長期而言，將可能危及高鐵結構及營運功能。

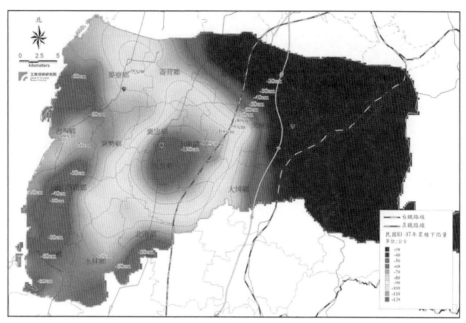

資料來源：經濟部水利署(2008)

圖 2　雲林地區 81 年至 97 年累積地層下陷量圖

2.9　高鐵沿線水井

　　台灣西部平原由於地質條件蘊含豐富地下水源，在各產業蓬勃發展下，公私有合法水井及民間非法水井因此遍佈密密麻麻，依據長期研究調查資料顯示，雲林高鐵沿線 3 公里兩側水井資料，共計 11553 筆，詳如表 4 統計所示，其中，無法推估水井抽水量者，有 2772 口，這包括廢棄停用或電量為零者 2347 口，缺乏電號 375 口，而再經利用地理資訊系統(Geological Information System, GIS)篩選後，位於雲林高鐵沿線兩側 500 公尺水井資料，共計 3869 筆(許香儀等，2008)，無法推估水井抽水量者，有 819 口，此包括廢棄停用或電量為零者 637 口，缺乏電號 182 口。

表 4　雲林高鐵沿線水井資料整理表

項目	水井總數(口)	資料內容不完整筆數	資料不完整原因	
			電表廢棄、停用、電量為零者	水井無電號者
3 公里水井資料	11553	2722	2347	375
500 公尺水井資料	3869	819	637	182

備註：資料不完整並非人為疏失或系統性疏失，而是水井本身的實際情形，水井缺乏電號或其已廢棄、停用或電量為零者。　資料來源：許香儀等(2008)。

2.10　雲林縣境高鐵沿線公有水井處置

　　減少地下水抽用量，促使地下水位回升，減緩高鐵沿線地層下陷速率，降低高鐵結構及營運衝擊，一般諸如：正確方法評估區域地下水資源，以為地下水資源開發規劃與調配管理利用(吳銘志等，2002)；地下水管制辦法修訂與管制區檢討(林志憲，2006)；減抽及替代水源開發等保育策略(蔣錦華等，2006)；違法水井處理(黃宏莆等，2006)；應用 GIS 技術評估流域地下水補注(張伯勳等，2007)；地下水補注量評估(龔文瑞等，2007)；地下水可再利用量評估(陳忠偉等，2008)；「地層下陷地區土地之整復利用」、「違法行為取締與懲處」、「調整產業結構」、「提高用水效率」、「地面水源開發」等工作(經濟部水利署，2009)，都是地下水資源管理執行推動上，間接或直接之方法或策略，其中，水井封塡(即封掉不用)、封閉停用，是透過工程手段，最直接、最能立竿見影方式之一。

　　雲林縣境高鐵沿線 1500 公尺範圍內，依統計資料顯示(雲林農田水利會，2008)，公有合法水井現有 69 口，其中，經封塡(即封掉不用)、封閉停用(即封口、加裝量水設備)、留置 (即備用，仍有供水，加裝量水設備)，分別有 27、27、15 口，如表 5 所示，而若位在高鐵沿線 500 公尺範圍內，則分別有 8、8、2 口，合計有 18 口。

表 5　雲林縣境高鐵沿線公有水井處置措施一覽表

目前處置狀況	1500 公尺範圍內公有水井口數	500 公尺範圍內公有水井口數	處置措施
封填	27	8	封掉不用
封閉停用	27	8	封口、加裝量水設備
留置	15	2	加裝量水設備
合計	69	18	

三、高鐵沿線合法水井封移策略推動成果

　　雲林高鐵沿線 3 公里兩側水井資料，共計 11553 筆水井資料，雲林農田水利會計有 69 口合法水井，各鄉鎮井口數分布情形，二崙鄉 15 口、西螺鎮 12 口、虎尾鎮 11 口、元長鄉 16 口、土庫鎮 12 口、北港鎮 3 口，各水井深度介於 60 至 150 公尺之間，依雲林地區水文地質概況研判，係抽取第 2 含水層地下水，對該含水層之水位及地層壓密，有一定程度影響，因此，為促使地下水位回升，減緩高鐵沿線地層下陷速率，降低高鐵結構及營運衝擊，農委會農田水利處在雲林農田水利會灌區，進行合法水井封移策略及相關輸配水路興築修繕等，一系列工程計畫推動。

　　封閉停用(封口)部分，近年(95~96 年)發包分別是 8、19 口，合計 27 口，如表 6 所示。而實際施作情形，以九隆站 692 號井為例，如圖 3 所示，以中坑站 285 號井為例，如圖 4 所示。安裝量水設備部分，近年(95~96 年)發包分別是 30、25 套，合計 55 套，實際施作情形，以土庫站 175、285 號井為例，分別如圖 5、6 所示。

　　水井封移，包括新鑿井及封填井，近 3 年(95~97 年)發包分別是 13、27 口，水井封填實際施作情形，以 638 號井為例，如圖 7 所示，新鑿井以 648 號井為例，如圖 8 所示。

表 6　雲林農田水利會灌區水井封移策略實施

項目	封移工程(新鑿井及封填井)		封閉停用 (封口)	安裝量 水設備
	新鑿井	封填井		
95 發包	7 口	7 口	8 口	30 套
96 發包	6 口	10 口	19 口	25 套
97 發包	－	10 口	－	－
合計	13 口	27 口	27 口	55 套

圖 3　九隆站 692 號井封口

圖 4　中坑站 285 號井封口

圖 5　土庫站 175 號井安裝量水設備

(a)

(b)

圖 6　土庫站 285 號井安裝量水設備

4

(a) 施工前原貌

(b) 施工中

(c) 井管切除

(d) 水泥封填工作

圖 7　水井封填工程(638 號井)，施工日期 96 年 8 月 15 日

(e) 水泥蓋安裝 　　　　　　　　(f) 竣工現場

圖 7　水井封填工程(638 號井)，施工日期 96 年 8 月 15 日(續)

(a) 施工前原貌 96.6.6 　　　　　　　　(b) 套管施設 96.9.7

(c) 土孔深度量測 96.9.15 　　　　　　　　(d) 量水位管按裝 96.9.15

圖 8　新鑿井工程(648 號井)－地點：西螺鎮三塊厝段鹿場小段 1368 地號

(e) 礫石填塞 96.9.15   (f) 竣工現場 96.10.18

圖 8　新鑿井工程(648 號井) – 地點：西螺鎮三塊厝段鹿場小段 1368 地號(續)

相關輸配水路興築修繕等系列工程計畫，包括：

1. 水情自動測報修繕工程：
   (1) 有效監控西螺排水水位和流量，防止下游地區因豪雨所帶來災害，並達到迴歸水有效利用，以及西螺灌區約 2782ha 灌溉用水之調配和營運。
   (2) 為應因高鐵沿線公有合法水井封移實施計畫以後，仰賴地下水源之灌區，不致受到灌溉用水不足之影響。
   (3) 林內區管理處中央監控站有效監控西螺灌區約 3086ha、虎尾灌區約 12269ha 及北港地區約 19347ha 灌溉用水之調配和營運。
   (4) 水情測報修繕
      - 西螺區管理處，包含有西螺排水第四制水門超音波水位計傳訊微處理器故障及西螺排水第三制水門超音波水位計更新、及鹿寮監控站鹿場課圳幹線第一放水路遙測設施及警報系統、遠端控制系統故障、湳仔貓兒干支線及崙背支線超音池水位計更新。
      - 林內區管理處，包含有濁水溪二號取水門及沉砂池等兩處監視器故障、林內區管理處遙測顯示面板故障、重興、三合遙測站遙測設施故障。

2. 重要支、分線等水路疏濬工程，包括虎尾、西螺及北港地區，以增加渠道通水斷面及輸配水能力，防止通水期間因渠道未疏濬所發生溢堤淹沒農田作物及水資源浪費等之現象，提高水資源有效利用。

一系列合法水井封移策略及相關輸配水路興築修繕等工程計畫，投入約4281萬元，封填27口水井，封閉停用27口水井，預期成果效益如下：

1. 直接效益：

可減少抽水成本及渠道輸漏水損失，效益評估結果如下：

⑴ 減少抽水成本，封填及封閉停用之54口水井，年水權水量約9400萬噸。依年平均實際用水量約為其水權水量8.7%比例推估，54口水井實際抽用水量約為818萬噸。折算每噸抽水成本約為2.38元(以雲林農田水利會80年度統計抽水成本每噸為1.2元計算，並以年平均上漲率5%計算至94年)，故每年可減少抽水成本為，$8180000 \times 2.38 = 19468400$元。

⑵ 減少渠道輸漏水損失，依通水日數，可分為二期作田灌區與三年二作田灌區，年計輸水量為

二期作田灌區：7.2078c.m.s×86400秒/天×300天=186826170噸，

三年二作田灌區：7.722c.m.s×86400秒/天×220天=146779770噸，

小計：333605940噸。

渠道改善後，輸漏水損失將由35%降至30%，

即 $333605940 M^3 \times 5\% = 16680297 M^3 \fallingdotseq 16680000 M^3$。

以每噸2.38元計算所減少之成本，

則 $16680000 M^3 \times 2.38$ 元$=39698400$元。

直接效益合計＝1+2=19468400+39698400=59166800元。

年計效益 59166800

⑶ 益本比=年計效益/年計成本=59166800/42808581=1.382：1

2. 間接效益：

⑴ 促使地下水位的回升

藉由加強調配管理措施，以地面水地下水聯合運用方式，使整體地下水抽用量每年可減少 600~1000 萬立方公尺。減少渠道輸水損失，增加地面水源，俾以減少地下水抽取量，並可於豐水期實施超量灌溉，避免地下水源枯竭，減緩地層下陷，維護國土資源完整。

(2)　減緩高鐵沿線地層下陷速率，降低高鐵結構及營運衝擊

高鐵沿線地層長期沉陷將嚴重威脅高鐵行車安全，以目前此種沉陷趨勢，伴隨差異沉陷發生之可能，已超過高鐵工程技術所能克服，長期而言將危及高鐵結構及營運功能。透過本文一系列合法水井封移策略及相關輸配水路興築修繕等工程計畫，高鐵沿線 3km 範圍之地下水水位可有效回升，將可紓緩高鐵沿線地層下陷速率，降低地層下陷對高鐵結構及營運衝擊。

四、結論與建議

4.1　結論

為有效解決雲林地區高鐵沿線地層下陷問題，農委會農田水利處近 3 年來，在雲林農田水利會灌區推動高鐵沿線合法水井封移策略，以及相關輸配水路興築修繕等工程計畫，投入約 4281 萬元，封填 27 口水井，封閉停用 27 口水井，直接效益益本比 1.382：1。預期配合加強灌溉管理措施，提高地面水用水效率，整體地下水抽用量每年將減少 600~1000 萬立方公尺，促使地下水位回升，減緩高鐵沿線地層下陷速率，降低高鐵結構及營運衝擊。

4.2　建議

高鐵沿線地層下陷防治工作，農業單位權責之公有水井部分，透過一系列合法水井封移策略及相關輸配水路興築修繕等工程計畫，業已完成，而為使高鐵沿線地層下陷防治效益更加顯著，建議水利權責機關應逐步封填民間私有水井，此是未來另一努力方向與目標。

參考文獻

1. 中央氣象局(2009)，「氣象統計資料」。

2. 林志憲(2006)，「地下水管制辦法修訂與管制區檢討」，第十五屆水利工程研討會，E-6~E-11。

3. 吳銘志、金紹興、張國強、鄭鉅霖、陳俊凱、陳俊焜(2002)，「區域天然地下水資源評估」，第十五屆水利工程研討會，N-98~N-104。

4. 許香儀、譚智宏、曾鈞敏、郭純玲、陳立人、詹皇祥(2008)，「農作調查與地理資訊系統於雲林縣境台灣高速鐵路沿線地層下陷防治之應用」，第十七屆水利工程研討會，M16-1~M16-11。

5. 黃宏莆、宋長虹、李如晃、陳建銘(2006)，「違法水井處理方式之芻議」，第十五屆水利工程研討會，E-213~E-218。

6. 陳忠偉、謝壎煌、李振誥(2008)，「台北盆地地下水可再利用量評估」，農業工程學報，Vol.54, No.1, p.70~p.84。

7. 張伯勳、葉信富、徐國錦、李振誥(2007)，「應用 GIS 技術評估流域地下水補注潛能區之研究」，第十六屆水利工程研討會，p.510~p.516。

8. 雲林農田水利會(2008)，「灌溉用水管理資料」。

9. 經濟部水利署(2008)，「台北盆地、彰化與雲林地區地層下陷水準檢測及其相關分析計畫」。

10. 經濟部水利署(2009)，access from website:
http://www.water.tku.edu.tw/sub91/subgov.aspx 「地層下陷防治資訊網」。

11. 蔣錦華、洪銘堅、陳永毅(2006)，「台灣地下水情勢及保育策略」，第十五屆水利工程研討會，E-50~E-56。

12. 龔文瑞、李振誥、陳尉平、葉信富(2007)，「以地下水位變動法結合消退曲線位移法評估地下水補注量」，農業工程學報，Vol.53, No.3, p.75~p.87。

10 農田水利會應用地理資訊技術於水資源管理以彩色正射影像套繪主題圖資應用為例

 ## 摘 要

　　近年引進地理資訊系統技術並且導入農田水利相關業務中，編訂適合於各農田水利會建置地理資訊系統資料庫之格式與規範，以利統一各水利會地理資料庫之作業方式與標準。經由數年的空間資料基礎環境建置後，各水利會紛紛展現其在管理、工程、財務等相關業務上的應用與導入後的效益，足見地理資訊系統技術於業務單位的真實應用與落實。

　　以彩色正射影像圖套繪各式主題圖資，在會有土地的清查、作物調查、提供水災受損、災搶資訊等方面各水利會均有大量的應用。

[1] 何逸峯　行政院農業委員會農田水利處技正
[2] 林尉濤　行政院農業委員會農田水利處科長
[3] 詹皇祥　農業工程研究中心助理研究員
[4] 譚智宏　農業工程研究中心資訊組組長

關鍵詞：灌溉管理、地理資訊系統、基礎環境建置

Abstract

The project was to guide the staff of irrigation associations to establish various geographic information data layers and their associated database by means of training and education courses. In addition, the GIS database format and standard operation process was also established in this project to standardize the creation of the geographic information system in Irrigation Associations. Irrigation associations will be able to use gis technology in usual work.

The color orthophotos underlay with various thematic data have been provided several applications such as surveying for IA owned lands, crop inventory, and providing flood damage estimation, disaster information and so on.

Keywords: Irrigation Management, Geographic Information System, Infrastructure Establishment.

一、前言

臺灣現有 17 個農田水利會(以下簡稱水利會)爲提升其灌溉管理之效率與效能，有必要檢討過去人工、紙本傳統的作業方式，整合最新之資訊、通訊與電子科技等技術，建置一套符合時宜且具空間特性的地理資訊系統(Geographic Information Systems, GIS)，應屬當務之急。

1.1 文獻回顧

水利會所轄管之業務繁雜，且資料量龐大，復以近年來大批資深員工退休，如何利用現代化資訊技術予以整合及傳承其相關專業知識與經驗，已是刻不容緩的工作。水利會經常性業務有：會員會籍管理、地籍圖管理、取水設施及水工構造物管理、灌排渠道系統管理、現場勘查用灌溉區域分布圖、會有財產及會有土地管理、水污染與各監視點管理及追蹤、工程施工位置圖、氣象、水文、土壤觀測調查、地下水井分布及管理、水源資料及水權管理、灌溉地及

耕作面積調查、灌溉地遺漏調查、灌溉渠道占用私人土地調查及其他單位使用會有地管理等(蘇明道、何逸峯，2007)。為管理渠道網路系統，必須整合大量的空間分佈資料，以往利用紙本地圖處理效率差，且不同主題圖資整合不易。在全球氣候變遷旱澇頻仍情況下，水利會必須更有效率地掌握相關之地理資訊，俾提升灌溉用水管理之效率(蘇明道、溫在弘，2001)。近年 GIS 技術發展成熟，其強大的空間圖形及資料處理能力，十分適合作為水利會業務管理之工具(蘇明道，2005)。GIS 之開發應用需有合宜之軟硬體資源、適當之技術人力支援及持續定常性維護，經費需求龐大。以新竹農田水利會自 87 年起至 90 年止，逐年以自有財源委外開發之經驗，每公頃約需 2000 至 3000 元之建置成本。其餘財務較困難的水利會，則有賴政府計畫性協助其以自有人力建置 GIS 基礎環境與相關應用系統(何逸峯，2007)。

整合各水利會現有資訊系統、地政地籍與戶政戶籍之定期資料更新、全球定位系統(Globe Positioning System, GPS)，應可輔導各會將 GIS 應用在各項業務上，以提升其工作執行效率(林尉濤、何逸峯、蘇明道，2007)。個人數位助理(Personal Digital Assistant, PDA)具備輕便可攜、低耗能之特性，復搭配簡易型 GPS 於現場調查作業上，可提昇現地勘查資料之可靠度與調查作業之效率(馮正一、梁家齊，2004)。行動式地理資訊系統(Mobile GIS)擷取桌上型 GIS 之常用功能轉置 PDA 與 GPS 之導航功能，可方便田間即時定位，查閱現地之相關空間圖資(朱振標，2004)。

1.2　農委會推動農田水利地理資訊概況

農委會於 94 年成立「農田水利灌溉管理之電子化應用」科技計畫，委由農工中心、農田水利會聯合會與臺大生工系等專家學者共組團隊。期由水利會各組室最底層之工作進行分析，開發具統合性的應用系統與作業方式，陸續補助水利會辦理 GIS 相關灌溉管理基礎圖資建置，其中包括：灌溉地籍圖、灌溉排水渠道圖、水工構造物分佈圖、及管理處、工作站、水利小組及輪區等區域範圍等 16 個圖層，供水利會規劃相關管理作業參考試用，期提高各會應用 GIS

技術於灌溉管理之意願。截至 98 年 11 月底止，已協助各水利會完成約 20 萬餘公頃之基礎環境建置工作，預計於 101 年可完成全台 38 萬餘公頃。除空間資料基礎環境建置外，農委會自 97 年起陸續委託農工中心開發網際網路平台之地理資訊應用系統，目前應用系統已經開發了大牛的主要功能，臺東、宜蘭水利會已能將部分所建立完畢的空間資料與屬性資料上傳至應用系統之伺服器中來使用。

 # 二、農田水利建置圖資

　　空間資料之建置主要項目可分爲灌溉地籍圖、灌排渠道、水工構造物與其他加值空間資料等四大項，另外可依各農田水利會所掌有之資料隨時加入地理資訊系統中使之系統資料更加豐富。各項農田水利灌溉管理地理資訊系統基礎圖資建置，所需圖層資料包含灌溉地籍圖、地段界、水利會範圍、管理處界、工作站界、小組界、輪區界、灌排渠道、水工構造物、池塘、道路、鐵路、水質監視點、渠道遭占用點位、水權受益範圍，以及土壤資料等 16 項。

　　各圖層之建置以灌溉地籍圖之產製爲最優先，應用也最廣。灌溉地籍圖建置完成後可再加值產出地段界、水利會範圍、管理處界、工作站界、小組界、輪區界、池塘等圖層。而道路、鐵路等圖層則可利用國土地理資訊系統九大資料庫所提供之資料加以擷取獲得，或向交通部運輸研究所申購，土壤圖層來自農委會農試所提供之土壤資料庫土壤圖電子檔，而水利設施中的灌溉渠道、排水渠道、水工構造物、水質監視點就得由現有的資料來加以編修數化或至現場定位調查。

　　這 16 項圖層在建置的時候將分成 4 個階段，以兩年的時間來建置，考慮各工作站在第一年剛接觸這些資訊與技術，因此第一年僅規劃了 3 個圖層。在第一年雖然只建立了灌溉地籍圖、地段界、土壤等 3 個圖層，但馬上就可以加以應用了，如地段界地籍圖的編製，與行動 GIS 的現地導航，地籍圖與相片基本圖套繪應用等。灌溉地籍圖的編輯過程較爲複雜，從申購、座標轉換、地段接合、地籍坵塊補遺、屬性編修等數個過程。

2.1　灌溉地籍圖的編製

　　地籍圖資料庫為農田水利地理資訊系統中使用頻率最高的圖層,地籍圖中具有數值檔之地段,一般可由內政部國土測繪中心或由當地之地政事務所申請到地籍圖數值檔。過去地籍圖數值檔格式僅提供 Auto Cad .dxf 格式,自從民國 93 年起國土測繪中心另有提供 shapefile 格式,但轉檔後仍有些較小地籍坵塊會與鄰近坵塊合併之現象,因此申請時若能同時取得 dxf 與 shapefile 兩種格式,可以進行驗圖工作。至於非數值區之地段,某些地政事務所係以圖解數化方式產生地籍圖數值檔,這些圖解數值檔係以單幅管理(A3 大小),這些地籍圖從日據時代沿用至今年代久遠,在圖紙伸縮及早期測量技術、設備限制,且數化時基於忠於原圖的原則下,圖幅與圖幅間會有空隙的產生,導致接邊不準的問題如圖 1 與圖 2 所示,此時需整段強行接合與調整,故會產生接圖上之誤差。

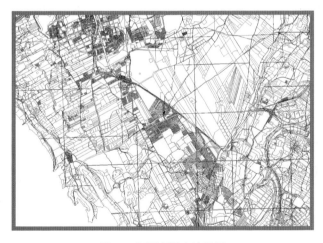

圖 1　分幅管理之地籍圖

　　圖解數化成果因多數地段採分幅管理,未直接納入整合系統,民國 91 年國土測繪中心已委外完成圖解數化成果管理系統新增功能,增列可由整合系統之功能表下啟動數化整合系統,將各分幅管理之圖解數化地籍圖強制整合為一完整之圖檔。因此國土測繪中心所提供之圖解數化檔案中,與當地地政事務所

所提供之資料不同處爲國土測繪中心會經過跨圖幅接合處理，即國土測繪中心在接圖整合時，跨圖幅之宗地將分別位於各幅間之部分宗地整合爲一完整宗地如圖 3 所示，位於圖廓線上之界址點，在誤差小於 0.4mm 範圍內則整合爲同一線段，若超過 0.4mm 誤差則保留梯狀線段。因此在資料完整性與適用性的考量下，數值地籍圖檔選擇向內政部國土測繪中心申購較適當。

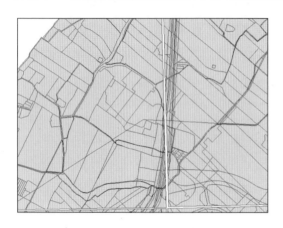

圖 2 分幅與分幅間的空隙
(地政事務所)

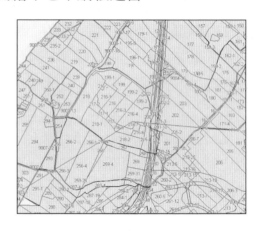

圖 3 經過跨圖幅接合處理地籍圖
(國土測繪中心)

國土測繪中心目前可提供全部之數值檔地籍圖，而毋須申購藍曬之地籍圖自行數化。地籍圖資料庫之建置，首先得對地籍資料做一清查動作，欲建置區域範圍內由那些地段所組成，資料數量以及地政單位是否能夠全部提供所需資料。所申請的地籍圖可能有不同之座標系統，需全部調整成同一座標系統，再進行段與段之間的接合，農田水利地理資訊系統中之各空間資料庫選擇以TWD97 座標系統爲參考座標系統，以利相互套疊參考。由國土測繪中心所提供之數值檔地籍圖在提供資料之同時，會一併附上描述資料及檔案說明供參考，在所附的檔案說明中將提供各地段基本資料，如縣市、鄉鎮、段名、小段名、段代碼、段延伸碼、筆數、測量方法、成圖年月、測圖比例尺、測圖座標系統、資料轉入日期與資料格式等如圖 4 所示。

因此可由描述資料的測圖座標系統欄位中得知該地段爲何種座標系統，並利用圖籍座標轉檔程式加以轉換即可，如圖 5 所示。圖籍座標轉檔程式係在

93 年行政院農業委員會農田水利處之農業科技計畫「農田水利會灌區現場查核系統之建置及應用」下所開發，主要目的在提供台灣地區不同之 TWD67 及 TWD97 系統互轉之功能，國土測繪中心所提供之地籍圖數值檔，有些是 TWD67 有些是 TWD97 的座標系統，對於農田水利會所建置之 GIS 系統，常常因前後座標系統不同，而需花費大量時間來尋找控制點加以轉換，造成建置成本無謂之浪費。

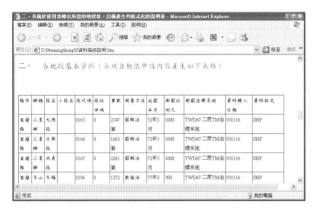

圖 4　描述資料及檔案說明

圖 5　圖籍座標轉檔程式界面

2.2　彩色正射影像圖

目前各水利會所使用的彩色正射影像圖來源有二，一為農委會林務局的農林航空測量所(農航所)，另一為群立科技股份有限公司。目前均是取得 1/5000 比例尺的數值圖檔，座標系統均為 TWD97。農航所於 97 年起所拍攝的影像都採用數位相機，1/5000 比例尺的圖，平地地面解析度為 37.5 公分，山區為 50 公分，而群立科技所販售之 1/5000 比例尺的圖，地面解析度則為 25 公分，但是使用類比相機拍攝。群立科技 1/5000 的圖均為民國 94 年以前所拍攝，此規格圖資已無繼續維護更新，而自民國 95 年以後所拍攝的影響均製成 1/2500 或 1/1000 的基本圖，這些圖資雖然相當清晰好用，但若以需要大範圍的使用單位來說，將會是一項不小的負擔。除非日後向群立科技以 image sever 方式取得所需的圖資，並再仔細估算是否能夠負擔這些圖資使用的費用。

三、使用設備

由農委會補助水利會推動地理資訊系統技術應用所使用的軟硬體設備可分為桌上型地理資訊系統軟體、個人數位助理機、行動式 GIS 系統等,說明如下。

3.1　桌上型地理資訊系統軟體

為了使各水利會建構各項基礎圖資,農委會補助水利會所採用的軟體為 ESRI 公司所開發的 ArcGIS Desktop 9.X。考量其所需使用的功能,使用 ArcView 等級的產品即可滿足一般的使用者需求。在採購初期 ArcGIS 9.1 僅有原文介面,要推動與推廣到各水利會時相當不容易,自 95 年起台灣的代理商仲琦科技(現更名為互動科技)協助將軟體主要功能與介面中文化。在中文化的介面下,軟體操作的親和力變得相當高,也讓各使用者能夠更清楚各功能的操作程序與成果。

3.2　個人數位助理機(Personal Digital Assistant,PDA)

90 年代開始,個人數位助理 PDA 慢慢開始流行,其優點是小巧、輕便且具有一般 PC 常用之功能,另外其開放式之程式架構及網路連線功能,更加帶來其便捷。近年來有許多的廠商或顧問公司,將 PDA、GIS 與 GPS 做一些整合性之應用,陸續開發了一些在 PDA 上使用之工具。利用 PDA 平台的最大好處即為:開機與關機速度相當快速,一般來說均能在 10 秒內完成開機以及啟動應用程式,相較於平板電腦或筆記型電腦均無法達到如此的快速作業方式。PDA 的體積通常是比平板電腦或筆記型電腦輕巧,因此在外業的調查與應用時會更輕便,於戶外應用時一般均是在太陽的強光下作業,PDA 的強光型顯示螢幕可讓使用者清楚瀏覽,而平板電腦或筆記型電腦在陽光直射的情況下,則無法看到畫面所顯示的圖資。通常 PDA 的電池可提供連續 4 個小時的工作時間,且因為可快速開關機,因此於現場使用時,在暫不使用的情形下可先暫時關閉機器,如此將可讓 PDA 維持一個工作天所需的電力。目前各水利會使

用的 PDA 爲國內神基科技所生產的 Getac PS535F，此款 PDA 的特點爲防水、防震之軍規機型，相當適合水利會員工於戶外田區作業。此機內建 GPS，且可選擇開啓關閉 SBAS 差分訊號接收功能，定位精度在 5m 以內，DGPS 水平精度在 3m 內。

3.3　行動式 GIS 系統

ESRI 公司開發之 Arc pad 軟體，是一套精簡版之 Arcview 系統，Arc pad 能夠將地理資訊系統資料由桌上型電腦轉移之掌上型電腦之地理資訊系統，它提供了現今地理資訊系統最常用的功能，包括平移、縮放、自定比例、圖徵及屬性資料註標顯示及查詢定位等，同時它可使用現今業界標準之向量及網格式圖層資料，支援常見的影像圖檔格式如 jpg 及 bmp 等，更直接支援 Arc view 之 shapefile 向量資料格式。此外 Arc pad 也可接上全球定位系統 GPS 或差分全球定位系統 DGPS，能夠及時將所接收的資訊直接呈現在 PDA 之畫面上，這可讓使用者直接顯示所在的正確位置於 PDA 之畫面上，形成一套導航系統，解決在現地調查時地理位置迷失之缺失。

四、農田水利會地理資訊之應用

農田水利地理資訊系統應用可分成五大方向：

1.　會有財產管理業務：

會有土地資產有許多是分散在事業區內小面積的零散土地，需要適當的工具來協助管理。

2.　行動 GIS 與現地查報業務：

農田水利會業務常須和區域排水、污染監測、道路會勘等相關業務相配合，這類現地業務均需使用大量圖籍資料，根據統計發現，有 80%以上之現地會勘問題多出在所需的圖面資料攜帶錯誤或不完全，且現地會勘後所得之結論多需記載於圖面上，並需於外業結束返回辦公室後進行原始資料之編修，因此如何有效解決現地會勘或查報作業時之圖面資料問題便顯得日益重要。

3. 灌排渠道管理業務：

農田水利會管理業務之主要目的在於適時輸配適量之水至灌區以維持作物之生長，而灌溉渠道是進行灌溉輸配水管理工作之基礎，因此渠道網路系統之管理與維護即成為農田水利會業務的重心之一。

4. 灌溉計畫編定：

台灣各農田水利會對其灌區內有關灌溉用水量之推估計算，是在每年各期作耕作開始之前，依灌區之耕作制度及立地條件，計算灌區之灌溉需水量並製作灌溉計畫，作為灌溉用水需求之規劃及灌溉配水依據。

5. 區域用水規劃決策支援系統：

由於農業灌溉用水占總用水量的比例相當高，且農業活動之經濟產值相對偏低，因此在台灣水資源供需逐漸失調的壓力下，區域水資源利用效率與水權分配的問題逐漸受到重視，尤其是在遇到乾旱的情況下，農業用水更經常是被挪用以支援民生與工商業用水需求的主要標的，因此農業水資源規劃不能自外於區域性水資源而需做整體通盤之考量。區域水資源規劃管理是相當複雜的決策過程，因此可以利用 GIS 管理相關之空間資訊以提升決策之效率。

本章節主要介紹以彩色正射影像圖為底圖，套疊各式主題圖資於相關業務之應用。

4.1　會有財產管理業務

會有土地是由水利會的財務組管理，而會有土地分布在轄區各處，通常一個水利會的會有土地數量高達數千筆以上，這些土地的即時使用情形是不易得知的，更遑論若遇有主辦人員更迭，或會有土地遭人占用情形。現在若使用 GIS 工具來做土地管理，尤其是大量土地的清查是一項相當合適的工具。

會有土地調查為蒐集灌區內所有地籍圖後，與會有地資料表連結，經加工產製成會有地地籍圖資料庫，利用 Microsort Active Sync 可將相關檔案傳輸至 PDA 上。地籍圖欲與會有土地連結通常都是使用地政單位所慣用的縣市代碼

(1)+地政事務所代碼(1)+地段代號(4)所組成的地段代碼再加上地號，由此連結值來與會有地資料表連結。

　　會有地籍圖以及正射彩色相片基本圖之座標系統均為 TWD97，因此在 GIS 軟體中可以互相套疊使用。內業作業中可快速的清查每筆土地的使用情形，一般經驗一個約兩千公頃的工作站範圍，約一個工作天即可完成室內的清查作業，可將正常使用的土地，與疑似遭占用的土地圖逐一挑出。疑似遭占用的土地可另外利用行動 GIS 導航至標的處，以進行現地調查、拍照等工作。雖然接收差分技術後的 GPS 訊息，仍會有 3 公尺以下的誤差，但配合附近相關之地形地貌來辨識，便可很準確的尋獲清查標地地號。現況調查之項目包括是否遭占用、占用別(建屋、圍牆、橋涵、領空、鐵木屋、其他)、現況拍照、丈量占用面積、占用人姓名、地址等。並於現場繪製會有地遭占用草圖，以及記錄相關描述於野帳記錄表，回辦公室再加工數化被占用之區域。在調查的過程中由於占用人多半採取不合作及相當不友善之態度，因此不易蒐集占用人之相關資料。依經驗可搭配相關地籍資料庫後，可由相關地理位置找出占用人之土地，再由地籍資料庫找出占用人之相關資料。通常土地若遭他人占用時，都可以很容易找到占用人，但若會有土地是位於公墓用地旁時，若已經有墳墓建在會有土地上時，此時幾乎無法將占用人的相關資料查出來。在現地調查中常發現地形地貌與地籍圖不盡相同，若欲調查之標的土地面積較大且現地又有多處房建物時，單單僅以 GPS 及地籍圖仍不易清查標的土地。此時若能夠輔以彩色正射影像圖並套繪地籍圖，將可清楚的將欲清查範圍凸顯出來，若現場其上有不規則形狀之占用房建物時，則可回到室內作業時再將占用範圍框選並計算出面積來，圖 6 所示為現場調查作業中，利用高解析度的彩色正射影像圖來協助數化遭占用之範圍。

圖 6　以高解析度彩色正射影像圖來協助數化遭占用範圍

　　若是一般小面積的土地清查與調查都不算太難，但若是有單筆大面積大範圍的土地時，在現場實在很難去清楚界定地籍線範圍，因此若有地籍圖套繪彩色正射影像圖的輔助時，將會很清楚快速的釐清地籍範圍如圖 7 與圖 8。由於以往會有地的資料相當龐大，且以資料表的形式來管理，在導入空間圖資管理的概念後，可將每筆土地的分布情形 在相片基本圖上展繪出來，因此將可清查會有地的使用情形，根據以往經驗，有時會發現零星數筆土地是位於學校校園中、或營區中或高速公路中。這些應當都是早期辦理撥用或徵收作業時所遺漏的土地。

圖 7　單筆大面積土地套繪彩色正射影像之一

圖 8　單筆大面積土地套繪彩色正射影像之二

4.2　作物調查

依農田水利會工作站業務規範，各工作站應於擬定灌溉計畫前，預估一、二期作種植面積，並於每年 6 月與 12 月填報「作物面積栽種調查表」，以提供水利會彙整，規劃灌溉計畫。因此若以地籍圖與彩色正射影像圖相互套疊如圖 9，內業中可先將調查範圍內的水稻田標註，一般來說水稻田相當容易判釋，其餘蔬菜或雜作部分再至現場確認，將轄區內的灌溉地籍坵塊分成水稻、旱作、雜作等數大類，再利用 GIS 工具中的統計功能，將可以快速的，有效的提供作物種類栽種面積的統計。

圖 9　彩色正射影像套繪灌溉地籍圖方便各坵塊種植作物之統計

4.3　風災災損提供災害搶救資訊

98 年莫拉克颱風來襲，挾帶豪大雨造成高屏與台東等地重大災情，高雄水利會中壇工作站轄區的旗山鎮一帶，被滾滾大水沖破堤防，將大量泥沙與漂流木帶進農村中，此處淤泥堵塞所有的水路，漂流木堆疊了約一層樓高，此處

平時均依賴水利會灌排渠道排除雨水，因此居民期盼能盡速疏通各級水路，以防範若遇有雨天，雨水無法宣洩將會壤此地陷入一片泥濘中，但此處約有一半範圍被一層樓高的漂流木覆蓋，水路清淤相當不容易。中央巡視災區，面對情緒激動的災民強烈訴求，必須做出合理裁示，需指示相關單位於恰當時限完成災害搶救工作。因此水利會利用 GIS 工具，以及取得災後的影像，數化災損範圍，提供更精確的災害範圍面積，供高層長官判斷決策災搶期限之訂定，如圖10 所示。另外以彩色正射影像圖為底圖套疊淹沒渠道位置，展繪每日清淤與災搶進度，以時間為序列的成果主題圖提供更清楚易懂的訊息(如虛線為淤塞渠道，完成清淤者以實線展繪)如圖 11 所示，使農委會、水利會、縣府、河川局等迅速掌握每日工作進度。

圖 10　以災後影像數化災損範圍與面積估算　　圖 11　時間序列之災害搶救進度圖之一

　　台東水利會知本工作站轄區太麻里一帶，也因豪大雨造成太麻里溪下游遭洪水淹沒，太麻里圳灌區 2/3 範圍流失，1/3 範圍淤塞。工作站同仁利用中央大學太空遙測研究中心提供的影像繪製水災前後相關主題圖如圖 12 與圖 13，套繪流失範圍與淤塞範圍如圖 14，以及圳路災損狀況如圖 15，提供農委會、水利會、縣政府、水利署河川局等單位決策支援資訊。使高司單位能快速明瞭災損範圍與現況，提供災害搶修決策與經費編列參考等。

圖 12　太麻里灌區水災前影像

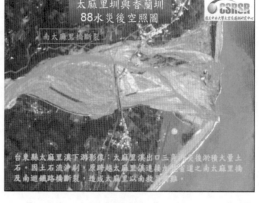

圖 13　太麻里灌區水災後影像

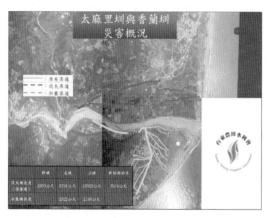

圖 14　以彩色正射影像為底圖描繪災害範圍

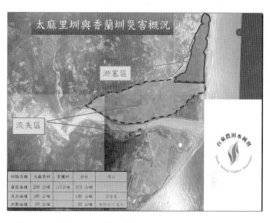

圖 15　以彩色正射影像為底描繪圳路災損情形

五、結論

1.　由農委會補助水利會相關圖資與設備，由水利會自行建置基礎環境，除可降低基礎環境建置的成本外，在圖資的維護上也可免除委外作業而帶來的圖資正確性與時效性問題。而且讓更多有業務需求的人能利用這些現代化工具，以更科學、更精確的執行管理工作，但在遇有特殊需求時，這些有高度 E 化能量的員工，將懂得如何應用恰當的工具、合適的功能與資料，來解決所遭遇的困難。

2. 地理資訊系統導入農田水利相關業務並不僅限於文中所提影像與各式圖資套繪之應用，各水利會對於土壤圖層的應用、水文觀測、渠道用地統計、灌溉管理應用、休耕查核等有相當深入的使用，足見這些現代化工具，GIS 工具導入到水利會，相當適合各個組室，多種業務的應用。

3. 以影像套繪各式主體圖的應用，是技術層面最簡單，但應用效果相當良好的一種方式。

4. 農委會將這些現代化工具與概念陸續導入到水利會中，可提高基層員工相當的電子化能量，如此將可提升整體的管理績效，且能以電子化作業，打造水利會服務新形象。

參考文獻

◆ 1. 蘇明道、溫在弘(2001)，「台灣地區農田水利會圖籍系統之建置」，農業水利科技研究發展八十九年度計畫成果發表討論會。

◆ 2. 蘇明道(2005)，「地理資訊系統應用於水利會灌溉管理與農業水資源規劃」，農業水利九十三年度計畫成果發表討論會論文集，第 101~118 頁。

◆ 3. 朱振標(2004)，「PDA 與行動式 GIS 在農田水利會灌溉管理上之應用—以現場查核及工程維修為例」，農業工程學報，50 卷 3 期，第 89~100 頁。

◆ 4. 馮正一、梁家齊(2005)，「應用個人數位助理提昇自然災情調查使水土保持設施檢查之效率」，中華水土保持學報，第 37 卷第 1 期，第 65~76 頁。

◆ 5. 林尉濤、何逸峯、蘇明道(2007)，「地理資訊系統於農田水利灌溉管理之應用」，水利產業研討會。

◆ 6. 何逸峯(2007)，「地理資訊系統應用於灌溉管理之成效」，農政與農情，第 416 期，第 42~47 頁。

11 利用區域化方法推估未設測站地點之設計雨型

 ## 摘 要

　　本研究之目的是以主成分分析(principal component analysis)及自組織映射圖(self-organizing map, SOM)網路為基礎，建立一個未設測站地點設計雨型之推估模式。首先，選用全台灣地區水利署共 174 個雨量站之設計雨型，先針對各測站之設計雨型進行主成分分析，總共擷取累積解釋百分比 90%以上之 5個主要成分，再加上雨量站之三項地文因子作為 SOM 網路之輸入項，以 SOM網路進行群集分析。由 SOM 網路之二維密度圖可知，174 個雨量測站可分為19 個群集，亦即可將台灣地區劃分成 19 個區域。最後，根據未設測站地點之位置落於哪個區域即可知其屬於哪個群集，再應用反距離權重法(inverse

[1] 陳儒賢　致遠管理學院休閒設施規劃與管理學系助理教授
[2] 許臣王　致遠管理學院休閒設施規劃與管理學研究所研究生
[3] 洪毓婷　致遠管理學院休閒設施規劃與管理學系研究助理

distance weighting)與最近測站法(closest method)建立未設測站地點之設計雨型。經由交互驗證之結果顯示，反距離權重法可得到較精確之設計雨型。

關鍵詞：主成分分析、自組織映射圖網路、設計雨型、未設測站地點

Abstract

Based on the principal components analysis(PCA) and self-organizing map(SOM), an approach is proposed to estimate design hyetographs at the ungauged sites. First, the design hyetographs at 174 gauges in Taiwan are analyzed using the PCA. It is found that the first five principal components explain over 80% of the information. Based on the transformed data resulting from PCA and the three geographic characters of the gauges, the SOM is used to group the rain gauges into specific clusters. According to the two-dimensional map, one can find that the gauges can be grouped into 19 clusters. Hence, the 19 regions for design hyetographs are delineated. After determining which region the ungauged site is located within, the design hyetograph can be estimated using the inverse distance weighting algorithm and the closest method. The results show that the inverse distance weighting algorithm can estimate more precisely as compare to the closest method.

Keywords：principal component analysis, self-organizing map, design hyetograph, ungauged site.

 # 一、前言

水文模式在推估流量歷線時，通常必須仰賴該地區之降雨特性及環境參數為輸入資料，再依據水文模式之結構建立物理或經驗數學式，計算出流量以供坡地防災及水工構造物設計之參考。環境參數大多可由野外調查或試驗室分析獲得；降雨特性則需依賴該地區的雨量紀錄，但是在水利工程規劃時，時常會面臨需要分析之地點沒有雨量測站之情況，導致所需引用之雨型資料缺乏，因此必須利用最近之測站或是由周圍測站的資料來估計設計雨型。然而，若工程

所在地與雨量測站相距較遠時，將會造成所引用之雨型有所誤差，因此如何推估未設測站地點之設計雨型便成為一個亟需克服之問題。

為了解決上述之問題，近年來已經有許多區域化(regionalization)的方法被提出，將其用在未設測站地點之水文量推估(Yadav et al., 2007; Arnaud et al., 2008)。在區域化分析過程中，最常被使用的方法是群集分析(cluster analysis)。傳統上常使用的群集分析法可分兩大類，一類是非階層式(non-hierarchical)的群集分析法，如 K-means (Satyanarayana and Srinivas, 2008; Meshgi and Khalili, 2009)；另一類是階層式(hierarchical)的群集分析法，如華德法(Trakhtenbrot and Kadmon, 2006; Kysely et al., 2007)。然而傳統的群集分析法在使用上存在一些缺點，例如：使用階層式群集分析法分群時，必須在進行分析前就決定群集數目，但是不同的群集數目常會導致不同之分群結果。再者，階層式群集分析方法的另一個缺點是無法顯示出資料間相互的關係。至於非階層式群集分析方法，雖然可以針對其所得到之樹狀圖決定群集數目，但是分成幾群還是需要經由使用者的需求及經驗加以判斷。

為了改善傳統群集分析法的缺點，本研究以類神經網路中之自組織映射圖(self-organizing map, SOM)網路為基礎，進行未設測站地點設計雨型的區域化分析。SOM 網路可在不損失任何資訊的情況下檢視輸入資料間相對拓樸的關係，進而決定適當的群集數目以便將資料歸類至群集中，近年來已被廣泛應用於區域雨型之分類及推估。黃彥豪(2003)利用 SOM 網路、K-means 法和華德法建立台灣北、中、南、東四區之區域雨型，結果證明 SOM 網路在分群上的優異性。Lin et al.(2006)利用主成分分析及 SOM 網路，針對台灣中部地區建立區域性的無因次設計雨型。Lin and Wu(2007)以 SOM 網路為基礎之群集分析方法，推估台灣北部地區未設測站地點之設計雨型，結果顯示 SOM 網路推估之設計雨型較 K-means 法和華德法更為精確。林軒宇等(2009)利用 SOM 網路為基礎之群集分析方法和指派方法，架構一個未設測站處設計雨型之推估模式，結果顯示此模式較傳統之最近測站法及複合群集分析法(華德法結合 K-means 法)具有較高之推估準確性及穩定性。

本研究之目的爲應用主成分分析(principal component analysis)先擷取各單站設計雨型之各項主要成分，再將這些主要成分與測站之地文因子作爲 SOM 網路之輸入項，藉由其二維密度圖可了解輸入資料間的相對拓樸關係，並可客觀地決定群集之數目。接著，可劃分出台灣地區設計雨型之均一性區域，再根據未設測站地點之地理位置，查詢均一性區域圖即可得知其屬於哪個均一性區域。最後，再以反距離權重法(inverse distance weighting)與最近測站法建立未設測站地點之設計雨型，並將其結果進行比較分析。

二、研究方法

2.1　主成分分析

主成分分析是一種以少數成分表示多變量訊息之統計技術。通常變數間彼此存在著某種程度之相關性，主成分分析即將原來多維座標系統轉換成另外一個新的座標系統，新系統具有各軸間彼此獨立且正交(orthogonal)以及每一主成分的原始變量可依佔有量之多寡排列等兩個重要特性。關於主成分分析之理論詳述如下：

假設觀測向量 X 具有 p 個變數，n 項觀測資料，其矩陣可表示爲：

$$X = \begin{bmatrix} x_{11} & x_{12} & \cdots & x_{1n} \\ x_{21} & x_{22} & \cdots & x_{2n} \\ \vdots & \vdots & \ddots & \vdots \\ x_{p1} & x_{p2} & \cdots & x_{pn} \end{bmatrix} = \begin{bmatrix} X_1 \\ X_2 \\ \vdots \\ X_p \end{bmatrix} \tag{1}$$

其中，x_{ij} 代表第 i 變數第 j 觀測資料，i=1,2…n，j=1,2…p。變數之平均值向量爲：

$$\mu_X{}^t = \begin{bmatrix} E(X_1) & E(X_2) & \cdots & E(X_p) \end{bmatrix} \tag{2}$$

在 X 矩陣中，不同變數間之協變異數向量 Σ 爲一對角矩陣(diagonal matrix)：

$$\Sigma = E\left[(X-\mu_X)(X-\mu_X)^t\right]$$

$$= \begin{bmatrix} \text{Var}(X_1) & \text{Cov}(X_1,X_2) & \cdots & \text{Cov}(X_1,X_p) \\ \text{Cov}(X_2,X_1) & \text{Var}(X_2) & \cdots & \text{Cov}(X_2,X_p) \\ \vdots & \vdots & \ddots & \vdots \\ \text{Cov}(X_p,X_1) & \text{Cov}(X_p,X_2) & \cdots & \text{Var}(X_p) \end{bmatrix} \tag{3}$$

可對 Σ 進行正交分解為：

$$\Sigma = C^t \Lambda C \tag{4}$$

其中，C 為 p×p 維正交矩陣，且滿足 $C \cdot C^t = I$，其第 j 行即為相對於特徵值 λ_j 之特徵向量。

$$\Lambda = \begin{bmatrix} \lambda_1 & 0 & \cdots & 0 \\ 0 & \lambda_2 & \cdots & 0 \\ \vdots & \vdots & \ddots & \vdots \\ 0 & 0 & \cdots & \lambda_p \end{bmatrix} \tag{5}$$

$$C = \begin{bmatrix} c_{11} & c_{12} & \cdots & c_{1p} \\ c_{21} & c_{22} & \cdots & c_{2p} \\ \vdots & \vdots & \ddots & \vdots \\ c_{p1} & c_{p2} & \cdots & c_{pp} \end{bmatrix} = \begin{bmatrix} C_1 & C_2 & \cdots & C_p \end{bmatrix} \tag{6}$$

轉軸後之主成分向量 Y 可表示為：

$$Y = \begin{bmatrix} y_{11} & y_{12} & \cdots & y_{1n} \\ y_{21} & y_{22} & \cdots & y_{2n} \\ \vdots & \vdots & \ddots & \vdots \\ y_{p1} & y_{p2} & \cdots & y_{pn} \end{bmatrix} = \begin{bmatrix} Y_1 \\ Y_2 \\ \vdots \\ Y_p \end{bmatrix} \tag{7}$$

主成分向量 Y 與原始向量 X 間存在著線性轉換關係：

$$\begin{cases} y_{1j} = c_{11}x_{1j} + c_{12}x_{2j} + \cdots + c_{1p}x_{pj} \\ y_{2j} = c_{21}x_{1j} + c_{22}x_{2j} + \cdots + c_{2p}x_{pj} \\ \qquad\qquad\qquad \vdots \\ y_{pj} = c_{p1}x_{1j} + c_{p2}x_{2j} + \cdots + c_{pp}x_{pj} \end{cases} \tag{8}$$

主成分向量 Y 之協變異數矩陣 $\text{Cov}(Y)$ 可表示為：

$$\text{Cov}(Y) = C\Sigma C^t \tag{9}$$

由上式可知，主成分變數 Y 只存在自變異數，而無協變異數，亦即主成分變數間呈相互正交關係。

主成分分析主要目的為降低原始變量維度以達資料之精簡，可選用具代表性之主成分替代原始多項變量。然而目前並無一定指標來選取適當之成分個數，本研究是採用若前 p 個最大特徵值之主成分變異數總和(累積解釋百分比)達全部主成分變異數總和之 90%以上即可選用。

2.2　自組織映射圖網路

SOM 網路是由芬蘭 Helsinki 大學 Kohonen(1982)教授所提出，其基本原理即類似大腦結構，具有相似功能的腦細胞聚集於一起之「物以類聚」的特性，屬於前饋式、非監督學習，為競爭式之學習網路架構。關於競爭式之學習原理是輸出的單元彼此相互競爭，唯一贏得勝利者即為優勝單元，可將其視為唯一權重向量受刺激之調整者，此過程被稱為贏者全拿(winner-take-all)。然而，SOM 網路與傳統之競爭式學習法則並不相同，它加入了鄰近區域的概念，使得每次優勝單元之鄰近區域輸出單元亦會隨同優勝單元而被激發。

SOM 網路的學習過程包含競爭程序(competitive process)、合作程序(cooperative process)以及調整程序(adaptive process)等三個重要的程序，其演算過程敘述如下：

1. 競爭程序(Competitive Process)：

若原始資料空間有 p 個樣本輸入向量，而每個輸入向量為 m 維度，因此第 p 個樣本向量如下所示：

$$x_p = [x_{p,1}, x_{p,2}, x_{p,3}, ..., x_{p,m}]^T \tag{10}$$

神經元的權重向量可表示如下式：

$$w_j = [w_{j,1}, w_{j,2}, w_{j,3}, ..., w_{j,m}]^T \quad j=1, 2, ..., \tag{11}$$

　　輸入變數需要先經過標準化，消除變數間對分群時不同之權重關係；設定循環次數 n、學習速率 η 及鄰近區域函數 $h_{j,i(x)}$，其中，學習速率 η 是優勝單元權重向量之加權值。

2. 合作程序(Cooperative Process)：

　　初始神經元權重向量 $w_j(0)$ 以隨機選取，而所有神經元初始權重向量均不相同。循序從輸入樣本空間選取樣本向量 x_p，並計算輸入向量 x_p 與權重向量 w_j 之歐式距離 $d_{p,j}$：

$$d_{p,j} = \left[\sum_{i=1}^{m} (x_{p,i} - w_{j,i})^2 \right]^{1/2} \tag{12}$$

　　其中，$x_{p,i}$ 為輸入向量 x_p 第 i 個分量；$w_{j,i}$ 為權重向量 w_j 第 i 個分量。

3. 調整程序(Adaptive Process)

　　找出歐式距離最小之神經元權重向量，則此神經元即是優勝單元，調整優勝單元和以其為中心鄰近區域內之權重向量：

$$w_j(n+1) = w_j(n) + \eta(n)h_{j,i(x)}(n)(x(n) - w_j(n)) \tag{13}$$

　　其中，$w_j(n+1)$ 為經調整後神經元 j 新的權重向量；$h_{j,j(x)}(n)$ 為鄰近區域函數；η 為學習速率。

　　重複上述步驟，輸入向量中所有樣本將分別映射至特徵圖上之網格點，直至完成所有循環次數。當網路學習結束後，可以使用二維網格紀錄輸入樣本與其所對應激發之神經元，並將編號或名稱標示於網格內以求得特徵圖(feature map)。受標示之網格元素代表網路中神經元受某特定之輸入樣本資料所激發，此網格元素稱為該輸入樣本資料之映像(image)。於特徵圖中，分別計算各映像所對應之輸入樣本數目，且將之填入該網格即可得到密度圖(density map)，從該圖即可得知輸入樣本之分佈情況。若是輸入樣本間具有相似性，於密度圖中將趨於同一區塊中，反之若是差異性較大則位置會較為分散。關於 SOM 網路應用於群集分析之過程整理如圖 1 所示。

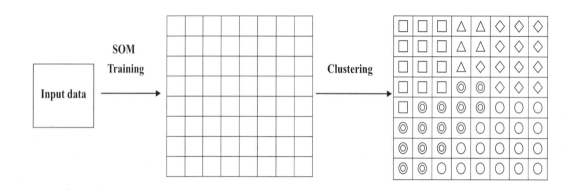

圖 1　SOM 網路應用於群集分析之過程(不同符號代表不同之群集)

 # 三、未設測站地點設計雨型之推估

3.1　區域概況與使用資料

台灣地區之降雨強度與降雨量，不論在時間及空間上均極度不均，其年平均降雨量高達約 2500 公厘，相當於世界平均降雨量 973 公厘之 2.6 倍，但是山區之年平均降雨量甚大，約為 6000 至 7000 多公厘，西部沿海部分平地之年平均降雨量卻小於 1200 公厘。此外，就時間上之降雨量分布而言，一年約有 79%之年雨量集中於 5 月至 10 月，可見台灣地區在豐、枯水期之降雨量相差非常懸殊，豐水期之降雨量雖多，但逕流量被攔蓄及利用者卻相對較少，造成水資源難以有效掌握利用，若想妥善運用此一資源，勢必需要更縝密之水資源規劃與設計。

本研究使用之降雨量資料取自水利署全台 174 個雨量測站，圖 2 為 174 個雨量測站分布示意圖。這些雨量測站所記錄資料之時間較長，且都尚在運作中，因此其設計雨型之資料具有適用性。本研究所採用之雨型為簡單尺度不變性高斯馬可夫(Simple Scaling Gauss-Markov, SSGM)雨型，此雨型為一符合隨機碎形特性與高斯馬可夫歷程的無因次雨型，其優點有：(1)符合尖峰降雨百分比之統計特性；(2)降雨量之時間分佈與年最大暴雨事件之歷程特性一致；(3)

雨型因暴雨類型而異；(4)經適當之尺度轉換後，雨型可是用於不同延時之設計暴雨；(5)建立雨型所使用之降雨事件與建立降雨強度延時－頻率曲線所使用之降雨事件大致相同。此外，該雨型亦爲水利署水文技術規範中所採用之設計雨型，關於 SSGM 雨型之建立過程詳見文獻(Cheng et al., 2001)。在 SSGM 雨型中，每個測站之設計雨型資料有 24 個值，每一個值代表對應之無因次單位時間的總降雨深度百分比。本研究即針對水利署全台 174 個主要雨量站之 SSGM 設計雨型進行分析。

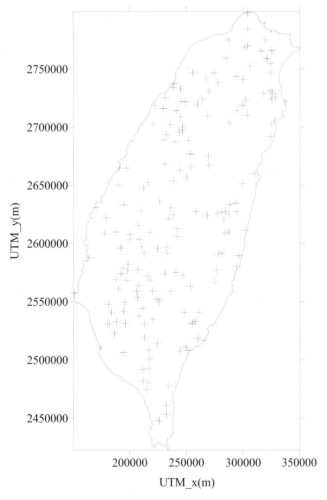

圖2　水利署 174 個雨量測站分布示意圖

3.2 設計雨型之主成分分析

首先，本研究針對全台灣 174 個雨量測站之設計雨型進行主成分分析，可將各站之雨型視為一具有 24 個變數的觀測值，其分析結果如表 1 所示。從表 1 之結果可知，變異特性(達累積解釋百分比)為 90%以上之主要成分有 5 個，所以本研究擷取 5 個主要成分，再加上 3 個雨量站之地文因子(測站之 UTM 座標與高度)，共計 8 個因子作為 SOM 網路之輸入項。

表 1　設計雨型之累積解釋百分比

主成分序	解釋百分比(%)	累積解釋百分比(%)	主成分序	解釋百分比(%)	累積解釋百分比(%)
1	52.53	52.53	13	0.29	98.99
2	20.07	72.60	14	0.19	99.18
3	7.46	80.06	15	0.17	99.35
4	5.78	85.84	16	0.15	99.50
5	4.39	90.23	17	0.13	99.63
6	2.43	92.66	18	0.10	99.73
7	1.81	94.47	19	0.09	99.82
8	1.54	96.01	20	0.06	99.88
9	1.03	97.04	21	0.05	99.93
10	0.76	97.80	22	0.05	99.98
11	0.49	98.29	23	0.02	100.00
12	0.41	98.70	24	0.00	100.00

3.3 SOM 網路群集分析

首先，將上一節所得之 8 個輸入因子作為 SOM 網路之輸入項。由於 3 個地文因子(測站之 UTM 座標與高度)之尺度並不相同，因此這些測站特徵值必

須經過轉換方可相互比較，此轉換後之值稱爲群集數值(cluster variable)。這些
測站特徵值之轉換型式如下式所示：

$$B = \frac{A - A_{min}}{A_{max} - A_{min}} \tag{14}$$

其中，B 爲群集數值；A 爲測站特徵值；A_{min}、A_{max} 分別爲測站特徵值之
最小值及最大值。由(14)式可知，測站特徵值會被轉換於 0 至 1 之間。

將上述 8 個輸入因子，利用 SOM 網路依輸入資料的內在特性結構，將其
群集關係映射於二維密度圖上。經過 112500 個迴圈計算後，SOM 網路被架構
完成。圖 3 爲一 15×15 之密度圖。由圖 3 可知，此密度圖可被分成 19 個區域，
亦即此 174 個雨量測站可被分成 19 個群集。圖 4 則爲每個群集之雨量測站位
置分布示意圖。由圖 4 可發現，這 19 個群集就地理位置而言均相當集中。

當雨量測站分群完畢後，若有一未設測站地點欲推估其設計雨型，必須先
知道其隸屬於哪一個分群。有鑑於此，本研究針對同一群集內之雨量測站劃分
均一性區域，進而建立其均一性區域圖，藉由未設測站地點之位置即可由圖查
出所隸屬之群集，可增加其建立雨型之方便性及可靠度。圖 5 爲各群集之均一
性區域示意圖。

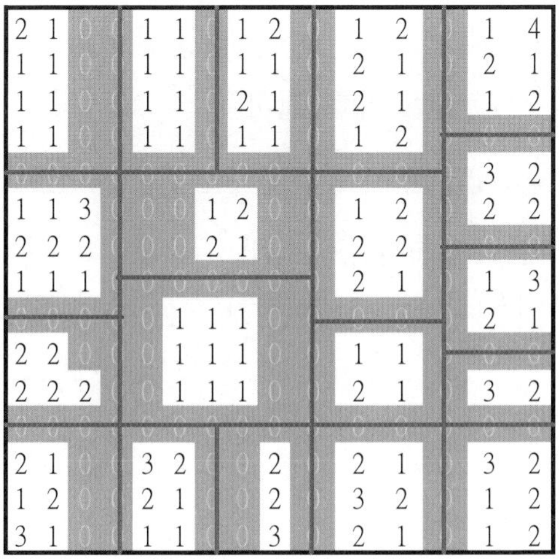

圖 3　爲 15 × 15 之密度圖

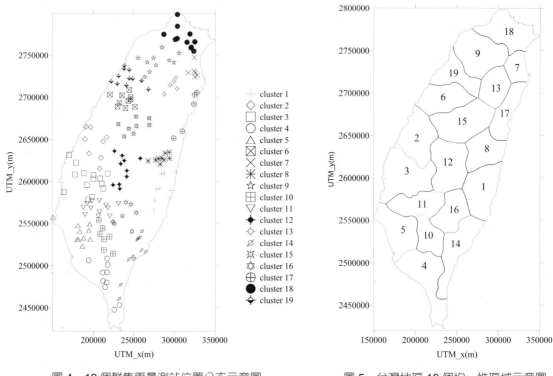

圖 4　19 個群集雨量測站位置分布示意圖　　　　圖 5　台灣地區 19 個均一性區域示意圖

3.4　未設測站雨型之建立

關於未設測站地點雨型之建立，本研究是採用反距離權重法及最近測站法兩種方法，其方法原理及進行步驟簡述如下：

1.　反距離權重法(Inverse distance weighting；簡稱 IDW)：

反距離權重法為常用之內插值方法(Burrough and McDonnel, 1998；楊政潭，2003)，其理論為依據估計點與觀測站之距離關係給予相反之權重大小，其權重大小可由一次、二次甚至多次不等方程式求得。對任一觀測站之權重係數 w_i 可由下式求得：

$$w_i = \frac{f\left(d_{D_i}\right)}{\sum_{i=1}^{N} f\left(d_{O_i}\right)} \tag{15}$$

其中，$f\left(d_{D_i}\right)$ 爲估計點與觀測點之距離函數。$f\left(d_{O_i}\right)=1/d_{O_i}^a$ 代表觀測點間之距離函數。當 $a=1$ 時，此法稱爲反距離權重法；而 $\alpha=2$ 時則稱爲反距離平方法。每一估計點之雨量估計值 P_0 爲：

$$P_0 = \sum_{i=1}^{N} w_i p_i \tag{16}$$

2. 最近測站法(Closest method)：

最近測站法在水文領域中爲最廣泛被使用之方法，此方法是尋找與未設測站地點距離最近之雨量測站，將其設計雨型直接用來作爲該未設測站地點之推估值。此方法之優點爲方便使用；但是當附近地區沒有雨量測站或是測站距離較遠時，其所引用的數據是否正確則無從判斷，亦會造成較大之估計誤差。

3.5　交互驗證與評估指標

本研究使用交互驗證(cross validation)來評估反距離權重法及最近測站法之準確性與強健性，該方法是逐次將各測站挑出當作未設測站地點，再用已知測站來推估該點之設計雨型。最後，以下列兩個評估指標來評估上述兩種方法之優劣：

1. Coefficient correlation(CC)：

$$CC = \sum_{i=1}^{r} \frac{\left(P_i - \overline{P_i}\right)\left(\hat{P}_i - \overline{\hat{P}_i}\right)}{\sqrt{\sum_{i=1}^{r}\left(P_i - P_i\right)^2 \sum_{i=1}^{r}\left(\hat{P}_i - \overline{\hat{P}_i}\right)^2}} \tag{17}$$

其中，$\hat{P}_i$ 與 P_i 爲設計雨型之推估值與實際值；$\overline{\hat{P}_i}$ 與 $\overline{P_i}$ 爲設計雨型推估值與實際值之平均值；r 爲設計雨型之維度(在本研究爲 24)。

2. Root mean square error(RMSE)：

$$RMSE = \sqrt{\frac{1}{r}\sum_{i=1}^{r}\left(\hat{P}_i - P_i\right)^2} \tag{18}$$

3.6　結果比較

　　本研究使用交互驗證來測試兩種未設測站地點雨型建立方法之表現，由於總共有 174 個雨量測站，因此這兩種方法均需經過 174 次測試，而每一測試皆產生 CC 及 RMSE 兩種評估指標之結果，所以兩種評估指標會有 174 筆數值，再將這些數值之平均值及標準差分別求出。其中，當 CC 之平均值愈接近 1 時，代表該方法之適合度愈佳，反之則愈差，易於詮釋及說明實際值與估計值間的差異性；而 CC 之標準差以越接近 0 則越佳，代表實際值與估計值間差異性的離散程度越低。再者，當 RMSE 之平均值愈接近 0 時，則代表該方法之估計結果與實際值愈相近，亦即代表其適合度愈高；而 RMSE 之標準差則與 CC 相同，以越接近 0 越佳。

　　表 2 為兩種估計方法之交互驗證評估指標結果，由表 2 可發現，反距離權重法之 CC 平均值(0.83)大於最近測站法之 CC 平均值(0.67)，且其 RMSE 之平均值(1.88)亦小於最近測站法之 RMSE 平均值(2.37)，表示反距離權重法之推估值較準確，亦即其推估未設測站設計雨型之結果較佳。此外，反距離權重法之 CC 標準差(0.12)小於最近測站法之 CC 標準差(0.18)，且其 RMSE 之標準差(0.63)亦小於最近測站法之 RMSE 標準差(1.00)，表示反距離權重法估計值與實際值間差異性的離散程度較低，亦即代表該方法具有較高之穩定性。根據上述交互驗證的分析結果，可以證明反距離權重法較最近測站法在未設測站地點雨型之建立上，具有較高的準確性與穩定性。

表 2　交互驗證評估結果

方法	CC		RMSE	
	平均值	標準差	平均值	標準差
反距離權重法	0.83	0.12	1.88	0.63
最近測站法	0.67	0.18	2.37	1.00

四、結論與建議

　　本研究提出以主成分分析及 SOM 網路爲基礎之區域化方法，建立未設測站地點之設計雨型。此方法首先以主成分分析進行主要成分之擷取，再以 SOM 網路爲基礎之群集分析法針對單站設計雨型進行分類，接著建立各群集之均一性區域，依據未設測站地點之所在位置，可查均一性區域圖得知其所隸屬之群集，即可建立該地點之設計雨型。使用 SOM 網路進行雨型之分類工作，由於它可將高維度資料映射至低維度密度圖上，故使用者可以客觀地決定群集最佳數目，並可得知資料間相互之拓樸關係。此外，經由全台灣 174 個雨量測站交互驗證之結果顯示，反距離權重法具有較高的 CC 平均值與較低的 RMSE 平均值，以及較低的 CC 及 RMSE 標準差，代表反距離權重法在未設測站地點設計雨型之推估上，具有較高的準確性及穩定性。本研究所提出未設測站地點設計雨型之建立方法，期望能對將來台灣地區水利工程之規劃設計有所助益。

 ## 參考文獻

♠ 1. 林軒宇、林國峰、吳明璋(2009)，「未設測站地點設計雨型推估之研究」，第十八屆水利工程研討會，第 L-40~48 頁。

♠ 2. 黃彥豪(2003)，「利用自組織映射圖網路於區域雨型分類之研究」，國立台灣大學土木工程學研究所碩士論文。

♠ 3. 楊政潭(2003)，「雷達回波應用於颱風降雨空間分佈與總量之研究－以納莉颱風為例」，國立中央大學碩士論文。

♠ 4. Arnaud, P., Lavabre, J., Sol, B., Desouches, C., (2008), "Regionalization of an hourly rainfall generating model over metropolitan France for flood hazard estimation", Hydrological Sciences Journal-Journal des Sciences Hydrologiques,53(1) , p.34~47.

♠ 5. Burrough, P.A., McDonnell, R.A., (1998), "Principles of Geographical Information Systems", Oxford University Press, USA.

6. Cheng, K.S., Hueter, I., Hsu, E.C., Yen, H.C., (2001), "A scale-invariant Gauss-Markov model for design storm hyetographs", Journal of the American Water Resources Association, 37(3), p.723~735.

7. Kohonen, T., (1982), "Self-organized formation of topologically correct feature maps", Biological Cybernetics, 43, p.59~69.

8. Kysely, J., Picek, J., Huth, R., (2007), "Formation of homogneous regions for regional frequency analysis of extreme precipitation events in the Czech Republic", Studia Geophysica et Geodaetica, 51(2), p.327~344.

9. Lin, G.F., Chen, L.H., (2006), "Identification of homogeneous regions for regional frequency analysis using the self-organizing map", Journal of Hydrology, 324(1-4), p.1~9.

10. Lin, G.F., Wu, M.C., (2007), "A SOM-based Approach to Estimating Design Hyetographs of Ungauged Sites", Journal of Hydrology, 339(3-4), p.216~226.

11. Meshgi, A., Khalili, D., (2009), "Comprehensive evaluation of regional flood frequency analysis by L- and LH-moments. I. A re-visit to regional homogeneity", Stochastic Environmental Research and Risk Assessmen, 23(1), p.119~135.

12. Satyanarayana, P., Srinivas, V.V., (2008), "Regional frequency analysis of precipitation using large-scale atmospheric variables", Journal of Geophysical Research-Atmospheres, 113, D24110. DOI: 10.1029/2008JD010412.

13. Trakhtenbrot, A., Kadmon, R., (2006), "Effectiveness of environmental cluster analysis in representing regional species diversity", Conservation Biology, 20(4) , p.1087~1098.

14. Yadav, M., Wagene, T., Gupta, H., (2007), "Regionalization of constraints on expected watershed response behavior for improved predictions in ungauged basins", Advances in Water Resources, 30(8), p.1756~1774.

第 **5** 篇

水質管理

❋ 1. 提升自來水水質水量保護區管理成效策略規劃

❋ 2. 應用 GIS 探討河川污染負荷與環境因子相關性

❋ 3. 以幾丁聚醣處理高濁度原水

❋ 4. 應用 SWAT 模式於翡翠水庫集水區營養鹽之總最大日負荷規劃

❋ 5. 石門水庫集水區非點源污染之管理策略研擬

❋ 6. 林內淨水場原水濁度與濁水溪流域水文特性之相關性分析

❋ 7. 統計檢定法應用在攔河堰對河川水質與生態研究

1 提升自來水水質水量保護區管理成效策略規劃

 ## 摘 要

　　為保護自來水水源之水量與水質，台灣目前依自來水法第十一條劃定公告之自來水水質水量保護區計有 111 處，面積達 8990.41 平方公里，約佔台灣土地面積之 25%。為提升自來水保護區之管理成效，本研究建構現階段水質水量保護區在管理上面臨下列 5 大面向的重要議題，包括：「土地利用」、「水質維護」、「水量供需」、「水土保持」及「法令制度」，並針對此些問題研提 13 項影響因子及因應的科技策略備選方案。由於政府預算與資源有限，應將有限經費與資源做最有效之配置，因此針對前述影響因子及方案做優先順位排

[1] 徐幸瑜　淡江大學水資源管理與政策研究中心副組長
[2] 張延光　經濟部水利署保育事業組組長
[3] 陳炳訓　經濟部水利署保育事業組科長
[4] 康世芳　淡江大學水資源與環境工程學系教授
[5] 黃渾峰　淡江大學水資源管理與政策研究中心研究二所所長

序，俾利政府配置適當的資源。本研究採用系統性的分析網路程序法(Analytical Network Process, ANP)，分析並量化每個利害相關人對於解決水質水量保護區管理策略方案的意見，從而了解其決策的優先次序，提供政策決策之參考。研究結果顯示，「國土規劃」面向為石門水庫自來水水質水量保護區首要之課題，而「土地利用強度」為主要的影響因子，「民眾參與」則為未來自來水保護區管理應優先推動的策略項目，並加強推動「開發行為水土資源環境衝擊檢討」與「資訊管理平台建置及加值分析」等科技管理策略。

關鍵詞：自來水水質水量保護區、策略規劃、分析網路程序法

Abstract

To protect and maintain water quality and quantity, government has designated 111 Water Quality and Quantity Protection Areas, up to one-fourth (8990.41km^2) of the land in Taiwan. In order to gain improvement on performance of the protection areas, the study concluded several key issues within the protection areas as below: land use, water quality, water supply and demand, water and soil conservation, law and institutions. Furthermore, the study also proposed alternatives classified as technological strategy in response to the issues. Due to limited budget and resources, there should be an optimal layout of budget and resource among the alternatives. The study adopted systematic ANP approach, analyzed and quantified stakeholders' opinions related to management alternative within protection areas. The result shows that "National land use planning" is the most essential issue for Shihmen Reservoir water quality and quantity protection area, and "land use intensity" is the main factor affecting management in protection area."Civil participation" should be the first priority to future development in water protection area. In addition, future task should lay emphasis on "exploitative impact analysis on water and soil environment" and "establishment of information management platform and value-added data".

Keywords：Water Quality and Quantity Protection Area, Strategic Planning, Analytical Network Process.

一、前言

　　爲維護水源涵養與保育，及保障民眾安全用水之權益，自來水事業乃依自來水法第 11 條規定，劃定自來水水質水量保護區(以下簡稱自來水保護區)。最早自民國 64 年於臺北市公告劃定「百拉卡水源水質水量保護區」，面積約 1.5 平方公里；其次，民國 68 年由內政部公告劃定「新店溪青潭水源水質水量保護區」，劃定範圍約 717 平方公里。爲確保自來水之供水品質，已陸續在各處水庫與取水口周圍之集水區劃定水質水量保護區。目前台灣共劃定 111 處自來水保護區，總面積達 8,990.41 平方公里，約占台灣總面積的四分之一。由於自來水保護區內土地開發使用無法自主與高度利用，相較於一般地區經濟價值低落，導致保護區內民眾之權益受損。因此，保護區之劃定必須謹慎爲之，並發揮其實質保護及管理功能。

　　自來水質水量保護區之劃定，一般係以「取水口以上之集水區及下游四百公尺河川行水區之面積」爲範圍，面積大者可至 2,896 平方公里(高屏溪自來水水質水量保護區)，小者面積僅有 0.01 平方公里(南投縣埔里第二淨水場水質水量保護區)，面積差距幅度相當大。就面積廣大之自來水保護區而言，因其跨越不同行政轄區，所涉管理權責單位眾多，影響水質與水量管理的因子可能來自於自然環境、法規制度、人文社會及經濟背景等多面向，是以如何整合一套合理可行的科技管理策略，則必須仰賴「策略規劃」之方式來輔助決策制訂。學者 John Friend 與 Allen Hickling 認爲：「策略規劃可以協助規劃者，在面臨複雜的決策問題時，如何在不穩定的環境、有限時間、有限資源以及不同利益團體的需求和壓力下，從事策略性規劃和抉擇。」亦即，在策略規劃下，「規劃」的本身就是一種「策略抉擇」(Strategic choice)的過程(鄭興弟，2003)。因此，本文首先將透過專家學者深度訪談之方式，建構目前水質水量保護區管理面臨之重要課題，並依此些面向提出可能的影響因子及因應的科技策略備選方案，最後透過分析網路程序法(Analytical Network Process, ANP)專家問卷的方式進行影響因子及科技策略備選方案的權重排序，以瞭解水質水量保護區管理關鍵的面向與影響因子爲何，提供政府未來施政及對策研擬之重點要項參酌。

惟由於自然環境特性、地方文化及人文環境等條件不同，對於水質水量保護區之管理皆有顯著之影響，因此本研究挑選我國面積第二大之「石門水庫自來水水質水量保護區」作為研究案例。

 # 二、水質水量保護區管理現況課題

為深入瞭解水質水量保護區管理的現況問題並整合多方意見納入決策機制，本文運用質化途徑的深度訪談法(In-Depth Interview)進行實地探訪，針對與本主題有關之相關社群，依不同機關及團體性質之政策利害關係人分別進行8場次探訪。本文依訪談內容並參酌相關文獻蒐納結果，共可建構出現階段水質水量保護區在管理上面臨下列五大面向的重要議題：「土地利用」、「水質維護」、「水量供需」、「水土保持」及「法令制度」，並在此五大面向下各有其分項關鍵議題(圖 1)。茲針對五大課題面向之分項議題依深度訪談內容，歸納說明如下。

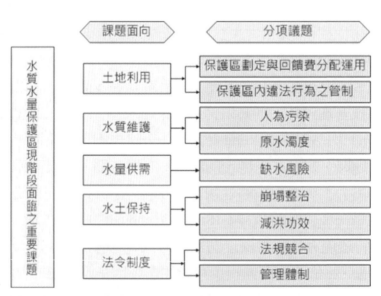

圖 1　水質水量保護區現階段面臨重要課題之架構分析圖

2.1　土地利用問題

本主要問題可再區分爲下列二項議題：

1.　保護區的劃定與回饋費分配運用：

依據自來水法第十一條規定，自來水事業對其水源之保護，得視事實需要，申請劃定公布水質水量保護區，以禁止或限制保護區內貽害水質與水量之污染行爲。自來水保護區之劃定，除針對有關污染行爲進行管制外，並未對各項開發行爲加以限制，惟「都市計畫工商綜合專用區審議規範」、「非都市土地開發審議作業規範」、「住宅區開發環境影響評估審議規範」及「工業區開發環境影響評估審議規範」等行政命令，多將自來水保護區列爲不適用範圍之內，以致開發單位無法申請土地變更使用或取得開發許可，因而引發保護區居民與利害關係人不滿情緒，要求縮編自來水保護區。因此，爲落實「使用者付費、受限者得償」原則，經濟部爰於 95 年 1 月 1 日起向自來水用戶徵收「水源保育與回饋費」，由各保護區成立專戶運用小組管理運用。惟回饋費運用方式近年也引起許多爭議，皆成爲水質水量保護區管理上之關切課題。

2.　保護區內違法行爲之管制：

水質水量保護區土地使用大都爲國有林地管理問題，目前林務局採取的方案皆爲收回國有林，然而在實際執行的過程中卻遭遇許多阻礙。另一方面，違法土地使用因大多數水質水量保護區因僅依自來水法禁止事項規範，但卻無強制的執法實權單位，僅台北水源特定區之管理局可依都市計畫法訂定土地使用管制要點，眞正有實權去管理保護區內的土地使用。

2.2　水質維護問題

本主要問題可再區分爲下列二項議題：

1.　人爲污染：

水質水量保護區內的污染來源，主要可分爲「點源污染」及「非點源污染」。進一步追究這些污染之原因，無非是當地居民爲了維持生計所進行的產業發展

活動，如：農業生產所帶來的肥料及農藥污染、觀光產業發展(餐飲、民宿)所帶來垃圾清運及污水排放問題等。

2. 原水濁度：

近年來氣候變遷，下雨日減少雨量集中，導致暴雨連連，造成水質水量保護區因暴雨而原水濁度過高問題也不斷發生，未來如何因應此可能經常發生之情況，需建立妥善之因應對策，如掌握濁度形成機制與區位與加強集水區崩塌治理等，以掌握原水濁度情勢及改善降低發生機率。

2.3 水量供需問題

1. 缺水風險：

台灣被國際列為氣候變遷的「高危險群」，即我們面臨降雨量及降雨型態的改變，將可能發生風險更高、災害強度更嚴峻的水、旱災處境。從近幾年之經驗事件得知，未來不管是水太多(澇)或是水太少(旱)，我們均會面臨缺水之風險。回顧今(2009)年八八水災造成南部之重大災情到民國 91 年之全國乾旱事件，缺水風險一直是水質水量保護區不可規避的重要課題，未來如何擬定妥善之因應對策，掌握集水區水量潛能與用水需求等為水質水量保護區管理策略規劃之重要方向。

2.4 水土保持問題

1. 崩塌整治：

今(2009)年莫拉克颱風帶來八八水災造成南部之重大災情，從高雄縣甲仙鄉小林村受崩塌滅村事件，更突顯山坡地水土保持之重要問題，傳統之崩塌整治可能已不足以應付氣候變遷所帶來的極端降雨事件之衝擊，因此如何做好土地使用管理、集水區崩塌源頭治理、監測及預警功能為大家所關注之課題。

2. 減洪功效：

水質水量保護區大都位於山坡地之集水區，其水土涵養的功效是否能有效發揮，對流域中、下游地區之減洪功效佔有極重要因素，因此，如何做好集水區之國土保育，集結政府與民間之力量共同來建構安全永續的家園，為大家一起努力的方向。

2.5　法令制度問題

1. 法規競合：

儘管目前國內水質水量保護區管理相關法規尚稱完備，對於治理權責也有明確規定，但在實際的運作上卻發現，保護區管理之重要事權涵蓋水利、環境保護、林地及坡地保育、污染源管制及土地管制等，涉及中央不同部會及地方政府之權責。事權之分散造成管理範圍及各項保護區域重疊，管理法規相互競合，執行不易，事權難以明確劃分，復因保護區缺乏整體規劃或統籌之機制，嚴重影響實質管理成效。

2. 管理體制：

目前水質水量保護區內並無專責之管理機關，其管理體系包含中央部會以及地方政府相關局處，是含括垂直與水平間的府際關係，在這樣複雜的行政體系之下，若缺乏一中間的協調整合機關或平台，龐大的政府機器將難以靈活運作，況且保護區之問題常需要不同權責機關共同處理，若能加強機關間的協調聯繫，問題勢必也將獲得較為即時之回應與解決，因此如何健全水質水量保護區相關法規與管理體制為重要課題。

 # 三、水質水量保護區科技管理策略發展研析

由前段可知，現階段國內水質水量保護區管理共面臨「土地利用」、「水質維護」、「水量供需」、「水土保持」及「法令制度」五大面向的課題，惟此些課題涉及法令修訂及國土規劃等部分，需要較長期且全盤性之考量以為因

應，本研究爰定位以加強新興科技發展面向，進行未來水質水量保護區管理之策略規劃。因此，前文「法令制度」面向之課題在本文將不列入探討，而加入「資訊溝通」面向進行深入研析探討。

　　爲利於政府將有限經費資源做最佳合理之配置，本研究爰採用分析網路程序法(Analytical Network Process, ANP)，透過專家問卷的方式進行石門水庫自來水水質水量保護區管理的影響因子及科技策略備選方案的權重排序，以瞭解關鍵的面向與影響因子爲何，提供政府未來施政、對策研擬之重點要項參酌。

3.1　分析網路程序法之介紹與應用

　　分析網路程序法(ANP)係美國匹茲堡大學教授 Thomas Saaty 於 1987 年爲進一步改善分析層級程序法 (Analytical Hierarchy Process, AHP)於應用上的不足，所提出的一套量化評估方法。ANP 方法主要是在決策分析中加入回饋(feedback)機制，讓變項間可存在相互影響的關係(interdependence)，使決策分析過程更接近實際狀況。

　　ANP 的主要理論基礎在於將一複雜系統分解成簡明的層級架構系統，將某一特定評估目標分解成評估要素，再分解成許多解決方案。過程中，決策者需對各層級要素進行兩兩要素間的重要性成對比較，進而獲取各要素的優先順序。最後透過數學模式計算出各層級中每一個要素之權重值，並利用層級串聯求出整體層級架構中最底層裡每一要素的權重值。ANP 之基本架構內容可歸納爲下列四項重點：

1. 複雜的評比問題結構化(evaluation and comparison)。
2. 設定尺度，建立成偶比對矩陣(pair-wise comparison)。
3. 取優先向量(priority vector)及最大特徵值(maximized eigenvalue)。
4. 測定一致性(consistency)。

　　茲將 ANP 應用於本研究之步驟說明如下：

　　【步驟一】：確定評價目標、決策因素、考量重點

　　本研究針對水質水量保護區管理策略議題，以深度訪談方式諮詢與本主題有關之社群，含括政府單位、學界、產業界及民間團體代表，確立水質水量保護區管理必需考量五大面向問題，惟因本文旨在研議科技管理策略，茲將「法令制度」面向之社會人文問題先予以排除在本研究範疇外，並納入今(98)年全國治水會議之共識，強化資訊公開及民眾參與流域管理機制，使其成為本研究在考量水質水量保護區管理時的第五個評估面向－「資訊溝通」。

【步驟二】：建立合適之層級網路架構

　　依前述五大評估面向之擬定，本研究亦參考深度訪談內容，羅列各面向下可能的影響因子，共計 13 項，並依管理課題研提 8 項科技管理策略備選方案，建構出 ANP 層級網路架構如圖 2 所示。在 ANP 模式中，各評估面向、影響因子及備選方案雖為獨立，但卻具有彼此相互影響之特性，因此本研究將各準則、因子及方案間內部相互依存之影響關係，建立如圖 3 所示之 ANP 網絡關係圖。

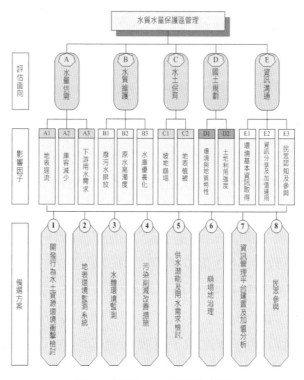

圖 2　本研究 ANP 層級架構圖

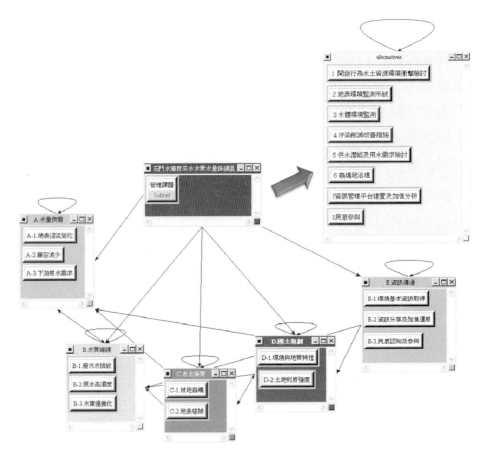

圖 3　本研究 ANP 網絡關係圖

【步驟三】：建立成對比較問題矩陣

　　ANP 的問卷調查方法並非傳統書面問卷調查方式，其乃藉由將各層級要素透過 ANP 電腦套裝軟體 SuperDecisionTM 建立成對問題矩陣，再進行兩兩要素間的相互關連及相對重要性比較，問卷過程以面對面現場即時問答操作進行，並於受測完成後檢驗問卷結果是否符合權重分配一致性及與受訪者心中原先預想之結果是否一致。ANP 係採用類似李克特量表(Likert scale)之順序尺度(ordinal scale)做簡明的配對比較評估。本評估方法其順序尺度一般可被分成九個尺度，九個尺度分別賦予 1 至 9 的評估值。個別受訪者可依據九個尺度，對於兩兩因素間的相對重要程度比較，選取合適描述的尺度數字。此部分規則與層級分析法(AHP)所採用的順序尺度(ordinal scale)簡明配對比較評估法相同。

【步驟四】：計算因素之權重分配

本研究係由 ANP 所專用之套裝軟體 SuperDecisionTM 所提供之 NGM 法 (Normalization of the Geometric mean of the Rows)計算各因素之權重分配。此法係將成對比較矩陣中各列元素連乘後，取其幾何平均數，再加以正規化後得之。

【步驟五】：檢驗權重分配一致性

根據每位受訪者之問卷結果，檢驗權重分配的合理性，亦即在一致性比率 C.R 值(consistency ratio)小於 0.1 時則一致性達到可接受之標準，否則就需對本層級的各判斷矩陣進行調整，從而使層次總排序具有令人滿意之一致性。

$$C.I. = \sum_{j=1}^{m} a_j CI_j \text{(假設某一層級中有 m 項元素，而 } a_j \text{為其相對權重。)}$$

$$R.I. = \sum_{j=1}^{m} a_j CI_j$$

$$C.R. = C.I./R.I.$$

【步驟六】：選擇最適之方案

經由上述之步驟，即可求得各評估準則與方案間之相互依存關係之優先權重值，而優先權重值愈大者，則表示被採納之優先順序愈高，如此方可選擇出最適之方案。

3.2　分析網路程序法問卷調查說明

本研究在 ANP 架構下，共提出五大評估面向(A~E)、13 項影響因子(A1、A2…E2、E3)及 8 項科技策略備選方案(Alternatives，1~8)，內容分別說明如下：

A.水量供需

A-1 地表逕流變化

地表逕流變化主要有地表逕流量與逕流速率的變化，當地表逕流量因著降雨狀況而改變時，影響到地下水及河川、水庫等的補注。當乾旱來臨時，地表逕流量較少，補注的量自然就少，但當降雨較多時，地表逕流量大，相對流速也較快，若無法及時蓄積水量，地表逕流將很快流入海中。此外，若上游保護

區過度開發，也會造成地表逕流速率、逕流量變大，進而影響可用的水量，因此，水源保護區的管理與地表逕流量會相互影響。

A-2 庫容減少

水庫的庫容因淤積而減少，影響水庫的蓄水能力。在水量充沛時，無法蓄積足夠的水源，發揮蓄豐濟枯的功能，影響水量供給。而水庫的淤積，主要原因多是上、中游的集水區及保護區的泥砂土石及樹木，在大雨時沖刷進入水庫，造成庫容減少。因此，上游水源保護區的管理影響庫容甚鉅，進而造成可用水量的不足。

A-3 下游用水需求

下游用水需求增加，間接影響上游水源保護區的管理。由於取用的水量越來越多，原先可稀釋污染源的自然水量相對減少，因此上游水源保護區的管理及限制會越趨嚴格。反之，若下游用水需求降低，可稀釋污染源的自然水量增多，上游水源保護區的管理及限制會較為寬鬆。

B.水質維護

B-1 廢污水排放

水源保護區的家戶、餐廳等產生的廢污水，若直接排放至水體，則會嚴重影響河川、水庫的水質，進而影響人類及生態系統的健康。因此，廢污水排放亦為影響水源保護區管理的重要因子。

B-2 原水高濁度

自然崩塌、豪雨沖蝕土壤、道路及工程開發及濫墾濫建，均為造成原水高濁度的主要原因，而原水濁度飆高易使自來水淨水場停止運轉及造成水庫淤積。若是上游保護區內的開發行為受到適度的管理及限制，則可以改善高濁度的情形。因此，原水的高濁度與水源保護區的管理息息相關。

B-3 水庫優養化

水庫優養化的原因多因上游集水區、保護區土地過度使用農藥及肥料，經由雨水沖刷土壤流至河川水庫，或是廢污水直接排放至表面水體，造成水庫的優養化。與原水高濁度同樣是因為上游水源保護區的土地利用所帶來的影響。

C.水土保育

C-1 坡地崩塌

崩塌地發生之狀況包括山崩、地滑及蝕溝等。其發生原因甚多,有地質因素、坡度大小、土壤成分、地表逕流、地震及築路關係等因素,若水庫集水區在開發強度大時或社會及經濟環境較好時,所造成此區崩塌地面積也相對提高。崩坍的發生對於水庫集水區水土的經營會產生極不利的影響,因此,坡地崩塌成為影響水源保護區管理重要的影響因子。

C-2 地表植被

地表植被可涵養水源,補助地下水,土壤需要地表植被之保護,水土保持功能與地表植被覆蓋種類、覆蓋面積息息相關,若因人為開發破壞植被,造成地表裸露導致水土保持功能喪失,再加上地形地質因素,無植被保護之土地易遭雨水之沖刷流失,進而影響水體品質。

D.國土規劃

D-1 環境與地質特性

台灣地質特性則深受所處地體構造環境影響,因造山運動導致岩層之破碎度高且節理發達,地質破碎、地形陡峭、與河岸侵蝕均直接與當地之地質特性相關,然而地震可能導致地質鬆動,當降雨強度大或延時長等氣象水文條件,可能形成土石流或將山區鬆動土石沖入水體中。

D-2 土地利用強度

人類活動致使地表生態產生變化,人類活動類型影響土地景觀與空間的差異,單位面積上的人口密度與土地利用型態,干擾活動對土地景觀的強度,稱之為土地利用強度。土地利用強度增加地表覆蓋率則減少,當保護區內土地的利用強度(或開發活動強度)遠超過其土地容受力時,則會產生大量泥砂,隨著沖刷流入水體,對水質產生不良影響。

E.資訊溝通

E-1 環境基本資訊取得

　　資訊的取得及流通是各項活動的前提，政府為達成有效率管理，應確保基本資訊蒐集取得。為加強監測與防災應變能力，並提供資訊分享使用，需建置水質與水量資料庫、監測資訊資料庫、土砂監測管理系統及預警資料系統，並監測保護區內土地利用情形，切確掌握保護區內即時情勢。

E-2 資訊分享及加值運用

　　推動資訊公開分享，進行政府跨機關、跨業務之垂直與水平整合相關氣象、地理、水文及施政資訊，即時取得各保護區水質相關資訊；建立資訊公開交流平台，蒐集地方民意，建構民眾與政府雙向溝通管道，供民眾獲取相關資訊、反應與意見交換，讓民眾能對網站資訊提供回饋意見，提供政策規劃參考。

E-3 民眾認知及參與

　　保護區內水質管理與當地居民生活息息相關，為求上游保持良好水質，制定政策與施政過程需納入民眾參與機制，可以增進民眾瞭解公共事務，對政府產生信賴並監督，避免因不瞭解或權益受損而衍生抗爭行為，導致政策施行困難。

◎備選方案(Alternatives)

　　以下為水質水量保護區管理應用整合相關科技管理措施之策略方案，本研究大致將其區分為 8 大項備選方案，分別說明如後：

1.　開發行為水土資源環境衝擊檢討：

　　由於「土地使用」為影響水質水量保護區管理的重要因素之一，故除依法規定進行環境影響評估外，同時亦須掌握保護區之土地開發對於周遭環境之衝擊影響，如對於水質、土壤、沖蝕、坡地崩塌等影響情況，並研擬相關配套管理實施計畫，以降低土地利用對保護區所造成之影響。因此，「開發行為水土資源環境衝擊檢討」為水質水量保護區重點科技管理策略備選方案之一。

2.　地表環境監測系統：

　　水質水量保護區受外在自然環境變遷影響或遭受內在人類開發行為影響，常造成集水區地表地貌之改變，為能掌握地表環境受自然環境或人為開發所造成之影響，運用地表環境監測系統之科技策略應用，可建置土地使用監控

系統，強化人為違法開發取締與管理機制，並可掌握外在自然環境之風險來源，俾利掌握原始脆弱地點及思謀降低相關污染來源。如利用感測器(Sensor)或遙測衛星等將環境即時資訊透過無限網路及網際網路傳輸到各地資料庫及監控中心。聯合國目前也正在協助推動全球觀測總系統(Global Earth Observation System of Systems, GEOSS)計畫，將會把世界各國現有的監測系統整合成一個共用分享的總系統，並朝建立數位地球資料庫邁進。

3. 水體環境監測：

水質水量保護區係為保護自來水源頭集水區內之原水取用安全而劃設，故應做好水體環境監測分析，掌握河川、地下水及水庫水質的汙染現況與歷史變化情形，及水中藻類與微生物含量等，以瞭解原水濁度及優養化程度甚或有毒物質污染等情況。

4. 污染削減及改善措施：

一般而言，水質的污染來源可分為點源及非點源污染，而針對點源污染的削減與改善，如加強執行取締工作外，興建污水下水道系統或採取水污染控制辦法(如自然淨化系統)皆為可行之科技管理措施；針對非點源污染的控制，目前國內外以「最佳管理作業」(Best Management Practices, BMPs)一詞稱之，控制方法可包括建造硬體設施(即結構性，Structural)如入滲、滯留設施，及透過管理性措施(即非結構性，Non-structural)如肥料使用管制、土地使用規劃等，以控制或削減非點源污染。

5. 供水潛能及用水需求檢討：

除「治山防洪」為當今政府之施政重點外，國家長期潛伏之風險隱憂為乾旱缺水問題，水源的穩定供應為國家經濟發展及人民生活所需之命脈，如何掌握各地集水區水量潛能與用水需求，並做好供水風險分析，為國家整體風險管理之必要措施，故「供水潛能及用水需求檢討」亦為水質水量保護區未來科技管理策略不可或缺之備選方案。

6. 崩塌地治理：

近年來極端氣候頻仍，百年一見之降雨強度時有所聞，位處水質水量保護區之山坡地集水流域區內，遭逢極端暴雨侵襲造成各處崩塌及土石流等災難事件，已為世界各國均難以避免之痛。故如何做好國土保育，加強造林以增加綠覆率、做好集水區水土保持、進行植生復育等「崩塌地治理」工作，為科技管理不可忽視的重要策略之一。

7. 資訊管理平台建置及加值分析：

為掌握水質水量保護區內環境變化即時資訊，除建置監測系統以蒐集環境基本資訊外，進一步應建立資訊管理平台，進行政府跨機關、跨業務之資訊整合，如氣象、地理、水文及施政資訊的即時交換，並依時間及空間環境變化進行加值運用分析，作為水質水量保護區管理與決策的支援工具，提升管理成效。

8. 民眾參與：

98 年全國治水會議共識之一為「…鼓勵民眾共同參與治水與防災工作，公開災害潛勢資訊，進而提升民眾自主防災意識，落實全民防災的理念，減輕災害威脅及損失。…考量公民參與機制，落實執行流域管理機制。」故為強化民眾對於集水區環境保育的認知與意識，應針對水質水量保護區的相關訊息建立公開、易取得之管道，並結合社區總體營造或社區自主防災等方式鼓勵民眾參與集水區或水質水量保護區保育，以充分發揮在地居民第一線捍衛環境的角色。

3.3 問卷調查結果分析

本研究 ANP 問卷調查之進行，共包含 9 位對於水質水量保護區管理熟悉之專家學者，分別代表不同單位及專業背景，茲將問卷調查結果與分析說明如下：

1. 五大評估面向統計結果：

(1) 統計結果

依據調查結果顯示，受訪者認為，對於石門水庫自來水水質水量保護區管理而言，「國土規劃」相較於其他面向是最為重要的，其重要性比例佔 28.33%；其次重要面向為「水土保育」，比例為 23.56%；而「水量供需」及「水質維護」的重要程度則分別佔 22.39% 及 17.75%(圖 4)。

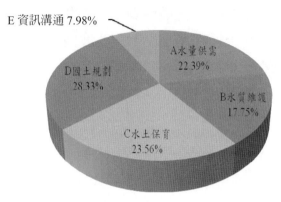

圖 4　ANP 問卷 5 大評估面向統計結果

(2)　結果分析

石門水庫集水區先天地質條件屬於較易風化的頁岩層，適逢九二一大地震發生後，地層表土鬆動，加上集水區土地的超限使用與人為過度開發，導致坡地崩塌情形相當嚴重。由問卷調查結果顯示，「國土規劃」為當前石門水庫自來水水質水量保護區(與石門水庫集水區範圍相同)首要考量的管理面向，亦即如何在先天的環境與地質條件下，運用「災害可能性」(或稱「災害潛勢 Hazard Identification」)與「土地使用強度」(或稱「土地使用分區 land use」)資料建立妥適的土地管理機制，將是未來管理策略考量之重點。

其次，「水土保育」面向之管理課題亦是承接「國土規劃」之宗旨，以尊重自然、恢復自然環境原始樣貌為目標，包括崩塌地的整治、增加造林以提升綠覆率等。此調查結果顯示，唯有上游集水區具備良好的水土涵養功能，方能提供下游用水單位充足的水量與安全的水質。因此，「水土保育」也將成為未來水質水量保護區管理另一個面向之努力重點。

2. 13 項影響因子統計結果：

(1) 統計結果

ANP 問卷結果綜合顯示，13 項石門水庫自來水水質水量保護區管理的影響因子中，相對而言較為重要的前五名依序為「土地利用強度」、「坡地崩塌」、「庫容減少」、「環境與地質特性」及「下游用水需求」。其中，受訪者認為「土地利用強度」與「坡地崩塌」之影響程度最為顯著，其比例分別為 19.03%及 16.72%(圖 5)。

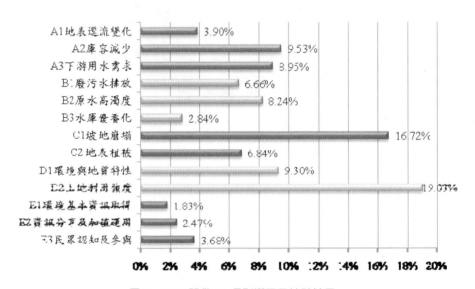

圖 5　ANP 問卷 13 項影響因子統計結果

(2) 結果分析

13 項影響因子之相對重要性綜合排序結果，以「土地利用強度」的影響程度最高，此結果與前述評估面向之排序相符，亦即「土地的管理與使用」對於石門水庫自來水水質水量保護區管理成效具有密切關聯性。換言之，上游集水區若經人為過度開發及土地不當使用，則將破壞地表覆蓋，加速土壤沖蝕並導致水土流失，形成崩塌，接踵而來的土石將造成水庫持續淤積，減少水庫庫容量，同時也可能導致原水發生高濁度，超越下游淨水場的處理能力，因而併發「水量不足」與「水質不佳」的供水問題。

　　此外，受訪者認為「民眾認知與參與」也具相當之重要性，因石門水庫自來水保護區範圍廣大，而政府管理人力有限，一般民眾與在地居民的認知與參與保育工作即顯得相當重要，民眾參與保護區管理之益處，除可促進政策共識之形成，利於後續政策執行與推動外，在地民眾是與自然環境的第一線接觸者，可協助集水區的訊息蒐納與傳遞，扮演政府管理與決策支援之夥伴角色，協力維護水源區環境。另一方面，「環境基本資訊取得」同樣也是重要的影響因子，因為環境基本資料的建立為水質水量保護區管理與決策的基礎，缺乏資訊則沒有好的管理。

3.　8 項備選方案統計結果：

　(1)　統計結果

　　　　依 ANP 問卷調查結果顯示，針對石門水庫自來水保護區之管理課題，受訪者認為「民眾參與」應是未來管理策略首要之考量，比例占 27.40%；其次係針對土地的開發與使用，應進行完善之「開發行為水土資源環境衝擊檢討」，比例占 18.20%；第三名為「資訊管理平台建置及加值分析」，比例占 13.92%；第四名為「水體環境監測」，比例占 13.76%；第五名則為「地表環境監測系統」，比例占 10.29%(圖 6)。

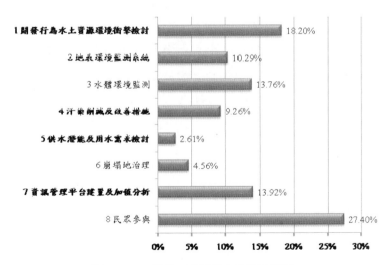

圖 6　ANP 問卷 8 項備選方案統計結果

(2)　結果分析

依 ANP 問卷調查受訪者意向顯示，在石門水庫自來水水質水量保護區科技管理策略眾多的選項中，「民眾參與」應是未來保護區管理策略優先推動的項目。由於自然資源環境是人類賴以生存之基礎，因此欲解決資源環境的管理問題，自亦是從人的問題著手。「民眾參與」之理念係將民眾視為政府之最佳合作夥伴，在共識下齊力維護自然資源。「石門水庫及其集水區整治計畫」是國內將民眾參與法制化之首例，執行機關除應辦理規劃設計、現場勘查及委辦案審查會、公聽會、說明會、研討會、座談會等相關會議，並應於機關網站上公告接受民眾參與。今(98)年全國治水會議結論也將「民眾參與流域管理」視為未來施政方向，凸顯以人為本的管理重要性，任何科技策略最終仍應回歸於人類的使用與應用。

其次，受訪者認為未來石門水庫自來水保護區之管理應加強推動「開發行為水土資源環境衝擊檢討」，此一結果呼應前述影響因子之分析結果，亦即針對集水區土地的使用區位及強度，皆應進行水質、土壤沖蝕、坡地崩塌等嚴格之環境衝擊檢討與評估，並研擬配套措施與實施策略，以確保脆弱的石門水庫集水區避免再受到人為的開發破壞。

第三，管理學中常謂「沒有標準，就無法管理」，換言之，缺乏充足的資訊或基本資料的建置，則無法確切掌握環境情勢，進而影響管理成效。因此，本研究受訪者認為「資訊管理平台建置及加值分析」是未來在水質水量保護區管理議題上，應持續強化的科技管理策略。唯此一結果亦與「民眾參與」策略相呼應，可分為兩個層次來說明。首先，為促進民眾參與水源區之管理與保育，則政府必須主動提供完善的環境資訊，使民眾可透過網際網路來了解環境的變化趨勢及保護的必要性與急迫性，以凝聚民間力量共同監督與維護水源環境；另一方面，水源區居民為環境的第一線守護者，政府在資訊蒐集取得方面，亦可透過結合在地居民之人力資源，以輔導培訓方式成立民間水質監測工作小組等組織，建置人力監測與通報體系，發揮政府與民間資源之綜效。

四、結論與建議

綜合本研究 ANP 專家問卷調查結果，「國土規劃」為石門水庫自來水水質水量保護區首要需解決之課題，而其主要影響因子則來自於「土地利用強度」；其次應加強關切之課題為「水土保育」，並依其主要影響因子－「坡地崩塌」進行管理對策之研擬。針對科技管理備選方案而言，受訪者認為「民眾參與」應是未來水質水量保護區管理策略之首要考量，並加強推動「開發行為水土資源環境衝擊檢討」及「資訊管理平台建置及加值分析」等科技管理策略，強化水質水量保護區之劃定及管理成效。

本研究針對問卷結果，綜合研提未來水質水量保護區科技管理策略之發展建議，說明如下：

1. 發展以人為本的水質水量保護區科技管理措施：

近年國內集水區保育經驗之發展，已逐漸體認「人」才是集水區管理最重要之課題，因此集水區保育之願景已從過去「水土林」整合管理之目標，轉換為「水土林動人」之與環境共生願景，強調以人為本的集水區保育，必須充分與民眾溝通，並藉由在地居民力量共同從事保育工作，以達經濟發展與環境保護之雙贏目標。

目前運用於水質水量保護區的管理技術，包括有水質模式、最佳化管理作業、地理資訊系統、水質水量涵容能力分析及自動化水質監測等，惟再多的科技都跟隨不上人類動態的變化與智慧，因此建議應發展以人為本的科技管理措施，亦即民眾本身有時就是最佳的管理科技，可妥善發揮在地居民第一線資訊傳遞之功能，諸如水質等環境監測、河川及森林巡守等事務可委託民間來經營，以輔助政府之集水區管理，彌補人力缺乏之困境。

2. 嚴加推動集水區開發行為水土資源環境衝擊評估與檢討，並研擬配套措施與實施策略：

集水區因具有資源環境保護之特性，土地使用及開發行為皆應較一般平地受到更嚴格之限制，以預防及減輕開發行為對環境造成不良影響。目前，位於

集水區或自來水水質水量保護區之開發行為，如工廠之設立、工業區之開發等，依行政院環保署「開發行為應實施環境影響評估細目及範圍認定標準」之規定，應實施環境影響評估。為確保水源區能提供穩定水量與安全水質，除環境影響評估法既有之規定外，本研究建議集水區管理單位應針對開發行為以高標準推動水土資源環境衝擊之評估與檢討，並於同意開發案的同時，研擬妥善之配套措施與管理策略。

3.　健全環境基本監測資訊並進行資訊分享與加值分析，支援政府管理與決策及促進民眾參與集水區保育：

　　　「環境基本資訊之蒐集與建檔」為管理水質水量保護區之基礎，缺乏健全的資料庫則無法進行有效之管理。誠如「開發行為水土資源環境衝擊檢討」等科技管理策略，皆需建築在充分的環境基本資訊基礎上，進行加值分析與應用評估。因此未來應繼續推動環境調查與監測技術之發展，強化資料蒐集能力，規劃設計零死角的監測網絡，並提高即時監測比率以及建立預警系統，彌補現階段各項基本資料監測不足之缺憾。此外，加強資料分析應用與評估管理決策支援系統，強化資料判讀能力；建置整體性之監測資料庫與資料應用的共通平台，提升資料管理技術與能力；資訊透明公開以促進民眾參與等策略，也將成為資本資料建置之後續重點發展方向。

參考文獻

◆ 1. 鄭興弟(2003)，《政策規劃：理論與方法》，臺北：商鼎文化。

◆ 2. 經濟部水利署(2009)，石門水庫集水區水質管理策略規劃第四次期中報告。

◆ 3. Saaty, T. L. and Saaty, R. W.(2003), "Decision Making in Complex Environments (AHP & ANP) ," Super Decisions.

◆ 4. Satty, T. L.(2001), "Decision Making With Dependence and Feedback-The Analytic Network Process," RWS Publication.

2 應用 GIS 探討河川污染負荷與環境因子相關性

5

 ## 摘 要

近年來由於工商發展、各項人為開發行為以及都市化，造成集水區環境之變異。集水區土地使用以及人為開發的改變，影響河川水體環境品質。集水區環境變異與水環境之關連性，是複雜的環境議題。本文探討集水區水體環境之永續性發展，試圖建立集水區環境因素與水質之關係，進一步了解集水區河川水體水質永續發展之可能性。

針對集水區特性區分環境壓力指標與環境狀態指標，量化兩者在環境中的表徵，進而探討兩者之相關性。由過去研究報告與文獻指出，影響烏溪流域之河川水質來源包含家庭污水、工業廢水、畜牧廢水等三種污染源，本文將土地利用面積(農業用地、住宅用地、工業用地)、人口數、工廠家數以及畜牧設定

[1] 李漢鏗　逢甲大學水利工程與資源保育學系研究所副教授
[2] 葉世鏞　逢甲大學水利工程與資源保育學系碩士班研究生
[3] 葉怡嚴　逢甲大學通識教育中心兼任助理教授

為環境壓力。最後計算單位面積污染負荷進行相關性分析，建立河川環境因子與河川之相互關係，藉此作爲集水區污染管理之工具。

為使研究結果簡單化，應用 GIS 的空間展示之特性，將烏溪流域的評量結果經由圖形介面的表達，使決策者能快速的判別環境發展之永續狀態。

關鍵字：永續發展、河川水質、地理資訊系統(GIS)、土地利用

 # 一、前言

烏溪為台灣重要河川之一，其流域涵蓋台中市、台中縣、彰化縣以及南投縣地區。近年來伴隨著工商業快速發展以及都市化的加速成長，烏溪流域上游區有著眾多的農業開發與活動，下游部分則是大量工商用地以及住宅區，人口密集度較高。鄉村都市化與土地快速開發的情況下，污水下水道以及相關防護規劃無法配合，導致污染物直接排入河川之中，在經濟繁榮背後衍生水污染之課題日趨嚴重。

根據行政院環保署 96 年度河川水質監測結果顯示，全台河川污染長度污染程度，未(稍)受污染河段爲 65.5%；輕度污染河段爲 9.0%；中度污染河段爲 19.5%；嚴重污染河段爲 6.0%。因此目前台灣水質現況有 34.5%河段爲輕度污染至嚴重污染之範圍。其中烏溪流域河川水質監測中，上游測站皆爲乙類類水體，中下游之水質測站皆屬於丙類至丁類水體[1]。

有鑑於此，蒐集官方公告之 10-20 年間之水質數據、環境背景(人口數、工廠家數、土地利用)，利用統計、空間分析等方法，歸納其結論，進一步探討烏溪流域河川水質與背景因素之關係、污染現況與趨勢，提供烏溪流域河川污染管理之參考。

 # 二、文獻回顧

2.1 烏溪流域簡述

烏溪位於台灣中西部，發源於中央山脈合歡山西麓，東以中央山脈爲界，北鄰大甲溪流域，西臨台灣海峽，南鄰濁水溪流域，幹流長 119.1 公里，流域

面積約 2,025 平方公里。烏溪本流尚包括支流南港溪，南港溪發源於水社大山 (標高 2,120 公尺)，向北流入埔里盆地與眉溪會合後，即由東向西蜿蜒於叢山中，河幅狹窄，河床多呈 V 字型；至柑子林國姓橋處，右岸有北港溪匯入，柑子林以上河段稱南港溪，以下河段爲烏溪本流。本流流至乾峰橋轉向西南，由此往下游河道雖仍位於山谷中，但河谷逐漸開闊，河道漸趨直線，河床亦趨寬廣；至雙冬橋下游，河道逐漸離開山谷，辮狀分岐現象開始產生；至烏溪橋下游，河道完全離開山谷進入台中盆地，因失去山谷約束，且地勢轉緩，河道呈辮狀分岐型態。再流至彰化縣芬園鄉，左岸有貓羅溪匯入，於台中縣烏日鄉，右岸有大里溪及筏子溪匯入，再流經大度山與八卦山間進入台中濱海平原，以下河段俗稱大肚溪，於大肚與龍井麗水村附近流入台灣海峽，圖 1 爲烏溪主要水系概況[2]。

按行政區而言，烏溪流域包含台中縣市、南投縣以及彰化縣四個縣市，在這是四縣市之總面積共有 27.5%之占地；其中流域內重要的城鎮包括台中市、南投市、彰化市、豐原市以及埔里鎮等地區，圖 2 爲烏溪流域行政區域。

圖 1　烏溪流域水系　　　　　　　　圖 2　烏溪流域行政區域圖

2.2　土地型態與水質河川之相關性

由於經濟快速的發展，各項開發行爲以及都市發展陸續進行，不當的使用土地與過度開發，產生自然資源耗竭、環境品質惡化以及生態系破壞等問題[3]。環境因素與水質相關之議題，世界各國皆有類似的研究，如中國大陸針

對主要城市河川(黃浦江、蘇州河、秦淮河、海河等)，進行 20~90 年代水質分析相關研究。台灣在 1995 年針對筏子溪進行環境因素與水質相關之研究[4]。於結果皆顯示，流經城市經濟發達和人口密集之地區，河川水質也受到較嚴重之污染。由此可知土地利用的差異影響人們的生活和社會經濟發展，另外與河川水質更有著密切的關係。河川水質的好與壞，反映出社會經濟(尤其是工業)之發展水準，甚至可以反映出環境管理規劃之成功於否。

近年來應用 GIS 顯示環境影響因素(土地型態)與水質之相關研究，有逐漸增加之趨勢，如在 1997 年時針對邁阿密流域的水質測站(USGS)，以電導度作為水質指標之基準進行研究[5]。或是針對英國東部將程式應用於官方之環境資料庫中，挑選出重要化學指標，之後利用地理資訊系統繪圖技術，將複雜龐大的數據以簡單明瞭的方式呈現[6]。在蘇格蘭運用地理資訊系統影像呈現功能，配合蘇格蘭政府部門所提供之地質、高程、溫度、生態圖層以及土地利用圖層，應用圖層堆疊之功能分析蘇格蘭高地與低地，探討蘇格蘭生態現況、生態形成以及雨水酸化之原因[7]。

針對北卡羅萊納州威克島縣之水質、都市化之數據。萃取分析規劃區內之住宅區發展與密度變化。利用空間計量模式控制住宅區等因子對水質的影響[8]。另外也有利用地理資訊系統配合主成分分析，分析日本中部地區之水質測站數據(無機離子)，最後建立水質與土地利用之間的相互關係[9]。也有針對上海市蘇州河為研究範圍，運用土地利用解譯、有機污染綜合指數、野外調查評分等方法處理資料，將河川與河段兩個尺度上的濱岸帶土地利用類型分別與河流水質和調查河段的景觀適宜性進行相關比較研究[10]。

這些研究最後均結合了土地利用、工業、人口數等環境因子與水質惡化有密切的相關性。因此本文將應用地理資訊系統分析烏溪溪流域內土地使用的現況，並且配合環保署水質監測數據，最為基礎建立流域內土地使用現況與水質相互關係之研究。

三、分析方法

3.1　地理資訊系統簡述與應用

地理資訊系統(Geographic Information Systems, GIS)廣義來說是一套可以處理空間、儲存、編輯、選取、處理、分析與展示地理資訊的電腦輔助系統，應用電腦科技把遙測、航照以及全球定位等資料來源轉化成點、線、面之地理圖，並將空間資料與屬性資料完整結合進而達到資料庫整合管理以及分析。

雖然文獻上尚有其他資訊系統用辭之別，如土地資料系統(geo-data system)、土地資訊系統(land information system)等，主要功能除了應用的領域不同而有所差異，其功能上原則都包含了資料輸入、儲存管理、分析轉換、輸出與顯示，因此地理資訊系統強大的功能更是協助決策者的最佳利器[11]。

3.2　相關性分析

相關性分析是探討兩個變數(X，Y)之間的關聯程度(degree of association)，因此相關分析通常有幾種方式呈現，一種是利用散佈圖視覺性探討，二為計算共變異與相關係數引進。

相關分析利用相關係數(correlation coefficient)去衡量兩變數之間的關係，相關分析中並無自變數以及依變數，根據分析變數的數量與相關程度，可分為簡單相關以及複相關(多元相關)。相關係數的絕對值越大，代表相關程度越強；相反的，相關係數的絕對值越小，代表相關程度越弱。若相關係數為 0 時，代表零相關，也就是沒有相關性。

本研究則使用相關分析中的 Pearson 積差相關，此方法是眾多相關分析中最常出現之方法之一， 其公式如式 1 所示：

$$R_{xy} = \frac{COV_{XY}}{S_X S_Y} = \frac{XY的共變異數}{(X的標準差) \times (Y的標準差)} = \frac{\dfrac{\sum (X_i - \overline{X})(Y_i - \overline{Y})}{n-1}}{\sqrt{\dfrac{\sum\limits_{i=1}^{n}(X_i - \overline{X})^2}{n-1}}\sqrt{\dfrac{\sum\limits_{i=1}^{n}(Y_i - \overline{Y})^2}{n-1}}} \quad (1)$$

R_{xy}：X,Y 變數的相關係數 S_{xy}：樣本共變數 S_x：X 的樣本標準差 S_y：Y 的樣本標準。

河川污染來源主要為點源、非點源污染，因此污染來源可能來自暴雨逕流、人為開發(土地利用)、農業、工業以及畜牧等眾多因子，因此利用相關分析藉此瞭解，環境背景影響因素與河川水質(DO、BOD_5、SS、NH_3-N 等)之相關性，依據相關性分析結果針對各支流提出不同之管理策略。

四、流域背景分析

4.1 集水區劃分

依據烏溪流域主支流走向、經濟部水利署全台集水區圖檔，配合水質監測站以及流量測站之位置、數據完整度，將烏溪流域劃分為 12 個次集水區，其位置如圖 3 所顯示。集水區劃分之對應測站以及次及水區範圍如圖 4 所顯示。

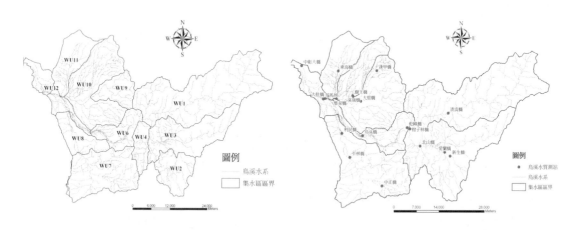

圖 3 烏溪流域集水區劃分圖　　　　　圖 4 烏溪流域水質測站分佈圖

WU1 集水區包含地區為南投、台中縣等地區(太平鄉、和平鄉、新社鄉、仁愛鄉、埔里鎮、國姓鄉)，主要為支流北港溪流域，其對應水質與流量測站分別為清流橋與南北通橋。

　　WU2-WU4 集水區主要為南投縣埔里鎮、魚池鄉以及國姓鄉，主要支流為南港溪流域，其對應之水質測站為愛蘭橋、北山橋以及柑子林橋，而流量測站對應觀音橋。WU5 集水區則是包含北港溪流域以及南港溪流域，所對應之水質以及流量測站皆為乾峰橋。WU6 集水區則以烏溪橋為輸出點所劃分之集水區，包含北港溪、南港溪，以及烏溪上游。

　　WU7-WU8 集水區所包含之範圍為彰化市、南投市以及名間鄉，屬於支流貓羅溪流域，對應之水質測站為上游之平林橋以及下游利民橋，對應之流量測站為南崗大橋。WU9-WU10 集水區包含之地區主要為台中縣市為主，屬於支流大里溪流域對應之水質測站分別為較上游之大里橋以及下游匯流點溪南橋，所對應之流量測站為溪南橋。

　　WU11 包含之地區為台中縣市大雅鄉、西屯區等，屬於筏子溪流域，輸出點為集泉橋。WU12 則是以大肚橋為輸出點，包含烏溪流域所有地區。

4.2　烏溪流域水質現況

　　依據行政院環保署之水質監測數據，利用河川污染程度(RPI)繪製烏溪流域 2007 年空間分佈圖 5，以了解烏溪流域 2007 年水質現況，其數據參見表 1。

　　烏溪流域 2007 年河川污染程度(RPI)方面整體而言，流域上游北港溪、南港溪等河段，其 RPI 值範圍為 1.9-2.8，河川污染程度為未(稍)受污染、輕度污染。貓羅溪上下游河段 RPI 值為 3.2 與 2.3，河川污染程度為中度污染與輕度污染。大里溪上下游河段 RPI 值分別為 3.3 與 4.9，河川污染程度皆為中度污染。筏子溪中游與下游河段 RPI 值分別為 3.3 與 2.4，河川污染指標為中度污染及輕度污染。

表 1 烏溪流域 2007 年水質監測分析結果

流域名稱	橋名	統計項目	檢測項目					
			DO (mg/L)	BOD$_5$ (mg/L)	SS (mg/L)	NH$_3$-N (mg/L)	RPI 值	WQI
北港溪	清流橋	平均數	8.7+0.8	0.8+0.6	597+1037	0.29+0.56	2.8+1.0	73±10
		範圍	7.7-10.5	0.5-2.2	21-3470	0.04-1.94	1.5-4.5	52-84
南港溪	愛蘭橋	平均數	7.8+0.4	2.1+1.0	81+93	0.62+0.31	2.5+1.0	63±6
		範圍	7.2-8.4	1.1-4.4	4-314	0.25-1.28	1.0-4.0	55-76
	北山橋	平均數	8.5+0.9	1.2+0.7	203+442	0.28+0.11	1.9+1.0	72±8
		範圍	7.4-10.5	0.5-2.6	13-1580	0.15-0.48	1.0-3.3	56-80
	柑子林橋	平均數	8.6+0.8	1.3+0.5	184+440	0.16+0.05	1.9+0.9	72±8
		範圍	7.8-10.5	0.5-2.3	6-1570	0.09-0.26	1.0-3.3	58-81
貓羅溪	平林橋	平均數	7.1+0.9	2.5+0.8	111+129	1.05+0.47	3.2+0.9	54±4
		範圍	5.4-8.6	1.8-4.6	16-456	0.49-1.78	1.5-4.0	45-60
	利民橋	平均數	7.9+1.4	2.5+0.8	84+132	0.54+0.26	2.3+1.0	64±7
		範圍	6.7-11.5	1.6-3.8	10-484	0.28-1.16	1.0-3.8	53-76
大里溪	大里橋	平均數	7.6+1.0	4.4+1.3	32+22	1.27+0.54	3.3+1.0	54±6
		範圍	5.9-9.1	2.5-6.6	7-74	0.59-2.08	2.0-5.3	40-61
	溪南橋	平均數	6.2+1.1	4.6+2.9	124+97	1.77+1.19	4.9+1.6	45±10
		範圍	4.4-8.5	1.9-10.3	21-378	0.62-4.75	2.0-7.3	31-62
筏子溪	東海橋	平均數	7.3+0.5	3.5+1.4	80+96	1.32+0.62	3.3+1.6	55±9
		範圍	6.5-8.0	1.8-6.2	10-330	0.29-2.50	1.5-5.8	36-65
	集泉橋	平均數	7.9+1.1	2.9+1.2	44+77	0.77+0.42	2.4+1.4	61±10
		範圍	6.3-10.1	1.6-6.2	4-282	0.14-1.25	1.0-6.3	36-79
烏溪主流	乾峰橋	平均數	8.9+1.1	1.0+0.6	688+1304	0.31+0.50	4.0+0.8	-
		範圍	7.8-11.3	0.5-2	18-4190	0.06-1.75	3.3-5.5	-
	烏溪橋	平均數	8.5+0.9	0.8+0.4	693+1224	0.18+0.22	4.1+1.3	70±8
		範圍	6.9-10.2	0.5-1.7	17-3790	0.05-0.82	1.5-5.5	52-83
	大肚橋	平均數	7.9+4.0	2.5+1.3	52+45	0.78+0.82	2.8+0.8	-
		範圍	5.3-19.4	0.5-4.4	14-180	0.12-2.43	1.5-3.8	-

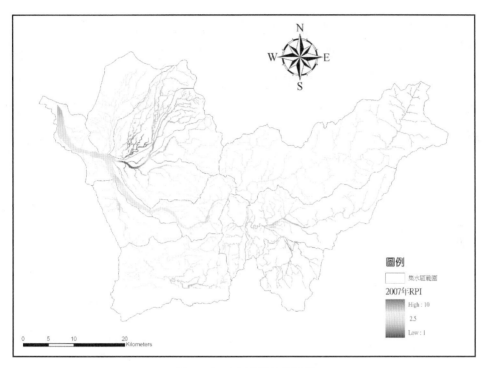

圖 5　烏溪流域現況分佈圖

　　各項檢測項目河川水體分類方面，圖 6(a)顯示烏溪流域溶氧(DO)整體而言皆符合甲類水體標準，唯獨大里溪之溪南橋為乙類水體(6.2mg/L)。

　　生化需氧量(BOD_5)水體分類圖 6(b)顯示，烏溪流域上游(烏溪橋以上)之測站，除愛蘭橋之外皆屬於甲類、乙類水體，其濃度範圍 0.8-1.3mg/L 之間；烏溪流域下游各支流，皆為丙類水體，其中以大里溪濃度最高(4.6mg/L)，其次為筏子溪(3.5mg/L)與主流之大肚橋(2.5mg/L)。

　　懸浮固體(SS)水體分類圖 6(c)顯示，烏溪流域上游(烏溪橋以上)水體分類其年平均皆超過丙類水體，其中上游之烏溪橋、乾峰橋以及清流橋其平均濃度更高達 597mg/L 以上丁類水體；下游與下游各支流測站皆低於丙類水體，因此顯示烏溪流域上游部分容易受到懸浮固體(SS)影響而改變 RPI 等綜合指標，另外懸浮固體數值跳動甚大，主要受到降雨沖刷、暴雨逕流等影響。

　　氨氮(NH_3-N)水體分類圖 6(d)顯示，烏溪流域上游(烏溪橋以上)，皆屬乙類、丙類水體，濃度範圍為 0.16-0.29mg/L。烏溪流域下游區域氨氮皆超過丙

類水體，其中濃度最高之河段為大里溪溪南橋與筏子溪東海橋，其濃度為 1.77
與 1.32mg/L。依上述分析結果顯示，烏溪流域下游其生化需氧量(BOD$_5$)與氨
氮(NH$_3$-N)大多不符合水體分類標準，故知下游河段明顯有污染物質排入。部
分河段上游濃度較下游高，主要原因來自於河川自淨作用以及稀釋作用之結
果，河川水質仍然因污染累積作用之影響，導致中下游河川污染程度介於輕度
污染與中度污染之間。

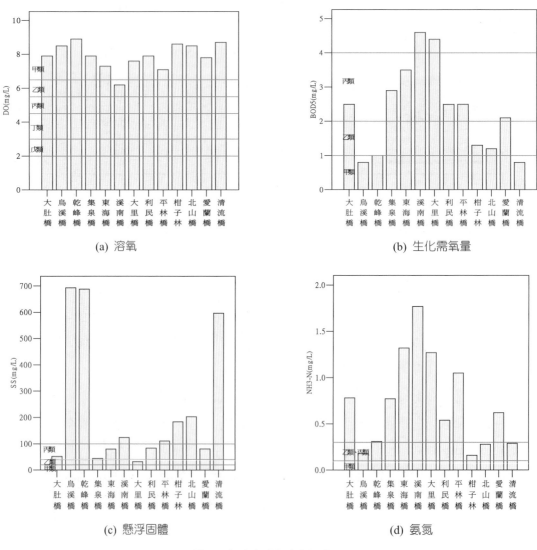

(a) 溶氧

(b) 生化需氧量

(c) 懸浮固體

(d) 氨氮

圖 6　烏溪流域水體分類現況

4.3　污染源現況

　　相關文獻顯示影響河川水質之污染源，可以分為點污染源(Point Source)與非點污染源(Non-Point Source)，為解污染源影響流域河川水質之程度，依據過去烏溪流域相關研究選擇土地利用面積(工業、農業以及住宅)、人口分佈與密度、豬隻頭數作為 D-S-R(Driving Force-State-Response)永續指標架構中之壓力指標。並配合地理資訊系統空間展示之功能，進一步得知環境影響因素可能影響之河段。烏溪流域 2007 年污染源數量及密度見表 2。

表 2　烏溪流域 2007 年污染源數量及密度

集水區編號	對應測站	人口總數	人口密度(人/ km²)	工廠家數	工廠密度(家/ km²)	豬隻頭數	豬隻密度(頭/ km²)
WU1	清流橋	19280	37	16	0	1758	3
WU2	愛蘭橋	26256	218	37	0	2385	20
WU3	北山橋	98107	267	154	0	11870	32
WU4	柑子林橋	105009	243	157	0	12828	30
WU5	乾峰橋	124288	131	173	0	14586	15
WU6	烏溪橋	186262	177	375	0	19781	19
WU7	平林橋	143518	531	568	2	32070	119
WU8	利民橋	254570	686	1042	3	44906	120
WU9	大里橋	152255	1660	2030	22	3087	32
WU10	溪南橋	1367770	3499	8265	21	37159	93
WU11	集泉橋	458191	3407	2957	22	31071	222
WU12	大肚橋	2490961	1253	14350	7	156080	78

5

1. 人口：

　　烏溪流域主要污染源包括家庭污水、畜牧污水及工業廢水。其中家庭污水與人口分布有著高度之相關性，在烏溪流域家庭污水的污染分布主要以都市規劃區與台中都會區為主，根據 2007 年統計要覽統計與圖 7 空間分布顯示，台中市北屯區、北區、西區為烏溪流域人口總數最高之地區，其人口數分別為239618 人、147469 人、116812 人。台中縣則是大里市人口總數最高，為 192437人，佔據台中縣人口總數之 12.41%；第二為太平市，為 171628 人占 11.07%；第三位則是豐原市，為 164619 人占 10.61%。另外除台中縣市之外，彰化市與南投市人口總數在流域內也屬較高之地區，人口總數分別為 124840 人與105671 人。

　　人口密度方面圖 8 顯示 2007 年人口密度統計，烏溪流域內以台中市人口密度較高，台中市包含中區、北區、西區，其人口密度分別為 24925 (人/km^2)、19949 (人/km^2)、18215(人/km^2)。另外台中縣部份則以豐原市以及大里市人口密度較高，其人口密度分別為 13048 (人/km^2)與 6598 (人/km^2)。南投地區人口密度較高之地區主要為埔里鎮以及南投市等城鎮。

2. 畜牧

　　烏溪流域 2007 年現有豬隻分布如圖 9 所顯示，烏溪流域內南投地區豬隻分佈地區主要為南投市、埔里鎮以及中寮鄉，分別為 15923 隻、11558 隻、6435隻；台中縣則是分布在大雅鄉、霧峰市以及烏日鄉等地區，其數量分別是 14499隻、17631 隻、18118 隻。

　　豬隻密度方面由圖 10 結果顯示，2007 年烏溪流域豬隻密度最高之地區為台中縣大雅鄉以及烏日鄉，其豬隻密度分別為 438(隻/km^2)、431(隻/km^2)。彰化縣與南投縣豬隻密集度較高之地區為芬園鄉、南投市以及名間鄉，其密度分別為 220(隻/km^2)、220(隻/km^2)以及 199(隻/km^2)。

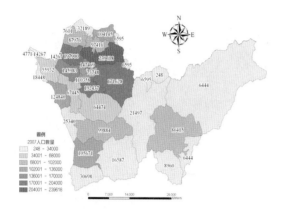

圖 7　2007 年烏溪流域人口分布

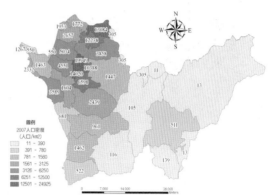

圖 8　2007 年烏溪流域人口密度分布

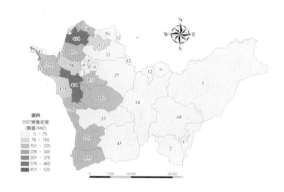

圖 9　2007 年烏溪流域畜牧分布

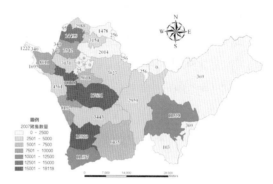

圖 10　2007 年烏溪流域畜牧密度分布

3.　工廠家數：

　　工廠家數方面烏溪流域 2007 年工廠分布現況圖 11 顯示，烏溪流域內工廠分佈主要在台中縣市，主要分布在太平鄉、大里市、西屯區以及豐原市等地區，工廠數分別為 2498 家、1697 家、1018 家、914 家。另外彰化市以及南投市也屬流域內工廠總數較高之地區，其工廠家數分別為 802 家以及 565 家。

　　工廠密度方面圖 12 顯示，2007 年烏溪流域工廠密度較高之地區為台中市東區，其密度為 107(家/km²)。其次台中市南區、大里市、和美鎮、彰化市以及大雅鄉，其密度分別為 69(家/km²)、58(家/km²)、29(家/km²)、23(家/km²)以及 21(家/km²)，皆屬於流域內工廠密度較高之地區。

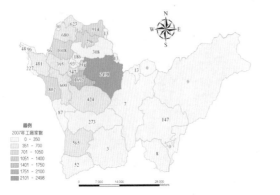

圖 11　2007 年烏溪流域工廠分布圖　　　圖 12　2007 年烏溪流域工廠密度分布圖

4.4　土地利用分析

　　依據 2005 年台灣省政府地政處之國土現況調查資料，萃取獲得烏溪流域 2006 年土地利用現況。2006 年台中縣市國土現況調查資料尚未完成，因此配合福衛二號 2005 年 10 月、2007 年 5 月影像，利用 ArcGIS 9 套裝軟體圖層堆疊功能，分析萃取出 2006 年各集水區土地使用之情況由圖 13 顯示。本節將集水區土地現況分析結果依序說明之，土地利用分析結果見表 3。

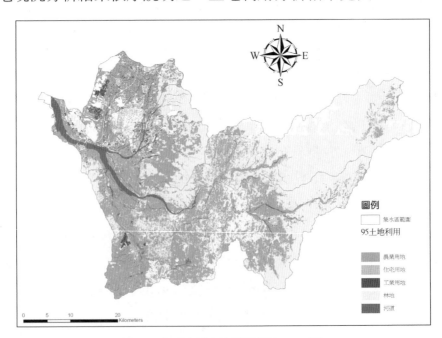

圖 13　烏溪流域土地利用現況(2006 年)

表 3　2006 年烏溪流域土地分類

流域名稱	橋名		土地利用分類						總面積 (km²)
			農業用地	住宅用地	工業用地	交通用地	水利用地	林地	
北港溪	清流橋	面積	55.5	1.3	0.0	3.9	6.5	409.8	514
		(%)	10.8	0.2	0.0	0.8	1.3	79.7	
南港溪	愛蘭橋	面積	36.0	5.0	0.3	2.8	1.7	67.0	120
		(%)	30.0	4.2	0.2	2.3	1.4	55.8	
南港溪	北山橋	面積	94.1	10.3	0.8	7.6	6.2	225.7	365
		(%)	25.7	2.8	0.2	2.1	1.7	61.7	
南港溪	柑子林橋	面積	120.4	11.0	0.9	9.0	7.6	256.3	431
		(%)	27.9	2.6	0.2	2.1	1.8	59.5	
北港溪南港溪	乾峰橋	面積	175.9	12.3	0.9	12.9	14.1	666.1	945
		(%)	18.6	1.3	0.1	1.4	1.5	70.5	
烏溪上游	烏溪橋	面積	212.4	13.8	1.0	15.2	21.8	707.0	1050
		(%)	20.2	1.3	0.1	1.5	2.1	67.3	
貓羅溪	平林橋	面積	136.5	10.3	3.7	12.0	5.8	83.9	269
		(%)	50.6	3.8	1.4	4.4	2.1	31.1	
貓羅溪	利民橋	面積	172.1	16.4	4.8	17.6	9.0	94.0	370
		(%)	46.4	4.4	1.3	4.7	2.4	25.4	
大里溪	大里橋	面積	33.2	2.7	1.4	0.2	3.2	31.7	92
		(%)	36.0	2.9	1.5	0.2	3.5	34.4	
大里溪	溪南橋	面積	141.9	45.6	11.9	2.8	22.9	86.3	394
		(%)	36.0	11.6	3.5	0.7	5.8	21.9	
筏子溪	集泉橋	面積	53.1	15.0	13.6	4.5	9.2	1.6	136
		(%)	39.0	11.0	10.0	3.3	6.8	1.1	
烏溪	大肚橋	面積	579.5	94.2	32.7	40.4	83.1	920.1	2002
		(%)	28.9	4.7	1.6	2.0	4.2	45.9	

5

1. 北港溪流域：

WU1 集水區其範圍是北港溪流域總面積 514(km^2)，2007 年林地占據集水區面積 79%；其次為農業用地，面積占據 10.8%。在其他用地以及住宅用地分別為 7.2%、0.2%。

2. 南港溪流域：

WU4 以柑子林橋為輸出點，涵括南港溪流域全範圍，包含集水區 WU2、WU3，總面積為 431(km^2)。2006 年林地占據面積為 59.5%；農業用地與住宅區分別為 27.9%、2.6%。

3. 烏溪流域上游：

WU6 集水區則是以烏溪主流之烏溪橋做為輸出點，範圍包括 WU1-WU5，總面積為 1050(km^2)。流域內 2006 年主要之土地利用也是林地為主，占流域面積 67.3%，面積為 707.0(km^2)；農業用地與住宅區分別為 20.2%、1.3%，面積分別為 212.4(km^2)、13.8(km^2)。

4. 貓羅溪流域：

UW8 集水區以利民橋為輸出點，其範圍為貓羅溪流域(包含 WU7)，其面積為 370(km^2)，在 2006 年流域內土地利用主要為農業用地，占流域 46.6%之面積，面積為 172.1(km^2)；其次，林地占流域 25.4 之面積，其面積為 94.0(km^2)。住宅區與工業用地分別為 4.4%、1.3 %，面積分別為 16.4(km^2)、4.8(km^2)。

5. 大里溪流域：

UW10 集水區以溪南橋為輸出點，其範圍為大里溪流域(包含 WU8)，其面積為 394(km^2)，在 2006 年流域內農業用地，占流域 36%之面積，面積為 141.9(km^2)；林地占流域 21.9%之面積，其面積為 86.3(km^2)。住宅區與工業用地分別為 11.6%、3.5%，面積分別為 45.6(km^2)、11.9(km^2)。

6. 筏子溪流域：

UW11 集水區以集泉橋為輸出點，範圍為筏子溪流域，其面積為 136(km^2)，在 2006 年流域內農業用地，占流域 39%之面積，面積為 53.1(km^2)。住宅區與工業用地分別為 11.0%、10.0%，面積分別為 15.0(km^2)、1.6(km^2)。

7. 烏溪流域：

UW12 集水區以大肚橋爲輸出點，範圍爲烏溪流域(包含 WU1–WU11)，其面積爲 2002(km²)，烏溪流域在 2006 年流域內林地，占流域 45.9%之面積，面積爲 920.1(km²)。農業用地方面，占流域 28.9%之面積，面積爲 28.9(km²)。住宅區與工業用地分別爲 4.7%、1.6%，面積分別爲 94.2(km²)、32.7(km²)。

五、結果與討論

蒐集環保署歷年之數據，計算河川污染程度年平均值，依不同次集水區統計污染程度之次數百分比，以了解集水區歷年之河川污染情況，其結果由表 4 顯示。

分析結果顯示北港溪河川污染程度均爲輕度污染(100%)。南港溪河川污染程度主要爲稍受污染(50%)，其次爲輕度污染(30%)。貓羅溪河川污染程度均爲中度污染(100%)。大里溪河川污染程度主要分布在中度污染(83%)，其次爲嚴重污染(16%)。

烏溪主流部分，上游之乾峰橋與烏溪橋主要污染程度均爲輕度污染爲主(57-61%)；流域最下游之大肚橋河川污染程度主要爲中度污染(100%)。

表 4　集水區歷年河川污染百分比

流域	測站	未受污染	稍受污染	輕度污染	中度污染	嚴重污染
北港溪	清流橋			100%		
南港溪	北山橋	10%	50%	30%	10%	
貓羅溪	平林橋				100%	
大里溪	溪南橋				83%	16%
烏溪	乾峰橋	7.14%	14%	57%	21%	
烏溪	烏溪橋		7%	61%	30%	
烏溪	大肚橋				100%	

5.1　流域染污負荷分析

　　使用實測之水質與流量數據計算污染負荷量，將污染負荷量與面積相除，即可推估該集水區內任一面積之污染負荷值。經由單位面積污染負荷、流域面積可推算出該流域污染密度，由污染密度評估流域環境時，較能適切反應流域污染的疏密程度。

　　分析烏溪流域各項污染項目，因數據年限、完整性、配合流量數據年限之問題，主要以 BOD_5、COD、SS 以及 NH_3-N 進行探討，分析結果如圖 14 顯示，圖 14 為近年(2005 年)各測站計算之單位面積污染負荷圖，其詳細數據見表 5。

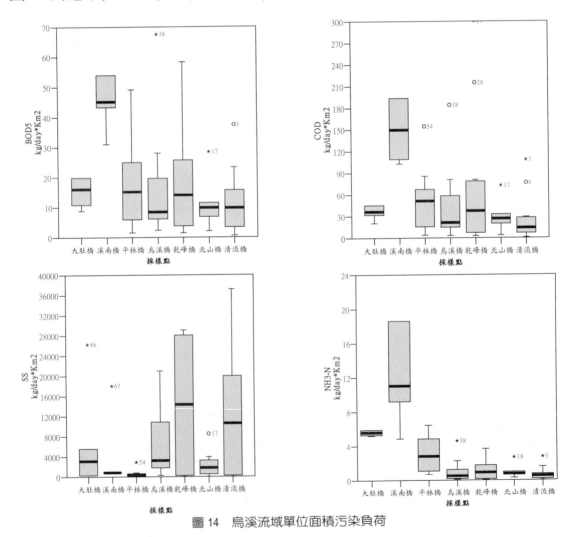

圖 14　烏溪流域單位面積污染負荷

1.　生化需氧量(BOD_5)：

　　生化需氧量主要顯示水中有機污染物之指標項目，是台灣常用之水質指標之一。由圖 14 與表 5 分析結果顯示，流域內 BOD_5 值與中值主流以大肚橋(24.9 kg/day*km^2)最高，支流方面則以溪南橋(48.1kg/day*km^2)最高。其原因為大肚橋位於烏溪流域最下游，匯集貓羅溪、大里溪以及筏子溪之污染，故污染負荷較高。支流溪南橋測站為大里溪流域最下游，以第四章環境背景因素之空間分析結果顯示，流域內人口、工業、畜牧總量與密度皆為流域之冠，大量污染物質排入河川，導致水體污染負荷量偏高。就整體而言，烏溪流域下河測站單位面積污染負荷相對於上游較高，主要原因為上游開發程度較低，受到之人為污染較少，因此單位面積污染負荷較低。

2.　懸浮固體(SS)：

　　懸浮固體物為物理性污染物，河川水體之懸浮固體物質主要來源為家庭污水、工業廢水、畜牧廢水、採砂及暴雨逕流等，其成分大多是無機物所構成。由圖 14 與表 5 分析結果顯示，流域內 SS 清流橋、北山橋、乾峰橋以及烏溪橋之平均值與中值均有偏高之趨勢。結果顯示烏溪流域 SS 單位面積污染負荷較高之地區為流域上游地區，其 SS 主要來源為暴雨逕流等非點源污染，導致河川懸浮固體大幅上升。

3.　氨氮(NH_3-N)：

　　氨氮為河川水質之衛生品質指標之一，剛被污染的水質中，可以檢測出有機氮及氨存在。在水中的轉變為過程為有機氮轉變成氨氮，氨氮再氧化成亞硝酸鹽及硝酸鹽。若水中檢驗出含有大部分的有機氮及氨氮，表示此水體被污染不久。由圖 14 與表 5 分析結果顯示，流域內 NH_3-N 單位面積污染負荷量在支流方面，主要為溪南橋與平林橋之平均數與中位數較高，測站流域分別為大里溪、貓羅溪流域。在背景因素之空間分布上，大里溪、貓羅溪流域皆屬於人口數、工廠數以及畜牧數較高之地區，導致民生污水、工業廢水以及畜牧排放較高，故造成單位面積污染負荷量較大，其中大里溪流域影響更為明顯，其單位面積污染負荷量高其他流域許多(12.4kg/day*km^2)。烏溪流域整體而言上游氨

氮單位面積污染負荷較低，大肚橋因爲於流域最下游，匯集貓羅溪、大里溪以及貓羅溪之污染，因此單位面積污染負荷值也有較高之趨勢(kg/day*km²)。

表 5　集水區單位面積污染負荷

流域名稱	橋名	統計項目	BOD₅ (kg/day*km²)	NH₃-N (kg/day*km²)	SS (kg/day*km²)	Q cms
北港溪	清流橋	平均數	10.7±11.1	0.7±0.8	14662±21783	40.2±36.1
		範圍	0.4-37.4	0-2.8	2-73058	2.8-117.2
南港溪	北山橋	平均數	20.8±35.1	0.9±0.7	2263±2593	21.6±16.9
		範圍	2.1-118.6	0.3-2.7	20-8521	7.9-66.8
貓羅溪	平林橋	平均數	14.4±15.1	2.7±2.4	469±807	9.6±6.2
		範圍	3.6-49.2	1.3-6.4	6-2905	1.6-22.8
大里溪	溪南橋	平均數	48.1±114.2	12.4±29.7	1776±5135	86.8±120.6
		範圍	6.4-404.4	2.3-104.8	107-18034	28.2-302.3
烏溪主流	乾峰橋	平均數	22.6±28.6	1.1±1.1	18867±23427	112.1±93.8
		範圍	1.5-97.9	0.1-3.7	41-82026	8.9-269.9
	烏溪橋	平均數	20.6±27.0	0.8±1.0	12027±17661	106.3±132.1
		範圍	0.8-89.62	0.2-3.1	162-64486	19.80-373.2
	大肚橋	平均數	24.9±25.0	9.4±8.8	2384±2210	138.6±80.9
		範圍	8.8-68.9	5.2-25.2	284-5571	75.4-275.3

5.2　烏溪流域污染負荷與背景因素相關性分析

　　2006 年之水質數據與土地利用、污染源等環境背景因素相關分析結果於表 6 與表 7。因保署監測項目之改變，導致近年氯鹽數據不足；另外 1999 年新增 TN、TP 等監測項目，因此列入分析項目中。

在土地利用與單位面積污染負荷方面，表 6 分析結果顯示，農業用地與 BOD_5、COD、NH_3-N、TN 呈中度正相關性，相關係數爲 0.54、0.57、0.52、0.45。住宅用地與 BOD_5、COD、NH_3-N 呈高度正相關，相關係數分別爲 0.95、0.94、0.98；另外住宅用地與 TN 呈中度正相關，相關係數爲 0.58。工業用地與 BOD_5、COD、NH_3-N 呈高度正相關，相關係數分別爲 0.90、0.92、0.99。

表 6　2006 年烏溪流域水質與環境背景因素相關係數(一)

	BOD_5	COD	SS	NH_3-N	NO_2-N	NO_3-N	TN	TP
農業用地	0.54	0.57	-0.71	0.52	0.63	0.39	0.45	-0.52
住宅用地	0.95	0.94	-0.65	0.98	0.99	0.21	0.58	-0.35
工業用地	0.90	0.92	-0.69	0.99	0.97	0.15	0.52	-0.40
林地	-0.80	-0.82	0.76	-0.81	-0.88	-0.36	-0.57	0.49

表 7　2006 年烏溪流域水質與環境背景因素相關係數(二)

	BOD_5	COD	SS	NH_3-N	NO_2-N	NO_3-N	TN	TP
人口密度 (人/km^2)	0.91	0.90	-0.49	0.97	0.93	0.11	0.53	-0.21
工廠密度 (家/km^2)	0.90	0.89	-0.47	0.96	0.92	0.09	0.51	-0.20
豬隻密度 (隻/km^2)	0.82	0.79	-0.72	0.71	0.86	0.49	0.65	-0.48

林地則與 BOD_5、COD、NH_3-N、TN 高度均呈負相關性，相關係數爲-0.80、-0.82、-0.81；林地與 SS 呈現高度正相關性，其相關係數爲 0.76。

污染源密度與單位面積污染負荷方面，表 7 分析結果顯示，人口密度與 BOD_5、COD、NH_3-N 呈現高度正相關，其相關係數分別爲 0.91、0.90、0.97。工廠密度與 BOD_5、COD、NH_3-N 呈現高度正相關，其相關係數分別爲 0.90、0.89、0.96。豬隻密度與 BOD_5、COD、NH_3-N 呈現高度正相關，其相關係數分別爲 0.90、0.89、0.96。

　　分析結果顯示烏溪流域 2006 年期間，主導 BOD_5、COD、NH_3-N、TN 污染放之土地利用排序爲，住宅用地、工業用地最後爲農業用地；污染源方面則是人口密度、工廠密度最後豬隻密度。過去水質相關性之研究 Bahar、Wang、Wenwei、劉建易等學者研究結果均顯示，住宅用地、工業用地、畜牧數量水質惡化呈現高度相關性；而農業用地因土地分類方法不同而所有差異。

　　林地有助於水質之改善其原因爲，林地面積越大之地區，均屬於高山、人爲開發較低較少之地區，因此產生林地面積越高水質越好：Sliva 學者研究結果也顯示，林地、都市綠地等緩衝區域可減緩水質惡化；另外林地與 SS 呈現正相關性主要爲，暴雨逕流導致泥砂進入河川之內而導致[12]。

六、結論與建議

1. 烏溪流域 2007 年河川污染程度(RPI)方面整體而言，流域上游北港溪、南港溪等河段爲河川污染程度爲未(稍)受污染、輕度污染；貓羅溪流域，河川污染程度分佈在中度污染與輕度污染；大里溪流域，河川污染程度分佈在中度污染；筏子溪流域，河川污染指標分佈在中度污染及輕度污染。

2. 由表 3 結果顯示 2006 年土地利用現況，整體而言烏溪流域上游區域，北港溪、南港溪流域、土地利用以林地與農業用地爲主；住宅用地分佈主要爲烏溪流域中下游，主要分佈於大里溪、筏子溪以及貓羅溪流遇；工業用地主要也是分佈於烏溪流域下游，筏子溪、大里溪以及貓羅溪。

3. 烏溪流域單位面積污染負荷分析結果顯示，生化需氧量方面，負荷量最高之流域爲大里溪流域，根據空間分析結果顯示流域內人口、工業、畜牧總量與密度皆爲流域之冠，大量污染物質排入河川，導致水體污染負荷量偏高；另外大肚橋生化需氧量負荷也有較高之趨勢，其原因爲大肚橋位於烏溪流域最下游，匯集貓羅溪、大里溪以及筏子溪之污染，故污染負荷較高。懸浮固體方面，結果顯示烏溪流域 SS 單位面積污染負荷較高之地區爲流域上游地區(北港溪、南港溪)，其懸浮固體主要來源爲暴雨逕流等非點源污染，導致河川懸浮固體大幅上升。氨氮單位面積污染負荷方面，主要爲溪南橋與平林橋之平均數與中位數較高，測站流域分別爲大里溪、貓羅溪流域。

4. 在背景因素之空間分佈上，大里溪、貓羅溪流域皆屬於人口數、工廠數以及畜牧數較高之地區，導致民生污水、工業廢水以及畜牧排放較高，故造成單位面積污染負荷量較大；其中大里溪流域影響更為明顯，其單位面積污染負荷量高其他流域許多。

5. 烏溪流域單位面積污染負荷與背景因素，相關性分析結果顯示，烏溪流域2006 年期間，主導 BOD_5、COD、NH_3-N、TN 污染放之土地利用排序為，住宅用地、工業用地，最後為農業用地；污染源方面則是人口密度、工廠密度及豬隻密度。林地有助於水質之改善其原因為，林地面積越大之地區，均屬於高山、人為開發較低較少之地區，因此產生林地面積越高水質越好；另外林地、都市綠地等緩衝區域可減緩水質惡化。最後林地與 SS呈現正相關性，主要為暴雨逕流導致泥砂進入河川之內而導致。

參考文獻

◆ 1. 行政院環保署，「97 年環境白皮書」，(2008)。

◆ 2. 行政院環境保護署，「建置中港溪、南崁溪、客雅溪及烏溪等河川污染特性及污染整治決策支援系統」，中鼎工程股份有限公司，(2003)。

◆ 3. 黃書禮，「生態土地使用規劃」，詹式出版社，p.304~319，(2000)。

◆ 4. 劉建易，「筏子溪水質與集水區環境因素分析」，碩士論文，逢甲大學土木及水利工程研究所，(1996)。

◆ 5. Wang, X., and Z. Y. Yin," Using GIS to assess the relationship between land use and water quality at a watershed level", Environment International, Vol. 23, No.1, p.103~114,(1997).

◆ 6. Oguchi, T., H.P. Jarvie, and C. Nealb, "River Water Quality in the Humber Catchment: an Introduction Using GIS-based Mapping and Analysis", The Science of the Total Environment 251/252 p.9~26, (2000).

◆ 7. Langan,U S.J.and C. Soulsby," The environmental context for water quality variation", The Science of the Total Environment 265.7-14,(2000).

♦ 8. Atasoy M., R. B. Palmquist, D. J. Phaneuf," Estimating the effects of urban residential development on water quality using microdata", Journal of Environmental Management 79 399-408, (2006).

♦ 9. Bahar, M. M., H. Ohmori, and M. Yamamuro," Relationship between River Water Quality and Land Use in a Small River basin Running through the Urbanizing Area of Central Japan" Limnology p9:19~26, (2008).

♦ 10. 汪冬冬，「城市河流濱岸帶土地利用變化的環境效應－以上海蘇州河為例」，中國人口資源與環境，Vol.19，(2009)。

♦ 11. Ren, W., Y. Zhong, J. Meligrana, B. Anderson,W. E. Watt, J. Chena, and H.L.Leung," Urbanization, land use, and water quality in Shanghai 1947-1996",Environment International 29, p.649-659, (2003).

♦ 12. 蕭文龍，「多變量分析最佳入門實用書 SPSS+LISREL(SEM)」，碁峰資訊股份有限公司，(2007)。

♦ 13. Sliva, L. and D. Dudley Williams," Buffer Zone Versus Whole Catchment Approaches to Studying Land Use Impact on River Water Quality", Wat. Res. Vol.35, No.14, p.3462~3472, (2001).

3 以幾丁聚醣處理高濁度原水

 ## 摘 要

　　台灣地區在暴雨發生時，河川的原水濁度可能上升至 10000NTU 以上，導致淨水廠因沉澱單元產生過多污泥而無法正常供水。本研究以幾丁聚醣為混凝劑處理高濁度的原水，實驗結果顯示以幾丁聚醣為混凝劑產生的污泥量較傳統混凝劑(鐵鹽或鋁鹽)少，但殘餘濁度卻遠較傳統混凝劑高。若將幾丁聚醣搭配少量鐵鹽或鋁鹽做為混凝劑，其濁度去除效果會大幅改善，但處理後污泥的體積仍大致維持不變，這表示幾丁聚醣搭配少量鐵鹽或鋁鹽可能可以成為理想的高濁度原水混凝劑。

關鍵字：濁度、污泥、幾丁聚醣、鐵鹽、鋁鹽

[1] 胡景堯　台北醫學大學公共衛生學系助理教授
[2] 駱尚廉　國立台灣大學環境工程學系研究所教授
[3] 張嘉玲　逢甲大學水利工程與資源保育學學系助理教授
[4] 吳昱德　國立台灣大學環境工程學系研究所研究助理
[5] 馬家驊　經濟部水利署正工程司

Abstract

In Taiwan, turbidities of rivers sometime rise to above 1000NTU during rainstorm period which makes water treatment plants failed to supply applicative water due to too much sludge produced in the sedimentation process. This research used a new coagulant, chitosan, to treat the high turbidity water. The results demonstrate the chitosan produced less sludge than the traditional coagulants (iron or aluminum salts) but the residual turbidity after chitosan coagulation was much higher than those after alum or iron coagulation. The residual turbidity dropped significantly and the amounts of sludge produced did not increase if chitosan and small amounts of iron or aluminum salts were used. This result reveals chitosan with small amounts of iron or aluminum salts may be a promising coagulant for high turbidity water treatment.

Keywords：Turbidity, sludge, chitosan, iron salt, aluminum salt.

 # 一、前言

臺灣地區山高坡陡、河川短促流急、坡地沖蝕嚴重，在暴雨發生或颱風季節時，豪雨挾帶大量泥砂流入河川，使原水濁度大為提高，甚至可能至上萬 NTU 以上。大多數淨水場的水源均為地表水，而高濁度的原水會超過傳統混凝沉澱程序之處理負荷，導致過濾單元的負荷升高，造成濾程縮短、反沖洗頻率增加等問題，嚴重時會使得淨水場的出水水質無法符合自來水水質標準。若原水濁度長期維持在 1 萬 NTU 以上，混凝沉澱程序產生的污泥無法及時清除，則會導致淨水場被迫減量供水甚至關場。

常用的混凝劑可分為鐵鹽、鋁鹽及高分子聚合物等三大類。其中高分子聚合物除了可單獨作為混凝劑外，也可與鐵鹽或鋁鹽共用成為助凝劑，以增加膠羽的穩定性和減少鐵鹽或鋁鹽的加藥量及污泥體積 (Croll et al., 1974; Edwald and Tobiasion, 1999)。國內已有相關研究證實，以少量高分子聚合物搭配多元氯化鋁(PAC)可有效處理高濁度的原水、增加沉降速度並降低污泥體積(李等，1996；駱等，2002；葉等，2003)，減緩高濁度原水所造成的沉澱池污泥堆積問題。

　　雖然高分子聚合物能增加混凝效果，但在國外對其使用於飲用水之淨水處理均有嚴格的限制；瑞士、日本甚或禁止高分子聚合物在飲用水處理過程中之使用。究其主因可略歸為三項(Bellar et al., 1974; Aizawa et al., 1991; Chang et al., 1999)：其一，應用最廣泛的聚丙烯醯胺(Polyacrylamide, PAM)聚合物被認為可能增加致癌之風險；其二，高分子聚合物之製造過程中可能因合成製程之控制不良，致使產品中含有部分殘餘單體、其他反應物及副產品等，這些物質可能對人體產生不良之影響；其三，高分子聚合物本身或其部分殘餘單體及不純物，可能在淨水過程中之消毒程序，與氧化劑如氯氣、次氯酸鹽及臭氧等發生反應，成為三鹵甲烷等消毒副產物。我國環保署公告聚丙烯醯胺，聚氯化己二烯二甲基胺 (Poly (Diallyldimethyl) Ammonium Chloride，Poly (DADMAC))及氯甲基一氧三環二甲基胺(Epichlorohydrin Dimethyl-Amine Polymer，EPI-DMA Polyamines)三種高分子聚合物為可使用於飲用水淨水處理藥劑，不過限於原水濁度大於 250 NTU 時方可使用，且有最大添加量的限制(張，1994)。

　　近年來，以甲殼類生物的殼分解處理而成的幾丁聚醣(Chitosan)做為混凝劑的潛力逐漸受到環境工程界的重視，其化學結構式如圖 1 所示。相關研究顯示幾丁聚醣可以單獨做為混凝劑(Pan et al. 1999; Ravi Kumar M. N. V., 2000; Huang et al., 2000; Divakaran and Pillai, 2002)，也可以搭配鐵鹽或鋁鹽作為助凝劑(Zeng, et al, 2008)，其具有高分子聚合物類似的效果，但卻沒有致癌之風險，並且還可以去除水中的溶解性有機物與重金屬離子(Ravi Kumar M. N. V., 2000; Zeng, et al, 2008)，為一種多功能的新興混凝劑。本研究將嘗試使用幾丁聚醣做為高濁度原水前處理的混凝劑，用以增加膠羽強度及減少污泥體積。

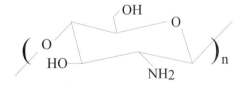

圖 1　幾丁聚醣化學結構式圖

二、研究方法

　　本研究所使用之高濁度試驗水是由公館淨水場之污泥加入碳酸氫鈉增加鹼度後以自來水配製而得。試驗水的初始濁度為 10000NTU，鹼度為 100mg/L as CaCO3。選用之混凝劑有三種，分別為氯化鐵、氯化鋁及幾丁聚醣，三種混凝劑皆先以試藥級藥粉溶入自來水中配置成 1000mg/L 之儲備溶液後，取不同的體積加入高濁度試驗水，再以淨水工程上用來決定混凝劑劑量的瓶杯試驗(Jar test)探討各種混凝劑對高濁度原水的去除效果。

瓶杯試驗過程包括混凝(快混)、膠凝(慢混)及沉澱三大階段。混凝、膠凝及沉澱的時間分別為 1、3 及 30 分鐘，轉數分別為每分鐘 100、30、0 轉(rpm)。沉澱結束後取液面下 5 公分的水樣量測濁度，之後將所有水樣(1 升)倒入標準沈降桶內靜置 30 分鐘後，量測混凝後產生之污泥體積。

 # 三、結果與討論

3.1 污泥產生量分析

圖 2 為以不同混凝劑處理高濁度試驗水後，不同混凝劑的加藥劑量與污泥產生量的關係圖。由圖可知以鐵鹽及鋁鹽為混凝劑時，混凝沉澱後產生的污泥量會隨著加藥量的增加而增加，但以幾丁聚醣為混凝劑時，污泥量卻幾乎保持不變，不會隨著加藥量的增加而增加。這主要是因為在處理高濁度原水時，鐵鹽及鋁鹽是以與鹼度反應成金屬氫氧化物沉澱掃除濁度顆粒的方式為主要的去除機制，如反應式(1)、(2)所示。

$$Al^{3+}_{(aq)} + 3OH^-_{(aq)} + nH_2O_{(l)} \rightarrow Al(OH)_{3(s)} \cdot (H_2O)_n \qquad (1)$$

$$Fe^{3+}_{(aq)} + 3OH^-_{(aq)} + mH_2O_{(l)} \rightarrow Fe(OH)_{3(s)} \cdot (H_2O)_m \qquad (2)$$

金屬氫氧化物是一種含水量很高、結構鬆散的固體顆粒，單位重量的體積遠大於原來水中存在的濁度顆粒，故混凝沉澱後產生的污泥量會隨著加藥量的增加而增加。以幾丁聚醣為混凝劑時，幾丁聚醣主要是以架橋作用將濁度顆粒凝聚沉澱，不會產生新的固體顆粒，故所產生的污泥與原來水中濁度顆粒的總體積相差不多。如前所述，混凝沉澱程序產生的污泥無法及時清除，是導致淨水場被迫減量供水甚至關場的主要原因，所以在處理高濁度原水時，應先考慮降低混凝沉澱產生的污泥量，以幾丁聚醣為混凝劑產生之污泥量較低，此特點使其相較傳統混凝劑更適合用來處理高濁度原水。

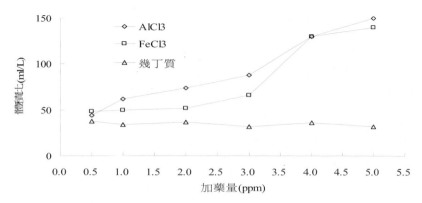

圖 2　不同混凝劑混凝污泥產生量比較圖(原始濁度 10000NTU，沉澱時間 30 分鐘)

3.2　濁度去除率分析

　　圖 3 為以不同混凝劑處理高濁度試驗水後，不同混凝劑的加藥劑量與殘餘濁度的關係圖。由圖可知殘餘濁度會隨著各種混凝劑的加藥劑量增加而降低。雖然在加藥量少時，幾丁聚醣去除濁度的效率高於傳統混凝劑，但其殘餘濁度隨著混凝劑的加藥劑量增加而降低的比率較低，故在加藥量高時，幾丁聚醣去除濁度的效果遠低於傳統混凝劑。

　　一般混凝沉澱後的濁度必須降低至將水中濁度降低至 4NTU 以下，才不會影響快濾池過濾水品質(Kawamura, 2000)，三種混凝劑中只有鐵鹽在大量加藥時才可以達到這個要求。但由圖 2 可知，在鐵鹽在大量加藥時每升的原水約會產生 0.15 升的污泥，如此大的污泥產生量勢必會迫使淨水場減量供水。故如何兼顧濁度去除率及污泥產生量，成為淨水工程處理高濁度原水的主要問題。

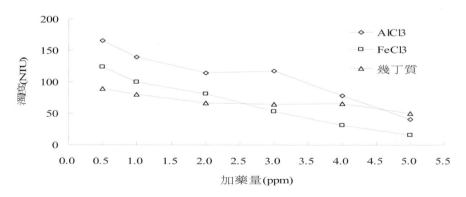

圖 3　不同混凝劑混凝濁度去除效果比較圖(原始濁度 10000NTU，沉澱時間 30 分鐘)

3.3 複合混凝實驗

為增加幾丁聚醣去除濁度的效果，減少後續過濾單元的固體負荷，本研究將幾丁聚醣搭配少量的鐵鹽及鋁鹽進行複合混凝實驗，希望在不大幅增加污泥產生量的前提下，降低處理後的濁度。圖 4 及圖 5 分別為以幾丁聚醣配合少量的鐵鹽及鋁鹽的沉降效能圖，由圖可知其濁度去除效果再添加少量鐵鹽或鋁鹽已大幅改善，搭配少量的鐵鹽可降至 20NTU 以下，搭配少量的鋁鹽可降至 10NTU 以下，但處理後污泥的體積仍大致維持不變，這表示幾丁聚醣搭配少量鐵鹽或鋁鹽可能可以成為理想的高濁度原水混凝劑。

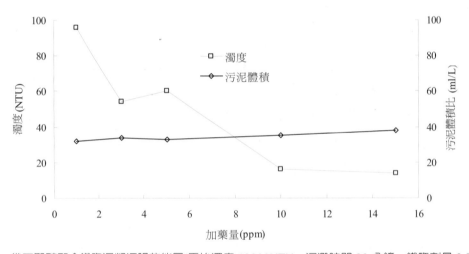

圖 4 幾丁聚醣配合鐵鹽混凝沉降效能圖(原始濁度 10000NTU，沉澱時間 30 分鐘，鐵鹽劑量 0.5mM)

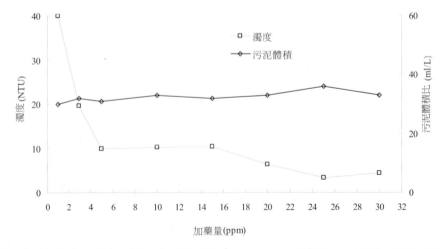

圖 5 幾丁聚醣配合鋁鹽混凝沉降效能圖(原始濁度 10000NTU，沉澱時間 30 分鐘，鐵鹽劑量 0.5mM)

四、結論

本研究之結論如下：

1. 幾丁聚醣可作為高濁度原水之混凝劑，其濁度去除效果雖較傳統的鐵鹽或鋁鹽差，但污泥產生量卻較低。

2. 幾丁聚醣搭配少量鐵鹽或鋁鹽可以增加其濁度去除效果。

參考文獻

♦ 1. Croll, B. T., Arkell, G. M. and Hodge, R. P. J. (1974) Residaal of Acrylamide in Water. Water Research, 8, 989-993.

♦ 2. Edwald, J. K. and Tobiason, J. E. (1999) Enhanced Coagalation: AS Reqairements and a Broader View. Water Science and Technology, 40, 63-70.

♦ 3. 李俊福、曾迪華、溫璧翠、廖寶玫(1996)，「常用高分子凝聚劑對自來水混凝程序之影響」，中華民國自來水協會第十六屆自來水研究發表會論文集，67-80。

♦ 4. 駱尚廉、官文惠、劉雅瑄、胡景堯、朱象熙(2002)，「高分子聚合物對淨水水質影響之評估」，台灣省自來水股份有限公司研究報告。

♦ 5. 葉宣顯、賴文亮、翁韻雅(2003)，「高濁度原水混凝技術之研究」，中華民國自來水協會研究報告。

♦ 6. Bellar, T. A., Lichtenberg, J. J. and Kronoer, R. C. (1974) The occurrence of organohalides in chlorinated drinking waters. Journal of AWWA, 66, 703-712.

♦ 7. Aizawa, T., Magara, Y. and Masashi, M. (1991) Problems with introducing synthetic Polyelectrolyte coagulants into the Water purification Process. Water Supply, 9, 27-35.

♦ 8. Chang, E. E., Chiang, P. C., Chao, S. H. and Chang, C. L. (1999) Development and implementation of source water quality standards in Taiwan, ROC. Chemosphere, 39, 1317-1332.

5

9. 張怡怡(1994)，「飲用水水質處理藥劑管理規範公告前置作業」，行政院環保署研究報告。

10. Pan, J. R., Huang C., Chen, S. and Chung, Y. C. (1999) Evaluation of a modified chitosan biopolymer for coagulation of colloidal particles. Colloids and Surfaces A: Physicochemical and Engineering Aspects, 147 359-364.

11. Huang, C., Chen, S. and Pan J. R. (2000) Optimal condition for modification of chitosan: a biopolymer for coagulation of colloidal particles. Water Research, 34, 1057-1062.

12. Divakaran, R. and Sivasankara Pillai, V. N. (2002) Flocculation of river silt using chitosan. Water Research, 36, 2414-2418.

13. Ravi Kumar M. N. V. (2000) A review of chitin and chitosan applications. Reactive and Functional Polymers, 46, 1-27.

14. Zeng, D., Wu, J. and Kennedy J. F. (2008) Application of a chitosan flocculent to water treatment. Carbohydrate Polymers, 71, 135-139.

15. Kawamura, S. (2000) Integrated design and operation of water treatment facilities, 2nd ed., John Wiley & Sons, New York.

4 應用 SWAT 模式於翡翠水庫集水區營養鹽之總最大日負荷規劃

 ## 摘 要

　　總最大日負荷(Total Maximum Daily Load, TMDL)規劃現於美國清水法(Clean Water Act)的規定下成為主要集水區水質保護之管理作為。本研究旨在應用檢定與驗證後的 SWAT(Soil and Water Assessment Tool)模式評估翡翠水庫集水區之污染負荷,再依甲類水體水質標準進行營養鹽之 TMDL 規劃,並針對超出分配量之污染負荷,訂定污染削減方案,以期能達到維護水庫水質之目的。模擬結果顯示,模式所推估之總磷年平均負荷(22158.69 公斤)高於 TMDL 規劃所分配之點源及非點源污染負荷(20222.66 公斤),因此需削減 8.74%以符

[1] 吳政緯　國立臺北科技大學土木與防災研究所碩士生
[2] 朱子偉　國立臺北科技大學土木工程學系助理教授
[3] 謝龍生　國家災害防救科技中心副研究員

合甲類水體標準。研究再以 SWAT 模擬數種污染削減方案，其中以集水區內所有農地設置複合式最佳管理措施(Best Management Practices, BMPs)，包括草溝(Grassed Waterway)、過濾帶(Filter Strip)、逕流滯留池(Detention Pond)和作物階段種植(Terrace)，再加上農地附近荒地以關鍵區域栽種(Critical Area Planting)處理，其總磷削減率可達 8.81%，使總磷年平均負荷能滿足 TMDL 之規劃。

關鍵詞：總最大日負荷，SWAT 模式，非點源污染，營養鹽，最佳管理措施，草溝，過濾帶，逕流滯留池，作物階段種植，關鍵區域栽種

Abstract

Provided that The Total Maximum Daily Load(TMDL) program is a major approach to watershed management under the Clean Water Act of USA, US-EPA has required all states to develop TMDL plans for each water body that is designated to certain uses, i.e., drinking water supply, contact recreation(swimming) and aquatic life support(fishing). Accordingly, this study aims to develop TMDL program for nutrient control in Feitsui Reservoir watershed by applying the Soil and Water Assessment Tool(SWAT). SWAT is a complex, physically based, and continuous time model with spatially explicit parameterization capability; it intends to analyze the hydrologic and water quality response resulting from alternative watershed managements. In doing that, the ten-year data(1998-2007) of hydrologic and water quality are used to calibrate and validate the model. Moreover, the validated SWAT model will be employed to evaluate the long-term water quality impacts due to the implementation of several BMP(Best Management Practice) scenarios. In the first place, the results of TMDL development show the simulated average annual TP loading(22158.69kg) has exceeded the maximum allowable loading(20222.66kg) calculated on the water quality standards of Category A water bodies. Second, the BMP simulation indicates the scenario, consisting of grasses waterway, filter strip of 15m, detention pond, and terrace implementation on all tea farm and agricultural land in combination of critical area planting on barren land, will reduce 8.81% of TP loading to satisfy the water quality standard. Last but not the least, the thorough TMDL plan will provide a useful schematic BMP allocation for water quality improvement and protection within specific standards.

Key Words：TMDL，SWAT model，nutrient，nonpoint source pollution，BMPs， grassed waterway，filter strip，detention pond，terrace，critical area planting.

 # 一、前言

　　翡翠水庫係供應大台北地區民生用水的單一目標水庫，集水區內的點源污染隨著水庫蓄水範圍使用管理辦法等法規的實施及污水下水道的興建已逐步受到控制。根據翡翠水庫水源保護區污染源調查計畫(張尊國，2006)[1]指出翡翠水庫集水區內點源與非點源污染之比例約為 1：4，結果顯示非點源污染問題隨著點源污染之控制而更加凸顯其重要性。近年來水庫水質監測(臺北翡翠水庫管理局，2009)[2]發現水質有逐漸呈優養化傾向。翡翠水庫於 1988 年至 1997 年間，僅於 1988 年出現 2 個月份的優養狀態；但於 1998 年至 2005 年間，則出現 10 個月份的優養狀態，其主因推測為農業活動與北宜高施工和通車後產生之非點源污染所造成(林鎮洋，2000；郭鎮維，2004)[3][4]；而 2006 年後雖無優養狀態，但為保護水庫水質，需即早採取因應措施。

　　非點源污染為隨機的擴散性排放且難以鑑別排放位置，所以多借重管理之手段以降低污染排放，如實施總最大日負荷(Total Maximum Daily Load, TMDL)規劃。TMDL 計劃現已於美國清水法(Clean Water Act)之規定下成為主要集水區水質保護之管理作為，其以總量管制的精神對污染量制訂分配措施，並針對超出設定之污染負荷，制定污染削減措施，其中點源污染之削減可根據污水排放標準和總量控制原則加以管制，而非點源污染控制則須採取綜合管理手段，如設置最佳管理策略(Best Management Practices, BMPs)。

　　本研究旨在應用 SWAT(Soil and Water Assessment Tool)模式，研擬翡翠水庫集水區之營養鹽總最大日負荷規劃。SWAT 具有許多優點，如模式經長期發展與修正，整合了許多 USDA 歷年發展之模式，模擬機制完善。模式經檢定和驗證後，其結果可作為流域管理策略改變時的參考方案，而不必投入大量的

人力、物力與時間進行實際量測(Arnold et al., 2005)[5]。故本研究以 SWAT 模式為工具，推估翡翠水庫集水區長期的汙染負荷，分析翡翠水庫集水區之污染負荷分布情形，依現行之法規進行 TMDL 之規劃，以期能提出 BMP 設置方案以有效達到污染削減目標，完成保護翡翠水庫水質之目的。

 # 二、研究方法

2.1　模式介紹

　　SWAT 模式為美國農業部之農業研究中心(USDA-ARS)Jeff Arnold 博士領導之團隊所研發，是一個具有物理機制、可以連續長時間模擬之集水區尺度水文水質模式。SWAT 以日為時間計算單位，模擬複雜流域中地表及地表下之各種水文過程、土壤沖蝕、農藥與營養鹽循環和傳輸。

　　模式中水文演算包括地表逕流、蒸發散、土壤水滲漏與側流及地下水等部份。地表逕流之演算主要可採用 SCS curve number method 或 Green & Ampt method，再運用修正合理化公式計算尖峰流量，並考慮地表逕流之延遲與傳輸損失；蒸發散則以 Penman-Monteith method、Priestley-Taylor method 和 Hargreaves method 三種方法先估算勢能蒸發散量，再進而推估實際蒸發散量；模式可將土壤剖面最多分為 10 層，模擬土壤剖面內水的滲漏和側向流動之傳輸；地下水部分則將含水層分成淺含水層及深含水層，模擬地下水之滲漏和補注傳輸情形。

　　SWAT 模式模擬集水區中產出泥砂之過程，主要分為地表沖蝕及河道中的泥砂傳輸兩部份，地表沖蝕以 Modified Universal Soil Loss Equation 估算逕流產生之泥砂量；河道中泥砂演算分為沈澱和沖刷作用，藉比較河道中泥砂之初始濃度和最大濃度，計算河道中泥砂承載。

　　營養鹽之模擬主要分為土壤、水中傳輸及河道演算三部份，以模擬氮和磷在土壤和水中的循環與傳輸過程。土壤中的氮由礦化、硝化、脫氮及固氮作用形成氮之循環；氮於水中傳輸包括地表逕流、地表下側向流動與滲漏中傳輸之

硝酸態氮，以及地表逕流挾帶泥砂所附著之有機氮；而河道中的氮則包含有機氮、硝酸態氮、亞硝酸態氮及氨氮之轉換。土壤中的磷主要以礦化、分解和吸附作用形成磷循環；磷於水中傳輸計有地表逕流、地表下側向流動與滲漏中傳輸之溶解性磷，以及地表逕流挾帶泥砂所附著之有機磷和無機磷；而河道中的磷則包含有機磷、無機磷及溶解性磷之轉換。

　　SWAT 的水庫子模式主要模擬從集水區內河川匯聚之入流，以及水庫水域中降雨、蒸發、入滲與水庫放流之水文過程所形成的水文平衡；泥砂部分以質量守恆來模擬水庫泥砂之輸入與輸出量，並以沈降作用模擬水庫中含砂量及泥砂淤積情形；營養鹽模式則整合簡單的經驗方程式模擬水庫中營養鹽循環，以輸入、沈降及輸出量來模擬營養鹽的總平衡。

　　SWAT 在國外有廣泛的應用，如模擬集水區之水文水質情形且評估不同管理策略下對環境之影響(Maringanti et al., 2008; Santhi et al., 2001)[6][7]，及分析集水區不同管理策略下之不確定性等(Arabi et al., 2007)[8]。國內亦有相關研究，陳立宗(2009)[9]運用 SWAT 於翡翠水庫集水區進行水文與水質模擬，並評估標定集水區中總氮、總磷承載較嚴重之關鍵區域。

2.2　研究區域

　　本研究區域位於臺北縣境內新店溪上游之翡翠水庫集水區，面積約為 303 平方公里，平均坡度為 44.4%。翡翠水庫之入庫溪流中，主流為北勢溪，支流為逮魚堀溪、金瓜寮溪、後坑子溪及火燒樟溪。全區共計有八項土地利用，其中包括林地、茶園、水體、草地、荒地、建築、果園及農地，集水區內保有原始林地面積佔翡翠水庫集水區總面積之 88.43%，其次為茶園，佔總面積之 3.86%(圖 1)。集水區內共分為八種土壤，分別為幼黃壤、崩積土、石質土、黃壤、岩石、無母質、黑色土及沖積土，其中幼黃壤(36.2%)、崩積土(28.72%)以及石質土(26.62%)分別占居全區總面積之前三名。幼黃壤保水力強，水分滲透率低；石質土的砂含量較高，容易產生沖蝕。

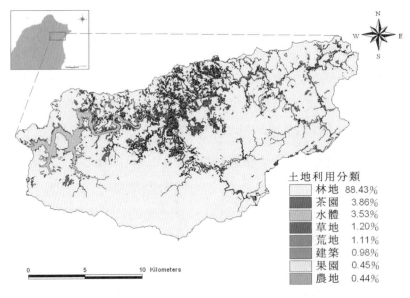

土地利用分類
林地	88.43%
茶園	3.86%
水體	3.53%
草地	1.20%
荒地	1.11%
建築	0.98%
果園	0.45%
農地	0.44%

圖 1　翡翠水庫集水區土地利用分布圖

2.3　模式檢定與驗證

　　研究收集 1998 年至 2007 年翡翠水庫集水區之氣象、水文與地文資料以進行模式的檢定與驗證。日雨量收集自集水區內六個雨量站資料,其他氣象資料(溫度、太陽輻射量、相對溼度和風速)則來自翡翠水庫大壩站,坪林站與翡翠水庫內流量和水質資料(懸浮粒子、有機氮、硝酸態氮、氨氮及總磷濃度)則用於檢定與驗證集水區與水庫的模擬結果。其中 1998 年至 2002 年之資料作為模式之檢定,另以 2003 年至 2007 年資料進行模式之驗證。

　　本研究以 Nash-Sutcliffe 係數(亦稱效率係數)、排序(Sorted)效率係數和判定係數判斷模擬值與實測值之接近程度(即配適度)。效率係數由 Nash 和 Stutcliffe 於 1970 年提出[10],常用於評估水文水質模式之模擬結果,效率係數值範圍由-∞到 1,當效率係數值趨近 1 時,表示模擬值越接近實測值。排序效率係數由 Loague 和 Green 於 1991 年所提出[11],將模擬值與實測值分別由遞增(或遞減)排序後,再計算其效率係數。判定係數(R^2)常用於比對模擬值與實測值呈線性回歸之接近程度,R^2 值範圍從 0 至 1,其值越接近 1,表示回歸關係越強或回歸模型解釋能力越高。

至目前為止，已發表的文獻尚未建立檢驗模擬結果的一致標準，然而部分文獻則提出一些建議可供參考，陳立宗(2009)[9]綜合 Loague 等人(1991)[11]、Chung 等人(1999)[12]和 Wang 等人(2006)[13]之研究，彙整配適度檢驗中上述檢定係數之參考範圍，分述如下：若模擬結果未排序的效率係數值大於 0.3，或排序後的效率係數值接近於 1 抑或判定係數值大於 0.5，皆顯示模式表現合理且符合要求。

2.4　總最大日負荷規劃

翡翠水庫為大臺北地區的主要飲用水供水來源，依水污染防治法第六條第一項之規定(行政院環境保護署，1998)[14]，應定為甲類陸域水體。為保護翡翠水庫水體水質標準，考慮在不妨害水體正常用途下，甲類水體所能涵容污染物容許量，並針對翡翠水庫集水區內污染源分佈情形，進行 TMDL 規劃。TMDL 是指在滿足水質標準下，水體所能承受最大污染負荷量，並分配給各項污染源，主要分成四個部分：點源、非點源、保留分配量及未來發展之預估量，如公式(1)所示。式中 WLA(Waste Load Allocation)是分配給點源污染的負荷量，LA(Load Allocation)為分配給非點源污染的負荷量，MOS(Margin of Safety)是考量分析不確定性之保留分配量，以及預估未來成長之保留量(Future Growth)。

本研究針對翡翠水庫集水區中氨氮、硝酸態氮及總磷三種營養鹽之承載，進行 TMDL 之規劃，計算水體所能容許之最大負荷且須滿足甲類水體之水質標準，此即為水庫可承受之總最大日負荷量(即 TMDL 之值)。WLA 和 LA 之負荷量係由現有集水區內之點源、非點源來源根據水體水質標準推估而得。美國環保署(USEPA)建議 MOS 值之範圍應為 TMDL 值之 5%至 20%，根據 USEPA 彙整 TMDL 規劃之案例中，MOS 值於大多案例中皆定為 TMDL 值之 5%(USEPA, 2009)[15]，於是本研究參考相關研究案例，訂定 MOS 值為 TMDL 值之 5%。最後有關於 Future Growth 值之估計，考量集水區位於臺北水源特定區內受到相關法令保護，並依其水體用途，在若干程度內限制了當地之發展。參考 Jon(2008)[16]於 TMDL 規劃案例中提出的建議，在集水區之未來發展規劃中，若無其他點源污染源之加入，則 Future Growth 值可以定為現行 TMDL 值的 1%。

　　根據上述原則訂定各營養鹽總最大日負荷量與其各項分配量，再比對翡翠水庫集水區內污染源配置，若集水區所產生之污染源負荷皆低於所訂定之 TMDL 值，說明現行集水區之污染負荷滿足水質標準要求；若其污染負荷高於其 TMDL 訂定值，則需進行削減污染源的工作。因翡翠水庫集水區內的點源污染皆已接管至污水處理廠處理，於是本研究主要針對非點源的削減，利用設置 BMPs 來削減非點源污染負荷，使滿足所訂定之 TMDL 規劃。

2.5　最佳管理作業之參數設定

　　本研究欲模擬之 BMPs 主要是針對農業非點源污染的營養鹽削減。在考量當地茶園大多已採用等高線種植、SWAT 模式本身參數既有之限定與各項 BMP 適用性等條件下，共選取四種結構性 BMPs，應用 SWAT 模擬其營養鹽削減效益。四種 BMPs 包括草溝(Grassed Waterway)、過濾帶(Filter Strip)、逕流滯留池(Detention Pond)與作物階段種植(Terrace)，並設置於集水區中茶園與其他農業用地；同時農地附近之荒地也考慮進行植生種植(Critical Area Planting)，期能進一步減少或控制非點源污染。

　　SWAT 模式模擬 BMPs 之污染削減行為時，並非直接設置 BMP 結構體於模式內，而是藉由調整模式內相關參數，達到模擬 BMP 之污染削減機制。BMP 之參數設定除了參考相關文獻之分析，尚要依各 BMP 功能及現地條件，來規劃 BMP 之設置。以下將依序說明本研究中各 BMP 之設置地點與模式參數設定：(1)草溝保護地表鋪面及抗沖蝕能力相當完善，植生配置設為百慕達草(OV_N 值為 0.45)，設置於茶園或農地中漫地流匯聚成一暫時渠道之地勢低窪處，各子集水區渠道也以植生保護；(2)過濾帶設置於漫地流流經茶園或農地後進入河道前之地勢較平坦之處，研究初始寬度預設為 5 公尺，並逐次增加 5 公尺之過濾帶寬度至 40 公尺以進行污染削減模擬，經比較結果發現，當過濾帶寬度為 15 公尺以上時，泥砂、總氮及總磷之削減率增加程度已趨和緩，並考量土地種植之經濟效益與佔多數的坡地地形限制，故研究選擇過濾帶寬度為 15 公尺；(3)逕流滯留池位置設定為漫地流進入河道前之地段，模式設定此滯

留池為漫地流進入水體前之最後結構體,此外亦可設定該子集水區之漫地流流入滯留池之比例;(4)作物階段種植係指在坡面上沿等高方向築成連續水平或微斜的台階狀耕地,研究設定每一階段之坡度皆為 1.75%。Arabi(2006)[17]建議 USLE_P 參數值應為 0.1,並根據文獻整理之污染去除效率(Vladimir Novotny, 2003)[18],調整 CN2 參數值為初始值之 80%;(5)關鍵區域栽種係針對茶園農地附近的荒地進行百慕達草之植生種植,並考慮種植後地表覆蓋之改變,同時依其土地使用調動 CN2 參數值。SWAT 模式模擬 BMPs 須調整之參數與其調動後參數值彙整如表 1 所示。

表 1　SWAT 模擬五種 BMPs 之參數及建議調動範圍表

BMP 名稱	SWAT 模式參數				
	參數名稱	說明	初始值	調動後參數值	
草溝	CH_COV (.rte)	渠道之地表覆蓋因子	0.37	0	
	CH_EROD (.rte)	渠道之抗沖蝕能力因子	0.31	0	
	CH_N2 (.rte)	渠道之曼寧 N 值	0.014	0.24	
	OV_N (.hru)	漫地流流經區域之曼寧 N 值	0.14	0.45	
過濾帶	FILTERW (.mgt)	過濾帶寬度(公尺)	0	15	
逕流滯留池	POND (.pnd)	滯留池參數設定檔 (Pond input file)	N/A	(1)	
作物階段種植	CN2 (mgt)	SCS 逕流係數 (SCS runoff curve number)	(2)	(3)	
	HRU_SLP (.hru)	HRU 之平均坡度	(2)	0.0175	
	SLSUBBSN(.hru)	HRU 之平均坡長	(2)	(4)	
	USLE_P (.mgt)	通用土壤流失公式之水土保持處理因子(USLE equation support practice factor)	0.98	0.1	

5

表 1　SWAT 模擬五種 BMPs 之參數及建議調動範圍表(續)

BMP 名稱	SWAT 模式參數				
	參數名稱	說明	初始值	調動後參數值
關鍵區域栽種	OV_N (.hru)	漫地流流經區域之曼寧 N 值	0.3	0.45
	CN2 (mgt)	SCS 逕流係數	(2)	(3)
	PLANTS(.mgt)	植生種植參數設定檔	N/A	(5)

資料來源：(Arabi, M., 2006)[17]，(Bracmort, K.S., 2006)[19]，(Ullrich, A., 2009)[20]。

註：(1)　滯留池體積爲子集水區面積(公頃)*250(立方公尺/公頃)，設定地表逕流有 60%會進入滯留池中(范正成等，1999)[21]。

(2)　CN2、HRU_SLP 和 SLSUBBSN 依其土地利用、土壤分類及地形坡度不同而變，並無一固定值。

(3)　CN2 依照 SWAT 手冊與其土地使用類別進行調動，並無一固定值。

(4)　SLSUBBSN 因坡度變動，坡長亦會隨之變動，其調整公式爲 SLSUBBSN=(0.21×S+0.9)×100/S，其中 S 爲各 HRU 調整後之平均坡度(ASAE, 2003)[22]。

(5)　參數設定檔主要設置植生爲百慕達草，並設定施種、施肥及收割等相關設定。

三、結果與討論

3.1　模式檢定與驗證

　　SWAT 模擬翡翠水庫集水區與水庫流量、泥砂、總氮與總磷之檢定驗證分別以效率係數、排序效率係數和判定係數檢視配適度，結果分爲月模擬之檢定(1998 年 1 月至 2002 年 12 月)、月模擬之驗證(2003 年 1 月至 2007 年 12 月)及年驗證(1998 年至 2007 年)，整理如表 2 所示。集水區月流量檢定和驗證之效率係數分別爲 0.97 和 0.54，月泥砂量檢定和驗證之效率係數分別爲 0.91 和 0.33，月總氮經檢定與驗證後，效率係數分別爲 0.57 和 0.66。以上結果說明模式表現良好。然而月總磷之效率係數分別爲 0.41 和 0.15，其結果較不理想，但檢視排序效率係數(0.46)和判定係數(0.30)，加上年模擬效率係數達到 0.48，說明模擬結果仍屬合理。水庫方面，月入流量之檢定與驗證效率係數皆爲 0.97；月總氮之檢定與驗證效率係數分別達到 0.93 和 0.81；而月總磷之效率係

數則分別爲 0.84 和 0.18，但月模擬驗證之排序效率係數則可達 0.70，說明以長期模擬表現而言，總磷結果亦可接受。綜合以上結果顯示，不論是翡翠水庫或集水區，模式在長時間模擬水文與水質之表現均相當合理，可知 SWAT 模式具有模擬集水區長期水文暨水質反應的能力。

表 2　SWAT 檢定驗證結果表

模式輸出		月模擬之檢定			月模擬之驗證			年模擬驗證		
		效率係數	排序效率係數	判定係數	效率係數	排序效率係數	判定係數	效率係數	排序效率係數	判定係數
集水區	流量	0.97	0.98	0.98	0.54	0.97	0.60	0.89	0.90	0.91
	泥砂	0.91	0.96	0.93	0.33	0.81	0.44	0.84	0.88	0.85
	總氮	0.57	0.73	0.64	0.66	0.83	0.69	0.83	0.83	0.99
	總磷	0.41	0.46	0.78	0.15	0.46	0.30	0.48	0.49	0.97
水庫	入流量	0.97	0.97	0.99	0.97	0.99	0.97	0.98	0.98	0.98
	總氮	0.93	0.95	0.94	0.81	0.94	0.84	0.95	0.96	0.99
	總磷	0.84	0.94	0.89	0.18	0.70	0.35	0.25	0.43	0.73

3.2　總最大日負荷規劃

根據甲類水體水質標準中氨氮、硝酸態氮及總磷之濃度，乘上實測水庫入流量，推估出翡翠水庫入流中三種營養鹽十年年平均之最大可承受負荷量(TMDL 值)與 SWAT 模擬翡翠水庫十年年平均三種營養鹽之承載量，彙整於表 3 所示。並依此 TMDL 值且 MOS 和 Future Growth 分別設定爲 1%與 5%之 TMDL，推求點源加非點源污染負荷，計算結果整理於表 4。最後比較模擬水庫現況之負荷與符合 TMDL 要求之負荷，檢視現行之水質狀況是否滿足水質標準(表 5)，結果顯示氨氮與硝酸態氮之模擬負荷量皆低於 TMDL 規劃之負荷量；模擬之總磷現況值則略高於水質標準之負荷量，說明必須設置適當的 BMPs 以削減總磷負荷量的 8.74%，使其能滿足甲類水體之水質標準。

表 3 三種營養鹽之年平均最大負荷量與模式模擬量表

	氨氮(公斤)		硝酸鹽氮(公斤)		總磷(公斤)	
	最大承受量	模式模擬量	最大承受量	模式模擬量	最大承受量	模式模擬量
1998	158353.14	137328.00	15835314.24	1896590	31670.63	33578.40
1999	72073.41	27997.80	7207341.12	1142530	14414.68	16178.79
2000	140167.24	53015.40	14016723.84	1539330	28033.45	31728.30
2001	139815.76	51522.80	13981576.32	1538440	27963.15	29425.25
2002	54257.64	22007.10	5425764.48	897320	10851.53	13049.75
2003	53765.34	20900.60	5376533.76	941740	10753.07	13920.56
2004	111150.66	37019.90	11115066.24	1365200	22230.13	22262.08
2005	130343.30	27915.30	13034329.92	1500300	26068.66	19211.79
2006	91142.24	29012.60	9114223.68	1173660	18228.45	18270.96
2007	124604.87	41874.20	12460487.04	1336030	24920.97	23961.04
年平均	107567.36	44859.37	10756736.06	1333114	21513.47	22158.69

表 4 TMDL 規劃之年平均負荷量分配表

營養鹽名稱	WLA+LA(公斤)	MOS(公斤)	Future Growth(公斤)	TMDL(公斤)
氨氮	101113.32	5378.37	1075.67	107567.36
硝酸鹽氮	10111331.90	537836.80	107567.36	10756736.06
總磷	20222.66	1075.67	215.13	21513.47

表 5 TMDL 規劃之三種營養鹽削減率需求表

營養鹽名稱	模式模擬之 WLA+LA(公斤)	TMDL 規劃之 WLA+LA(公斤)	削減率需求(%)
氨氮	44859.37	101113.32	0.00
硝酸鹽氮	1333114.00	10111331.90	0.00
總磷	22158.69	20222.66	8.74

　　研究選擇非點源污染主要來源之一的茶園為主要設置 BMPs 之區域，同時亦考量集水區中其他農業用地，此外荒地表土裸露易因地表逕流之沖蝕，將附著於泥砂中之營養鹽帶入河道中，故亦需納入考量。因此研究設計三種 BMP 設置方案，方案一為針對集水區內所有茶園用地設置四種 BMPs，包括於茶園設置作物階段種植，減緩茶園之平均坡度；設置草溝於地勢低窪易產生匯流處，以及設置過濾帶於漫地流流經茶園後及進入河道前之地勢較平坦之處，減緩地表逕流並過濾泥砂和營養鹽；最後設置逕流滯留池於河道前之地段，接收流經過濾帶之漫地流，達到滯留之效果。方案二為針對翡翠水庫集水區內所有農業用地，設置上述四種結構性 BMPs。方案三則是除了設置四種 BMPs 於所有農業用地外，並針對農業用地附近荒地實行關鍵區域栽種，將裸露土表處種植百慕達草，以減少地表沖蝕。

　　SWAT 模擬三種 BMP 設置方案之結果如表 6 所示。方案一與方案二之總磷削減率分別為 6.64% 與 8.17%，顯示兩方案均無法達到削減率目標。而方案三之總磷削減率則達到 8.81%，已超過原先設定之削減率(8.74%)，其 WLA+LA(點源加非點源)年平均負荷量為 20206.51 公斤(表 6)亦低於 TMDL 之容許量。因此若選擇第三種方案進行 BMPs 之設置，將可使原先不滿足之水質標準之狀況，在經過 BMPs 削減非點源污染後，始能符合 TMDL 規劃之要求，即水庫水質可滿足甲類水體之水質標準。

表 6　三種方案下總磷之削減率表

	TMDL 規劃之 WLA+LA	方案一	方案二	方案三
總磷年平均負荷量(公斤)	20222.66	20687.35	20348.33	20206.51
削減率(%)		6.64	8.17	8.81

四、結論

　　翡翠水庫係供應大台北地區民生用水的唯一水庫，維護水庫水質的重要性不可言喻。本研究應用集水區尺度非點源模式 SWAT 試研擬翡翠水庫集水區之營養鹽總最大日負荷規劃，並擬定削減污染負荷方案，期維持水庫水質符合甲類水體之水質標準。本次研究所獲結論如下：

1. SWAT 模式檢定與驗證結果顯示，SWAT 對翡翠水庫及其集水區長期的水文與泥砂的模擬結果均相當良好，營養鹽中總磷在驗證時期效率係數與判定係數稍低，但檢視年模擬結果則模式表現有大幅改善，結果說明SWAT 模式具有模擬集水區在不同土地利用、土壤分布與管理作業下長期水文暨水質反應的能力。

2. 翡翠水庫集水區營養鹽之 TMDL 規劃結果顯示，翡翠水庫之氨氮與硝酸態氮負荷皆小於 TMDL 的要求，而總磷負荷(22158.69 公斤)些微超過TMDL 的容許值(20222.66 公斤)。說明水庫水質尚佳，但為了達到甲類水體水質標準，必須削減 8.74%之總磷負荷。

3. 研究模擬五種較適合設置於翡翠水庫集水區內農業用地之 BMPs 包括草溝、過濾帶、逕流滯留池、作物階段種植及關鍵區域栽種。同時擬定三個BMP 配置方案，藉以評估各方案之總磷削減率，期達到削減率 8.74%或以上的目標要求，使能滿足甲類水體水質標準。

4. 三種方案之模擬顯示，方案一在翡翠水庫集水區中所有茶園設置草溝、過濾帶、逕流滯留池及作物階段種植四種複合 BMPs 對總磷可削減 6.64%；方案二則將所有農業用地均設置複合 BMPs，其削減率可達 8.17%；方案三為方案二的措施之外，再加上對農業用地附近荒地實行關鍵區域栽種，總磷量削減率為最高達 8.81%且達到削減目標 8.74%的要求。因此必須選擇方案三的複合 BMPs 設置，始能削減足夠的總磷負荷達到 TMDL 規劃之要求，亦即水庫水質可滿足甲類水體之水質標準。

　　詳盡的總最大日負荷計劃可規劃翡翠水庫集水區內最佳 BMPs 的適當配置和分析污染負荷分佈情形，以達到改善水質，維持符合水質標準的狀態，有

效地控制非點源污染。本研究結果顯示適當的設置 BMPs 後，便可確保翡翠水庫營養鹽符合甲類水體之水質標準。同時研究也顯示從長期模擬不同管理作業在混合土地使用集水區中對水文及水質的衝擊影響角度來看，SWAT 是一個非常合理的集水區尺度模式且是功能十分多樣強大的非點源污染分析管理決策模式，可成爲集水區管理的有效工具。

參考文獻

1. 張尊國、張文亮(2006)，「翡翠水庫水源保護區污染源調查計畫」，行政院環保署委託，國立台灣大學生態工程研究中心執行。

2. 臺北翡翠水庫管理局(2009)，http://www.feitsui.gov.tw/。

3. 林鎮洋、余嘯雷、黃丕陵(2000)，「翡翠水庫集水區規劃之研究」，臺北翡翠水庫管理局委託，國立臺北科技大學土木系執行。

4. 郭鎮維、李建堂(2004)，「翡翠水庫上游集水區水質趨勢分析」，地理學報，第三十八期，第 111-128 頁。

5. Arnold, J.G., Neitsch, S.L., Kiniry, J.R., et al. (2005), "Soil and Water Assessment Tool Theoretical Documentation Version 2005".

6. Maringanti1, C., Chaubey, I., Arabi, M., et al. (2008), "A Multi-Objective Optimization Tool for The Selection and Placement of BMPs for Pesticide Control", Hydrol. Earth Syst. Sci. Discuss., 5, p.1821~1862.

7. Santhi, C., Arnold, J.G., Williams, J.R., et al. (2001), "Validation of The SWAT Model on A Large River Basin with Point and Nonpoint Sources", Journal of American Water Resources Association, Vol. 37, No. 5, pp. 1169-1188.

8. Arabi, M., Govindaraju, R.S., Hantush, M.M., (2007), "A Probabilistic Approach for Analysis of Uncertainty in The Evaluation of Watershed Management Practices", Journal of Hydrology, Vol. 333, No. 2-4, p.459~471.

9. 陳立宗(2009)，「翡翠水庫集水區水文暨水質模擬」，碩士論文，。國立臺北科技大學土木與防災研究所

♦ 10. Nash, J.E., Stucliffe, J.V. (1970), "River Flow Forecasting Through Conceptual Models. Part I - A Discussion of Principles", Journal of Hydrology, Vol. 10, No. 3, p.282~290.

♦ 11. Loague, K., Green R.E. (1991), "Statistical and Graphical Methods for Evaluating Solute Transport Models: Overview and Application", Journal of Contaminant Hydrology, Vol. 7, No. 1-2, p.51~73.

♦ 12. Chung, S.W., Gassman, P.W., Kramer, L.A., et al. (1999), "Validation of EPIC for Two Watersheds In Southwest Iowa", J. Environ. Qual., p.971~979.

♦ 13. Wang, X., Harmel, R.D., Williams, J.R. et al. (2006), "Evaluation of EPIC for Assessing Crop Yield, Runoff, Sediment and Nutrient Losses from Watersheds with Poultry Litter Fertilization", Transactions of the American Society of Agricultural Engineers, p.47~59.

♦ 14. 行政院環境保護署 (1998)，「地面水體分類及水質標準」，http://law.epa.gov.tw/zh-tw/laws/309417667.html.

♦ 15. USEPA (2009), Impaired Waters and Total Maximum Daily Loads, http://www.epa.gov/owow/tmdl/.

♦ 16. Jon M.C. (2008), "Decision Rationale Total Maximum Daily Loads Recreation Use (Bacteriological) Impairments James River - Lower Piedmont Region Watershed Goochland and Fluvanna Counties, Virginia", USEPA, Region III.

♦ 17. Arabi, M., Govindaraju, R.S., Hantush, M.M., et al. (2006), "Role of Watershed Subdivision On Modeling The Effectiveness of Best Management Practices with SWAT", Journal of the American Water Resources Association, Vol. 42, No. 2, p.513~528.

♦ 18. Novotny, Vladimir (2003), Water Quality: Diffuse Pollution and Watershed Management, John Wiley & Sons, Inc., New York, N.Y.

♦ 19. Bracmort, K.S., Arabi, M., Frankenberger, J.R., et al. (2006), "Modeling Long - Term Water Quality Impact of Structural BMPS", Transactions of the ASABE, Vol. 49, No. 2, p.367~374.

♦ 20. Ullrich, A., Volk, M. (2009), "Application of The Soil and Water Assessment Tool (SWAT) to Predict The Impact of Alternative Management Practices on Water Quality and Quantity", Agricultural Water Management, Vol. 96, No. 8, p.1207~1217.

♦ 21. 范正成、張尊國、鄭克聲(1999)，「農業活動非點源污染最佳管理作業規範研究」，行政院環保署委託，國立臺灣大學農業工程學研究所執行，EPA-88-U1G1-03-007。

♦ 22. ASAE (American Society of Agricultural Engineers) (2003), "Design, Layout, Construction, and Maintenance of Terrace Systems", ASAE Standards S268.4.

5

5 石門水庫集水區非點源污染之管理策略研擬

 ## 摘　要

　　石門水庫位於臺灣北部之大漢溪上游是一個包括灌溉、發電、給水、防洪及觀光等功能之多目標功能的水庫，近年來該集水區面臨關鍵性的兩大問題：集水區蓄水量不足與水源水質逐年惡化，因之，集水區非點源污染之管理關係到水質的問題也越顯重要。石門水庫總集水面積為 763.4 平方公里，經調查石門水庫集水區之污染負荷以總磷為例，約為 36628kg/年，其中非點源污染佔90.8%，此污染負荷顯示於集水區各支流及水庫庫區之水質檢測結果，部份時段之總磷含量超過乙類水質標準(0.05mg/L)。為保護水庫水質，本研究經採用WASP 模式進行水庫集水區涵容能力分析，並進行情境分析及研擬管理策略以供管理單位參考。

關鍵詞：集水區、非點源污染、總磷

[1] 陳淑貞　農業工程研究中心高級研究助理
[2] 方文村　農業工程研究中心副研究員兼秘書
[3] 簡傳彬　農業工程研究中心副研究員兼組長

Abstract

The Shihmen Reservoir which locates at the Tahan Creek of the northern Taiwan, is of multiple functions, including irrigation, power generation, domestic utilization, flood control and sight-seeing. The catchment in recent years is facing two major crucial problems: insufficient water storage and deteriorating water quality.Therefore, the management of non-point source pollution over the catchment which is related to water quality is becoming important.The catchment area for the Shihmen Reservoir is 763.4km^2. Field investigation shows that pollution load over the catchment of the Shihmen Reservoir for total phosphorous (TP) is about 36,628kg/year in which non-point source pollution shares 90.8%.The field investigation over the tributary streams and reservoir lake area reveals the pollution load.The TP concentration at partial duration was over the Water Quality Standards of Category II(0.05mg/L). For preserving water quality from deteriorating, this study adopted WASP model to process the analysis for conservation ability of the reservoir catchment. The analyses of the scenarios and the drafting of management strategy are provided to the related government agencies for references.

Keywords：Catchment Area, Non-Point Source Pollution, Total Phosphorous

 # 一、前言

臺灣北部地區大漢溪上游之石門水庫為台灣第三大水庫，石門水庫為一具有灌溉、發電、給水、防洪及觀光等功能之多目標水庫，興建初期，由於臺灣經濟尚以農業為主，故以灌溉為其主要功能。爾後政府分期實施建設計畫，工業快速成長，同時生活用水需求量因人口快速增加而急速成長。此外，位於石門水庫下游之臺北盆地為臺灣地區政經中心，對水庫防洪功能之要求亦高。四十多年來，石門水庫對北部地區農業、工業發展，人民生活水準之提高，以及防止旱澇均有重大貢獻。

然而石門水庫集水區近年來慢慢面臨一些問題，比較關鍵性的兩大問題是集水區蓄水量不足與水源水質逐年惡化。近年來相關單位已有研究觀察到石門水庫局部優養化現象，為維護水庫水源水質免遭污染及防止水質繼續惡化，北區水資源局積極推動水質改善相關措施，期能藉由水質調查監測建立完善的水質管理系統，了解目前水庫水質現況及未來水質管理的目標，以保障民眾飲用水品質的安全及水資源的永續利用。

來自水庫集水區中之林地、農田、果園、養殖漁業及社區等污染負荷超過河川及水庫之自淨能力時，水庫將會發生優養化的現象。近年來，在石門水庫集水區，由於社會環境的變遷和土地利用改變，使得果園排水及社區排水等皆流入水庫，使水庫水源之營養鹽增加，造成水庫優養化。

水庫污染來源，依排入水庫之方式可分為點源污染和非點源污染，以總磷為例，經調查石門水庫集水區總磷之污染負荷約為 36,628kg/年，其中非點源污染約佔 90.8%，此污染負荷顯示於集水區各支流及水庫庫區之水質檢測結果，部份時段超過乙類水質標準(0.05mg/L)，為維護水庫水質，本研究經採用WASP 模式進行水庫集水區涵容能力分析，並進行情境分析以研擬管理策略供管理機關參考。

 ## 二、文獻回顧

水庫集水區內之水質變化，受人為活動、土地利用、氣象及水文事件等因素之影響，為評估水庫集水區水質變化之機制，國內外相關研究多採用非點源污染模式進行水質模擬，經率定驗證後之之水質模式具有一定程度之準確性，並可設定不同的條件進行模擬，以提供污染源控制管理之決策參考。

目前常用之水質模式類型，依空間維度可區分為零維、一維、二維、三維等，考量模式建立之效率、模擬結果之精確度、輔助決策規劃等因素，並因應工作執行需求選用合適之模式；一般而言，零維模式可作為初步模擬水質濃度之工具，如區域之資料充足，可採用三維模式作為較精確之水質模擬評估機制，以應用於計畫區域長期之水質模擬及預測工作。

　　近年來，國內外學者或相關單位為進行水體水質污染防治，分別建立適用之水質模式，使得水質模式之應用更為廣泛，常見之水質模式比較詳如表1：

表 1　國內水質模式比較表

模式名稱	適用水體	定常態或動態模擬	計算維度	可模擬之污染物
QUAL2E、K	非感潮河川	定常態或擬動態	一維	DO、BOD、藻類、有機氮、氨氮、亞硝酸鹽氮、有機磷、溶解磷、大腸桿菌
WASP	河川、水庫、湖泊、感潮河段及海口	動態	三維	氨氮、硝酸鹽氮、無機磷、浮游生物、有機氮、DO、BOD、毒性物質
HSPF	河川、水庫	動態	一維	DO、BOD、毒性物質、養分
ESTUARY	感潮及非感潮河川	定常態	一維	DO、BOD、氯鹽
STREAM	非感潮河段	定常態	一維	DO、BOD
HAR03	感潮及非感潮河川	定常態	三維	DO、BOD、氯鹽
RECEIV-II	感潮及非感潮河川	動態	二維	DO、BOD、養分、藻類
WQRPS	河川、水庫	動態	一維	DO、BOD、養分、藻類
Link-Node	感潮河川及海口	動態	二維	DO、BOD、藻類、養分
QUAL-II	非感潮河川	定常態	一維	BOD、DO、養分、藻類

資料來源：劉格非、蒲子超，1998；USEPA1，2003；黃聖授，2000；吳芳池，2003；張秀琴，2003。

　　比較上述 10 種水質模式之適用水體、定常態或動態模擬、計算維度及可模擬之污染物等，其中以 WASP 模式具有模擬多種水質污染物之三維動態模式，較適合於水庫使用。該模式為美國環境保護署所發展，不僅可應用於溫帶或亞熱帶地區湖泊之水質預測與污染負荷推估模式，且曾應用於台灣地區水庫之水質模擬與推估石門水庫之污染傳輸情形，為一個較佳的水庫水質模式。

在台灣地區，已有很多的水質改善與優養化評估之調查與研究使用 WASP 模式模擬湖泊水庫之水質變化，例如德基水庫(郭振泰、楊德良，1986)、鳳山水庫(郭振泰等，1989)、翡翠水庫(郭振泰、吳俊宗，1990)、曾文水庫(駱尚廉等，1992)等。WASP 之模擬結果與實測水質之比較一般尚稱良好(駱尚廉等，1993)。

對於石門水庫之水質模擬，桃園縣環境保護局於 1999 年進行飲用水水源水質保護工作計畫中，曾經使用 WASP 模式，並依據環保署既有水質測站之位置及各集水區之特性，以水平一維之水體分割，將水庫切割為七個格點，自模擬起點至壩頂，模擬長度約 10.5km。其模擬結果與環保署於 1996 年以零維模式推估之水庫總磷涵容能力相當接近(桃園縣環境保護局，2000)。

由於任何水質之模式皆有其地域性，需要利用已蒐集之水文、水質歷史資料以及邊界條件等，進行模式參數及係數率定，水質模式之率定係依據所蒐集及推估之資料，並參考模擬之結果以及各研究單位所提出之各項反應速率常數及各種參數值作為輸入資料，再與實際採樣值做比對，以率定各參數與係數。

WASP 模式之水質模擬項目包括溶氧、生化需氧量、氨氮、亞硝酸氮及總磷等，應用於台灣之河川及水庫之研究均有非常成功的案例(郭振泰、楊德良，1986；郭振泰等，1989)，對於懸浮固體之模擬，雖然使用手冊上並未明列，且目前在國內較少使用 WASP 進行模擬，但在國外，有許多成功案例(Robert B. Ambrose, Jr. and Tim A. Wool, 2001)。因此以 WASP 模擬研究水庫之懸浮固體及總磷等水質傳輸項目為良好之選擇。

三、研究區域概述

石門水庫集水區(以下簡稱研究區域)屬淡水河系上游之大漢溪流域，位於桃園縣大溪鎮、龍潭鄉、復興鄉及新竹縣關西鎮、尖石鄉與宜蘭縣大同鄉，集水面積 763.4km²，水庫滿水位標高 245m，水庫滿水位面積 8km²，2008 年水庫有效容量約為 2.2 億 m³，石門水庫集水區範圍如圖 1 所示。

圖 1 石門水庫集水區範圍圖

3.1 地形

　　石門水庫集水區之地形，除羅浮西北端為低緩之丘陵地外，其餘大部分為山岳地帶，地勢起伏由海拔 135 公尺(石門水庫壩址)變化至 3,500 公尺，以南端之品田山 3,529 公尺為最高，全區地形自東南向西北傾斜，呈南北向之狹長腰形。區域內，坡度小於 30%之緩坡地約占集水區之 10.2%，坡度為 30~55%之區域約占集水區之 29.3%，其餘坡度大於 55%之區域，約占集水區之 60.5%(林昭遠，2004)，石門水庫集水區主要可分為兩大地形區，分別是雪山山脈及西部麓山帶地形區，兩地形區以屈尺斷層為界，在集水區內則由水車寮至復興延至阿姆坪一線為分界。

3.2 水系

　　石門水庫集水區內河川水系以大漢溪為主，上游主要支流包括泰崗溪、霞雲溪、三光溪、白石溪及玉峰溪等，總長約 352.63km，泰崗溪發源自品田山北麓及大壩尖山之間，流向東北轉向西北，經鎮西堡至控溪，與源出大壩尖山

北麓之白石溪匯合北流，經田埔、玉峰後復轉向東北，於三光、蘇樂之間，與發源於宜蘭梵梵山北麓之三光溪會合，再向北流，分別匯納卡溪於蘇樂東方、黑白庫溪於高義、匹亞溪於榮華、色霧鬧溪於色霧鬧、高坡溪於高坡、義盛溪於羅浮對岸。

　　上述河段因穿透堅硬砂岩層，遂形成兩岸峭崖壁立之狹長河谷；在羅浮附近，匯納霞雲溪之後，突轉向西，河谷漸寬，主流經此河曲部，注入廣大之砂頁岩緩斜坡，形成廣闊之河道，自角板山附近，又納匯奎輝溪、三民溪、高翹溪、湳仔溝溪等支流，形成水庫主要之蓄水區域。

3.3　氣象水文

　　石門水庫集水區內共有 16 個雨量測站，分別爲西丘斯山、嘎拉賀、石門、巴陵、玉峰、高義、白石、池端、鎮西堡、霞雲、長興、復興、三光、秀巒、鞍部及十一份等。歷年總平均雨量約爲 2,350mm，每年之雨季由 5 月至 9 月，主要雨量來源包括颱風、熱帶性低氣壓帶來之豪雨及西南氣流造成之雷陣雨；全年溫度約在 12~26℃之間，年平均溫度約 20℃，濕度約在 80%~88%之間，全年濕度並無明顯變化。

　　石門水庫集水區內各雨量測站以池端站之降雨量較高，最大年降雨量爲 2001 年池端站之 5,459mm，最小年降雨量則爲 2003 年秀巒站之 908mm。以每年 5~10 月爲豐水期，11 月至次年 4 月爲枯水期，依 2000 年至 2007 年之降雨量資料統計，豐枯比爲 0.76：0.24。豐水期通常爲颱風活動頻繁季節，經查詢中央氣象局 TDB 防災颱風資料庫網頁系統之歷年颱風資料，上述各年度豐水期之月雨量超過 1,000mm 分別爲 2001 年納莉颱風、2004 年艾利颱風、2005 年 8 月馬莎及泰利颱風所致。

3.4　地質與土壤

　　依據中央地質調查所(2003)出版之二十五萬分之一臺灣數值地質圖，石門水庫集水區出露之岩層大部分爲沉積岩及輕度變質岩，岩層之時代可劃分爲古

第三紀及新第三紀。古第三紀岩層曾經輕度變質，可稱為變質岩，新第三紀岩層雖然經過造山運動，但無變質現象，仍為標準之沉積岩。

石門水庫集水區內西北部丘陵地為黃棕色紅壤。由於冷濕之廣大山區，最適合土壤灰化作用之進行，且因地勢陡峭，又多風雨，表層沖蝕劇烈，故區內大部分山地土壤為石質土。僅鳥嘴山、高坡、金面山、奎輝、長興等山岳、丘陵交界區，化育成紅黃色灰壤土，各河岸段丘面及山谷緩坡，則多屬沖積土，至於黑色基性岩土，僅見於玄武岩所組成之陡坡。

四、模式參數率定及驗證

因為降雨的時空變化大，且非點源污染之水質、水量資料的調查不易。使得非點源污染量的推估在準確度上也相對較低。以數學模式模擬非點源污染物的傳輸及流動也不容易，往往需同時考慮降雨─逕流過程(水文模式)、集水區污染物傳輸模式、河川水力模式(變量流)及河川水質模式(物質平衡)，模式的參數多，模式的率定、驗證均不容易。

水質模擬結果之準確性，必須藉由模式之參數率定與驗證之過程以提升其可信度。率定方式是調整每項有關之參數，使模擬結果與實測資料最為接近；驗證方式是利用率定結果之參數值，進行連續性之模擬，使模擬結果亦能接近實測資料值。正確可靠的率定及驗證，必須基於完整的資料蒐集，配合長時間觀測資料的率定，才能表達出適當物理行為。率定與驗證之程序，首先為水文模擬，其次為為水質模擬，亦即，要有好的水質模擬結果，需先有良好的水文模擬基礎。本研究將依據以往之文獻或實測資料估算各項水質參數之可能性。

為模擬石門水庫集水區內不同地點之水質變化情形，先將石門水庫上游集水區劃分為 7 個子集水區(如圖 2)。

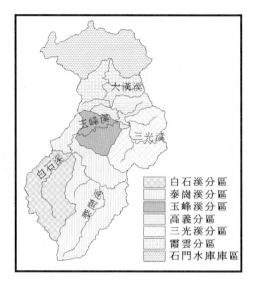

圖 2　石門水庫集水區子集水區分割圖

　　目前 2005~2006 年之水質率定結果如圖 3 至圖 5 所示。為了解實測值與模擬結果之差異，以及模式在應用上之可靠度，可利用絕對平均誤差值(AME)及均方根誤差(RMSE)來進行分析。AME(Absolute Mean Error)係絕對值之平均誤差，定義為若干年模擬與實測值差異的絕對值，再取其平均值；RMSE(Root Mean Square Error)係均方根誤差，為若干年模擬值與實測值差異的平方之平均，再取其開根號均值，表 2 及表 3 為水質模擬之率定與驗證結果之 AME 及 RMSE 值。AME 及 RMSE 值之計算結果，以愈小為愈佳；一般而言，在 95% 信心水準下，其值如較 1.96 倍標準差為小即符合檢定或驗證之標準，本計劃之率定結果由表中顯示均低於 1.96 倍之標準差，故代表率定及驗證結果良好。

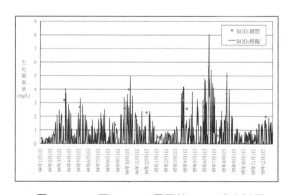

圖 3　2005 至 2006 年霞雲站 BOD 率定結果

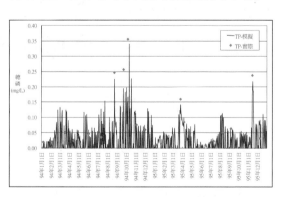

圖 4　2005 至 2006 年霞雲站總磷率定結果

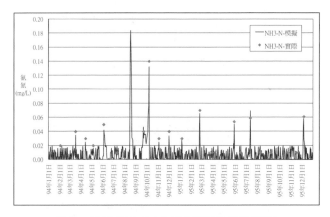

圖 5　2005 至 2006 年霞雲站氨氮率定結果

表 2　實測值與模擬值之 AME 與 RSME(2005~2006 年)

水質項目	AME	RMSE	標準差	1.96 倍標準差
BOD(mg/L)	0.429	0.643	1.395	2.734
氨氮(mg/L)	0.028	0.048	0.096	0.188
總磷(mg/L)	0.103	0.263	0.341	0.668

表 3　實測值與模擬值之 AME 與 RSME(2007 年)

水質項目	AME	RMSE	標準差	1.96 倍標準差
BOD(mg/L)	0.961	1.182	1.690	3.312
氨氮(mg/L)	0.010	0.016	0.017	0.033
總磷(mg/L)	0.066	0.138	0.131	0.257

五、環境涵容能力分析

5.1　涵容能力定義

環境涵容能力研析為污染量削減及控制工作中重要的一環，其目的在了解水體環境為符合某特定之水質標準時，所能容納之最大污染負荷量，以作為研擬污染削減及控制方案之參考。環境涵容能力與其背景污染量、水體水質標

準、流量、流速、水溫及污染源排入水體之污染負荷有關。本研究採 WASP 模式進行涵容能力研析。

在有限空間及資源下，如何避免負荷過飽和及獲取最大的利益一直是人類追求的目標，過去不論是涵容能力、環境容量、生態足跡或人類負荷等研究，其目的都在界定環境所可忍受或可承受的極限範圍，以作為人類活動程度的界限。涵容能力在不同目標下其定義也有所不同，依水污染防治法的定義，涵容能力為在不妨害水體正常用途的情況下，水體所能涵容污染物的量。

5.2　涵容能力推估方式

本研究首先就石門水庫集水區之相關基本資料進行蒐集，並依規劃之整體資料庫架構加以建檔，包括水系、土地利用、水文、水質、人口分布、整治計畫等資料，並進行各項污染源定位建檔及整合其污染量資料，以確實掌握現況並可作為後續各項分析之用。另依前節所建立之水質模式，進行涵容能力分析，以預估各項管制措施之污染削減量，進而評估各管制方案之水質改善程度，期能達成預定目標。

目前已蒐集石門水庫集水區 2003~2008 年雨量站資料及各監測站點 2003~2008 年之水質監測資料包括總磷、懸浮固體、氨氮、生化需氧量及硝酸鹽氮等。並進行集水區劃分、河段切割等作業，運用 BASINS 輔助系統進行污染量之推估，進而掌握其污染源之分布現況。經過各項資料分析、參數率定、驗證後，以確認水質模式之可用性，進而據以分析涵容能力作為擬訂管制策略之參考。其後針對其污染源特性及參考現有相關單位之政策，擬定各污染削減方案，並經模式評估其可達成之目標，即可擬定污染量削減及控制之策略及措施，水庫涵容能力計算方式如圖 6。

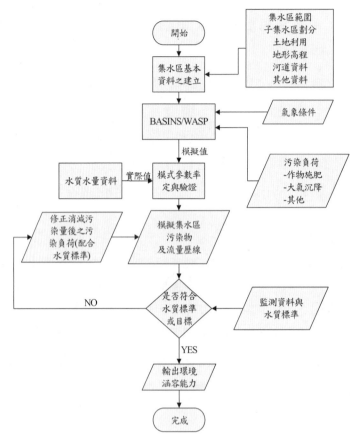

圖 6　水庫涵容能力計算流程圖

5.3　涵容能力之推估結果與討論

　　本研究初步模擬推估結果，秀巒站之總磷負荷量為 3,952kg/yr，霞雲站之總磷負荷量為 30,486kg/yr。參考中華大學 2003 年「石門水庫水質監測、水域生態環境及非點源污染之調查研究計畫」，其推算之霞雲站總磷負荷量 28,594kg/yr，比較上述各項結果大致相近。

　　若以甲、乙類水體為石門水庫涵容能力之標準，其總磷之水質標準甲類需在 0.02mg/L 以下，乙類需在 0.05mg/L 以下，依圖 8 將 WASP 模式中輸入資料之污染負荷值予以修正，再重新進行模擬演算可獲得甲、乙類水體標準之涵容能力如表 4 所示，各子集水區之污染負荷如表 5 所示。

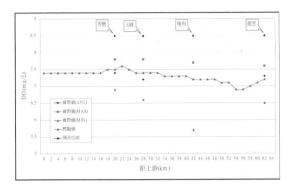

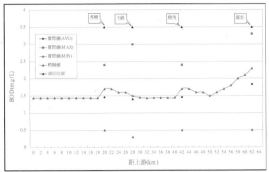

圖 7　石門水庫集水區 DO 模擬值空間分布圖　　　圖 8　石門水庫集水區 BOD 模擬值空間分布圖

表 4　總磷涵容能力推估成果表

測站	涵容能力(kg/yr)	
	符合甲類水體水質標準	符合乙類水體水質標準
秀巒	2,371	3,320
霞雲	18,292	25,608

表 5　石門水庫各子集水區(7 個子集水區)總磷涵容能力評估表

項次	子集水區	面積(ha)	現況總磷含量 mg/L	乙類水體		甲類水體	
				水質標準 mg/L	總磷削減量 mg/L	水質標準 mg/L	總磷削減量 mg/L
2	霞雲	7,948.2	0.12	0.05 以下	0.07	0.02 以下	0.10
3	高義	3,906.6	0.08		0.03		0.06
4	三光溪	10,398.2	0.09		0.04		0.07
5	玉峰溪	5,396.0	0.08		0.03		0.06
6	泰崗溪	22,002.8	0.03		—		0.01
7	白石溪	11,936.7	0.03		—		0.01
合計		61588.5 ha(未包括石門水庫庫區之子集水區)					

註：＂─＂表示污染量符合水質標準。

5.4 水質風險評估

　　由上游發源地為起點，以 2km 為單位劃分計畫區域內河段為 32 個區間，分別比較各區間之水質模擬結果與甲類/乙類水體水質標準差異，模擬結果若超過甲類/乙類水體水質標準，該區間風險積分則以「1」表示，反之風險積分則以「0」表示，可得現況水質風險積分如表 6。表中顯示所有河段 BOD 及 TP 均已超過甲類水體水質標準，長期水質改善應依此二項污染特性進行規劃。將模擬結果與乙類水體水質標準相比較，28km 以下河段之總磷超過乙類水體水質標準，可推斷總磷為計畫區域主要之營養鹽污染，水質改善之順序應以總磷為優先。

　　由上游發源地為起點，以 2km 為單位劃分計畫區域內河段為 32 個區間，分別比較各區間之水質模擬結果與甲類/乙類水體水質標準差異，模擬結果若超過甲類/乙類水體水質標準，該區間風險積分則以「1」表示，反之風險積分則以「0」表示，可得現況水質風險積分如表 6。表中顯示所有河段 BOD 及 TP 均已超過甲類水體水質標準，長期水質改善應依此二項污染特性進行規劃。將模擬結果與乙類水體水質標準相比較，28km 以下河段之總磷超過乙類水體水質標準，可推斷總磷為計畫區域主要之營養鹽污染，水質改善之順序應以總磷為優先。

表 6　石門水庫上游河段現況水質風險積分表

距上游 (km)	DO		BOD		TP		SS	
	與甲類水體比較	與乙類水體比較	與甲類水體比較	與乙類水體比較	與甲類水體比較	與乙類水體比較	與甲類水體比較	與乙類水體比較
2	0	0	1	0	1	0	0	0
4	0	0	1	0	1	0	0	0
6	0	0	1	0	1	0	0	0
8	0	0	1	0	1	0	0	0
10	0	0	1	0	1	0	0	0

表 6　石門水庫上游河段現況水質風險積分表(續 1)

距上游 (km)	DO		BOD		TP		SS	
	與甲類水 體比較	與乙類水 體比較	與甲類水 體比較	與乙類水 體比較	與甲類水 體比較	與乙類水 體比較	與甲類水 體比較	與乙類水 體比較
12	0	0	1	0	1	0	0	0
14	0	0	1	0	1	0	0	0
16	0	0	1	0	1	0	0	0
18	0	0	1	0	1	0	0	0
20	0	0	1	0	1	0	0	0
22	0	0	1	0	1	0	0	0
24	0	0	1	0	1	0	0	0
26	0	0	1	0	1	0	0	0
28	0	0	1	0	1	1	0	0
30	0	0	1	0	1	1	0	0
32	0	0	1	0	1	1	0	0
34	0	0	1	0	1	1	0	0
36	0	0	1	0	1	1	0	0
38	0	0	1	0	1	1	0	0
40	0	0	1	0	1	1	0	0
42	0	0	1	0	1	1	0	0
44	0	0	1	0	1	1	0	0
46	0	0	1	0	1	1	0	0
48	0	0	1	0	1	1	0	0
50	0	0	1	0	1	1	0	0
52	0	0	1	0	1	1	0	0

5

表 6　石門水庫上游河段現況水質風險積分表(續 2)

距上游 (km)	DO		BOD		TP		SS	
	與甲類水 體比較	與乙類水 體比較	與甲類水 體比較	與乙類水 體比較	與甲類水 體比較	與乙類水 體比較	與甲類水 體比較	與乙類水 體比較
54	0	0	1	0	1	1	0	0
56	0	0	1	0	1	1	0	0
58	0	0	1	1	1	1	0	0
60	0	0	1	1	1	1	0	0
62	0	0	1	1	1	1	1	1
64	0	0	1	1	1	1	1	1
積分	0	0	32	4	32	19	2	2

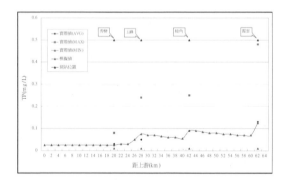

圖 9　石門水庫集水區 TP 模擬值空間分布圖

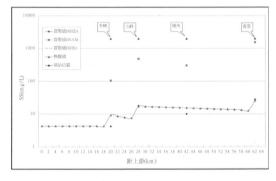

圖 10　石門水庫集水區 SS 模擬值空間分布圖

 # 六、管理策略研擬

　　本研究經運用 WASP 模式以模擬石門水庫集水區之水質情況，並分別採用甲類及乙類水體水質標準以評估水質涵容能力，結果顯示石門水庫集水區內現況總磷含量，在部分時段與空間，已超過水質涵容能力，需針對集水區規劃污染削減措施或土地利用管理以保育石門水庫水資源。

　　針對石門水庫集水區之水質保育管理，由於集水區內之管理單位包括水利署、林務局、水土保持局及原住民委員會等單位，依據相關法令，各單位均已有其職掌，為利作業協調，建議以水利署北區水資源局為統籌單位，負責整體規劃協調工作。水質保育目標在維持既有水質水準下，初期目標係針對不符合乙類水體水質標準之集水區，以總量管制為原則，進行污染削減。中長期以符合甲類水體為目標。整體管理策略針對集水區採總量管制及分級分區管理，建立長期水質水量監測管理系統，及執行非點源污染最佳管理作業(BMP's)，考量石門水庫集水區之自然及人為活動特性，同時參考過往相關研究成果與各項BMP's特性，彙整水質綜合保護策略及措施如表7。

表7　石門水庫集水區水質綜合保護策略及措施表

對象	策略	措施
水庫蓄水範圍	底泥溶出負荷削減	底泥浚渫
		深層曝氣
	水庫水源淨化	植生淨化與污水處理
		保護帶及濕地設置
		污染負荷放流管制
河川	河川水質淨化	河川水質自然淨化工法
		植生淨化
		保護帶及濕地設置
		植草帶
	河床底泥溶出負荷削減	河道浚渫
集水區	點源污染負荷削減	污水處理(含現地處理及處理場)
		土地利用規劃及管制
		放流水管制
	非點源污染負荷削減	保護帶及濕地設置、施肥管理
		崩塌地保育、植生復育、森林保育
		限制開發或禁止開發

依據 2003~2008 年水質檢測資料顯示，集水區河段水質有 79%未達公告甲類水體，14%未達公告乙類水體；水質超過標準之比例及主要發生時間，BOD為 67.5%及歷年之 3~6 月；總磷為 65.7%及歷年之 3~5 月、8~11 月。其中2003~2008 年之總磷平均濃度約為 0.037mg/L，部分時段已符合乙類水體水質標準，然欲達成甲類水體水質標準 0.02mg/L，仍需主關機關及民眾之配合與努力。由於總磷污染量有 90.8%來自非點源污染，初步建議之水質優養化控制策略如表 8。

表 8　計畫區域水質優養化控制建議策略表

屬性	建議策略	削減營養鹽方式
結構性	大型村落興建污水下水道	現地處理
	小型村落興建現地淨化設施	現地處理
	設置草帶、滯留池等 BMPs	現地處理
	農業回歸水回收利用	來源控制
	水土保持及林地復育	來源控制
非結構性	指導農民控制施肥量	來源控制
	取締非法釣魚	來源控制
	控制集水區交通流量	來源控制
	於水體周圍規劃保護帶	現地處理
	土地利用管理	來源控制

 # 七、結論與建議

本研究以 WASP 模式進行石門水庫集水區涵容能力之推估，考量石門水庫集水區之水質檢測結果，於部份時段石門水庫上游河川及水庫庫區之總磷含量已超過乙類水體標準，經由資料蒐集顯示，其主要污染來源屬非點源污染，再經由情境模擬，研擬相關管理策略。

　　針對石門水庫集水區之水質保育管理，由於集水區內之管理單位包括水利署、林務局、水土保持局及原住民委員會等單位，依據相關法令，各單位均已有其職掌，為利作業協調，建議以水利署北區水資源局為統籌單位，負責整體規劃協調工作。水質保育目標在維持既有水質水準下，初期目標係針對不符合乙類水體水質標準之集水區，以總量管制為原則，進行污染削減。中長期以符合甲類水體為目標。整體管理策略包括集水區採總量管制及分級分區管理，建立長期水質水量監測管理系統，及執行非點源污染最佳管理作業(BMP's)等。

謝誌

　　本研究承蒙農業工程研究中心部分經費的補助，經濟部水利署、經濟部水利署北區水資源局、京華工程顧問公司、清雲科技大學提供相關資料，使本研究得以完成，謹致謝忱。

5

參考文獻

- 1. 中華大學水域生態環境研究中心(2003)，「石門水庫水質監測、水域生態環境及非點源污染之調查研究(一)」，經濟部水利署北區水資源局研究報告。

- 2. 中華大學水域生態環境研究中心(2004)，「石門水庫水質監測、水域生態環境及非點源污染之調查研究(二)」，經濟部水利署北區水資源局研究報告。

- 3. 中華大學水域生態環境研究中心(2005)，「石門水庫水質監測、水域生態環境及非點源污染之調查研究(三)」，經濟部水利署北區水資源局研究報告。

- 4. 王智益(2000)，「BASINS 及 CE-QUAL-RIV1 應用於非點源污染傳輸設計流量之研究」。

- 5. 余岱璟(2002)，「石門水庫水質模擬與水理探討」，中央大學土木工程學研究所碩士論文。

♦ 6. 唐太山(2001)，「曾文水庫二維水理水質之模擬與風險分析」，台灣大學土木工程學研究所碩士論文。

♦ 7. 國立台灣大學(2006)，「石門水庫水質監測、水域生態環境及非點源污染之調查研究(一)」，經濟部水利署北區水資源局研究報告。

♦ 8. 國立台灣大學(2007)，「石門水庫水質監測、水域生態環境及非點源污染之調查研究(二)」，經濟部水利署北區水資源局研究報告。

♦ 9. 國立台灣大學(2008)，「石門水庫水質監測、水域生態環境及非點源污染之調查研究(三)」，經濟部水利署北區水資源局研究報告。

♦10. 章瑜蓓(2004)，「二維水質模式之參數校正分析」，中央大學水文科學研究所碩士論文。

♦11. 葉齡云(2005)，「應用 BASINS 模式於非點源污染傳輸之模擬—以石門水庫為例」，台灣大學土木工程學研究所碩士論文。

♦12. 農業工程研究中心(1990a)，「高台—石門水庫水質調查研究」。

♦13. 農業工程研究中心(1990b)，「高台—石門水庫藻類調查研究(一)」。

♦14. 農業工程研究中心(2000)，「石門水庫水質調查監測及水質管理系統之研究(一)」。

♦15. 農業工程研究中心(2001)，「石門水庫水質調查監測及水質管理系統之研究(二)」。

♦16. 農業工程研究中心(2002)，「石門水庫水質調查監測及水質管理系統之研究(三)」。

♦17. 謝文雄(2003)，「水庫水位激烈變化下之水理水質模擬」，中央大學水文科學研究所碩士論文。

6 林內淨水場原水濁度與濁水溪流域水文特性之相關性分析

 ## 摘 要

　　台灣在暴雨或颱風期間，逕流所挾帶的大量泥砂會造成河川及水庫之濁度大幅提高，導致以之為水源的淨水場處理設備負荷升高，嚴重將使之被迫減量供水，甚至關場停水。河川原水濁度的高低及影響時間的長短，主要會受其上游集水區之水文及地文特性所影響；因此，若能夠找出上述影響因子與高濁度的原水事件發生的強度及延時之間的關係，應可以幫助淨水場擬定或改善其緊急應變計畫。本研究背景為濁水溪流域內的林內淨水場，蒐集暴雨事件發生時，上游集水區之雨量、逕流、原水濁度的資料，主要目的是要分析集水區水

[1] 張嘉玲　逢甲大學水利工程與資源保育學學系助理教授

[2] 駱尚廉　國立台灣大學環境工程學系研究所教授

[3] 胡景堯　台北醫學大學公共衛生學系助理教授

[4] 王羚宣　逢甲大學水利工程與資源保育學學系研究助理

[5] 馬家驥　經濟部水利署正工程司

文特性與淨水場原水濁度之相關性。本研究以傳統統計方法，進行降雨、逕流與淨水場原水濁度之相關性分析，發現集水區水文特性與淨水場原水濁度之線性相關性極低。然而，本研究採用倒傳遞類神經網路模式加以分析，由分析結果可知，倒傳遞類神經網路可有效建立降雨、逕流與原水濁度間的相關性，集水區水文特性與淨水場原水濁度間存在中高度非線性相關性。

關鍵字：水文、濁度、淨水場、相關性分析

Abstract

Typhoon usually attacks Taiwan in summer season. Heavy rainstorm can result in landslides and debris flows, which threaten the local environment and citizens' lives. In addition, high turbidilty water would impact water treatment plants and increase the uncertainty of water supply. This study applied traditional statistical method and Back-Propagation Network (BPN) model to assess the relationship between turbidity in the Linnei water treatment plant and the properties of hydrologic environment in the Cho-Shui River Basin. The result shows that a non-linear relationship exists between rainfall, runoff and turbidity. Water treatment plants can create strategies to deal with a emergency resulted from high turbidity water and improve the water supply system according to an early prediction system of turbidity.

Keywords：hydrologic environment; turbidity; water treatment plant

 # 一、前言

台灣地區屬於亞熱帶氣候區，雨量豐沛，因地形以中央山脈為主要分水嶺，其東西走向趨勢，造成河流東短西長，且有河身短、坡度大、水流湍急等特徵的限制。以全台灣的降雨量來說，雨量大都以梅雨季及夏季為主[農田水利處(2007)]，基本上以 5 月至 10 月為豐水期，11 月至 4 月為枯水期；水量豐枯懸殊，豐水期水流量及輸砂量大；尤其當颱風季節來臨，常氾濫成災，但枯水時期又呈荒溪型態，面臨缺水情形。在發生暴雨或颱風時，暴雨逕流會挾帶

大量泥砂流入河川、水庫，使得以之爲水源的淨水場原水濁度大爲提高；淨水廠的濁度抬高會造成水場處理的效率大爲降低，使得淨水場不得不對供水地區提出各別減量供水的要求，甚至全區停水的限制，淨水場供水不穩定的狀況，將造成民眾的困擾，人民生活品質也受到影響。

河川原水之濁度的高低及影響時間的長短，主要會受其上游集水區之雨量、延時、坡度、土地利用情況及集水區特性所影響。若能夠找出上述影響因子與高濁度的原水事件發生的強度及延時之間的關系，應可以幫助淨水場擬定或改善其緊急應變計畫。本研究將以中部林內淨水場爲研究對象，主要蒐集暴雨事件發生時的淨水場濁度資料，以及淨水場上游集水區之雨量、逕流等水文資料。本研究將以傳統統計方法，分析淨水場原水濁度與上游水文特性因子之線性關係，並將應用其他非傳統之預測模式，分析淨水場原水濁度與上游水文特性因子之非線性相關性，以期確實掌握及瞭解淨水場原水濁度與上游集水區水文環境特性之變化趨勢及相關性。

二、研究背景

2.1　集水區水文特性與原水濁度之相關性

由於非點源污染中泥砂產出量爲主要考慮之污染項目之一，而降雨特性更是直接影響土壤沖蝕，進而造成非點源污染產出量之變化，[Dijk et al.,(2002)]曾整理過去探討降雨特性與土壤沖蝕相關性之文獻，並提到降雨特性分析對於土壤沖蝕之預測相當重要。此外，在水環境研究之領域，亦已證實降雨時間與空間分佈、降雨遷移及降雨強度與延時等因素，確實會影響土壤沖蝕量及非點源污染量，進而影響水體濁度[Watts and Calver (1991); Faures et al., (1995); Chaubey et al.,(1999); Dijk et al., (2002); Chang et al., (2005); Chang, (2007)]。

水庫集水區之暴雨易造成土壤沖蝕而流入水庫，土壤中之泥砂、有機物及礦物質導致濁度增加而影響水質；並且集水區水文及地文特性會影響土壤沖蝕量，進而影響水體濁度。然而，事實上影響濁度的因素繁多且複雜，往往又會

隨著時間與空間的不同而有所差異，造成因暴雨關係導致濁度變化模擬的參數不易取得[蔡宗旻等(2008)]。本研究經文獻分析後，判斷集水區水文環境特性中，降雨與逕流對濁度之影響性高過其他因子，因此，選擇「流量」及「雨量」兩水文特性因子，分析其與原水濁度間之相關性。

2.2　相關性分析方法

在分析相關性上，一般採用數學模式取代物理模式，也就是應用統計回歸概念與統計方法來分析相關性。一般包含了傳統統計方法(XY)、類神經網路、自組性網路架構演算法及灰模式等等。類神經網路因具有平行運算能力、學習式記憶力、歸納能力的特性，所以相較於數位電腦的優勢包含了高速的計算能力、高容的記憶能力及具有處理非線性訊號的特質。綜合各種類神經網路特點的比較，本研究採用倒傳遞類神經網路模式分析原水濁度與集水區水文特性之相關性。以下針對倒傳遞類神經網路原理與建立方法進行說明。

1.　倒傳遞類神經網路(Back-Propagation Network, BPN)：

BPN 為應用最普遍的類神經網路之一，因為其具有學習及回想的功能，故可進行定率性模擬。倒傳遞網路一般包含三層(如圖 1 所示)，輸入層－用以接受外在環境的訊息；輸出層－用以輸出訊息給外在環境；隱藏層－將輸入與輸出層各處理單元間的相互關係充分地表現出來。

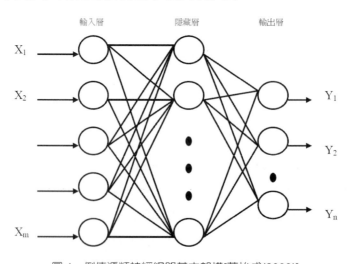

圖 1　倒傳遞類神經網路基本架構[葉怡成(2003)]

　　BPN 模式之學習訓練為監督式學習網路,從所探討問題中取得訓練案例,利用最陡坡降法(The Gradient Steepest Descent Method)的觀念,將誤差函數最小化處理,也就是以期望值減去推論值得到誤差信號,再將誤差信號傳遞回網路,經過往返修正達到使誤差值最小的目的[葉怡成(2003)]。

2. 倒傳遞類神經網路建立方法:

　　網路建立方法,首先將訓練及驗證資料正規化,值壓縮在 0.001-0.9 之間,以預防驗證時有比訓練範圍還大的值。第二步,確立輸入層、隱藏層、輸出層最佳神經元個數。第三步,選擇隱藏層轉換函數,轉換函數的目的為避免微分後產生奇異點使微分函數無意義,並可將輸入值與輸出值保持一定大小[葉怡成(2003)]。第四步,尋找最佳訓練次數,最後決定模式之權重、相關參數及設定學習速率。

3. 研究範圍:

　　本研究以林內淨水場為主要研究對象,分析淨水場原水濁度與其上游濁水溪流域水文特性之相關性。林內淨水場於 2006 年 3 月正式供水,隸屬於台灣省自來水公司第五區管理處林內營運所,位於雲林縣林內鄉烏麻村長源 180 號,設計出水量為 19 萬 8 千噸,供水區域包括雲林縣林內鄉、斗六、斗南、土庫、虎尾、北港(含水林、跋拉腳)、大林、西螺(含莿桐)等地區。水源來自濁水溪,受到濁水溪夏季原水濁度高、冬季水量不足影響,日供水量僅有 12 萬噸至 9.3 萬噸。為解決原水濁度過高問題,該場興建一座 20 公頃前處理沈澱池,但因沈澱池淨化水質速率太慢,仍須添加化學藥劑加速濁水沈澱。由圖 2 所示,濁水溪全長 186.6km,流域面積 3,156.9 平方公里,是全省最長的河流,流域面積也居全省首位。濁水溪主流長落差有 3,220 公尺,平均坡降 1/190,屬較陡之急流河川。

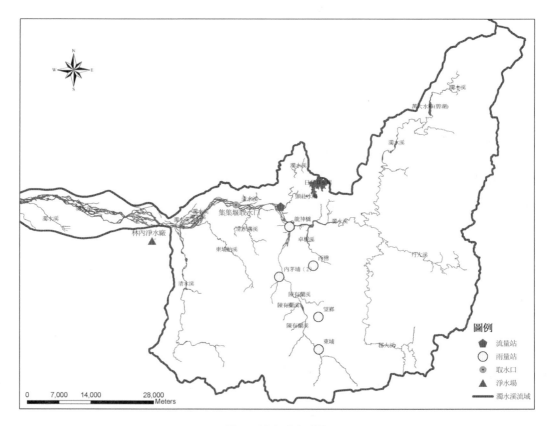

圖2 濁水溪流域圖

4. 集水區水文特性資料蒐集與分析：

　　本研究為分析集水區水文特性與淨水場原水濁度之相關性，因此，蒐集濁水溪流域五個雨量站之降雨資料及一個流量站之逕流資料，並以暴雨為主要分析事件，蒐集林內淨水場暴雨發生時之濁度資料，以建立倒傳遞類神經網路訓練與驗證模式。由於監測站紀錄資料時間不盡然相同，本文分別就「降雨與濁度相關性分析」及「逕流與濁度相關性分析」所採用資料說明如下：

(1) 降雨與濁度之相關性分析：本研究選擇水里流量站上游之五座雨量站與林內淨水場進行模式模擬。選取 2007 年至 2008 年間 5 場颱洪事件共 18 天的當日雨量與濁度進行模式訓練與建構，2008 年間 2 場颱洪事件共 6 天的當日雨量與濁度進行模式驗證。

(2) 逕流與濁度之相關性分析：經過分析得到水里前一日及當日流量與濁度相關性也很高，所以在逕流與濁度模式上，是選擇前日與當日流量與濁度進行模式模擬。選取 2007 年至 2008 年間 5 場颱洪事件共 21 天的當日與前天流量為輸入值與濁度進行模式訓練與建構，2008 年間 2 場颱洪事件共 7 天的當日與前天流量與濁度進行模式驗證。

三、結果與討論

3.1 集水區水文特性與原水濁度之線性相關性

本節為林內淨水場之「降雨與濁度」及「逕流與濁度」之間模擬模式分析結果。因濁度不屬於連續事件，所以採用 R^2 值來分析倒傳遞類神經網路降雨、逕流與濁度彼此間的相關性。

1. 降雨與濁度之線性相關性分析：

由林內淨水場上游五座雨量站，分別為龍神橋、望鄉、東埔、西巒、內茅埔(2)的平均降雨量，與淨水場的濁度資料進行雨量與濁度間的回歸分析，由圖 3 平均雨量與濁度回歸分析圖得到 R^2 值為 0.11，顯示降雨與濁度間為低度線性相關。

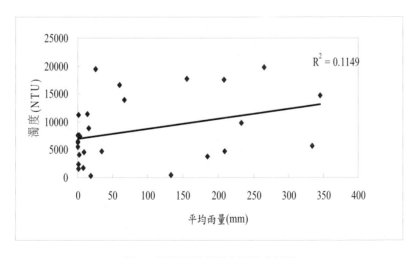

圖 3　平均雨量與濁度回歸分析圖

2.　逕流與濁度之線性相關性分析：

　　由林內淨水場之上游水里流量站，與淨水場的濁度資料進行流量與濁度間的回歸分析，由圖 4 流量與濁度回歸分析圖得到 R^2 值為 0.36，顯示降雨與濁度間為低度線性相關。

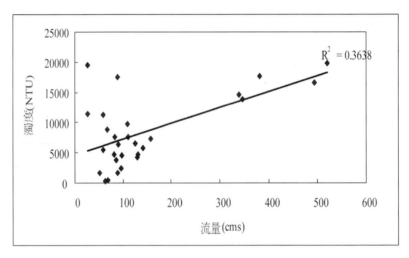

圖 4　流量與濁度回歸分析圖

3.2　集水區水文特性與原水濁度之非線性相關性分析

1.　降雨和濁度之非線性相關分析：

　　因降雨與濁度間之線性為低度相關，故本研究採用類神經模式模擬降雨與濁度。圖 5(a)為倒傳遞類神經網路降雨濁度模式訓練雨量歷線圖，模式分析結果可看出實際值與估算值趨勢幾乎一樣。因為資料本身就有高度相關性，所以訓練結果會很好。圖 5(b)為降雨濁度模式驗證雨量歷線圖，原本因雨量差異會受空間分佈影響，模擬得到的結果會有誤差，但實際值與估算值趨勢差不多。

　　由表 1，可得到降雨濁度模式訓練結果實際值與估算值的 R^2 為 0.88，驗證結果中實際值與估算值的 R^2 為 0.65，透過倒傳遞類神經網路分析可知，降雨濁度之間的非線性關係存在，依相關性分析結果得知降雨濁度間之非線性關係屬於中高度相關。因為降雨濁度間屬非線性關係，因此利用倒傳遞類神經模式模擬結果得到非線性關係高於線性關係。

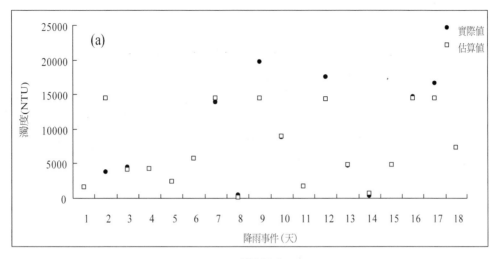

(a) 訓練模式

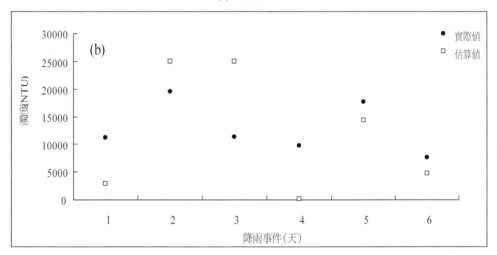

(b) 驗證模式

圖 5　倒傳遞類神經網路降雨濁度模式歷線圖

表 1　倒傳遞類神經網路各模式 R^2 值

模式	訓練	驗證
	R^2	R^2
降雨與濁度	0.88	0.65
逕流與濁度	0.89	0.72

2.　逕流和濁度之非線性相關分析：

經過分析得到水里前一日及當日流量與濁度相關性也很高，所以在逕流與濁度模式上，是選擇前日與當日流量與濁度進行模式模擬。

圖 6(a)為倒傳遞類神經網路逕流濁度模式訓練流量歷線圖，因流量與濁度之間會有高度相關性，經由模式分析結果可看出實際值與估算值趨勢相近。圖 6(b)為逕流濁度模式驗證流量歷線圖，模擬得到實際值與估算值分析結果趨勢差異不大。

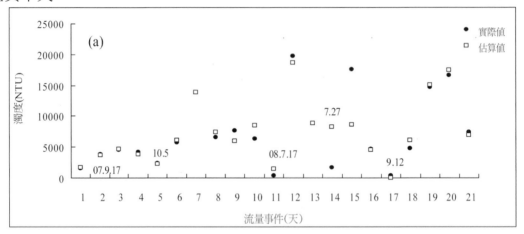

(a) 訓練模式

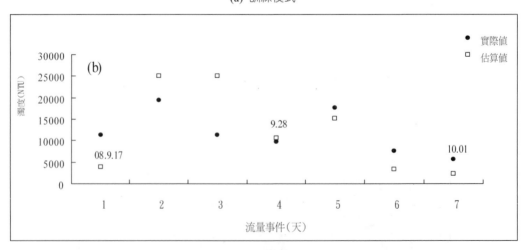

(b) 驗證模式

圖 6　倒傳遞類神經網路逕流濁度模式歷線圖

由表 1 得到逕流濁度模式訓練結果中實際值與估算值的 R^2 為 0.89，驗證模式中實際值與估算值相互間的 R^2 為 0.72，可知透過倒傳遞類神經網路分析發現逕流濁度之間的非線性關係存在，並且依相關性分析結果，逕流濁度間之非線性關係屬於中高度相關。因為水文特性中的因子逕流量與濁度間係屬非線性關係，因此利用倒傳遞類神經模式去模擬其相關性可得到非線性關係高於線性關係。

四、結論與建議

本研究目的主要為探討集水區水文特性與原水濁度間的相關性，並找出影響因子與濁度間的關係。依據研究分析結果可知，降雨及逕流與濁度呈現低度線性相關；但透過倒傳遞類神經網路進行相關性分析，則可發現降雨和逕流與濁度之間呈現中高度的非線性相關性。由上述結果可知，本研究所採用的倒傳遞類神經網路，能夠有效建立降雨、逕流與原水濁度間的相關性，淨水場上游流域的水文特性與淨水場原水濁度間存在中高度非線性相關性；若能掌握降雨及逕流與濁度間之相關性，則可提供淨水場緊急應變措施之相關建議。然而，目前因為林內淨水場暴雨時期濁度資料筆數太少，所以在建立類神經模式時，因資料限制可能會產生模式過度學習之現象。本研究在未來工作將蒐集更完整的資料進行模式之訓練驗證，探討原水濁度與集水區水文特性之相關性。

參考文獻

1. Chang, C.L. (2007). Influence of the pattern of moving rainstorms on watershed responses in a conceptual catchment. Environmental Engineering Science, 24(10), 1353-1360.

2. Chang, C.L., Lo, S.L. and Yu, S.L. (2005). Applying fuzzy theory and genetic algorithm to interpolate precipitation. Journal of Hydrology, 314, 92-104.

♦ 3. Dijk, A.I.J.M.V., Bruijnzeel, L.A. and Rosewell, C.J. (2002). Rainfall intensity-kinetic energy relationships: a critical literature appraisal. Journal of Hydrology, 261, 1-23.

♦ 4. Chaubey, I., Haan, C.T., Grunwald, S. and Salisbury, J.M. (1999). Uncertainty in the model parameters due to spatial variability of rainfall. Journal of Hydrology, 220, 48-61.

♦ 5. Faures, J.M., Goodrich, D.C., Woolhiser, D.A., Soroosh, S. (1995). Impact of small-scale spatial variability on runoff modeling. Journal of Hydrology, 173, 309-326.

♦ 6. Watts, L.G. and Calver, A. (1991). Effects of spatially-distributed rainfall on runoff for a conceptual catchment. Nordic Hydrology, 22, 1-14.

♦ 7. 蔡宗旻、顏沛華、王英銘(2008)，「應用自組性演算法進行濁度預報之可行性研究」，中華水土保持學報，第 39 卷，第 3 期，第 303~314 頁。

♦ 8. 農田水利處(2007)，「農田水利事業」。

♦ 9. 葉怡成(2003)，「類神經網路模式應用與實作」，儒林圖書有限公司。

7 統計檢定法應用在攔河堰對河川水質與生態研究

摘 要

　　本文主要目的在研究集集攔河堰興建前、施工和營運三階段時期，攔河堰上下游河川水質之變化，並分析營運後魚類生態和水質的相關性。本文應用皮爾森相關性(Pearson)分析與 t 檢定、無母數 K-S 檢定法，檢定比較攔河堰三個階段水質與生態之差異性。研究結果顯示施工前和施工中，堰水質上、中、下游差異不大。施工期間集集堰上、下游水質差異不大。堰營運後水質水質項目出現顯著變化；項目包括水溫、酸鹼值、導電度、溶氧、懸浮固體、大腸桿菌群、亞硝酸鹽氮和月流量等。

　　在魚類和水質相關性分析結果顯示，攔河堰上游、攔河堰處水質和魚類數量之相關性不大，攔河堰下游部可以看出水質項目影響魚類數量有明顯相性，

[1] 李凱晏　逢甲大學水利工程與資源保育學系碩士班研究生
[2] 葉怡巖　逢甲大學土木水利工程學系研究所博士
[3] 李漢鏗　逢甲大學水利工程與資源保育學系研究所副教授

攔河堰下游魚類；鯉科、鰍科、慈鯛科與生化需氧量(BOD)、化學需氧量(COD)、亞硝酸鹽氮呈現正相關。由本研究分析顯示集集攔河堰的興建對濁水溪的生態造成了負面的影響，整體的生態和水質狀況都呈現下滑現象。

關鍵字：t 檢定、K-S 檢定、評估指標、相關性分析、集集攔河堰

 # 一、前言

台灣屬於亞熱帶海島型氣候，降雨量豐富，然而台灣地形特殊，以狹長的地形中央山脈縱貫南北；因此，河川上游河床地勢陡峻。降雨分布受自然環境的影響，河川豐枯水期流量差異極大，豐水期時，河水泥砂含量高，導致此河川下游多泥砂淤積。枯水期則因排入各種人為廢水排入河川，河川污染負荷量極大，污染水源，更加凸顯河川之污染問題。

人為水利工程常使河川生物棲地成為不連續的區塊，除了河川地景與生態系結構改變外，棲息在河川水體內的水生生物即因孤離的棲地碎塊，阻斷了河川上下游間生物基因交流，影響河川生物族群遷移與生態演替，因而喪失生物的多樣性。尤其是河川廊道渠道化之後，使原有自然的河川廊道被水泥堤防取代；河道植被清除造成水溫升高，並使外部能量來源消失，沖積物與營養物的增加導致水質惡化。

 # 二、文獻探討

人為水利工程常使河川生物棲地成為不連續的區塊，除了河川地景與生態系結構改變外，棲息在河川水體內的水生生物即因孤離的棲地碎塊，阻斷了河川上下游間生物基因交流，影響河川生物族群遷移與生態演替，因而喪失生物的多樣性。尤其是河川廊道渠道化之後，使原有自然的河川廊道被水泥堤防取代；河道植被清除造成水溫升高，並使外部能量來源消失，沖積物與營養物的增加導致水質惡化。(鄭先祐，1992)[1]

河川不僅是可開發的資源，更是河川系統生命的載體；不僅需關注河川的資源功能，亦關注河川的生態功能。在新的生態環境理念引導下，提出了包括水文、水質、生物棲息地品質、生物指標等綜合評估方法。(Scrimgeour，1996)[2]

　　離集集攔河堰較遠的區域，其生物組成雖然亦受到天然流量減少的影響，但可以經由時間慢慢恢復，但靠近攔河堰的地區則因為受到攔河堰持續性的施工和操作因素，生物組成持續惡化。(曾晴賢，2006)[3]

　　以物理棲地模式 PHABSIM 進行濁水溪集集攔河堰下游河段埔里中華爬岩鰍之棲地模擬，透過水理演算之結果與標的魚種之棲地適合度曲線可計算各種流量時可使用之棲地面積。棲地模式提供一個量化之結果，可做為生態環境影響評估較客觀之工具。(吳富春，1998)[4]

1.　水利工程構造物對下游河川流量影響：

　　水壩的建立通常使得其下游河流長期(尤其是每年的)水位的變化幅度降低。不過水壩的作用是在發電，則發電廠的運作便會造成小幅度的短週期的水位變化，因為放水隨需電量而變化。這種變化對底棲生物有害，而且使多樣性降低許多。(Fisher，1972)[5]

2.　生態基流量：

　　生態基流量，有人亦稱之為正常流量或最低流量(Instream minimum flow)，不論它的名稱為何，它是維持河溪正常生態所需要之基本流量，其目的在對水域生態環境提供某種程度之保護。過去有些大壩興建完成後水庫開始蓄水，便忽略壩體下游之生物，沒有施放生態基流量至下游，導致下游河道水量太少甚至乾涸，影響河溪中生物之生存。(吳富春，1999)[6]

3.　水質、水理與環境之關係：

　　水是環境中主要的介質(medium)，是維持人類及其他生物生命的主要物質之一，一般來說，自然環境中的天然水體，包括其物理或化學特性等等，均能非常適合孕育自然界中各種生物，亦包括人類。然而，若是當環境改變，例如氣候急遽變化、地理環境變動等等，抑或是人類過度的開發行為，直接或間接的改變了自然的水理水質狀況，改變程度到達影響賴以維生的生物之健康時，這種現象便稱之為水污染。(游以德，1999)[7]

　　水體污染，在人類之生活圈中已具有相當嚴重之影響：根據 WHO 之報告，開發中國家每年平均約有 5 百萬的嬰兒，以及世界人口 1/6 的成人喪生於

水蛭疾病；另約有 86%的未開發或開發中國家的人口沒有安全可靠的飲用水；那麼就更遑論水體污染對自然界其他生物，甚至對整個生態環境的影響。

 # 三、分析方法

　　台灣地區地狹人稠、土地利用密集，復以河川密度較高，故如何維持足夠防洪空間，並兼及城鄉發展土地需求、交通動線用地及生態環境維護功能之平衡，一直是水利工程與水利資源平衡發展之目標。但是隨著社會政經人文之快速發展演變，河川環境功能除滿足傳統治水目標外，亦逐漸被賦予活水、利水、保水、親水等之功能需求，故台灣河川區域土地實際已是在多元利用中。而河岸發展可以緩和都市空間的問題，並有提昇環境品質的功能。

　　本文研究的架構大致可分為三個階段，第一個階段為文獻蒐集和彙整；第二個階段為水質原始數據資料檢定分析和生物評估指標選定；第三個階段再進行相關指數間之相關性分析，最後，進行水質、水量之檢定，本研究的架構圖 1 如下頁所示。

3.1　統計檢定

　　水質通常受多個污染指標影響，為了反映其污染的空間分布規律及其特徵，須在不同點位不同時間進行監測。如何對這樣豐富的水質數據進行分析評價，往往要應用數理統計方法，一般用 t 檢定和 F 檢定法來處理上述多指標數據。如評價不同年度某個水體的水質狀況，就要對不同年度所有監測數據進行綜合的分析，及對多指標、多測點的樣本進行兩兩比較分析。

　　本節主要敘述研究設計與實施過程，首先是資料採集與搜尋相關文獻，並將資料篩選與整理以方便做檢驗與減少誤差，資料輸入統計軟體系統後，再來判定是否常態、非常態，如果是常態採用有母數統計，非常態則使用無母數統計，並根據跑出來的數值做分析，魚類方面則是採用皮爾森相關性(Pearson)分析法，分析出水質項目和魚類各科數量相關性。最後，給予相關的討論與建議。統計檢定設計流程如下圖所示，並將所使用的統計方法將描述於下。

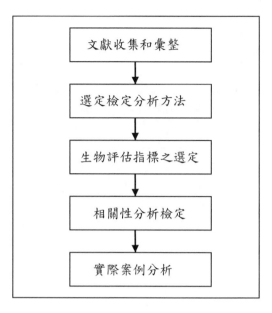

圖 1 研究流程圖

1. 獨立樣本 T 檢定：

　　所謂的「獨立性的樣本 t-test」是指樣本由母體中取樣抽出以後，兩樣本之間是相互獨立的，沒有任何關聯。換言之，獨立樣本 t-test 的目的是想要了解獨立兩樣本之間，是否存在著顯著性的不同。(楊世瑩，2005)[8]

　　獨立樣本 t-test 的公式如下：此兩組不同的樣本之比較)，公式：

$$t = \frac{M_1 - M_2}{\sqrt{\dfrac{N_1 S_1^2 + N_2 S_2^2}{N_1 + N_2 - 2}} \times \sqrt{\dfrac{N_1 + N_2}{N_1 N_2}}} \quad (t = \frac{N_1 - N_2}{SE_{M1-M2}})$$

其中

$$SE_{M1-M2} = \sqrt{\frac{N_1 S_1 + N_2 S_2^2}{N_1 + N_2 - 2}} \times \sqrt{\frac{N_1 + N_2}{N_1 N_2}}$$

M_1：第一樣本的平均數

M_2：第二樣本的平均數

N_1：第一樣本所含的數目

N_2：第二樣本所含的數目

S$_1$：第一樣本的標準差

S$_2$：第二樣本的標準差

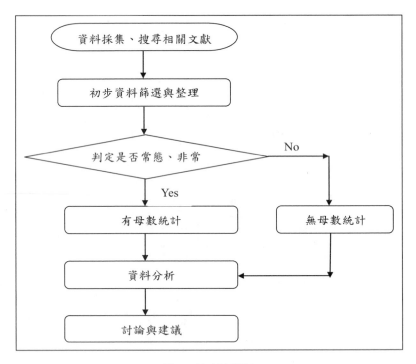

圖 2　檢定流程圖

在自由度當中(Degree of Freedom)df = N1+N2−2，如果兩個樣本數一樣，則 t-test 的公式是：

$$t = \frac{M_1 - M_2}{\left(\frac{S_1}{\sqrt{N_1}}\right)^2 + \left(\frac{S_2}{\sqrt{N_2}}\right)^2} = \frac{M_1 - M_2}{\sqrt{SE_{M1}^2 + SE_{M2}^2}}$$

2.　無母數統計：

楊世瑩[9]，K-S 檢定法(Kolmogorov-Smirnov test)是俄國數學家在 1930 年由 Kolmogorov 與 Smirnov 所提出的一種檢定方法，與卡方檢定同為檢定適合度之方法。

K-S 檢定法是以樣本分配函數與理論分配函數比較差距為基礎。所謂的樣本分配函數(也稱為經驗分配函數)的定義如下：設 n 筆資料 x1,....., xn，經大小順序排序後序寫成 x(1),.....,x(n)。

所要的是：

H0：資料 x1,...., xn 取自分配函數 F 的母體。

H1：資料 x1,...., xn 不是取自分配函數 F 的母體。

針對 K-S 常態檢定所使用到的假設檢定理論、顯著水準與 p-value 判斷方法介紹如下：

⑴ 虛無假設(null hypothesis)：就是檢定母體某種假定數值是否可以被接受，這種對母體的假設，就稱為虛無假設，可以用 H0、H1 符號表示。

⑵ 對立假設(alternate hypothesis)：假如抽樣的結果不支持虛無假設，須事先決定做什麼樣的結論，這個在推翻虛無假設時所做的結論，就稱為對立假設，可以用 1H 符號表示。

⑶ 顯著水準(significance level)：虛無假設與對立假設建立以後，要選定一個衡量的標準以拒絕或接受虛無假設，這個衡量的標準(機率值) 就稱為顯著水準，以希臘字母 α 表示。可被接受的顯著水準標準因人而異，一般統計上常用的有：α = 0.1、α = 0.05、α = 0.01，但最常使用的為 α = 0.05。

⑷ p-value(probability value)：在什麼樣的顯著水準 α，算出棄卻域的臨界點剛好是樣本統計量 x，也就是剛好使 H0 顯著。p-value 的判斷：一般做統計檢定是給定顯著水準後查表來決定棄卻域，再計算資料是否落入棄卻域來判斷虛無假設是否顯著。但由於電腦的發達，一般電腦統計套裝軟體都會直接算出 p-value。有了 p-value 後，要下結論就可以用所定的顯著水準 α 與 p-value 做比較。當 p-value<α 時，則拒絕 H0，即表示資料不服從常態分配；而當 p-value>α 時，則無法拒絕 H0，即表示資料服從常態分配。例如：當顯著水準 α 設定為 0.05，棄卻域為：p-value<0.05 時，則拒絕 H0，表示資料不服從常態分配。在 K-S 常態檢定方面若要為常態分配，則 p-value 要大於 0.05 才能滿足常態分配。

K-S 檢定由 Kolmogorov-Smirnov 提出的檢定統計量如公式(1)所示

$$D = \max\left\{\left|F_n(x) - F(x)\right|\right\} \tag{1}$$

Fn (x)：預期累積次數與總次數之比。

F(x)：觀察累積次數與總次數之比。

D：Fn (x)與 F(x)差量之最大絕對值。

　　它是表示樣本分配函數 Fn 與理論分配函數 F 的最大距離，當 D 太大時表示理論與觀察的分配不一致。K-S 檢定法是利用 D 之大小，檢定觀察次數分配與預期次數分配之差異是否顯著。也可以利用 K-S 檢定法 D 值表來查詢，由樣本大小 n 及顯著水準 α，找出臨界值 Dα，若 D ≦ Dα 時，則無法拒絕 H0；若 aD＞Dα，則拒絕 H0。由於樣本分配函數 Fn 是階梯函數 (step function)，因此，D 值也可用公式(2)表示。

$$D = \max_{1 \le i \le n}\left\{\left|F_n(x_i) - F(x_i)\right|, F_n(x_{i-1}) - F(x_i)\right|\right\} \tag{2}$$

3.2　相關性分析

　　在許多調查研究中，我們可以使用相關分析來決定二變數之間關係的強度(在相關分析裡，X 與 Y 均假設為隨機變數)。相關分析的結果為一稱為相關係數(correlation coefficient)的數字。(楊世瑩，2005)[10]

1.　介於−1 與+1 之間，正負符號表示相關的方向，負相關表示線性相關的斜率為負，正相關表示線性相關的斜率為正。

2.　相關係數(r)的平方(r^2)成為決定係數或解釋變異量的比例。

3.　在統計分析中，相關係數的意義與樣本人數大小有關，在推論統計中，若受測的樣本很多，即使相關係數的值很小，也很容易達到顯著。因而在相關分析的解釋過程，除說明兩個變項是否達顯著相關外，也應呈現決定係數的大小，並加以說明。

4.　不論相關係數或決定係數只能說明兩者關係密切的程度，而不能誤認兩者間有因果關係。

5. 若 X 變項與 Y 變項的相關為 0.50(p<0.001)，決定係數為 0.25，意謂著「Y 變項的變異量中，可被 X 變項解釋的變異量百分比為 25 %」；相對的，也意謂著「X 變項的變異量中，可被 Y 變項解釋變異量百分比也為 25%」。

表 1　相關係數對應之相關程度表

相關係數(r)	相關程度
0.8 以上	極高
0.6-0.8	高
0.4-0.6	普通
0.2-0.4	低
0.2 以下	極低

對樣本資料而言，皮爾森積矩相關係數(Pearson Product Momentcorrelation coefficient)的定義如下：皮爾森積矩相關係數：樣本資料

$$\gamma_{xy} = \frac{S_{xy}}{S_x S_y} \tag{3}$$

其中

γ_{xy}＝樣本相關係數

S_{xy}＝樣本共變異數＝樣本共變異數

S_x＝X 的樣本標準差

S_y＝Y 的樣本標準差

公式(1)顯示樣本資料的皮爾森積矩相關係數(一般簡稱為樣本相關係數)為樣本共變異數除以 X 的標準差與 Y 的標準差之乘積。當使用計算機計算樣本相關係數時，我們較常用公式(4)。因為在該式中，不需要計算各個 $X_i - \bar{X}$ 與 $y_i - \bar{y}$ 之離差，因而四捨五入所產生的誤差較少。

皮爾森積矩相關係數：樣本資料，替代公式

$$\gamma_{xy} = \frac{\sum X_i Y_i - \left(\sum X_i \sum Y_i\right)\Big/n}{\sqrt{\sum X_i^2 - \left(\sum X_i\right)^2\Big/n}\sqrt{\sum Y_i^2 - \left(\sum Y_i\right)^2\Big/n}} \tag{4}$$

(1)式與(2)式在代數上是相等的。

母體相關係數 ρxy 的計算公式(5)如下：

皮爾森積矩相關係數：母體資料

$$\gamma_{XY} = \frac{s_{XY}}{s_X s_Y} \tag{5}$$

ρ_{xy} = 母體相關係數

σ_{xy} = 母體共異變數

σ_x = X 的母體標準差

σ_y = Y 的母體標準差

樣本的相關係數 γ_{xy} 為母體相關係數 σ_{xy} 的估計值

四、結果與討論

現以濁水溪流域－集集攔河堰為例，應用統計檢定方法和相關性分析法分析。

4.1 區域概況

濁水溪流域位於台灣中部南投、彰化及雲林境內，由於濁水溪以其流水挾帶之泥砂量大，至四季混濁而得名。攔河堰設於南投縣集集鎮濁水溪中游之林尾隘口，如圖 4 所示。南投縣位台灣中部，台灣省之地理中心，為全台灣唯一不臨海的縣。濁水溪整體河道之平均坡降為 1：55，又因降雨集中，量大，水流沖刷破壞力極強。濁水溪除上游有明潭等發電廠外，下游缺乏壩堰攔水，無法充分利用水源。

4.2 　數據來源

　　本研究水質數據依據行政院環保署資料，依序為濁水溪上游玉峰大橋與中游集集大橋和下游名竹大橋(如圖 3 所示)，魚類資料依據集集攔河堰營運階段水域生態及水質監測成果報告。

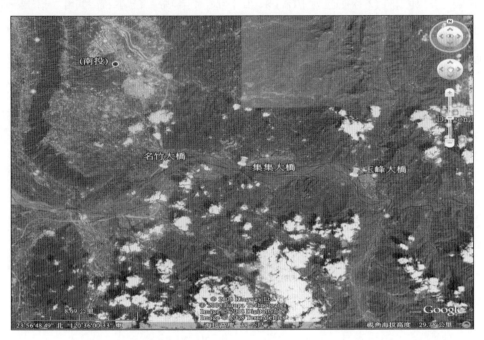

圖 3 　行政院環保署水質監測站設置圖(資料來源：Google Earth)

4.3 　集集攔河堰興建前、中、後水質和水量檢定結果

　　本研究數據分別採用行政院環保署水質監測數據[11]和水利署位於濁水溪各流量站資料[12]，時間點各為集集攔河堰興建前 1991 年~1996 年 4 月，興建施工中 1996 年 5 月~2000 年 12 月，興建完成開始營運後 2002 年~2008 年 12 月。位置點則為攔河堰上游採用站為玉峰大橋；攔河堰中游為集集大橋；攔河堰下游則名竹大橋三位置點。

　　使用獨立樣本 t 檢定和無母數檢定法檢定建壩前、中、後的水質和水量差異。在做檢定前首先要使用預檢方法判斷數據是否為常態分布或非常態分布，進而判斷可以使用獨立樣本 t 檢定法或無母數檢定法。

　　本研究測量項目有水溫、酸鹼值....等，再依每個項目做空間上採樣點的資料蒐集，所蒐集資料經過分析結果如下表所呈現。在水溫方面，採樣點分為 3 組(玉峰、集集、名竹)每一組的 Kolmogorov-Smirnov 檢定須大於 0.05，可判定符合常態。

表 2　建壩前水質數據之預檢顯著性(P>0.05 是常態)

項目	空間上採樣點	Kolmogorov-Smirnov 檢定			
		樣本數	統計量	自由度	顯著性
水溫	玉峰大橋	8	0.267	8	0.096
	集集大橋	22	0.197	8	0.200
	名竹大橋	22	0.214	8	0.200
酸鹼值	玉峰大橋	8	0.241	8	0.192
	集集大橋	22	0.203	8	0.200
	名竹大橋	22	0.250	8	0.150
導電度	玉峰大橋	8	0.294	8	0.041
	集集大橋	22	0.290	8	0.046
	名竹大橋	22	0.290	8	0.047
溶氧點滴法	玉峰大橋	8	0.211	8	0.200
	集集大橋	22	0.167	8	0.200
	名竹大橋	22	0.142	8	0.200
生化需氧量	玉峰大橋	8	0.227	8	0.200
	集集大橋	22	0.226	8	0.200
	名竹大橋	22	0.435	8	0.000

表 2　建壩前水質數據之預檢顯著性(P>0.05 是常態)(續)

項目	空間上	Kolmogorov-Smirnov 檢定			
	採樣點	樣本數	統計量	自由度	顯著性
懸浮固體	玉峰大橋	7	0.338	8	0.008
	集集大橋	21	0.212	8	0.200
	名竹大橋	21	0.238	8	0.200
大腸桿菌群	玉峰大橋	8	0.306	8	0.026
	集集大橋	13	0.357	12	0.000
	名竹大橋	12	0.371	13	0.000
氨氮	玉峰大橋	8	0.221	8	0.200
	集集大橋	21	0.203	8	0.200
	名竹大橋	21	0.139	8	0.200
濁度	玉峰大橋	8	0.419	8	0.000
	集集大橋	22	0.243	8	0.182
	名竹大橋	22	0.259	8	0.123
旬流量	玉峰大橋	108	0.326	108	0.000
	名竹大橋	180	0.282	180	0.000

1. 表 2 為建壩前 Kolmogorov-Smirnov 預檢資料表，由表 1 可以看出水質項目水溫、酸鹼值(PH)、導電度、溶氧(DO)、懸浮固體(SS)、氨氮為常態，故採用 t 檢定法，其餘水質項目為非常態，則採用無母數檢定法。

由表 3 檢定結果顯示建壩前的水質大致上良好，只有在上游的玉峰橋和中游的集集橋檢定比較中，氨氮這水質項目<0.05 有顯著差異性。

表 3　集集攔河堰建壩前水質之檢定

氨氮	平均數	標準差	關係	F 檢定	顯著性
	0.1	0.1	玉峰-集集	14.8	0.001

表 4　建壩中水質數據之預檢顯著性(P>0.05 是常態)

項目	空間上 採樣點	Kolmogorov-Smirnov 檢定			
		樣本數	統計量	自由度	顯著性
水溫	玉峰大橋	29	0.135	29	0.186
	集集大橋	32	0.215	32	0.001
	名竹大橋	32	0.212	32	0.001
酸鹼值	玉峰大橋	29	0.220	29	0.001
	集集大橋	32	0.260	32	0.000
	名竹大橋	32	0.224	32	0.000
導電度	玉峰大橋	29	0.102	29	0.200
	集集大橋	32	0.204	32	0.002
	名竹大橋	32	0.149	32	0.069
溶氧點滴法	玉峰大橋	29	0.177	29	0.021
	集集大橋	32	0.130	32	0.184
	名竹大橋	32	0.089	32	0.200
生化需氧量	玉峰大橋	29	0.206	12	0.171
	集集大橋	32	0.315	14	0.001
	名竹大橋	32	0.199	12	0.200
化學需氧量	玉峰大橋	12	0.173	12	0.200
	集集大橋	16	0.131	14	0.200
	名竹大橋	14	0.236	12	0.064

表 4　建壩中水質數據之預檢顯著性(P>0.05 是常態)(續)

項目	空間上	Kolmogorov-Smirnov 檢定			
	採樣點	樣本數	統計量	自由度	顯著性
懸浮固體	玉峰大橋	29	0.253	12	0.033
	集集大橋	30	0.280	14	0.004
	名竹大橋	30	0.169	12	0.200
大腸桿菌群	玉峰大橋	17	0.368	17	0.000
	集集大橋	18	0.436	18	0.000
	名竹大橋	18	0.306	18	0.000
氨氮	玉峰大橋	29	0.215	29	0.001
	集集大橋	32	0.195	32	0.003
	名竹大橋	32	0.216	32	0.001
濁度	玉峰大橋	29	0.240	29	0.000
	集集大橋	32	0.347	32	0.000
	名竹大橋	32	0.319	32	0.000
旬流量	玉峰大橋	144	0.213	144	0.000
	名竹大橋	144	0.194	144	0.000

2.　表 4 為建壩前 Kolmogorov-Smirnov 預檢資料表，由表 3 可以看出水質項目溶氧(DO)、化學需氧量(BOD)為常態，故採用 t 檢定法，其餘水質項目為非常態，則採用無母數檢定法。

　　由表 5 可以看出檢定結果建壩中的水質大致上良好，上、中、下游並無明顯之差異，在上游的玉峰橋和下游的名竹橋檢定比較中；生化需氧量(BOD)水質項目<0.05 顯示有顯著差異，代表建壩施工期間最上游和最下游的差異變化為生化需氧量(BOD)。

表 5　集集攔河堰建壩中水質之檢定

生化需氧量	平均數	標準差	關係	F 檢定	顯著性
	1.7	1.5	玉峰－名竹	1.5	0.030

表 6　建壩後水質數據之預檢顯著性(P>0.05 是常態)

項目	空間上	Kolmogorov-Smirnov 檢定			
	採樣點	樣本數	統計量	自由度	顯著性
水溫	玉峰大橋	85	0.100	85	0.035
	集集大橋	39	0.105	39	0.200
	名竹大橋	83	0.050	83	0.200
酸鹼值	玉峰大橋	85	0.212	85	0.000
	集集大橋	39	0.156	39	0.018
	名竹大橋	83	0.162	83	0.000
導電度	玉峰大橋	85	0.101	85	0.032
	集集大橋	39	0.088	39	0.200
	名竹大橋	83	0.057	83	0.200
溶氧點滴法	玉峰大橋	85	0.152	85	0.000
	集集大橋	39	0.120	39	0.166
	名竹大橋	83	0.050	83	0.200
生化需氧量	玉峰大橋	85	0.254	85	0.000
	集集大橋	39	0.244	39	0.000
	名竹大橋	83	0.245	83	0.000
化學需氧量	玉峰大橋	85	0.306	85	0.000
	集集大橋	39	0.319	39	0.000
	名竹大橋	83	0.264	83	0.000

表 6 建壩後水質數據之預檢顯著性(P>0.05 是常態)(續)

項目	空間上	Kolmogorov-Smirnov 檢定			
	採樣點	樣本數	統計量	自由度	顯著性
懸浮固體	玉峰大橋	85	0.221	85	0.000
	集集大橋	39	0.264	39	0.000
	名竹大橋	83	0.268	83	0.000
大腸桿菌群	玉峰大橋	85	0.326	85	0.000
	集集大橋	39	0.255	39	0.000
	名竹大橋	83	0.413	83	0.000
氨氮	玉峰大橋	85	0.312	85	0.000
	集集大橋	39	0.184	39	0.002
	名竹大橋	83	0.315	83	0.000
總磷	玉峰大橋	28	0.178	28	0.023
	集集大橋	13	0.290	13	0.004
	名竹大橋	27	0.291	27	0.000
硝酸鹽氮	玉峰大橋	28	0.171	28	0.035
	集集大橋	13	0.133	13	0.200
	名竹大橋	27	0:182	27	0.022
亞硝酸鹽氮	玉峰大橋	28	0.290	28	0.000
	集集大橋	13	0.258	13	0.018
	名竹大橋	27	0.315	27	0.000
旬流量	玉峰大橋	180	0.290	180	0.000
	集集大橋	214	0.378	214	0.000
	名竹大橋	179	0.320	179	0.000

5

3. 表 6 為建壩前 Kolmogorov-Smirnov 預檢資料表，由表 5 可以看出水質項目水溫、導電度為常態，故採用 t 檢定法，其餘水質項目為非常態，則採用無母數檢定法。

由表 7 可以看出檢定結果建壩後的水質與建壩前、中水質差異很大，檢定結果顯示上、中、下游共有水溫、酸鹼值，導電度、溶氧、懸浮固體、大腸桿菌群、亞硝酸鹽等水質項目和旬流量等顯著性<0.05 有顯著差異，其意義代表著集集攔河堰興建營運後，對中下游的水質會造成明顯的影響，使得中下游水質變壞而使得沒有受到集集攔河堰影響的上游和受到集集攔河堰影響的中游和下游有明顯的對比差異。

表 7　集集攔河堰建壩後水質之檢定結果

	平均數	標準差	關係	F 檢定	顯著性
水溫	20.8	3.4	玉峰－集集	1.7	0.009
	23.1	3.4	玉峰－名竹	2.4	0.000
酸鹼值	8.2	0.2	集集－名竹	1.4	0.033
導電度	514.7	67.1	玉峰－集集	2.0	0.000
	515.0	81.4	集集－名竹	1.9	0.001
溶氧	8.4	0.9	玉峰－名竹	2.0	0.001
懸浮固體	1472.2	1469.1	玉峰－集集	2.34	0.000
	2206.17	3541.3	集集－名竹	2.21	0.000
大腸桿菌群	14444	31778	玉峰－集集	1.78	0.004
	20819	94459	集集－名竹	1.63	0.010
亞硝酸鹽	0.01	0.01	玉峰－集集	1.47	0.026
	0.01	0.01	玉峰－集集	1.47	0.026
旬流量	1025.61	1663.12	玉峰－集集	3.93	0.000
	4155.79	13305.78	玉峰－名竹	3.44	0.000

4.4　集集攔河堰興建後魚類相關性分析

使用 2003~2008 年集集攔河堰營運階段水域生態及水質監測成果報告[13]裏的魚類數量，和行政院環保署 2003~2008 年水質數據[14]，利用 SPSS 統計軟體進行相關性分析，分析結果如下：

由表 8 可知塘蝨魚科與生化需氧量(BOD)、化學需氧量(COD)、懸浮固體(SS)、氨氮呈現負相關而與總磷呈現正相關，不過塘蝨魚科只有 92 年的數據值；所以建議塘蝨魚科在採樣上還要再持續觀測。鰍科和鯰科則是與大腸桿菌群和總磷呈現正相關關係。魚類中游部分只有鯉科和硝酸鹽氮呈現負相關，不過由於硝酸鹽氮值過小，代表性有疑異故建議不予以採用。魚類下游部分，鯉科、鰍科、慈鯛科與生化需氧量(BOD)、化學需氧量(COD)呈現正相關。塘蝨魚科只有 92 年一年的數據值，建議塘蝨魚科在採樣上還要再持續觀測。亞硝酸鹽氮值過小，代表性有疑異故建議不予以採用。

表 8　魚類皮爾森(Pearson)相關分析表

上游				
種類水質項目	鰍科	塘蝨魚科	鯰科	
生化需氧量(mg/l)	0.06	-0.725	-0.02	
化學需氧量(mg/l)	0.08	-0.623	0.10	
懸浮固體(mg/l)	-0.13	-0.741	0.22	
大腸桿菌群(CFU/100mL)	0.768	-0.54	-0.01	
氨氮	0.55	-0.828	0.11	
總磷	-0.17	0.980	0.748	
中游				
	鯉科	爬鰍科		
硝酸鹽氮	-0.625	-0.52		
下游				
	鯉科	鰍科	塘蝨魚科	慈鯛科
生化需氧量(mg/l)	0.87	-0.05	0.64	0.738
化學需氧量(mg/l)	0.83	-0.02	-0.30	0.654
大腸桿菌群(CFU/100mL)	0.42	0.24	0.91	0.29
亞硝酸鹽氮	-0.05	0.70	-0.52	-0.19

5

五、結論

經由本研究之結果分析後，可得到以下結論：

1. 在魚類的種數和個體總數量分析上，可以明顯的發現，靠近攔河堰周邊的魚類生態，不論是上游或下游均有惡化的趨勢，除了天然環境變化的因素外，與攔河堰相關的營運操作或施工亦帶來很大的影響。

2. 上游河道，因濁水溪本身過高的含砂量，加上集集堰蓋後必要的清淤工程，更加劇了對棲地、生物的影響，而南投縣政府為解決南投縣高流量砂石車運輸所產生的空氣及環境污染，嚴重影響居民的生活品質，設置了砂石車專用道，惟道路路線多屬河床地，其工程施工對集集攔河堰上游之水質及生態環境影響亦更是雪上加霜。颱風豪雨對生態棲地環境帶來的影響，也是不容小覷。

3. 於魚道入口下游，受攔河堰調節性洩洪及排砂影響最直接也最為嚴重，水域生物棲息地常被淤砂掩埋，河床質變動相當大，目前集集堰淤積情況嚴重，經過幾次洪水期間以逐次開啟溢洪道弧形閘門排砂，此排砂的動作對棲地而言是相當嚴重的破壞，由歷年魚類調查的結果可發現本站族群數量呈現減少的趨勢。

4. 名竹大橋位於集集堰下游處所測得的生態，因集集攔河堰之供水營運操作並無產生污染源(有機肥及重金屬等)排入，僅營運操作洩洪排砂造成下游較高懸浮固體之水質，將間接危害水域生態外，於集集堰至此測站沒有其他污染物排入，故此棲地的破壞沒有集集堰上游、魚道入口處如此嚴重，而流速也趨於平緩，綜合上述，此測站環境條件較有利於生物生存。

5. 本研究顯示建壩後各水質項目呈現顯著，集集攔河堰下游部分相關性分析結果，顯示多個水質項目與魚類種類數量呈現高度相關，可以知道集集攔河堰興建後對濁水溪中下游水質、水量和生態環境會造成影響。

6. 相關性分析中魚類以鯉科和鰍科受到攔河堰營運操作的影響最為嚴重，因此建議可以將這兩種魚列為濁水溪水質魚類的指標性魚種。

參考文獻

♦ 1. 鄭先祐，生態環境影響評估學，國立編譯館，第 408~422 頁，臺北(1992)。

♦ 2. Scrimgeour, G.J., and D. Wicklum,"Aquatic Ecosystem Health and Integrity：Problems and Potential Solutions", Journal North American Benthological Society, 15(2), p.254~261(1996).

♦ 3. 潘頎鈞，攔河堰對河川生態影響之研究—以濁水溪集集攔河堰為例，碩士論文，國立清華大學生命科學系，(2006)。

♦ 4. 吳富春，胡通哲，李國昇，李德旺，"應用棲地模式估算台灣河川之生態流量"，第九屆水利工程研討會，中央大學，(1998)。

♦ 5. Fisher,S. G. and A.Lavoy(1972)Differences in littoral fauna due to fluctuating water levels below a hydroelectric dam.29：1472-1476.

♦ 6. 吳富春，胡通哲，李國昇，李德旺，"應用棲地模式估算台灣河川之生態流量"，第九屆水利工程研討會，中央大學，(1998)。

♦ 7. 游以德，環境生態學，地景企業有限公司，第 61~63 頁，臺北(1999)。

♦ 8. 楊世瑩，spss 統計分析實務，旗標出版，第 9-5~9-10 頁(2005)。

♦ 9. 楊世瑩，spss 統計分析實務，旗標出版，第 9-5~10-13 頁(2005)。

♦ 10. 楊世瑩，spss 統計分析實務，旗標出版，第 9-5~26-32 頁(2005)。

♦ 11. 行政院環境保護署環境監測及資訊處。

♦ 12. 經濟部水利署，http://www.wra.gov.tw/，(2008)。

♦ 13. 93~97 年集集攔河堰營運階段水域生態及水質監測成果報告。

♦ 14. 全國環境水質監測資訊網，http://wqshow.epa.gov.tw/。

5

第 **6** 篇

其他課題

❋ 1. 環境變遷對屏東沿海地區之脆弱性分析

❋ 2. 應用水庫淤泥改善砂丘地植生之試驗研究

❋ 3. 高尾線性動差法於極端暴雨及洪水頻率分析之應用

1 環境變遷對屏東沿海地區之脆弱性分析

 摘 要

　　全球氣候的改變正加速環境變遷的速度，對於沿海低窪地區而言，眾多環境衝擊中以海平面上升帶來的威脅可能是最急迫且危險的。有鑒於莫拉克風災造成屏東沿海地區嚴重水災，本研究即以屏東沿海三鄉鎮(東港鎮、林邊鄉、佳冬鄉)為研究區，進行環境變遷之脆弱性分析。自然脆弱性是依各村里海平面上升可能淹水面積比、淹水潛勢面積比、及地層下陷面積比來計算；社會脆弱性評量指標則以人口密度、女性人口比和低收入戶戶數比來選定，再以自然及社會脆弱性評分之乘積求得各村里之地方脆弱性，最後透過地理資訊系統繪製研究區之地方脆弱性地圖。研究結果發現沿海村里之地方脆弱性高於內陸地

[1] 蘇文瑞　國家災害防救科技中心助理研究員
[2] 蔡元芳　國立台北教育大學社會與區域發展學系教授
[3] 陳怡臻　國立台北教育大學社會與區域發展學系碩士班生
[4] 鄭于綸　國立台北教育大學社會與區域發展學系碩士班生
[5] 傅毓漩　國立台北教育大學社會與區域發展學系碩士班生

區，而屬於地方脆弱性最高等級之村里共有 8 個，主要分布於林邊和佳冬鄉相鄰之沿海村里，以及東港鎮人口密集之住宅區；另外，經與土地利用分類圖做疊圖分析，可發現地方脆弱性最高的三個等級村里其土地利用類型以水產養殖和住宅用地居多，相反的，脆弱性最低之村里的土地利用類型則以農業用地為主。

關鍵詞：環境變遷、海平面上升、水患、脆弱性分析

Abstract

Due to the rapid rising of the global sea level, the population and infrastructure in the neighborhood of the coastal area will be in danger. The aim of this study is to quantify vulnerability for these places. We choose three coastal towns in Pingtung County which suffer from serious land subsidence and flood. The physical vulnerability is assessed by the village area of subsidence, the inundation area ratio in sea-level rise areas and the ratio area of flood probability. The social vulnerability assessment indicator is used to analyze the social dependence and population statistics. The results reveal that the villages with highest grade of vulnerability almost near the coast, and it also imply that people live in these areas will be affected easily by the environment hazard. In addition, we find that there are high correlations between the distribution of vulnerability grade and land use. Finally, we construct a map of vulnerability which can apply to disaster prevention.

Keywords：Environmental Change, Sea-Level Rise, flood, Vulnerability Analysis

 # 一、前言

近年來氣候變遷的速度加快，全球暖化現象導致南北極冰川的融化面積持續擴大，海平面上升加劇。聯合國「政府間氣候變遷工作小組」(Intergovernmental Panel of Climate Chang，簡稱 IPCC)報告統計，自 1961 年以來，全球海平面上升的平均速率為每年 1.8 毫米(1.3~2.3 毫米)，而從 1993 年以來平均速率為 3.1 毫米(2.4~3.8 毫米)來看，全球在未來一百年海平面可能上

升 0.6 公尺。除此之外，氣候變遷引起的極端氣候也導致全球各地的天然災害層出不窮，各類災害規模或頻率都有擴大、增加的趨勢。IPCC(2007)甚至於報告中指出，若人類無法立即阻止或延緩全球暖化的速度，那麼很可能將導致海平面上升、水旱災風險上升、水資源枯竭、各地氣候改變、動植物物種面臨滅絕的危機…等一連串環境變遷的問題。然而，環境的變遷及災害的衝擊往往牽動著社會、經濟層面，深切的影響民眾的生活與生計。因此許多專家學者也漸漸意識到面對氣候變遷的危機下，政府除了以工程手段加強防災工作外，更需重新思考如何以非工程手段的有效策略進行減災工作，以符合成本效益。因此聯合國成立的國際減災策略(International Strategy for Disaster Reduction, ISDR)以永續發展為目標，積極推動防災、減災的災害風險評估、脆弱性分析及政策管理等相關事務上的推動與探討，將有限的資源依風險及脆弱性程度進行合理配置，以便將災害減到最低。台灣先天的地理條件具有易致災性，政府及相關單位更應該及早研擬相關的因應計畫，釐清各項災害的脆弱性，以調適與降低氣候變遷造成的災害影響。

　　有鑑於目前環境變遷的趨勢，全球環境變遷所導致極端氣候的發生，對於未來沿海低窪地區的威脅驟劇，例如，2009 年 8 月 8 日因莫拉克颱風所挾帶五十年來罕見的超大雨量，使得台灣西南部多處沿海低窪地區出現史無前例的大水患，不僅內水無法即時由排水系統疏通，在堤防失去防護力下更使得外水大量倒灌，導致許多鄉鎮幾乎都成為水鄉澤國，其中又以屏東縣沿海地區最為嚴重，不但危及居民的生命財產安全，也重創沿海地區的養殖業、農業及觀光業。因此，本研究嘗試以現有各類統計資料，根據屏東沿海鄉鎮未來將遭受的環境變遷現象，進行初步的脆弱性分析，以探討沿海地區的脆弱性，期透過資料蒐集與地理資訊系統(Geographic Information System，簡稱 GIS)的應用了解該地區災害脆弱性的空間分布。

6

1.1　脆弱性的定義

　　脆弱性(Vulnerability)亦稱脆弱度或易致災性，是近年來探討全球環境變遷與永續性科學研究的重要項目。早在 1940 年代開始，美國地理學家 Gilbert White 便提出以工程或科技導向解決災害問題是治標的方法，並主張應該多聚焦於社會、經濟、政治層面的改善方案，認為人的因子和物理、工程的因子都是等同重要的。然而，早期脆弱性的研究多著重於以衝擊的取向，主要分析物理性災害的演化，且往往依據人口預測模式、災害推估模式等模式的應用，以預測有哪些群體或設施會暴露於此災害，衡量其災害發生時受體間遭受衝擊的可能性與影響程度(林冠慧，2004)。後期自 1980 開始脆弱性的研究融入了力學中回復力(Resilience)的概念，近年更進一步將此觀念運用至氣候變遷中與脆弱性做連接，漸漸注意到社會、經濟、政治、制度與人們因應環境變化的學習能力和適應能力，這也是以往研究較缺乏的部分，因此開始發展各類適應力、調適力融入脆弱性的評估，而該類研究更能透過社會、經濟的層面，較全面的掌握不同個體、社群、地區的脆弱性差異(陳志嘉，2007；林炯明和徐勝一，2008)。

　　雖然脆弱性的定義廣泛被應用於不同的研究，但截至目前學者們對於其定義仍眾說紛紜(Ezell, 2007)，沒有具體共識，因此僅能從文獻中初步歸類。Cutter(1996)彙整自 1980 年到 1995 年許多專家對脆弱度的看法，將脆弱性廣義定義為「得以造成潛在損失的因素」，所涵蓋的面向可分三點：1.脆弱性是一種災前的既存的條件：此類主要為科學與工程角度的觀點，探討的是生物物理學的脆弱性以及災害的特性，如規模、頻率和空間影響程度；2.脆弱性是災害的調適與因應能力：此類較少提到危害度及暴露量，著重討論為社會經濟的條件及社會建構；3.脆弱性是一個特定地點的災害程度：此定義主要是綜合前面兩者的因子，以凸顯脆弱性是針對社會建構下脆弱狀態的討論，成為近年來天災研究最常用的定義方式。IPCC 以第三點面向定義脆弱性為系統對氣候變遷的衝擊之敏感度、易受影響或無法處理的程度。綜合以上敘述，本研究參考

IPCC(2007)之定義，將脆弱性(Vulnerability)視為一種能反應面對災害時易損性的狀態，此狀態的變化取決於物理性、社會性、經濟性與環境性的因素，且狀態亦會隨地區的不同有所變動。

1.2　脆弱性評估分析與指標訂定

　　脆弱性評估的目的在協助研擬防災減災策略上的應用，國內外對於災害脆弱性評估的研究也相當多，江宜錦(2007)統合脆弱度、災害損失與災害管理三個觀點，擬訂出台灣天然災害統計指標架構，以了解各縣市災害的時空特性及防救災管理能力。蕭煥章(2008)以 HRV(Hazard Risk Vulnerability，災害風險脆弱性)為架構，建立由縣市到村里空間尺度都可適用的水災脆弱性的評估模式，而獲得地方脆弱性的評估結果，另外他也整理了常用的評估模式有：災害衝擊風險脆弱性評估法(Hazard Impact Risk and Vulnerability, HIRV)、社區脆弱評估法(Community Vulnerability Assessment, NOAA-CVA)、脆弱性與能力評估法(Vulnerability and Capacity Assessment, VCA)、能力脆弱性評估法(Capacity Vulnerability Assessment)、災害風險與脆弱性分析法(Hazard, Risk and Vulnerability Analysis, HRVA)…等等，綜合各類分析法大致列出降低社區災害所需考量的脆弱性評估面向，以及易於執行的行動策略與步驟，其災害風險及脆弱性評估架構，大致可將由圖 1 來說明。

　　由於脆弱性具有地區性、變動性、特定性，因此不同災害下所考慮的因子都需要重新擬定(Cutter,1996；林冠慧，2004)。Cutter(2003)整理了具社會經濟脆弱性的重要指標如：年齡、性別、種族、收入、社會階級、政治、政策、土地使用管理…等等。郭彥廉等(2009)彙整脆弱性因子時依來源分為個體(個人與家戶)、社區(或村里)與社會或政府，又依各因子區分為潛在損失、妥善處理能力。李欣輯(2009)對於坡地災害的社會脆弱性指標的選定是以：可能的最大損失、環境建設、自保能力和復原與適應能力為架構，指標因子又略分為弱勢人口(獨居老人、身心障礙者、中低收入戶、經濟較窮困者…等)、工程建設與地理環境(坡地擋土牆、排水設施、對外道路數、防災設施…等)、災害管理與社

區防災(社區防災計畫、教育宣導、避難路線規劃...等)、個體風險知覺與應變能力(受災經驗、災害識覺、疏散意願...等)。陳敏生、陳斐娟(2008)針對雲嘉災害高潛勢區的弱勢族群進行心理健康狀態分析,發現該族群對於危險敏感度偏低,防災資訊取得也較缺乏,且心理脆弱度較高,普遍在社會與經濟壓力下心理和健康狀態都不佳。因此脆弱性研究除了評量硬體設施外,也仍需進行社群對災害之心理研究。目前各研究中使用的脆弱性指標各有異同,但因為其中有些指標受限統計資料取得的困難或難以量測,因此在選定指標時往往會出現缺漏,這也是目前脆弱性在量化研究時的難為之處。

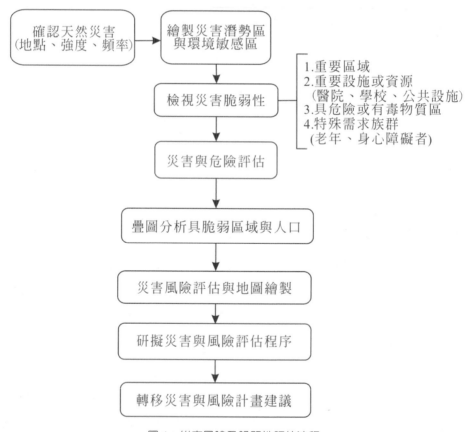

圖 1　災害風險及脆弱性評估流程

二、研究方法與流程

2.1　研究區概況

　　本研究以屏東縣東港鎮、林邊鄉及佳冬鄉三鄉鎮為範圍(圖 2)，面積約為 75 平方公里，海岸線長約 15.2 公里，目前共有 45 個村里。本研究區位於屏東縣西南沿海一帶，屬於東港溪與林邊溪流域，灌溉水源豐沛，適合農業發展，早自明清時期即有人口聚落的發展。研究區內人口現況如表 1，東港鎮因整體區域規劃下成為東港生活圈，總人口相較其他兩鄉鎮來的多。

表 1　各鄉鎮 2007 年人口統計

鄉鎮名	總人口數	總戶數
東港鎮	50524	14626
林邊鄉	21305	6173
佳冬鄉	21787	6589

資料來源：本研究整理。

　　由於這三鄉鎮因地勢低窪又位於兩條溪流出海處，因此受沖積作用形成氾濫平原及潟湖、沙洲，位於東港鎮與林邊鄉間的大鵬灣即為台灣難得的天然潟湖地形。大鵬灣的特殊地形也蘊含了非常豐富的生態系統，該區有珍貴的紅樹林分布區，河海交界豐富的營養鹽吸引了不少魚蝦、蟹類、鳥類的聚集。由於濕地與海洋資源豐富，不僅造就當地漁業的發展，也孕育出東港王船祭等獨特的社會人文風貌。

　　以土地利用情況來看，這三鄉鎮的產業發展多以農、漁業為主，農業分布在內陸的村里，水產養殖漁業主要分布在沿海地區及大鵬灣一帶，詳如圖 3。省道台 17 線是串連三鄉鎮的主要道路，主要的聚落也大多沿線發展，在國道三號的開通後進而帶動了當地觀光產業的發展。

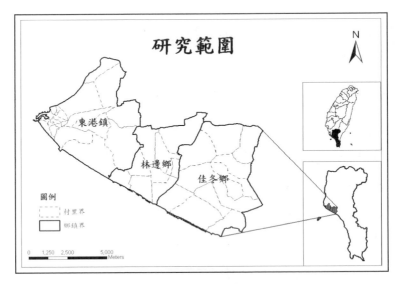

圖 2　研究區範圍圖

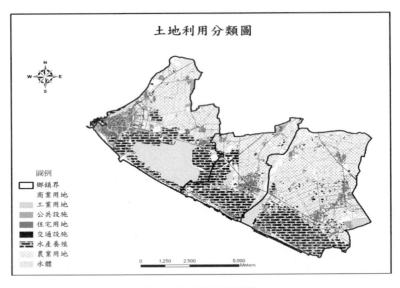

圖 3　土地利用分類圖

　　然而，自 1960 年代開始，在養殖漁業技術性突破與高經濟獲利的誘因下，屏東縣內陸養殖面積逐漸擴大，加劇超抽地下水，引起嚴重的地層下陷(參考表 2)。從累積下陷量以及年下陷率來看，屏東縣整體來看主要地層下陷中心分布在林邊溪出海口一帶，研究區內皆被水利署認定為嚴重地層下陷區。由於地層下陷造成的環境改變是整體性、全面性及長期性的，因此無法短時間將流失

的地下水層及地表高程快速的彌補，因此影響層面涵蓋了經濟、土地使用、水資源之外，更重要的是伴隨而來的災害問題。

　　由於地勢低平又位於溪流下游位處易淹水地區，因此淹水災害時有所聞，近年受地層下陷及極端降雨的氣候變遷下，每當豪雨或颱風來臨就會造成居民生命財產與農漁業的損失，災後的環境衛生的髒亂及復原，無形中多耗費了不少社會成本。除了洪水災害外，當地將受到海平面上升、土壤鹽化、海岸侵蝕、濕地生態破壞等環境問題迫在眉睫，成為地方政府和有關當局需要共同解決的課題。

表 2　屏東縣地層下陷概況表

年度	累積下陷時間	最大累積下陷量(公尺)	下陷速率(公分/年)
2003	1972~2003	3.25	2.6
2004	1972~2004	3.22	4
2005	1972~2005	無資料	無資料
2006	1972~2006	3.24	2.8
2007	1972~2007	無資料	無資料

資料來源：經濟部水利署。

2.2　研究材料

　　由於脆弱性分析首先須了解研究區範圍所面對的環境衝擊的危害度，因此，本文參考 Cutter(1996)自然、社會和地方脆弱性的架構，設定情境除了考慮現存主要災害地層下陷和淹水外，也考慮未來沿海地區可能遭受海平面上升之威脅，以計算各村里三種災害的暴露量，故本研究使用的相關材料如下：

1.　自然脆弱性指標：

　　地層下陷採用經濟部水利署公告之屏東縣自 1994 至 2006 年地層下陷累積下陷量圖，總下陷量以 10 公分為間距，共分下陷量 80~30 公分六條等值線，

本研究利用地理資訊系統自行數化成所需圖層後，依等值線占村里面積比例計算出各村里之平均下陷量。

易淹水範圍是取用經濟部水利署 2007 公布之屏東縣淹水潛勢圖，因考慮極端降雨發生頻率增加的趨勢和莫拉克風災的情形，本研究採用 600 公厘淹水潛勢圖且淹水深度 0.5 公尺以上區域為範圍，依此範圍計算各村里之淹水面積比。

海平面上升是依 IPCC 模擬全球海平面上升最大推估值 0.6 公尺作為三鄉鎮沿海地區可能影響之災害區，資料是用數值高程模型(Digital Elevation Model, DEM)萃取出現在高程 0.6 公尺以下面積，再計算出各村里海平面可能淹水面積比。以此三種災害的數值進行自然脆弱性之計算。

2. 社會脆弱性指標

雖然完整的社會脆弱性評估必需周詳的考量各種層面的指標，但因現存有些指標存有量化之困難，本研究目前僅初步以公務統計資料進行評估，使用的指標有：2007 年各村里人口密度、女性人口比與低收入戶數，透過人口結構與經濟資料了解暴露在環境衝擊嚴重的沿海村里在社經方面的影響，因研究採用指標不多所以不另外進行層級分析法來擬訂權重。研究相關統計資料是由研究區鄉鎮公所、戶政事務所取得。

2.3 研究流程與步驟

脆弱性量化評估需要將各項指標加總計算，但因各指標單位不同，需要先做標準化動作(江宜錦，2007；李欣輯，2009)去除各類脆弱性指標的單位影響，再將各 Z 分數正規化將值轉換成 0~1 的數值，其計算公式如下。接著將自然脆弱性三項指標的正規化值加總做為自然脆弱性總分，社會脆弱性做法亦同。最後把自然及社會脆弱性總分相乘後得到地方脆弱性，並以 GIS 內建之自然分類法(Natural Breaks)分出 5 類脆弱度等級，值越大表示村里受自然衝擊及社經背景影響的脆弱度越高。

【步驟 1】標準化：

$$Z_{jk} = \frac{X_{jk} - \bar{X}}{S_j} \tag{1}$$

Z_{jk}：第 j 個指標第 k 個村里之標準化數值

X_{jk}：第 j 個指標第 k 個村里的數值

S_j：第 j 個指標在所有村里的標準差

$\bar{X}$：第 j 個指標在所有村里的平均數

【步驟 2】正規化：

$$I_{jk} = \frac{Z_{jk} - Z_{jn}}{D_j} \tag{2}$$

I_{jk}：第 j 個指標第 k 個村里之指數值

Z_{jk}：第 j 個指標第 k 個村里之標準化值

Z_{jn}：第 j 指標在所有村里標準化數值之最小值

D_j：第 j 個指標在所有村里標準化值之全距(最大值減最小值)

【步驟 3】地方脆弱性計算公式：

$$V_{地方} = V_{自然} \times V_{社會} \tag{3}$$

$$V_{自然} = I_a + I_b + I_c \tag{4}$$

$$V_{社會} = I_i + I_j + I_k \tag{5}$$

I_a：某村里之地層下陷量正規化值

I_b：某村里之易淹水面積正規化值

I_c：某村里之海平面上升淹沒面積正規化值

I_i：某村里之人口密度正規化值

I_j：某村里之女性人口比正規化值

I_k：某村里之低收入戶數正規化值

三、研究結果與討論

3.1 自然脆弱性

　　依據本研究之定義,自然脆弱性評估的主要面向在地區的環境危害特徵與暴露條件,考量研究區之既有環境特徵與未來氣候環境變遷之影響,選擇海平面上升 0.6 公尺淹水面積比、地層下陷總下陷量與日降雨量 600 公厘淹水潛勢面積比做為自然脆弱性之評估指標,將三項指標累加後可獲得研究地區之整體自然脆弱性,研究結果如下圖 4 所示,整體來說,以林邊鄉的自然脆弱性最高,其次是東港鎮和佳冬鄉。而沿海地區村里之自然脆弱性高於內陸不臨海之村里,意即自然脆弱性最高之地區分布於沿海地帶,當中又以林邊鄉水利村、光林村、崎峰村;佳冬鄉燄溫村和東港鎮嘉蓮里的脆弱性最高,若與當地之土地利用和地文因子做疊圖比較,可發現脆弱性最高之村里分布與水產養殖土地利用類型的分布是相重疊的,且皆為地層下陷較嚴重之地勢低窪區域,由此可印證水產養殖超抽地下水造成地層下陷之現象,已破壞當地環境既有之生態和平衡,提高當地環境脆弱性與暴露條件,讓當地成為易受災害衝擊、影響之敏感地區。

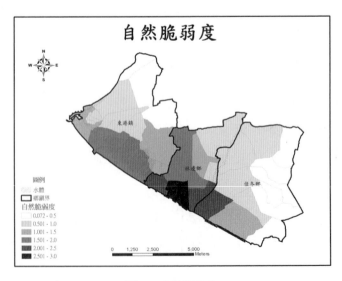

圖 4　自然脆弱性

3.2　社會脆弱性

　　脆弱性為一種反應面對災害時的易損性狀態，若從社會面的角度來看，其目的在凸顯災前既存的脆弱條件，以及災時和災後的因應、調適與復原能力，與人的活動、經濟、產業和各種社會特質息息相關，因此，本研究選擇各村里之人口密度、女性人口比和低收入戶數做為社會脆弱性之評估指標，研究結果如圖 5 所示，社會脆弱性較高之村里主要集中於東港鎮境內，當中又以頂中里、東隆里和八德里的脆弱性最高，探究其細部個別指標(參閱表 3)可發現頂中、東隆和八德三個里的人口密度皆為 45 個研究村里中最高，而頂中里的女性人口比例在所有村里中排名第 2，低收入戶數排名第 5；東隆里的低收入戶數於 45 個研究村里中排名第 5，此數據皆是頂中里和東隆里社會脆弱性最高之重要因素。另外，林邊鄉田厝村和佳冬鄉燄溫村的低收入戶指標為 45 個村里中最高前兩名，致使兩村里之人口密度雖較為稀少，但由於其低收入戶戶數相對較多，致使其整體社會脆弱性向上攀高，意味若發生災害事件時，儘管田厝村和燄溫村的人數較少，可能造成的損失和衝擊相對減少，但因其低收入戶戶數較多，一旦遭受災害衝擊，大部份之家庭可能會因無充分之應變與復原能力而造成重大的損失。

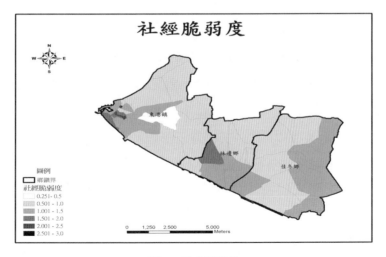

圖 5　社會脆弱性

表 3 社會脆弱性指標排序表

鄉鎮村里	社會脆弱性	低收入戶	人口密度	女性人口比	社會脆弱性/鄉鎮排名
東港鎮頂中里	1	4	4	2	1
東港鎮東隆里	2	5	2	17	2
東港鎮八德里	3	12	1	35	3
林邊鄉田厝村	7	2	32	20	1
佳冬鄉燄溫村	8	1	36	31	1

資料來源：本研究整理。

3.3 地方脆弱性

地方脆弱性考量地方整體自然脆弱性和社會脆弱性之狀況，以兩者評分之乘積取得研究區 45 個村里之地方脆弱性等級，脆弱性等級最高之村里共有 8 個，依序為佳冬鄉燄溫村、林邊鄉水利村、東港鎮東隆里、林邊鄉田厝村、東港鎮八德里、林邊鄉光林村、東港鎮頂中里和東港鎮嘉蓮里，如下圖 6 所示。整體來說，脆弱性等級最高之區域主要分布於林邊鄉和佳冬鄉相鄰之沿海村里，以及東港鎮人口較密集之住宅區，若從細部之社會與自然脆弱性觀之，林邊鄉和佳冬鄉相鄰之沿海村里的脆弱性肇因於自然脆弱性，也就是說此區塊既有的自然環境是較脆弱敏感的；相反的，東港鎮人口密集區之脆弱性較高受後天之社會經濟活動影響居多，因此，於未來面對氣候變遷的調適策略上，林邊鄉和佳冬鄉沿海之村里可以防治對策為主、預防對策為輔，也就是從基本的環境規劃、防洪建設和地層下陷減緩等工程著手，輔以產業結構轉型和土地利用使用規範等。而東港鎮人口密集區可著重於預防對策的落實，例如加強居民的防災意識與能力、規劃完善之警戒與避難體制及限制敏感脆弱區域之開發等。

將地方脆弱性等級圖與土地利用分類圖做疊圖分析，可發現土地利用分類圖和地方脆弱性等級圖的空間分布具有一定之相關性，脆弱性最高三個等級的

土地利用類型皆以水產養殖和住宅、公共設施等用地為主，而脆弱性最低、屬於第一和第二級村里的土地利用則以農業用地占多數，由此可窺得土地利用類型與社會經濟發展的關連，以及其造成的環境衝擊和影響。日後應釐清不同土地利用類型與脆弱性之關係，提供相關決策者於未來環境變遷且極端氣候事件頻傳下，能根據不同之土地利用類型規劃適當之調適策略與利用規範。

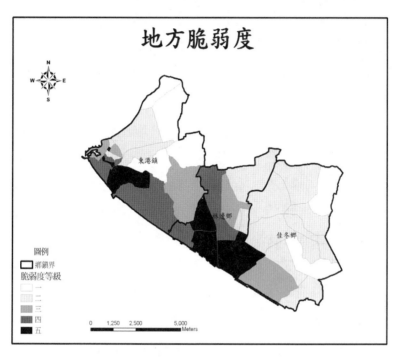

圖6　地方脆弱性

四、結論與建議

　　本研究區遭受莫拉克風災影響甚鉅，然而也正因為這次的災害讓民眾或政府不得不開始正視環境變遷以及氣候變遷對台灣的影響。沿海地區一直是災害脆弱性較高的地方，但也是台灣人口分布密度較高和經濟高度發展的區域，因此實在有必要及早進行各地災害脆弱性的調查與評估，透過本研究對屏東沿海地區脆弱性的評估與分析，應可窺探出沿海地區普遍的脆弱性現象。本文歸納之結論如下：

1. 在自然脆弱性的結果上顯示脆弱度較高的地區主要分布於沿海地區，和林邊溪下游出海口處，主要肇因於地層下陷與地勢低窪的影響。與土地利用使用類型比對後發現，自然脆弱度較高地區之土地利用分布多為水產養殖業，有此顯示，水產養殖業過去的超限運用地下水資源，已對當地環境造成衝擊。

2. 從人口密度、女性人口比和低收入戶數評估的社會脆弱性，約略與人口及聚落空間分佈有關。東港鎮整體因人口聚集程度較高，相對來說脆弱性高的村里數也較多。林邊鄉與佳冬鄉的社會脆弱性則集中在林邊溪下游及沿海之村里。

3. 綜合自然及社會脆弱性之地方脆弱性能呈現出地方實際之脆弱現象，整體來說脆弱性最高的村里共有八個，且多為濱海地區，其中林邊鄉與佳冬鄉的高脆弱性村里，相對來說受到自然脆弱性之地層下陷影響較大，因此在未來氣候變遷的災害預防上短期目標應以加強防洪設施、地層下陷監測和防治、以及改良建築設計為主，以協助居民降低災害的風險。至於東港鎮高脆弱性之村里則應加強居民的災害認知、防災意識、避難路線之教育宣導…等非結構性的調適策略，如此一來應能有效降低災害損失。

4. 由於脆弱性的評估應以地方適用之指標而評估，因此本研究以「村里」為最小單位，儘管不如網格式資料來得精細，但有助於結合以村里為防救災行政單元之概念，以提供鄉鎮、縣市及中央層級的資料整合與應用。

5. 研究區中的大鵬灣國家風景區具有豐富的自然生態資源及遊憩功能，若未來面臨環境變遷的衝擊，對於現有景觀生態勢必有不小的衝擊，建議未來脆弱性的評估應該將生態環境議題納入考量。

6. 脆弱性的評估方法，能夠將各種脆弱度數值進行綜合性的量化分析，因此可利用 GIS 以地圖形式呈現潛在的易損性大小，透過地圖的高可視性和空間分析，將有利於提升一般民眾之防災認知。

7. 本研究初步以物理性、社會性、經濟性層面評估脆弱性程度，然而受限指標的詳細資料取得不易，無法採用更多適合的指標，雖然不盡周詳但仍能略為掌握當地的脆弱性情況，待未來資料更齊全之時，相關脆弱性的評估結果將可運用更加廣泛。

參考文獻

1. 江宜錦(2007)，「台灣天然災害統計指標體系建構與分析」，銘傳大學媒體空間設計研究所碩士論文。

2. 李欣輯(2009)，「坡地災害社會脆弱性指標之建立」，第十八屆水利工程研討會論文集II，第 I-163~171 頁。

3. 林冠慧(2004)，「全球變遷下脆弱性與適應性研究方法與方法論的探討」，全球變遷通訊雜誌，第 43 卷，第 33~38 頁。

4. 林炯明、徐勝一(2008)，「自然災害風險研究的發展與挑戰」，環境教育學刊，第九期，第 37~62 頁。

5. 陳志嘉(2007)，「臺灣在全球環境變遷下的脆弱性研究與發展」，環境與世界，第十六期，第 47~71 頁。

6. 陳敏生、陳斐娟(2008)，「防災社會經濟面弱勢族群的心理特性分析」，行政院衛生署國家衛生研究院，計畫編號(DOH97-TD-H-113-97011)。

7. 郭彥廉、蕭代基、林彥伶、張雯惠、張銘城(2009)，「天然災害脆弱性與社經脆弱因子之回顧」，災害防救電子報，第 42 期，第 1~9 頁。

8. 蕭煥章(2008)，「水災脆弱性評估模式之建立—以汐止市為例」，中國文化大學地學研究所博士論文。

9. Cutter, S. L., Boruff, B. J., and Shirley, W. L., (2003) "Social Vulnerability to Environmental Hazards", Social Science Quarterly, 84(2), p.242~261.

10. Cutter, S. L., (1996) "Vulnerability to Environmental Hazards", Progress in Human Geography, 20(4), p.529~539.

⬥ 11.Ezell, B. C., (2007) "Infrastructure Vulnerability Assessment Model (I-VAM)", Risk Analysis, 27(3), p.571~583.

⬥ 12. IPCC, (2007), "Climate Change 2007: The Physical Science Basis, Summary for Policymarkers", Contribution of Working Group to the Fourth Assessment Report of the Intergovernmental Panel on Climate Change, Paris.

⬥ 13. UNISDR, http://www.unisdr.org.

2 應用水庫淤泥改善砂丘地植生之試驗研究

 ## 摘 要

　　水庫淤泥的應用已經非常多元化，利用淤泥客土改善土壤一直是農業上較廣泛使用的方法。本試驗主要利用水庫淤泥做為阻水層，用來提高植物根層有效水分，進而改善沙丘地植物生長環境。

　　試驗中將石門水庫清淤瀝乾的淤泥直接載運至試驗地，並以平行於海岸線的開溝方式，將水庫淤泥埋置於砂地以下，再依林務局種植防風林方式，比較設置淤泥溝區域與未設置淤泥溝區域的防風林植物存活率。試驗結果在 18 個月的試驗期間，有設置淤泥溝的防風林存活率均優於未設置淤泥溝的防風林，初步證實應用水庫淤泥改善砂丘地植生之效果。惟考量地域環境的差異性及水庫淤泥的運輸成本，試驗結果是否適用於其他地區仍有待進一步研究。

[1] 黃小珍　水利規劃試驗所副工程司
[2] 蕭世泰　水利規劃試驗所約僱人員
[3] 甘俊二　台北市七星農田水利研究發展基金會董事長
[4] 張煜權　醒吾技術學院副教授

Abstract

The sludge of reservoir is widely reused in many fields, especial in the conservation of agriculture land. In the study, the sludge of reservoir was used as a cut-off wall to increase the soil water content and improve the survival rate of plant in the coastal sand dune area. The sludge of reservoir was drained by gravity before transferred from the Shihmen reservoir to the coastal sand dune area. The trenches were constructed to parallel the coast line in the coastal sand dune area. After the sludge of reservoir was buried in the trenches, the survival rate of wind break tree was investigated and compared between area with and without the sludge trenches. The resulted show the survival rate of wind break tree with sludge trenches was higher than without sludge trenches during 18 months growth period. In view of applicable practice, the environmental variability and conveyance cost should be considered.

 # 一、前言

　　每年水庫上游因沖刷或崩塌而帶至水庫的淤沙數量非常龐大，爲使水庫得以永續使用，清淤變成一絕對必要的工作，至於清淤作業的副產物淤泥，則廣泛用於填地、建築骨材、回歸下游河道、農地土壤改良等，本計畫爲促使淤泥的多元化利用，擬運用淤泥黏土含量比例高具保水能力之特性，將其運用於海岸防風林植生，以提高海岸植生之存活率試驗。

 # 二、試驗目的

(一)　水庫淤泥之再生活用

(二)　提高造林之存活率

(三)　濱海低窪地之墊高

(四)　截留農業區淺層剩餘排水，增進水資源再利用

三、試驗布置與方法

(一)　租地

　　向行政院農業委員會林務局新竹林區管理處租用位於苗栗縣後龍鎮海寶里苦苓腳段 565-34、565-1，面積約 0.6 公頃之海岸林地做為試驗用地，相關地理位置如圖 1。

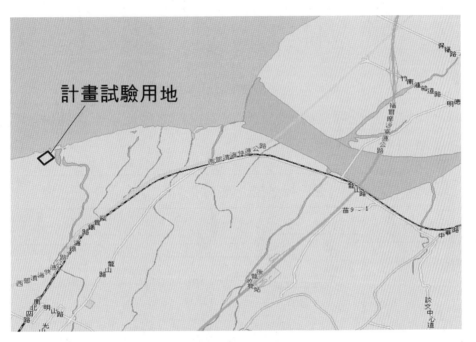

圖 1　試驗地相關地理位置

(二)　工作方法及步驟

1.　依砂丘地向海順向坡特性，挖掘與海平行之溝渠，並填以水庫淤泥，作為橫向水流之保水層，如圖 2 所示。

6

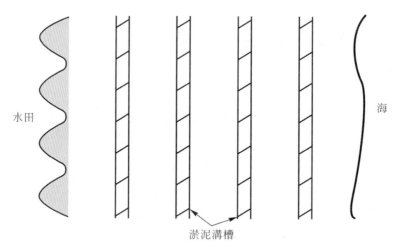

圖2 淤泥溝槽挖掘方向示意圖

2. 水庫淤泥填充至挖掘之溝渠，並將溝渠挖掘之砂回填至全區域，可使原地面高度增加，如圖 3 所示。

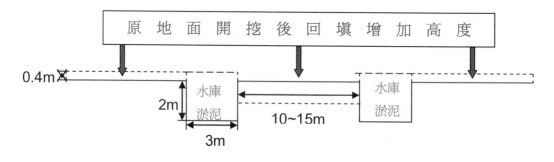

圖3 回填示意圖

3. 苗木種植依目前林務局栽植模式(以木麻黃、黃槿、草海桐為主)：在海岸砂丘地區，每間隔 1m×1m 栽植苗木一株(視環境條件可有所調整)。但在地形崎嶇或岩石裸露之處可採用半規則或不規則之間距栽植，栽植時先挖植穴，深寬各 30 公分，穴內適量施用有機肥，苗木間格佐以培地茅，以加強定砂功能保護幼苗成長，如圖 4 所示。

4. 埋設土壤水分感知器，分別於淤泥區與砂土區埋設兩組水分感知器，每組又分別為 4 個深度(50cm、100cm、150cm、200cm)，並於試驗區內安裝 12 個簡易地下水位觀測井，相關位置如圖 5。

5. 觀察與紀錄：每日派員至現地蒐集氣象資料、量測土壤含水量、量測地下水位、生長紀錄等資料。

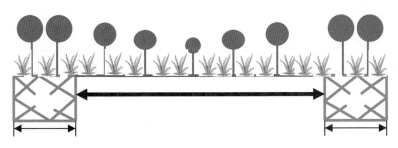

圖4　植栽示意圖

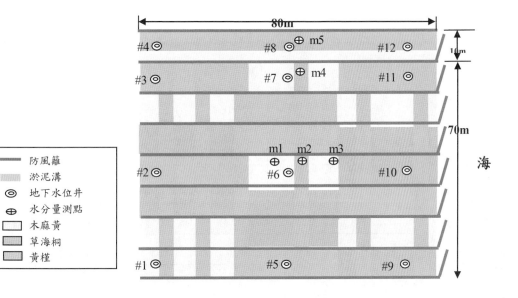

圖 5　地下水井、土壤含水量測配置圖

(三) 客土作業

1. 運土作業：本試驗所需填土量約為 2520 立方公尺，透過「營建工程土方交換網路系統」申請乾淨無汙染土質(石門水庫淤泥)，並由北區水資源局另行發包運送土方，本案由健泰營造有限公司承包，於 97 年 2 月 20 日~26 日期間供土，由石門水庫以 35 公噸的卡車載運，共計 186 台車次分批運送到試驗地。

2. 收容作業：土方運至試驗地原本預計直接傾倒於預挖之溝渠，但因施工作業難以完全配合，故改以先行堆置再埋填方式，砂地土壤結構鬆散，溝渠挖深作業容易坍方，因此淤泥溝必須以立即挖立即埋方式，才能達到要求昂度與深度。

3. 本計劃計埋設 6 條 3 米寬 2 米深 70 米長之淤泥溝(EC Wall)，共使用 2520 立方公尺之水庫淤泥，原試驗用地挖起之砂土則全部均勻回填至該試驗區，約增加原土面高度 40cm。

四、試驗結果與分析

(一) 試驗區砂土與石門水庫淤泥土壤特性分析

物理性	真比重	假比重	砂粒%	粘粒	坋粒%	質地
苦苓腳砂土	2.753	1.579	96.096	3.390	0.541	砂土
石門水庫淤泥	2.732	0.983	0.000	61.781	38.219	黏土
化學性	有效性磷 ppm	交換性鉀 ppm	交換性鈣 ppm	交換性鎂 ppm	有機質含量 %	
苦苓腳砂土	2.22#	25#	755#	202#	0.425#	
石門水庫淤泥	76.00*	181*	8002*	1990*	2.300*	
註：*94 年桃園區農業改良場檢測　#96 年苗栗改良場檢測						

(二) 地下水位監測紀錄

　　整個試驗區共設置 12 組地下水位觀測井，如圖五所示，主要了解試驗區內地下水位變化，是否對植栽根系吸收水分有幫助，地下水位除明顯受雨量影響以外，由圖 6~圖 8 中#1、#5、#9 水位高度比較高得知相對亦受試驗區旁區域排水的影響。

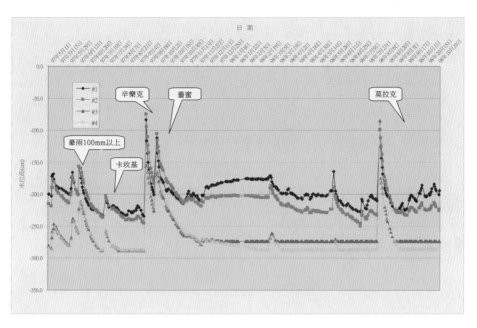

圖 6　#1~#4 地下水位比較圖

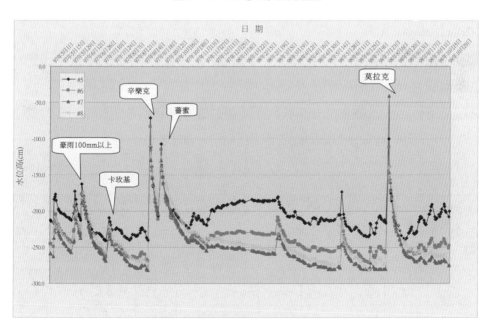

圖 7　#5~#8 地下水位比較圖

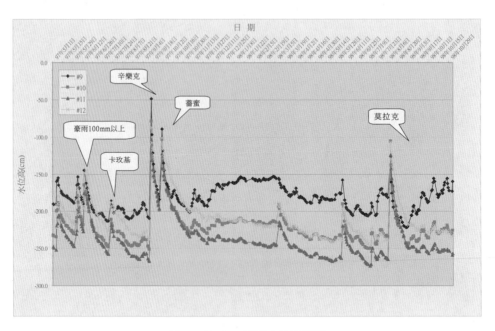

圖 8　#9~#12 地下水位比較圖

(三)　水質檢測紀錄

試驗區距離海岸線約 100 公尺至 200 公尺，滿朝時則距離縮短更多，尤其在莫拉客颱風後因試驗區旁區域排水道改變出海方向，向試驗區侵蝕，因此水質檢測目的要了解試驗區受海水影響程度較深亦或區域排水道影響程度較深，此外亦可了解植栽所處環境之水質狀況，如表 1。

表 1　試驗區水質檢驗表

日期	970805			970922(乾潮)			971014(滿潮)			971114(滿潮)		
	電導度 (μs/cm)	PH 值	水溫	電導度 (μs/cm)	PH 值	水溫	電導度 (μs/cm)	PH 值	水溫	電導度 (μs/cm)	PH 值	水溫
1	441	7.60	29.5	744	7.98	29.5	747	7.87	27.9	757	8.28	27.4
2	391	8.29	29.3	948	7.91	29.4	1012	8.23	27.7	888	8.53	27.5
3	234	8.40	28.6	621	8.28	29.5	215	8.41	27.3	268	8.52	27.2
4	423	8.26	28.3	561	8.10	29.2	532	8.37	27.4	509	8.63	26.9
5	576	8.18	30.0	700	7.95	29.5	734	8.15	28.1	709	8.48	27.5

表1 試驗區水質檢驗表(續)

日期	970805			970922(乾潮)			971014(滿潮)			971114(滿潮)		
	電導度 (μs/cm)	PH 值	水溫	電導度 (μs/cm)	PH 值	水溫	電導度 (μs/cm)	PH 值	水溫	電導度 (μs/cm)	PH 值	水溫
6	253	8.03	29.3	512	7.96	29.9	495	8.28	27.9	470	8.56	27.8
7	160	8.16	28.3	735	8.03	29.5	600	8.36	27.5	500	8.63	27.2
8	228	7.99	28.3	508	8.15	29.4	421	8.30	27.3	424	8.39	27.1
9	403	7.63	30.1	637	7.76	29.9	730	7.96	28.0	816	7.93	27.4
10	424	7.95	29.9	684	8.09	29.9	699	8.23	27.8	704	8.53	27.3
11	240	8.33	29.3	520	8.18	29.9	502	8.43	27.7	504	8.68	27.6
12	353	8.11	29.8	511	8.11	29.9	470	8.37	27.7	472	8.50	27.7
平均	344	8.08	29.2	640	8.04	29.6	596	8.25	27.7	585	8.47	27.4

日期	971212(滿潮)			980319(乾潮)			980820(滿潮)			981016(滿潮)		
	電導度 (μs/cm)	PH 值	水溫	電導度 (μs/cm)	PH 值	水溫	電導度 (μs/cm)	PH 值	水溫	電導度 (μs/cm)	PH 值	水溫
1	698	8.45	25.0	669	8.28	23.2	762	8.29	29.1	778	8.26	28.9
2	920	8.38	25.3	890	8.44	23.2	1116	8.15	29.6	1145	8.53	28.4
3	591	8.54	25.1	591	8.54	25.1	1028	8.09	29.6	-	-	-
4	718	8.31	25.4	1028	8.39	24.2	1083	8.06	29.4	-	-	-
5	739	8.34	25.3	598	8.38	23.2	586	8.28	29.1	1142	8.39	29.0
6	551	8.43	25.8	590	8.43	23.5	1202	8.19	29.3	701	8.42	28.3
7	567	8.66	25.2	774	8.47	23.9	896	7.70	29.2	912	8.59	28.2
8	468	8.45	25.1	802	8.29	24.1	881	8.22	29.0	947	8.51	28.0
9	1123	8.00	25.0	202	7.89	23.1	851	7.90	29.5	992	7.54	29.3
10	697	8.47	25.1	751	8.47	23.2	791	8.27	29.8	1060	8.45	28.6
11	521	8.71	25.3	655	8.48	23.9	914	8.16	29.2	735	8.48	28.5
12	506	8.50	25.4	692	8.39	23.6	887	8.27	29.5	724	8.42	28.9
平均	675	8.44	25.3	687	8.37	23.7	874	8.13	29.4	914	8.36	28.6

6

註：- 表地下水井無水。

(四)　土壤水分含水量監測紀錄

　　試驗區土壤水分以美製 EC-5 土壤水分感知器埋設於土壤中，每日讀取數據，97 年度分別於第 7 區有淤泥處埋設 m1 觀測點、第 8 區無淤泥之砂土區 m2 觀測點(如圖 9 所示)，每一埋設點分別於 50 公分、100 公分、150 公分、200 公分 4 個深度安裝感知器，98 年度另於第 4 區分別設置 3 點 m3(淤泥前)、m4(淤泥區)、m5(淤泥後)，同時觀察淤泥區與砂土區不同深度的土壤水分變化情形。

　　由圖 9 中 m4 與 m5 之關係可看出淤泥區土壤水分含量變化不大幾乎都維持在 20%~30%之間，沙土區的土壤水分含量則有較大的變化，越深層土壤水分含量則越高；由 50 公分淺層圖顯示兩區之間土壤水分含量受雨量的影響呈一致性，越深層淤泥區土壤水分含量已趨於飽和狀態所以變化不大，沙土區則越深層其含水量變動幅度較大。

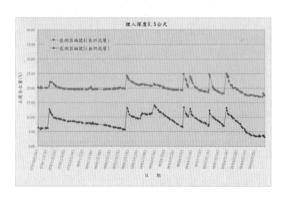
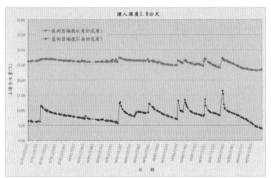
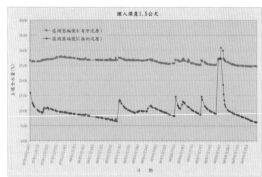
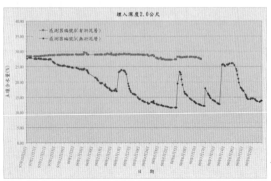

圖 9　m4、m5 不同埋入深度之土壤含水量變化

　　圖 10 中 m1、m2、m3 則在於呈現淤泥前、中、後土壤水分含量關係，主要係本計劃要了解試驗區土壤水分含量受上游農業餘水還是海水的影響較多，由圖 10 顯示 m3 淤泥後土壤水分含量大於於泥後土壤水分含量，無法驗證淤泥溝可截留農業區淺層剩餘排水，探討其原因可能因淤泥溝深度僅 2 公尺，而本試驗區一般地下水位距地表超過 2 公尺，因此難以呈現其可截留農業區淺層剩餘排水的效果。

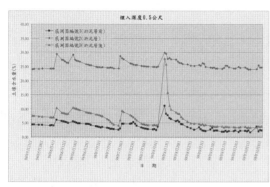
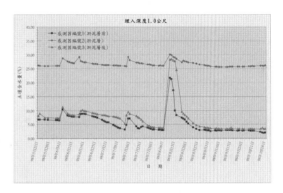
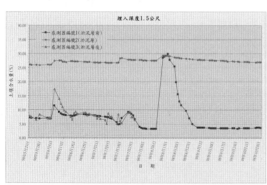
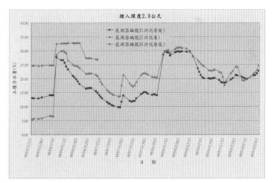

圖 10　m1、m2、m3 不同埋入深度之土壤含水量變化

(五)　氣象資料調查

　　試驗地 97 年 5 月至 98 年 4 月一整年的風向中北北東方向占約 42%，西南風則占約 13%，如圖 11，因此植栽受海風帶來鹽霧的影響非常明顯，試驗區第一區與第二區植栽生長狀況最差。

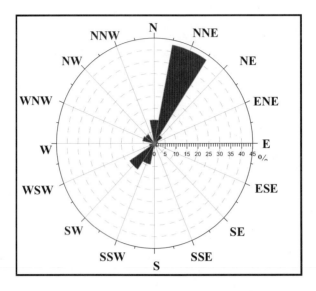

圖 11 97 年 5 月至 98 年 4 月風向圖

(六) 植栽生育調查

本計畫之防風林自 97 年 5 月完成種植後,每個月均紀錄其株高以便了解其生長狀況,株高量測以每 25 株量一株為原則,並於試驗初期即作記號以確認每次所量測的為同一株,其平均生長紀錄如圖 12。

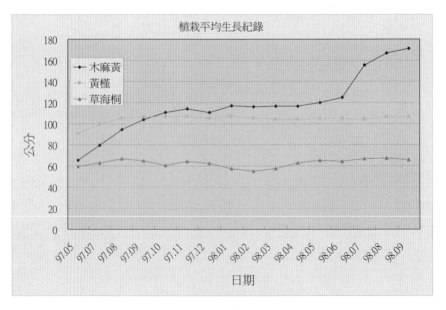

圖 12 植栽平均生長紀錄

　　木麻黃的生長速率有非常大的差異性，在受風較大的狀況下生長情形非常不良，但如果是在受風較小處又正好種植在淤泥帶上生長狀況則非常好，因此木麻黃株高從 81 公分至 358 公分、地徑從 1.3 公分至 7 公分、樹冠從 62 公分至 320 公分，其差異性實在非常明顯。

　　黃槿屬闊葉多季受東北季風影響會掉葉，生長狀況差異較小，株高紀錄 61~145 公分、地徑紀錄 1.5~3.3 公分、樹冠紀錄 22~140 公分，但原則上種植於淤泥帶上生長狀況仍是較好的。

　　草海桐則原本屬灌木類，不容易長高，株高紀錄 56~747 公分、地徑紀錄 1.7~4.6 公分、樹冠紀錄 40~126 公分，其生長狀況差異性亦不明顯。

　　存活率部分，本計畫原本設計以第 8 區為對照組(未設置淤泥帶)，但因海濱植物受風影響因素最大，而本計畫所規劃第 8 區為最內側，受風影響面最小而難據以評估、比較，每月存活率調查如表 2。

表 2　不同月份植生植物存活率分析表

	第 1~7 區				第 8 區				第 1~8 區 總存活率
	木麻黃	黃槿	草海桐	存活率	木麻黃	黃槿	草海桐	存活率	
97 年 12 月	89	96	100	95	96	100	100	99	96
98 年 1 月	83	94	100	92	96	100	100	99	93
98 年 2 月	78	94	99	91	96	100	100	99	91
98 年 3 月	76	93	99	90	94	100	100	98	91
98 年 4 月	75	93	99	89	94	100	100	98	90
98 年 5 月	74	93	98	89	93	100	100	98	89
98 年 6 月	74	93	98	89	93	100	100	98	89
98 年 7 月	74	93	98	88	93	100	100	98	89
98 年 8 月	74	92	98	88	93	100	100	98	89
98 年 9 月	73	92	98	88	93	100	100	98	89

6

(七)　成果照片

97 年 5 月新種

97 年 9 月

98 年 4 月

98 年 8 月

 # 五、結論與建議

(一)　試驗區防風林至 98 年 9 月止 18 個月間存活率仍達 89%，可以說明利用
　　　水庫淤泥確實可提高植生存活率。

(二)　本試驗由防風林植生觀察而言應是具有一定成效，至少比對淤泥區上植
　　　生優於沙土區植生。

(三) 淤泥溝的深度 2 公尺，原本係以考慮植生根系生長的長度，也就是根系吸收水分的深度，並未以試驗地地下水高度作為考量，因此若以截留農業餘水為思考方向，淤泥溝的深度或許應在加深才足以驗證。

(四) 本試驗以水庫淤泥應用於防風林，在本試驗地試驗結果應屬可行，但是否適用於其他地區仍有待證明，惟水庫淤泥富含有機質對植物生長確實有幫助，只是運送淤泥運費所費不貲，是否值得推廣仍待評估。

參考文獻

♦ 1. 中華水土保持會(2005)，「水土保持手冊-植生篇、生態工法篇」，行政院農業委員會水土保持局編印。

♦ 2. 郭幸榮主編(2006)，「育林手冊」，行政院農業委員會林務局。

♦ 3. 余守斌(2006)，簡報資料。

♦ 4. 蔡明華(1981)，「砂丘地灌溉研究」，行政院農業發展委員會。

♦ 5. 蔡明華(1985)，「砂丘地和作灌溉研究及應用」，行政院農業委員會、台灣水利局。

♦ 6. 張煜權(2005)，「利用水庫淤泥漿灌溉砂丘地之定砂技術」，立德學報 2(2) 2005 年 10 月。

6

3 高尾線性動差法於極端暴雨及洪水頻率分析之應用

 摘 要

近年來，因全球氣候變遷之影響，世界各地飽受嚴重洪澇及乾旱之影響，發生極端事件之頻率已不同於以往；因此，在極端事件之頻率分析方法上，是否仍以固定權重進行分析，值得深入探究。

線性動差法在諸多機率分布函數之參數推估方法中，受離群值之影響較小、近似無偏估及推估高效率等方面之優點已廣為所知；惟在極端事件上不論是洪水及暴雨之高值端或枯水之低值端的部分，由於該方法之觀測資料線性組合與給定極端值部分相等之權重，致容易發生傳統 L-moments 方法在極端值推估上之妥適性問題。本研究引入 1997 年 Wang 發展之 LH-moments，對高值端部分之各階動差計算式，以提供洪水極端事件方面之應用。

[1] 林依潔　淡江大學水資源及環境工程學系專題生
[2] 蘇騰鋐　淡江大學水文技術服務團執行秘書

本研究以三參數之通用極端值分布(the generalized extreme value, GEV)為例，選取台灣南部高屏溪流域天池雨量站之年最大日雨量資料與荖濃流量站之年最大瞬時流量進行實務分析及應用。希冀藉由高尾端線性動差相關方法之研究，可提供台灣地區近年因氣候變異引致之極端暴雨及洪水頻率分析之參考。

關鍵字：線性動差、高尾線性動差、通用極端值分布

Abstract

Recently, the influence of the climatic change on the global warming is serious and visible. The extreme hydrology events are happened with increasing frequency. Therefore, the method of the same weighted frequency analysis for extreme events is worthy to research.

L-moments have the advantage of providing parameters estimates that are nearly unbiased, highly efficient and not much influenced by outliers in the data. Because of L-moments are linear combinations of the observed data values. Besides, extreme sample values are given little weight in the estimation, the sample information about the higher-tails or lower-tail of the distribution may not be adequately evaluated.

In this paper, LH-moments are derived, which is modified L-moments. It is adopted to characterize the higher part of extreme events, such as flood snd storm. Meanwhile, it also referred and based on LH-moments algorithm.

The generalized extreme value(GEV) distribution, all with three parameters, are illustrated to derive the forms of estimation of LH-moments, and used the rainfall data of South Taiwan's reservoir to apply for estimating high rain quantiles. It should be useful for getting evaluation flood severity to adjust water resources management tactic at the right time and lower the risk of regional water supply.

Keywords: L-moments，LH-moments，generalized extreme value(GEV)

一、前言

近年來，因全球氣候變遷之影響，世界各地發生極端事件之現象趨於頻繁，而台灣地區也不例外，尤其近十年來，台灣地區極端暴雨及乾旱事件更迭發生，且極端事件之發生頻率亦明顯不同於以往，動輒發生破記錄之極端水文量與超大重現期距等不甚合理之推估結果。因此，在研究高極端或低極端之頻率分析方法有調適之必要性。

一般頻率分析中採用之方法眾多，其中以 L-moments 在諸多機率分布函數之參數推估方法中，受離群值(outlier)之影響較小、近似無偏估及推估高效率等方面之優點已廣爲所知；惟在極端事件上不論是洪水之高值端(higher-tail)或枯水之低值端(lower-tail)的部分，由於該方法之觀測資料線性組合與給定極端值部分過小之權重，致容易發生線性動差法在極端值推估上之妥適性問題。

1997 年，Wang 進一步發展出高尾線性動差法(LH-moments)，針對機率分布函數高尾端之部分加強其權重而進行推導，並結合三參數之通用極端值分布(the generalized extreme value, GEV)進行頻率分析，可分析洪水或暴雨之極端水文事件資料。

本研究引入 LH-moments 之概念，並以台灣南部高屏溪流域之天池雨站歷年最大日雨量及荖濃流量站歷年最大瞬時流量資料，進一步探討 LH-moments 於台灣暴雨及洪水事件頻率分析之適用性及穩定性。希冀本研究之相關成果可提供台灣地區暴雨及洪水頻率分析及水資源經營管理之參考與應用。

 二、高尾線性動差理論

根據 Hosking(1990)之定義，對隨機變數 X 而言，$X_{k:n}$ 表示爲樣本之大小爲 n 中第 k 小之資料，其樣本之次序爲 $X_{1:n} \leq X_{2:n} \leq \cdots \leq X_{n:n}$。因此，L-moments 之一至四階動差表示如下：

$$\lambda_1 = \mathrm{E}\left[X_{1:1}\right] \tag{1}$$

$$\lambda_2 = \frac{1}{2}\mathrm{E}\left[X_{2:2} - X_{1:2}\right] \tag{2}$$

$$\lambda_3 = \frac{1}{3} \mathrm{E}\left[X_{3:3} - 2X_{2:3} + X_{1:3}\right] \tag{3}$$

$$\lambda_4 = \frac{1}{4} \mathrm{E}\left[X_{4:4} - 3X_{3:4} + 3X_{2:4} - X_{1:4}\right] \tag{4}$$

其通式如下：

$$\lambda_r = r^{-1} \sum_{j=0}^{r-1} (-1)^j \binom{r-1}{j} \mathrm{E}\left[X_{r-j:r}\right] \tag{5}$$

其中，λ_1 即為分布之平均值(mean)或稱位置(location)；而 λ_2 則為分布之變異數 (variance) 或尺度 (scale)；λ_3 則為分布之偏度 (skewness)；λ_4 為峰度 (kurtosis)。因此，若由某已知之機率分布函數 $F(X) = \Pr(X \le x)$ 中取出 n 個樣本，則第 r 順位(由小至大)變數之期望值表示為：

$$E\left[X_{r:n}\right] = \frac{n!}{(r-1)!(n-r)!} \int_0^1 X(F) F^{r-1} (1-F)^{n-r} \, dF \tag{6}$$

L-moments 可以透過標準化之方式予以定義其比率，即變異係數 τ_2 (coefficient of variance, L-CV)、偏態係數 τ_3 (coefficient of skewness, L-skewness)與峰態係數 τ_4 (coefficient of kurtosis, L-kurtosis)，其數學表示式分別如下：

$$\tau_2 = \frac{\lambda_2}{\lambda_1} \tag{7}$$

$$\tau_3 = \frac{\lambda_3}{\lambda_2} \tag{8}$$

$$\tau_4 = \frac{\lambda_4}{\lambda_2} \tag{9}$$

Wang(1997)提出 LH-moments 之概念，此法改進 L-moments 給予樣本中所有事件相同權重之問題，針對高極端值部分，給予更高的權重 m 進行修正，其各階動差如下：

$$\lambda_{H_1}^m = \mathrm{E}\left[X_{1+m:1+m}\right] \tag{10}$$

$$\lambda_{H_2}^m = \frac{1}{2} \mathrm{E}\left[X_{2+m:2+m} - X_{1+m:2+m}\right] \tag{11}$$

$$\lambda_{H_3}^m = \frac{1}{3}\mathrm{E}\left[X_{3+m:3+m} - 2X_{2+m:3+m} + X_{1+m:3+m}\right] \tag{12}$$

$$\lambda_{H_4}^m = \frac{1}{4}\mathrm{E}\left[X_{4+m:4+m} - 3X_{3+m:4+m} + 3X_{2+m:4+m} - X_{1+m:4+m}\right] \tag{13}$$

其通式如下：

$$\lambda_{Hr}^m = r^{-1}\sum_{j=0}^{r-1}(-1)^j\binom{r-1}{j}\mathrm{E}\left[X_{r+m-j:r+m}\right] \qquad r=1,2,\cdots \tag{14}$$

而 LH-moments 之直接推估法如下所示：

$$\hat{\lambda}_{H_1}^m = \frac{1}{{}^nC_{1+m}}\sum_{i=1}^n {}^{i-1}C_m\, x_{(i)} \tag{15}$$

$$\hat{\lambda}_{H_2}^m = \frac{1}{2}\frac{1}{{}^nC_{2+m}}\sum_{i=1}^n \left({}^{i-1}C_{1+m} - {}^{i-1}C_m\,{}^{n-i}C_1\right)x_{(i)} \tag{16}$$

$$\hat{\lambda}_{H_3}^m = \frac{1}{3}\frac{1}{{}^nC_{3+m}}\sum_{i=1}^n \left({}^{i-1}C_{2+m} - 2\,{}^{i-1}C_{1+m}\,{}^{n-i}C_1 + {}^{i-1}C_m\,{}^{n-i}C_2\right)x_{(i)} \tag{17}$$

$$\hat{\lambda}_{H_4}^m = \frac{1}{4}\frac{1}{{}^nC_{4+m}}\sum_{i=1}^n \left({}^{i-1}C_{3+m} - 3\,{}^{i-1}C_{2+m}\,{}^{n-i}C_1 + 3\,{}^{i-1}C_{1+m}\,{}^{n-i}C_2 - {}^{i-1}C_m\,{}^{n-i}C_3\right)x_{(i)}$$
$$\tag{18}$$

其中，

$$ {}^mC_j = \binom{m}{j} = \frac{m!}{j!(m-j)!} \tag{19}$$

上式為 m 項中任意 j 項的組合數目，當 $j>m$ 時，則為 0。

LH-moments 之直接推估法乃針對 L-moments 之直接推估法中所有組合，額外增加最大可能性的組合，強化機率分布中高尾端部分之影響權重。

三、通用極端值分布函數之高尾線性動差法

3.1　通用極端值分布之高尾線性動差

通用極端值分布函數之數學表示式如下所示：

$$F(X) = \exp\left\{-\left[1 - \frac{\kappa}{\alpha}(x - \xi)\right]^{1/\kappa}\right\} \qquad \kappa \neq 0$$

$$F(X) = \exp\left\{-\exp\left[-\frac{1}{\alpha}(x - \xi)\right]\right\} \qquad \kappa = 0 \tag{20}$$

或其反轉換之形式(inverse form)予以表示，即：

$$x(F) = \xi + \frac{\alpha}{\kappa}\left[1 - (-\ln F)^{\kappa}\right] \qquad \kappa \neq 0$$

$$x(F) = \xi - \alpha \ln(-\ln F) \qquad \kappa = 0 \tag{21}$$

其中，ξ 爲一位置(location)參數，α 爲一尺度(scale)參數，κ 爲一形狀(shape)參數。

依據 Wang(1997)衍導通用極端值分布函數之 LH-moments 各階動差通式，其形式表示如下：

(1) $\kappa \neq 0$ 之形式：

$$\lambda_1^m = \xi + \frac{\alpha}{\kappa}\left[1 - \Gamma(1 + \kappa)(m + 1)^{-\kappa}\right] \tag{22}$$

$$\lambda_2^m = \frac{(m + 2)\alpha\Gamma(1 + \kappa)}{2!\kappa}\left[-(m + 2)^{-\kappa} + (m + 1)^{-\kappa}\right] \tag{23}$$

$$\lambda_3^m = \frac{(m + 3)\alpha\Gamma(1 + \kappa)}{3!\kappa}\left[-(m + 4)(m + 3)^{-\kappa} + 2(m + 3)(m + 2)^{-\kappa} - (m + 2)(m + 1)^{-\kappa}\right]$$

$$\tag{24}$$

$$\lambda_4^m = \frac{(m+4)\alpha\Gamma(1+\kappa)}{4!\kappa}\left[-(m+6)(m+5)(m+4)^{-\kappa}+3(m+5)(m+4)(m+3)^{-\kappa}\right.$$
$$\left.-3(m+4)(m+3)(m+2)^{-\kappa}+(m+3)(m+2)(m+1)^{-\kappa}\right] \tag{25}$$

⑵　$\kappa=0$ 之形式：

$$\lambda_1^m = \xi + \alpha\left[\varepsilon + \ln(m+1)\right] \tag{26}$$

$$\lambda_2^m = \frac{(m+2)\alpha}{2!\kappa}\left[\ln(m+2)-\ln(m+1)\right] \tag{27}$$

$$\lambda_3^m = \frac{(m+3)\alpha}{3!\kappa}\left[(m+4)\ln(m+3)-2(m+3)\ln(m+2)+(m+2)\ln(m+1)\right] \tag{28}$$

$$\lambda_4^m = \frac{(m+4)\alpha}{4!\kappa}\left[(m+6)(m+5)\ln(m+4)-3(m+5)(m+4)\ln(m+3)\right.$$
$$\left.+3(m+4)(m+3)\ln(m+2)-(m+3)(m+2)\ln(m+1)\right] \tag{29}$$

Wang 同時針對通用極端值分布函數之形狀參數 κ 與偏態係數 τ_3^m 建立其關係式，如式(30)所示，其各項係數如表 1 所示：

$$\kappa = \alpha_0 + \alpha_1\left(\tau_3^m\right) + \alpha_2\left(\tau_3^m\right)^2 + \alpha_3\left(\tau_3^m\right)^3 \tag{30}$$

6

表 1　不同 m 之偏態係數與形狀參數關係式之係數對照表

m	α_0	α_1	α_2	α_3
0	0.2849	-1.8213	0.8140	-0.2835
1	0.4823	-2.1494	0.7269	-0.2103
2	0.5914	-2.3351	0.6442	-0.1616
3	0.6618	-2.4548	0.5733	-0.1273
4	0.7113	-25383	0.5142	-0.1027

3.2　計算步驟

1.　步驟一：將實際樣本資料由小至大排序。

2.　步驟二：代入 LH-moments 之直接推估法，如式(15)至式(18)。

3.　步驟三：推求各階動差及偏態係數 τ_3'''，將偏態係數 τ_3''' 代入式(8)，求得其形狀參數 κ 值。

4.　步驟四：將形狀參數 κ 值代回通用極端值分布函數之二階動差理論式，即式(23)或式(27)，求得尺度參數 α 之值。

5.　步驟五：將形狀參數 κ 及尺度參數 α 代入通用極端值分布函數之一階動差理論式，即式(22)或式(26)，求得位置參數 ξ 之值，

6.　步驟六：利用上述求得之 GEV 參數，進行頻率分析。

四、案例分析

本研究以台灣南部高屏溪流域上游之天池雨量站及荖濃流量站為例，其分析方法及步驟說明如下：

4.1　資料蒐集與整理

本研究選用高屏溪天池(民國 67 至 97 年，共 31 年)雨量站年最大日雨量及荖濃(民國 47 至 97 年，共 51 年)資料作為分析資料，探討傳統方法與新概念之方法於頻率分析結果之差異。

4.2　分析方法及步驟

1.　研究資料之參數推求：

利用 LH-moments 之直接推估法與通用極端值分布之 LH-moments 各階動差，推求研究資料之參數。

2.　點繪結果及比較：

本研究採用威伯點繪法，說明如下：

$$P_i = \frac{i}{n+1} \tag{31}$$

其中，n 為分析資料個數；P_i 為累積機率；i 為分析資料大小順序，最小值時排序為 1。分別計算各資料對應之機率，再求出 LH-moments 及 L-moments 相對應之值，最後將資料、LH-moments 及 L-moments 之估算值點繪比較。

3. LH-moments 之特性探討：

本研究採用偏度做為特性探討之判定準則，探討 LH-moments 與 L-moments 於不同重現期距之差異，其公式如下：

$$B = \frac{\hat{x}_{LH} - \hat{x}_L}{\hat{x}_L} \tag{32}$$

其中，B 代表偏度；$\hat{x}_{LH}$ 代表任意重現期距之 LH-moments 推估結果；$\hat{x}_L$ 代表任意重現期距之 L-moments 推估結果。

五、結果與討論

本研究嘗試以 LH-moments 改善 L-moments 在高極端值推估上不足之處，探討 LH-moments 應用於暴雨及洪水頻率分析之可行性。研究中，以通用極端值分布函數為例，並選用台灣南部高屏溪流域天池雨量站之年最大日雨量及荖濃流量站之年最大瞬時流量進行分析，獲致之結果及討論如下：

1. 天池雨量站及荖濃流量站之分析結果，如圖 1 及圖 2 所示。

2. 天池雨量站及荖濃流量站不同重現期距分析結果，如表 2 及表 3 所示。

3. 採用 LH-moments 進行分析，因給予高極端事件較高之權重，故於高重現期距水文量之推估上更能反應出其特性，其推估結果相較於 L-moments，具有較大之偏度；而於低重現期距水文量之推估上，其結果則與 L-moments 差異不大，偏度則較小，其結果如圖 3 及圖 4 所示。

4. 因不同測站具有不同之資料特性，故採用 LH-moments 進行分析時，亦會有較為適合採用之修正係數；本研究分析之測站中，天池站之分析結果以修正係數為 2 之結果較佳；而荖濃站則以修正係數為 4 之結果較佳。

5. 因雨量資料與流量資料之尺度不同，故其分析結果亦不同；在高重現期距部分，流量分析之結果相較於雨量之部分，具有較明顯之變化。

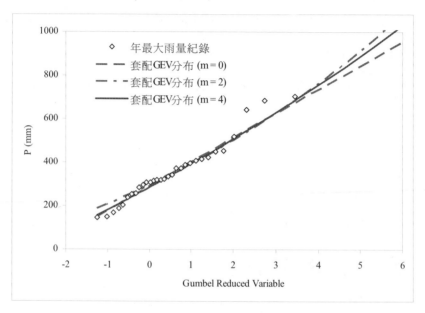

圖1　天池雨量站分析結果

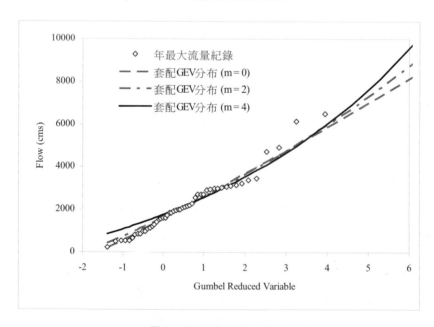

圖2　荖濃流量站分析結果

表2　天池雨量站不同重現期距頻率分析結果(mm)

m	重現期距(年)						
	2	5	10	20	50	100	200
0	331	458	541	621	724	801	877
1	329	450	535	622	742	838	939
2	330	447	532	621	747	850	961
3	329	448	534	622	745	845	951
4	324	450	538	626	744	836	932

表3　荖濃流量站不同重現期距頻率分析結果(cms)

m	重現期距(年)						
	2	5	10	20	50	100	200
0	1955	3142	3944	4724	5751	6533	7324
1	1954	3133	3936	4724	5769	6571	7387
2	1969	3088	3890	4706	5838	6745	7703
3	2006	3052	3838	4669	5870	6874	7971
4	2050	3032	3796	4629	5873	6946	8151

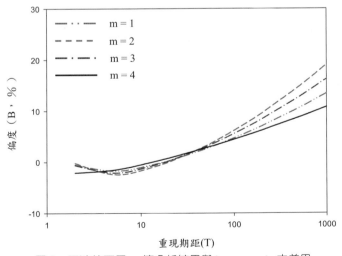

圖3　天池站不同 m 值分析結果與 L-moments 之差異

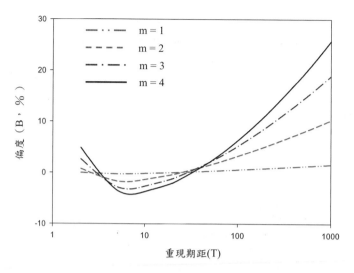

圖4　荖濃站不同 m 值分析結果與 L-moments 之差異

 六、結論與建議

　　本研究以 LH-moments 為基礎,並以通用極端值分布函數為例,作為頻率分析之嶄新推估方法。研究中,透過通用極端值分布函數之 LH-moments 之應用,可獲致若干結論與建議如下:

1. 在相同之資料下,採用 LH-moments 進行頻率分析時,隨著修正係數 m 值之增加,在高重現期距水文量之計算,相較於 L-moments,其結果更能反應出極端水文事件之特性。

2. 因應全球氣候變遷之影響,極端水文事件發生頻率也不同已往,採用 LH-moments 進行頻率分析更能反應出其影響權重,推算之結果,相較於傳統方法之 L-moments,也較為合理。

　　本研究採用通用極端值分布函數之 LH-moments 進行頻率分析,初步證實 LH-moments 於頻率分析之可行性,建議未來可進一步衍導皮爾遜Ⅲ型分布 (PT3)或是對數皮爾遜Ⅲ型分布(LPT3),以擴展 LH-moments 之適用性,提供未來台灣地區暴雨及洪水頻率分析及水資源經營管理之參考。

參考文獻

◆ 1. Hosking, J. R. M., 1990, L-moments：Analysis and Estimation of Distribution using Linear Combinations of Order Statistics, Journal of the Royal Statistical Society, Series B, 52(1), 105-124.

◆ 2. Hosking, J. R. M. and J. R. Wallis, 1997, Regional Frequency Analysis-An Approach Based on L-Moments, Cambridge University Press.

◆ 3. Wang, Q. J., December, 1996, Direct sample estimators of L-moments, Water Resources Research, Vol. 32, No. 12, p.3617~3619.

◆ 4. Wang, Q. J.,LH-moments for statistical analysis of extreme events, Water Resources Research, Vol. 33, No. 12, p.2841~2848, December, 1997.

◆ 5. 張宗烜,「低尾線性動差法於乾旱頻率分析之應用」,淡江大學水資源及環境工程學系碩士論文,民國98年6月。

6

國家圖書館出版品預行編目資料

水資源管理之課題與前瞻 / 曹華平等編著.
-- 初版. -- 臺北縣土城市：全華圖書，
民 99.06
　　面　；　公分

ISBN 978-957-21-7670-2 (平裝)
1. 水資源　2. 行政管理
544.61　　　　　　　　　　　99009918

水資源管理之課題與前瞻

編著 / 曹華平・吳瑞賢・毛振泰・王其美

執行編輯 / 李俊輝

發行人 / 陳本源

出版者 / 全華圖書股份有限公司

郵政帳號 / 0100836-1 號

印刷者 / 宏懋打字印刷股份有限公司

圖書編號 / 10380

初版一刷 / 99 年 6 月

定價 / 新台幣 420 元

ISBN / 978-957-21-7670-2　 (平裝)

全華圖書 / www.chwa.com.tw

全華科技網 Open Tech / www.opentech.com.tw

若您對書籍內容、排版印刷有任何問題，歡迎來信指導 book@chwa.com.tw

臺北總公司(北區營業處)
地址：23671 臺北縣土城市忠義路 21 號
電話：(02) 2262-5666
傳真：(02) 6637-3695、6637-3696

中區營業處
地址：40256 臺中市南區樹義一巷 26-1 號
電話：(04) 2261-8485
傳真：(04) 3600-9806

南區營業處
地址：80769 高雄市三民區應安街 12 號
電話：(07) 862-9123
傳真：(07) 862-5562

全省訂書專線 / 0800021551